Richard Wagner
und die Juden

Richard Wagner und die Juden

Herausgegeben
von
Dieter Borchmeyer,
Ami Maayani
und Susanne Vill

Verlag J. B. Metzler
Stuttgart · Weimar

Die Beiträge von
SAUL FRIEDLÄNDER, YIRMIYAHU YOVEL, DAVID C. LARGE,
JANE F. FULCHER, DINA PORAT, PAUL LAWRENCE ROSE, JOSEPH HOROWITZ,
PETER GAY und NA'AMA SHEFFI
wurden von DOROTHEE GÖBEL aus dem Englischen übersetzt.

Gedruckt mit freundlicher Unterstützung
der »Gesellschaft der Freunde Bayreuths«

Die Deutsche Bibliothek – CIP-Einheitsaufnahme

Richard Wagner und die Juden / hrsg. von Dieter Borchmeyer ... [Die Beitr. von Saul Friedländer ... wurden von Dorothee Göbel aus dem Engl. übers.]. – Stuttgart ; Weimar : Metzler, 2000
ISBN 3-476-01754-0

Gedruckt auf chlorfrei gebleichtem,
säurefreiem und alterungsbeständigem Papier.

ISBN 3-476-01754-0

Einbandgestaltung: Willy Löffelhardt
Satz: Grafik-Design Fischer, Weimar
Druck und Bindung: Franz Spiegel Buch GmbH, Ulm

Printed in Germany

Verlag J. B. Metzler Stuttgart · Weimar

Inhalt

Einleitung

Dem Andenken von Ignatz Bubis († 13. August 1999),
der dem Bayreuther Symposion »Richard Wagner und die Juden«
eine Leitidee mit auf den Weg gab.

»Richard Wagner und die Juden«. So lautete das Thema eines Symposions, das in der Zeit vom 6. bis 11. August 1998 während des zweiten *Ring*-Zyklus der Bayreuther Festspiele stattfand. Man darf es in vielfacher Hinsicht als spektakulär bezeichnen. Angeregt hat es der israelische Komponist Ami Maayani, Autor der ersten in hebräischer Sprache erschienenen Wagner-Biographie. Beim Besuch des von der Bayreuther Theaterwissenschaftlerin Susanne Vill im Festspielsommer 1997 ausgerichteten Symposions »Das Weib der Zukunft« schlug er ihr vor, im folgenden Jahr eine wissenschaftliche Konferenz zu veranstalten, die jenem heiklen Thema möglichst umfassend gewidmet sein sollte. Der Literaturwissenschaftler Dieter Borchmeyer, der sich bereits mit dem Gedanken eines thematisch ähnlich ausgerichteten Symposions in Heidelberg getragen hatte, schloß sich dem Vorhaben an. So kam es zu einer Kooperation der Universitäten Tel Aviv, Bayreuth und Heidelberg. Ziel des Symposions war es, an dem Ort und anläßlich des Ereignisses, die in musikalisch-theaterhistorischer Hinsicht ebenso facettenreich wie ideologisch-politisch unheilvoll mit dem Namen Richard Wagners verbunden sind, seinem Verhältnis zu den Juden eine neue kritisch-objektive Prüfung zuteil werden zu lassen, und zwar auf internationaler wie interdisziplinärer Basis.

Die Initiative von Ami Maayani, der Besuch von sieben israelischen Gelehrten, von denen einige zum ersten Mal nach Deutschland kamen und für die der Besuch ausgerechnet Bayreuths zweifellos kein leichter Schritt war, wurde von den Veranstaltern und Teilnehmern des Symposions – angesichts der verhängnisvollen Rolle der Festspiele im Dritten Reich sowie der Bedeutung ihres ideologischen Vor- und Umfelds für die Entwicklung des nationalsozialistischen Wahnsystems – als bewegendes und denkwürdiges Ereignis empfunden. Mit den israelischen Gelehrten kamen auch der Botschafter des Staates Israel, Avi Primor, und der Vorsitzende des Zentralrats der Juden in Deutschland, Ignatz Bubis, zum ersten Mal nach Bayreuth und nahmen an den Festspielen teil.

Entsprechend dem von Ami Maayani formulierten Thema »Richard Wagner und die Juden« setzte sich das Symposion zunächst einmal zum Ziel, Wagners unbezweifelbaren Antisemitismus zu analysieren, ihn auf seine psychologischen, geschichtlichen, sozialpolitischen und kulturellen Hintergründe zu befragen. Darüber hinaus aber verfolgte es die Absicht, Wagners vielfältige und von extremen Widersprüchen geprägte Beziehungen zu Juden möglichst umfassend in den Blick zu nehmen. Thematisiert werden sollten also erstens Wagners eigene direkte Beziehungen zu den Repräsentanten jüdischer Kultur in Gegenwart und Vergangenheit, zweitens die Resonanz seiner Person, seines Werks und seiner Ideologie auf Juden, zumal jüdische Künstler seiner und späterer Zeit, und drittens die Wirkungsgeschichte seiner Haltung zum Judentum auf Antisemitismus und Faschismus. Die Veranstalter waren sich einig darüber, daß das Symposion rein wissenschaftlichen Charakter haben sollte, das heißt, daß als Referenten ausschließlich durch einschlägige Publikationen ausgewiesene Gelehrte – Historiker, Politologen, Philologen, Musikologen, Theaterwissenschaftler und Religionsphilosophen – gewonnen werden sollten, von denen eine sachgerechte Erörterung zu erwarten wäre, ein Umgang mit dem heiklen Gegenstand, der intersubjektiv nachprüfbaren Prämissen und methodischen Schritten folgte. Verzichtet werden sollte mithin auf enkomiastische oder polemische Meinungsbildner pro und contra Wagner, deren Argumentionen, außerhalb wissenschaftlicher Standards, den internationalen Blätterwald zur Genüge durchrauschen.

Der Wunsch der Organisatoren, bei dem Symposion so objektiv wie möglich allen wesentlichen Facetten des Themas durch exemplarische Untersuchungen gerecht zu werden, ließ sich in der kaum einjährigen Vorbereitungszeit nicht ganz realisieren. Einige dringend erwünschte Experten mußten die Einladung zu dem relativ kurzfristig geplanten Symposion wegen anderer Termine absagen, und auch der randvoll ausgefüllte Tagungszeitraum setzte dem Symposion bisweilen schmerzliche Grenzen. Im Interesse der Ausgewogenheit zwischen den Vortragsthemen, den Nationalitäten und Sprachen der Redner aus Israel, Deutschland, der Schweiz und den Vereinigten Staaten, den kontroversen wissenschaftlichen Positionen und den persönlichen wie rhetorischen Dispositionen der Autoren mußte auf den einen oder anderen Redner verzichtet werden, dessen Anwesenheit auf dem Symposion an sich ein Gewinn gewesen wäre. Manche Zufälligkeiten verhinderten zudem, daß vorgesehene wichtige Einzelthemen nicht mehr behandelt wurden. So beschäftigten sich zwar zwei Referate mit Wagner und Meyerbeer, aber keines mit Mendelssohn. Es wäre ein leichtes gewesen, einen Beitrag über Wagner und Mendelssohn noch in den vorliegenden Sammelband einzufügen. Die Herausgeber haben sich mit diesem Gedanken getragen, aber schließlich davon abgesehen, um den dokumentarischen Charakter des Bandes zu wahren. Er enthält wirklich nur die Vorträge und Zusammenfassungen der Diskussionen, die Bestandteil des Symposions waren. Er erhebt somit nicht den Anspruch, dem Rahmenthema umfassend gerecht zu werden, sondern will nichts anderes sein als eine fragmentarische Annäherung an dieses Thema. Gleichwohl bieten eine Reihe von Beiträgen entschiedene Innovationen, ja dürfen als wegweisend bezeichnet werden.

Der Plan des Bayreuther Symposions stieß sofort auf lebhafte Resonanz bei den Institutionen, an die sich die Initiatoren mit der Bitte um Unterstützung wandten.

Bundespräsident Roman Herzog übernahm spontan die Schirmherrschaft, die Richard-Wagner-Stiftung Bayreuth und der Kulturfonds Bayern, das Bundesministerium des Innern, die Howard Gilman Israel Culture Foundation, die Stadt Bayreuth, die Gesellschaft der Freunde Bayreuths und der Richard-Wagner-Verband leisteten die großzügige finanzielle und geistige Unterstützung des Symposions, das ungefähr zu gleichen Teilen aus (simultan übersetzten) englischen und deutschen Vorträgen und Diskussionsbeiträgen bestand.

Welche kulturpolitische Bedeutung dem Symposion in der Öffentlichkeit beigemessen wurde, zeigt die Tatsache, daß – zumal am Eröffnungstag – eine für eine wissenschaftliche Veranstaltung ungewöhnlich große Zahl von prominenten Persönlichkeiten aus Politik, Kultur und religiösen Körperschaften im Publikum vertreten war. In ihrer Begrüßung würdigten der Bayreuther Oberbürgermeister Dr. Dieter Mronz und der Bayerische Kultusminister Hans Zehetmair den Besuch der Wissenschaftler der Universität Tel Aviv in Bayreuth gerade im Jahre des fünzigjährigen Bestehens des Staates Israel als einen Schritt von historischer Tragweite.

Der israelische Botschafter Avi Primor verglich in seiner Eröffnungsrede Wagners widersprüchliche Haltung zum Judentum mit seiner ambivalenten Beziehung zu Frankreich. Die Einstellung der Juden zu Wagner, die im Phänomen eines jüdischen Wagnerianismus gipfelt, sah Primor durch den Zwiespalt zwischen der Verehrung für Wagners Kunst und der Befremdung durch seinen Antisemitismus geprägt. An einem Beispiel aus seiner Familie verdeutlichte er, wie sich dieser Zwiespalt auswirken konnte: seine eigene Mutter, die schon vor der Machtergreifung der Nazis Deutschland verlassen und ihre gesamte Frankfurter Familie im Holocaust verloren hat, wollte von Deutschland nie mehr etwas wissen, es war für sie nur noch »ein weißer Fleck auf der Landkarte«. Und doch lebte sie ganz aus und in deutscher Sprache und deutscher Kultur – auch in der aus dem öffentlichen Musikleben verbannten Musik Richard Wagners, dessen ideologische Verirrungen sie rigoros von seinem Werk trennte.

Avi Primor stellte das Bayreuther Symposion in den Zusammenhang des deutsch-israelischen »Dialogs«, eines Dialogs, der nur dann möglich sei, wenn man sich der Vergangenheit stelle: »Man kann mit Menschen keinen Dialog führen, wenn sie nicht ehrlich über ihre Vergangenheit sprechen wollen. Das heutige Symposion ist für mich ein Zeichen dafür, daß man in Deutschland nichts mehr verdrängen und von der Vergangenheit lernen will, um ihr Schreckliches in der Zukunft zu verhindern. Daß zwei deutsche Universitäten mit uns Israelis, mit der Universität Tel Aviv ausgerechnet aus Anlaß des fünfzigsten Jahrestages der Gründung des Staates Israel ein solches Symposion veranstalten, berührt mich tief. Ich glaube, daß wir hier auf dem richtigen Weg sind, und daß wir uns darüber aufrichtig freuen dürfen.«

Ignatz Bubis, der Vorsitzende des Zentralrats der Juden in Deutschland, sprach unter Anspielung auf die Rede von Avi Primor von einem »Verdrängungsprozeß« nicht nur auf seiten der Täter oder Mitläufer, sondern auch unter den Opfern: »Ohne diesen Verdrängungsprozeß wäre es den Opfern vielfach nicht möglich gewesen, in

Deutschland zu leben.« Bubis erinnerte an die Geschichte des Antijudaismus als Vorstufe des Antisemitismus, der je nach der geschichtlichen Lage immer neue Begründungen suchte und fand. Aus der Geschichte dieser Antijudaismen sei auch die Ideologie Richard Wagners zu interpretieren. Er hoffe, daß es dem Bayreuther Symposion gelinge, dieses Thema mit Nüchternheit zu erörtern: »Historiker sollten eine Grundeigenschaft haben: die Dinge ohne Emotionen zu betrachten. Emotionen verflüchtigen sich mit der Zeit, aber ein Historiker sollte auf bleibende Erkenntnisse zielen. Deshalb ist es für ihn von höchster Wichtigkeit, so emotionslos wie möglich an die Geschichte heranzugehen.«

Bubis bekannte, lange geglaubt zu haben, fünfzig Jahre nach Kriegsende werde man sich in Deutschland mit den Finsternissen der deutschen Vergangenheit nicht mehr beschäftigen wollen. Erfreulicherweise aber habe diese Beschäftigung heute eher zu- als abgenommen. Das Bayreuther Symposion sei dafür ein glückliches Zeichen – wenn es ihm denn gelinge, das Thema »Wagner und die Juden« ohne Emotionen zu erörtern, es von verschiedenen Seiten zu beleuchten und zu mehr Klarheit beizutragen. Er selbst erhoffe sich neue Aufschlüsse über ihm wesentliche Fragen: »Hat Wagner die Geschichte beeinflußt oder wurde Wagner von der Geschichte vereinnahmt? War Wagner ein Vorläufer Hitlers oder hat Hitler Wagner für sich ausgebeutet? Hat die eliminatorische Ideologie des Nationalsozialismus, um das Wort von Goldhagen zu gebrauchen, ihre Grundlagen bei Wagner oder wurde er in dieser Hinsicht von Hitler nur vereinnahmt? Diese Fragen zu klären, halte ich für überaus wichtig, und deshalb möchte ich im Namen des Zentralrats der Juden in Deutschland dieses Symposium begrüßen, zu dem ich, wie ich gestehe, sehr gerne gekommen bin.«

Yoram Dinstein, der Präsident der Tel Aviv University, bekannte, für die Initialzündung des Symposions mitverantwortlich zu sein. Die israelischen Teilnehmer seien freilich keine einhellig auf eine bestimmte Idee eingeschworene geschlossene Delegation mit irgendeinem offiziellen Mandat. Jeder stehe für sich. Deshalb gebe es auch keine vorher vereinbarte Meinungsäußerung über den Sinn des »Banns«, der in Israel offiziell über Wagners Musik verhängt sei. Er teile hier nur seine persönliche Meinung mit. Jener Bann werde im Ausland übrigens vielfach überschätzt. Er betreffe nur das Israel Philharmonic Orchestra (jeder erinnert sich an den Sturm der Entrüstung, den der Versuch Zubin Mehtas auslöste, das Wagner-Tabu zu brechen) sowie die staatlichen Rundfunk- und Fernsehanstalten. Doch könne man ungehindert Schallplatten, CDs und Videos mit Wagners Werken kaufen. Und zudem gebe es israelische Wagner-Literatur wie die 1 400 Seiten umfassende hebräische Wagner-Biographie von Ami Maayani. »Wie Sie sehen, lebt er trotzdem noch, und es geht ihm vorzüglich.« Im Kabelfernsehen könne man ungehindert Wagner-Aufführungen sehen, auch Aufzeichnungen aus Bayreuth – sogar den *Ring* mit hebräischen Untertiteln. »Viele Israelis – wie ich selber – die ins Ausland reisen und in eine Stadt mit einem wichtigen Opernhaus kommen, gehen als erstes in eine Wagner-Aufführung. Deshalb habe ich anders als Herr Bubis hier in Bayreuth auch nicht zum erstenmal den *Parsifal* gesehen. Und ich komme doch aus dem Land des Wagner-Banns!«

Dieser Bann, so Dinstein, sei bedingt erstens durch Wagners antisemitisches Pamphlet *Das Judentum in der Musik*, zweitens durch den Gebrauch respektive Mißbrauch seiner Musik durch das Dritte Reich und drittens durch die repräsentative Rolle Bayreuths und seiner Festspiele für Hitler. Allein die Verbindung dieser drei Faktoren könne den Bann erklären; nur einer von ihnen reiche zu dieser Erklärung schwerlich aus. Der Antisemitismus als solcher disqualifiziere einen Künstler in Israel noch lange nicht. »Es hat sehr viele Schriftsteller, Dichter und Musiker gegeben, die unglücklicherweise Antisemiten gewesen sind. Und doch werden sie in Israel in der Schule unterrichtet, ausgiebig gelesen und aufgeführt, und man ignoriert ganz einfach ihren Antisemitismus. Wagner ist die hervorstechende Ausnahme von dieser Regel.« Auch die Benutzung durch die Nazis schließe einen Künstler in Israel nicht vollkommen aus dem Kulturleben aus, wie das Beispiel von Richard Strauss zeige, der inzwischen gänzlich problemlos auch vom Israel Philharmonic Orchestra gespielt werde und in den staatlichen Medien zur Aufführung gelange. Und das, obwohl er doch zumindest anfänglich mit den Nazis kollaboriert habe – während Wagner fünfzig Jahre vor Hitlers Machtergreifung gestorben sei. Und was schließlich die repräsentative Rolle Bayreuths betrifft – sie sei zweifellos nicht so groß gewesen wie diejenige Nürnbergs. Und doch meide kein Israeli Nürnberg als Stadt, wenn er nach Deutschland komme – falls er überhaupt komme. So sei nicht einer jener drei genannten Faktoren für den Wagner-Bann ausschlaggebend, sondern eben nur ihre Verquickung.

Abwegig sei die in deutschen Zeitungen zu lesende Behauptung, der Wagner-Bann sei ein Streitpunkt im »Kulturkampf« zwischen den orthodox-religiösen und den säkular gesinnten Israelis. Für die Orthodoxen sei Wagner ein Komponist wie Beethoven oder Mozart: sie interessieren sich weder für den einen noch für den anderen. Die Befürworter des Wagner-Banns seien vielmehr Überlebende des Holocaust, die vielfach noch die Benutzung Wagners durch die Nazis mit eigenen Augen und Ohren mitbekommen haben. Doch das größere Problem sei nicht die Generation der Überlebenden, sondern die nächste und die übernächste Generation. Die erste Generation neige hin und wieder, wie ja auch Ignatz Bubis ausgeführt habe, zur Verdrängung. Doch die nicht mehr persönlich von den Schrecken der nationalsozialistischen Judenverfolgung betroffene zweite und vor allem die dritte Generation habe keinen psychologischen Anlaß mehr, jene Schrecken zu verdrängen und schließe das Werk Wagners oft als finsteres Element in ihr Bild vom Dritten Reich ein.

Seiner persönlichen Ansicht nach, so Dinstein, sei die Aufhebung des Wagner-Banns überfällig: »Wir bestrafen uns selber für Wagners Antisemitismus. Denn sein Werk – so wegweisend für die Musik des zwanzigsten Jahrhunderts – ist nicht aufzuhalten.« Das zeige nicht zuletzt die theoretische und musikalisch-praktische Beschäftigung mit seinem Werk in Israel: an den musikalischen Akademien werde selbstverständlich Wagner unterrichtet und gespielt. Doch sehr viele israelische Musikfreunde – selbst unter den Überlebenden – ersehnten auch öffentliche Wagner-Aufführungen, nicht zuletzt durch das Israel Philharmonic Orchestra. »Sie sehen«, so lautete der viele Zuhörer besonders bewegende Schlußsatz von Dinsteins Rede, »man konnte die Juden aus Deutschland vertreiben, aber man konnte die deutsche Kultur nicht aus den Herzen der Juden vertreiben.« Zu dieser Kultur aber gehöre Wagner nun einmal wesentlich.

Wolfgang Wagner betonte in seiner Ansprache, angesichts der Inhumanität des Dritten Reichs, von der sich die Bayreuther Festspiele leider nicht so abgesetzt hätten, wie es der humanen Grundtendenz des Wagnerschen Werks entsprochen hätte, sei es sein und seines Bruders Ziel gewesen, das »Humanum« in diesem Werk wieder sichtbar zu machen, nicht zuletzt als Abbitte, »denn meine Generation, *wir* gehören ja zu den Schuldigen, zweifelsohne.«

Der Appell von Ignatz Bubis, den »Fall Wagner« möglichst emotionsfrei-nüchtern zu untersuchen, wurde während des Symposions fast immer befolgt. Mit einer Ausnahme bewegten sich alle Vorträge und Diskussionen auf einer von leidenschaftlicher Nüchternheit und Objektivität geprägten Ebene, verfielen trotz kontroverser Positionen nie in das eifernde, von persönlichen Angriffen begleitete Pro und Contra, das die Wagner-Diskussion so oft dominiert. Die einzige Ausnahme war der Vortrag von Paul Laurence Rose, der heftige Reaktionen auslöste. Davon kann die vorliegende Dokumentation nur einen schattenhaften Eindruck vermitteln. Mehrere der israelischen und der jüdischen Teilnehmer aus den USA fühlten sich durch die polemische Radikalität des Vortrags provoziert und verstört, da sie eine objektive Wagner-Kritik durch ihn in Mißkredit gebracht sahen. Es waren wohlgemerkt gerade die entschiedenen Wagner-Kritiker, um nicht zu sagen »Anti-Wagnerianer« (Peter Gay) unter den Symposionsteilnehmern, die sich in dieser Diskussion zu Wort meldeten. Gleichwohl sah Rose sich, wie er in Artikeln in verschiedenen englischen und amerikanischen Publikationsorganen, darunter der »New York Times«, und im Anhang der deutschen Version seines Buchs *Richard Wagner und der Antisemitismus* (Zürich und München 1999) dargestellt hat, wegen der negativen Wirkung seines Vortrags als Opfer eines reaktionären Komplotts. Er diffamierte das Symposion als »an exercise in corruption and manipulation«, bei dem er beinahe gelyncht – »almost lynched« – worden sei (»New York Times«, 6. Dezember 1998). In dem erwähnten Anhang seines Buches behauptet Rose auf S. 293ff., das »Leugnen« sei das »Leitmotiv« der Veranstaltung gewesen, das Leugnen – bis hin zur »Verlogenheit« – von Wagners Judenfeindschaft, von irgendeiner Inspiration Hitlers durch Wagner und so weiter. Jeder Versuch einer »ehrlichen Kritik« sei bei diesem Symposion »im Keime erstickt« worden. Diese Äußerungen und die weiteren Ausführungen von Rose über das Bayreuther Symposion an genanntem Ort widersprechen der Wahrheit und verletzen grob die Grundregeln wissenschaftlicher Redlichkeit. Davon wird sich der unbefangene Leser der vorliegenden Dokumentation überzeugen können.

Diese gibt mit einer Ausnahme alle gehaltenen Vorträge wieder, teils mehr oder weniger in der Form, in der sie tatsächlich gehalten wurden, teils in einer erweiterten Aufsatzfassung, zu deren Veröffentlichung sich die meisten Autoren entschlossen haben, da die Vortragszeit beim Symposion auf dreißig Minuten beschränkt war. Der hier nicht abgedruckte Beitrag von David S. Katz (Tel Aviv) über *Wagner, the Jews and the Occult Tradition* wurde vom Autor selbst zurückgezogen, da er über das Rahmenthema des Symposions allzu weit hinausging. Die Reihenfolge der Vorträge ist in einigen Fällen in dieser Publikation geändert, um sachlich zusammengehörende Beiträge, die aus organisatorischen Gründen beim Symposion getrennt werden mußten, stärker zusammenzurücken. Die englischen Vorträge sind von Dorothee Göbel ins Deutsche übersetzt worden. Die Diskussionen des Symposions wurden von Wolf-Daniel Hartwich zusammengefaßt. Ihre unterschiedliche Länge erklärt sich zum Teil daraus, daß für die Vorträge nicht immer die gleiche Diskussionszeit zur Verfügung stand. Überdies hat Wolf-Daniel Hartwich kontroverse Diskussionen sinnvollerweise stärker berücksichtigt als solche, in denen es überwiegend um Sachfragen ging, die in den ausführlichen schriftlichen Fassungen der Vorträge teilweise geklärt werden. Was diese Zusammenfassungen freilich kaum wiedergeben können, ist die bei aller Sachlichkeit emphatische Anteilnahme, welche die Diskussionen immer wieder prägte.

Im ersten Teil der Beiträge geht es vornehmlich um Wagners theoretisch-polemische Äußerungen über das Judentum – vor allem um das Pamphlet *Das Judentum in der Musik* – sowie um die Frage des »Jüdischen« und »Antijüdischen« in seinen Musikdramen. Der zweite Teil beschäftigt sich mit der Wirkungsgeschichte des Wagnerschen Antisemitismus bis hin zum Dritten Reich, der dritte mit psychologischen Aspekten seiner Haltung zum Judentum, seiner Konkurrenzstellung zu Meyerbeer und seiner Resonanz auf jüdische Künstler (amerikanischer Wagnerismus, Mahler und Schönberg). Der abschließende Beitrag wendet sich dem Thema »Wagner in Israel« zu – eine prekäre Beziehung, die zu der Idee des Symposions inspirierte.

Der Dank der Herausgeber gilt den genannten Sponsoren des Symposions und all jenen Persönlichkeiten und Institutionen, die es mit Gedanken, Wort und Tat unterstützt haben. Gedankt sei noch einmal besonders der »Gesellschaft der Freunde Bayreuths«, die auch die Herausgabe des Buches großzügig gefördert hat, und Herrn Kultusminister Hans Zehetmair, der das Symposion von seiner Konzeption bis zur Publikation mit lebhaftem Engagement begleitet hat. Zu hoffen bleibt, daß die vorliegende Dokumentation zu einem neuen Standard im Umgang mit dem »Fall Wagner« führt, im Sinne jener emotionsfreien Objektivität, die der unvergessene Ignatz Bubis, dessen Andenken die Herausgeber diese Einleitung widmen möchten, dem Symposion als Leitlinie vorgegeben hat.

Dieter Borchmeyer (Heidelberg)

Ami Maayani (Tel Aviv)

Susanne Vill (Bayreuth)

Saul Friedländer

Bayreuth und der Erlösungsantisemitismus[1]

Wagners anti-jüdische Ideologie war zwischen dem Ende des Zweiten Weltkriegs und den siebziger Jahren in der modernen Antisemitismusforschung und sogar unter jüdischen Historikern kein wesentliches Thema, von wenigen bemerkenswerten Ausnahmen einmal abgesehen. George Mosse, Fritz Stern und Peter Pulzer maßen dem Einfluß von Wagners antisemitischen Schriften oder sogar dem zunehmenden Antisemitismus des Bayreuther Kreises in ihren Mitte der sechziger Jahre publizierten Arbeiten keine große Bedeutung bei.

Abgesehen von Léon Poliakov, der Wagner im dritten Band seiner 1968 publizierten *Histoire de l'Antisémitisme* den Vorrang einräumte, waren die beiden wichtigsten Ausnahmen »Außenseiter« in der Geschichte der Antisemitismusforschung. Ich beziehe mich hier natürlich auf Theodor W. Adornos kurz vor dem Krieg geschriebenen und 1952 erstmals veröffentlichten Essay zu Wagner und auf Richard Gutmans 1968 publizierte Wagner-Biographie.[2] In den drei folgenden Jahrzehnten änderten sich die Schwerpunkte der Forschung deutlich.

In diesem kurzen Beitrag möchte ich auf zwei damit zusammenhängende Fragen eingehen. Zunächst die Frage, inwiefern sich Wagners Antisemitismus mit seiner Erlösungsideologie im Einklang befand. Dann die Frage, welche Bedeutung Wagners Antisemitismus für Hitlers Vorstellung eines »erlösenden« Kampfes gegen die Juden hatte. Ich beginne mit einer kurzen Definition des »redemptive antisemitism« (Erlösungsantisemitismus).

---

1 Da über die Bayreuther Tagung vom August 1998, bei der dieser Aufsatz ein Hauptbeitrag war, einige recht seltsame Artikel erschienen sind – ob versehentlich, sei einmal dahingestellt – habe ich in dieser Druckfassung ganz bewußt Aufbau, Argumentation und fast den gesamten Text des Vortrags beibehalten. Aus demselben Grund habe ich auch auf eine Erweiterung des Essays mit Ausnahme einiger ergänzter Fußnoten und minimaler Korrekturen und Zusätze verzichtet.

2 Siehe George L. Mosse, *The Crisis of German Ideology. Intellectual Origins of the Third Reich*, New York 1964; Fritz Stern, *The Politics of Cultural Despair*, Berkeley 1961; Peter Pulzer, *The Rise of Political Anti-Semitism in Germany and Austria*, New York 1964; Léon Poliakov, *Histoire de l'Antisémitisme*, Bd. 3, *De Voltaire à Wagner*, Paris 1968; Theodor W. Adorno, *Versuch über Wagner*, Berlin 1952; Richard Gutman, *Richard Wagner; the man, his mind and his music*, New York 1968; deutsche Ausgabe: Richard W. Gutman, *Richard Wagner. Der Mensch, sein Werk, seine Zeit*, München 1970.

I

In meinem Buch *Nazi Germany and the Jews* habe ich den Begriff »Erlösungsantisemitismus« zur Unterscheidung der unterschiedlichen Varianten neuzeitlichen Judenhasses verwendet, die man im 19. und frühen 20. Jahrhundert in Deutschland unter den Begriffen des »rassischen« oder »völkischen« Antisemitismus zusammenfaßt.

Während unter rassischem Antisemitismus generell nur ein Teilelement einer umfassenderen Rassenideologie zu verstehen ist, steht der Kampf gegen die Juden als vorherrschendes Thema im ideologischen Mittelpunkt des Erlösungsantisemitismus, bei dem andere rassische Themen nur von sekundärer Bedeutung sind. Im Erlösungsantisemitismus erhält der Kampf gegen die Juden darüber hinaus eine apokalyptische Dimension. Die Erlösung des Volkes, der Rasse oder der arischen Menschheit läßt sich nur durch die Vernichtung der Juden erreichen. Der Sieg der Juden bleibt eine potentielle Möglichkeit: dieser Sieg würde das Ende des Volks, der Rasse oder der arischen Menschheit bedeuten.

Der Erlösungsantisemitismus ist mit anderen Worten das Ergebnis von rassischem Antisemitismus einerseits und einer religiösen oder pseudo-religiösen Ideologie von Erlösung (oder Verdammnis) auf der anderen Seite. Die Verbindung beider Richtungen verleiht dem Kampf gegen die Juden die Eindringlichkeit und emotionale Gewalt einer religiösen Aufgabe, eines Kreuzzuges.[3] Dieser Kampf erlaubt in seiner extremsten Ausprägung keinen Kompromiß. »Mit dem Juden gibt es kein Paktieren, sondern nur das harte Entweder-Oder«, schreibt Hitler in *Mein Kampf*.[4] Und noch bezeichnender: »Indem ich mich des Juden erwehre, kämpfe ich für das Werk des Herrn.«[5]

Mit Ausnahme von Dietrich Eckarts fast zeitgleichen Schmähungen findet man diese Art von apokalyptischem Antisemitismus am ehesten in Houston Stewart Chamberlains Hauptwerk aus dem Jahr 1899, den *Grundlagen des Neunzehnten Jahrhunderts*,[6] und damit einhergehend in den Publikationen und Aktivitäten des Bayreuther Kreises. Dies führt uns zu Wagners eigenen Werken.

II

Wagners Verachtung der Juden entwickelte sich zunächst parallel zu seinen sozialrevolutionären Ideen und fand ihren klassischen Ausdruck in der (anonym) publizierten ersten Fassung von *Das Judentum in der Musik* (1850).[7] Auf diese frühe antisemi-

---

3 Saul Friedländer, *Nazi Germany and the Jews*, Bd. 1, *The Years of Persecution, 1933–1939*, New York 1997, vor allem S. 87ff.; deutsch als *Das Dritte Reich und die Juden. Erster Band. Die Jahre der Verfolgung 1933–1939*, aus dem Englischen übersetzt von Martin Pfeiffer, München 1998.

4 Hitler, *Mein Kampf*, zwei Bände in einem Band, München 1936, S. 225.

5 A. a. O., S. 70 [im Original gesperrt].

6 Houston Stewart Chamberlain, *Die Grundlagen des Neunzehnten Jahrhunderts*, München 1899.

7 Richard Wagner, *Die Kunst und die Revolution. Das Judentum in der Musik. Was ist deutsch?*, München, Ausgabe 1975.

tische Phase in Wagners Leben folgte eine Zeit wachsenden Hasses gegen die Juden. Seinen Höhepunkt erreichte der Judenhaß zwischen der erneuten Publikation von *Das Judentum in der Musik* (1869) und dem Tod des Komponisten. Mit den Worten Gutmans: »Das Judenproblem nahm ihn immer stärker gefangen und beschäftigte ihn unablässig bis zu seinem Tode, es ließ ihm keine Ruhe und geriet hartnäckig in alle seine Gespräche, Briefe und Artikel. Das Vorurteil verhärtete sich zu grundlosem Haß und zuguterletzt zu einem krankhaften Leitmotiv.«[8]

Während dieser Jahre beendete Wagner seine ideologisch am stärksten befrachteten Opern und brachte sie zur Uraufführung. Diese Werke kündeten von der Glorifizierung des Volkes (*Die Meistersinger von Nürnberg*), von deutschen Mythen (*Der Ring des Nibelungen*) und schließlich von der ekstatischen Offenbarung arischen Christentums (*Parsifal*). Und doch wirkt Wagners Sicht der Welt in diesem musikalisch überwältigenden, ideologisch aber zweifelhaften Werk nicht ganz stimmig. Bevor ich diese innere Unstimmigkeit näher untersuche, möchte ich kurz auf die verschiedenen Stadien in Wagners Haltung zur »Judenfrage« eingehen.

Wagner zeigt im Hinblick auf das Judentum und die Juden drei verschiedene Möglichkeiten der »Erlösung« auf: Erlösung der Juden vom Judentum; Erlösung der Volksgemeinschaft und der Rasse von den Juden; Erlösung der arisch-christlichen Gemeinschaft von den Juden.

Die erste Möglichkeit der Erlösung wurde in *Das Judentum in der Musik*[9] formuliert. Sehen wir einmal von dem antijüdischen Sarkasmus und Haß im Hauptteil des Textes ab und gehen wir direkt zum Schluß desselben. Zunächst hat es den Anschein, als bedeute die berüchtigte letzte Textzeile, in der Wagner das Schicksal der Juden mit dem des Ahasver gleichsetzt (»die Erlösung Ahasvers – der Untergang«), daß den Juden nur die Möglichkeit des Verschwindens bleibt. Diese Textstelle könnte sogar ihre physische Vernichtung bedeuten. Aber die vorhergehende Seite, auf der Wagner die Juden dazu ermahnt, Ludwig Börnes Beispiel zu folgen, dem Judentum zu entsagen und Erlösung als »wahrhafte Menschen« zu suchen, zeigt deutlich, daß die Abkehr der Juden von ihrer sozialen, kulturellen und religiösen Identität sie als Individuen in einer allumfassenden und erlösten Menschheit retten wird. Es wurde schon darauf hingewiesen, daß der Erlösungsgedanke hier Wagners

8 Gutman, a. a. O., zitiert nach der deutschen Taschenbuchausgabe, München o. J., S. 341.

9 Die Ursprünge von Wagners Antisemitismus, wie er sie in *Das Judentum in der Musik* niederlegte, gaben zu einer Fülle unterschiedlicher Interpretationen Anlaß. An dieser Stelle möchte ich nur festhalten, daß mir Dieter Borchmeyers Betonung der französischen Ursprünge von Wagners frühen antijüdischen Ansichten weniger überzeugend erscheint als die direktere Erklärung, die diesen Antisemitismus mit den Theorien der Junghegelianer zur »Jüdischen Frage« und vor allem mit den diesbezüglichen Aufsätzen von Bruno Bauer und Karl Marx in Verbindung bringt. Diese zweite Interpretation wurde neben anderen überzeugend von Jacob Katz vorgetragen. Vgl. dazu Dieter Borchmeyer, *Wagner und der Antisemitismus*, in: *Richard-Wagner-Handbuch*, hrsg. von Ulrich Müller und Peter Wapnewski, Stuttgart 1986, S. 151–154; Jacob Katz, *Richard Wagner: Vorbote des Antisemitismus*, Königstein 1985, S. 59ff.

revolutionäre Ideale dieser Zeit widerspiegelt. Wagner greift mit diesem Gedanken – allerdings weniger schlüssig – Karl Marx' These von der wahren Emanzipation der Juden im Zuge gesellschaftlicher Veränderung und Überwindung der bürgerlichen kapitalistischen Wirtschaftsform und Geisteshaltung auf. Man kann Wagners erste, gegen die Juden gerichtete Schrift jedenfalls nicht als Aufruf zu gewaltsamer Befreiung von den Juden verstehen, sondern eher als Erlösung der Juden und der Menschheit von speziell jüdischen Charakteristika.

Paul Lawrence Rose hat die Ansicht vertreten, daß man zwischen dem Revolutionär Wagner und dem ultra-konservativen Nationalisten Wagner nicht differenzieren könne: er sei und bleibe beides – ein revolutionärer Nationalist oder ein revolutionärer Rassist, eine in Deutschland nicht ungewöhnliche Verbindung, der man bei Bruno Bauer und Wilhelm Marr ebenfalls begegnet.[10] Ich meine allerdings im Laufe der Jahre, angefangen bei seiner Schrift *Das Judentum in der Musik* über *Meistersinger* und *Ring* (trotz der Skizzen zu diesen Werken aus Wagners revolutionärer Zeit), einen zunehmenden Wandel von der revolutionären zu einer von nationalen und rassistischen Gedanken geprägten Ideologie zu erkennen, obwohl beide Elemente von Beginn an bei Wagner vorhanden waren.

Wagners Schriften verdeutlichen – bei einer zunehmend von nationalistischem und von völkisch-rassischem Gedankengut geprägten Weltsicht, wie sie sich zwischen 1869 und dem Tod des Komponisten entwickelte – in größerem Maße als die Opern, wie die »Volksgemeinschaft« von den Juden befreit werden sollte. Die Interpretation des Mime in *Siegfried* ist hier allerdings strittig. Keine Geringeren als Gustav Mahler oder Theodor W. Adorno sehen in Mime die Quintessenz des Juden (und Mimes Gesang erinnert ja in der Tat deutlich an Wagners Beschreibung jüdischen »musikalischen« Ausdrucks in *Das Judentum in der Musik*).[11] Folgt man dieser Interpretation, dann weisen verschiedene Punkte auf die gewaltsame Entfernung »des Juden« aus der germanischen Welt hin: die Todfeindschaft zwischen Mime und Siegfried, Mimes Absicht, den Drachen durch Siegfried töten zu lassen und anschließend das Gold in Besitz zu nehmen, und schließlich Siegfrieds Ermordung Mimes. Mime als Personifikation des Juden schlechthin mußte dabei gar nicht überdeutlich gezeichnet werden (im Interesse seiner Werke war Wagner vorsichtig genug, solch waghalsige und unnötige Schritte zu unterlassen, vor allem angesichts der Reaktionen auf seine antisemitischen Schriften). Zweifellos verstanden viele Opernbesucher zur Zeit Wagners und auch in späteren Jahren die wahre Bedeutung Mimes (Cosima zitiert Wagner, der den Sänger des Mime ein »Jüdchen« nannte; es ist frag-

10 Paul Lawrence Rose, *Wagner, Race and Revolution*, New Haven 1992.

11 Bis zum heutigen Tag stellt Mime nach Ansicht vieler Interpreten unstrittig den »typischen Juden« dar. Siehe beispielsweise zuletzt David J. Levin, *Richard Wagner, Fritz Lang, and the Nibelungen: the dramaturgy of disavowal*, Princeton 1998. Diese Interpretation des Mime wird aber, wie der Text belegt, von anderen Wissenschaftlern nicht geteilt, und die damit zusammenhängende Beweisführung hängt im wesentlichen von der Beurteilung von Wagners Antisemitismus ab.

lich, ob ein »Jüdchen« als Sänger des Siegfried ausgewählt worden wäre).[12] Mimes Erscheinung und Kostüm anläßlich von *Ring*-Inszenierungen während des Dritten Reichs lassen wenig Zweifel daran, wie man die Figur verstand. In diesem Abschnitt von Wagners Leben und Werk können wir somit das Bedürfnis gewaltsamer Erlösung der Volksgemeinschaft von den Juden erkennen.

Die letzte *künstlerische* Phase in Wagners Haltung gegenüber den Juden, die seiner Ideologie nach auf die Erlösung der arisch-christlichen Gemeinschaft durch Auslöschung der Juden zielt, scheint paradoxerweise ein Zurückweichen vor seinem wachsendem Erlösungsantisemitismus zu bedeuten. Im Unterschied zu Wagners *theoretischen* Schriften aus diesen Jahren, in denen eine weitere Radikalisierung seiner antijüdischen Haltung deutlich wird, läßt sich *Parsifal* als ein Zögern, eine Wende interpretieren.

Allerdings muß zunächst ein ganz handfester und offensichtlicher Zusammenhang Erwähnung finden: Just aus der Zeit, als Wagner seine heftigsten Anwürfe gegen die Juden schrieb, rührt seine enge Bekanntschaft mit zahlreichen Juden, von denen zumindest zwei in diesen letzten Jahren eine wesentliche Rolle spielten: Hermann Levi und Angelo Neumann (Karl Tausig, Joseph Rubinstein, Lilli Lehmann und Heinrich Porges waren zu diesem Zeitpunkt schon in seinem Kreis oder hatten dazu gehört). Die Beziehung zu Levi wies Züge von Sadismus auf, zeugte zeitweise aber auch von veritabler künstlerischer Anerkennung und persönlicher Zuneigung. Neumann erlangte zunehmende Selbständigkeit bei der Betreuung der Wagner-Opern. Ein radikaler Antisemit hätte einen solchen Kompromiß nicht akzeptieren können – sowohl was den persönlichen Kontakt wie auch das Zugestehen künstlerischer und finanzieller Verantwortung anging. Zur gleichen Zeit veröffentlichte Wagner aber, wie schon erwähnt, einige seiner heftigsten antisemitischen Texte.[13]

Es ist übrigens erstaunlich, wie unterschiedlich einige dieser antisemitischen Texte interpretiert werden. Martin Gregor-Dellin bringt in seiner maßgeblichen Wagner-Biographie nur eine Textpassage über Wagners Haltung den Juden gegenüber, und zwar aus dem Umkreis von dessen berüchtigter Schrift aus dem Jahr 1881: »In ›Erkenne dich selbst‹ (1881) schließlich heißt es: Eines Tages werde man mit den Juden leben können, denn im Grunde seien sie doch ›die allervornehmsten‹.«[14] Wagners entscheidende Äußerungen über die Juden in diesem Aufsatz erwähnt Gregor-Dellin überhaupt nicht.

---

12 Cosima Wagner, *Die Tagebücher*, herausgegeben und kommentiert von Martin Gregor-Dellin und Dietrich Mack, München und Zürich 1976–1977, Bd. II, S. 734.

13 Wagners Apologeten argumentierten, daß der Komponist sich, als er einige seiner heftigsten antisemitischen Texte veröffentlichte, zugleich von den antisemitischen Bewegungen distanzierte. Wie Jacob Katz jedoch ausführte, äußerte Wagner verschiedentlich seine Freude über die Wirkung dieser Bewegungen und über seinen eigenen Beitrag an ihrer Entstehung. Katz zitiert den gutinformierten Hans von Bülow: »Der Meister habe zwar das Feuer geschürt, aber andere sich daran die Finger verbrennen lassen.« (Katz, *Wagner*, S. 183.)

14 Martin Gregor-Dellin, *Richard Wagner. Sein Leben, sein Werk, sein Jahrhundert*, München 1980, Taschenbuch 4. Auflage 1991, S. 768.

Wagner beklagt die Unzulänglichkeiten des deutschen Rasseninstinkts und fährt fort: »Dagegen ist denn allerdings der Jude das erstaunlichste Beispiel von Rassenkonsistenz, welches die Weltgeschichte noch je geliefert hat. Ohne Vaterland, ohne Muttersprache, wird er, durch aller Herren Länder und Sprachen hindurch, vermöge des sicheren Instinktes seiner absoluten und unverwischbaren Eigenartigkeit zum unfehlbaren Sich-immer-wiederfinden hingeführt: selbst die Vermischung schadet ihm nicht; er vermische sich [...] mit den ihm fremdartigsten Rassen, immer kommt ein Jude wieder zutage.« Es folgt an dieser Stelle die berüchtigte Definition der Juden als des »plastischen Dämons des Verfalles der Menschheit«.[15] Der Widerspruch zwischen diesen Texten und der Zahl von Juden in Wagners Umgebung ist ebenso überraschend wie die Unstimmigkeiten in Wagners letztem Werk selbst.

Es hat den Anschein, daß *Parsifal* eine Darstellung der Reinigung arischen Blutes durch das Blut des Heilands wie zugleich auch die Geschichte von christlicher Erlösung ist. Üblicherweise interpretierte man die Oper entweder dem einen oder dem anderen dieser widersprüchlichen Ansätze folgend.[16] Bei vielen Interpreten wird Kundry jedoch als eine »jüdische« Gestalt verstanden. Klingsors an Kundry gerichtete Worte »Herodias warst Du ...« machen sie zum weiblichen Pendant des Ahasver, auf der Suche nach einem Christus-ähnlichen Erlöser wandert sie durch die Zeiten.[17] Bis zu ihrer Begegnung mit dem ihrer Verführung widerstehenden »reinen Toren« wird sie zu einem Instrument für Klingsors unablässigen Ehrgeiz, die Gralsritter zu beherrschen. Parsifal wird zum Erlöser und Beherrscher des Grals, Kundry wird ebenfalls erlöst und stirbt. Durch die Taufe erlöst Parsifal sie von sich selbst, von ihrem Judentum also. Kehrte Wagner mit diesem Motiv zurück zu der im *Judentum in der Musik* angesprochenen Art der Erlösung? Ließen sich Juden wie Börne, wie Kundry, vor dem Judentum bewahren?[18]

In Wagners Vision einer arisch-christlichen Gemeinschaft scheinen sich zu viele aus christlichem Gedankengut stammende Erlösungselemente erhalten zu haben, um die Erlösung zu einer reinen Frage der Rasse, der rassischen Gemeinschaft zu machen. In eben diesen Jahren pflegte der Meister Levi mit dem Hinweis auf die Taufe und ein gemeinsam empfangenes Abendmahl zu verspotten ... Daß Hitler den

---

15 Richard Wagner, *Sämtliche Schriften und Dichtungen*, Volksausgabe in 16 Bänden, Bd. 10, Leipzig o.J., S. 271f.

16 Paul Lawrence Rose, *Wagner*, S. 159.

17 Nike Wagner, *Wagner Theater*, S. 190. Zur Identifizierung von Kundry als der »jüdischen« Gestalt im *Parsifal* vgl. auch Hartmut Zelinsky, *Sieg oder Untergang*, S. 17.

18 Ebenso wie bei Mime wird auch die angebliche Darstellung jüdischen Wesens in Kundry von vielen Wagner-Forschern in Zweifel gezogen. Vgl. vor allem Dieter Borchmeyer, *Richard Wagner. Theory and Theatre*, Oxford 1991, S. 391ff., für eine besonders stichhaltige Beweisführung gegen die Interpretation von Kundry als Jüdin und eine in hohem Maße überzeugende alternative Argumentationskette.

Parsifal als zu christlich empfand und nach einer die christlichen Elemente in allgemeinere, metaphysische Sphären verlagernden Interpretation verlangte, überrascht in diesem Zusammenhang nicht.[19]

* * *

Unter Cosimas Führung wurde aus dem arisch geprägten Christentum in Bayreuth reines Ariertum. Thomas Mann schrieb in einer Rezension zu einer neuen Ausgabe von Wagners Briefen im Jahr 1951 vom »unheilvollen Einfluß [...], den ›das Weib‹ in der Gestalt der Tochter Liszts auf ›den Mann‹ in seiner korruptibelsten Erscheinungsform, den Künstlermenschen Wagner und auf die Verwaltung seines Werkes ausgeübt hat [...], der das Festspielhaus schließlich zu Hitlers Hoftheater erniedrigte.«[20] Neben Cosima Wagner stand Houston Stewart Chamberlain hier an zweiter Stelle.

In einer wegweisenden Veröffentlichung über den Bayreuther Kreis wies Winfried Schüler auf dessen besondere Bedeutung für die Antisemitismus-Bewegung und auf Chamberlains entscheidenden Beitrag hin: »Es gehört zum Wesen antisemitischer Ideologien, daß sie sich eines mehr oder weniger ausgeprägten Freund-Feind-Schemas bedienen. Was dem Antisemitismus Bayreuths gleichwohl ein unverkennbar eigenes Gesicht verleiht, ist die Entschiedenheit, mit der der Gegensatz von Germanentum und Judentum nachgerade zum zentralen Thema der Weltgeschichte erhoben wird. In Chamberlains *Grundlagen* findet dieses dualistische Geschichtsbild seine prägnanteste Formulierung.«[21]

Chamberlain rief auf zur Erlösung der arischen Christenheit durch die Vernichtung der Juden; er befand sich dabei im Einklang mit einem häufig wiederholten Leitmotiv Bayreuths. In den abschließenden Zeilen des ersten Bandes von *Die Grundlagen des Neunzehnten Jahrhunderts* fährt Chamberlain nach der Feststellung, daß sich im 19. Jahrhundert inmitten eines Chaos von Mischrassen zwei »reine« Rassen, nämlich Juden und Deutsche gegenüberstehen, fort: »Kein humanitäres Gerede kann die Tatsache beseitigen, dass dies einen Kampf bedeutet. Wo der Kampf nicht mit Kanonenkugeln geführt wird, findet er geräuschlos im Herzen der Gesellschaft statt [...]. Mehr als andere ist gerade dieser stumme Kampf ein Kampf auf Leben und Tod.«[22]

---

19 A. a. O. Hier ist zu ergänzen, daß *Parsifal*-Aufführungen im nationalsozialistischen Deutschland nach dem Beginn des Krieges nicht mehr erwünscht waren.

20 Thomas Mann, *Briefe Richard Wagners. The Burrell Collection*, zitiert nach Thomas Mann, *Werke. Das essayistische Werk*, Taschenbuchausgabe in acht Bänden, hrsg. von Hans Bürgin, Frankfurt 1968, *Schriften und Reden zur Literatur, Kunst und Philosophie* Bd. 3, S. 243.

21 Winfried Schüler, *Der Bayreuther Kreis von seiner Entstehung bis zum Ausgang der Wilhelminischen Ära*, Münster 1971, S. 256.

22 Houston Stewart Chamberlain, *Die Grundlagen des Neunzehnten Jahrhunderts, Erste Hälfte*, zitiert nach der ungekürzten Volksausgabe, München 1938, S. 632.

Chamberlain, der 1908 Wagners Tochter Eva geheiratet hatte, war in zunehmendem Maße von der jüdischen Frage besessen. Krieg, Niederlage und die frühen Jahre der Weimarer Republik steigerten diese Besessenheit bis aufs Äußerste. Am 30. September 1923 vergönnte Hitler dem damals schon gelähmten Propheten des Erlösungsantisemitismus die große Freude, von ihm besucht – und als Deutschlands Erretter vor den Juden anerkannt zu werden.[23]

Innerhalb des insgesamt verschärften Antisemitismus während der späteren Jahre des Wilhelminischen Deutschlands und in der Weimarer Republik entwickelte sich so eine nach Erlösung trachtende Variante des Judenhasses als scheinbar gemeinsame ideologische Basis des Bayreuther Kreises – Chamberlains und der neuen Herren von Wahnfried: Siegfried und vor allem Winifred Wagner – und von Agitatoren wie Dietrich Eckart und Adolf Hitler.

An diesem Punkt müssen wir die unvermeidliche und historisch zentrale Frage in Bezug auf Wagners Antisemitismus stellen: Wieviele der antisemitischen Elemente Wagners fanden Eingang in Hitlers eigene Ideologie? Anders ausgedrückt, um Thomas Mann zu paraphrasieren, nach dem es »viel ›Hitler‹ in Wagner« gegeben hat – wieviel Wagner gab es in Hitler?

III

Hitlers Begeisterung für Wagner von seinen Wiener Tagen an ist wohlbekannt.[24] Seine enge Bindung an die Familie Wagner, an Wahnfried und die Bayreuther Festspiele wurde nicht weniger deutlich zur Schau getragen und war allgemein bekannt. Als die russische Gegen-Offensive die Wehrmacht vor Moskau zurückwarf, sinnierte er beispielsweise am 24. Januar 1942: »Wie habe ich nach der Jahrhundertwende jede Wagner-Aufführung genossen! Wir, die wir zu ihm standen, hießen Wagnerianer, die anderen hatten keinen Namen. Als ich dann Wahnfried zum ersten Mal betreten habe, ich war so bewegt! Nicht nur die anderen, auch Siegfried Wagner ist zu mir gestanden in der Zeit, wo es mir am schlechtesten gegangen ist. [...] Ich war auf du und du mit ihnen, ich liebe diese Menschen und Wahnfried ...«[25] Diese Liebe wurde von Winifred seit den frühen zwanziger Jahren und auch über das Ende des Dritten Reiches hinaus erwidert, wie man sich allseits in dem berüchtigten Syberberg-Interview aus dem Jahr 1976 überzeugen konnte. Im Juni 1933 ließ sie Richard Strauss wissen:

---

23 Geoffrey Field, *Evangelist of Race. The Germanic Vision of Houston Stewart Chamberlain*, New York 1981, S. 225.

24 August Kubizeks Memoiren sind nach wie vor die wichtigste Quelle für Hitlers ungewöhnliche Wagner-Leidenschaft während seiner Wiener Jahre. Ihren Anfang nahm diese Leidenschaft schon 1905 in Linz anläßlich einer Aufführung des *Rienzi*. Brigitte Hamann, *Hitlers Wien: Lehrjahre eines Diktators*, München 1996, liefert eine ausgezeichnete Zusammenfassung der unterschiedlichen Äußerungen von Hitlers Wagner-Faszination während der Wiener Zeit.

25 *Monologe im Führerhauptquartier 1941–1944. Die Aufzeichnungen Heinrich Heims*, hrsg. von Werner Jochmann, Hamburg 1980, S. 224f.

»Sie wissen, daß in Bayreuth nichts geschieht, was nicht der Initiative des Führers oder seiner ausdrücklichen Zustimmung entspricht.«[26]

Wagner blieb bis zum Ende des Dritten Reichs die wichtigste ästhetische Leitfigur, von Hitler immer wieder als Referenz herangezogen, wenn er auf die bedeutendsten Männer der deutschen Geschichte anspielte. Gelegentlich nutzte der Führer der Nationalsozialisten die merkwürdigsten Anlässe zur Erwähnung des verehrten Meisters in der Öffentlichkeit. Als der neuernannte Reichskanzler am 8. Februar 1933 die Vertreter der deutschen Presse von der Beschneidung ihrer Rechte informierte, nannte er als historisches Argument all die fehlerhaften Urteile der damaligen Presse über Richard Wagner.[27] Unter den unveröffentlichen Dokumenten der Parteikanzlei liegen Anweisungen Hitlers über das richtige Tempo für die Ouvertüren zu *Rienzi* und den *Meistersingern* bei Parteitagen (erster Programmpunkt jedes Parteitags war eine Aufführung der *Meistersinger*).[28] Die von Arno Breker geschaffene Büste Wagners schmückte Hitlers großen Wohnraum auf dem Berghof.[29] Während der Friedensjahre versäumte Hitler kein einziges Mal die Bayreuther Festspiele, einige der gegen die Juden gerichteten Erlasse wurden in Bayreuth unterzeichnet. Nach Kriegsausbruch wurden deutsche Siege und deutsche Niederlagen musikalisch von Werken Wagners (und Liszts) begleitet. Im Februar 1943 diente Siegfrieds »Trauermarsch« aus der *Götterdämmerung* anläßlich der Niederlage der 6. Armee in Stalingrad zur mythischen Selbstüberhöhung. Zahllose weitere Beispiele ließen sich aufzählen.[30]

Dieser außergewöhnliche Kult und Wagners zuvor behandelte antisemitische Sicht der Welt (in mehrfacher Hinsicht vom Erlösungsgedanken geprägt, in sich aber

---

26 Brief vom 9. Juni 1933 (Richard-Strauss-Archiv, Garmisch). Zitiert in Michael Kater, *The Twisted Muse: Musicians and their Music in the Third Reich*, New York 1997, S. 38 [dt. Ausgabe:] Michael Kater, *Die mißbrauchte Muse: Musiker im Dritten Reich*, München und Wien 1998. Ungeachtet der Offenheit und Loyalität Winfrieds Hitler gegenüber gelingt ein klares Bild der verworrenen privaten und halb-öffentlichen Beziehungen zwischen Hitler und verschiedenen Mitgliedern der Familie Wagner nur mit Mühe. Die voneinander abweichenden entsprechenden Enthüllungen in den Memoiren oder biographischen Essays, die fast alle Mitglieder dieser Familie hinterließen, verwirren das Bild eher, als daß sie zur Aufklärung beitragen könnten.

27 Domarus, *Hitler. Reden und Proklamationen*, I, 1, S. 202.

28 Albert Speer, *Erinnerungen*, Frankfurt, Berlin 1969, S. 73.

29 Speer, a. a. O., S. 104.

30 Gelegentlich wird die Meinung vertreten, daß Hitlers Vorliebe für Wagner von den nachgeordneten Kreisen der Nationalsozialistischen Führung nicht geteilt wurde. Diese Argumentation zielt möglicherweise darauf, Bayreuths Ruf zu retten, indem dessen Verbindungen zum Naziregime auf eine persönliche Vorliebe des Diktators und nicht auf eine tiefere ideologische Beziehung zurückgeführt werden. Die Beweisführung hat zwei Schwachpunkte: Hitlers Ansichten waren in Fragen der Ideologie oder Kulturpolitik im gleichen Maße wie in anderen Bereichen die einzigen, die zählten; die für Fragen der Ideologie, Kultur und Propaganda zuständigen Nazi-Funktionäre, wie z. B. Joseph Goebbels, waren ausgesprochene Wagnerianer, die zu ihrem Glück nicht erst gezwungen werden mußten. Zu ihrer Verstrickung vgl. Kater, *Die mißbrauchte Muse*, S. 77.

auch widersprüchlich, wie zu zeigen war) führen direkt zu unserem letzten Punkt: in welchem Maße beeinflußten Wagners antisemitische Äußerungen Hitlers Erlösungsantisemitismus, allgemeiner formuliert: welchen Einfluß hatte Wagners Feindseligkeit den Juden gegenüber auf die antijüdische Haltung des Dritten Reichs?

* * *

Der 1933 gegründete Jüdische Kulturbund durfte von Beginn an keine Werke Wagners in seine Programme aufnehmen. Mit anderen Worten: schon vor dem durch neue legislative Maßnahmen erzwungenen Ausschluß der Juden aus der »Volksgemeinschaft« war es eine Selbstverständlichkeit, daß Wagners Werke – wie auch die Werke von Richard Strauss – von der spirituellen und kulturellen Welt des arischen Deutschland vereinnahmt wurde. Wagner lag außerhalb der Reichweite jüdischer kultureller Aktivitäten. Auf dem Gebiet der Literatur wurden dem Kulturbund deutsche Legenden und deutsche mittelalterliche und romantische Literatur ebenfalls untersagt. Unter dieses Verdikt fiel in den folgenden Jahren ein großer Teil deutscher Musik und Literatur; das Recht an ihr wurde den Juden sogar noch vor dem Krieg grundsätzlich entzogen. Musik von Beethoven wurde dem Kulturbund beispielsweise 1937 verboten, Mozart 1938. In diesem Zusammenhang interessiert aber vor allem der auslösende, »ideologisch instinktiv« gewählte erste Schritt. Für die neuen Herren Deutschlands galt von Beginn an die Maxime, daß dort, wo Wagner erklang, keine Juden sein konnten. Auf diese unterschwellige, stillschweigende Art und Weise wurden Wagners Werke – in nicht geringerem Maße als durch die offen als nationalsozialistisch ausgetragenen Festspiele in Bayreuth oder anderswo im Reich – aufs engste so eng mit dem neuen Deutschland in Verbindung gebracht, zugleich auch mit dem Ausschluß der Juden aus der »wahren deutschen« Kultur und aus der »Volksgemeinschaft«. Diese offensichtliche Tatsache läßt den Stellenwert von Wagners Antisemitismus im Denken Hitlers umso paradoxer erscheinen.

Wagners antijüdische Formulierungen wurden von verschiedenen Nazis-Größen auf diversen Parteiebenen häufig erwähnt, aber nicht ein einziges Mal bezog Hitler selbst sich auf Wagners Theorien über die Juden. Es gibt in Hitlers frühen Reden und in *Mein Kampf* keine einzige Erwähnung der diesbezüglichen Schriften Wagners; in den zwischen 1925 und dem Ende des Dritten Reichs gehaltenen Reden geht Hitler darauf nicht ein, nicht einmal bei der Rede anläßlich der Einweihung des Wagner-Denkmals 1937 in Leipzig. In den späten zwanziger Jahren erwähnt Hitler Wagners Musik mehrfach als Waffe im Kampf gegen den Marxismus, aber nie als Instrument gegen den jüdischen Marxismus oder den jüdischen Bolschewismus. Wagner wird in den Tischgesprächen – das klang oben an – voller Hochachtung erwähnt, seine Ansichten über den Erzfeind der Menschheit werden aber nicht einmal erwähnt. Sogar in Hermann Rauschnings häufig zitierten Bemerkungen zur Deutung des *Parsifal*, die Hitler 1934 in einem Gespräch gemacht haben soll, taucht weder das Wort »Jude« auf, noch gibt es irgendeine Anspielung auf die Juden.[31] In der Tat handelt es sich bei diesen Bemerkungen um Hitlers einzige überlieferte Kommentare zu den in Wagners Opern aufgeworfenen Rassenfragen. Es ist jedoch fast mit Sicherheit anzunehmen, daß Rauschning sie wie das meiste seiner sogenannten Konversationen erfunden hat.

In seinen in einer Nürnberger Zelle geschriebenen Memoiren hält Hans Frank, der Ex-Verweser von Polen fest, was Hitler ihm 1936 während einer nächtlichen Fahrt durch das remilitarisierte Rheinland über sein erstes Aufführungserlebnis des *Siegfried* erzählte: »Ich habe ihn zuerst in Wien gehört [...]. Dieses herrliche Mysterium des sterbenden Heros und dieser Judendreck!«[32] Eine engere Verbindung zwischen Wagner und den Juden stellte Hitler in ein- und demselben Kontext an keiner Stelle her ... Worin könnten die Gründe für diese ins Auge fallende Auslassung liegen?

* * *

Die naheliegendste Erklärung könnte in dem Hitler unbehaglichen christlichen Traditionsstrang liegen, der sich in Wagners letzter Oper fortsetzt, in dem hier nicht konsequent genug durchgehaltenen christlich-arischen Antisemitismus – ungeachtet der Begeisterung Hitlers für die Musik von Wagners „Weltabschiedswerk«. Obwohl der Führer selbst Einfluß auf die Bayreuther Bühnenbilder zu *Parsifal* nahm und eine Erweiterung des Festspielhauses plante, um die Schlußszenen noch wirksamer gestalten zu lassen, kritisierte er den zu großen Einfluß christlicher Glaubenselemente. Nach dem Zeugnis von Wieland Wagner dachte Hitler sogar daran, Wagners letztes Werk mit einem Bann zu belegen.[33]

Die zweite Hypothese ist das genaue Gegenteil der ersten: sie geht davon aus, daß es zwischen Hitlers und Wagners Ideologie in allen nur denkbaren Bereichen enge und zwingende Anknüpfungspunkte gab, unter anderem auch in ihrem wahnsinnigen Haß auf die Juden. Dabei ist es unwesentlich, ob diese Affinität gemeinsame Wurzeln in der bürgerlichen Gesellschaft hatte – so Thomas Mann und Adorno. Entscheidend ist hier, daß Wagners ideologische Ansichten vielleicht in so hohem Maße mit denen der nationalsozialistischen Führung übereinstimmten, daß Hitler – sei es bewußt oder unbewußt – von jedem direkten Hinweis darauf absah. Von einem welthistorischen Blickpunkt aus – und nach den Worten Hitlers wurde man seiner Funktion nur durch eine solche Sichtweise gerecht – konnten schließlich auch nicht zwei Propheten die Erlösung der arischen Menschheit von den Juden verkünden.

---

31 Hermann Rauschning, *Gespräche mit Hitler*, 1. Auflage Zürich 1940, S. 216ff.

32 Hans Frank, *Im Angesicht des Galgens. Deutung Hitlers und seiner Zeit auf Grund eigener Erlebnisse und Erkenntnisse*, München 1953, S. 213.

33 Nike Wagner, *Wagner Theater*, Frankfurt und Leipzig, 2. Auflage 1998, S. 225.

Zusammenfassung der Diskussion

Auf eine Frage aus dem Publikum betonte Prof. Friedländer, daß er keinen Grund sehe, das Werk Wagners in Israel oder anderswo zu verbieten. Hier müßte zwischen einem direkten politischen Zeichen wie dem Hakenkreuz und einer artistischen Symbolwelt wie der Wagners unterschieden werden. Vielmehr sei die Aufklärung der historischen Zusammenhänge erforderlich. Die Praxis des Banns setze dagegen die Politik des Dritten Reiches in anderer Form fort, da sie zur Unterdrückung künstlerischer und intellektueller Themen führe. Der Beobachtung Prof. Friedländers, daß sich Hitler in seinen antisemitischen Verlautbarungen nicht auf Wagner berufen habe, und die möglichen Gründe für diese Tatsache lösten eine methodische Diskussion aus. Prof. Rose vertrat die Auffassung, daß sich Hitlers Äußerungen oftmals implizit auf das Judentum beziehen sollen; so wenn von der Volksgemeinschaft die Rede sei, die Juden per definitionem ausschließe. Frau Dr. Porat bezweifelte, daß die mangelnde Konsistenz des Wagnerschen Antisemitismus für seine ideologische Wirkung von Bedeutung gewesen sei.

Prof. Yovel betonte gegenüber dem für Hitler nicht akzeptablen christlichen Erlösungscharakter des Antisemitismus Wagners, daß sich *Das Judentum in der Musik* vor allem an säkulare Juden wende, die ihre religiöse Identität (judaism) aufgegeben hätten, um sich in die europäische Gesellschaft zu integrieren. Wagner behaupte dagegen die unüberwindliche Fremdheit des jüdischen Wesens (judaity) und fordere dessen Selbstdestruktion. Nach Prof. Friedländer belegt dagegen das Beispiel Ludwig Börnes in Wagners Schrift, daß sich das säkulare Judentum hier zu einem humanistischen Selbstverständnis entwickeln soll. Das revolutionäre Engagement Börnes entspreche somit der Taufe Kundrys im christlichen Kontext von Wagners *Parsifal*.

Auf die Frage aus dem Publikum, ob Wagner im Nationalsozialismus zum »Opfer« einer Instrumentalisierung wurde, konstatierte Prof. Friedländer einen ambivalenten Wirkungszusammenhang. Zwar sei das Werk Wagners für ihm fremde Ziele in Anspruch genommen worden, es habe aber auch Anknüpfungspunkte für den späteren Mißbrauch geboten. Die Wahrnehmung dieser Affinität sei der tiefere Grund für die Probleme der israelischen Öffentlichkeit mit Wagner. Nach Prof. Bermbach sollen sich dagegen in Wagners Musikdramen keine Hinweise auf seine antisemitischen Anschauungen finden.

Wolf-Daniel Hartwich

Dieter Borchmeyer

Heinrich Heine – Richard Wagner

Analyse einer Affinität

Heine und Wagner sind die beiden umstrittensten deutschen Künstler des 19. Jahrhunderts. Die Provokation, die von ihrem Werk ausging, wurde verschärft durch ihr skandalisierend-unbürgerliches Leben, das den Erwartungshorizont deutschen Künstlertums sprengte, und durch die ihnen beiden eigene polemische Neigung und Schriftstellerei. Das heftige Pro und Contra, durch das ihre Resonanz auf die Zeitgenossen und Nachgeborenen von Beginn an geprägt ist und das nicht nur seiner Dynamik, sondern auch seinem Inhalt nach durchaus vergleichbar ist, berührt um so merkwürdiger, als man in Heine den jüdisch-deutschen Schriftsteller schlechthin, in Wagner aber den antisemitischen Künstler par excellence zu sehen pflegt.

Zwei Äußerungen über Heine sollen die heftigen Gegensätze in der Meinungsbildung der zeitgenössischen Publizistik dokumentieren: ein rigoroses Contra und ein nicht minder rigoroses Pro. Im Zusammenhang mit dem Streit um die Erbschaft von Heines Onkel Salomon erregt sich ein Anonymus unter dem Datum des 20. Februar 1846 über die »sich überall vordrängende Persönlichkeit« des »Doktor Heinrich Heine«, der »selbst während seines Aufenthaltes in der Fremde ein Gegenstand fortlaufender Besprechung geblieben« und jetzt im Begriffe sei, »der ununterbrochenen Reihe von Skandalen die sein Leben und seine schriftstellerische Tätigkeit bilden, die Krone aufzusetzen.«

Aufs schärfste wird nun mit dem Charakter Heines abgerechnet. Von der »inneren Ruchlosigkeit seines Wesens« ist die Rede, von der ›Gehässigkeit‹ und ›frivolen Taktlosigkeit‹ des »verdorbenen Genies«. Durch die Blume äußert der Anonymus den Verdacht, der »kranke exilierte und dürftige Dichter« verdanke das Gebrechen »seinem eigenen Lebenswandel«, und der Artikel darf natürlich nicht ohne Herabsetzung auch des poetischen Talentes von Heine enden. »H. Heine besitzt ein gewisses unverkennbares Talent Dinge und Zustände [...] mit Leichtigkeit darzustellen ohne daß er sich über die eigentliche Tiefe der Gegenstände besondere Skrupel machte. Ein gewisser Witz bei dem ihm seine Gewissenlosigkeit selbst das Heiligste anzutasten zu Hilfe kommt hat ihm in Deutschland ein Publikum erworben um das ihn gewiß kein gesinnungsvoller Schriftsteller beneidet. Der Witz gehört dem Augenblicke an, die Nachwelt welche über die literarischen Produkte einer Periode zu

Gericht sitzt wird H. Heine geringe Beachtung schenken während sie die Männer von Charakter und Konsequenz [...] mit dem verdienten Kranze krönen wird. Das Talent vergeht, nur der Charakter bleibt.«[1] Ein Topos, der von Ludwig Börne bis Karl Kraus (»ein Talent, weil kein Charakter«, so das Verdikt des letzteren in seinem Essay *Heine und die Folgen*[2]) in der Polemik gegen Heine eine unheilvolle Rolle gespielt hat.

Und nun das Pro. Fünf Jahre vor der Heine-Affäre, auf die der Verfasser des soeben zitierten Artikels anspielt, gab es eine andere – entschieden spektakulärere. In seiner Börne-*Denkschrift* (1840) hatte Heine die platonische Dreiecksbeziehung verhöhnt, in der Börne mit Jeanette Wohl und ihrem Ehemann Salomon Strauß gelebt hatte. Dieser stellte deshalb Heine in Paris auf offener Straße zur Rede und behauptete später gar, ihn geohrfeigt zu haben. Heine forderte Strauß daraufhin zu einem einigermaßen glimpflich verlaufenden Duell heraus. Die »Ohrfeigen-Affäre« bereitete weiten Teilen der deutschen Presse auf Kosten Heines diebisches Vergnügen. Darüber entrüstet sich die Dresdener »Abend-Zeitung« in einem Artikel vom 6. Juli 1841. »Man muß gestehen«, heißt es da, »wir Deutsche sind ein großmütiges Volk! Wir sehen aus unsrer Mitte ein Talent hervorgehen, wie Deutschland wenig ähnliche aufzuweisen hat.« Welcher junge Autor auch immer »eine Feder zur Hand« nehme, suche »es Heine nachzumachen, denn nie hat eine so plötzlich und mit Blitzesschnelle hervorgerufene, gänzlich unvermutete Erscheinung ihre Richtung so unwiderstehlich beherrscht, als die Heines die ihrige. Nicht genug aber, daß wir nachher geduldig zusehen, wie unsere Polizei dies herrliche Talent von seinem vaterländischen Boden verjagt, daß wir mit schnell erschlaffter Spannkraft übersehen, wie seine üppige Wurzel aus der Erde gerissen wird, die ihr allein Nahrung geben konnte, [...] daß wir ihn zwingen, aufzuhören, Deutscher zu sein, während er doch nimmermehr Pariser werden kann [...] – nein! wir freuen uns auch und klatschen in die Hände, wenn diesem Heine endlich eine Behandlung widerfährt, wie wir sie bei uns gegen Sechzehngroschen-Rezensenten anzuwenden die praktische Gewohnheit haben!« (XII 101f.)[3]

Soweit einige Passagen aus der Heine-Apologie der Dresdener »Abend-Zeitung«. Die beiden zitierten Artikel stammen aus der Feder – von Heinrich Heine und Richard Wagner höchstpersönlich. Im 19. Jahrhundert gab es bekanntlich die leidige Gepflogenheit, eigene Artikel anonym oder pseudonym in die Presse zu schleusen. Doch weder ist die großmütige Heine-Verteidigung das Werk des angegriffenen Autors selber, wie man vermuten könnte, noch stammt das zuvor zitierte hämische

1 Heinrich Heine, Sämtliche Werke in vier Bänden, hrsg. von Werner Vordtriede, München 1972, Bd. IV, S. 682–686.

2 Karl Kraus, Auswahl aus dem Werk, hrsg. von Heinrich Fischer, München 1957, S. 205.

3 Die Zitate aus Wagners *Gesammelten Schriften und Dichtungen* werden im Text selbst mit eingeklammerter römischer Band- und arabischer Seitenzahl nachgewiesen (Bd. I-X nach der 2. Aufl., Leipzig 1888, die Bände XI-XVI nach: *Sämtliche Schriften und Dichtungen. Volksausgabe*, Leipzig 1911).

Pamphlet etwa von Richard Wagner. Jener »Dr. H.«, der die häßliche Polemik gegen Heine unterzeichnet, ist vielmehr Doktor Heine selber, der diesen Artikel veröffentlichen wollte und seinen Freund August von Varnhagen vergeblich zu animieren suchte, den anonymen Giftspritzer in einem Gegenartikel zu vernichten.

Der humane Artikel in der Dresdener »Abend-Zeitung« hingegen stammt von keinem anderen als von Richard Wagner. Niemals würden die Franzosen einem ihrer Dichter eine ›Lästerung‹ zuteil werden lassen, wie es sich nun die deutsche Presse gegenüber Heine erlaube, so betont er, und appelliert »an das Rechtsgefühl meiner Landsleute«, einem ihrer größten literarischen Talente doch endlich Gerechtigkeit widerfahren zu lassen (XII 102). Wagner selbst hat seinem Appell leider nicht gehorcht. Derselbe Autor, der diesen liberalen Artikel verfaßt hat, soll wenige Jahre später sein Herz so verhärten, daß er im Banne eines ideologisch bestimmten Ressentiments jenes »herrliche Talent« noch einmal »von seinem vaterländischen Boden« verjagen, seine Zugehörigkeit zur deutschen Literatur bestreiten und die markanten Spuren der Inspiration durch dieses Talent in seinem eigenen, Wagners, Werk schmählich verwischen wird.

Der wesentlichste Grund für Wagners Heine-Verdrängung – er erklärt auch seine Polemik gegen das »Judentum in der Musik« – ist die Tatsache, daß er in den vierziger Jahren sein Künstlertum mehr und mehr aus der Opposition gegen dessen urbanistisch-kosmopolitische Basis heraus neu konstituiert. Für diese Basis aber stehen die Namen und Begriffe Paris, Heine, Judentum. Die Haßausbrüche gegen die französische Metropole, die doch immer wieder in Bewunderung für die Zivilisation der »Hauptstadt des 19. Jahrhunderts« (Walter Benjamin)[4] umschlagen, das Schweigen über Heine trotz permanenter Adaptation seiner Werke, die Perhorreszierung des Judentums bei immer wieder durchbrechender Faszination durch seine Intellektualität offenbaren Wagners ästhetische Ideologie als System eines verdrängten, untergründig stets präsenten Urbanismus.

Niemand hat das genauer erkannt als Nietzsche, für den dieser latente Urbanismus Wagners die Ursache für seine eminente Wirkung auf die Pariser Artistenszene bildet. »Als *Artist* hat man keine Heimat in Europa ausser in Paris: die délicatesse in allen fünf Kunstsinnen, die Wagner's Kunst voraussetzt, die Finger für die nuances, die psychologische Morbidität, findet sich nur in Paris.« So lesen wir in *Ecce homo*.[5] Nietzsche hat sich durch Wagners eigene deutsch-nationale Kostümierung – »Genies seiner Art haben selten das Recht, sich selbst zu verstehen« (*Jenseits von Gut und Böse*, Aphorismus 256)[6] – nie von der Überzeugung abbringen lassen, daß jener, wie es in einem nachgelassenen Fragment aus dem Jahre 1888 heißt, »ein *capitales Faktum*

4 Walter Benjamin, *Illuminationen. Ausgewählte Schriften*, hrsg. von Siegfried Unseld, Frankfurt a. M. 1961, S. 185–200.

5 *Nietzsche und Wagner. Stationen einer epochalen Begegnung*, hrsg. von Dieter Borchmeyer und Jörg Salaquarda, Frankfurt a. M. 1994, Bd. II, S. 1100f.

6 Ebd. S. 931.

in der Geschichte des ›europäischen Geistes‹, der ›modernen Seele‹« war, »wie Heinrich Heine ein solches Faktum war«.[7]

In Heine und Wagner – wie auf dem Gebiet der Philosophie in Schopenhauer – sah Nietzsche die großen entprovinzialisierenden Ereignisse der deutschen ästhetischen Kultur, die einzigen, die den europäischen Einfluß Goethes fortsetzten. Kein Zweifel, daß er sich in dieser Beziehung Heine und Wagner an die Seite stellte, in solchem Bunde der dritte sein wollte. »Man wird einmal sagen, dass Heine und ich bei weitem die ersten Artisten der deutschen Sprache gewesen sind – in einer unausrechenbaren Entfernung von Allem, was blosse Deutsche mit ihr gemacht haben«, heißt es in *Ecce homo*[8] – ein »Kleinheitswahn« Nietzsches, über den der Heine-Hasser Karl Kraus später nur den Kopf schütteln konnte.[9] Und unmittelbar vorher lesen wir: »Den höchsten Begriff vom Lyriker hat mir *Heinrich Heine* gegeben. Ich suche umsonst in allen Reichen der Jahrtausende nach einer gleich süssen und leidenschaftlichen Musik.«[10] Das klingt verblüffend an Nietzsches Huldigung von Wagners *Tristan* im gleichen *Ecce homo* an: »Aber ich suche heute noch nach einem Werke von gleich gefährlicher Fascination, von einer gleich schauerlichen und süssen Unendlichkeit, wie der Tristan ist, – ich suche in allen Künsten vergebens.«[11] Die gleiche »süsse und leidenschaftliche Musik« scheint Nietzsche aus Heines Lyrik und Wagners *Tristan* entgegenzuklingen, und solche Musik soll auch sein *Ecce homo* sein. Heine, Wagner, Nietzsche – die drei sind für ihn eins im Sinne des höchsten Artistentums. Dessen Metropole aber ist für ihn Paris – »der Sitz der geistigen und raffinirtesten Cultur Europa's«, wie es im Aphorismus 254 aus *Jenseits von Gut und Böse* heißt.[12]

Im Geiste dieser Kultur sind Heine und Wagner für ihn aufs engste verbunden. »Heinrich Heine – l'adorable Heine, sagt man in Paris«, sei »den tieferen und seelenvolleren Lyrikern Frankreichs längst in Fleisch und Blut übergegangen [...]. Was wüsste deutsches Hornvieh mit den délicatesses einer solchen Natur anzufangen! – Was endlich Richard Wagner angeht: so greift man mit Händen, nicht vielleicht mit Fäusten, dass Paris der eigentliche *Boden* für Wagner ist: je mehr sich die französische Musik nach den Bedürfnissen der ›âme moderne‹ gestaltet, um so mehr wird sie wagnerisiren, – sie thut es schon jetzt genug.« So ist im Kapitel »Wohin Wagner gehört« aus *Nietzsche contra Wagner* zu lesen.[13] Wirklich verkörpern Heine und Wagner – dessen Musikdramen für die französischen Intellektuellen seit Baudelaire Poesie schlechthin sind – im Paris des späteren 19. Jahrhunderts die lebendige deutsche Lite-

---

7 Ebd. S. 1047.

8 Friedrich Nietzsche, *Sämtliche Werke. Kritische Studienausgabe*, hrsg. von Giorgio Colli und Mazzino Montinari, München 1980, Bd. VI, S. 286.

9 *Heine und die Folgen, S. 204.*

10 *Sämtliche Werke*, Bd. VI, S. 286.

11 *Nietzsche und Wagner*, S. 1101f.

12 Ebd., S. 930.

13 Ebd., S. 1129f.

ratur, während diese seit Goethes Tod in Frankreich ansonsten kaum mehr wahrgenommen wird.

Nietzsches Auffassung, daß Paris der eigentliche Boden für Wagner wie für Heine war und ist – der Boden der Modernität, die für Nietzsche mit dem Wagnerismus zusammenfällt – mag in den Ohren der Kenner von Wagners Haßtiraden gegen Paris seltsam klingen. Doch gibt es auch ganz andere Äußerungen von ihm über die französische Metropole. Als Ludwig II. 1867 nach Paris reisen will, »obwohl jede Faser meines Wesens sich dagegen sträubt, das moderne Babylon, das ich verabscheue, zu besuchen«, wie er Wagner am 12. Juli des Jahres schreibt,[14] antwortet dieser am 18. Juli mit einem grandiosen Porträt dieser »einzigen Stadt«, die immer von neuem seine Teilnahme errege. »Ich habe in so verschiedenen Zeiten dort gelebt, und so wichtige Phasen der Entwicklung meines Verhältnisses zur Welt dort erlebt, dass ich, wenn ich eben von meinem Verhalten zur Welt rede, dieses sich immer auf Erkenntnisse bezieht, welche ich dort am unwiderleglichsten gewann. [...] Und das ist wohl natürlich: von derjenigen Richtung, in welcher gegenwärtig die Welt läuft, ist Paris der Culminationspunkt, und alle übrigen Städte sind nur Stationen; es ist das Herz der modernen Civilisation, dahin ihr Blut strömt und von wo es wieder in die Glieder zurückfliesst.« Paris allein verdanke er die Erkenntnis »der wahren und richtigen Physiognomie der Dinge«, und noch heute ziehe er es »allen Orten der Welt« vor, weil dort in »originaler Gestalt« zum Ausdruck komme, was andernorts nur »Nachahmung« sei; »mit Nichts, Nichts von dort kann Europa wetteifern«. Paris sei »der vollständige Ausdruck Unserer Zeit; Gebäude, Anlagen und Einrichtungen sind in voller Harmonie mit unsrer Civilisation, und können als ihr richtiger Repräsentant gelten, so dass aus dem Anblick von Paris im besten Sinne auf die Bedeutung unsrer ganzen modernen Civilisation geschlossen werden kann.« Wenn es eine kulturelle Alternative zu Paris gebe – das einzige, »was sie in Paris nicht erfinden, und selbst endlich dort nicht einmal nachahmen könnten«, weil es eben den Horizont der modernen Zivilisation radikal sprenge – das sei das »Festtheater und drin die Nibelungen«.[15] Bayreuth wirft als dialektisches Gegenbild zu Paris seine Schatten voraus.

Wie Paris so verkörpert auch das Judentum für Wagner den Geist der Moderne, und Heine ist für ihn dessen wichtigster literarischer Repräsentant. Wenn er das »Judentum in der Musik« attackiert, dann greift er, wie ihm seine Kritiker immer wieder vorgehalten haben, seine eigenen intellektuellen und künstlerischen Grundlagen an. »Denn gestehen wir's nur, mit dem Aufsatze *Das Judenthum in der Musik* hat der humoristische Mensch nur eine genaue Charakteristik seiner selbst gegeben«, heißt es in einem Artikel des »Beobachters an der Spree« vom 24. Mai 1869[16] in Übereinstim-

---

14 *Richard Wagner und König Ludwig II. von Bayern. Briefwechsel*, Auswahl, Anmerkungen und Nachwort von Kurt Wölfel, Stuttgart 1993, S. 85.

15 Ebd., S. 87–89.

16 *Hurenaquarium und andere Unhöflichkeiten. Richard Wagner im Spiegel der zeitgenössischen Kritik*, hrsg. von Wilhelm Tappert im Jahr 1876, vermehrte Aufl. 1903, Vorwort von Heinz Friedrich, München 1968, S. 56f.

mung mit zahllosen Polemiken gegen Wagner, die sein Pamphlet wider das musikalische Judentum nur als Versuch ansehen, von seinem eigenen Künstlercharakter abzulenken, dessen »Eigentümlichkeiten und Schwächen« genau dem entsprächen, so Gustav Freytag in seinem Aufsatz *Der Streit über das Judenthum in der Musik* (1869), was er am jüdischen Künstlertum tadle. »Im Sinne seiner Broschüre erscheint er selbst als der größte Jude.« Die »Beschaffenheit seiner merkwürdigen und für unsere Musik verhängnisvollen Begabung scheint uns gerade eine solche zu sein, welche in seinem Sinne als eine dem Judentum eigentümliche aufgefaßt werden müßte.«[17] So weit Freytag.

Die Doppelbödigkeit von Wagners Künstlercharakter – der Versuch der Verschleierung der modern-europäisch-großstädtisch-kosmopolitischen Antriebe seines Künstlertums – ist am scharfsinnigsten von Nietzsche aufgedeckt worden. Im Aphorismus 256 aus *Jenseits von Gut und Böse* hat er unter rigoroser Absage an die nationalistische Politik des späten 19. Jahrhunderts emphatisch die Zuversicht ausgedrückt, »dass *Europa Eins werden will*«. Zu den Autoren, welche den »Europäer der Zukunft« vorwegnehmen, zählt er auf deutscher Seite Goethe, Beethoven, Heinrich Heine, Schopenhauer – und: »man verarge mir es nicht, wenn ich auch Richard Wagner zu ihnen rechne, über den man sich nicht durch seine eignen Missverständnisse verführen lassen darf, [...] – die Thatsache bleibt nichtsdestoweniger bestehn, dass die *französische Spät-Romantik* der Vierziger Jahre und Richard Wagner auf das Engste und Innigste zu einander gehören [...]. Europa ist es, das Eine Europa, dessen Seele sich durch ihre vielfältige und ungestüme Kunst hinaus, hinaufdrängt und sehnt [...]. Mögen die deutschen Freunde Richard Wagner's darüber mit sich zu Rathe gehn, ob es in der Wagnerischen Kunst etwas schlechthin Deutsches giebt, oder ob es nicht gerade deren Auszeichnung ist, aus *überdeutschen* Quellen und Antrieben zu kommen: wobei nicht unterschätzt werden mag, wie zur Ausbildung seines Typus gerade Paris unentbehrlich war, nach dem ihn in der entscheidensten Zeit die Tiefe seiner Instinkte verlangen hiess.«[18]

Auch in diesem Punkt besteht bedeutende Affinität zwischen Heine und Wagner. Beide verkörpern einen modernen metanationalen, großstädischen Künstlertypus, wie es ihn in Deutschland in dieser genialen Ausprägung sonst kaum gab. Das erklärt die ungeheure Polemik gegen Wagner wie gegen Heine zu ihrer Zeit, eine Polemik, deren Vokabular in beiden Fällen oft fast austauschbar ist – bis hin zu antisemitischen Schmähungen. So merkwürdig es uns heute vorkommen mag: Wagner war nicht nur ein Subjekt, er war auch – wie Heine – ein Objekt antisemitischer Polemik. Als »Rabbi von Bayreuth«, »Judenbengel«, dessen »lange Talmud-Schnüfflernase« den Verdacht semitischer Abstammung errege, geistert Wagner durch die zeitgenössische

17 Gustav Freytag, *Gesammelte Werke. Erste Serie*, Bd. VIII., Leipzig und Berlin o.J. (Grenzbote, Nr. 22, 1869), S. 325–330, hier S. 329f.

18 *Nietzsche und Wagner*, S. 931–933.

Karikatur und Kritik.[19] Nietzsche hat diese negative Wertung Wagners ins Positive verkehrt, wenn er ihn als Geistesverwandten des modernen jüdischen Künstlers à la Heine ausgibt.

Wagner hatte Heine um die Jahreswende 1839/40 durch den gemeinsamen Freund Heinrich Laube in Paris persönlich kennengelernt. Was Laube, Wagner und Heine verband, war die Opposition gegen das reaktionär-verstockte Deutschland in politischer wie moralischer Hinsicht. Wagner hatte sich in seinen frühen Essays und seiner zweiten Oper *Das Liebesverbot* unverhüllt der Oppositionsbewegung des »Jungen Deutschland« angeschlossen. »Wir müssen die Zeit packen und ihre neuen Formen gediegen auszubilden suchen; und der wird der Meister sein, der weder italienisch, französisch – noch aber auch deutsch schreibt.« So lautet der Schlußsatz seines ersten Essays *Die deutsche Oper*, der 1834 in Laubes »Zeitung für die elegante Welt« erschienen ist (XII 4). Und im *Liebesverbot* von 1836 huldigt Wagner ganz und gar jungdeutscher Emanzipation des Fleisches, dem Triumph des Eros über sinnenfeindlichen Despotismus.

Es war also die sensualistische Lebens- und Kunsttendenz, die Wagner zu Heine hinzog – zugleich aber die von ihm in seiner Autobiographie *Mein Leben* so genannte »*Heinesche* Manier im Journalstil«.[20] Sie hat er sich in seinen Artikeln aus Paris für die Dresdener »Abend-Zeitung« ganz zu eigen gemacht hat. Auch in den Feuilletons und Novellen für die »Revue et Gazette musicale«, die in seinen Pariser Jahren (1839–42) entstanden sind, folgte er dem ironischen Parlandostil Heines, mit so verblüffender Mimikri, daß es bisweilen schwer fällt, seine und Heines Prosa auseinanderzuhalten – besonders, wenn beide über dieselben kulturellen Ereignisse der französischen Metropole berichten, Heine für die Augsburger »Allgemeine Zeitung«, Wagner für die Dresdener »Abend-Zeitung«. Ein Musterbeispiel stilistischer Affinität ist Wagners Satire auf die Popularität von Webers *Freischütz* (I 213f.), die den einschlägigen Passagen aus Heines *Briefen aus Berlin*[21] zum Verwechseln ähnelt. Heine selbst fühlte sich durch Wagners Feuilletons an E. T. A. Hoffmanns musikalische Prosa erinnert und spendete ihm nach Wagners Bericht das Lob: »So etwas hätte *Hoffmann* nicht schreiben können.«[22]

Wagner vertonte in dieser Zeit Heines Gedicht *Die beiden Grenadiere* in einer vom Autor selber gebilligten französischen Übersetzung und widmete ihm den im Sommer 1840 erschienenen Druck der Komposition – wohl nicht zuletzt zum Dank dafür, daß Heine ihm gestattete, den in seinen *Memoiren des Herren von Schnabelewopski* bereits als dreiaktiges Theaterstück aufbereiteten Stoff vom Fliegenden

19 Vgl. *Hurenaquarium und andere Unhöflichkeiten*, S. 56f. (Jude, Judenbengel, Judenschnapper) und 106 (Talmud-Schnüfflernase) sowie: *Wagner in der Karikatur*, hrsg. von Ernst Kreowski und Georg Fuchs, Berlin 1907, S. 58f. u. ö.

20 Richard Wagner, *Mein Leben*, hrsg. von Martin Gregor-Dellin, München 1983, S. 208.

21 *Sämtliche Werke*, Bd. II, S. 446ff.

22 Richard Wagner, *Mein Leben*, S. 201.

Holländer in ein Opernlibretto zu übertragen. Merkwürdig, daß Wagner Heines rein parodistische Erzählung der Handlung eines fingierten Schauspiels in den Ernst einer Weltschmerz- und Erlösungs-Oper verwandelt. Ähnliches wird beim *Tannhäuser* geschehen, der ebenfalls durch Heines parodistische Version des Sagenstoffs inspiriert ist. Wagners Opern scheinen parodierte Parodien zu sein. Minus mal Minus gibt Plus. Der wiedergewonnene tragische Ernst hat die Erfahrung seiner komischen Negation hinter sich, er ist, mit Schillerschen Kategorien zu reden, nicht mehr naiv-ungebrochen, sondern sentimentalisch-reflektiert, vom modernen Bewußtsein seiner Brüchigkeit geprägt – was erklärt, warum Wagners Musikdramen so oft zur travestierenden Übersetzung ins Moderne gereizt haben und bis heute reizen, wie wiederum Nietzsche im *Fall Wagner* prognostiziert hat: »Würden Sie es glauben, daß die Wagnerschen Heroinen sammt und sonders, sobald man nur den heroischen Balg abgestreift hat, zum Verwechseln Madame Bovary ähnlich sehn!« – wie Flaubert letztere umgekehrt »in's Skandinavische oder Karthagische übersetzen« und Wagner »mythologisiert« als Textbuch hätte anbieten können. Denn was Wagner interessiert habe, seien im Grunde »lauter ganz moderne, lauter ganz *großstädtische* Probleme«.[23]

Die Spuren Heines lassen sich in Wagners musikdramatischen Œuvre vom *Liebesverbot* bis zum *Parsifal* verfolgen, bilden eine uneingestandene Kontinuität in seinem Werk.[24] Kein moderner Schriftsteller hat Wagner stärker geprägt. Gleichwohl hat er jene Spuren seit den späten vierziger Jahren zunehmend verleugnet. Ein Musterbeispiel sind seine Äußerungen über den *Fliegenden Holländer*. Im Erstdruck seiner *Autobiographischen Skizze* in Laubes »Zeitung für die elegante Welt« (1843) – die dort parallel mit Heines *Atta Troll* in mehreren Folgen abgedruckt wurde – hatte er noch bekannt, »die von Heine erfundene, echt dramatische Behandlung der Erlösung dieses Ahasverus des Ozeans« habe ihm »alles an die Hand« gegeben, »diese Sage zu einem Opernsujet zu benützen«. In der Folgezeit wird der Name Heines jedoch aus der Entstehungsgeschichte des *Fliegenden Holländers* mehr und mehr verdrängt, bis er in *Mein Leben* schließlich verschwindet. Das hängt nicht nur mit Wagners zunehmender Idiosynkrasie gegen das Judentum zusammen, sondern auch mit seinem ästhetischen Dogma, daß das musikalische Drama unmittelbar auf die mythenschaffende Phantasie des Volkes zurückgreift. Daher will er nicht zugeben, daß er die ›volkstümlichen Stoffe‹ seiner Opern so gut wie immer zunächst in moderner, ja parodistischer Brechung kennengelernt hat. Ein Problem, das alsbald beim *Tannhäuser* wiederkehrt, auf dessen Stoff Wagner ebenfalls zunächst durch die modernen Versionen von Tieck und vor allem von Heine aufmerksam wurde. Und doch hat er seine wichtigste Inspirationsquelle – Heines Essay *Elementargeister* im *Salon* von

23 *Nietzsche und Wagner*, S. 1079.

24 Vgl. dazu Dieter Borchmeyer, *Heinrich Heine und sein abstrünniger Adept: Richard Wagner*, in: *Literatur im Wandel. Festschrift für Viktor Žmegač zum 70. Geburtstag*, hrsg. von Marijan Bobinac, Zagreb 1999, S. 53–72 sowie Joseph A. Kruse, *Heine-Zeit*, Stuttgart 1997, S. 363–381.

1837 – anders als im Falle des *Fliegenden Holländers* von Anfang an vollständig verheimlicht. Das hängt, abgesehen von seiner allgemeinen Heine-Verdrängung, gewiß auch damit zusammen, daß Wagner seinem *Tannhäuser* schließlich eine durchaus anti-Heinesche Wendung gegeben hat. Der Titelheld flieht zunächst noch ganz im Sinne der Wertvorstellungen des »Jungen Deutschland« – und Heines – aus der Unfreiheit gesellschaftlicher und poetischer Konventionen, die zur Repression des Liebesgenusses zwingen, in die schrankenlose erotische Freiheit des Venusberges – aus dem spiritualistischen Mittelalter ins Sinnenland der Antike, das nur noch aus dem ›Untergrund‹ wirkt. Doch dem aus dem Sinnenland des Venusbergs heimgekehrten Tannhäuser verwandelt sich die Geliebte Elisabeth alsbald in die Erlöserin, und er begibt sich auf der Suche nach dem Heil nach Rom, das ihm zwar dort verwehrt wird, das er aber schließlich sterbend durch die Fürsprache der »heiligen Elisabeth« findet. Das hätte Heine als »nazarenisch«-spiritualistische Verfälschung eines – seines – »hellenisch«-sensualistischen Stoffes gebrandmarkt, um das antithetische Begriffspaar aus seiner Börne-*Denkschrift* zu zitieren. Hellenen sind für Heine »Menschen von lebensheiterem, entfaltungsstolzem und realistischem Wesen«, Nazarener hingegen »Menschen mit ascetischen, bildfeindlichen, vergeistigungssüchtigen Trieben«.[25] Diese Heinesche Antinomie von Nazarener- und Hellentum, Spiritualismus und Sensualismus gemahnt schon an Nietzsches Gegensatz von Décadence und dionysischer Welt, in deren Namen er Kritik an Wagner übt – wie Jahrzehnte zuvor Heine im Namen des Hellenentums am revolutionären Aszetismus Börnes. Und so gewinnt es einen eigentümlichen Hintersinn, wenn Wagner am Schluß seines Aufsatzes *Das Judenthum in der Musik* (1850) Börne seinerseits gegen Heine ausspielt.

Die Juden, so Wagners These in seinem ominösen Traktat, haben »keinen wahren Dichter hervorgebracht« – weil die moderne Zivilisation, deren Dämon sie gewissermaßen sind, aus sich selber heraus keine echte Poesie hervorbringen kann. Er beruft sich auf Heine, der erkannt habe, daß das moderne Lebenselement »gänzlich unpoetisch« sei und ihm deshalb »kein wahrer Dichter mehr entsprießen« könne. Das »Amt« des »sehr begabten dichterischen Juden« Heinrich Heine sei es gewesen, die »Lüge« einer »immer noch poetisch sich gebaren wollenden Dichterei mit hinreißendem Spotte aufzudecken«. Heine sei »das Gewissen des Judenthumes« gewesen – »wie das Judenthum das üble Gewissen unserer modernen Civilisation ist«; »keine Täuschung hielt bei ihm vor: von dem unerbittlichen Dämon des Verneinens Dessen, was verneinenswerth schien, ward er rastlos vorwärtsgejagt, durch alle Illusionen moderner Selbstbelügung hindurch, bis auf den Punkt« – und jetzt folgt der Umschlag der Wertung ins Negative –, »wo er nun selbst wieder sich zum Dichter log, und dafür auch seine gedichteten Lügen von unseren Komponisten in Musik gesetzt erhielt.« (V 85) Wagner verschweigt, daß er selbst zu diesen Komponisten gehört und Heines *Grenadiere* in Musik gesetzt hat.

---

25 Heinrich Heine, *Sämtliche Werke*, Bd. IV, S. 15.

Solange Heine sein Talent in den Dienst satirischer Negation der modernen Zivilisationsmisere stellt, applaudiert Wagner ihm, wo er aber affirmativ dichten, als Jude deutscher Dichter werden will, dessen Lyrik von deutschen Komponisten vertont wird, weist er ihn zurück und reißt so nun selber, mit der Metaphorik seines wider die Gegner Heines gerichteten Pariser Artikels von 1841 zu reden, dessen »üppige Wurzel aus der Erde, die ihr allein Nahrung geben konnte«, zwingt ihn seinerseits, »aufzuhören, Deutscher zu sein«.

Der Makel des Judentums ist für Wagner der Makel der modernen Zivilisation. Daher verwirft er auch im Schlußabsatz seines Traktats (in der Version von 1869) die Assimilation der Juden, die aus seiner Sicht ja nur bedeuten kann, ein schlechtes Gewand gegen das andere zu vertauschen. Vielmehr müsse der Jude, wie es Heines Gegenspieler Börne erstrebt habe, seine Erlösung vom Judentum »mit auch unserer Erlösung«, das heißt mit der Befreiung des vom Makel der modernen Zivilisation gezeichneten Menschen zum »wahrhaften Menschen« suchen. Das bedeutet: der Jude muß »gemeinschaftlich mit uns Mensch werden«, soll »aufhören, Jude zu sein«, wie ›wir‹ aufhören müssen, Zivilisationsmenschen zu sein (V 85).

Wenn Wagner in diesem Zusammenhang vom »Untergang« als der »Erlösung Ahasver's« spricht (V 85), bedeutet dies: das Judentum soll sich nicht an die bestehende Gesellschaft assimilieren, sondern mit dieser an seiner Selbstaufhebung in einer zukünftigen, nicht-entfremdeten Gestalt der Menschheit arbeiten. Der Jude soll an dem auch ›uns‹ aufgegebenen, »durch Selbstvernichtung wiedergebärenden Erlösungswerke« teilnehmen (V 85) und so gewissermaßen wie der Phönix aus der Asche wiedererstehen. Die zukünftige ideale Menschwerdung des Juden tritt in Wagners Utopie an die Stelle der Status-quo-Assimilation. Daß er seinen Appell an das Judentum in einer Rühmung ausgerechnet von Heines Antipoden Börne gipfeln läßt, der für ihn den Weg der wahren jüdischen ›Assimilation‹ beschritten hat, ist eine Spitze besonderer Art. *Das Judenthum in der Musik* enthüllt sich als Replik auf Heines Börne-*Denkschrift*, von der Wagner sich indirekt durchaus betroffen fühlen konnte, wie wir gesehen haben.

Dietmar Goltschnigg hat jüngst Wagners *Judenthum in der Musik* mit den diversen Anti-Heine-Pamphleten von Karl Kraus verglichen und in beiden eine verwandte Argumentationsstruktur enthüllt. Kraus' rabiate Polemik gegen Heine läßt anders als bei Wagner jede Spur von Sympathie vermissen. Zielscheibe seiner Angriffe ist nach Goltschniggs Worten »der jungdeutsche ›Dichterjude‹ als frivoler und geschäftstüchtiger Urheber des ›Feuilletonismus‹, der Poesie und Information effektvoll vermischt und damit verhängnisvolle ›Folgen‹, nämlich nichts Geringeres als den modernen Massenjournalismus, kurzum die ›Journaille‹ gezeitigt habe«.[26] Heine ist der »ohnmächtige Deliquent«, dem als Anstifter der »geistigen Unkultur« der Moderne von

26 Dietmar Goltschnigg, *Judentum und Moderne – Heinrich Heine und Karl Kraus*, in: *Harry ... Henri ... Heinrich Heine*, Textes réunis par Erika Tunner, Université Paris XII 1988, S. 19–34, hier S. 25.

dem Antimodernisten Kraus in der Personalunion von Richter und Ankläger der Prozeß gemacht wird.[27] Während sich Wagners »linguistischer Antisemitismus« (Goltschnigg) gegen die jüdische Sprechweise schlechthin richtet, sucht Karl Kraus – dessen Essay *Er ist doch ä Jud* (1913) Wagners sprachpolemische Bemerkungen an Perfidie durchaus gleichkommt – auch Heine eines »undeutschen« Sprachgebrauchs zu überführen.[28] »Der Mensch haßt nur«, heißt es in Otto Weiningers *Geschlecht und Charakter*, »durch wen er sich unangenehm an sich selbst erinnert fühlt«.[29] Das gilt für Wagner wie für Kraus, der sein eigenes Judentum gewissermaßen auf Heine abschiebt und gerade das an ihm perhorresziert, was sein eigenes Medium ist: der Journalismus und Feuilletonismus. Wagner wie Kraus verleugnen in und mit Heine die Signatur ihrer eigenen Modernität.

In seinen *Aufklärungen über das Judenthum in der Musik* von 1869 behauptet Wagner, sein Aufsatz von 1850 sei kaum je einer ernsthaften Auseinandersetzung gewürdigt worden. An die Stelle sachlicher »Entgegnung« seien »gröbliche Anfälle und schimpfende Abwehr der dem Verfasser des Aufsatzes unterlegten, für unsere aufgeklärten Zeiten so schmachvollen, mittelalterlichen Judenhaß-Tendenz« getreten (VIII 241). Von ihr glaubt Wagner sich – in Übereinstimmung mit dem »höheren Judenthum«, dessen »wahrhaft humane Entwicklung« selber durch den »Druck der herrschenden jüdischen Gesellschaft« gelähmt werde (VIII 240f.) – durchaus frei. Die »Schlußapostrophe des Aufsatzes, mit welcher ich mich an die Juden selbst wende«, zeuge doch von einer für letztere »hoffnungsreichen Annahme«: »Wie nämlich von humanen Freunden der Kirche eine heilsame Reform derselben [...] als möglich gedacht worden ist, so faßte auch ich die großen Begabungen des Herzens wie des Geistes in das Auge, die aus dem Kreise der jüdischen Sozietät mir selbst zu wahrer Erquickung entgegengekommen sind.« Was das »deutsche Wesen« bedrücke – der herrschende jüdische Zivilisationsgeist – laste »in noch viel schrecklicherem Maaße auf dem geist- und herzvollen Juden selbst« (VIII 258). Wagner beschließt seine *Aufklärungen* mit einer auf die »Schlußapostrophe« des Judentum-Aufsatzes zurückgreifenden – und seine scharfe Kritik am modernen Erscheinungsbild des Juden rechtfertigenden – Feststellung: solle das Judentum »uns in der Weise assimilirt werden, daß es mit uns gemeinschaftlich der höheren Ausbildung unserer edleren menschlichen Anlagen zureife«, so sei es »ersichtlich, daß nicht die Verdeckung der Schwierigkeiten dieser Assimilation, sondern nur die offenste Aufdeckung derselben hierzu förderlich sein kann« (VIII 260).

Wagner war bis zu seinem Tode der Überzeugung, daß die Zukunft der Menschheit darin bestehe, zu ihrem reinen Gattungswesen jenseits aller Klassen- und vor

27 Ebd., S. 27.

28 Ebd., S. 26. Vgl. neuerdings auch Dietmar Goltschnigg, *Der Fackel ins wunde Herz. Kraus über Heine. [...]*, Texte Analysen, Kommentar, Wien 2000.

29 Otto Weiniger, *Geschlecht und Charakter. Eine prinzipielle Untersuchung [1903]*, München 1980, S. 407.

allem Rassenunterschiede zu finden. Eines der Hauptargumente in seiner späteren Polemik gegen das Judentum lautet, die Juden beharrten auf ihrer Sonderexistenz und suchten aus ihr heraus alle gesellschaftlichen Dinge zu beherrschen, während nach Wagner, wie er in Opposition gegen Gobineau sagt, »die Racen ausgespielt haben« (zu Cosima Wagner, 17. Dezember 1881)[30] und die Zukunft der ›Gattung‹ Mensch gehöre.[31]

Der materialistische Philosoph und radikale Antisemit Eugen Dühring hat in seinem Buch *Die Judenfrage als Racen-, Sitten- und Culturfrage* (1881) Wagners Erlösungsattitude gegenüber den Juden einer höhnischen Kritik unterzogen. Sie sei ein Zeichen dafür, »daß Herr Wagner sich selbst nicht hat von den Juden erlösen können«; gerade sie stünden »im Gefolge der Leier des Bayreuther Orpheus«, da sein Judentum-Aufsatz sie zu der Hoffnung berechtige, durch Anschluß an sein Werk »in eine höhere Geistessphäre erhoben« zu werden »und daß auf diese Weise der Gegensatz ausgeglichen würde. Die zur Bayreuther Orphik beisteuernden Leute vom Judenstamme werden also hiermit von ihren Judeneigenschaften losgesprochen. Das ist mehr als Ablaß.« Doch »was nicht einmal Christus erreicht« habe, werde Wagner erst recht nicht gelingen: »die Juden von sich selbst zu erlösen«.[32]

Das Judentum ist für Wagner – und hier steht er in einer bis in die Gegenwart reichenden, freilich mit sehr unterschiedlichen Vorzeichen versehenen Meinungstradition – ein Synonym für Modernität, eine Modernität, die der junge Wagner selber auf seine Fahnen geschrieben hat, von der er sich freilich später lossagte. Solche Modernitätsabsagen begleiten die Geschichte der Moderne als ständiger Schatten. Wie viele bedeutende Künstler der Moderne könnten nicht ihr Verhältnis zu derselben in Abwandlung von Nietzsches Selbstzuordnung zur Décadence in die Worte fassen: Abgerechnet nämlich, daß ich ein Moderner bin, bin ich auch dessen Gegensatz.[33] Meist drückt sich eine solche Modernitätsabsage in einer Rücknahme des avantgardistischen Formpotentials, im Rekurs auf vormoderne Formen aus. Diese Tendenz findet sich auch bei Wagner: zumal in den *Meistersingern*, in gewissem Maße auch im *Parsifal*, doch gilt für die Entwicklung seines Musikdramas bis hin zum *Ring* und *Tristan* weit eher die Formel: je entschiedener Wagner sich in Opposition gegen die Moderne setzte, desto moderner wurde sein musikdramatisches Ausdrucksvokabular.

In seinem Aufsatz *Modern* (1878) hat Wagner am deutlichsten zum Ausdruck gebracht, daß der Geist des Judentums für ihn identisch ist mit dem Geist der modernen Welt. Sie ist für ihn – wie später für Karl Kraus – geprägt durch die Macht des

30 Cosima Wagner, *Die Tagebücher*, Bd. II, ediert und kommentiert von Martin Gregor-Dellin und Dietrich Mack, München 1977, S. 850.

31 Vgl. dazu den ausführlichen Nachweis bei Wolf-Daniel Hartwich, *Religion und Kunst beim späten Richard Wagner. Zum Verhältnis von Ästhetik, Theologie und Anthropologie in den ›Regenerationsschriften‹*, in: Jb. der deutschen Schillergesellschaft, XL (1996), S. 297–323.

32 Dühring, *Die Judenfrage [...]*, Karlsruhe und Leipzig 1881, S. 74.

33 Vgl. Friedrich Nietzsche, *Sämtliche Werke*, Bd. VI, S. 266 (*Ecce homo*: Warum ich so weise bin 2).

Journalismus und des von ihm ins Leben gerufenen Essayismus. Was die moderne Welt, die vielberufene »Jetztzeit« von früheren Zeiten unterscheide, sei ihre radikale Verabsolutierung: sie verstehe sich als »eine Welt, wie sie noch gar nicht dagewesen ist, [...] eine durchaus neue Welt, welche die vorausgegangenen Welten gar nichts mehr angehen« (X 55). In der Tat hat sich seit dem späten 18. Jahrhundert mehr und mehr das Bewußtsein ausgebildet, daß die Moderne sich aus sich selbst begründen muß, ihre Normativität nicht mehr aus Vorbildern früherer Epochen schöpfen kann.[34]

Wagner nun argumentiert, die sich selber als radikal neue Welt interpretierende Moderne sei deshalb dem Judentum so verwandt, da dieses seit seiner Emanzipation plötzlich in eine Welt eingetreten sei, von der es bisher ausgeschlossen, deren Traditionsbezüge ihm mithin unvertraut und gleichgültig waren, so daß sie ihm als »ganz neue, noch nie dagewesene« Welt erscheinen mußte (X 55). So konnte es sich mit der von Wagner nunmehr als »Miswachs« verworfenen traditionsfeindlichen Bewegung des »Jungen Deutschland« verbinden, der er die »Erfindung« des »Modernen« zuschreibt (X 56).

Eben die traditionslose Modernität, die Wagner dem Judentum vorwirft, wird ihm umgekehrt von Berthold Auerbach in seinem unpublizierten Aufsatzfragment *Richard Wagner und die Selbstachtung der Juden* (1881) vorgehalten: Wagner befinde sich mit der Anmaßung radikaler Neuheit seiner Kunst in Widerspruch zu einer kulturellen Grunderfahrung: »die Kultur aller Völker und nun zunächst die von uns Deutschen ist eine geschichtliche Kontinuation, aus welcher Neubildungen hervorgehen; die aber unablöslich sind von den Errungenschaften der Vergangenheit. Was sich als eine ganz neue Welt aufthun will hat keinen Halt in sich; denn die Geschichte leugnen, das Erbe der Vergangenheit vernichten ist so frevelhaft als eitel.«[35] Eben diesen Frevel wirft Wagner dem modernen Judentum, der Jude Auerbach hingegen Wagner und seinem »Kunstwerk der Zukunft« vor.

Wagners uneingestandene Modernität hat einen spezifischen theoretischen Grund.[36] In seinem theoretischen Hauptwerk *Oper und Drama* (1851) hat er das musikalische Drama als Widerpart des Romans, der modernen literarischen Kunstform schlechthin, bestimmt. Die Struktur des Romans entspricht nach Wagner ebenso dem modernen prosaischen wie die vollkommene Form des Dramas dem poetisch-mythischen Weltzustand. Dem Auge des Romandichters, der nach den »ungeschminkten Zügen« der bürgerlichen Gesellschaft sucht, bietet sich diese als ein »Chaos von Unschönheit und Formlosigkeit« dar (IV 51). Das hat zur Folge: »Auf ihrem Wege zur praktischen Wirklichkeit streifte auch die Romandichtung immer

---

34 Vgl. Jürgen Habermas, *Der philosophische Diskurs der Moderne*, Frankfurt a. M. 1985, S. 26.

35 Zitiert nach der Handschrift im Nachlaß Auerbachs in Literaturarchiv Marbach.

36 Vgl. zum folgenden: Dieter Borchmeyer, *Das Theater Richard Wagners. Idee – Dichtung – Wirkung*, Stuttgart 1982, S. 139ff. (Kapitel »Die ›Erlösung‹ des Romans im musikalischen Drama«).

mehr ihr künstlerisches Gewand ab: die als Kunstform ihr mögliche Einheit mußte sich – um durch Verständlichkeit zu wirken – in die praktische Vielheit der Tageserscheinungen selbst zersetzen. [...] Die Romandichtung ward *Journalismus*« (IV 53). Das ist die radikale Konsequenz des von Heinrich Heine verkündeten »Endes der Kunstperiode«.[37] Das »Drama der Zukunft« aber kann und darf nach Wagner nicht den Erfahrungshintergrund der modernen Realität, wie sie Roman und journalistische Prosa der Gegenwart widerspiegeln, ausblenden, sonst verfällt es in einen sterilen Klassizismus; seine Leistung muß es vielmehr sein, jene Realität in ihrer chaotischen Zerstreutheit durch ihre Übersetzung in den Mythos und durch die ihm adäquaten künstlerischen Mittel zu verdichten. »Diese *Verdichtung* ist das eigentliche Werk des dichtenden Verstandes« (IV 80). Der Rekurs auf mythische Archetypen bedeutet für Wagner also die Darstellung auch der zeitgenössischen Realität in verdichteter Gestalt. Von Nietzsche über Shaw bis zum modernen Wagner-Regietheater hat man denn auch zu Recht den Wagnerschen Mythos als Spiegel seiner eigenen Zeit dechiffriert. Moderne Realität verkleidet sich – wird gewissermaßen codiert – in einer vormodernen Form.

Wagners antimodernistische, uneingestandene Modernität ist ein Schlüssel auch zu seinem intrikaten Verhältnis zum Judentum, das für ihn jene Modernität repräsentiert. Zu dieser Intrikatheit gehört seine immer wieder bekundete Sympathie für das vormoderne Judentum, das sich ihm in der Gegenwart etwa in Halévys bewunderter Oper *Die Jüdin* manifestierte und, was sein eigenes Werk betrifft, aus der positiven Konnotation der biblischen Gestaltenwelt in den *Meistersingern* oder seiner Faszination durch die jüdische Theosophie in der Zeit der Arbeit am *Parsifal* erhellt, über die Wolf-Daniel Hartwich in seinem Beitrag zu diesem Symposion berichten wird. Wagners Verhältnis zum Judentum ist jedenfalls weit vielschichtiger und ambivalenter als seine von kruden Vorurteilen geprägte antisemitische Einkleidung vermuten läßt.

---

37 Heinrich Heine, *Sämtliche Werke*, Bd. III, S. 47.

Zusammenfassung der Diskussion

Die Diskussion widmete sich zunächst den unterschiedlichen Formen des Humors und der Ironie bei Heine und Wagner sowie dem Verhältnis von Ernst und Parodie im Umgang der beiden Autoren mit ihren Stoffen. Prof. Rose bezog die Positionen der beiden Autoren auf ein damals verbreitetes Schema jüdischen und deutschen Humors. Während der vernichtende ›jüdische‹ Witz Heines seine Selbstverachtung zum Ausdruck bringe, ziele der sublime ›deutsche‹ Humor Wagners auf die Erhöhung des Menschen. Der Referent stellte dieser Typologie die aggressiven Invektiven Heines gegen Börne und Platen gegenüber wie auch sein Bestreben, das Ideal in Witz zu verkleiden. Prof. Yovel sah dagegen das Eigentümliche des Heineschen Humors in dem dialektischen Verhältnis seiner Satirik gegen Andere und seiner ironischen Selbstrelativierung, das sich bei Wagner nicht finde. Prof. Borchmeyer verwies auf Beispiele von Selbstironie bei Wagner, die freilich einen eher koketten und vergleichsweise affirmativen Charakter aufwiesen.

Die Frage aus dem Publikum, ob Wagners Entironisierung der von Heine entlehnten Themen dem bildungsbürgerlichen Mißverständnis des Dichters zuzurechnen sei, wurde mit dem Hinweis auf Wagners Verachtung der Loreley-Romantik und seine besondere Wertschätzung des unpopulären Satirikers Heine beantwortet. Am Ende der Diskussion wurde auf die Bedeutung des Pariser Traumas für Wagners Kritik der ›jüdischen‹ Moderne hingewiesen, die sich mit einer neuen Ernsthaftigkeit gegen die Frivolität der Avantgarde wende. Wenn Wagner Heines Parodien parodiert, geht es ihm nach Prof. Borchmeyer um eine Selbstrechtfertigung angesichts seiner früheren humoristischen Kritik religiös-moralischer Normen, wie sie etwa *Das Liebesverbot* im Sinne des Jungen Deutschlands vollzogen habe.

Wolf-Daniel Hartwich

Jens Malte Fischer

Richard Wagners Das Judentum in der Musik

Entstehung – Kontext – Wirkung

In der Nacht zum Samstag, den 11. Oktober 1879, hatte Richard Wagner für seine Verhältnisse in der Villa Wahnfried recht gut geschlafen, nur einmal war er nachts aufgestanden. Eigentlich waren Richard und Cosima Wagner dabei, den ersten Teil der *Orestie* des Aischylos zu lesen, den *Agamemnon*, aber Richard hatte ein Problem mit seiner Zunge, das ihn beim lauten Lesen störte. Cosima springt als Ersatz ein, aber sie darf den Aischlyos alleine nicht weiterlesen, sondern muß sich etwas anderes aussuchen, und so liest sie eine »sehr gute Rede des Pfarrers Stoecker über das Judentum. R. ist für völlige Ausweisung. Wir lachen darüber, daß wirklich, wie es scheint, sein Aufsatz über die Juden den Anfang dieses Kampfes gemacht hat.«[1] Hier war sie wieder, die »Broschüre«, wie sie meistens in Wahnfried genannt wurde (und damit konnte nur die Zweitpublikation gemeint sein, denn die Erstpublikation war nicht in Broschürenform erschienen), der Aufsatz also über *Das Judentum in der Musik*, zuerst 1850 in der »Neuen Zeitschrift für Musik« in zwei Folgen pseudonym unter dem Namen K. Freigedank erschienen, und dann 1869 unter Wagners Namen als Broschüre mit einer kurzen Einleitung und einem langen Nachwort in Form eines offenen Briefes an die befreundete Gräfin Mouchanoff erneut der Öffentlichkeit zugänglich gemacht.[2] Ob Richard und Cosima mit »Anfang des Kampfes« das Jahr 1850 oder 1869 meinen, ist nicht ganz klar, der Begriff ›Aufsatz‹ statt ›Broschüre‹ deutet auf 1850, der »Anfang des Kampfes« deutet auf 1869, denn hier liegt die Vorläuferschaft für die um 1879 ausbrechende Welle von politischem Antisemitismus.

1 Cosima Wagner, *Die Tagebücher*, ediert und kommentiert von Martin Gregor-Dellin und Dietrich Mack, München und Zürich 1977, Bd. II, S. 424.

2 K. Freigedank, *Das Judenthum in der Musik*, in: Neue Zeitschrift für Musik (Leipzig), 33. Bd., Nr. 19, 3. September 1850, S. 101–107 (= 1. Teil) und Nr. 20, 6. September 1850, S. 109–112 (= 2. Teil). Die Zweitpublikation: Richard Wagner, *Das Judenthum in der Musik*, Leipzig 1869. Dieser Text wird im folgenden zitiert nach dem Abdruck in: J. M. Fischer, *»Das Judentum in der Musik«. Eine kritische Dokumentation als Beitrag zur Geschichte des Antisemitismus*, Frankfurt am Main und Leipzig 2000, dort S. 139–196.

Wie sieht nun die Erstpublikation dieses zu trauriger Berühmtheit gelangten Textes aus? Er beginnt mit einer Bezugnahme auf einen Begriff, der in eben dieser »Neuen Zeitschrift für Musik« kürzlich gefallen sei, nämlich den vom »hebräischen Kunstgeschmack«.[3] Wagner erklärt es dann als sein Bestreben, die im deutschen Volk verbreitete Abneigung gegen jüdisches Wesen speziell auf dem Gebiet der Kunst und hier vor allem auf jenem der Musik zu erklären und dies unter Auslassung aller religiösen und politischen Aspekte. Bei aller liberalen Sympathie für die Emanzipation der Juden sei eine Abneigung gegen sie bestehen geblieben, was vor allem jetzt bedeutsam werde, da der Jude mehr als emanzipiert erscheine und sich mit Hilfe der Macht des Geldes Macht auch im Kunstwesen verschafft habe. Wagner konstatiert die ins Augen fallende ›Verjüdung‹ der modernen Kunst und sieht es als wichtige Aufgabe an, sich über den instinktmäßigen Widerwillen gegen das jüdische Wesen klar zu werden. Das entscheidende Merkmal der Fremdheit des Juden in der nichtjüdischen Umgebung sei seine Unfähigkeit, die Sprache der Nation, unter der er lebt, wirklich zu seiner eigenen zu machen, woraus folgere, daß er auch nicht in der Lage sei, den Geist und die Kunst dieses Volkes zu verstehen, folglich in beidem nur nachsprechend und nachkünstelnd tätig werden könne. Schon der Klangausdruck der jüdischen Sprache sei abstoßend und ermangele alles rein menschlichen Ausdrucks, und da der Gesang nichts anderes sei als die in höchster Leidenschaft erregte Rede, so sei die Unausstehlichkeit jüdischen Gesanges leicht erklärbar. Da der Jude in der bildenden Kunst nicht habe reüssieren können, habe er sich auf das Feld der Musik geworfen. Diese Taktik sei leicht erklärlich: der Jude stehe als Fremder in einer Gesellschaft und Kultur, die er nicht verstehe. Gerade die Musik aber sei durch die Leistung der großen Genies auf eine Stufe gehoben, in der es den Nachahmern relativ leicht falle, etwas zu reden, ohne etwas Wirkliches zu sagen, insofern sei sie das geeignete Feld, um für das nachäffende Element jüdischer Kunstausübung Betätigung zu bieten. Wie wenig der Jude im Bereich der Musik auf eigene positive Traditionen zurückgreifen könne, zeige die Musik der Synagoge, die heutzutage einen widerwärtigen Eindruck mache mit ihrem »Gegurgel, Gejodel und Geplapper«[4] – falls diese Musik einmal rein gewesen sein solle, dann sei sie in der Gegenwart nur in äußerst trüber Form zu hören. Da der Jude nur oberflächlich in unsere Musik eindringen könne, eigne er sich auch nur die virtuose, glitzernde Oberfläche dieser Musik an und spiegele sie entsprechend wider, dabei die Formen und Stile aller Meister und Zeiten durcheinanderwerfend. Leicht erkläre sich so, daß die Periode des Judentums in der modernen Musik die der vollendeten Unproduktivität und der verkommenden Stabilität sei. Als erstes Beispiel für diese These dient Wagner Felix Mendelssohn Bartholdy, ein Jude von reichstem Talent, der es dennoch nie geschafft habe, jene zu Herz und Seele sprechende tiefgreifende Wirkung zu erzielen, die für wahre Kunst

---

3 Ebd., S. 143.
4 Ebd., S. 159.

symptomatisch sei. Die Zerflossenheit, Willkürlichkeit und Verwischtheit seiner Musiksprache sei auf seine jüdische Existenz zurückzuführen. Während man Mendelssohns tragischer Situation die Teilnahme nicht versagen könne, sei dies bei einem berühmten Tonsetzer der Zeit nicht der Fall. Gemeint ist hier, für jeden Leser des Jahres 1850 deutlich erkennbar, auch wenn sein Name nicht genannt wird, Giacomo Meyerbeer. Trotz allen äußeren Aufwandes enthielten dessen Opernkompositionen nur Trivialitäten und Albernheiten, und er sei unfähig, Kunstwerke zu schaffen; er sei keine tragische, sondern nur eine tragikomische, lächerliche Erscheinung. Angesichts der Erfolge beider Komponisten, Mendelssohn und Meyerbeer, könne man nur eine totale Unfähigkeit unserer Kunstepoche konstatieren. Die Juden konnten diesen Einfluß nur gewinnen, weil die Musik nach Beethoven sich als eigentlich innerlich tot darstelle und so zu einem Opfer der Zersetzung durch von außen eindringende Elemente werden konnte. Abschließend wendet sich Wagner noch zwei literarischen Erscheinungen der Gegenwart zu, Heinrich Heine und Ludwig Börne. Heine, der alle Lügen seiner Zeit durchschaut habe, habe sich selbst zum Dichter gelogen. Börne sei ein Beispiel dafür, daß es möglich sei, aufzuhören, Jude zu sein. »Aber gerade Börne lehrt Euch, wie diese Erlösung nicht in Behagen und gleichgültig kalter Bequemlichkeit erreicht werden kann, sondern daß sie, wie uns, nur durch Schweiß, Not und Fülle des Leidens und der Schmerzen zu erkämpfen ist. Nehmt rückhaltlos an diesem selbstvernichtenden, blutigen Kampfe teil, so sind wir einig und untrennbar! Aber bedenkt, daß nur Eines Eure Erlösung von dem auf Euch lastenden Fluche sein kann, die Erlösung Ahasvers: Der Untergang!«[5]

Erste These: Die Problematik der Fassung von 1850 liegt nicht in dem vielzitierten Schlußsatz, sondern in dem frührassistischen Gedankengut, das im Text deutlich wird.

Viele Interpreten des Textes haben wie das Kaninchen auf die Schlange auf den berüchtigten Schlußpassus des Textes gestarrt. Dieser Schlußsatz, und hier befinde ich mich im Gegensatz zu vielen Wagner-Kritikern, meint ganz offensichtlich nicht die physische Vernichtung der Juden, oder spielt auch nur auf sie an; es müßte ja der kollektive Selbstmord von Juden und Nicht-Juden gemeint sein, denn an beide geht die Aufforderung, sich selbst zu vernichten. Es ist zu belegen, daß der Begriff der »Selbstvernichtung« schon früher auch von Karl Gutzkow benutzt worden ist (mit dem Wagner zeitweilig in engerem Kontakt stand). Gutzkow hatte bereits 1838 in einer Rezension des Gedichtes *Ahasver* von Julius Mosen bemängelt, daß dort mehrere Versuche Ahasvers dargestellt werden, den Tod zu suchen. Das sei unhistorisch und falsch, »denn das Judentum hat nie diesen Trieb der Selbstvernichtung gehabt, es

5 Ebd., S. 173.

hat immer gegeizt, sich zu erhalten und aufzusparen für eine triumphierende Zukunft.«[6] Das Problem dieses Schlusses (ohne daß ich das hier näher ausführen kann) liegt in seiner eminenten Unklarheit, die sich an Wagners Beispielfall Ludwig Börne zeigt: Börne sei, so Wagner, unter uns getreten als Jude und habe die Erlösung nicht gefunden, weil die übrige Menschheit noch nicht erlöst sei. Börne aber habe es immerhin geschafft, nicht mehr Jude zu sein, er habe aufgehört, es zu sein. Aber wie war ihm das möglich? So hätte jeder erlösungsbedürftige Jude fragen müssen, der Wagners Text las. Wagner postuliert eine Zweiteilung der Menschheit. Die Nicht-Juden müssen die Erlösung zu wahrhaften Menschen ansteuern, das ist schwierig genug. Die Juden müssen an diesem Prozeß teilnehmen, müssen jedoch eine Vorbedingung erfüllen, aber welche ist das? Wagner hatte zuvor an Felix Mendelssohn demonstriert, daß die Taufe nicht ausreicht, denn er hatte den in kindlichem Alter getauften Mendelssohn als Juden bezeichnet, wie den ungetauften Meyerbeer. Die Aufforderung an die Juden, mehr zu tun, als sich taufen zu lassen, wird in dem Augenblick prekär, in dem Wagner, wie er im ganzen Text es tut, ihnen quasi naturwüchsige Eigenheiten negativer Art zuschreibt, die ihnen anhaften, ob sie wollen oder nicht. Den Begriff »Rasse«, der damals noch kaum im Schwange war, gebraucht Wagner nicht, er taucht erst in den Spätschriften auf, unter dem Einfluß Gobineaus. Allerdings argumentiert Wagner frührassistisch, in dem er ein unveränderbares jüdisches Wesen hypostasiert. Die entsprechenden Vokabeln fallen im Text auf: »unbewußte Empfindung als innerlichste Abneigung gegen jüdisches Wesen«,[7] das »unwillkürlich Abstoßende«[8] der Juden, »instinktmäßige Abneigung«[9] gegen sie, »natürlicher Widerwillen gegen jüdisches Wesen«[10] und zahlreiche ähnliche Formulierungen, deren Häufung auffallend ist. Die Belege reichen aus, um festzustellen, daß hier nicht mehr nur historisch (in Gegnerschaft gegen die Assimilation), soziologisch (in Gegnerschaft gegen die Rolle der Juden in der Zirkulationssphäre) oder religiös argumentiert wird (ein christlich geprägter Judenhaß ist bei Wagner in dieser Epoche nicht vorhanden), sondern mit unabänderlichen Unterschieden, die in der »Natur« der Sache liegen und dem bewußten Reflektieren entzogen sind, also einem bewußten Entschluß zur Änderung nicht unterliegen. Es ist dieser Punkt, die Betonung einer unwillkürlichen, naturgegebenen Abneigung, die Wagners Text von anderen antijüdischen Pamphleten in der ersten Jahrhunderthälfte eklatant unterscheidet, während er im Ton oder in den Forderungen, wie die Juden sich verhalten müßten oder wie mit ihnen zu verfahren sei, sich eher im harmloseren Bereich dieser Literatur befindet – auch das muß um der Gerechtigkeit willen betont werden. Wie die Juden es schaffen sollen, sich all dieser naturwüchsigen Gegebenheiten durch einen Willensentschluß zu entledigen,

6 Karl Gutzkow, *Julius Mosens Ahasver* (1838), in: *Vermischte Schriften*, 2. Bd., Leipzig 1842, S. 157ff.
7 Richard Wagner, *Das Judenthum in der Musik*, s. Anm. 2, S. 143.
8 Ebd., S. 145.
9 Ebd.
10 Ebd.

wie sie all das quasi an der Garderobe abgeben sollen, wenn sie das Erlösungstheater Richard Wagners betreten, das bleibt sein Geheimnis. Zwischen dem deutlichen Frührassismus des Textes und dieser berüchtigten Schlußpassage, die im Vergleich damit eher wie eine versöhnliche Volte anmutet, klafft ein nicht zu überwölbender logischer Abgrund. Ob diese Forderung erfüllt wird, das bleibt offensichtlich nicht-jüdischen Fachleuten wie Wagner überlassen, der gerade Mendelssohn und Meyerbeer, Heine und Börne entsprechend beurteilt hatte.

Zweite These: Die Übertragung des parallel zur jüdischen Emanzipation anschwellenden Frühantisemitismus zwischen 1800 und 1850 auf das Gebiet der Kunst und speziell der Musik und des Musiklebens ist nicht Wagners Erfindung.

Die Antisemitismusforschung hat gezeigt, ich verweise auf das Buch von Rainer Erb und Werner Bergmann,[11] daß es eine »Nachtseite der Judenemanzipation« gab, das heißt eine zunehmend militanter werdende Judenfeindschaft seit dem Ende des 18. Jahrhunderts, die sich nicht nur in Hep-Hep-Krawallen entlud, sondern auch in einer ganzen Reihe von Broschüren und Pamphleten, in denen diese Judenfeindschaft in teilweise massiver und brutaler Sprache artikuliert wurde, ich nenne stellvertretend den berüchtigten Hundt-Radowsky. Man ist inzwischen übereingekommen, diese Phase als Frühantisemitismus zu bezeichnen, und nicht erst von Antisemitismus zu sprechen, als der Begriff 1879 in die Diskussion eingeführt wird. Gemessen an solchen Pamphleten ist die Sprache Wagners von 1850 noch relativ moderat zu nennen. Allerdings ist er der erste, der ›systematisch‹ diesen Frühantisemitismus auf das Gebiet der Musik und des Musiklebens überträgt. Jedoch gibt es einzelne Angriffe schon vor dem seinen, und er kannte diese Ansätze zur Polemik gegen das Judentum in der Musik sehr gut, bezieht sich im Anfang seines Pamphlets sogar ausdrücklich darauf. In Sachen ›Judentum in der Musik‹, das läßt sich nachweisen, lag etwas in der Luft, Autoren wie Eduard Krüger und Theodor Uhlig, ein enger Freund Wagners, polemisierten unmittelbar vor Erscheinen des Wagnerschen Aufsatzes gegen Mendelssohn und Meyerbeer,[12] und Wagner übernimmt von ihnen Argumente und Schlag-

11 Rainer Erb und Werner Bergmann, *Die Nachtseite der Judenemanzipation. Der Widerstand gegen die Integration der Juden in Deutschland 1780–1860*, Berlin 1989.

12 Dr. Eduard Krüger, *Rezension von F. Mendelssohn-Bartholdys ›Drei Psalmen‹, opus 78, Nr. 6*, in: Neue Berliner Musikzeitung, 4. Jg., 2. Januar 1850, S. 3–5; ut (= Theodor Uhlig), *Der Prophet von Meyerbeer*, in: Neue Zeitschrift für Musik, 32. Bd., Nr. 11, 5. Februar 1850, S. 49–52; ut (= Theodor Uhlig), *Noch einmal der Prophet von Meyerbeer*, in: Neue Zeitschrift für Musik, 32. Bd., Nr. 17, 26. Februar 1850, S. 81–84. Der Begriff »hebräischer Kunstgeschmack«, den Wagner einleitend zitiert, findet sich in: T. U. (= Theodor Uhlig), *Zeitgemäße Betrachtungen I. Dramatisch*, in: Neue Zeitschrift für Musik, 32. Bd., Nr. 33, 23. April 1850, S. 169–171 und Nr. 34, 26. April 1850, S. 174f.

wörter, ist also durchaus als Eklektiker zu betrachten, auch wenn ihm die zweifelhafte Ehre gebührt, der erste gewesen zu sein, der sich ausführlich zum Thema geäußert hat. Es ist ebenfalls keine neue Idee Wagners, daß die Juden überhaupt unfähig zur künstlerischen Äußerung seien. Schon Herder hatte 1802 beiläufig gesagt, daß die Juden ja genug Gelegenheit gehabt hätten, sich als Künstler zu bewähren, sie hätten das nicht getan, also seien sie dazu offensichtlich nicht in der Lage,[13] und Karl Marx hatte, ähnlich wie auch Bruno Bauer, in seinem Beitrag zur »Judenfrage« erklärt, daß die Juden zu Kunst und Wissenschaft gleichermaßen nicht befähigt seien.[14] Auch die jüdische religiöse Musik wird bereits in älteren Standardwerken der Musikgeschichte (so bei Forkel 1788[15]) als minderwertig behandelt, und der Ton, mit dem über die derzeitige Musik der Synagoge gehandelt wird, ist auch schon vor Wagner äußerst negativ. In der Behandlung Mendelssohns hat der Musikologe Donald Mintz gerade im Zusammenhang mit der Revolution von 1848 einen deutlichen antisemitischen Schub nachgewiesen; auch hier mußte Wagner nur auf einen fahrenden Zug aufspringen, ähnliches gilt erst recht für Meyerbeer.[16]

Dritte These: Die ›Konversion‹ Wagners zum Antisemitismus erfolgt nicht unmittelbar vor der Publikation der Schrift von 1850, sondern ist ein längerer und früher einsetzender Prozeß.

Jacob Katz und Paul Lawrence Rose haben in ihren Büchern über Wagners Antisemitismus den antisemitischen Umschwung Wagners in die Zeit um 1848 festgelegt, und die Schrift als einen unmittelbaren Ausbruch einer neuen Gemengelage interpretiert.[17] Meiner Ansicht nach jedoch ist dieser Ausbruch Ausdruck eines sich über eine lange Zeit hinziehenden langsamen Aufbaus von antijüdischen Affekten, einer Phase, deren wichtigste Inkubationszeit der erste, traumatische Spuren hinterlassende Parisaufenthalt vom Herbst 1839 bis zum Frühjahr 1842 ist. Liest man die brieflichen Äußerungen Wagners seit Mitte der dreißiger Jahre sehr genau, dann fällt einem auf, daß es eine Reihe nur scheinbar marginaler biographischer Fakten gibt, die darauf hinweisen, daß sich in ihm ein Unwille gegen jüdisches Wesen aufstaut. Aus den Belegen kann ich hier nur einen hervorheben: Im Herbst 1834, Wagner ist 21 Jahre alt, hat gerade seine Tätigkeit als Musikdirektor in Magdeburg aufgenommen und seine

---

13 Johann Gottfried von Herder, *Bekehrung der Juden*, in: *Adrastea*, 4. Bd., 1. Stück, Leipzig 1802, S. 164.

14 Karl Marx, *Zur Judenfrage* (1843), in: *Werke – Schriften – Briefe, Bd. I, Frühe Schriften*, 1. Bd., Darmstadt 1962, S. 451–487, das betreffende Zitat auf S. 481f.

15 Johann Nikolaus Forkel, *Allgemeine Geschichte der Musik*, Bd. 1, Leipzig 1788, Reprint Graz 1967, S. 162.

16 Donald Mintz, *1848, anti-Semitism, and the Mendelssohn reception*, in: *Mendelssohn Studies*, hrsg. von R. Larry Todd, Cambridge 1992, S. 126–148.

17 Jacob Katz, *Richard Wagner, Vorbote des Antisemitismus*, Königstein/Ts. 1985; Paul Lawrence Rose, *Wagner, Race and Revolution*, London und Boston 1992.

erste Frau Minna Planer kennengelernt, berichtet er seinem Freund Theodor Apel in Leipzig von pekuniären Verlegenheiten, von »Weinrechnungen, Schneiderrechnungen (denn unsereins hat hier ja gar keinen Kredit), das verfluchte Judengeschmeiß [...].«[18] Auffallend ist, daß Wagner nicht über den jüdischen Wucherer X schimpft, der sein Geld zurückhaben will, sondern, in einem Grundgestus allen Antisemitismus' sofort verallgemeinert: »das verfluchte Judengeschmeiß«. In Paris schließlich verdichtet sich diese diffuse Animosität. Hier ist Wagner an einem Tiefpunkt seines Lebens angelangt. Er hat den Eindruck, daß das Musikleben von Paris, in dem er glorios zu reüssieren gedenkt, in jüdischen Händen ist. In dem, was man »Meyerbeer«-Syndrom nennen muß, verdichtet sich für Wagner der negative Eindruck.[19] Die unterwürfig-lobhudelnden Briefe an Meyerbeer sind bekannt, die frühen Texte zum Preise Meyerbeers auch. In Paris jedoch wurde Meyerbeer für Wagner, und das während einer Entwicklung, bei der er sich der Protektion Meyerbeers immer noch ungeniert bediente, vom angebeteten Gönner und bewunderten Vorbild zum Prototypen einer »banquier-musikhurerei«, die er als Kennzeichen des Pariser Musiklebens ansah. Die Verbindung von Geldwirtschaft und Kunst erregte in dem Hungerleider Wagner Ekel, sie hatte ja auch den 48er-Revolutionär Wagner schon stark beschäftigt. Die gescheiterte Revolution von Dresden, die ihn unmittelbar vor Abfassung des *Judentums in der Musik* zum steckbrieflich gesuchten politischen Flüchtling gemacht hatte, trug das ihre dazu bei. Wie aus einem berühmten Brief an Franz Liszt hervorgeht, in dem er die auslösenden Faktoren für die Abfassung des Judentum-Aufsatzes freilegt, war auch die Dankbarkeit, die er gegen Meyerbeer hegen mußte, denn dieser hatte viel für ihn getan, ein Anlaß, seine Wut noch zu steigern.[20] Wagner verabscheute sich selbst, haßte sich selbst dafür, daß er in Paris hatte antichambrieren müssen und entwürdigende Lohnarbeit geleistet hatte, er, der sich allen Größen des Pariser Musiklebens überlegen dünkte. Verpflichtung zur Dankbarkeit kann für manche Menschen eine Last sein, die aggressiv macht, vor allem, wenn man den reichen Helfer weit unter sich, dem Hilfsbedürftigen, stehen sieht und zudem noch als heftigsten Konkurrenten beim Kampf um den ersten Platz in der Opernwelt auffaßt. Wagner biß die Hand, die ihn streichelte, und daß es eine jüdische Hand war, machte ihm die Abwehr, als er den Zusammenhang zwischen dem jüdischen Wesen und dem Musikbetrieb zu erkennen glaubte, erheblich leichter. Meyerbeer war das lebende Mahnmal für die dunkelste, peinlichste und verächtlichste Periode seines Lebens, schon deshalb war die polemische Vernichtung Meyerbeers ein Akt der Selbstreinigung, der Katharsis für Wagner, auch um ein für allemal Leuten wie

---

18 Richard Wagner, *Sämtliche Briefe*, Bd. I, Leipzig 1967, S. 177f.

19 Der ganze komplizierte Wagner-Meyerbeer-Komplex kann hier nicht ausgebreitet werden. Ich verweise auf den von Gunhild Oberzaucher-Schüller, Marion Linhart und Thomas Steiert herausgegebenen Band *Meyerbeer – Wagner. Eine Begegnung*, Wien, Köln und Weimar 1998 mit Dokumenten und Analysen.

20 Richard Wagner, *Sämtliche Briefe*, Bd. III, Leipzig 1975, S. 544ff.

Robert Schumann das Maul zu stopfen, die auf die unbezweifelbare Tatsache hinwiesen, daß Wagners Oper *Rienzi* außerordentlich meyerbeerisch war. In der unmittelbar nach Erscheinen des *Judentum in der Musik* begonnenen großen theoretischen Schrift *Oper und Drama* hat Wagner sich ja noch einmal und mit Namensnennung mit Meyerbeer befaßt.[21] Insofern ist der Zusammenhang des *Judentums* mit den sogenannten Züricher Kunstschriften evident; allerdings wird dadurch der Antisemitismus des kleineren Aufsatzes nicht minimiert, aber er hat eben auch eine kunsttheoretische Komponente, durch die er jedoch kaum geadelt wird.[22] Der polemische Mord an Meyerbeer war also auch ein Vatermord. »So lang ich lebe, stand mir ein Alter stets im Weg, den hab ich nun fortgefegt«, singt Wagners Siegfried, als er Mime erschlagen hat, und die zuckersüße Falschheit, die Siegfried an seinem Ziehvater Mime so sehr haßt, finden wir exakt in der Beschreibung Meyerbeers durch Wagner wieder.

Vierte These: Der eigentliche ›Sündenfall‹ Wagners ist in der Neupublikation von 1869 zu erblicken, und zwar sowohl in der Tatsache der Neupublikation selbst, wie auch in den neuen Akzenten, die der Anhang enthält.

Im März 1869 schrieb Franz Liszt aus Weimar an seine Lebensgefährtin, die Fürstin Carolyne Sayn-Wittgenstein einen Brief. Unter anderem erwähnt er eine Neuerscheinung: »Wagner publiziert in Broschürenform seinen alten Artikel über das Hebräertum, ›Das Judentum in der Musik‹. Weit davon entfernt seinen Fehler einzugestehen, verschlimmert er ihn durch einen Vorspruch und ein Nachwort, die an Madame Kalergis adressiert sind.«[23] In der aktuellen Wagner-Apologetik findet sich immer wieder der Hinweis, daß die Zweitpublikation von 1869 doch im Grunde die schlimmsten Auswüchse von 1850 zurückgenommen habe und als positive Wendung in Wagners Haltung zu den Juden anzusehen sei. Der prospektive Schwiegervater Wagners sieht dies unmittelbar nach Erscheinen ganz anders, und man muß ihn darin unterstützen. Liszt war Wagner ja durchaus wohlgesonnen, wenn er ihn in seinem Antisemitismus auch nie bestärkt hat. Ähnlich argumentiert der mit Wagner befreundete Wiener Dirigent Heinrich Esser in einem Brief an Wagners Verleger Franz Schott: »Ich begreife nicht, wie Wagner einen solchen Wahnsinn begehen konnte, eine vor vielen Jahren begangene und seither in Vergessenheit geratene Dummheit wieder aufzuwärmen und sich neuerdings unsterblich zu blamieren.«[24] Das waren

---

21 Richard Wagner, *Oper und Drama*, hrsg. von K. Kropfinger, Stuttgart 1984, S. 92.

22 Vgl. den Beitrag Udo Bermbachs in diesem Band.

23 *Franz Liszts Briefe an die Fürstin Carolyne Sayn-Wittgenstein*, hrsg. von La Mara, 3. Teil, Leipzig 1902, S. 212 (der Brief ist französisch verfaßt).

24 *Richard Wagners Briefwechsel mit B. Schott's Söhne*, hrsg. von W. Altmann, Mainz 1911, S. 187 (Anm. 2 zu Brief Nr. 116).

zwei Stimmen von Wagner-Anhängern; wie die Stimmen von Wagner-Gegnern aussahen, die sich nun zu einem mächtigen Chor erhoben, kann man sich vorstellen. Mit großem Aufwand an gutem Willen und Nachsicht kann man der Ansicht sein, daß die Erstpublikation des Aufsatzes eine Explosion eines vom Schicksal gebeutelten Genies war, das angesichts eines bisher mehr als unglücklich verlaufenen Künstlerlebens im Alter von 37 Jahren (nach damaligen Maßstäben schon ein reiferer Mann) sich vis à vis de rien sieht, im Exil und auf der Flucht befindet, für seine Werke kaum noch Aufführungsmöglichkeiten erkennt und seine naturgegebene Aggressivität gegen das in Meyerbeer repräsentierte ›Judentum in der Musik‹ wendet. Dies alles mag man, wie gesagt, zu Wagners Entschuldigung anführen, und entsprechend ist immer wieder argumentiert worden, daß der ganze Text nichts anderes sei als eine in der Form übertriebene, für die Natur Wagners aber notwendige Katharsis, in der primär Meyerbeer gemeint gewesen sei, das ›Judentum in der Musik‹ nur als eine Verallgemeinerung Meyerbeers fungiere. Diese ›Entschuldigung‹ mag für die Publikation von 1850 eine gewisse Berechtigung haben, aber sie greift nicht mehr für die Zweitpublikation von 1869. Meyerbeer war seit fünf Jahren tot, sein Ruhm zeigte bereits Zeichen der Minderung, zumindest außerhalb Frankreichs, und der Stern Wagners war inzwischen mit den Münchner Uraufführungen von *Meistersinger* und *Tristan und Isolde* am europäischen Opernhimmel strahlend aufgegangen. Gänzlich ohne Not und äußeren Anlaß (so sahen es ja auch seine Freunde) greift Wagner nun noch einmal die Sache auf, auch wenn der verhaßte Konkurrent durch den Tod eliminiert ist (man erinnere sich an die lebhafte Schilderung am Schluß von Wagners Autobiographie, wie wenige Stunden nach dem Besuch eines Abgesandten des König Ludwig II. in der Herberge von Stuttgart, wo Wagner wieder einmal auf der Flucht vor Wiener Schulden und Gläubigern auf dem Nullpunkt ist, die Nachricht vom Tode Meyerbeers aus Paris kommt, und Wagner und seine Freunde sich über diese merkwürdige Koinzidenz nicht beruhigen können: Meyerbeer stirbt, und am gleichen Tage erhält Wagner den Ruf an die Seite des bayerischen Königs[25]).

Schaut man genauer hin, dann wird allerdings verständlicher, warum es zur Neupublikation kam, die nicht mehr unmittelbar mit Meyerbeer und dem Haß auf ihn erklärbar ist. Wagner mußte sich darüber klar sein, daß die Neuveröffentlichung Skandal machen würde; das ist belegt durch einen unbeachteten Brief seines damaligen Adlatus Hans von Bülow aus dem Jahr 1857. An Wagner war die Anfrage gekommen, ob man den Artikel von 1850 nicht nachdrucken dürfe. Bülow verweigert im Namen Wagners die Genehmigung dazu: Wagner fürchte die »Erneuerung von im Augenblick vielleicht nutzlos schädlichem Skandal.«[26] Warum fürchtete er diesen Skandal zwölf Jahre später offensichtlich nicht mehr genug? Die Antwort liegt, stark komprimiert dargestellt, vor allem in dem turbulenten Aufenthalt Wagners im

25 Richard Wagner, *Mein Leben*, hrsg. von Martin Gregor-Dellin, München 1976, S. 755.
26 Hans von Bülow, *Briefe, 3. Bd. 1855–1868*, hrsg. von M. von Bülow, Leipzig 1898, S. 110.

direkten Dunstkreis Ludwigs II. in München 1864/65. In der Ausgabe von Wagners Schriften finden sich im zwölften Band zwei Gelegenheitsgedichte aus den Jahren 1863 und 1865. Das eine beginnt mit den Worten: »Was ist des Deutschen Vaterland? / Ist's Niebelheim, Krähwinkelland? / Ist's, wo der Jud sich mausig macht, / der Lump sich kühn ins Fäustchen lacht?« Ein anderes ist im November 1865 in München enstanden, kurz bevor er die Stadt unfreiwillig verlassen mußte; dort regt er sich über die »Drei Jota« auf: »Ich nenne dir drei Jot‹ / die stünden gern für Gott: / du triffst sie sicher an, / den Junker, wo er kann, / den Juden, wo er will, / den Jesuit – schweig still!«[27] Nimmt man die Tagebuchaufzeichnungen Wagners für Ludwig II. hinzu,[28] eine Art politisches Testament Wagners, der vergeblich versucht hatte, bestimmenden Einfluß auf die bayerische Politik zu erlangen, um endlich seine eigenen politischen Vorstellungen realisieren zu können, die seit der 48er-Revolution bemerkenswerte Modifizierungen erfahren hatten (dieser vergebliche Beeinflussungsversuch führte letztlich zu seinem erzwungenen Abschied von München), dann stellt man fest, daß Wagners Antisemitismus, der nach außen in der Zeit zwischen 1850 und 1869 nicht in Erscheinung trat, sich keineswegs verringert hatte; im Gegenteil hatte er an jener politischen Zuspitzung gewonnen, die 1850 noch nicht vorhanden war, und war in das pessimistische Gesamtbild der deutschen politischen Entwicklung eingeflossen, das sich in Wagner vor der Reichsgründung entwickelte, und dem er mit Hilfe Ludwigs II. eine positive Wendung zu geben versuchte. Die Forschung, so Jakob Katz, hat sich gewundert, daß Wagner 1869 mit der Zweitpublikation gerade in eine der ruhigsten und erfolgreichsten Phasen der jüdischen Assimilation hineinplatzte. Es ist aber gerade diese Phase, die ganz offensichtlich Wagner mit Angst und Sorge erfüllte. Es waren eben die Erfolge der Assimilationsbewegung, wie die 1862 in Baden, 1864 in Württemberg und Frankfurt erreichte endgültige rechtliche Gleichstellung der Juden, die seine Aggressivität herausforderten. Was anderen als der ersehnte Durchbruch und die Vollendung der bürgerlichen Verbesserung der deutschen Juden erschien, erfüllte Wagner mit rasender Wut. Es machte ihn auch zornig, daß er bei König Ludwig mit seinen antisemitischen Tiraden kein Echo fand, im Gegenteil gab sich Ludwig in Fortsetzung der Politik seines Vaters durchaus judenfreundlich und ging auf Wagners Sticheleien nicht ein, ließ sogar in einem späteren Brief an Wagner erkennen, daß ihm Antisemitismus verhaßt war. In den genannten Tagebuchaufzeichnungen arbeitet Wagner wie immer mit starken Metaphern. Über den schädlichen Einfluß der Juden im öffentlichen Leben heißt es da etwa: »In der Natur ist es so beschaffen, daß überall wo es etwas zu schmarotzen gibt, der Parasit sich einstellt: ein sterbender Leib wird sofort von den Würmern gefunden, die ihn vollends zersetzen und sich assimilieren. Nichts anders bedeutet im heutigen

27 Richard Wagner, *Sämtliche Schriften und Dichtungen*, Leipzig o.J., Bd. XII, S. 369 u. 371.

28 *Richard Wagners Tagebuchaufzeichnungen für König Ludwig II., 14. bis 27. September 1865*, in: *König Ludwig II. und Richard Wagner, Briefwechsel*, hrsg. vom Wittelsbacher Ausgleichsfond und Winifred Wagner, bearbeitet von Otto Strobel, Karlsruhe 1936, Bd. 4, S. 5–34.

europäischen Culturleben das Aufkommen der Juden.«[29] Die Deutschen hätten nichts nötiger als einen Fürsten, der sie aus dieser Dekadenz herausführe – damit ist natürlich Ludwig gemeint. Daß Wagner hier eine Grundmetapher allen Antisemitismus' benutzt, die auch später immer wieder in den Tagebüchern Cosimas auftaucht, ist evident. Diese Passage ist 1865 geschrieben und zusammen mit den genannten Gedichten zeigt sie, daß Wagners Antisemitismus keineswegs verschwunden, sondern nur in Wartestellung gegangen war, sich eingekapselt hatte, um in München wieder auszubrechen. Mit seiner These von der jesuitisch-jüdisch-junkerischen Verschwörung gegen Deutschland und gegen Richard Wagner reagierte er auf die ihm immer undurchschaubarer werdenden politischen Zusammenhänge, die schließlich zu seiner Vertreibung aus München führten. Daß er mit seinem eigenen Verhalten wesentlich zu dieser Vertreibung beigetragen hatte, wollte Wagner nicht sehen; wie alle Antisemiten witterte er eine Verschwörung gegen sich, und da der jüdische Einfluß auf die Münchner Politik personell nicht nachgewiesen werden konnte, mußte es so sein, daß hinter dem unbestreitbaren Einfluß der Jesuiten der der Juden stand, der zusammen mit den deutschen Junkern und Fürsten (hier kündigt sich schon die Wendung Wagners gegen Bismarck an) für das Mißergehen Deutschlands sorge. Der Deutsche sei zwischen dem Junker und dem Juden eingeklemmt, heißt es an einer anderen Stelle der Tagebuchaufzeichnungen für Ludwig. All das führte trotz der klaren »Diagnose« Wagners nicht zum Erfolg, im Gegenteil. Obwohl es mit Ludwig nicht zum endgültigen Bruch kam, und die Sonne des Königs auch weiter über Wagner schien, hatte er doch den Kampfplatz München, die Stadt, in der er sein künftiges Festspielhaus sah, räumen müssen. Wieder war in der Schweiz im Exil, wenn auch in einem wesentlich komfortableren als 1850, und wieder reifte in ihm der Entschluß, die Welt wissen zu lassen, was hinter diesen bedauerlichen Ereignissen stand. So kam es zur Neupublikation des Pamphlets von 1850. Unmittelbarer Auslöser war dann noch die *Meistersinger*-Kritik seines Intimfeindes Eduard Hanslick, eines Kritikers und getauften Juden (der nicht zugab, daß er eine jüdische Mutter gehabt hatte), die dieser in der Wiener »Neuen Freien Presse« 1868 über die Münchner Uraufführung geschrieben hatte. Wie für das erste Erscheinen des Textes 1850 haben wir also für 1869 sozusagen eine Langzeitentwicklung einerseits, einen unmittelbaren Anlaß andererseits (1850 war der unmittelbare Anlaß ein Pro-Meyerbeer-Artikel des jüdischen Musikschriftstellers Ludwig Bischoff in der »Rheinischen Musikzeitung« gewesen[30]). So legte er den Text von einst noch einmal vor, versehen mit einem Nachwort, das vom gleichen Umfang wie der ursprüngliche Text ist. Alle Untersuchungen des *Judentum in der Musik*, die sich nur mit dem Text von 1850 befassen (meist in der Fassung der Werkausgaben, die diejenige von 1869 ist, ohne dies zu

---

29 Ebd., S. 19.

30 L. (= Ludwig Bischoff), *Tu – hoc intrivisti: tibi omne est exedendum*, in: Rheinische Musik-Zeitung für Kunstfreunde und Künstler, 1. Jg., Nr. 6, 10. August 1850, S. 43–47.

erkennen zu geben), vernachlässigen ganz zu Unrecht die Zweitfassung und damit den unabdingbaren Zusammenhang von Haupttext und Nachwort.

Wie sieht die Neupublikation aus? Der Vorspruch ist eine angebliche Antwort auf eine angeblich gestellte Frage der befreundeten Marie Gräfin Mouchanoff, als Gräfin Nesselrode in Warschau geboren, als Pianistin in Paris lebend und Schülerin Chopins. Sie hatte Wagner 1860 in Paris mit dem erklecklichen Betrag von 10 000 Francs unterstützt, um ein Konzertdefizit zu decken. Diese Gräfin Mouchanoff soll also Wagner gefragt habe, warum er so viele Gegner in der internationalen Presse habe. Die Antwort, wie könnte es anders sein: die Juden sind an allem schuld und zwar, weil sie sich für den Erstdruck von 1850 rächen wollten. Da Wagner nicht nachweisen konnte, daß es nach 1850 eine internationale Polemik gegen seine Schrift gegeben hatte, die im Gegenteil weitgehend unbeachtet schnell in Vergessenheit geriet, verfällt er jetzt auf eine raffinierte Volte: im Nachwort behauptet er die Tatsache einer, wie er geschmackvoll sagt »umgekehrten Judenverfolgung«, des Richard Wagner durch die Juden nämlich. Da die Juden nicht zu erkennen geben wollten, daß sie durch seine Schrift im Mark getroffen worden waren, hätten sie den Kampf auf anderes Terrain verlagert, seien gegen Wagners musikdramatisches Werk vorgegangen und würden dies noch immer tun. Auch der arme Franz Liszt, als sein Verbündeter, sei Opfer dieser Verfolgung geworden (worüber sich dieser allerdings nie beklagt hat). Wagner überbietet sich in diesem Nachwort rhetorisch selbst, er dreht immer neue Wortpirouetten. Auffallend ist die vokabuläre Aggressivität, die sich in immer waghalsigeren Komposita mit »Juden« äußert: Leipzig wird die »Judenmusikweltstadt« genannt, von der musikalischen »Judenschönheit« ist die Rede, vom »Musikjudentum«, vom »Judenjargon«.[31] Auch Robert Schumann sei leider unter jüdischen Einfluß geraten, was man der Produktion seiner letzten bewußten Lebensjahre anmerke. Es bleibt Wagner nichts übrig, als den vollständigen Sieg des Judentums auf allen Seiten zu konstatieren. Wagner schließt mit einer vagen Hoffnung auf eine völlige Assimilation, aber zuvor hatte er ein Stichwort gegeben, das mit dieser Assimilationsutopie im schärfsten Kontrast stand und das in der ersten Version nicht vorhanden war: »Ob der Verfall unserer Cultur durch eine gewaltsame Auswerfung des zersetzenden fremden Elementes aufgehalten werden könne, vermag ich nicht zu beurteilen, weil hierzu Kräfte gehören müßten, deren Vorhandensein mir unbekannt ist.«[32] Neben der zugespitzten verbalen Aggressivität des Nachwortes halte ich diesen Satz für die entscheidende Verschlimmerung gegenüber der Erstfassung. Zum er-

31 Richard Wagner, *Das Judenthum in der Musik*, Leipzig 1869. Vor- und Nachwort zur Wiedergabe des Textes von 1850 (der dabei zahlreiche kleine redaktionelle Änderungen erfuhr, ohne daß Wagner das kenntlich gemacht hätte) wurden in den beiden Gesamtausgaben von Wagners Schriften vom Ursprungstext getrennt und unter dem Titel *Aufklärungen über das Judentum in der Musik* separat abgedruckt. Jetzt in: J. M. Fischer, *Richard Wagners »Das Judentum in der Musik«*, s. Anm. 2, S.141f. und S.173–196.

32 Ebd., S. 196.

sten Mal bei Wagner wird hier 1869 die Möglichkeit einer gewaltsamen Lösung, die ja bei den aggressiven Frühantisemiten der ersten Hälfte des 19. Jahrhunderts auch schon immer angepeilt wurde, nicht ausgeschlossen; der schützende Satz »vermag ich nicht zu beurteilen« ändert nichts an der Tatsache, daß hier eine gewaltsame Lösung am Horizont auftaucht und nicht gleich wieder verworfen wird, sondern diesen Horizont verdunkelnd stehen bleibt. Festzuhalten ist aber auch, daß selbst dieser Satz wohl eher als die Vision einer gewaltsamen Vertreibung der Juden aus Deutschland zu verstehen ist (im Sinn der zu Beginn zitierten Äußerung vom 11. Oktober 1879: »R. ist für völlige Ausweisung«) und nicht als die einer physischen Vernichtung. Auf jeden Fall bedeutet die Neupublikation des Aufsatzes von 1850 mit dem Nachwort den Schritt von der momentanen Aufwallung des Judenhasses zur antisemitischen Verdichtung aller seiner Verschwörungstheorien und Verfolgungsphantasien. Mit Meyerbeer und dem Kampf um die Opernvorherrschaft ist diese Neupublikation überhaupt nicht mehr zureichend zu erklären. Der Schritt vom aktualisierbaren antijüdischen Vorurteil zum antisemitischen Syndrom wird mit der Broschüre von 1869 getan, ein Schritt, der sich wiederum über Jahre hinweg vorbereitet hatte.

Fünfte These: Die Wirkung der Neupublikation übertraf Wagners Erwartungen zu seinem eigenen Erstaunen. In der Tat ist sie ein wichtiger Faktor für die politisch-antisemitische Bewegung um 1880 gewesen, der Wagner fern stand, allerdings nicht, wie immer behauptet wird, weil er sich vom Antisemitismus grundsätzlich abgewandt hätte.

Es entbehrt nicht einer gewissen Ironie, daß jetzt 1869 eintrat, was Wagner für 1850 behauptete. Jetzt gab es den Skandal, den er noch 1857, wie zitiert, befürchtet hatte. Artikel und Broschüren wurden publiziert, der Pulverdampf war gewaltig, und die Befürworter seines Vorgehens waren erheblich in der Minderheit.[33] Wie wir sahen, gab es Kritik bis weit in die Reihen seiner Anhänger hinein. In Wien und Berlin gab es 1870 bei Aufführungen der *Meistersinger* Proteste gegen Wagner und sein Werk, die für Wagner wiederum Bestätigung seines Verfolgungswahns waren. Besonnene Juden wie Ludwig Phillippson, Herausgeber der »Allgemeinen Zeitung des Judentums« waren der Meinung, daß Wagner sich selbst am ärgsten geschadet hatte, und daß die Vorwürfe es angesichts ihrer offenkundigen Absurdität künftigen Antisemiten schwer machen würden, überhaupt noch ernst genommen zu werden; darin täuschten sich Phillippson und manche andere leider gründlich. Gustav Freytag, der in seinem Roman *Soll und Haben* durch negativ gezeichnete Judenfiguren einiges an ambivalenter Haltung gegenüber den Juden zu erkennen gab oder zumindest be-

33 Eine repräsentative Auswahl dieser Diskussion findet sich in meiner Dokumentation, vgl. Anm. 2.

schrieb, stellte sich diesmal auf ihre Seite und schlug Wagner mit seinen eigenen Waffen: wenn man alle Kennzeichen des musikalischen Judentums, wie Wagner sie schilderte, zusammenfasse und einen Komponisten suche, auf den diese Beschreibung passen könnte, dann würde man unweigerlich auf Wagner selbst kommen.[34] Die unmittelbare Polemik war heftig, war allerdings nach einem knappen Jahr weitgehend abgeschlossen, aber die Wellen, die die Broschüre geschlagen hatte, verliefen sich lange nicht. Insofern hatten Richard und Cosima Wagner durchaus recht in der Annahme, daß die Broschüre Vorreiterfunktion für den um 1879 sich bemerkbar machenden politischen Antisemitismus hatte. Daß einer der berühmtesten, wenn auch umstrittensten Komponisten Europas sich zum Wortführer des Antisemitismus gemacht hatte, blieb unvergessen. Wagner, mit seinem ständig wachsenden Anhang im Kultur- und Bildungsbürgertum in Deutschland und Österreich, aber auch in Frankreich und England (im französischen Wagnerismus Baudelaires und der *Révue Wagnérienne* spielte sein Antisemitismus zunächst kaum eine Rolle, wirkte sich aber später bei Vincent d'Indy aus) hatte, gleichgültig wie man die Broschüre in ihrer Brisanz und Gefährlichkeit auch einschätzte, die fatale Folge, daß der Antisemitismus, der bis dahin weitgehend als Hintertreppenbewegung und obskure Ideologie galt, wenn auch latent in weiten Kreisen existierte, nobilitiert wurde, salonfähig wurde, durch die Wortmeldung eines künstlerischen Genies an Akzeptanz erheblich gewann. Als 1879 im Umkreis des Berliner Antisemiten Wilhelm Marr der Begriff »Antisemitismus« zum ersten Mal prononciert auftauchte, wurde diese Bewegung, die sich abhängig und parallel zu der innenpolitischen Wende von 1879/80 entwickelte (das Quasibündnis zwischen Regierung und Liberalen zerbricht, die liberale Phase, mit der sich das sich akkulturierende deutsche Judentum verbunden hatte, geht zu Ende), zum politischen Faktor. Zum ersten Mal betraten antisemitische Parteien, die es bis dahin nicht gegeben hatte, die Bühne. Agitatoren wie der Hofprediger Adolf Stoecker, Wilhelm Marr, Eugen Dühring und der spätere Schwager Nietzsches Bernhard Förster (der Nietzsches Schwester 1885 heiratete), wußten, was sie Wagner verdankten und beriefen sich auf ihn, im Falle Dührings sogar negativ, der Wagner vorwarf, sich nicht endgültig und radikal genug von den Juden gelöst zu haben. Daß Wagners Rolle anerkannt wurde, läßt sich in Cosimas Tagebüchern daran ablesen, daß ihm permanent antisemitische Broschüren ins Haus geschickt wurden. Immer wieder wird neuerdings behauptet, daß sich der späte Wagner der Jahre 1879 bis 1883 (seinem Todesjahr) vom Antisemitismus abgewandt habe. Das ist leider ein frommes Märchen. Ich will hier nicht untersuchen, wie die sogenannten Regenerationsschriften Wagners zu interpretieren sind, sondern nur noch kurz auf die Verbindung Wagners zu dieser Bewegung eingehen. Der Brief Wagners, auf den die Wagner-Apologeten sich beziehen, ist an den jüdischen Impresario Angelo Neumann gerichtet, der in Berlin die ersten

34 G. F. (= Gustav Freytag), *Der Streit über das Judentum in der Musik*, in: *Die Grenzboten*, 28. Jg., 1869, Nr. 22, S. 333–336.

Aufführungen des *Ring des Nibelungen* außerhalb Bayreuths organisierte. Der Brief fängt folgendermaßen an: »Geehrtester Freund und Gönner! Der gegenwärtigen ›antisemitischen‹ Bewegung stehe ich vollständig fern: ein nächstens in den Bayreuther Blättern erscheinender Aufsatz von mir wird dies in einer Weise bekunden, daß Geistvollen es sogar unmöglich werden dürfte, mich mit jener Bewegung in Beziehung zu bringen.«[35] Der Brief stammt vom 23. Februar 1881, und es ist dieser Satz, der immer für die angebliche Distanzierung Wagners vom Antisemitismus als Beleg herhalten muß.

Es ist nötig, diesen Satz genau zu lesen und auch die Interpunktion zu beachten. Zunächst ist das Wort »gegenwärtig« zu unterstreichen, was heißt, daß Wagner hier nicht die antisemitische Bewegung aller Zeiten und Länder meint, sondern die aktuelle in Deutschland. Das noch entscheidendere Faktum ist die Tatsache, daß »antisemitische« in Anführungszeichen gesetzt ist, was nichts anderes heißt, als daß er diese aktuelle deutsche Bewegung der Jahre 1879 bis 1882, die wegen ihres Zentrums auch als »Berliner Bewegung« bezeichnet wird, nicht als »antisemitisch« in seinem Sinne ansieht, sondern nur als eine sogenannte »antisemitische«. Dies wird leider allzu häufig übersehen, absichtlich oder unabsichtlich, wie auch immer. Es ist also keine Distanzierung vom Antisemitismus an und für sich, sondern von dieser aktuellen parteipolitischen Bewegung, die Wagner nur für eine unzureichende und das Etikett »Antisemitismus« nicht verdienende hält. Ausgeblendet wird ebenfalls meist der Kontext dieses Schreibens. Es handelt sich nämlich, wie Angelo Neumann selbst darstellt, um nichts anderes, als einen von Wagner für sich selbst ausgestellten Persilschein.[36] Aus Berlin war man im Hinblick auf die geplante *Ring*-Aufführung an Neumann herangetreten mit der Warnung, daß der Publikumszuspruch und die kritische Resonanz ernsthaft gefährdet sein würden (unter den Berliner Wagnerianern waren Juden zahlreich vertreten), wenn Wagner mit der lautstarken und pöbelhaften antisemitischen Bewegung in Zusammenhang gebracht werden würde, die seit knapp zwei Jahren viel Wind machte. Neumann schrieb an Cosima mit der Bitte, der Meister möge sich öffentlich distanzieren. Die Aufführung war gefährdet, die Tantiemen waren gefährdet – in diesem Kontext entsteht der bestellte Brief, der für jeden, der unvoreingenommen liest, eine raffinierte Distanzierung vom aktuellen Tageskampf, aber nicht von der Sache oder der Idee an sich darstellt. Daß Wagner im Grundsätzlichen mit dieser Bewegung übereinstimmte, wird aus den Tagebüchern Cosimas deutlich, wo immer wieder Begeisterung über Stoecker oder Wilhelm Marr geäußert wird. Marrs Pamphlet *Der Sieg des Judentums über das Germanentum* werden Ansichten bescheinigt, die Wagners Meinung sehr nahe stehen,[37] ebenso wie am Anfang zitiert, eine Rede Stoeckers Wagner anregt, für die völlige Ausweisung der deutschen

35 Angelo Neumann, *Erinnerungen an Richard Wagner*, Leipzig 1907, S. 139.

36 Der Zusammenhang wird aus dem Umfeld der zitierten Briefstelle deutlich: ebd., S. 138ff.

37 Cosima Wagner, *Die Tagebücher*, München und Zürich 1977, Bd. II, S. 309 und 385.

Juden zu sein. Auch August Rohlings berüchtigtes antisemitisches Buch *Der Talmudjude* regt Richard und Cosima Wagner zu zustimmenden Äußerungen an.[38] Zunehmend aber wird ihm der plumpe Stil der Agitation unangenehm. Wagner hatte sich sehr geärgert über die Erfolglosigkeit einer Petition gegen die Vivisektion, verkörpert in einem gewissen Ernst Weber, der er sich angeschlossen hatte. Nach deren Mißerfolg erhält er auch die berüchtigte Antisemiten-Petition, die Bernhard Förster 1880 entworfen hatte, zur Unterschrift (die Petition sollte an Bismarck gehen und wurde in der Tat 1882 übergeben). Er verweigert die Unterschrift, nicht, weil er kein Antisemit mehr war, sondern weil ihm der Text zu kriecherisch war: »›Das soll ich unterschreiben‹ ruft er aus, indem er uns die lächerlich devoten Ausdrücke und die bedenklich vorgetragene Sorge vorliest. Er schreibt an Dr. Förster, daß seit dem Schicksal der Petition wegen der Vivisektion er sich vorgenommen habe, nie mehr eine Petition zu unterschreiben.«[39] An den Antisemiten dieser Tage ärgerte ihn die Anpassung an die Tagespolitik, die taktischen Winkelzüge, das ängstliche Schielen auf Bismarck und dessen Taktieren in Bezug auf die »Judenfrage« (Bismarcks privater Umgang mit Juden wie seinem Bankier Bleichröder ärgerte Wagner ebenfalls). Wagner glaubte sich inzwischen über solche tagespolitischen Winkelzüge erhaben. Sein Antisemitismus war in seiner Regenerationslehre auf eine neue Qualitätsstufe, ins Allgemeinere, Grundsätzlichere und Philosophische gehoben worden; mit den vulgären Bierkneipen-Antisemiten, die er für weit unter seinem Niveau stehend hielt, wollte er nichts zu tun haben. Bayreuth war für das Grundsätzliche und das Ideale zuständig, die Dreckarbeit ›vor Ort‹ sollten andere machen, und es war nur zu hoffen, daß diese Arbeit vor Ort wieder an Niveau gewinnen würde. So also sieht die angebliche Distanzierung vom Antisemitismus aus. Wagner selbst hat es unmißverständlich ausgedrückt. Cosima notiert am 24. Februar 1881, zwei Jahre vor seinem Tod: »Abends besucht uns Freund Wolzogen. R. sagt ihm, daß wir in unserern Blättern keine Spezialität wie die der Vegetarianer vertreten können, sondern immer nur das Ideal festhalten und zeigen, und die draußen die Spezialitäten verfechten sollten; so könnten wir auch an der Juden-Agitation keinen Anteil nehmen.«[40]

Wagners Vorstellungen von der unseligen Rolle des »Judentums in der Musik«, die 1850 ihre erste Formulierung erfuhren, entfalteten nach 1869 eine nicht mehr abbrechende Fernwirkung. Ob bei Houston Stewart Chamberlain, ob bei Otto Weininger, ob in den Polemiken des deutschen Komponisten Hans Pfitzner während und nach dem Ersten Weltkrieg, überall ist die Wirkung dieser unseligen Schrift zu finden.[41] Im Bereich der Musikpublizistik ist sie besonders deutlich, als um die Jahr-

38 Ebd., Bd. II, S. 460.

39 Ebd., Bd. II, S. 564.

40 Ebd., Bd. II, S. 700.

41 Vgl. meine ausführliche Darstellung *Das ›Judentum in der Musik‹. Kontinuität einer Debatte*, in: *Conditio Judaica. Judentum, Antisemitismus und deutschsprachige Literatur vom Ersten Weltkrieg bis 1933/38*, hrsg. von H. O. Horch und H. Denkler, Tübingen 1993, S. 227–250.

hundertwende ein getaufter Jude zum umstrittensten Sinfoniker seiner Zeit wird: Gustav Mahler.[42] Von Anfang seiner Laufbahn an ist Mahler antisemitischen Angriffen ausgesetzt, die er vergeblich zu ignorieren sucht. Ob in der Tageskritik oder in der Musikwissenschaft: immer wenn gegen Mahler polemisiert wird, werden Argumente benutzt, die aus Wagners Polemik gegen Mendelssohn und Meyerbeer stammen. In Theodor Fritschs antisemitischem ›Klassiker‹ *Handbuch der Judenfrage* wird im Musikabschnitt natürlich dieselbe Quelle benutzt.[43] Die Nationalsozialisten mußten auch in diesem Bereich nur aufgreifen, was bereits um die Jahrhundertwende vorbereitet wurde, und in ihrem Kampf gegen die »Entartete Musik« spielte das *Judentum in der Musik* eine große Rolle. Diese Rolle aber ging weit über den musikalischen Bereich hinaus. Im Sommer 1929 waren in München Theaterfestspiele unter der Leitung des berühmtesten Schauspielregisseurs der Zeit, Max Reinhardt, geplant. Dagegen gab es in rechts-reaktionären Kreisen schärfsten Protest. Im April 1929 gab es im Hofbräufestsaal eine wegen Überfüllung schon bald gegen weiteren Zulauf geschlossene Protestversammlung. Der Hauptredner des Abends führte unter anderem aus: »Es handelt sich um den Versuch, uns jüdische Kunst aufzuoktroyieren. Dieser Kunstwille entstammt jenem Volk, das aus sich heraus überhaupt kein Kunstempfinden hat [...], das grundsätzlich unproduktiv ist und nur die Kunst anderer Völker zu annektieren in der Lage war, zu allen Zeiten! [...] Jedenfalls hat das Judentum an sich überhaupt keinen Kunstwillen, sondern das Judentum sieht in der Kunst genau das, was es in allem sieht, nämlich eine Geschäftsmöglichkeit.« Der Redner, der hier fast wörtlich Wagners Argumente paraphrasiert, war der exzessive Wagnerianer Adolf Hitler.[44] Mit diesem Zitat mache ich nicht Wagner in direkter Linie für Hitler verantwortlich, was auch schon getan wurde. Ich weise aber darauf hin, daß auch und gerade ein Künstler vom Range Richard Wagners, der sich für alles zuständig fühlte und zu allem sich autoritativ geäußert hat, weit über sein eigentliches Gebiet hinaus, nicht entbunden werden kann von der Mitverantwortung dafür, was mit seinen prononcierten Äußerungen von der Nachwelt getan wird. Wagner hat diese Schrift nicht im Dunkel einer kleinen Musikzeitschrift um 1850 gelassen, er hat sie 1869 mit dem Gewicht seines Namens erneut veröffentlicht und er hat sie 1872/73 in die erste Ausgabe seiner *Gesammelten Schriften und Dichtungen* aufgenommen. Damit kann er sich nicht freimachen aus einem Begründungszusammenhang, der sich natürlich zwischen 1869 und 1929 erheblich modifiziert hatte, der aber doch traditionsstiftende Beziehungen aufweist. Oder, um den vor kurzem in hohem Alter verstorbenen israelischen Historiker Jacob Katz zu zitieren, der auch von Wagner-Verteidigern wegen

42 Speziell zu Mahler siehe meinen Essay *Gustav Mahler und das ›Judentum in der Musik‹*, in: Merkur, Nr. 581, 51. Jg., H. 8 (1997), S. 665–680.

43 Theodor Fritsch, *Handbuch der Judenfrage*, 28. Aufl., Hamburg 1919, S. 112ff. u. 389ff.

44 Hitler, *Reden, Schriften, Anordnungen, Februar 1925 bis Januar 1933*, Bd. III, hrsg. und kommentiert von Klaus A. Lankheit, München 1994, S. 129; eine direkte Berufung auf Wagner findet sich auf S. 148.

seines moderaten Tones gerne in Anspruch genommen wird: »Doch gerade seine [Wagners] Zurückhaltung, sein Zurückschrecken vor den praktischen Konsequenzen seiner Gesinnung, zeugt davon, daß er sich der Problematik bewußt war. Seine historische Verurteilung beruht also keineswegs auf der nachträglichen Einsicht des Historikers, sondern ergibt sich aus dem richtigen Verständnis seiner eigenen Aussagen und Handlungen. Wagner selbst sitzt zu Gericht über Wagner und ist außerstande, sich den historischen Freispruch zu erteilen.«[45]

---

45 Jacob Katz, *Richard Wagner. Vorbote des Antisemitismus*, Königstein/Ts. 1985, S. 211.

Zusammenfassung der Diskussion

Prof. Bermbach vertrat gegen Prof. Fischers Darstellung die These, daß *Das Judentum in der Musik* im Unterschied zu Wagners späteren Schriften keine rassistischen Elemente enthalte. Die den Juden hier zugeschriebenen Charakteristika seien keine natürlichen Merkmale, sondern historisch erworbene Verhaltensformen wie etwa bestimmte Sprechweisen, die auch wieder abgelegt werden könnten. Daher ergebe sich auch kein Widerspruch zu dem Schluß der Abhandlung, welcher die revolutionäre Aufhebung dieser sozialen Attitüden für möglich halte. Prof. Fischer wies dagegen darauf hin, daß Wagners Text im Unterschied zu früheren antisemitischen Pamphleten prononciert die Vorstellung eines ›jüdisches Wesens‹ verwende, die den Juden kollektive Eigenschaften zuschreibe und so als frührassistisch zu qualifizieren sei. Der Widerspruch der Schlußapostrophe bestehe darin, daß die Forderung nach der Veränderung einer metaphysischen Substanz, zu der die jüdische Identität hier hypostasiert wird, aus logischen Gründen nicht erfüllbar sei und daher von Wagner auch nicht konkret beschrieben werden könne. Wagners Bild des Judentums habe keinen Bezug mehr zu historischen Realitäten und sei daher typisch für den antisemitischen Diskurs, der nach Jean Paul Sartre den Juden als denjenigen definiere, der als Jude wahrgenommen werde. Daher habe Wagner etwa Heine als Juden rezipieren können, obwohl dessen Verhältnis zum Judentum im höchsten Maße problematisch gewesen sei.

Ein Beitrag aus dem Publikum ordnete Wagners Schrift in die von Michel Foucault beschriebene Biologisierung des modernen Weltbildes ein, die sich als politische Ideologie die Entscheidung über Leben und Tod des Einzelnen anmaße. Der Antisemitismus Wagners und Hitlers repräsentiere so gleichermaßen eine Epochenerscheinung, ohne daß ein direkter Einfluß konstatiert werden müßte. Prof. Fischer verwies hier auf Wagners selten zitierte Äußerung aus Cosimas Tagebuch vom 19. Januar 1879: »es sei ihm aufgegangen, wie auch die heroischen Wesen in der Natur erliegen müssen, Menschen wie Tiere, bleiben tun [sic!] Ratten und Mäuse – die Juden. Ich erzählte ihm, daß ich in der Irrenanstalt die beiden Schwägerinnen von Freund Wolzogen gesehen und er kommt auf das Schreckliche der Erhaltung solcher armer Wesen, ›wodurch die Kräfte der Gesunden und Guten aufgerieben würden‹.«

Prof. Vaget wandte sich dagegen, Wagner für den Antisemitismus des deutschen Musiklebens allein haftbar zu machen. Da etwa der Wagnerismus in den U.S.A. die antisemitischen und rassistischen Elemente dieser Weltanschauung ausgeschieden habe, sei vielmehr nach komplexeren gesellschaftlichen Rezeptionsmechanismen zu fragen. Die psychologische Funktion des antijüdischen Vorurteils bei Wagner beschrieb Prof. Fischer auf die Frage Prof. Vagets hin als paranoide Besessenheit, die sich mit einem aggressiven Vernichtungswillen verbinde. Abschließend fragte Frau Dr. Porat, wie sich Wagner die Lösung der Judenfrage jenseits der Assimilation vorstelle. Der Referent hielt dieses Problem für unlösbar, denn Wagner sage niemals explizit, was die Juden leisten müßten, um über die allgemeine Selbstvernichtung hinaus ihr Wesen zu transzendieren. Allerdings widersprach Prof. Fischer der Auffassung Hartmut Zelinskys, daß Wagner die physische Vernichtung der Juden intendiert habe. Gerade die Obskurität der Wagnerschen Äußerungen über das Judentum habe aber zu ihrer verhängnisvollen Wirkung beigetragen.

WOLF-DANIEL HARTWICH

Udo Bermbach

Das ästhetische Motiv in Wagners Antisemitismus

Das Judentum in der Musik im Kontext der ›Zürcher Kunstschriften‹

I

Am 22. November 1878 notierte Cosima in ihrem Tagebuch Richard Wagners Satz: »Wenn ich noch einmal über die Juden schriebe, würde ich sagen, es sei nichts gegen sie einzuwenden, nur seien sie zu früh zu uns Deutschen getreten, wir seien nicht fest genug gewesen, um dieses Element in uns aufnehmen zu können.«[1] Man kann diese private Aussage Wagners, die wohl für authentisch gelten muß, als das fast versöhnende Resultat eines langen, verschlungenen und auch widersprüchlichen Weges antijüdischer und antisemitischer Äußerungen verstehen. Mit der 1850 anonym publizierten Schrift über *Das Judentum in der Musik* und ihrer revolutionär-integrationistischen ›Lösung der Judenfrage‹ begann Wagners offenes Eintreten gegen die Juden, und diese Haltung durchlief über antikapitalistische Vorbehalte, über die Fragen der rechtlich-politischen Gleichstellung und in den späten, sogenannten Regenerationsschriften auch über rassistische Stereotypen nahezu alle Vorurteile der zeitgenössischen antisemitischen Diskussion, um am Ende die Möglichkeit eines toleranten Nebeneinander nicht mehr völlig auszuschließen. Wagners Position zur sogenannten ›Judenfrage‹ reflektiert über die Jahre seines Lebens das gesamte Spektrum gängiger antisemitischer Vorurteile, aber seine Haltung bleibt nicht bloß starr und in sich widersprüchlich, sondern sie durchläuft eine Entwicklung, in der sich Einstellungs- und Argumentationsphasen voneinander unterscheiden lassen und einander auch ablösen.[2] Dieser Entwicklungsprozeß wird, wie die

1 Cosima Wagner, *Die Tagebücher*, ediert und kommentiert von Martin Gregor-Dellin und Dietrich Mack, München und Zürich 1977, Bd. II (1878–1883), S. 236f. Eine ähnliche Aussage findet sich wenige Tage später, am 26. November 1878, wo Wagner meint, die Juden seien »wenigstens ein Menschenalter zu früh bei uns emanzipiert worden«, S. 240; ähnlich am 1. Dezember 1878, wo er sagt, die Juden seien »mindestens 50 Jahre zu frühe uns amalgamiert worden«, denn die Deutschen »mußten erst etwas werden. Nun ist der Schaden furchtbar.« S. 247. Vgl. auch den 27. Dezember 1878, wo Cosima Wagners Satz notiert, »... ihre Emanzipation und Gleichstellung, bevor wir Deutsche etwas waren, sei verderblich gewesen. Er halte Deutschland für vernichtet«, S. 273.

2 Vgl. dazu Dieter David Scholz, *Richard Wagners Antisemitismus*, Würzburg 1993, besonders S. 84ff.

Tagebücher Cosimas belegen, durch schrille und oft genug erschreckende private Äußerungen begleitet, die bei manchen Interpreten,[3] weil sie die privaten Aufzeichnungen Cosimas in fragwürdigem methodischen Verfahren in den Rang der veröffentlichten Schriften rücken, zu einer oftmals problematischen, häufig falschen und verzerrenden Darstellung des Wagnerschen Antisemitismus geführt haben. Bei aller feststellbaren Kontinuität massiver antijüdischer Vorbehalte – Wagners Einstellung zu den Juden läßt sich, von häufig abrupten opportunistischen Wendungen einmal abgesehen, nicht ein für allemal auf ein eindeutiges Muster von Vorbehalten und Ablehnungen zurückführen, sondern sie schwankt und ist in ihren Argumenten oft situationsabhängig. Man kann es auch anders formulieren: es gibt eine stabile antijüdische und antisemitische Grundhaltung etwa ab 1850, damit verbunden eine Fülle ganz unterschiedlicher Motive, einen breiten Vorrat an Ablehnungs- und Vorbehaltsgründen, aus dem sich Wagner je nach den gegebenen Umständen wie auch entsprechend seiner eigenen biographischen Entwicklung bedient. Unter all diesen unterschiedlichen und mit den Zeitströmungen durchaus übereinstimmenden Motiven gibt es auch *ein* sehr starkes Motiv, das schon *Das Judentum in der Musik* entscheidend beherrscht und das sich durch nahezu alle antijüdischen und antisemitischen Schriften und Äußerungen hindurchzieht: ein ›ästhetisches Motiv‹, das in engem Zusammenhang mit Wagners Kunstkonzeption steht. Dieter Borchmeyer hat zurecht darauf verwiesen, daß all die Negativa in Wagners *Judentum in der Musik* auch für dessen Vorstellungen stehen, damit zugleich das »Paradigma einer depravierten, kunstfernen, bloß noch von Marktgesetzen bestimmten Zivilisation« beschrieben zu haben, einer Zivilisation, von der sich das erhoffte ›Kunstwerk der Zukunft‹ abheben sollte, »über das Wagner hier zwar mit Absicht nicht redet, dessen Idee aber durch ihre methodische Aussparung in diesem Aufsatz nur um so präsenter ist«.[4] Ausschließlich diesem Zusammenhang und damit dem ›ästhetischen Motiv‹ und seiner Bedeutung für Wagners antijüdische Streitschrift und folglich nicht dem Gesamtkomplex des Wagnerschen Antisemitismus soll im folgenden nachgegangenen werden, und zwar in theoretisch systematischer und rekonstruktiver Weise, womit zugleich sowohl das biographische Motiv wie auch alle anderen Einflüsse auf Wagners antijüdische und antisemitische Haltung vernachlässigt werden. Es versteht sich von selbst und braucht deshalb auch kaum nachdrücklich betont zu werden, daß damit das Gesamtphänomen des Antisemitismus, seiner Motive und Inhalte bei Wagner auch nicht annähernd erschöpfend erklärt ist, sondern hier nur ein Teilaspekt des Gesamtkomplexes, allerdings ein wichtiger und bisher nicht wahrgenommener, thematisiert werden soll.

---

3 So etwa die zahlreichen Arbeiten von Hartmut Zelinsky, von denen hier stellvertretend verwiesen sei auf: *Die deutsche Losung. Siegfried oder die innere Notwendigkeit des Judenfluches im Werk Richard Wagners*, in: *In den Trümmern der eignen Welt. Richard Wagners ›Der Ring des Nibelungen‹*, hrsg. von Udo Bermbach, Berlin 1989; Andrea Mork, *Richard Wagner als politischer Schriftsteller*, Frankfurt a. M. 1990; Joachim Köhler, *Wagners Hitler. Der Prophet und sein Vollstrecker*, München 1997.

4 Dieter Borchmeyer, *Wagner und der Antisemitismus*, in: *Richard-Wagner-Handbuch*, hrsg. von Ulrich Müller und Peter Wapnewski, Stuttgart 1986, S. 145f.

II

Ausgangspunkt meiner Überlegungen ist das Erstaunen darüber, daß Wagner im August 1850 sein antijüdisches Pamphlet schreibt. Erstaunlich ist dies deshalb, weil er zu dieser Zeit, im Zürcher Exil, seine drei großen und umfänglichen ästhetischen Schriften verfaßt: *Die Kunst und die Revolution* (Juli 1849), *Das Kunstwerk der Zukunft* (November 1849) und sodann *Oper und Drama* (um die Jahreswende 1850/51). In diesen drei weitgreifenden Arbeiten entwirft er in systematischem Zugriff das Konzept einer zukünftigen Kunst, genauer: das Konzept des ›Gesamtkunstwerks‹.[5] Er geht dabei aus von der prinzipiellen Bestimmung des Verhältnisses Natur, Mensch, Gesellschaft und Kunst, schließt dann eine Diagnose der Gegenwart und Gegenwartskunst an, um – in Negation des beschriebenen Status quo – die Perspektive einer Revolution auf allen Gebieten als notwendig zu eröffnen: einer Revolution von Politik, Gesellschaft und Kultur, die das Bestehende – im Sinne der Hegelschen ›Aufhebung‹ – gänzlich vernichten soll, um damit die Voraussetzungen zu schaffen, über ein neues Kunstverständnis auch eine neue, radikal-demokratisch verfaßte Gesellschaft entstehen zu lassen, die dann der Politik freilich nicht mehr bedarf, sondern sich über ästhetische Erfahrung begründet. Vergegenwärtigt man sich die daraus resultierenden systematischen wie konzeptionellen Strukturen von Wagners Theorie des ›Gesamtkunstwerks‹ – die hier nicht näher vorgetragen werden können –, so erscheint es auf den ersten Blick unmöglich, das zwanzig Seiten umfassende Pamphlet über *Das Judentum in der Musik* in einen systematischen Zusammenhang hierzu zu bringen. Die Schrift scheint vielmehr isoliert von den ›Zürcher Kunstschriften‹ für sich allein zu stehen, ohne einen direkt ins Auge springenden thematischen Zusammenhang. Denn die Vision einer »ästhetischen Weltordnung«,[6] die dem Konzept des ›Gesamtkunstwerk‹ als Telos innewohnt, kommt gänzlich ohne allen Antisemitismus aus, und dies nicht zuletzt deshalb, weil Wagner zu jener Zeit und durchaus in Übereinstimmung mit einer Vielzahl radikaler Gesinnungsgenossen – wie etwa Bruno Bauer oder Karl Marx – der Meinung war, die sogenannte ›Judenfrage‹ sei im Kern eine Frage der bürgerlichen Gesellschaft, die sich nach deren Revolutionierung von selbst erledigen werde. Jacob Katz, dem wir die nach wie vor gründlichste historische Studie zu Wagners Prä-Antisemitismus verdanken, spricht denn auch folgerichtig von einer »Wende«[7] in Wagners Verhalten, die mit dem Erscheinen seiner

---

5 Vgl. dazu Udo Bermbach, *Der Wahn des Gesamtkunstwerks. Richard Wagners politisch-ästhetische Utopie*, Frankfurt a. M. 1994, besonders S. 108ff.

6 Richard Wagner, *Heldentum und Christentum*, in: *Gesammelte Schriften und Dichtungen*, Leipzig o. J., Bd. 10, S. 284. Alle Schriften Wagners werden, wenn nicht anders vermerkt, im folgenden nach dieser Ausgabe zitiert.

7 Jacob Katz, *Richard Wagner. Vorbote des Antisemitismus*, Frankfurt a. M. 1985, S. 95. Vgl. allgemein auch Jacob Katz, *Vom Vorurteil bis zur Vernichtung. Der Antisemitismus 1700 bis 1933*, München 1989, besonders S. 146ff.

Streitschrift zu verzeichnen sei, weil damit, so wäre hinzuzufügen, ein völlig neues und für das politisch-ästhetische Konzept Wagners systematisch nicht notwendiges Element in seinem Denken auftritt, das allerdings in der Folge vorwiegend dann offen formuliert wird, wenn die eigene Karriere beziehungsweise ›Nichtkarriere‹ als Komponist betroffen ist oder wenn mißliebige tages- und kunstpolitische Vorgänge einer verschwörungstheoretischen Erklärung zugänglich erscheinen – die Tagebücher Cosimas liefern für diesen Sachverhalt ein reiches Anschauungsfeld.

Trotz dieser beiden Vorbehalte: Schwierigkeit der systematischen Verbindung von Antisemitismus und gesellschaftstheoretisch-ästhetischer Vision, wie sie in den ›Zürcher Kunstschriften‹ entworfen wird, einerseits; Bezugnahme der antijüdischen wie antisemitischen Vorurteile auf die Tagespolitik andererseits, bleibt die Frage, ob, wie es in der interpretierenden Literatur zumeist geschieht, ein bloß biographisches Motiv – Scheitern als Revolutionär, Flucht ins Exil, Enttäuschung über den scheinbar ausbleibenden Erfolg als Komponist, der Meyerbeer[8] als der Personifikation einer vermeintlichen jüdischen Kulturdominanz, ja Kulturverschwörung angelastet wird – ausreichend den Stellenwert dieser Schrift zu erklären vermag. Wäre dem so, dann hätte Wagner seine anspruchsvolle und zeitraubende theoretische Selbstverständigung über seinen zukünftigen Weg als Künstler nur deshalb unterbrochen, um einem Drang zur Polemik nachzugeben, die ihrerseits mit den prinzipiellen Dimensionen seines Denkens nichts zu tun hat. Gewiß könnte eine solche Interpretation gute Gründe anführen, sich nicht zuletzt – um nur ein Beispiel anzuführen – auf Wagners eigene Bekundungen berufen, etwa auf jenen Brief an Liszt vom April 1851, in dem er schreibt, er habe einen »lang verhaltenen Groll gegen diese Judenwirtschaft« und deren »verfluchtes Geschreibe« loswerden wollen und sei deshalb endlich einmal losgeplatzt: »es scheint schrecklich eingeschlagen zu haben, und das ist mir recht, denn einen solchen Schreck wollte ich ihnen eigentlich nur machen.«[9] Wenngleich also das biographische Motiv eine durchaus plausible Erklärung für die Entstehung dieser antisemitischen Streitschrift abgibt, so ist damit die Frage nach deren inhaltlichem Bezug zu den ›Zürcher Kunstschriften‹ noch nicht erledigt. Denn beides schließt sich nicht zwingend aus, und es ist nicht von vornherein auszuschließen, daß das biographische Motiv in der Schrift selbst eine viel weitgehendere und folgenreichere systematische Wendung erfährt, die – und dies ist die These meiner Überlegungen – vor allem in zweierlei Hinsicht besteht: zum einen im Anschluß an Wagners Poetologie, die das Fundament seiner Ästhetik abgibt, zum anderen in der Aufnahme des revolutionären politischen Impulses von Wagner, der seinerseits auf das Engste mit seiner ästhetischen Zentralintentio-

8 Zum Verhältnis Wagner – Meyerbeer vgl. neben Katz, S. 80ff. jetzt: *Meyerbeer – Wagner. Eine Begegnung*, hrsg. von Gunhild Oberzaucher-Schüller, Marion Linhardt und Thomas Steiert, Wien, Köln und Weimar 1998, besonders S. 71ff.

9 Richard Wagner, *Sämtliche Briefe*, hrsg. im Auftrag des Richard-Wagner-Familien-Archivs in Bayreuth von Gertrud Strobel und Werner Wolf, Leipzig 1975, Bd. III, S. 544f.

nen verbunden ist. Es ist die Absicht der folgenden Überlegungen, diesen Gesichtspunkt, der in der bisherigen Wagnerliteratur nahezu keine Rolle spielt,[10] herauszustellen und systematisch zu rekonstruieren. Für die Beurteilung der Wagnerschen Antijudaismus und Antisemitismus bedeutet eine solche Fragestellung und ein solches analytisches Vorgehen freilich zugleich auch eine implizite Verschärfung des moralischen Tatbestandes. Denn wenn sich zeigen läßt, daß es einen zwingenden systematischen Zusammenhang von Kunsttheorie und Antisemitismus gibt, dann wird Wagners Antijudaismus und Antisemitismus aus der eher beliebigen und situativen Verfügbarkeit persönlicher Emotionen herausgeholt. Wagners Haltung zur ›Judenfrage‹ ist dann nicht mehr nur eine Frage seiner ganz persönlichen Wert- oder Geringschätzung einzelner jüdischer Komponisten, Dichter oder Musiker beziehungsweise seiner vollständigen Abneigung ihnen gegenüber, sondern sie ist tiefer verankert, weil systematisch verbunden mit einer Werkkonzeption, die mit der Theorie des Gesamtkunstwerks sein gesamtes musikdramatisches Schaffen spätestens seit dem *Ring des Nibelungen* entscheidend bestimmt – was allerdings nicht heißt, daß dieser Antisemitismus die musikdramatischen Werke selbst affiziiert. Für eine so weitreichende These gibt es bei Wagner selbst, weder in den veröffentlichten Schriften noch in den Cosima-Tagebüchern keinen einzigen Beleg.

III

Zunächst zur Poetologie.[11] Zu erinnern ist daran, daß Wagner aus seiner Kritik der zeitgenössischen italienischen wie französischen Oper die Idee des Musikdramas entwickelt, die später in das umfassende Konzept des Gesamtkunstwerks einmündet. Grundlage seiner Vorstellung vom Musikdrama, dem Kunstwerk der Zukunft, ist eine eigene Sprachtheorie, die so angelegt ist, daß Wagner glaubt, einen doppelten Nachweis führen zu können: zu belegen, daß in der Sprache die Elemente der Musik bereits in nuce enthalten sind und zugleich zu behaupten, daß Sprache und Volk in einem engen Zusammenhang stehen, der hinsichtlich der Bestimmung des Volkes zugleich identitätsstiftend wirkt. Diese beiden Thesen schließen an Vorstellungen von Herder und Fichte an, nehmen Überzeugungen der politischen Romantik auf, erweitern diese aber in den Bereich der Musik hinein, mit Folgen für das darauf aufbauende, politisch-ästhetische Konzept.

---

10 Die Wagnerliteratur zu diesem Thema stellt zwar eine Fülle von Material zur Verfügung, aber sie bewegt sich zumeist in den Bahnen der ›Einflußstudien‹, das heißt sie untersucht, welche Beziehungen zwischen Wagner, jüdischen Dichtern, Komponisten und Musikern bestanden, wie diese Beziehungen von Wagner empfunden wurden und welche Anregungen Wagner für seine eigenen Werke durch jüdische Dichter, Komponisten und Musikern erhalten hat, die er seinerseits in der Regel verleugnete. Das alles ist unbestritten wichtig, aber es kann eine systematische Rekonstruktion des argumentativen Zusammenhangs von Kunsttheorie und Antisemitismus nicht ersetzen.

11 Zum folgenden vgl. ausführlich Udo Bermbach, *Der Wahn des Gesamtkunstwerks*, S. 193ff.

Aus der ersten Annahme ergibt sich eine, wie Wagner es formuliert, »architektonische Ordnung«[12] des Verhältnisses von Sprache und Musik, die Wagner sich parallel zu gesellschaftstheoretischen Konzepten eines genossenschaftlich orientierten, anarchisch inspirierten Modells zukünftigen Zusammenlebens denkt. Dabei wird unterschieden zwischen einer historisch vernützten Sprache, die nur noch als Instrument einer am Profit orientierten Gesellschaft fungiert, und einer sich auf ihre lyrischen Elemente wieder zurückbesinnenden Sprache, die zum Ausgangspunkt einer neuen Kunstkonzeption werden kann. Wagner sucht nun nach einer durch den modernen Zivilisationsprozeß unbeschädigten Schicht sprachlichen Ausdrucks, nach unverbrauchten ›Urwurzeln‹ der Sprache, aus denen sich eine authentische, nichtentfremdete Semantik wiedergewinnen lassen könnte. Er meint, solche ›Urwurzeln‹ im Volk finden zu können, wo sie zwar verdeckt, aber substantiell unversehrt sich erhalten haben. Wie ein Denker der ›kritischen Theorie‹ der Frankfurter Schule glaubt er, noch im Falschen der Gegenwart habe sich – mit Adorno zu reden – das Richtige der Vergangenheit erhalten und daraus werde die Zukunft zu gewinnen sein: »Das Volk bewahrt aber« – so schreibt er in *Oper und Drama* – »unter der frostigen Schneedecke seiner Civilisation, in der Unwillkür seines natürlichen Sprachausdruckes die Wurzeln, durch die es selbst mit dem Boden der Natur zusammenhängt.«[13]

Weil solche Einheit von Volk, Natur und Sprache zumindest virtuell noch immer besteht, können ›Urelemente‹ der Sprache, Vokale und Konsonanten, ein dichtes Beziehungssystem entstehen lassen, in dem das Wort-Ton-Verhältnis bereits enthalten ist. Jeder Vokal ist ein »verdichteter Ton«,[14] Vokale selbst sind untereinander verwandt, weisen über sich hinaus, drängen mit den Konsonanten zusammen auf größere Zusammenhänge. In solchem Drang wird deutlich, daß schon der kleinsten Einheit der Sprache, ihrer konstruktiven Urzelle, der Doppelcharakter von Wort und Ton, von Semantik und Musik eignet – schon die sprachliche Urzelle ist immer Tonsprache, aus deren »Fügung und Zusammenstellung das ganze sinnliche Gebäude unserer unendlich verzweigten Wortsprache errichtet ist.«[15] Wie im anarchistischen Gesellschaftsdenken, das aus der Vernetzung kleiner Sozialeinheiten eine sich selbst regulierende Gesellschaft hervorwachsen läßt, emaniert auch bei Wagner aus elementaren Sprachteilen, die sich zu immer größeren Einheiten verbinden, schließlich eine Sprache, in der das Musikalische selbst schon angelegt ist. In einem strukturieren Sprechen, wie es wahre Dichtung charakterisiert, sind Sprache und Musik immer schon verbunden, aus Vokal- und Konsonantenfolge, aus Rhythmus und Akzent ergibt sich gleichsam zwanglos eine quasimusikalische Binnenstruktur, Verse treten zu größeren Perioden zusammen, sie

12 Richard Wagner, *Oper und Drama*, in: GSD, Bd. 4, S. 93 (Anmerkung).
13 Ebd., S. 128.
14 Ebd., S. 137.
15 Ebd., S. 93.

treiben die »Versmelodie«[16] aus sich heraus, die der Dichter und Komponist dann aufzunehmen hat.

Wagners konstruktivistischer Zugriff auf Sprache beruht auf dem Prinzip eines »unermeßlichen Ausdehnungs- und Verbindungsvermögens«,[17] modern gesprochen: auf der Ausdifferenzierung, Vernetzung und variierenden Kombination sprachlicher Elementarteile. Dieses Prinzip bestimmt sowohl die Konzeption des Musikdramas wie auch die des Gesamtkunstwerks, denn beides sind Synthetisierungsleistungen, die sich auf Konstruktionselemente beziehen, die sich ihrerseits wieder auf Sprache zurückführen lassen. Die Expressivität, die dem »sinnlichen Gehalt unserer Sprachwurzeln«[18] von Anfang an eignet, drängt zur Musik, zur gestischen Ausgestaltung, also zur Darstellung, zum Tanz, letztlich dann auch zum Bühnenbild. Wagner bürdet der Sprache alles auf, sie ist der Ausgangspunkt und das Fundament seiner theatralen Ästhetik, die »unerläßliche Grundlage eines vollendeten künstlerischen Ausdruckes«.[19]

Entscheidend ist nun, daß nach Wagners Überzeugung die Sprache nur dort die von ihr eingeforderte Leistung erbringen kann, wo sie noch Ausdruck eines ungebrochenen, unentfremdeten Gefühlslebens des Volkes ist. Dort, wo das Volk »aus der Hatz unseres staatsgeschäftlichen Sprachverkehrs sich einer liebevollen Anschauung der Natur zukehrt«,[20] wo also die moderne Zivilisation mit ihrer Rationalisierung der Lebenswelt noch nicht gegriffen hat, wo gleichsam noch unbeschädigtes Leben der Destruktion der Moderne widerstanden hat, dort eben können die Fundamente der Sprache noch aktiviert werden.

Was Volk bei Wagner heißt, bleibt in einem strengen definitorischen Sinne eher vieldeutig.[21] Volk ist zunächst einmal die Bezeichnung für das Authentische, das durch die Zivilisation noch Unbeschädigte, ist Name für eine verlorengegangene und doch zugleich noch immer virtuell vorhandene ›Einheit des Lebens‹. Wagner schließt hier an romantische Vorstellungen an, aber er erweitert sie zugleich durch eine soziale Komponente. Denn Volk ist ihm auch ein »sozial-politisches Ideal« im »Sinne der unvergleichlichen Produktivität der vorgeschichtlichen Urgemeinschaftlichkeit«, das er sich »als allgemeinschaftliches Wesen der Zukunft wiederhergestellt«[22] denkt. Dieses Volk, zusammengebunden durch eine gemeinsame Tradition, durch gewachsene Normen und von allen geteilte Lebenswelten, verstanden auch als eine »Notgemeinschaft« all derjenigen, »welche Not empfinden, und ihre eigene Not als die gemeinsame Not erkennen oder sie in ihr inbegriffen fühlen«,[23] eine Pluralität von Einzel-

16 Ebd., S. 190f.
17 Ebd., S. 149.
18 Ebd., S. 127.
19 Ebd., S. 210.
20 Ebd., S. 128.
21 Zum Volksbegriff vgl. mein *Wahn des Gesamtkunstwerks*, S. 245ff.
22 Richard Wagner, *Einleitung* zum dritten und vierten Band des GSD, Bd. 3, S. 5.
23 Richard Wagner, *Flüchtige Aufzeichnungen einzelner Gedanken*, in: *Dichtungen und Schriften*, hrsg. von Dieter Borchmeyer, Frankfurt a. M. 1983, Bd. V, S. 247.

nen, die sich über Sprache immer wieder ihrer Gemeinsamkeit versichern und sie erleben, ist für Wagner der Ort aller politisch-ästhetischen Kreativität, ist sowohl die »bedingende Kraft für das Kunstwerk«[24] wie der Selbstorganisator einer zukünftigen genossenschaftlichen Vereinigung. In emphatischer Überzeichnung stilisiert Wagner das Volk zum ›Gesamtdichter‹ der postrevolutionären Kunst, weil es mit »Notwendigkeit elementaren Waltens den Zusammenhang zerreißen wird, der einzig die Bedingung der Herrschaft der Unnatur ausmacht«,[25] anders formuliert: weil es die bestehenden Verhältnisse und die mit ihnen gesetzten Entfremdungen revolutionär verändern und damit die Voraussetzungen für eine neu Kunst schaffen wird.

Wagners Volksbegriff ist kein strukturell homogener, etwa im Sinne völkischer Auffassungen, sondern er impliziert ein internes Spannungsverhältnis von Individuum und Gemeinschaft, das aber durch die gemeinsame Sprache gleichsam immer wieder entschärft und konsensuell umgebogen wird. Sprache ist für Wagner das entscheidende Kreativitätspotential eines Volkes, sie ist aber zugleich auch immer das Medium eines auf Gemeinschaft hin angelegten Konsenses. In ihr und durch sie gewinnt ein Volk seine Selbstvergewisserung, auch seine übersprachliche Identität, denn alle Kommunikation läuft über Sprache, ist durch sie vermittelt. Politiktheoretisch gesehen, impliziert dies einen radikal-demokratischen Gedanken, weil im Akt des Sprechens nur das Argument gilt und jeder Einzelne daher dem anderen als ein sprachlich Gleicher oder doch Gleichgestellter gegenübertritt. Wagners Ansatz läßt sich hier in seinen gesellschaftstheoretischen Konsequenzen durchaus vergleichen mit jener sprachphilosophischen Grundlegung der modernen Demokratie, wie sie Jürgen Habermas in seiner *Theorie des kommmunikativen Handelns* vorgenommen hat.[26] Die Emphase, mit der Wagner Sprache und Volk zusammendenkt, um daraus sowohl das Kunstwerk der Zukunft wie auch die gesellschaftlich-genossenschaftliche Selbstorganisation des Volkes der Zukunft hervorgehen zu lassen, macht deutlich, daß dieser Zusammenhang für ihn ein zentrales Theorem war, die konstitutive Voraussetzung für die Überwindung des politischen wie ästhetischen Status quo.

So paradox es klingen mag: die sprachtheoretische Grundlegung eines demokratisch intendierten Volksbegriffs liefert aber zugleich auch ein entscheidendes Motiv für Wagners antijüdische und antisemitische Einstellung. Denn nicht in der Religion, deren Wahrheitsanspruch schon durch das Christentum desavouiert ist, auch nicht in der Politik, deren praktischer Ruin ihm offensichtlich war, sind die Juden ihm Feinde, sondern primär in Bezug auf die Sprache. Wagner wendet seine Sprachtheorie, die er in *Oper und Drama* erst noch formulieren wird, in ihren Kerngehalten bereits im *Judentum in der Musik* an. Aus deren Prämissen und Implikationen leitet er den Status der Juden ab, obgleich er sehr genau sieht, daß der entscheidend durch politisch-gesell-

24 Richard Wagner, *Das Kunstwerk der Zukunft*, S.47.

25 Ebd., S. 53f.

26 Jürgen Habermas, *Die Theorie des kommunikativen Handelns*, 2 Bde., Frankfurt a. M. 1981.

schaftliche Gründe bestimmt wird, die er aber nicht diskutieren will. Weil Juden – so seine Ausgangsthese – kein Volk wie andere Völker sind, weil ihnen eine eigene Sprache fehlt, darüber hinaus ein eigenes Territorium und folglich auch ein eigener Staat, bleiben sie zwangsläufig Außenseiter und Fremde. Ausgeschlossen aus der historischen Sprachentwicklung der Nation, in der sie leben, sprechen sie deren Sprache nur als »Ausländer«.[27] Sie haben deshalb auch keinen Anteil an der historischen Entwicklung der Sprache, in der sich zugleich die »geschichtliche Gemeinsamkeit« eines Volkes ausdrückt, sie können folglich deren Wesen – jene oben skizzierten elementaren Konstruktionselemente – nicht wirklich verstehen.

Die naturgemäß jeder empirischen Überprüfung sich entziehende und durch nichts gestützte Behauptung, Juden sprächen die Sprache einer Nation immer als eine fremde, hat auf der Folie des politisch-ästhetischen Denkens Wagners in dieser Zeit eine doppelte Implikation: sie liegt zum einen gleichsam parallel zu der Aussage in *Oper und Drama*, daß auch in der modernen Sprache der bestehenden Gesellschaft nicht gedichtet werden könne, weil diese Sprache der Moderne eine vernutzte, funktional ausgerichtete, sich bloß an den Verstand und nicht an das Gefühl richtende Sprache sei.[28] In dieser Hinsicht sind Juden und Nichtjuden, sofern sie sich der Sprache bloß funktional bedienen und damit dem allgemeinen Zivilisationstrend und desaströsen Kunstgeschmack folgen, gleichgestellt. Wagner dehnt diese Parallelität sogar noch auf das jüdisch-religiöse Leben aus: so wie die moderne Zivilisation sich konsequent als Verfallsprozeß darstellt und beschreiben läßt, so ist auch die »ursprüngliche Reinheit« des religiösen Lebens in der Synagoge »nur in allerwiderwärtigster Trübung auf uns gekommen«,[29] das heißt die Juden haben den generellen zivilisatorischen Verfallsprozeß der europäischen Völker für sich selbst auch religiös mitvollzogen und befinden sich gewissermaßen mit den Nichtjuden in derselben Situation, einer vollständigen Veränderung ihrer Verhältnisse zu bedürfen. Doch bezüglich der Regenerationsfähigkeit der Sprache und damit der Möglichkeit, das Kunstwerk der Zukunft zu schaffen, gibt es freilich eine fundamentale Differenz zwischen beiden Gruppen. Juden können nach Wagner, weil sie eben nicht zum Volk gehören, zu den Sprachwurzeln des Volkes nicht zurück, können also auch, sofern sie Juden bleiben, am Entwurf einer zukünftigen Kunst, die nach Wagners Vorstellung alle Politik ersetzen soll, nicht wirklich teilhaben. Alle Reformen, die von Juden bezüglich ihres eigenen Status unternommen werden, sind »fruchtloses Bemühen von Oben herab, welches nach Unten nie in dem Grade Wurzeln fassen kann, daß dem gebildeten Juden, der eben für seinen Kunstbedarf die eigentliche Quelle des Lebens im Volke aufsucht, der Spiegel seiner intelligenten Bemühungen als diese Quelle entgegenspringen könnte.«[30]

27 Richard Wagner, *Das Judentum in der Musik*, in: GSD, Bd. 5, S. 70.
28 Richard Wagner, *Oper und Drama*, S. 98ff.
29 Richard Wagner, *Das Judentum in der Musik*, S. 76
30 Ebd., S. 77.

Um diese Position zu begründen, formuliert Wagner zwei Argumente. Zum ersten behauptet er, daß es auch den größten Genies unmöglich sei, in einer fremden Sprache zu dichten, eine Behauptung, die ein zirkuläres Argument impliziert. Denn wenn Dichter nur sein kann, wer sich der Sprache eines Volkes bedient, dann kann einer, der einem Volk nicht angehört, auch kein Dichter sein. Hinzu kommt, daß Dichtung nach Wagner in Gefühlsgemeinsamkeiten gründet, aus denen auch Sprache ihre konstitutiven Elemente gewinnt. Wer also aus der Gefühlsgemeinschaft ausgeschlossen ist, etwa durch Geburt, kann folglich auch nicht originär dichten, sondern allenfalls formale Sprachbeherrschung erlernen – das eine folgt aus dem anderen und beides wird einfach gesetzt, ist empirisch durch nichts zu belegen. Doch Wagner verschärft die Ausschlußthese noch zusätzlich. So wie er die deutsche Sprache gleichsam analytisch dekonstruiert, um sie anschließend rekonstruktiv als Grundlage für sein Konzept des Musikdramas und des Gesamtkunstwerks herrichten zu können, so zerfällt er auch die vermeintliche ›Sprechweise‹ von Juden. Nicht deren Sprache, denn die haben die Juden – mutatis mutandis – mit der Sprache des Volkes, in dem sie leben, gemein – das Hebräische ist ihm eine tote Sprache.[31] Sondern eben die ›Sprechweise‹, den expressiven Ausdruck, den Menschen entwickeln, wenn sie eine fremde Sprache lernen. Eine Ebenenverschiebung findet hier statt, von der Sprache auf die ›Sprechweise‹, die nicht bedeutungslos ist, weil eben die Sprechweise, wo sie denn korrekt erfolgt, jenes strukturierende Sprechen zur Folge hat, aus dem sich, wie Wagner unterstellt, das Wort-Ton-Verhältnis zwanglos ergibt. Stimmt die Sprechweise nicht, kann die Sprache nicht leisten, was Wagner ihr zuschreibt. Und nach Wagners Meinung stimmt die jüdische Sprechweise der deutschen Sprache nicht. Das hier formulierte Charakteristikum: »ein zischender, schriller, summsender und murksender Lautausdruck«[32] bezieht sich auf jene Vokale, die Wagner in seiner Poetologie zum Ausgangspunkt seiner Sprachtheorie macht. Werden diese Vokale falsch gesprochen, dann ergibt sich keine Verbindung von Wort und Ton, kein strukturiertes Sprechen, aus dem jene »Versmelodie« generiert, die dann über die verschiedenen Zwischenstufen des »Ausdehnungs- und Verbindungsvermögens« notwendig zur neuen Form des Musikdramas führt. Vielmehr bricht die gesamte Sprachtheorie zusammen – Sprache erscheint dann nur noch als ein entstellter, entfremdeter Akt einer nicht gelingenden Kommunikation. Auch das zweite Charakteristikum: die »uneigentümliche Verwendung und willkürliche Verdrehung der Worte und der Phrasenkonstruktionen«[33] dient demselben Zweck. Wagner will den Nachweis führen, daß der Sprachgebrauch der Juden das sprachliche Fundament und damit die Voraussetzungen der Rekonstruktion für eine neue Dichtung vollständig zerstört, so daß auch von diesem Gesichtspunkt her die daran anschließenden kreativen Leistun-

31 Ebd., S. 71.
32 Ebd.
33 Ebd.

gen nicht mehr erbracht werden können. Und aus beiden Gesichtspunkten folgt dann, daß sich Gesang als die »in höchster Leidenschaft erregte Rede«[34] daraus nicht ergeben kann. Das bestimmt schließlich auch die Einordnung von Juden als »Unglückliche, Heimatlose«[35] – für Wagner stehen Juden schon der gegebenen »europäischen Zivilisation und Kunst« fremd gegenüber, und erst recht bleiben sie Fremde und Ausgeschlossene in Hinsicht auf die gesellschaftliche und politische Leistung des ›Kunstwerks der Zukunft‹.

Daß dies empirisch alles unhaltbar ist, braucht wohl nicht eigens betont zu werden. Aber darum geht es hier auch nicht. Es geht vielmehr darum zu zeigen, daß Wagner seine fundamentalen sprachtheoretischen Annahmen, die er nach der Veröffentlichung des *Judentums in der Musik* erst später in *Oper und Drama* als Grundlage einer umfassenden ästhetischen Konzeption des Gesamtkunstwerks endgültig formuliert hat, bereits hier zum Maßstab seiner Kritik macht und daß es ihm allererst um den – wie er es selbst formuliert – »ästhetischen Charakter dieser Ergebnisse«[36] geht. Um es noch einmal zu wiederholen: das ästhetische Motiv von Wagners antijüdischer Haltung ergibt sich aus folgenden Argumentationsschritten: Die Kunst der Gegenwart, die Wagner radikal ablehnt, ist verbunden mit einer Sprache, die rein funktional eingesetzt wird. Die Kunst der Zukunft, die des Musikdramas und des Gesamtkunstwerks, muß sich auf eine Sprache gründen, die erst noch wiederzubeleben, modern gesprochen: zu rekonstruieren ist. Diese Sprache, die dann die Sprache der neuen Dichtung sein wird, findet sich in ihren Urelementen noch beim Volk aufbewahrt, und hier muß die Rekonstruktion ansetzen. Volk wird in diesem Kontext durchaus mit sozialen und politischen Konnotationen versehen, was das Volk heißt, resultiert auch aus dem radikal-demokratischen Verständnis des deutschen Vormärz. Indem das Volk sich erneuert, sich auf seine kulturellen Traditionen besinnt, aktiviert es die verschütteten Sprachtraditionen und schafft damit die Voraussetzung für eine erneuerte Kunst. An diesem Prozeß können Juden deshalb nicht teilhaben, weil sie nicht zum Volk gehören, damit von der sprachlichen Erneuerung ausgeschlossen sind und folglich auch für die Kunst der Zukunft als Produzenten ausfallen. So weit die Thesen Wagners.[37]

---

34 Ebd., S. 72.

35 Ebd., S. 71. Hier auch das folgende Zitat.

36 Ebd., S. 70.

37 Man muß freilich in diesem Zusammenhang darauf hinweisen, daß die Thematisierung des Zusammenhangs von Sprache und Juden nicht erst durch Wagner geschah. So hat etwa der französische Frühsozialist Proudhon, durch den Wagner in seinem politischen Denken nachhaltig beeinflußt worden war, aus der These, »das Hebräische besitze keine abstrakten Wörter und sei daher unfähig, metaphysische Ideen auszudrücken« weitreichende Konsequenzen in Bezug auf die jüdische Religion gezogen, die vermeintliche Unfähigkeit zur Politik und Staatenbildung und den Hang zum Materialismus daraus gefolgert. Vgl. dazu die in der Diskussion leider viel zu wenig beachtete, aber grundlegend wichtige Arbeit von Edmund Silberner, *Sozialisten zur Judenfrage. Ein Beitrag zur Geschichte des Sozialismus von Anfang des 19. Jahrhunderts bis 1914*, Berlin 1962, S. 60.

IV

Nun ist unschwer zu erkennen, daß dieses von mir sogenannte ›ästhetische Motiv‹ des Wagnerschen Antijudaismus und Antisemitismus von vornherein auch gesellschaftstheoretische und politische Implikationen hat, was angesichts der Tatsache, daß Wagners gesamte Ästhetik eine politisch aufgeladene und von seinen gesellschaftstheoretischen wie politischen Vorstellung nicht zu trennende Ästhetik ist, nicht weiter zu verwundern braucht. Schon dem Begriff der Sprache wohnt bei Wagner eine soziale Komponente insofern inne, als sie in ihrer unterschiedlichen Qualität – ›ursprünglich‹ versus ›zivilisatorisch vernutzt‹ – sich auf einen je damit korrespondierenden Zustand des Volkes beziehungsweise der Gesellschaft bezieht. Und erst recht ist der Volksbegriff naturgemäß ein auch sozial bestimmter. Aus beidem resultiert für Wagner auch die negative Positionsbestimmung der Juden in der bestehenden Gesellschaft. Doch diese Positionsbestimmung ist nicht ein für allemal festgelegt – sie wird am Ende der Schrift über *Das Judentum in der Musik* in die Thematik der Revolution der bürgerlichen Gesellschaft einbezogen und dadurch auch in ihren Konsequenzen neu bestimmt.

Die politische Perspektive, die Wagner im Schlußabsatz seines Pamphlets eröffnet, ist die einer vollständigen Revolutionierung der bestehenden bürgerlichen Gesellschaft, ein Prozeß, an dem auch die Juden aufgefordert sind, teilzunehmen. Das ergibt sich aus einer genauen Lektüre der letzten Sätze. Da ist nämlich mit Verweis auf Börne, den Wagner als das positive Beispiel eines Juden anführt, der »suchend unter uns«,[38] das heißt unter die Nichtjuden – vermutlich: die Deutschen – getreten sei, die Rede davon, daß dieser seine »Erlösung« nicht habe finden können, weil solche Erlösung »nur *mit auch unserer Erlösung zu wahrhaften Menschen*«[39] zu finden sei. Wenn Logik noch etwas gilt, dann heißt das, daß Wagner glaubte, auch die Nichtjuden seiner Zeit bedürften der Erlösung, wobei sich dann allerdings die Frage stellt, was denn ›Erlösung‹ heißt und wovon denn Juden und Nichtjuden gleichermaßen erlöst werden müssen?

Die Antwort auf den letzten Teil der Frage liegt in Wagners Konzept einer politisch-ästhetischen Revolution, wie es in den ›Zürcher Kunstschriften‹ entwickelt wird. In seiner dort formulierten radikalen Religions-, Gesellschafts- und Politikkritik, in seiner Vorstellung, alle bisherige Geschichte sei nur als Verfallsprozeß zu begreifen, rechnet Wagner von den Positionen eines anarchistisch, sozialistisch und radikal-demokratisch inspirierten Gesellschaftsverständnisses mit der gegebenen bürgerlich-kapitalistischen Gesellschaft ab. Überzeugt davon, daß alle bisherige Politik vollständig versagt habe und eine Reform der gegebenen politisch-gesellschaftlichen Strukturen nicht ausreiche, entwickelt er das Programm einer radikalen Ver-

38 Alle folgenden Zitate ebd., S. 85.
39 Im Original gesperrt!

änderung, die vor allem durch ästhetische Erfahrungen bewirkt werden soll. Im *Kunstwerk der Zukunft* hat er dieses Programm in einem knappen Satz prägnant zusammengefaßt: »Keiner kann dichten, ohne zu politisieren«, was umgekehrt auch heißt, daß »der Dichter [...] nicht eher wieder vorhanden sein [kann], als bis wir keine Politik mehr haben«,[40] weil der Politiker aufhören muß, Politiker zu sein, um Dichter werden zu können. Unzweifelhaft ist hier die Aufhebung der Politik durch die Kunst als das zentrale Postulat einer revolutionären Gesellschaftsumgestaltung formuliert, und Wagner hat in den ›Zürcher Kunstschriften‹ immer wieder und mit größtem Nachdruck darauf verwiesen, daß in einer politisch radikal veränderten Lage, wie er sie für die Zukunft erhoffte, die Kunst an die Stelle der Politik treten werde. Wagner hielt es für sicher, daß eine nachrevolutionäre Situation sich in ihrer sozialen wie politisch-organisatorischen Verfassung an den Bedingungen der ästhetischen Produktion werde ausrichten müssen, und ganz in diesem Sinne sprach er davon, daß die Kunst und ihre Institute »die Vorläufer und Muster aller künftigen Gemeindeinstitutionen werden«[41] könnten. Im Hintergrund einer solchen Vorstellung steht ein Gesellschaftsmodell, das in seinen entscheidenden organisatorischen Komponenten durch anarchistische Theoreme inspiriert ist, die Gesellschaft der Zukunft in flexiblen Strukturen denkt, in Vereinigungen, »die gerade so wechseln, neu sich gestalten, sich lösen und wiederum knüpfen, als die Bedürfnisse wechseln und wiederkehren.«[42] Die Konstruktionsidee des Musikdramas, die Vorstellung des Aufbaus von Sprache aus kleinsten Einheiten und deren ›vernetzte‹ Erweiterung zu einem Wort-Ton-Gebäude, aus dem sich schließlich das Kunstwerk ergibt, diese Konstruktionsidee kehrt hier, auf der politischen Ebene, als die Idee einer postrevolutionären Gesellschaft wieder, deren charakteristisches Merkmal ihre assoziativen und fluide Vernetzung ist, die sich in ihrer Struktur an den jeweils wechselnden, kollektiven Problemlösungsnotwendigkeiten ausrichtet.

Die Vision einer postrevolutionären Gesellschaft, in der die Politik überflüssig geworden ist, wird auch in den Schlußsätzen des *Judentums in der Musik* direkt beschworen. Wagner fordert hier die Juden seiner Zeit auf, am Werk der revolutionären Umgestaltung der Gesellschaft teilzunehmen und damit ihre bisherige gesellschaftliche Sonderstellung aufzugeben. »Gemeinschaftlich mit uns Mensch werden, heißt für den Juden aber zu allererst so viel als: aufhören, Jude zu sein.«[43] Aber dieses »aufhören, Jude zu sein« ist nur der erste Schritt. Denn die Forderung, ›Mensch‹ zu werden, impliziert sehr viel mehr, heißt für Wagner – das läßt sich in den ›Zürcher Kunstschriften‹ an vielen Stellen nachlesen –, die modernen Formen der Selbstentfremdung aufzuheben und zur ursprünglichen Einheit von Natur und Leben zurückzukehren, heißt zu verstehen, daß jedes Mitglied der Gattung auf die »freie Selbstbe-

40 Richard Wagner, *Das Kunstwerk der Zukunft*, S.172.
41 Richard Wagner, *Die Kunst und die Revolution*, S. 40f.
42 Richard Wagner, *Das Kunstwerk der Zukunft*, S. 168f.
43 Richard Wagner, *Das Judentum in der Musik*, S. 85.

stimmung des Individuums«[44] hin angelegt ist. Das alles kann sich aber erst – wie Wagner fest glaubt – in einer neuen, nachbürgerlichen und nachkapitalistischen Gesellschaft erfüllen. Wobei die Aufgabe, eine solche Gesellschaft herbeizuführen, für Wagner offensichtlich eine ungeheuer anstrengende und langwierige ist. Denn darauf bezieht sich seine Aussage, das Beispiel von Börne lehre, daß diese Aufgabe – er spricht von »Erlösung« – »nicht in Behagen und gleichgültig kalter Bequemlichkeit erreicht werden kann, sondern daß sie, wie uns, Schweiß, Not, Ängste und Fülle des Leidens und Schmerzes kostet.« Wenn Wagner dann fortfährt mit der Aufforderung: »Nehmt rücksichtslos an diesem, durch Selbstvernichtung wiedergebärenden Erlösungswerke teil, so sind wir einig und ununterschieden«, dann ist dies ganz eindeutig und unmißverständlich die Aufforderung an Nichtjuden wie Juden gleichermaßen, diese neue Gesellschaft zu schaffen, gemeinsam durch »Selbstvernichtung«, das heißt radikale Abschaffung des politischen, gesellschaftlichen und ökonomischen Status quo in eine neue soziale Ordnung und Beziehung zu treten, in der beide, Nichtjuden wie Juden, »einig und ununterschieden« sind. In eben diesem Sinne ist auch die im letzten Satz formulierte »Erlösung Ahasvers« zu verstehen: der »Untergang« ist in Wagners Sicht die Aufhebung der gesellschaftlichen Sonderexistenz der Juden durch Revolutionierung der Gesellschaft insgesamt – »Erlösung« meint zu dieser Zeit ohne allen Zweifel die politisch-gesellschaftliche Revolution mit entsprechenden ästhetischen Folgen, der Begriff enthält noch nicht jene ins subjektive der individuellen Weltauffassung gewendeten Konnotationen eines mentalen Bewußtseinswandels, wie er sich in den Spätwerken Wagners, vor allem im *Parsifal*, dann feststellen läßt.[45]

Dieser Schlußabsatz der Schrift ist in der Literatur interpretativ wohl am stärksten umstritten und am häufigsten mißverstanden worden, selbst bei einem Autor wie Katz, der die ideenhistorischen und gesellschaftlichen Kontextbedingungen ansonsten sorgfältig in den Gang seiner Argumentation einbezieht. Denn seine These, Wagner nehme hier »den christlichen Begriff der Erlösung«[46] auf, greift zu kurz, weil ›Erlösung‹ gesellschaftstheoretisch zu verstehen ist. Und die daraus gezogene Schlußfolgerung, die Selbstbefreiung der Juden bleibe bei Wagner am Ende zwar theoretisch offen, »die Entscheidung aber, ob sie im Einzelfall stattgefunden hat, liegt im Auge des Beschauers«,[47] ist deshalb falsch, weil es Wagner nicht um den Einzelfall geht, sondern um die Frage des zukünftigen Verhältnisses von Juden und Nichtjuden insgesamt. Und die ist eindeutig als gesellschaftsstrukturelles Problem definiert, als Ergebnis einer Revolution, deren Erfolg nicht am gelingenden oder auch mißlingenden

---

44 Richard Wagner, *Oper und Drama*, S. 66.

45 Der Begriff des »Erlösungsantisemitismus«, den Saul Friedländer geprägt hat und mit dem Bayreuther Kreis in Verbindung bringt, verbietet sich für Wagners antijüdische Position, weil ›Erlösung‹ eben im Kontext des politischen Denkens verstanden werden muß. Vgl. Saul Friedländer, *Das Dritte Reich und die Juden. Die Jahre der Verfolgung 1933–1939*, München 1998, S. 102ff.

46 Jacob Katz, *Richard Wagner. Vorbote des Antisemitismus*, S. 76.

47 Ebd., S. 77.

Einzelfall entschieden werden kann, sondern sich einzig entscheidend an einer völligen Umgestaltung aller politisch-sozialen und ästhetischen Verhältnisse.

Was Wagner hier denkt und als Vision beschwört, steht nahezu bruchlos im zeitgenössischen Kontext eines radikalen und kritischen Gesellschafts- und Politikverständnisses,[48] das an zwei Beispielen illustriert werden soll, die beide auf ihre Weise zugleich die ideenpolitische Voraussetzung für *Das Judentum in der Musik* sind. 1842 hatte der Linkshegelianer Bruno Bauer in seiner Schrift *Die Judenfrage* sich ausführlich mit den Bedingungen der Emanziaption der Juden auseinandergesetzt, hatte die verbreiteten Stereotypen der antijüdischen Position durchdiskutiert und unter anderem behauptet – was wie ein Vorgriff auf Wagner anmutet –, ›der‹ Jude sei zu Kunst und Wissenschaft unfähig, »weil seinem Geiste die Liberalität und Ausdehnung fehlte, die zur Anknüpfung eines freien, menschlichen Verhältnisses mit anderen Völkern, so wie zur theoretischen, freien Beschäftigung mit der Natur und mit den menschlichen Interessen notwendig ist.«[49] Der eigentliche Ausgangspunkt von Bauers Schrift war freilich die Frage, inwieweit die Emanzipation von Juden innerhalb eines christlichen Staates stattfinden könne, und hier kam er zu dem Schluß: »Als Menschen können sich Juden und Christen erst betrachten und gegenseitig behandeln, wenn sie das besondere Wesen, welches sie trennt und zu ›ewiger Absonderung‹ verpflichtet, aufgeben, das allgemeine Wesen des Menschen anerkennen und als ihr wahres Wesen betrachten,‹[50] und folgerte daraus: »Die Lösung des Gegensatzes besteht darin, daß er vollständig wegfällt und die Juden aufhören können, Juden zu sein, ohne es nötig zu haben, daß sie Christen werden.«[51] Bauers zentrales Argument für diese Forderung bestand in der Überlegung, daß Religionen aufgrund ihres Wahrheitsanspruchs miteinander keinen Frieden schließen können,[52] daß der Staat deshalb sich selbst religiös neutralisieren müsse, also aufhören müsse, christlicher Staat zu sein. Die Emanzipation der Juden – so faßte Bauer am Ende seiner Abhandlung seine Überlegungen zusammen – könne deshalb nicht an die Bedingung, Christen zu werden, geknüpft werden, weil auch die Christen sich selbst religiös zu emanzipieren hätten. »Nicht nur die Juden, sondern auch wir wollen emanzipiert sein«,[53] heißt es da,

48 Diesen Zusammenhang hebt immerhin selbst Paul Lawrence Rose, *Wagner. Race and Revolution*, London und Boston 1992, hervor, aber er versteht den ›Antijudaismus‹ der revolutionären und radikaldemokratischen Zeitgenossen und Freunde Wagners bereits als eine Form des Rassismus und verkennt damit deren politischen Revolutionsbegriff. Entsprechend abwegig ist denn auch die aus diesem fundamentalen Mißverständnis abgeleitete These von Rose, Wagners Werke enthielten einen versteckten Antisemitismus. Rose argumentiert in diesem zentralen Punkt ebenso abwegig wie Hartmut Zelinsky in seinen diversen, von dieser Idee obsessiv eingefärbten Beiträgen zu dieser Debatte.

49 Bruno Bauer, *Die Judenfrage*, Braunschweig 1843, S. 38. Die Erstveröffentlichung erfolgte 1842 in den »Deutschen Jahrbüchern«, die von Arnold Ruge herausgegeben wurden.

50 Ebd., S. 19.

51 Ebd., S. 22.

52 Ebd., S. 21.

53 Ebd., S. 61.

und diese Emanzipation von der Religion, der jüdischen wie der christlichen gleichermaßen, ziele auf den »wahren Menschen« – Thesen, die sich in Wagners Schrift acht Jahre später der Intention nach wiederfinden.

Bauers Auseinandersetzung mit der Judenfrage, die er zum Anlaß seiner Überlegungen zur allgemeinen Emanzipation der Menschen nahm – »Die Emanzipationsfrage ist eine allgemeine Frage, die Frage unserer Zeit überhaupt«[54] –, verhandelte das Thema in seinen prinzipiellen Aspekten auf der Ebene der Religion. Karl Marx warf ihm deshalb in seiner Anfang 1844 in den *Deutsch-Französischen Jahrbüchern* erschienen Schrift *Zur Judenfrage* vor, das Problem nicht umfassend und radikal genug thematisiert zu haben. »Wir versuchen, die theologische Fassung der Frage zu brechen. Die Frage nach der Emanzipationsfähigkeit des Juden verwandelt sich uns in die Frage, welches besondre gesellschaftliche Element zu überwinden sei, um das Judentum aufzuheben? Denn die Emanzipationsfähigkeit des heutigen Juden ist das Verhältnis des Judentums zur Emanzipationsfähigkeit der heutigen Welt.«[55] Damit ging Marx einen entscheidenden Schritt über Bauer hinaus: für ihn war die religiöse Emanzipation allenfalls Vorstufe einer sehr viel weiterreichenden, allgemeinen Emanzipation des Menschen vom Staat und damit von aller Politik. Zwar sei die politische Emanzipation ein großer Fortschritt – so räumte er ein –, doch sei sie »nicht die letzte Form der menschlichen Emanzipation überhaupt«, wohl aber »die letzte Form der menschlichen Emanzipation *innerhalb* der bisherigen Weltordnung.«[56] Diese Weltordnung zu überwinden, und das meinte: die bestehende bürgerliche Gesellschaft, ihre kapitalistische Wirtschaftsordnung und die aus beidem resultierende Politik zu revolutionieren, erschien Marx freilich als das entscheidende Ziel. Die Juden waren lediglich – so Marx – sowohl hinsichtlich der ihnen zugeschriebenen Eigenschaften wie der von ihnen ausgeübten Tätigkeiten das Produkt der bürgerlichen Gesellschaft: »Aus ihren eigenen Eingeweiden« – so schrieb er – »erzeugt die bürgerliche Gesellschaft fortwährend den Juden«[57] und dies hieß umgekehrt, daß die Überwindung der bürgerlichen Gesellschaft zugleich auch die Lösung der Judenfrage bedeutet. »Sobald es der Gesellschaft gelingt, das empirische Wesen des Judentums, den Schacher und seine Voraussetzungen aufzuheben, ist der Jude unmöglich geworden, weil sein Bewußtsein keinen Gegenstand mehr hat, weil die subjektive Basis des Judentums, das praktische Bedürfnis vermenschlicht, weil der Konflikt der individuell-sinnlichen Existenz mit der Gattungsexistenz des Menschen aufgehoben ist.«[58] Damit verschob sich für Marx das Problem der Emanzipation von der Ebene der Religion, wie Bruno Bauer es noch

54 Ebd.
55 Karl Marx, *Zur Judenfrage*, in: Karl Marx und Friedrich Engels, *Werke*, Berlin (Ost) 1961, Bd. 1, S. 372.
56 Ebd., S. 356.
57 Ebd., S. 374.
58 Ebd., S. 377.

verstanden hatte, auf die einer politisch-sozialen Revolution. Das hieß aber auch: »Die Frage von dem Verhältnisse der politischen Emanzipation zur Religion wird für uns die Frage von dem Verhältnis der politischen Emanzipation zur menschlichen Emanzipation.«[59]

Wagner kannte, wie wir heute mit Sicherheit unterstellen können,[60] diese Schrift von Marx und damit kannte er auch die Thesen von Bruno Bauer, die Marx zu Beginn seiner Abhandlung referiert, bevor er sie kritisiert. Abgesehen davon, daß sich viele antijüdische Stereotype von Marx – wie die These vom Schacher, von der Geldgier, dem Egoismus und ähnlichem mehr –, die sich auf den Zusammenhang von Judentum und Kapitalismus bezogen und auch in Wagners eigener Streitschrift auftauchen, was schon immer zur Vermutung der Übernahme von Marxschen Positionen durch Wagner geführt hat, in das Argumentationsreservoir eines ›linken Antismitismus‹[61] einordnen lassen, interessiert hier aber etwas anderes: die Verschiebung der Argumentationsebenen, die sich auf der Linie Bauer – Marx – Wagner bezüglich der Emanzipation der Juden feststellen läßt und die, was Wagner betrifft, ihre Parallele in den ›Zürcher Kunstschriften‹ findet. Denn in diesen drei großen politisch-ästhetischen Abhandlungen hatte Wagner den allgemeinen gesellschaftskritischen Diskurs der Hegelschen Linke nachvollzogen und zugleich überschritten, indem er, wie die meisten linkshegelianisch beeinflußten, politisch Radikalen des Vormärz, mit einer radikalen Kritik des institutionalisierten Christentums und der christlichen Religion begann, dieser dann die ebenso radikale Kritik von Gesellschaft und Staat folgen ließ, die er dann aber – und darin bestand seine ori-

59 Ebd., S. 352.

60 Ich verdanke den Hinweis darauf, daß Wagner Marxens Schrift *Zur Judenfrage* gekannt hat, Friedrich Dieckmann. In seinem Buch *Richard Wagner in Venedig. Eine Collage*, Leipzig 1983, S. 183 vermutet Dieckmann, daß Wagner ein Exemplar der ›Deutsch-Französischen Jahrbücher‹ entweder in Dresden oder in Zürich zur Kenntnis genommen habe. Grund dafür ist, daß Wagner in der 1873 abgefaßten Schrift *Das Bühnenfestspielhaus zu Bayreuth* davon spricht, »ein zu offener Verzweiflung getriebener Patriot, der wunderliche Arnold Ruge glaubte schließlich aussagen zu müssen, der Deutsche sei niederträchtig.« (GSD, Bd. 9, S. 334). Der Originalsatz von Ruge, den Wagner offensichtlich kannte und immerhin über mehr als dreißig Jahre im Gedächtnis behielt, lautet: »Der deutsche Geist, soweit er zum Vorschein kommt, ist niederträchtig« und findet sich in eben jenem Exemplar der Jahrbücher, und nur hier, in dem auch die Abhandlung von Marx gedruckt ist. Wagner muß also dieses Exemplar gelesen haben. Wie Wagner genau und durch wen er an dieses Exemplar kam – und daß er nicht nur diesen Artikel von Marx offenbar gut kannte –, findet sich überzeugend nachgewiesen bei Kurt Kranke, *Marginalien zur politischen Biographie Richard Wagners*, in: Sächsische Heimatblätter 2/1989, S. 65ff; eine Vorstudie dazu vom selben Verfasser unter dem Titel *Wer vermittelte Richard Wagner in Dresden Schriften von Karl Marx?*, in: Dresdner Hefte 3/1985, S. 81ff.

61 Darunter verstehe ich einen Antisemitismus, der sich primär aus einem antikapitalistischen Motiv speist, der die Juden als Exponenten des ›Kapitals‹ versteht und die Frage der Emanzipation der Juden als eine Frage der Abschaffung des Kapitalismus betrachtet. Daß in einen solchen Antisemitismus zusätzlich auch weitere Motive einfließen können – etwa ein rassistisches –, ist allerdings damit nicht ausgeschlossen. Die Hauptströmungen des ›linken Antisemitismus‹ finden sich dokumentiert in dem oben (Anm. 37) angegebenen Buch von Edmund Silberner.

ginäre Leistung – in eine Kritik der Kultur und Kunst überführte, indem er gleichsam jenseits von Marx eine kritische Ästhetik entwarf. Genauso verhält er sich nun auch bezüglich der ›Judenfrage‹. Was Bauer sich durch die religiöse Neutralisierung des Staates erhofft, Marx durch Abschaffung der kapitalistischen Ökonomie und der mit ihr verbundenen politisch-gesellschaftlichen Organisationsstrukturen, möchte Wagner durch eine neue Ästhetik, durch eine prinzipiell neue Bestimmung des Musiktheaters erreichen. Anders formuliert: während Bauer einen neuen Modus der Vergesellschaftung dem Staat zuschreibt, Marx die postkapitalistische Vergesellschaftung durch eine neue Ökonomie anstrebt, ist Wagner fest davon überzeugt, daß seine Ästhetik des Gesamtkunstwerks die praktische Anleitung zu einer postrevolutionären Vergemeinschaftung abgeben könne, die sowohl den Staat wie die bürgerliche Gesellschaft und die kapitalistische Wirtschaftsweise hinter sich lasse. Das heißt aber auch: erst auf der Basis der beiden ersten Kritiken, der der Religion einerseits, der des Staates, der Gesellschaft und Politik andererseits entsteht das die vorgefundene Realität transzendierende Konzept des ›Kunstwerks der Zukunft‹, mit dem Wagner seine politisch-ästhetische Utopie theoretisch entwirft und ansatzweise formuliert.

Diese Dreierstaffelung der Argumentationsebenen läßt sich hinsichtlich der Frage der Judenemanzipation noch anders formulieren: Bruno Bauer leistet, gleichsam im Banne des Denkens von Feuerbachs, die Kritik der Religion innerhalb des modernen Staates – und weil damit das religiöse Problem erledigt scheint, erklärt Wagner in seinem Pamphlet, der Jude sei in Bezug auf die Religion kein hassenswerter Feind mehr; eine solche Aussage ist nur im Kontext des kritischen, linkshegelianischen Diskurses überhaupt voll verständlich. Karl Marx formuliert dann die Kritik der Politik und Ökonomie und sieht die Lösung der ›Judenfrage‹ in einer Revolution der gegebenen Verhältnisse der bürgerlichen Gesellschaft – und diese Perspektive übernimmt Wagner, vor allem am Ende seines Pamphlets, aber er bleibt dabei nicht stehen. Entsprechend dem argumentativen Dreischritt, den er in den ›Zürcher Kunstschriften‹ vornimmt: von der Religionskritik über die Kritik des Staates, der Gesellschaft und Politik hin zur Ästhetik, geht er auch hier, bei der Diskussion des Antisemitismus, über Marx hinaus und diskutiert diesen *auch* als ein ästhetisches Problem in grundsätzlicher programmatischer Absicht.

Wenn dann am Ende des *Judentums in der Musik* die Aufforderung zur Revolution an Juden und Nichtjuden gleichermaßen steht, so scheint das zunächst auf der Linie der Argumentation von Marx zu liegen. Aber dies stimmt nur bedingt, denn Wagners Position hat darüber hinausgehende Implikationen, die auf das Konzept des ›Gesamtkunstwerks‹ als eines zukünftig politisch-ästhetischen verweisen. Wagner kehrt gleichsam über die Ebene der Politik – die Bejahung der Revolution – auf die ihm ureigene Ebene der ästhetischen Argumentation und Reflexion zurück. Und dies deshalb, weil er zu jener Zeit glaubt, daß die von ihm angestrebte neue Kunst sich nur dann realisieren lasse, wenn zuvor eine politisch-soziale Revolution stattgefunden habe – eine Überzeugung, die er noch in seiner Autobiographie bekräftigt.[62] Doch ist die Revolution eben nur Vorbedingung der Lösung der zur Beantwortung anstehenden Frage, nicht – wie bei Marx – deren Lösung selbst. Vorbedingung insofern, als Wagner die Juden auffordert, an dem »durch Selbstvernichtung wiedergebärenden Erlösungswerk« – umständliche und vor allem rezeptionsgeschichtlich mißverständliche Umschreibung für die Revolution, die auf den Bruch aller gegebenen Strukturen abzielt – ohne alle Rücksichten teilzunehmen, das heißt mit den Nichtjuden zusammen die Voraussetzungen für eine neue Welt zu schaffen. Für diesen Fall aber sieht er beide, Nichtjuden wie Juden, »einig und ununterschieden«, was doch wohl so zu verstehen ist, daß dann gemeinsam die von ihm in den ›Zürcher Kunstschriften‹ entwickelte Perspektive einer das Leben umfassenden, aktiv gestaltenden Kunst gemeinsam realisiert werden kann. Das ist, worauf explizit hier hingewiesen werden soll, nicht die Forderung, die Juden sollten ihre spezifische Identität zugunsten universalistischer Werte aufgeben, wie sie der politische Liberalismus im Gefolge der Aufklärung formuliert hatte; es ist auch nicht die Forderung nach einer Assimilation an eine von christlichen Werten geprägte Gesellschaft – wie sie von Konservativen erhoben wurde; und schließlich ist es nicht die Forderung nach einer jüdischen Identifikation mit der deutschen Nation, wie sie innerhalb des nationalkonservativen Lagers geltend gemacht wurde. Es ist vielmehr eine revolutionäre Perspektive, gewonnen aus radikal-demokratischen und frühsozialistisch-anarchistischen Überzeugungen, die ein Stück weit auf der Linie von Marx liegt, diese dann aber doch durch eine eigene Ästhetik und damit verbunden ungewöhnliche Begründungsargumentationen noch zu überbieten sucht.[63]

V

Sicherlich stellt sich die Frage, ob Wagner diese radikal-revolutionäre Position auch in den folgenden Jahren bis zu seinem Lebensende eingenommen und durchgehalten hat. Angesichts der gesamten Breite seiner Äußerungen, die in Briefen, privaten Bemerkungen und veröffentlichten Schriften von versöhnenden Tönen bis zu zynischen Vernichtungsphantasien reicht, drängt sich scheinbar wie selbstverständlich eine verneinde Antwort auf. Doch sich damit zufrieden zu geben, wäre eine voreilige Entscheidung, die in der Sache nicht gerechtfertigt ist. Was *Das Judentum in der Musik* betrifft, so ist in diesem Zusammenhang darauf zu verweisen, daß Wagner bei der erneuten Publikation dieser Schrift als einer selbständigen Broschüre 1869 durch eine Änderung des Schlußabsatzes die ursprüngliche Intention eher noch verdeut-

62 Hier schreibt Wagner, Röckel habe ihm den Sozialismus so nahegebracht, daß »ich nun meinerseits darauf die Realisierung meines Kunstideals aufzubauen begann.« Richard Wagner, *Mein Leben*, hrsg. von Martin Gregor-Dellin, München 1963, S. 438.

63 Zu den unterschiedlichen ›Integrationsanforderungen‹ an die Juden durch die verschiedenen politischen Strömungen und Parteien vgl. Jacob Katz, *Vom Vorurteil bis zur Vernichtung*, S. 146ff. sowie Saul Friedländer, *Das Dritte Reich und die Juden*, S. 96.

licht und geschärft als etwa zurückgenommen hat. Hatte es in der ursprünglichen Fassung des Pamphlets von 1850 geheißen: »Nehmt rückhaltlos an diesem selbstvernichtenden, blutigen Kampfe teil, so sind wir untrennbar«, so änderte Wagner 1869 diesen Satz wie folgt: »Nehmt rücksichtslos an diesem, durch Selbstvernichtung wiedergebährenden Erlösungswerke teil, dann sind wir einig und ununterschieden.«[64] Der »selbstvernichtende, blutige Kampf« ist gestrichen, stattdessen ist nun prägnant von »Selbstvernichtung« die Rede, ein Begriff, der zweifellos im Sinne Hegels als ›Selbstaufhebung‹ gelesen und im modernen Sinne als eine Art von mentalem Identitätswechsel verstanden werden muß, und Wagner verbindet diesen Imperativ einer kognitiven Wende des Subjekts inbezug auf sich selbst mit der Formulierung vom »wiedergebährenden Erlösungswerke«, was als gleichsam die revolutionäre Semantik neutralisierende Formulierung für einen Gesellschaftsentwurf zu lesen ist, der noch immer jenen Prinzipien folgt, die die ›Zürcher Kunstschriften‹ fast zwanzig Jahre zuvor umrissen hatten. Daß dies keine nachgeschobene oder geschönte Interpretation ist, gar eine Spekulation ex post, belegt die zeitlich zehn Jahre später gemacht Bemerkung Wagners, er freue sich, in der Lektüre jener ästhetischen Programmschriften des Zürcher Exils »die Einheit seines ganzen Lebens und Strebens zu erkennen.«[65] Damit werden sowohl die Gesellschafts- und Politikkritik in die Kontinuität des eigenen Lebens und Schaffens einbezogen wie auch die daraus resultierenden utopischen Vorstellungen einer revolutionär veränderten Gemeinschaft, die mit der Politik der Vergangenheit gebrochen hat und sich nur noch aus dem eigenen ästhetischen Gestaltungswillen heraus legitimiert. Wenn es richtig ist, daß die systematische Verbindung der antijüdischen Einstellung Wagners von 1850/1869 mit den ›Zürcher Kunstschriften‹ sich in der Sprachtheorie als dem Fundament einer erst noch zu verwirklichenden Ästhetik des Theaters finden lassen, dann müßte die Kontinuitätsvermutung auch für Wagners Haltung zur ›Judenfrage‹ gelten. Dazu paßt, daß die Intention einer zumindest in Teilen vorgenommenen sprachtheoretische Grundlegung des Gesellschaftsverständnisses von Wagner auch in den späten Äußerungen und Schriften noch zu finden ist. Etwa in der dem Kreis der Regenerationsschriften zugehörenden antisemitischen Schrift *Erkenne Dich selbst*,[66] in der dem deutschen Volk die Reinheit der Rasse abgesprochen, der »weit höhere Trieb« aber, die »Sprache seiner Urväter« bewahrt zu haben, bestätigt wird: »Durch solche Sprache reicht unser Fühlen und Erschauen bis in das Urmenschentum selbst hinab, [...] empfinden wir uns der schöpferischen Urschönheit des Menschen verwandt«, und über die Sprache gewinnen wir, so Wagner, »Aufschluß über uns, ja über das wahrhaft Menschliche selbst.«

64 Zu den Fassungen vgl. Richard Wagners *Gesammelte Schriften und Briefe*, hrsg. von Julius Kapp, Leipzig 1914, Bd. 13, S. 29.

65 Cosima Wagner, *Tagebücher*, Bd. II, S. 158 (12. August 1878).

66 Richard Wagner, *Erkenne dich selbst*, in: GSD, Bd. 10, S. 263ff. Die Zitate auf S. 272f.

Wagners Festhalten an der Sprache als dem bestimmenden Fundament für seine Kunst wirft freilich eine schwerwiegende Frage auf, die hier nicht geklärt, sondern allenfalls formuliert werden kann, nicht zuletzt deshalb, weil Wagner sich selbst mit dieser Frage und den daraus folgenden Konsequenzen nicht auseinandergesetzt hat. Die Frage nämlich, auf welche Weise die mit den Nichtjuden gemeinsam ›erlösten‹ Juden an der von Wagner beschworenen, postrevolutionären »ästhetischen Weltordnung« überhaupt teilhaben können. Wenn Wagner nämlich supponiert, daß die sprachlichen ›Urwurzeln‹ der Beschädigung durch den modernen Zivilisationsverlauf entgangen sind, auf welch unerklärliche Weise auch immer, und darin auch den Grund wie die Voraussetzung dafür sieht, daß das Volk gleichsam im Akt intuitiv gefühlter Wahrheit auf jene Sprachwurzeln zurückgreifen kann, um sich aus ihnen eine unverbrauchte und neue dichterische Sprache zu formen, dann ist es mehr als zweifelhaft, daß dieser Durchgriff aus einer ›falschen‹ Gegenwart in eine ›richtige‹ Vergangenheit auch den Juden möglich sein sollte. Denn sie sind ja, wie die Auslassungen in *Das Judentum in der Musik* hinreichend belegen, per definitionem aus der Sprachgemeinschaft des Volkes ausgeschlossen, sprechen dessen Sprache immer nur als Fremde. Und folglich läßt sich nicht denken, auf welche Weise sie an dem vorzivilisatorischen, virtuell offenbar noch intakten Sprachfundament des Volkes nun, nach der gelungenen Revolution, plötzlich teilhaben können. Unzweifelhaft tut sich hier ein Argumentationsproblem auf, schärfer formuliert: eine logische Lücke, zu der Wagner selbst vollständig schweigt.

Gleichwohl lassen sich zwei Antworten darauf denken, die hier nur angedeutet werden sollen: die erste, für Wagners Intention schlechtere, muß die Juden trotz der gemeinsam vollzogenen ›Erlösung‹ mit den Nichtjuden aus der ›Gesellschaft der Zukunft‹ ausschließen. Der Grund ist einfach: wenn es für die Juden keine sprachliche Tradition gibt, die sie mit den Nichtjuden teilen und an die sie für die gemeinsame nachrevolutionäre Entwicklung anknüpfen können, dann müssen sie zwangsläufig für immer Fremde und Ausgeschlossene bleiben, die trotz aller revolutionären Anstrengung ihre prinzipielle Beziehung zu den Nichtjuden nicht zu ändern vermögen. Nimmt man die Sprachtheorie Wagners wirklich ernst, ist dies zwingend die logische Schlußfolgerung. Weil Juden keine unbeschädigte Sprachtradition haben, an die sie anschließen könnten, bleiben sie notwendigerweise jenem Status verhaftet, den sie bereits vor der Revolution und der ihr nachfolgenden ästhetischen Wende, so wie Wagner sie erhofft, eingenommen haben.

Die zweite, für Wagners Intention einer gemeinsamen Erlösung von Juden und Nichtjuden günstigere Antwort muß mit der Annahme operieren, daß eine vollständig gelingende Revolution und die ihr folgende »ästhetischen Weltordnung« einen sprachlichen Traditionsbruch impliziert, was heißt, daß nachrevolutionär an alte sprachliche Muster nicht mehr angeknüpft werden kann und die Revolution gezwungen ist, sich ihre eigene, neue dichterische Sprache zu schaffen. Nur in diesem Falle des sprachlichen Traditionsbruchs, der auf der Ebene der Sprache den revolutionären Bruch mit den überkommenen politischen, gesellschaftlichen und ökonomischen Strukturen parallel mitvollzieht, stünden Juden und Nichtjuden vor derselben Ausgangssituation: beide wären in diesem Falle Gleiche, beide könnten deshalb auch am »wiedergebärenden Erlösungswerke« gleichermaßen teilnehmen – aber zugleich hätten beide dann auch Wagners Theorem von den sprachlichen Urwurzeln des Volkes, die es neu freizulegen gilt, verabschiedet und damit eine fundamentale Prämisse seines theoretischen Denkens falsifiziert.

Wie Wagner selbst auf diesen theoretischen Widerspruch in seiner Konzeption reagiert hätte, so er ihn denn als Widerspruch erkannt und gelten gelassen hätte, läßt sich naturgemäß nicht sagen. Wohl aber läßt sich vielleicht vermuten, daß Wagner eine die zweite Antwort modifizierende dritte Variante ins Spiel hätte bringen können, die zwar theoretisch nicht wirklich konsistent ist, wohl aber praktisch seinen Absichten einer von Juden und Nichtjuden gemeinsam ins Werk gesetzten Revolution zu entsprechen vermag. Sie besteht darin anzunehmen, daß das von Juden wie Nichtjuden gemeinsam zu vollbringende Werk der Erlösung die ›früheren‹ Juden in die Lage versetzt, aufgrund der vollständigen Aufgabe ihrer eigenen jüdischen Traditionen nunmehr in gleichsam revolutionärer Geste an die Sprachwurzeln des Volkes, in dem sie leben, gemeinsam mit diesem anzuschließen. Eine solche ›fundamentalistische Assimilationsvermutung‹ – wie ich diese Unterstellung einmal nennen möchte – macht sich Wagners radikales Revolutionsverständnis zu eigen, sie interpretiert Revolution nicht nur als einen prinzipiellen Strukturbruch auf allen Ebenen des Lebens, einschließlich der des Sprachlichen, sondern zugleich auch als einen fundamentalen Bewußtseinswandel, der dem nachrevolutionären Bewußtsein die Chance einer völlig freien Verfügung über die Welt und die handelnden Subjekte zugesteht. Gewiß ist dies eine vermittelnde, theoretisch nur bedingt überzeugende Argumentation. Aber es ist eine, die in allen hegelianisch inspirierten Revolutionstheorien als Transformationsfigur auftaucht, weil anders der revolutionäre Neuanfang nicht zu erklären ist. Der junge Marx denkt so und später finden sich ähnliche Argumentationen bei Vertretern der Kritischen Theorie oder auch beim jungen Georg Lukács. Damit ist eine Linie kritischer Gesellschaftstheorie bezeichnet, in die sich auch Wagners politisch-ästhetisches Denken einordnen läßt, auch sein hier sogenanntes ›ästhetisches Motiv‹ seines Antijudaismus und Antisemitismus – wodurch dieser um nichts sympathischer wird, schon gar nicht gerechtfertigt, aber doch aufgrund der hier vorgetragenen systematischen Rekonstruktion seinen angemessenen theoretischen Platz zugewiesen erhält.

Zusammenfassung der Diskussion

Die Diskussion befaßte sich zunächst mit Wagners karikierender Darstellung der ›jüdischen‹ Sprache und ihren möglichen empirischen Hintergründen. Prof. Fischer verwies darauf, daß Wagner auf dem Brühl in Leipzig aufwuchs, wo es eine kleine jüdische Gemeinde und eine Synagoge gab. Kontakte des jungen Wagners zum Judentum habe er aber bisher nicht belegen können. Prof. Borchmeyer referierte hier eine mündlich ausgesprochene Vermutung des Linguisten Harald Weinrich, daß Wagner die von ihm verachteten Merkmale der jüdischen Sprechweise seinem eigenen sächsischen Dialekt entlehnt habe. Eine Parallele zu Wagners Polemik bilde die bösartige Kritik der Poesie Heines durch Karl Kraus, die sich ebenfalls antisemitischer Klischees bediene.

Prof. Bermbach zitierte Jacob Katz, daß Wagner den Typus des eingewanderten Ostjuden in Berlin vor Augen gehabt habe, was in ähnlicher Weise für den Wiener Kontext von Karl Kraus gelte. Prof. Gay betonte dagegen, daß Wagner auch die assimilierten Juden in seine Polemik einbeziehe, obwohl sie sich hinsichtlich ihrer Sprache nicht von den anderen Deutschen unterschieden bzw. deren Sprechweise an Korrektheit noch übertroffen haben dürften. Prof. Bermach betonte, daß die dubiose empirische Basis der Theorien Wagners für die Rekonstruktion ihrer Systematik keine Rolle spiele. Wenn Wagner die Verdrehung der deutschen Syntax in der jüdischen Sprechweise heraushebt, kann er sich aber auch auf die traditionelle Darstellung des Juden in der Komödie beziehen. So verfällt sogar in Lessings Lustspiel *Die Juden*, das eine philosemitische Tendenz vertritt, der völlig assimilierte Reisende im Moment höchster Erregung in diese falsche Grammatik und offenbart so seine jüdische Herkunft (Dr. Hartwich).

Frau Prof. Vill hob auf das ideologische Element der Sprachtheorie Wagners ab, welche die kulturelle Identität eines Volkes mit ihrem vorgeschichtlichen Ursprung identifiziere und diesem zeitlose Gültigkeit zuspreche. Auf diese Weise würden die historischen Entwicklungsprozesse negiert, die durch Vermischung und Sublimation zu höheren Kulturstufen geführt hätten. Gerade die Vermischung der jüdischen mit der nichtjüdischen Kultur habe die Gipfelleistungen der abendländischen Zivilisation ermöglicht. Besonders problematisch sei es, wenn Wagner seine eigene hochkomplexe und hochproblematische Kunstsprache unter Bezug auf die primitive Ursprache konstruiere. Die Musiktheorie Wagners beruhe dabei auf derselben Selbsttäuschung wie seine Sprachtheorie. Wenn Wagner musikalische Formelemente aus der Sprachmelodie ableite, verwechsle er die Tonalität, die sich in der langen musikgeschichtlichen Entwicklung des Abendlandes herausgebildet habe, mit einem naturgegebenen Prinzip.

Von der Sprachproblematik kam die Diskussion auf allgemeinere Fragen nach der Möglichkeit einer zukünftigen Integration der Juden in Wagners Schrift. Auf die Frage aus dem Publikum, ob Wagners Bezugnahme auf Sprache und Volkstum die Juden nicht in noch stärkerem Maße sozial ausschließe als die religiöse Unterscheidung zwischen Judentum und Christentum, stellte Prof. Bermbach den hegelianischen Kontext heraus: »die Rekonstruktion der ursprünglichen Sprachwurzeln ist ein Prozeß, der eigentlich erst voll einsetzt, wenn die bestehende Gesellschaft total abgeschafft ist. Dann können Juden und Deutsche daran arbeiten, die Tradition wieder neu aufzubauen.« Der Referent sieht hier ein grundsätzliches Problem der linken Theorie, daß sie die Konkretisierung ihrer gesellschaftlichen Forderung in die postrevolutionäre Zeit verlege. An dieser Stelle ergab sich eine Kontroverse zwischen Prof. Fischer und Prof. Bermbach über die Deutung der Schlußapostrophe der Wagnerschen Schrift. Nach Prof. Fischer müssen die Juden innerhalb des gemeinschaftlichen Erlösungswerkes eine Sonderleistung erbringen, indem sie ihr Judentum ablegen. Von den Deutschen werde nichts Vergleichbares gefordert. Für Prof. Bermbach impliziert dagegen die revolutionäre Umwandlung des Zivilisationsmenschen in den ›wahren‹ Menschen, daß die Deutschen wie die Juden ihre Identität zur Disposition stellen. Prof. Friedländer fragte, ob es eine Beziehung zwischen dem laut Prof. Bermbach in Wagners Ästhetik verwurzelten Antisemitismus und der möglichen Aufnahme jüdischer Elemente in die Charakteristik seiner Figuren gebe: »Wenn Mime als Jude ästhetisch dargestellt wird, dann ist er aus dem Werk hinausgeworfen.« Erstaunlicherweise wäre Wagner dann in ästhetischer Hinsicht ein radikalerer Antisemit als in seiner Ideologie, die das Judentum in einer höheren Allgemeinheit aufheben will.

Im dritten Teil der Diskussion wurden prinzipielle methodische Vorbehalte gegen eine systematische Rekonstruktion der antisemitischen Theorie Wagners geäußert. Prof. Walter Gebhardt betonte den durchweg politischen Charakter der Poetik Wagners, deren polemische und apologetische Rhetorik einem abgehobenen philosophischen System widerstrebe. Prof. Fischer warnte davor, daß »durch ein ästhetisches oder ein politisches oder eine soziales oder ein anarchistisches Programm der Wagnersche Antisemitismus nobilitiert wird.« Frau Dr. Porat wies darauf hin, daß der Antisemitismus als Produkt einer revolutionären Weltanschauung gefährlicher sein kann als der irrationale Judenhaß. Denn die ideologische Begründung könne antisemitische Haltungen außerhalb extremistischer Gruppen für ein größeres Publikum akzeptabel machen und auch Intellektuelle ansprechen. Nach Prof. Rose darf eine Analyse nicht einfach Wagners Kategorien übernehmen, sondern muß sie auf ihre hintergründigen Wirkungsabsichten und zeitgenössischen Rezeptionsmöglichkeiten untersuchen. Prof. Bermbach machte dagegen deutlich, daß der Versuch, die gedankliche Struktur eines Textes herauszuarbeiten, kein Einverständnis mit den Grundannahmen des Autors implizieren müsse. »Es wäre ein völliges Mißverständnis, daß ich den Antisemitismus entschärfe bei Wagner, ihn gleichsam rational begreifbarer mache und damit auch politisch rehabilitiere. Sondern meine Intention ist, an einer Stelle nachzuzeichnen, aus welchen Konstruktionsdetails sich eine umfassendere antisemitische Haltung zusammenfaßt.« Prof. Borchmeyer faßte das Anliegen der Diskussion als Analyse des Wagnerschen Antisemitismus zusammen, die keine Apologetik bedeute: »selbst ein Verbrecher, der einen Mord begeht, hat das Recht, auf seine Motive befragt zu werden«.

Wolf-Daniel Hartwich

Hermann Danuser

Universalität oder Partikularität?

Zur Frage antisemitischer Charakterzeichnung in Wagners Werk

Angesichts von Wagners Wirkungsgeschichte, die bis zum Kern der Ideologie des Führers des Dritten Reiches reicht, wird, solange das Bewußtsein von diesem Zusammenhang lebendig bleibt, die Frage, ob es in seinem künstlerischen Werk »jüdische« beziehungsweise antisemitische Charakterportraits gebe, nicht verstummen. Sie ist nicht von vornherein, und heute weniger denn je, mit einem klaren »Ja« oder »Nein« zu beantworten, das weiteres Fragen erübrigt. Bevor wir sie im folgenden an drei Fallbeispielen aus Wagners musikdramatischem Werk erörtern, sei daher in einem ersten Schritt durch Auffächerung des Textbegriffs ihr methodologischer Hintergrund skizziert.

Bei der Hermeneutik von Kunstwerken ist es methodologisch offen, in welchem Maße und welcher Art der zeitgenössische und der wirkungsgeschichtliche Kontext in ihre Deutung einbezogen werden soll. Ein strukturalistischer Ansatz, der ein Werk allein aus sich selbst heraus erklärt, gilt heute nicht mehr als aktuell. Die Verwischung der Grenze zwischen Text und Kontext aber gehört – »kontrolliert« oder »wild« – zu den heiß umstrittenen Feldern der Kunstwissenschaften. Auch was zum Paratext und insbesondere zum Subtext eines Werkes gerechnet werden kann, entzieht sich einer falsifizierbaren Methodologie und ist damit bis zu einem gewissen Grad dem Ermessen subjektiver Lesarten anheimgestellt.[1] Hinzu kommt die alles verändernde Sogkraft der Rezeptionshistorie, der wir zwar nicht ausgeliefert sind, die jedoch endgültige Antworten ausschließt.

Im *Text* der Wagnerschen Werke findet sich keine einzige dramatis persona, die offen als »jüdisch« bestimmt wäre. Auch in den unmittelbaren *Paratexten* der Werke, zumal in seinen poetologischen Abhandlungen oder Kommentaren, hat Wagner selbst

1 Vgl. Symposion *Text – eine Kategorie für die Musikwissenschaft?*, in: *Musik als Text. Bericht über den Internationalen Kongreß der Gesellschaft für Musikforschung Freiburg 1993*, hrsg. von Hermann Danuser und Tobias Plebuch, Kassel 1998, Bd. 1, S. 38–68.

niemals auf eine derartige Schicht in seinen Werken explizit aufmerksam gemacht. Angesichts dieser Situation sieht sich die Interpretationslinie gezwungen, über Kontext oder Subtext argumentativ zum Werk vorzudringen. In der Tat läßt sich mit Quellen in jenem weiteren *Kontext* der Werke, der durch Wagners übriges essayistisches Schrifttum, seine Briefe und glaubhaft überlieferte mündliche Äußerungen formiert wird, Wagners Schlüsselrolle in der Geschichte des deutschen und europäischen Antisemitismus seit 1848 belegen (namentlich mit dem Pamphlet *Das Judentum in der Musik* von 1850 beziehungsweise 1869),[2] von welcher Rückschlüsse auf den Text der Werke selbst gezogen werden. Und was viertens die – nur schwer objektivierbare – Ebene des *Subtextes* der Werke angeht, so schließt die Forschung aus dem Sachverhalt, daß offen als »jüdisch« charakterisierte Figuren in den Texten der Werke nicht vorkommen, Gegensätzliches: daß es sie entweder auch in deren Subtext nicht gebe,[3] oder aber daß auf der Basis eindeutig funktionierender sprachlicher Codes im 19. Jahrhundert solche Absenz eines explizit antisemitischen Diskurses geradewegs zum Indiz seiner subtextuellen Präsenz werde.[4]

Wie sind ferner die antisemitischen Faktoren in Wagners Denken, Sprechen, Schreiben zu bewerten? Sind sie Ausdruck einer Grundstruktur, die sich in allen seinen Äußerungen, auch in den musikdramatischen Werken, für die er als Autor zeichnet, niedergeschlagen haben – diese Auffassung vertritt zum Beispiel Paul Lawrence Rose mit der These von Wagners revolutionärem Antisemitismus[5] –, oder handelt es sich – wie etwa Joachim Kaiser argumentiert[6] – um temporäre Entgleisungen und Einlassungen, die durch anderes ausbalanciert, ergänzt, vertieft oder konterkariert

2 Die Zweitpublikation erfolgte 1869 nicht mehr unter einem Pseudonym, sondern namentlich gezeichnet. Vgl. dazu unter anderem Jens Malte Fischer, *›Das Judentum in der Musik‹. Kontinuität einer Debatte*, in: *Conditio Judaica. Judentum, Antisemitismus und deutschsprachige Literatur vom Ersten Weltkrieg bis 1933/1938.* Interdisziplinäres Symposion der Werner-Reimers-Stiftung Bad Homburg v. d. H., 3. Teil, hrsg. von Hans Otto Horch und Horst Denkler, Tübingen 1993, S. 227–250; vgl. ferner ders., *Gustav Mahler und das ›Judentum in der Musik‹*, in: *Merkur. Deutsche Zeitschrift für europäisches Denken*, 581 (1997), S. 665–680. Siehe auch unten Fußnoten 10 und 11. Aus der sehr umfangreichen Literatur zur Geschichte der Juden in Deutschland sei hier verwiesen auf Thomas Nipperdey, *Deutsche Geschichte 1800–1866. Bürgerwelt und starker Staat* [1983], München 1998, S. 248–255; ders., *Deutsche Geschichte 1866–1918. Erster Band: Arbeitswelt und Bürgerwelt* [1990], München 1998, S. 396–413; sowie ders., *Deutsche Geschichte 1866–1918. Zweiter Band: Machtstaat vor der Demokratie* [1992], München 1998, S. 289–310.

3 So zum Beispiel Dieter Borchmeyer und Joachim Kaiser. Vgl. Borchmeyer, *Heinrich Heine und sein abtrünniger Adept: Richard Wagner*, in: *Literatur im Wandel. Festschrift für Viktor Žmegač zum 70. Geburtstag*, hrsg. von Marijan Bobinac, Zagreb 1999, S. 53–72; vgl. überdies ders., *Richard Wagner und der Antisemitismus*, in: *Richard-Wagner-Handbuch*, hrsg. von Ulrich Müller und Peter Wapnewski, Stuttgart 1986, S. 137–161, und Joachim Kaiser, *Richard Wagner und die Juden*, in: Jahrbuch XIII der Bayerischen Akademie der Schönen Künste, Bd. I, S. 81–110.

4 Marc A. Weiner, *Richard Wagner and the Anti-Semitic Imagination*, Lincoln und London 1995.

5 Paul Lawrence Rose, *Wagner. Race and Revolution*, London und Boston 1992.

6 Vgl. Joachim Kaiser, *Richard Wagner und die Juden*, siehe Fußnote 3.

werden? Je nachdem, wie diese Fragen beantwortet werden, fällt die Sicht auf Beziehungen zwischen dem Text der Werke und ihrem Kon- beziehungsweise Subtext ganz unterschiedlich aus.

1. Ahasver oder Die Erlösung des FLIEGENDEN HOLLÄNDERS

Nicht in jedem Fall sind diejenigen Charaktere negativ profiliert, bei denen sich die Frage stellt, ob sie jüdisch gezeichnet seien oder nicht. Als mythische Figur eines heimatlosen Volkes, das sich zu steter, zielloser Wanderschaft verurteilt sieht, gilt Ahasver. Im Œuvre Wagners, der als Flüchtling und Emigrant die Erfahrung der Fremde auch selbst gemacht hatte, spielen Charaktere von Wandernden – vom Fliegenden Holländer über Wotan zu Kundry und Parsifal – eine zentrale Rolle. Unter ihnen brachte Wagner selbst den Holländer und Kundry mit der Figur des Ahasver explizit in Verbindung.[7] Beide Personen werden im Werk jedoch, im Unterschied zur Sagengestalt, »erlöst«: der Holländer durch eine ihn erstmals bedingungslos liebende Frau, Kundry durch ihre von Parsifal vorgenommene Taufe. Die Figuration von Bühnenrollen nach dem Vorbild Ahasvers übersetzt den Mythos demnach transformativ ins Kunstwerk.[8]

Durch ihre Gestaltung zu Bühnenfiguren werden der Fliegende Holländer und – ganz besonders – Kundry sowohl individualisiert wie auch universalisiert. Beruhten solche Rollen nur auf der Konkretisation eines Allgemeinprinzips, dann wäre ihre außerordentliche Faszinationskraft nicht erklärbar. In letzter Instanz wird das Partikulare des Mythos »universalisiert«, das heißt die jüdisch-mythische Figur Ahasvers wird in beiden Fällen in der Gestalt des »Wanderers« mit ihren allgemein-menschlichen Eigenschaften und Erfahrungen lebendig. Vor allem bei Kundry, dieser rätselhaftesten, vieldeutigsten unter Wagners Bühnenfiguren, stellt das Jüdische nur einen Teilfaktor dar, der sich mit weiteren Elementen zur Komplexion der Gestalt verbindet.

Am *Fliegenden Holländer* sei nun jene musikdramaturgische Kategorie veranschaulicht, die die Geschichte des 20. Jahrhunderts wie keine andere ins Zwielicht gerückt hat: die der Erlösung. Ihr Gebrauch ist durch eine tiefgreifende Ambivalenz zwischen Pamphletistik und Kunst gekennzeichnet.[9] Auf der einen Seite ruft Wagner diese Kategorie am Schluß seiner Schrift *Das Judentum in der Musik* selbst auf mit den Sätzen: »Noch einen Juden haben wir zu nennen, der unter uns als Schriftsteller auftrat. Aus seiner Sonderstellung als Jude trat er Erlösung suchend unter uns: er fand sie nicht und mußte sich bewußt werden, daß er sie nur mit auch unserer Erlösung

---

7 Vgl. Dieter Borchmeyer, *Heinrich Heine und sein abtrünniger Adept*, siehe Fußnote 3.

8 Vgl. dazu Udo Bermbach, *Wo Macht ganz auf Verbrechen ruht. Politik und Gesellschaft in der Oper*, Hamburg 1997, S. 188–198.

9 Vgl. Paul Lawrence Rose, *Wagner. Race and Revolution*, siehe Fußnote 5.

zu wahrhaften Menschen finden können würde. Gemeinschaftlich mit uns Mensch werden, heißt für den Juden aber zu allernächst so viel als: aufhören, Jude zu sein. Börne hatte dies erfüllt. Aber gerade Börne lehrt auch, wie diese Erlösung nicht in Behagen und gleichgiltig kalter Bequemlichkeit erreicht werden kann, sondern daß sie, wie uns, Schweiß, Noth, Ängste und Fülle des Leidens und Schmerzes kostet. Nehmt rücksichtslos an diesem, durch Selbstvernichtung wiedergebärenden Erlösungswerke theil, so sind wir einig und ununterschieden! Aber bedenkt, daß nur Eines eure Erlösung von dem auf euch lastenden Fluche sein kann: die Erlösung Ahasver's, – der Untergang!«[10]

Mit den Begriffen »Erlösung«, »Selbstvernichtung« und »Untergang« imaginierte Wagner keine physische Vernichtung der Juden, sondern eine von Juden und Deutschen gleichermaßen zu vollziehende revolutionäre Erneuerung; bereits der Ausdruck »Selbstvernichtung« verweist statt auf ein fremdvernichtendes Pogrom auf die eigenbestimmte Tätigkeit einer Selbstreinigung. Die Preisgabe des Judentums, exemplarisch realisiert von Börne, sah Wagner damals als eine Voraussetzung dafür an, daß Juden gemeinsam mit revolutionär gesonnenen Deutschen »wahrhafte Menschen« werden könnten.[11] Sofern indessen die zitierten Sätze statt aus philologischem Blickwinkel mit

---

10 Richard Wagner, *Das Judentum in der Musik*, in: *Gesammelte Schriften und Dichtungen*, Bd. 5, Leipzig 1907, S. 66–85, hier S. 85. Die 1850 in zwei Folgen der *Neuen Zeitschrift für Musik* unter dem Pseudonym K. Freigedank publizierte Erstfassung der Schrift weicht auch in dieser Schlußpassage in Einzelheiten von der hier zitierten 1869 veröffentlichten Zweitfassung ab. Die Differenzen beziehen sich vor allem auf die Idee eines revolutionären Kampfes, die in der späteren Fassung gegenüber 1850 deutlich abgeschwächt beziehungsweise verdunkelt ist. Ursprünglich hatte Wagner unter anderem geschrieben: »Nehmt rückhaltslos an diesem selbstvernichtenden, blutigen Kampfe Theil, so sind wir einig und untrennbar!« Zitiert nach dem reprographischen Wiederabdruck der Erstfassung bei Manfred Eger, *Wagner und die Juden. Fakten und Hintergründe. Eine Dokumentation zur Ausstellung im Richard-Wagner-Museum Bayreuth* [1985], Bayreuth 1995 (2. Auflage), S. 19. Eine gegenteilige Auffassung als die hier exponierte vertritt Harmut Zelinsky in mehreren Schriften, so im Aufsatz *Die ›feuerkur‹ des Richard Wagner oder die ›neue religion‹ der ›Erlösung‹ durch ›Vernichtung‹*, in: *Richard Wagner. Wie antisemitisch darf ein Künstler sein?* (Musik-Konzepte 5), hrsg. von Heinz-Klaus Metzger und Rainer Riehn, München 1978, S. 79–112.

11 Das Pamphlet *Das Judentum in der Musik* steht in engstem Zusammenhang mit den Zürcher Schriften zur Theorie des Musikdramas, wenngleich die Intensität des antisemitischen Impulses darüber hinausschießt. Letztlich aber geht es Wagner nur um eines: das Schicksal seiner eigenen Kunst. Wenn Felix Mendelssohn Bartholdy und Meyerbeer als Beispiele für die Unmöglichkeit eines jüdischen Musikschaffens angeführt werden, so wird eine so offenkundig absurde Behauptung nur dann nachvollziehbar, wenn man sich die geschichtsphilosophisch-historischen Positionen der beiden Komponisten auf dem zu Wagners eigenem musikalischen Drama hinführenden Weg vergegenwärtigt, sind es doch just jene Positionen der absolut- beziehungsweise programmmusikalischen Sinfonik in der Beethoven-Nachfolge einerseits und der Grand opéra andererseits, die Wagners Poetik mit singulärer Ausgrenzungsmanie als überholte, wenn auch musikhistorisch notwendige Vorstufen seines eigenen Musikdramas in den Argumentationszusammenhang einbezieht.

An einer Stelle der Schrift stülpt Wagner die musikpolitisch-kulturelle Definition einer »Judenschaft«, einer Kategorie, die als ästhetische Metapher dezidiert Juden und Nicht-Juden umfaßt, nach außen, indem er die Anhänger der beiden oben genannten Modelle, die sich der Einsicht in die Noteinem Sensorium für unscharfe Assoziationen der Wirkungsgeschichte gelesen werden, erhalten sie im Rückblick auf ein Jahrhundert, in welchem die nationalsozialistische Führungsspitze mit der »Endlösung« die Ausrottung des europäischen Judentums geplant hatte, eine sprachliche Resonanz von unheilvoll prophetischer Kraft.

Auf der anderen Seite stellt die beim Schluß des *Fliegenden Holländer* – allerdings erst seit der Neufassung der Ouvertüre für die im Januar/Februar 1860 in Paris veranstalteten drei Konzerte – gestaltete Erlösung,[12] durchaus im Gegensatz zu Ahasvers

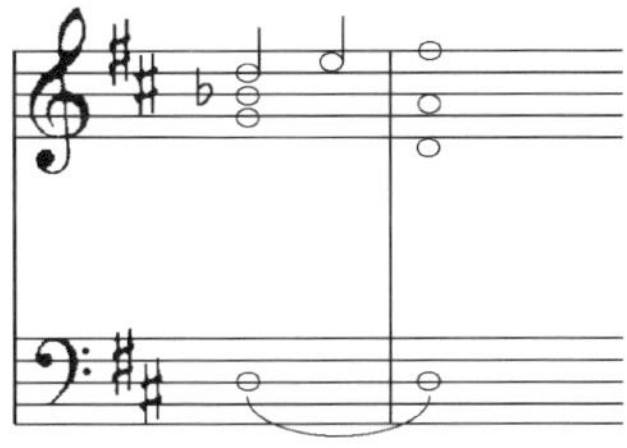

Abbildung 1:
Harmoniefolge des »Erlösungsmotivs«

---

wendigkeit seiner kunstrevolutionären Hinwendung zum Musikdrama versperren, wie folgt charakterisiert: »Wer diese Mühe scheut, wer sich von dieser Erforschung abwendet, entweder weil ihn kein Bedürfnis dazu treibt, oder weil er die mögliche Erkenntnis von sich abweist, die ihn aus dem trägen Geleise eines gedanken- und gefühllosen Schlendrians heraustreiben müßte, den eben begreifen wir jetzt mit unter der Kategorie der ›Judenschaft in der Musik‹.« (Richard Wagner, *Das Judentum in der Musik* [1869], S. 84.)

Auf eine Ästhetik des Antisemitismus bei Wagner zielt im übrigen, aktionale von narrativen Teilen des *Ring* unterscheidend, David J. Levin in seiner Studie *Richard Wagner, Fritz Lang, and the Nibelungen. The Dramaturgy of Disavowal*, Princeton, N. J., 1998, S. 88: »I propose that we seek out the traces of anti-Semitism in the aesthetic register rather than the political or biographical. I suggest that we can define an *aesthetics* of anti-Semitism in Wagner, a recurring gesture by which Wagner invests certain characters not just with vile qualities but also with vile *aesthetic practices*. Thus, the mark of the Jew in Wagner's works is, in the end, less physiognomical or social (although it is these things too) than it is aesthetic.« Vgl. hierzu überdies Udo Bermbach, *Das ästhetische Motiv in Wagners Antisemitismus. ›Das Judentum in der Musik‹ im Kontext der ›Zürcher Kunstschriften‹*, in diesem Band, S. 55–78.

Der Begriff »Selbstreinigung« war Wagner auch aus der mittelalterlichen Etymologie des »Purgatoriums« bekannt, zumal aus dessen Darstellung in Dantes Divina Commedia; vgl. Wagners Aufsatz *Dante – Schopenhauer* von 1855 (*Sämtliche Schriften und Dichtungen*, Bd. 16, S. 95–101). In den späten Regenerationsschriften wird er zu einer parsifalesken »Reinigung des Blutes« präzisiert. Beim Begriff »Vernichtung« wiederum liegt wissenssoziologisch der Zusammenhang mit seiner Schopenhauer-Rezeption und seiner Beschäftigung mit buddhistischen Heilslehren auf der Hand.

12 Die damals in Anlehnung an den Verklärungsschluß von *Tristan und Isolde* neu komponierten 22 Takte des Ouvertürenendes hat Wagner dann auch auf den Schluß des Werkes im dritten Akt übertragen. Vgl. Isolde Vetter, *Der ›Ahasverus des Ozeans‹ – musikalisch unerlöst? Der fliegende Holländer und seine Revisionen*, in: *Richard Wagner: Der fliegende Holländer. Texte, Materialien, Kommentare*, hrsg. von Attila Csampai und Dietmar Holland, Reinbek bei Hamburg 1982, S. 116–129, hier besonders S. 124.

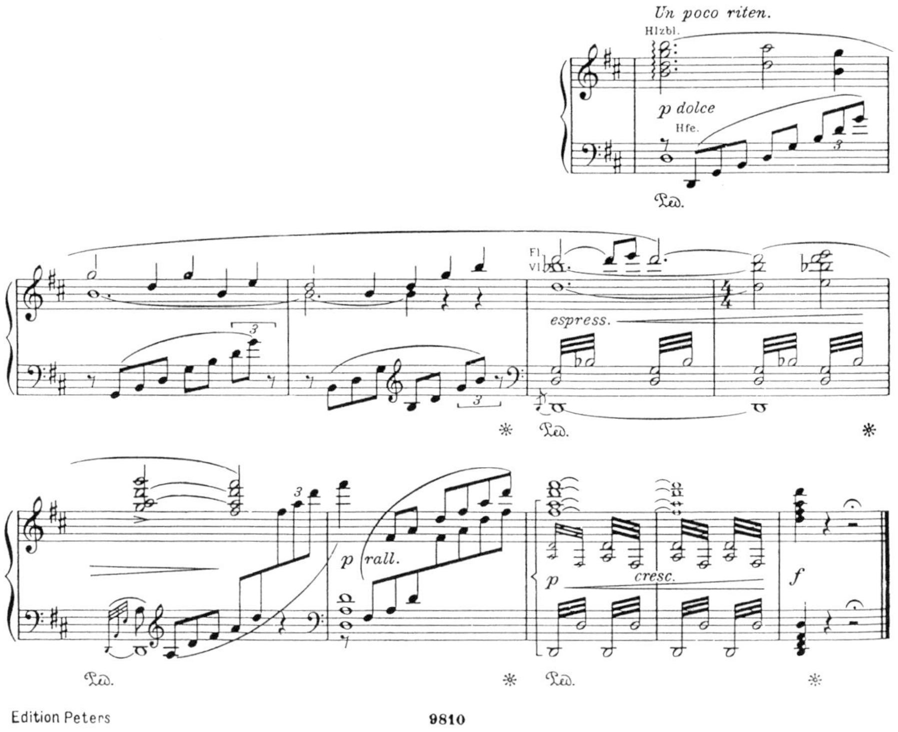

Abbildung 2:
Schluß des Fliegenden Holländers (Klavierauszug)
(Abdruck mit freundlicher Genehmigung von C. F. Peters, Musikverlag, Frankfurt/M.)

»Untergang«, eine Verklärung dar, die dem Glück bedingungslos besiegelter Liebe, der Sehnsucht nach Transformation Dauer verleiht – im Tode. Hier fand Wagner jenes musikalische Grundmuster,[13] das er in fast allen seinen Werken der Endgestaltung zugrunde legte: die plagale Akkordfolge einer Mollsubdominante in Quartsextstellung, die sich mit einem Oberstimmendurchgang in die Durtonika mit Terzlage löst.

Da Wagner diesen Akkord immer wieder verwendet hat, darf er als ein Archetyp dramatisch-musikalischer Erlösung gelten. Die Spannung wächst beim *Holländer*-Ende ein letztes Mal und löst sich dann in einen Schlußakkord auf, dessen Oberstimmen-Durterz der Idee von »Verklärung« ein geradezu sinnlich erfahrbares Leuchten verleiht. Diese Schlußfiguration überführt den zum fliegenden Holländer verwandelten Ahasvermythos ins Allgemeine. Die Bühnengestalt des Holländer ist, der Sagenfiliation zum Trotz, keine jüdische Figuration, sondern das Selbstportrait eines romantischen Künstlers. Gerade das ästhetisch erfahrbare Erlösungsende transformiert den partikularen Ursprung der Sagengestalt zu einer Figur von universaler Verstehbarkeit.

2. Mimes Verstellungsversuch

Die musikalische Charakteristik einzelner negativ gezeichneter Figuren in Wagnerschen Werken entspreche, so die These kritischer Forscher, Wagners Polemik gegen den Synagogalgesang im Essay *Das Judentum in der Musik*, die im Satz kulminiert: »Wer ist nicht von der widerwärtigsten Empfindung, gemischt von Grauenhaftigkeit und Lächerlichkeit, ergriffen worden beim Anhören jenes Sinn und Geist verwirrenden Gegurgels, Gejodels und Geplappers, das keine absichtliche Karrikatur widerlicher zu entstellen vermag, als es sich hier mit vollem naiven Ernste darbietet?«[14] Über diesen Aspekt des Hörens hinaus habe in Wagners Kunst eine antisemitische Figuration aber auch aufgefächert nach den weiteren Sinnen Sehen, Riechen etc. Gestalt angenommen.[15] Im *Ring des Nibelungen* seien insbesondere die Nibelungenzwerge Alberich und Mime – unterschieden nach den Stereotypen von Börsenjude (Alberich) versus Ghettojude (Mime) – als »jüdische« Physiognomien ge-

13 Vgl. Gerhard J. Winkler, *Wagners ›Erlösungsmotiv‹. Versuch über eine musikalische Schlußformel. Eine Stilübung*, in: *Musiktheorie* 5 (1990), S. 3–25; vgl. überdies Verf., *Musikalische Manifestationen des Endes bei Wagner und in der nachwagnerschen Weltanschauungsmusik*, in: *Das Ende. Figuren einer Denkform*, hrsg. von Karlheinz Stierle und Rainer Warning (*Poetik und Hermeneutik* 16), München 1996, S. 95–122, hier S. 96–100.

14 Wagner, *Das Judentum in der Musik*, S. 76.

15 So Marc A. Weiner in seinem Buch *Richard Wagner and the Anti-Semitic Imagination*, siehe Fußnote 4. Vgl. überdies Gerhard Scheit, *Wagners ›Judenkarikaturen‹ – oder: Wie entsorgt man die Enttäuschung über eine gescheiterte Revolution?*, in: *Musik/Revolution. Festschrift für Georg Knepler zum 90. Geburtstag*, hrsg. von Hanns-Werner Heister, Bd. 2, Hamburg 1997, S. 133–171, v. a. S. 143ff.

prägt,[16] womit – so Adornos psychoanalytisches Argument –, Wagner, selbst in Physiognomie und Körpergröße »dem Bild des Zwergen knapp entronnen«,[17] seine möglicherweise eigene jüdische Herkunft (vom Stiefvater Ludwig Geyer) zu verdrängen versucht habe. Zwingend freilich ist die These nicht, alle Zukurzgekommenen in Wagners Œuvre, »all die Zurückgewiesenen« stellten »Judenkarikaturen« dar,[18] logisch unzulässig und sachlich verräterisch setzt sie nämlich negative Charakterzeichnung im allgemeinen und jüdisch-negative im besonderen einander gleich. Prüfen wir sie anhand eines Beispiels aus *Siegfried*!

Mime, ein Schmied, verkörpert als zwergwüchsiger Handwerker das Eigennützig-Böse auf einer niedrigen Intelligenzstufe. In keiner andern Szene des *Ring* ist die Differenz zwischen rationaler und irrationaler Rede humorvoller gestaltet als in der dritten Szene des zweiten Aktes. Der Witz als Äußerung des Unbewußten[19] hat hier freien Raum – auf Kosten eines Opfers, das ein verhinderter Täter ist.

---

16 Einen Anhaltspunkt findet die Verbindung zwischen der Figur Alberichs und dem Bild eines »Börsenjuden« in Wagners Spätschriften, insbesondere in *Erkenne dich selbst*, der ersten Folgeschrift zu *Religion und Kunst* aus dem Jahre 1881, wo Wagner Alberichs Ring als »Börsenportefeuille« allegorisiert und damit in seine antisemitische Kapitalismus- und Zivilisationskritik einbezieht: »So viel Kluges und Vortreffliches über die Erfindung des Geldes und seines Wertes als allmögender Kulturmacht gedacht, gesagt und geschrieben worden ist, so dürfte doch seiner Anpreisung gegenüber auch der Fluch beachtet werden, dem es von je in Sage und Dichtung ausgesetzt war. Erscheint hier das Gold als der Unschuld würgende Dämon der Menschheit, so läßt unser größter Dichter [Goethe] endlich die Erfindung des Papiergeldes als einen Teufelsspuk vor sich gehen. Der verhängnisvolle Ring des Nibelungen, als Börsenportefeuille dürfte das schauerliche Bild des gespenstigen Weltbeherrschers zur Vollendung bringen.« Zitiert nach Richard Wagner, *Sämtliche Schriften und Dichtungen*, 16 Bände, Leipzig 1909–1916, Bd. 10, S. 268.

17 Theodor W. Adorno, *Versuch über Wagner* [1. Auflage 1952], München und Zürich 1964, S. 17 und S. 21. Wie Jens Malte Fischer hervorhob, findet sich diese Bestimmung bereits bei Gustav Mahler. Einer Aufzeichnung seiner Vertrauten Natalie Bauer-Lechner zufolge äußerte Mahler im Zusammenhang einer Neubesetzung der Rolle des Mime in der von ihm geleiteten *Siegfried*-Aufführung vom 23. September 1898 an der Wiener Hofoper: »Im ›Siegfried‹ Spielmann als neuer Mime. […] Das Ärgste an ihm ist das Mauscheln. Obwohl ich überzeugt bin, daß diese Gestalt die leibhaftige, von Wagner gewollte Persiflage eines Juden ist (in allen Zügen, mit denen er sie ausstattete: der kleinlichen Gescheitheit, Habsucht und dem ganzen musikalisch wie textlich vortrefflichen Jargon), so darf das hier um Gottes willen nicht übertrieben und so dick aufgetragen werden, wie Spielmann es tat – noch dazu in Wien, an der ›k. k. Hofoper‹, ist es ja die helle Lächerlichkeit und den Wienern ein willkommener Skandal! / Ich weiß nur *einen* Mimen (wir sahen gespannt auf ihn): und der bin *ich*! Da solltet ihr staunen, was alles in der Rolle liegt und wie ich es zutage fördern wollte!« Herbert Killian, *Gustav Mahler in den Erinnerungen von Natalie Bauer-Lechner*, revidierte und erweiterte Ausgabe Hamburg 1984, S. 122. Adorno, *Versuch über Wagner*, S. 21.

18 Adorno, *Versuch über Wagner*, S. 19. Indessen begründet Adorno seine These der »Judenkarikaturen« Mime und Alberich nicht im Sinne antisemitischer Feindbildbeschreibungen, sondern aus Wagners schizoider, idiosynkratischer Triebverdrängung des verhaßten eigenen »Ich«.

19 Vgl. Sigmund Freud, *Der Witz und seine Beziehung zum Unbewußten* [1905], in: *Studienausgabe*, hrsg. von Alexander Mitscherlich u. a., Bd. 4: *Psychologische Schriften*, Frankfurt a. M. 1982, S. 9–219.

Mime, der Siegfried heimtückisch zu ermorden beabsichtigt, verrät wider Willen seine Intentionen, doch die Stimme des Waldvogels warnt diesen vor dem Treulosen.[20]

Der in sechs Phasen gestaltete Dialog macht für den Zuschauer des Dramas evident, was in der (vom Waldvogel beschriebenen) fiktiven Dramenwirklichkeit im Unbewußten verharrt und allein Siegfried aufgrund des von ihm genossenen Drachenblutes zugänglich wird. Um mit einem dramaturgischen Notbehelf etwas, was allein dem Protagonisten sich offenbart, auch für das Publikum freizulegen – die tieferliegenden Absichten des Zwerges –, spaltet Wagner Mimes Rede in eine geäußerte und eine verheimlichte Meinung beziehungsweise in einen vom Sprechenden kontrollierten Teil und einen anderen, in welchem der Rationalität die Kontrolle entgleitet und das Unbewußte sich Bahn bricht. Wie wir seit Wagner und Freud wissen, ist das Sich-Verstellen eine ergiebige Quelle für Fehlleistungen, in denen die von der Ratio unterdrückte Wahrheit unwillentlich hervorbricht.

Das fünfmal repetierte Grundmuster des Dialogs umfaßt vier Phasen: Mime sucht Siegfried vertrauensvoll zum Trinken des vergifteten Tranks zu bewegen (eins); dabei drängen jedoch die unterdrückten Motive seines Handelns – der Raub von Schwert, (Tarn-)Helm, (Gold-)Hort, Ring sowie Siegfrieds Ermordung – an die Oberfläche der sprachlichen Kundgabe (zwei); Siegfried wiederholt darauf das Gesagte auf seine Weise (drei); schließlich wirft ihm Mime Mißverstehen vor und widerruft das unbewußt Geäußerte schrill (vier).

Ein besonderer Quell der Komik ist – inmitten dieser Szene beim dritten Auftreten des Grundmusters – jener selbstreferentielle Ort, da Mime seine Absichten durch Verbalisierung konterkariert:

20 »Hörte Siegfried nur scharf / auf des Schelmen Heuchlergered'; / wie sein Herz es meint, / kann er Mime versteh'n; / so nützt' ihm des Blutes Genuß.«

Derart gewarnt, bekundet Siegfried im Dialog mit Mime, der sich ihm zutraulich nähert, Gram über Fafners Tod, »da viel üblere Schächer / unerschlagen noch leben!« Schwingt nun in diesem Wort »Schächer« – es bezieht sich auf Mime –, insoweit es mit jiddisch »schachern« verwandt ist, nicht ein Anklang an Jüdisches mit? Die Etymologie lehrt anderes: Das Wort bedeutet schon seit dem Mittelalter »Räuber« – und in dieser Bedeutung hat Wagner es hier verwendet –, und erst Jahrhunderte später ist es mit dem – in der Tat dem rotwelschen Jiddisch entstammenden – Verbum »schachern« (in der Bedeutung von »Handel treiben«) in nachträgliche Verbindung gebracht worden. Vgl. Friedrich Kluge, Artikel *Schächer, schachern*, in: *Etymologisches Wörterbuch der deutschen Sprache*, 22. Aufl. völlig neu bearbeitet von Elmar Seebold, Berlin und New York 1989, S. 621. Solche Ambiguitäten sind gleichwohl für Wagner und den Umgang mit ihm bezeichnend: Im Umkreis der »neutralen« Bedeutungsschicht eines Wortes schwingt eine auf »Jüdisches« bezogene Schicht mit, die als Ingrediens von Antisemitismus auch dann deutbar bleibt, wenn eine Berufung auf etymologische Ursprünge einer solchen Lesart widerspricht. Vgl. hiermit das Kapitel der »Schächtung« in Thomas Manns Roman *Der Zauberberg*.

MIME.
Als dein Schwert du dir branntest
braut' ich den Sud:
trink'st du nun den,
gewinn' ich dein trautes Schwert,
und mit ihm Helm und Hort.
(Er kichert dazu.)

SIEGFRIED.
So willst du mein Schwert
und was ich erschwungen,
Ring und Beute mir rauben?

MIME.
Was du doch falsch mich versteh'st!
Stamml' ich und fas'le wohl gar?
Die größte Mühe
geb' ich mir,
mein heimliches Sinnen
heuchelnd zu bergen,
und du dummer Bube
deutest alles doch falsch!
Öffne die Ohren
und vernimm genau:
höre, was Mime meint! –[21]

Die Szene – leitmotivisch von geringer Dichte, als halte sie eine Erinnerung an Rezitativ-Dialoge der früheren Oper lebendig – beginnt in einem gemächlichen Tempo, das sich phasenweise bis zu Mimes Ermordung steigert. Dessen heuchlerische captationes benevolentiae gehen bei jeder Phase aus von einem ruhigen Tempo, demgegenüber die Stellen, da sich das Unbewußte offenbart, als Beschleunigungspartien gestaltet sind – als indizierte ein anwachsendes Tempo einen Verlust der Ich-Kontrolle. Auf den in chromatischer Bewegung erreichten Höhepunkten drückt Mimes schallendes Kichern die Diskrepanz zwischen geäußerter und intendierter Kundgabe vorsprachlich-mimetisch aus. Siegfrieds zäsurierende Kommentare rücken die Hierarchie der Personen (Schuft versus Held) ins Licht und machen Mime klar, daß er anderes gesagt hat, als er sagen wollte. In dem hier als Beispiel gewählten Ausschnitt – er stellt das fünf Mal repetierte dramaturgische Grundmuster bei seinem dritten Auftreten dar – enthüllt Mimes Deliberation aufgrund des sogenannten Er-

21 *Siegfried*, zweiter Aufzug, dritte Szene, Dichtung (Ausschnitt, Text nach Richard Wagner, *Gesammelte Schriften und Dichtungen*, Leipzig 1907, Bd. 6, S. 146–147).

ziehungs-, Schmiede- sowie Grübelmotives seine im ersten Akt behauptete väterliche Fürsorge gegenüber dem Findelkind in seiner ganzen heimtückischen Zweckrationalität, während Siegfrieds naive Gegenfrage für Hörer und Akteur durch ein Waldvogelmotiv eingeleitet und damit semiotisch mit der vorgängigen Warnung des Helden durch den Waldvogel verknüpft ist.

Scheinen in dieser Charakterzeichnung jüdische Elemente auf? Kaum. Aus der Tatsache, daß Wagner als Antisemit die Juden in Wort und Schrift negativ bewertete, folgt nicht, negativ gezeichnete Charaktere in seinen Werken wie Mime seien notwendig als Judenkarikaturen aufzufassen. Das Böse, Schlechte, Niederträchtig-Dumme ist hier vielmehr universal konzipiert und realisiert. Im Sinne der Subsumption eines Besonderen unter ein Allgemeines ist es daher zwar durchaus möglich, Alberichs und Mimes Charakterzeichnungen als »jüdisch« in metaphorischem Sinn, als musikalische Chiffrierung antisemitischer Klischees zu verstehen, doch zwingend ist diese Lesart so wenig wie Marc A. Weiners Herleitung ihrer hohen Stimmlage von Wagners Polemik gegen den Synagogalgesang.[22]

Daß Wagner mit der Figur des Mime – und Analoges gilt für Alberich – kein jüdisches Charakterportrait gezeichnet hat, geht auch aus seiner Sprachtheorie und deren Konsequenzen für den Antisemitismus[23] hervor. Gemäß der in *Oper und Drama* entfalteten Stabreimtheorie, dialektischem Resultat einer Bewegung, die von der kritisierten Poesie einer endreimgestützten Dichtung über die lose, unkomponierbare Sprachprosa zum Ziel eines in seiner Länge freien, durch den Stabreim indes gebundenen Verses als dichterischer Basis von Wagners eigener »musikalischer Prosa« führt,[24] kann die erstrebte »Vermittlung an das Gefühl« nur einer deutschsprachigen Vokalkomposition gelingen, welche den Konnex zwischen Stabreimtheorie und musikalischem Ausdrucksprinzip aktiviert. Der deutsche Sprachgebrauch indessen, den Wagner den Juden zuschreibt, schließt – empirisch unhaltbar – diese aus dem Kommunikationszusammenhang von Volk und Sprache aus. Hätte Wagner tatsächlich Bühnenfiguren des *Ring* als »Juden« markieren wollen, so hätte er in deren Rede nur die Stabreimdichtung als Basis des Werkes außer Kraft zu setzen brauchen, um diese Figuren aus dem kommunikatorischen Kosmos seiner Kunstwelt auszugrenzen. Mit seinen exuberanten Stabreimen befindet sich Mime aber inmitten des musikalischen Dramas, dessen Poetik alle Bühnenfiguren im *Ring* durch die Alliterationsdichtung – nach der Theorie von *Oper und Drama* im »Reinmenschlichen« also – zusammenbindet.

Wie Wagner selbst die Bühnenfiguren im *Ring des Nibelungen* vor dem Hintergrund einer Diversität menschlicher Rassen eingeschätzt hat, beleuchtet eine Äußerung aus seiner letzten Lebenszeit, als er sich im Anschluß an Gobineau mit Rasse-

22 So Marc A. Weiner, *Richard Wagner and the Anti-Semitic Imagination*, S. 135–143.

23 Vgl. Udo Bermbach, *Das ästhetische Motiv in Wagners Antisemitismus*, in diesem Band, S. 55–78.

24 Vgl. Verf., *Musikalische Prosa* (*Studien zur Musikgeschichte des 19. Jahrhunderts* 46), Regensburg 1975, S. 67–71.

Abbildung 3:
Siegfried, 2. Akt, 3. Szene (Klavierauszug), Ausschnitt, Edition Breitkopf, S. 230–231.

231
S.
rauben?
rob me?
Mime. (heftig) (vehemently)
accel.
Was du doch falsch mich verstehst! Stamml' ich, fasl ich wohl gar? Die größte
How thou mis - ta - kest me still! Sure - ly my speech is clear? The greatest
sf
accel.
sf
sf
Br. 2
14
Fg.
p
Vlc.
M.
Mü - he geb' ich mir doch, mein heim - li - ches Sinnen heuchelnd zu
care poor Mime doth ta - ke that the craft in his heart may be cunning - ly
Cl.
p
Bcl.
Lebhaft.
Animato.
ber - gen, und du dummer Bu - be deu - test al - les doch falsch!
hid - den, and the stu - pid boo - by takes his meaning a - miss!
cresc.
Hlzbl.
sf
sf
Öff - ne die Oh - ren, und vernimm ge - nau: Hö - re,
Op - en thine ears then! Lis - ten close - ly now! Hear thou
sf
sf
(Str.) sf
rallent.
dim.
R. W. 9.

theorie befaßte und sich seinen kulturellen Antisemitismus durch eine rassentheoretische Komponente erweiterte. Am 18. November 1882 notierte Cosima in ihrem Tagebuch: »In der Frühe heute gingen wir die Gestalten des R. des Nibelungen durch vom Gesichtspunkt der Racen aus, die Götter, die weiß, die Zwerge, die Gelben (Mongolen), die Schwarzen die Äthiopier; Loge der métis.«[25] Erwähnt werden die drei Hauptgruppen (Götter, Nibelungen, Riesen), die auch in der Wettszene zwischen dem Wanderer und Mime im ersten Akt *Siegfried* aufgerufen werden, dazu eine Einzelfigur: Loge. Bei dieser Zuweisung von Personengruppen zu menschlichen Rassen handelt es sich um einen vom Autor (oder von Cosima) im nachhinein gezogenen Vergleich, um keine ursprüngliche Rollenprofilierung. Die rassenmäßigen Distinktionen der Gruppen spiegeln Vorurteilsstrukturen aus europäischer Perspektive wider:[26] Die Götter, obzwar zum Untergang bestimmt, werden als »Weiße«, das heißt Europäer und, wenn man will, »Arier« gekennzeichnet; die Nibelungenzwerge mit jener Rasse assoziiert, von welcher (wie von »des Ostens Horden« im *Lohengrin*) eine mythische Aggressionsgefahr ausgeht, den »Gelben« beziehungsweise »Mongolen« im asiatischen Osten; und analog via Hautfarbe und geographisch-kulturellen Ort werden schließlich die Riesen mit den »Schwarzen« beziehungsweise »Äthiopiern« im afrikanischen Süden verbunden, mit einer rassischen Codierung also, die auf das vorgeblich Ursprüngliche, Chronologisch-Frühe dieses Geschlechts wie auf seine im *Ring* weidlich ausgeschlachtete »Dummheit« Bezug nimmt. Warum aber Loge als Mestiz? Aufgrund seiner Wandlungsfähigkeit, die ihn zum Feuer, zum Intellektuellen und anderem mehr werden läßt, wird seine Zugehörigkeit zu den Göttern, den »Weißen«, als instabil empfunden, so daß sich für Wagner offenbar eine Analogie zur rassisch-instabilen Unreinheit von »Mischlingen« aufdrängte. Mit keinem Wort aber ist hier von einer Beziehung zwischen Nibelungenzwergen – ob allgemein oder individuell – und Juden die Rede, obwohl, hätte eine solche Beziehung in Wagners bewußter Konzeption oder auch nachträglicher Interpretation bestanden, ihn an einer entsprechenden Äußerung nicht das Geringste gehindert hätte, es sei denn die Tatsache, daß in Gobineaus Rassentheorie Arier wie Semiten zur weißen Rasse gehören[27] – ein Indiz mehr dafür, daß der Autor im *Ring des Nibelungen* keine jüdischen Charaktermasken codiert hat.

---

25 *Cosima Wagner. Die Tagebücher. Bd. 2: 1878–1883*, ediert und kommentiert von Martin Gregor-Dellin und Dietrich Mack, München und Zürich 1977, S. 1051. Joseph Arthur Graf Gobineaus Schrift *Essai sur l'inégalité des races humaines*, Paris 1853–55, lernte Wagner erst zwei Jahre vor seinem Tode kennen.

26 Vgl. dazu Edward Said, *Orientalism*, New York 1979, sowie ders., *Culture and Capitalism*, New York 1994.

27 Vgl. Wolf-Daniel Hartwich, *Religion und Kunst beim späten Richard Wagner. Zum Verhältnis von Ästhetik, Theologie und Anthropologie in den ›Regenerationsschriften‹*, in: *Jahrbuch der deutschen Schillergesellschaft*, hrsg. von Wilfried Barner u. a., 40 (1996), S. 297–323, hier S. 306f.

Lassen sich aber, selbst wenn keine vorschnellen Parallelen zwischen Pamphletistik und Dramendichtung gezogen werden, weil die Ebene des Kunstwerkes eine gegen die Außenwelt abgegrenzte integrative Kraft besitzt,[28] nicht gleichwohl Grundformen des Denkens, die einen Autor auszeichnen, auf verschiedenen Ebenen als »Diskurs« dingfest machen? So werden bei Wagner die Menschen ihrer Sympathie oder Antipathie mit einer Unwillkürlichkeit und Spontaneität wechselseitig inne, die eine im Verstehen wachsende Beziehung ausschließen. Ist Mime darum als jüdische Person figuriert? Jenes unverrückbare »Nicht-leiden-können«, mit dem ihm der junge Siegfried von Anfang an Mime begegnet (*Siegfried*, erster Aufzug, erste Szene) – alle »Good-will«-Versuche des Ziehvaters prallen an dessen naturgegebener Reaktionsweise hilflos ab –, korrespondiert auf der Werktextebene mit jener Art von »unwillkürlich Abstoßendem«, »instinktmäßiger Abneigung« beziehungsweise »natürlichem Widerwillen«, welche Wagner zu Beginn seines Pamphlets *Das Judentum in der Musik* als vor- und irrationale Abwehrreaktion der Deutschen gegen Juden auf Kontextebene unterstellt.[29] Die richtig beobachtete Parallelität verkennt als etwas Spezifisches, was in Wagners Weltsicht allgemeine Geltung besitzt. Nicht nur Haß, sondern Affekte jeder Art, insbesondere auch Liebe, sind bei ihm von Natur gegeben. Sieglinde und Siegmund, Brünnhilde und Siegfried, zudem Liebende in anderen Wagnerschen Werken fühlen sich genauso unwillkürlich zueinander hingezogen, wie umgekehrt Antipathie zwischen Menschen einer instantanen, dem Willen entzogenen Reaktionsform entspringt. Daher wird die These, in Mime sei eine jüdische Figur musikdramaturgisch portraitiert,[30] durch einen Verweis auf den »Diskurs« nicht gestützt. Die negative Charakterzeichnung, werkspezifisch konkret, gehorcht einer allgemeinen Reaktionsform, nicht den partikularen Ausgrenzungsmechanismen des Wagnerschen Antisemitismus.

3. Beckmessers Regelwahn

Diejenige Figur, die seit Adorno mehrfach und ganz besonders – wenngleich nicht unwidersprochen – mit einer »jüdischen Charaktermaske« identifiziert wurde, ist Sixtus Beckmesser, der Stadtschreiber, Merker und Werber in den *Meistersingern von Nürnberg*. Kann das in mythischer Vorzeit spielende Drama des *Ring*, zumal die rücksichtslose Ausbeutung der Nibelungen durch Alberich in *Rheingold*, als Allegorese der kapitalistischen Industrieproduktion des mittleren 19. Jahrhunderts gelesen

---

28 Vgl. dazu jüngst Karlheinz Stierle, *Ästhetische Rationalität. Kunstwerk und Werkbegriff*, München 1998.

29 Wagner, *Das Judentum in der Musik*, S. 66–69, die zitierten Formulierungen auf S. 67. So Prof. Dr. Yirmiyahu Yovel in der an meinen Vortrag sich anschließenden Diskussion beim Bayreuther Symposion 1998.

30 Vgl. Fußnote 16.

werden,[31] so öffnet umgekehrt die historische Fassade des Altdeutschen in den *Meistersingern* die Perspektive auf einen sozialutopisch verklärten Mythos. Beckmesser hat, soziologisch gesehen, ein hohes städtisches Amt inne, unter den Meistersingern gehört er als einziger nicht dem Handwerksstand an; eine solche Position konnte im historischen Nürnberg kein Jude je erreichen. Bei dieser Bühnenfigur wird als Argument für eine jüdische Charakterzeichnung der entstehungsgeschichtliche Umstand ins Feld geführt, daß Wagner sie in den Prosaentwürfen zu den *Meistersingern* 1861 »Hans Lick« beziehungsweise »Veit Hanslich« nannte,[32] eine Anspielung auf den Wiener Musikkritiker Eduard Hanslick, von dem Wagner glaubte, er sei Jude. Im allerersten, dem Marienbader Entwurf des Werkes 1845 steht die Figur des »Merkers« allerdings noch außerhalb eines solchen Bezuges.[33]

Dramaturgisch konvergiert bei Beckmesser die Linie des ältlichen und darum lächerlichen Liebeswerbers, der einem Jüngeren unterliegt, mit jenem antiquierten Typus eines regelbornierten »Künstlers«, der nach romantischem Kunstverständnis als »prosaisch« und darum unkünstlerisch gilt. Wie in der Kunst, so scheitert er in der Liebe.

Beckmessers Lieder, mit denen dieses Scheitern musikalisch inszeniert ist, sind außer als »charakteristischer«, modern-avancierter Stil (im Gegensatz zum kantablen, »schönen« von Walthers Preislied)[34] als Karikatur des Synagogengesangs und damit als »antisemitisch konnotierte« Musik interpretiert worden.[35] Allerdings erscheint auch in diesem Fall eine derartige Deutung nicht zwingend. Der Referenzpunkt für die Beckmessersche Unkunst ist die negierte musikalische Poesie, in Wagners Verständnis eine von der dichterisch-musikalischen Inspirationsquelle losgelöste, »absolute« Musik. Wenn ausgerechnet der Regelfuchser die Elementargesetze musikalischer Prosodie mißachtet, kippt eine sinnvolle Deklamation um ins Groteske. Zum Kataklysmus eines vernichtenden Humors aber verschärft sich die Verdrehung des Sinns erst durch das sich manifestierende Unbewußte – wenn der Werbende beim Ständchen im zweiten Akt seine Liebe reimkünstlerisch aus der Negation des Todes beschwört (»da denk' ich nicht an Sterben, / lieber an Werben / um jung Mägdeleins Hand«) oder wenn gar beim Preislied im dritten Akt eine Poesie

---

31 So erstmals [George] Bernard Shaw, *Ein Wagner-Brevier. Kommentar zum Ring des Nibelungen* [*The Perfect Wagnerite*], Frankfurt a. M. 1973. Nach Shaw ist der »Ring [...] ein Drama der Gegenwart und nicht eines aus ferner und sagenhafter Vorzeit.« S. 21.

32 Vgl. M. Eger, *Wagner und die Juden*, S. 34.

33 Dieter Borchmeyer, *Beckmesser – der Jude im Dorn?*, in: *Programmbuch der Bayreuther Festspiele 1996*, S. 89–99, hier S. 96.

34 So Carl Dahlhaus, *Richard Wagners Musikdramen*, Velber 1971, S. 68–82, v. a. S. 74–76.

35 Barry Millington, *Nuremberg Trial: Is there anti-semitism in ›Die Meistersinger‹?*, in: *Cambridge Opera Journal* 3 (1991), S. 247–260; vgl. dazu kritisch Hans Rudolf Vaget, *›Der Jude im Dorn‹ oder: Wie antisemitisch sind ›Die Meistersinger von Nürnberg‹?*, in: *Deutsche Vierteljahrsschrift für Literaturwissenschaft und Geistesgeschichte* 69 (1995), S. 271–299.

zweiten Grades, aus heutiger Sicht eine prädadaistisch-moderne Klangpoesie, aus der Distorsion der unverstandenen Waltherschen Vorlage hervorgeht und das Unbehagen an der Situation in Wortverdrehungen – in den Wendungen »in Blut und Duft« beziehungsweise »garstig und fein«, oder auch in der Vision, selbst an Pranger und Galgen zu kommen – gnadenlos durchschlägt.

BECKMESSER.
(zieht das Blatt verstohlen hervor und lugt eifrig hinein:
dann steckt er es ängstlich wieder ein).
»Wohn' ich erträglich im selbigen Raum, –
hol' Geld und Frucht, –
Bleisaft und Wucht …
(Er lugt in das Blatt.)
Mich holt am Pranger
der Verlanger,
auf luft'ger Steige kaum,
häng' ich am Baum.«
(Er wackelt wieder sehr: sucht im Blatt zu lesen,
vermag es nicht; ihm schwindelt, Angstschweiß
bricht aus.)

DIE MEISTER.
Was soll das heißen? Ist er nur toll?
Sein Lied ist ganz von Unsinn voll!

DAS VOLK.
Schöner Werber! Der find't seinen Lohn.
Bald hängt er am Galgen! Man sieht ihn schon![36]

WALTHER.
»Wonnig entragend dem seligen Raum
bot gold'ner Frucht
heilsaft'ge Wucht
mit holdem Prangen
dem Verlangen
an duft'ger Zweige Saum
herrlich ein Baum.«

---

36 *Meistersinger*, dritter Aufzug, fünfte Szene, zweiter »Stollen« von Beckmessers Preislied, zum Vergleich danach die entsprechende Partie aus Walthers Lied, dritter Aufzug, zweite Szene, Ausschnitte aus Wagners Dichtung zitiert nach Richard Wagner, *Gesammelte Schriften und Dichtungen*, Leipzig 1907, Bd. 7, S. 264, S. 239.

Abbildung 4:
Die Meistersinger von Nürnberg, 3. Aufzug, 5. Szene, Ausschnitt (Klavierauszug) Schott, S. 426. (Mit Genehmigung des Verlages Schott Musik International, Mainz.)

Der hier gewählte mittlere Ausschnitt seines Liedes, der zweite »Stollen«, ist dadurch gekennzeichnet, daß gegenüber dem ersten »Stollen«, bei dem Beckmesser seinen Gesang nur mit der bühnenmusikalischen »Laute« intermittierend begleitete, das Orchester in Gestalt einer grundierenden Baßlinie präsent wird (um beim darauf folgenden »Abgesang« noch voller einzugreifen). Die tonale Simplizität der Melodie, in »reinem« e-Moll, findet ihr Gegenstück in den Lautenakkorden, die sich in den drei Hauptstufen von Tonika, Dominante und Subdominante erschöpfen, freilich in einer syntaktisch zusammenhangslosen Folge – mit Ausnahme der Schlußkadenz, der metrische Schiefheit den verwirrten, gehetzten Zustand Beckmessers unterstreicht und deren reguläre Auflösung (mit der Dominante-Tonika-Verbindung) durch die scharf-dissonant in den Tritonus zum Grundton (*B* zu *e*) hochschießende Baßfigur konterkariert wird. Beckmesser, krampfhaft bemüht, aus dem bei Sachs entwendeten Manuskript Walthers Preislied zu entziffern, wird im kläglichen Scheitern – verlesend, versingend – als ein Unkünstler charakterisiert, der Gestohlenes vorträgt, gleichsam »Modernes« contre cœur. Dies mag in Wagners Sicht insofern mit jüdischen Merkmalen verknüpft sein, als Wagner den Juden die Kraft zu originärer künstlerischer Produktion abspricht, aber zunächst sind Diebstahl und die Nutzung von Diebesgut zu eigenen Zwecken allgemein verbreitete menschliche Fehlverhalten. Statt von einer Orchestermelodie getragen zu sein, ist Beckmessers Unmelodie »emanzipiert«, eine stümperhaft-isolierte Vokalmelodie von unvokalem Duktus, kurzatmig, mechanisch zusammengesetzt aus Elementen, die alle auf einer Fermate zu baldigem Stillstand kommen. Die sinnentleerte Melismatik von (aus der Lautenstimmung hergeleiteten)[37] Quartketten hat jedoch nichts von einem Synagogalgesang, den Wagner gar nicht genauer kannte, sie führt vielmehr den Unfug einer absoluten, von der Quelle des Wortes losgelösten Melodiebewegung ad aures. Erst deren Kombination mit der absurden »Poesie« der Beckmesserschen Verlesung ergibt jenes irrwitzige Zerrbild, vor dessen Folie Walthers wirkliches Preislied dichterisch-musikalisch danach umso strahlender auf das Volk, die Meistersingerexperten und Eva wirkt.

Allerdings geriet die Figur Beckmessers früh in den Deutungsumkreis des politischen Antisemitismus. Für ein sensibilisiertes Publikum, wie es sich nach der Zweitpublikation des Aufsatzes *Das Judentum in der Musik* im Jahre 1869 in einer über Wagners Antisemitismus erregten Öffentlichkeit vielerorts formiert hatte – und in Wien ganz besonders aufgrund der Assoziation Sixtus Beckmessers mit Eduard Hanslick –, lag eine antijüdische Lesart der Merkergestalt unmittelbar auf der Hand. Eine Eintragung Cosimas im Tagebuch vom 14. März 1870 lautet: »In der Musikalischen Zeitung ist ein Bericht über die Aufführung der Msinger [*Meistersinger*] in Wien. Unter anderem hatten die J. [scil. die Juden] dort verbreitet, das Lied von Beckmesser sei ein altes jüdisches Lied, welches R. [Richard] habe persiflieren wol-

37 So Paul Bekker, *Wagner. Das Leben im Werke*, Stuttgart u. a. 1924, S. 422–423.

len. Hierauf Zischen im 2ten Akt und die Rufe, wir wollen es nicht weiter hören, jedoch vollständiger Sieg der *Deutschen.* R. sagt: ›Das bemerkt keiner unsrer Herren Kulturhistoriker, daß es jetzt so weit ist, daß die Juden im kaiserlichen Theater zu sagen wagen: Das wollen wir nicht hören.‹«[38]

Obwohl, da Cosima die im Familienkreis geführten Dialoge in ihrem Tagebuch nur gekürzt aufzeichnete, in einem solchen Fall weitere Äußerungen Wagners in Reaktion auf die Wiener Pressemitteilung ausgespart worden sein können, scheint der Autor des Werkes die Behauptung über die Herkunft des Beckmesserschen Ständchens im zweiten Akt der *Meistersinger* nicht bestätigt zu haben – ein Indiz dafür, daß die auktoriale Intention bei Beckmessers Ständchen und Preislied auf keine Karikierung jüdischen Gesangs nach Art der »Judentum«-Polemik zielte. In der nach deren Zweitpublikation 1869 angeheizten Diskussionsatmosphäre jedoch glaubte man eine im Subtext des Werkes angelegte antisemitische Schicht erkennen zu können, und jüdische Kreise des Wiener Opernpublikums, durch die Hetze dieser Schrift hellhörig gemacht, vollzogen aus Protest jenen Schritt hermeneutischer Aktualisierung, den das unter ein Universales subsumierte Partikulare rezeptionsgeschichtlich stets bereit hält.

Tatsächlich herrscht in den *Meistersingern* keine menschenfreundliche, musikpolitisch korrekte, liberale Dramaturgie. Den »Anderen«, der seine ästhetisch begründete politische Utopie einer städtisch-völkischen Harmonie[39] stört, grenzt Wagner erbarmungslos aus. So hat die politische Wirkungsgeschichte dieses Werkes, das der nationalsozialistischen Staatskultur als Leitkunst diente, eine »antisemitische« Lesart des Merkers, der eine kunsttheoretisch traditionserstarrte Position vertritt, zweifellos befördert. Gerade wenn wir diese Phase der Wirkungsgeschichte der *Meistersinger* im zweiten Viertel des 20. Jahrhunderts ernst nehmen, sollten wir nicht die Lesarten von damals, obzwar unter kritisch-umgekehrten Vorzeichen, durch Projektion auf das Werk erneuern.

Gegenüber der Wirkungsgeschichte im Sinn der Gadamerschen Hermeneutik,[40] welche die aktualisierende Instanz des Rezipienten in ein »Überlieferungsgeschehen« eingerückt und von der Normativität eines Klassischen abhängig sieht, geht die Theorie der Rezeptionsgeschichte aus von einer – wie immer auch letztlich begrenzten –

38 *Cosima Wagner. Die Tagebücher*, Bd. 1, S. 208–209; vgl. hierzu Dieter David Scholz, *Richard Wagners Antisemitismus* (*Epistemata. Würzburger wissenschaftliche Schriften. Reihe Literaturwissenschaft* 95), Würzburg 1993, S. 115–119.

39 Vgl. Dieter Borchmeyer, *Nürnberg als Reich des schönen Scheins. Metamorphosen eines Künstlerdramas*, sowie Udo Bermbach, *Politische Gehalte einer Künstleroper*, in: *Deutsche Meister – böse Geister? Nationale Selbstfindungen in der Musik*, hrsg. von Hermann Danuser und Herfried Münkler, Laaber 2000, im Druck.

40 Hans-Georg Gadamer, *Wahrheit und Methode. Grundzüge einer philosophischen Hermeneutik*, Tübingen 1965 (2. Aufl.), S. 274. Vgl. dazu Rainer Warning, *Rezeptionsästhetik als literaturwissenschaftliche Pragmatik*, in: *Rezeptionsästhetik. Theorie und Praxis*, hrsg. von dems. (*Uni-Taschenbücher* 303), München 1975, S. 9–41, hier S. 19–22.

Freiheit des Rezipienten bei der in künstlerischer Erfahrung geleisteten Sinnstiftung. Solche Freiheit ist auch für den Verlauf der Rezeptionsgeschichte Wagners vorauszusetzen. Die Spannungen, Ambivalenzen und Paradoxien zwischen National- und Universalgeschichtsschreibung sind bei ihm besonders ausgeprägt: Kein Autor hat sich im 19. Jahrhundert nachhaltiger für eine nationale Kunst eingesetzt und eine stärkere internationale Wirkung zu entfalten vermocht, als er, kein Künstler hat sich herabsetzender zum Beispiel gegenüber den Franzosen geäußert und wurde ob seines Werkes von diesen intensiver geliebt, als er,[41] kein Komponist schließlich hat sich als Antisemit privatim und öffentlich aggressiver profiliert und wurde, wiederum in seiner Kunst, von Juden tiefer verehrt, als er.

Voraussetzung für diesen Zug von Wagners Rezeptionsgeschichte ist eine Trennung zwischen der Person, ihren politischen und kulturpolitischen Äußerungen, der Poetik des Musikdramas und der Erfahrung der Werke selbst. Die Idee deutscher Musik, an die Wagner wie weite Kreise Deutschlands im 19. Jahrhundert glaubte im Sinne einer Grundüberzeugung darüber, wie künstlerisches Schaffen, Nachschaffen und Verstehen überhaupt möglich seien, war historisch damals eine Vorbedingung der Produktion. Da aber bei großer Kunst die Entstehungsvoraussetzungen keine Bedingungen für späteres Verstehen bleiben, konnte sich auch im Falle Wagners das nationale Paradigma zu einem universalen Paradigma weiten. Zugleich aber ergab sich auch die Möglichkeit, die Wirkung seiner Musikdramen nationalistisch zu profilieren, besonders drastisch in der Bayreuther Tradition der ersten Jahrhunderthälfte, die seit dem stehenden Absingen des Deutschlandliedes im Anschluß an die Wiedereröffnung der Bayreuther Festspiele mit den *Meistersingern* im Jahre 1924 mit dem »Führer« Adolf Hitler eng verflochten waren.

In notwendiger Gegenreaktion dazu zielte nach dem Zweiten Weltkrieg der Bayreuther Neubeginn unter Wieland und Wolfgang Wagner auf eine Universalisierung des Werkes, in deren Zuge das Archetypisch-Allgemeine der menschlichen Konstellationen in den Werkdramaturgien inszenierungsgeschichtlich herausgearbeitet wurde, bis mit dem Chéreauschen Zentenar-*Ring* 1976 sich auch Bayreuth Leseweisen des Werkes öffnete, die dessen historisch-allegorischen Schichten nach außen wandten. In jüngster Zeit nun, nach dem Zusammenbruch des sozialistischen Staatensystems und dem Ende des Marxismus als säkularisierter »Staatsreligion«, strahlen auf das Wagnerbild mehr und mehr ideologiekritische Methodenansätze der Kulturwissenschaften aus, die einem universalen Kulturverständnis mit Skepsis begegnen und keine anderen als partikulare, dem Prinzip eines cui bono unterworfene Interessen gelten lassen. In diesem Zusammenhang, in dem die Grenzen zwischen Person und Werk, Poetik und Drama, Essayistik und Kunst, auch die zwischen Werk und Wirkungsgeschichte nonchalant ignoriert werden, stehen auch die erwähnten jünge-

---

41 Vgl. hierzu *Von Wagner zum Wagnérisme. Musik, Literatur, Kunst, Politik*, hrsg. von Annegret Fauser und Manuela Schwartz, Leipzig 1999.

ren, künstlerisch nicht tragfähigen Versuche, Wagnersche Bühnenfiguren als »jüdische« Charakterportraits kon- und subtextuell zu dechiffrieren.

In problematischer, aber für dieses Kapitel deutscher Nachkriegshistorie charakteristischer Weise verbindet sich hier das Bemühen, die wirkungsgeschichtliche Rolle aufzudecken, die Wagner beim unfaßbaren Verbrechen der Shoa mittelbar spielte, mit einer historisch umkontextualisierten Deutung des Kunstgehaltes seiner Musikdramen. Die These »jüdischer« beziehungsweise antisemitischer Charakterzeichnung in Wagners Werken ist vom Willen getragen, durch Kritik an einer universalistischen Lesart der Werke den umfassenden Verdrängungs- und Vergessensstrategien gegenüber dem »Dritten Reich« entgegenzutreten, und zudem an einem exemplarischen Fall den kanonischen Anspruch allgemeiner künstlerischer Normen zu bestreiten und ihm eine stets vorhandene soziale, geschlechtliche, individuelle Interessenperspektive, eine notwendige Partikularität kultureller Werte entgegenzusetzen.

Die notwendige Beschäftigung mit der nationalsozialistischen Vergangenheit aber darf auch im Zusammenhang der politischen Wirkungsgeschichte der Werke Wagners den Blick darauf nicht verstellen, daß es sich hierbei um einen Teil ihrer Geschichte, nicht um ihr Ganzes handelt. Wäre es anders, besäße Wagners Œuvre nicht die Kraft zu universaler Entfaltung, die immer neue, immer weitere Lesarten erzeugt, dann wäre es schlechterdings unerklärlich, warum so viele Nicht-Deutsche Wagners Werke geliebt haben und noch immer lieben. Gerade wenn wir die Schatten der Vergangenheit, die auf dem Wagnerschen Werk lasten, anerkennen, dürfen wir dem Verhängnis nicht für immer Macht über seine Kunst einräumen. Wer, wie ich glaube gezeigt zu haben, ohne zwingende Gründe die These vertritt, bei den negativ gezeichneten Figuren in Wagners Musikdramen handle es sich um jüdische Charaktermasken, hält im Bestreben, den Antisemitismus zu bekämpfen, entgegen den eigenen Intentionen antisemitische Lesarten von Kunstwerken ohne Not wach und trägt auf diese Weise kaum zur Schwächung des Antisemitismus bei, der sich im ausgehenden 20. Jahrhundert in europäischen Gesellschaften wieder beunruhigend regt. Auch darum sollte sich die aktualisierende Interpretation der Wagnerschen Musikdramen noch unbekannten Perspektiven zuwenden, die sich aus der vielfältig ausschöpfbaren Differenz zwischen dem Partikularen und dem Universalen ergeben. Solche Aktualisierung ist es, die über den Kunstcharakter der Werke heute mit entscheidet.

Zusammenfassung der Diskussion

Prof. Borchmeyer betonte, daß die Frage nach jüdischen Figuren im Werk Wagners den Unterschied zwischen dem argumentativen und dem ästhetischen Diskurs berücksichtigen müsse. Während ein Traktat auf ein bestimmtes Resultat ziele, wäre diese Tendenzhaftigkeit für ein Kunstwerk deplaziert. Aus diesem Grund habe Wagner auch die bekenntnisartigen Entwürfe des *Ring*-Finales verworfen. Das Kunstwerk verweise nur auf sich selbst. Der Künstler könne daher seine Figuren nicht bewerten, sondern müsse jeder ihr notwendiges Recht im Zusammenhang des Werkes zugestehen. So habe auch Dostojewski seine jüdischen Figuren nicht im Sinne seiner antisemitischen Anschauungen stilisiert. Dr. Sven Friedrich betonte, daß im Zusammenhang der Wagnerschen Idee des Gesamtkunstwerks die theatralische Realisierung der Musikdramen im Hinblick auf ein Publikum einzubeziehen sei. Da aber aus den Dokumenten über die Arbeit Wagners als Regisseur hervorgehe, daß er sich keiner jüdischen Stereotypen bediente, um seine Charaktere zu verdeutlichen, spreche das gegen eine antisemitische Tendenz der Figuren.

Prof. Yovel hält es in methodischer Hinsicht für fragwürdig, an Wagners Figuren jüdische Eigenschaften im Sinne einer Beschreibung ablesen zu wollen. Vielmehr müßte die Bewertung der Figuren innerhalb des Stücks mit analogen Urteilen Wagners in Beziehung gesetzt werden. So bringe der Naturmensch Siegfried seinem Ziehvater Mime eine instinktive Abneigung entgegen, die sich allein auf dessen äußere Erscheinung gründe. (»Seh' ich dir erst / Mit den Augen zu, / Zu übel erkenn' ich, / Was alles du tust. / Seh' ich dich stehn / Gangeln und gehn, / Knicken und nicken, / Mit den Augen zwicken: / Beim Genick möcht' ich / Den Nicker packen, / Den Garaus geben / Dem garstigen Zwicker.« – *Siegfried*, erster Aufzug, V. 178–188.) In ähnlicher Weise fordere Wagner in *Das Judentum in der Musik* die Deutschen dazu auf, sich ihre vorhandenen Abneigungen gegen die Juden als ›natürliche‹ Regung einzugestehen und diese offen zum Ausdruck zu bringen. Dabei ist allerdings zu beachten, daß auch Siegfried von Mime aufgrund seiner Andersartigkeit gehaßt wird: »Dich und deine Art / Haßt ich immer von Herzen.« (*Siegfried*, zweiter Aufzug, V. 1780f.) (Dr. Hartwich). Das antisemitische Motiv wird so in einer anthropologischen Reflexion der Fremdheit und des Vorurteils aufgehoben. Frau Dr. Porat wies darauf hin, daß den Figuren nur von Seiten der Zuschauer ›jüdische‹ Züge beigelegt werden könnten. Die antisemitische Wahrnehmung der Werke Wagners sage mehr über das Publikum aus als über die Intention des Autors.

Prof. Danuser führte Prof. Yovels Überlegung dahingehend weiter, daß in Wagners theoretischen und dramatischen Werken übergreifende kommunikative Grundstrukturen festgestellt werden müßten. Die Analogie zwischen der Wahrnehmung Mimes und der des Judentums, die sich in der erwähnten Szene zeige, sei im Zusammenhang der gesamten Entfaltung des Charakters und der dramatischen Interaktion zu betrachten, innerhalb derer sie zum partikulären Element werde. Die Interpretation müsse hier einen Mittelweg zwischen der Isolierung einzelner Züge und ihrer Relativierung innerhalb einer Hermeneutik des Werkganzen suchen.

WOLF-DANIEL HARTWICH

Wolf-Daniel Hartwich

Jüdische Theosophie in Richard Wagners Parsifal:
Vom christlichen Antisemitismus zur ästhetischen Kabbala

1. »Der beste Ausdruck des jüdischen Wesens«: Kunstreligion und Kabbala

Die Beschäftigung Wagners mit dem Judentum ist von der Entwicklung seiner Ästhetik nicht zu trennen. Während die ›Kunstschriften‹ von 1848/49 einen dezidiert politischen Anspruch erheben, bringt der späte Wagner seine religiöse Weltanschauung künstlerisch und theoretisch zur Darstellung. Die Abhandlung *Religion und Kunst* von 1880 greift die frühromantische Idee auf, daß sich dem modernen Menschen das Heilige jenseits der institutionalisierten Religion durch das individuelle Gefühl und die ästhetische Erfahrung erschließen soll. Die absolute Musik wurde in besonderer Weise zum Medium des göttlichen Absoluten, wobei die Schriften Wilhelm Wackenroders und Ludwig Tiecks das Vorbild lieferten.[1] Allerdings wendet sich Wagner sowohl gegen eine religiöse Kunst, die liturgische Funktionen erfüllt und Glaubenslehren illustriert, wie gegen eine Kunstreligion, die an die Stelle des christlichen Kultes treten will und den Künstler zu ihrem Priester macht.[2] Dagegen entdeckt er eine Entsprechung zwischen dem Gedanken der göttlichen Transzendenz, wie ihn die biblische Religion zuerst ausbildete, und der ästhetischen Autonomie, wie sie die Ästhetik Kants und der Weimarer Klassik gegen die Nützlichkeitspoetiken der Aufklärung vertraten. Der Monotheismus wie der absolute Kunstbegriff entziehen sich aller weltlichen Vereinnahmung. Das autonome Kunstwerk entspricht dem biblischen Verbot der Bilderverehrung, wenn es stets auf seiner Fiktionalität beharrt. Die Religion kann dagegen zur Idolatrie werden, sobald sie buchstäblichen Glauben fordert. »Während dem Priester alles daran liegt, die religiösen Allegorien für tatsächliche Wahrheiten angesehen zu wissen, kommt es dem Künstler hierauf ganz und gar nicht an, da er offen und frei sein Werk als seine

1 Vgl. Carl Dahlhaus, *Die Idee der absoluten Musik*, Kassel 1978.

2 Zum Folgenden vgl. Wolf-Daniel Hartwich, *Religion und Kunst beim späten Wagner. Zum Verhältnis von Ästhetik, Theologie und Anthropologie in den ›Regenerationsschriften‹*, in: *Jahrbuch der deutschen Schillergesellschaft*, 40 (1996), S. 297–323.

Erfindung ausgibt.«[3] In dieser Weise unterschieden schon Schillers Briefe *Über die Ästhetische Erziehung des Menschen* zwischen dem ästhetischen Schein und dem religiösen Obskurantismus.

Wenn sich die theologische Ästhetik Wagners auch in erster Linie auf das Christentum bezieht und das Alte Testament kritisiert, weist sie doch starke Affinitäten zur jüdischen Theologie auf. So vollzog das mosaische Gesetz zuerst den religiösen Ikonoklasmus, der die Unsichtbarkeit Gottes gegen alle Verbildlichungen und Idolatrisierungen behauptete. Obwohl Wagner das Judentum als religiöse und gesellschaftliche Erscheinung bekämpft, unterscheidet sich diese Polemik vom vulgärchristlichen Judenhaß wie vom modernen politischen Antisemitismus durch ihre spezifische musikalisch-metaphysische Dimension. Wenn Wagner die Juden zu einem »Erlösungswerke«[4] der Selbstvernichtung und Wiedergeburt auffordert, geht es ihm nicht um die Eliminierung, sondern um eine Transformation des Judentums, die den Bruch mit allen bisherigen Auffassungen seiner Identität impliziert. Während der populäre Antisemitismus des 19. Jahrhunderts die Juden am Maßstab einer konfessionellen, nationalistischen oder rassistischen Ideologie ausgrenzt, stellt Wagners universelle Erlösungsidee diese Kategorien in Frage. Das ›Kunstwerk der Zukunft‹, an dessen Verwirklichung die jüdischen Anhänger Wagners entscheidenden Anteil nahmen, propagiert eine Vision des Menschen, die das Judentum wie alle anderen kollektiven Selbstverständnisse transzendiert. Die Erlösung des Judentums durch Wagners Kunst soll die Emanzipation der Juden überbieten, die nicht zu ihrer gesellschaftlichen Akzeptanz geführt habe. Das Gesamtkunstwerk strebt eine ästhetisch-religiöse Versöhnung der modernen Welt an, die sich im 19. Jahrhundert zum Kampf der Staaten, Klassen und Kulturen rüstete. Die Juden sollen vom Judentum, die Christen vom Antisemitismus, die Rassen vom Kampf ums Dasein und das Göttliche vom religiösen Dogma erlöst werden. Die Kehrseite dieser totalen Integration des Judentums bildet allerdings Wagners brutale Polemik gegen die jüdischen Kritiker seines Werkes.

Der transformatorische Antisemitismus Wagners zeigt sich in seiner eigenwilligen Rezeption und Interpretation jüdischer Themen wie etwa im Falle von Jacques Fromental Halévys Oper *La Juive*. Cosima Wagner trägt am 27. Juni 1882 in ihr Tagebuch ein: »Bei Tisch hebt er die Schönheiten in der ›Jüdin‹ hervor, das Passahfest, die letzten Chöre, auch den lebendigen ersten Akt und sagt, daß darin der beste Ausdruck des jüdischen Wesens sei.«[5] Diese Äußerung widerspricht nur auf den ersten Blick der Verachtung Wagners für den synagogalen Gottesdienst, die seine Kampfschrift *Das Judentum in der Musik* zum Ausdruck bringt. So meinte Wagner am 18. Januar 1880, daß Halévys Werk »gar nicht jüdisch« sei, »auch nicht in seiner

---

3 Richard Wagner, *Gesammelte Schriften*, hrsg. von Julius Kapp, Leipzig o. J., Bd. 14, S. 130.

4 Richard Wagner, *Das Judentum in der Musik*, ebd., S. 29.

5 Cosima Wagner, *Die Tagebücher*, hrsg. von Martin Gregor-Dellin und Dietrich Mack, 2. Auflage, München 1984, Bd. 4, S. 970.

Tendenz, nur richtig gezeichnet«. Diese Sichtweise gleicht Wagners Kritik an der christlichen Kunst, die nur eine Dogmatik bebildert und den Kult ausschmückt. Und in der Tat weist die Passah-Szene in Halévys Oper keine Verbindung zur synagogalen Musik auf, sondern gestaltet das jüdische Ritual, das den Exodus aus Ägypten vergegenwärtigt, zum kultischen »Mysterium« im Sinne des katholischen Meßopfers um. Daher konnte das Werk in der zeitgenössischen deutschen Kritik als Ausdruck der romantischen Kunstreligion wahrgenommen werden. Als Beispiel sei die 1837 erschienene Abhandlung *Spohr und Halévy und die neueste Kirchen- und Opernmusik* von Johann Jacob Heinrich Ebers genannt. Obwohl sich der Autor zum christlichen Glauben bekennt, zieht er die Gestaltung des Judentums bei Halévy in ästhetischer, aber auch religiöser Hinsicht Spohrs Vertonung der christlichen Heilslehre vor. »Halévy ist die Verherrlichung des Judentums weitaus besser gelungen, d. h. nicht vor unserer christlichen Ansicht; aber vollkommen in der von ihm aufgefaßten nicht christlichen«.[6] Die musikalisch-dramatische Konzeption der *Jüdin* soll eine Idee der Transzendenz vermitteln, die als Ausdruck jüdischer Religiosität erkennbar, aber zugleich über die religiösen Grenzen hinaus kommunizierbar ist. Wenn Ebers die Oper Halévys als »Apotheose eines gewaltigen, alles irdische vernichtenden Glaubens« ansieht, verweist diese Formulierung auf eine Ästhetik des Erhabenen, wie sie Robert Lowth und Johann Gottfried Herder im Alten Testament entdeckten.[7] Gerade weil Halévy nicht in einem religiösen Sinne ›jüdisch‹ schreibt, konnte er für Wagner das Judentum in einer ästhetischen Form ausdrücken, die auch christlich zu rezipieren war.

Zur selben Zeit wie Wagners positive Äußerungen über Halévy belegen Cosimas Tagebücher, daß sich der Komponist intensiv mit den Lehren der Kabbala beschäftigte und sie zur Vorbereitung auf die religiöse Thematik des *Parsifal* heranzog. Die christliche Beschäftigung mit der Kabbala hat eine lange Tradition, die in der Romantik kulminiert. Diese Rezeptionsgeschichte spiegelt die Faszination gerade der Neuzeit durch das Geheimnis, das sie intellektuell auflösen oder als erhaben genießen konnte. So suchte die aufgeklärte Vernunft auch im Judentum nach Mysterien, wobei dessen mystische Theologie besonderes Interesse fand. Die Kabbala entstand im 13. Jahrhundert als Reaktion auf die Gesetzesreligion der Talmudisten und die rationalistische Bibelauslegung des Maimonides.[8] Die Kabbalisten verstanden sich als Träger der alten, ursprünglichen und wahren Tradition des Judentums, die sie durch ihre spekulative Deutung der heiligen Schrift belegen wollten. Das göttliche Wesen und die Heilsgeschichte wurden dabei in einer umfangreichen Theosophie

6 Johann Jacob Ebers, *Spohr und Halévy und die neueste Kirchen- und Opernmusik*, Breslau 1837; Nachdruck: *Die Jüdin (La Juive). Oper in fünf Akten von Eugene Scribe / Fromental Halévy*, hrsg. von Claire Laich-Galland, Saarbrücken 1989, S. XVI.

7 Vgl. Wolf-Daniel Hartwich, *›Die Sendung Moses‹. Von der Aufklärung bis Thomas Mann*, München 1997, S. 81–94.

8 Zur aktuellen Forschung vgl. Moshe Idel, *Kabbala: New Perspectives*, Yale 1988.

und Mythologie geradezu neu erfunden. Während die Kabbala von der jüdischen Aufklärung bekämpft wurde, fand sie in der neuzeitlich-christlichen Kultur begeisterte Aufnahme. Andreas Kilcher hat in seiner umfangreichen Monographie *Die Sprachtheorie der Kabbala als ästhetisches Paradigma* (Stuttgart 1998) gezeigt, wie barocke Jesuiten, aufklärerische Freimaurer und romantische Literaten eine ästhetische Kabbala konstruierten. Weil die kabbalistische Hermeneutik geheime Strukturen von Text und Welt zu erschließen beanspruchte, konnte sie bei Autoren wie F. Schlegel, Novalis, E.T.A. Hoffmann, Arnim, Brentano, Creuzer und Görres zum Modell einer Universalpoesie werden, die sich in Wagners Gesamtkunstwerk fortsetzt.

Wagner schöpfte seine Kenntnisse der jüdischen Geheimlehre aus den Werken des Theologen und Historikers August Friedrich Gfrörer. Die Arbeiten Gfrörers wurden als Vorwegnahme der revolutionären Forschungen von David Friedrich Strauß gefeiert, der den historischen Charakter der Evangelien bestritt und die christliche Dogmatik als bloße Mythologie abtat. Während aber Strauß das traditionelle Christentum durch seine idealistische Religionsphilosophie überbieten wollte, fügt Gfrörer das Neue Testament in die jüdische Religionsgeschichte ein. Die Abhandlungen Gfrörers über das Urchristentum stehen in der humanistischen Tradition eines christlichen Philosemitismus. Während der christliche Antisemitismus den Bruch zwischen Altem und Neuem Testament betont und die Juden als Feinde Christi attackiert, wird hier das Judentum als Vorläufer des christlichen Glaubens gesehen. Weil Jesus und die alttestamentlichen Propheten dem Judentum angehörten, sollen die Christen auch in ihrem Alltag die Juden achten. So wendet sich Gfrörer gegen die diskriminierende Gesetzgebung der Restaurationszeit, in der die »Juden als weiße Neger« behandelt würden.[9]

In den Geheimlehren des antiken Judentums entdeckte Gfrörer die Verbindung zwischen Altem und Neuem Testament. Die jüdische Mystik bildete religiöse Vorstellungen aus, die gegenüber dem biblischen Kanon neu waren und vom Christentum aufgenommen wurden. Als die beiden historischen Ursprünge der Kabbala sieht Gfrörer das hellenistische Judentum und den Pharisäismus an. Die griechischsprachigen Juden wollten das mosaische Gesetz mit der paganen Bildung versöhnen. Der Universalgelehrte Philo von Alexandrien entwickelte ein allegorisches Auslegungsverfahren, mit dem er das mosaische Gesetz auf die Lehren der griechischen Philosophen und Mysterienkulte hin deuten konnte. Die Pharisäer wollten sich dagegen auf den exklusiven Charakter des jüdischen Gesetzes zurückbesinnen. Diese Sekte entwickelte eine mündliche Auslegungstradition, die Gott seinem Propheten Moses im Geheimen mitgeteilt haben soll und die im Talmud gesammelt wurde. Das orthodoxe rabbinische Judentum stützt sich auf die pharisäische Überlieferung. Nach Gfrörer nahm der Talmud aber auch Elemente der hellenistischen Spekulation auf, die von der hebräischen Mystik entfaltet wurden und in das kabbalistische Hauptwerk des Sohar eingingen. Als einer der ersten erkannte Gfrörer die große theologische Bedeutung der Targum ge-

9 August Friedrich Gfrörer, *Geschichte des Urchristenthums*, Stuttgart 1838, I. Abteilung, S. XXVII.

nannten aramäischen Bibelübersetzungen. Während die heterodoxen jüdischen Vorstellungen die urchristliche Theologie prägten, wurden sie durch die Entstehung der katholischen Staatskirche immer mehr in den Untergrund gedrängt. In besonders hellsichtiger Weise entdeckte Gfrörer dabei die jüdischen Motive innerhalb der häretischen Bewegung des Gnostizismus. Das hellenistische Judentum und seine religionsgeschichtliche Wirkung behandelte Gfrörer im ersten Teil seiner *Kritischen Geschichte des Urchristentums* von 1831 (2. Auflage von 1835), der den Titel *Philo und die jüdisch-alexandrinische Theosophie* trägt und noch heute als bahnbrechende Forschungsleistung gilt. Im ersten Band seiner *Geschichte des Urchristentums* von 1838 behandelte Gfrörer die hebräisch-aramäische Tradition, nachdem er sich bei jüdischen Gelehrten über Sprache und Literatur kundig gemacht hatte.

Die Tagebücher Cosimas belegen, daß Wagner beide Werke eingehend studiert hat. Auch wird die jüdische Theologie wird immer wieder zum Gesprächsgegenstand des Ehepaares. An die Stelle der im Hause Wagner üblichen herablassend süffisanten Reaktion auf jüdische Themen treten hier ernsthaftes Interesse und sogar Sympathie. So äußert sich Cosima noch am 29. Januar 1875 nach der Lektüre von Lessings Drama *Nathan der Weise* abschätzig über die jüdische Frömmigkeit: »Die Wahrheit wie eine Münze ausgezahlt, im Monolog des Nathan, erinnert an das Geschäftsmäßige, mit welchem die Juden ihr Verhältnis zu Gott auffaßten.«[10] Dagegen konnte sie bereits zwei Tage später aus Gfrörers Werken einen dem antisemitischen Klischee des jüdischen Materialismus entgegengesetzten Eindruck gewinnen. »Abends das ›Urchristentum‹ von Gfrörer, worunter der eine Ausspruch der Juden, ›ein gutes Auge, einen demütigen Geist und eine begierdelose Seele soll man sich erbitten‹, sich mir sehr einprägt.«

Im Folgenden soll die große Bedeutung Gfrörers und der jüdischen Theosophie für das Spätwerk Wagners gezeigt werden. Die jüdische Mystik wird von Wagner in eine christliche Theologie transformiert, die sein Werk ästhetisch umsetzt. Andererseits liest Wagner das Neue Testament in jüdischer Perspektive und bringt kabbalistische Denkmodelle in seine religiöse Ästhetik ein. Das Verhältnis zwischen Wagners *Parsifal* und den jüdischen Quellen stellt sich allerdings nicht als einfache Abhängigkeit dar. Den Grundriß des Stücks enthält ein Prosa-Entwurf aus Wagners Tagebuch vom 27. bis 29. August 1865 noch unter dem Titel »Parzival«. Diese Konzeption beruht in erster Linie auf dem Epos Wolframs von Eschenbach sowie den anderen Gralsüberlieferungen des christlichen Mittelalters, wie sie Wagner aus der romantischen Germanistik und Mythologie entnehmen konnte. Gleichwohl setzt der Autor bereits hier eigenwillige theologische Akzente, und der Vergleich des Entwurfs mit dem endgültigen Text zeigt nochmals zahlreiche Umdeutungen. In diesem Zusammenhang sollen besonders die Gralsgemeinschaft und ihr Kult, die mythische Konzeption von Schuld und Erlösung mit ihren biblisch-typologischen Konfigurationen

10 Cosima Wagner, *Tagebücher*, Bd. 2, S. 892.

sowie die Gestalt Kundrys und ihre Seelengeschichte betrachtet werden. Diese Themen wurden gegenüber dem Entwurf neu angelegt, vertieft oder modifiziert, wobei sich Annäherungen an kabbalistische Vorstellungen wahrscheinlich machen lassen. Dabei nützt Wagner diese teilweise wörtlich zitierten Modelle in erster Linie dazu, seine eigentümlichen religiösen Ideen zu explizieren. Die mythische Weltsicht Wagners weist aber schon vor seiner Beschäftigung mit den Werken Gfrörers deutliche Affinitäten zu den kabbalistisch-gnostischen Mythen auf. Diese Entsprechungen können sich zum Teil aus früheren religions- und kirchengeschichtlichen Studien Wagners erklären. Die Ausbildung analoger Vorstellungen ist aber auch innerhalb unabhängiger religiöser Systeme denkbar, die von ähnlichen Voraussetzungen und Einflüssen bestimmt wurden. Die vergleichende Religionswissenschaft betont diese Möglichkeit gerade in den Bereichen von Frühjudentum, Urchristentum und Gnostizismus.[11]

Wie die jüdischen Gnostiker deutet auch Wagner die historisch-konkreten Vorstellungen der biblischen Religion im Sinne des spirituellen Erlösungsglauben der orientalischen Mysterienkulte und fernöstlichen Glaubenslehren.[12] Die biblische Geschichte wird als Allegorie der Befreiung des menschlichen Geistes von der materiellen Welt gelesen, die in der mystischen Erfahrung Wirklichkeit wird. In *Religion und Kunst* übernimmt die absolute Musik die hermeneutische Funktion des gnostischen Mythos. »In diesem Sinne ist nun [...] anzuerkennen, daß die Musik das eigenste Wesen der christlichen Religion mit unvergleichlicher Bestimmtheit offenbart [...]: denn als reine Form eines gänzlich vom Begriff losgelösten göttlichen Gehaltes, darf sie uns als eine welterlösende Geburt des göttlichen Dogmas von der Nichtigkeit der Erscheinungswelt selbst gelten.«[13] Wagner hat schon kabbalistisch gedacht und geschrieben, noch bevor er die Kabbala kannte. Die Begegnung mit Gfrörers Schriften lieferte ihm schließlich einen systematischen Entwurf, in den er seine religiösen Vorstellungen eintragen konnte. Die vorangehenden mythologisch-christologischen Konstruktionen des *Parsifal* wurden dabei nicht beseitigt, sondern durch neue Sinnhorizonte angereichert, wie es der Entwicklung einer synkretistischen Glaubensform entspricht. Der mythisch-narrative und performativ-rituelle Charakter der jüdischen Theologie entsprach dabei möglicherweise dem ästhetischen Kalkül des Autors mehr als die von ihm ebenfalls in Betracht gezogene buddhistische Legende, die eher moralisch-didaktische Zwecke verfolgt. Das jüdische Element in Wagners Weltabschiedswerk würde der Auffassung widersprechen, daß der Komponist hier ein arisches Christentum vertritt, wie es die Autoren des ›Bayreuther Kreises‹ behaupteten und auch zahlreiche neuere Forschungen kritisch bemerkten.

---

11 Vgl. die methodischen Bemerkungen zur »Konvergenz« religiöser Vorstellungen in Klaus Berger und Carsten Colpe, *Religionsgeschichtliches Textbuch zum Neuen Testament*, Göttingen 1987, S. 23.

12 Vgl. Jacob Taubes, *Der dogmatische Mythos der Gnosis*, in: *Terror und Spiel. Probleme der Mythenrezeption*, hrsg. von Manfred Fuhrmann, München 1971, S. 145–156.

13 Richard Wagner, *Gesammelte Schriften*, Bd. 14, S. 141.

2. Vegetarische Liebesmahle: Gralsritter und jüdische Mysterienkulte

In der Gralsritterschaft des *Parsifal*, die auf Keuschheit und Gehorsam eingeschworen ist, inszeniert Wagner seinen religiösen Gemeinschaftsgedanken. Das christliche und buddhistische Mönchtum sowie die mittelalterlichen Ritterorden mögen Wagner hier angeregt haben. Die meisten Züge der Gralsgemeinde finden sich aber schon bei den jüdischen Therapeuten, von denen Philo berichtet und die Gfrörer als wichtige Vertreter der hellenistisch-jüdischen Geheimlehre ansieht. Nach Gfrörer übertrugen die alexandrinischen Therapeuten das asketische Lebensideal der pythagoräischen Philosophengemeinschaft auf das Judentum. Die Therapeuten verließen Familie und Besitz, um sich allein ihren religiösen Studien zu widmen.

In dieser Sekte wird das Judentum als rein geistige Lebensform verstanden, die durch Vegetarismus und sexuelle Askese bestimmt ist und so Wagners Vorstellung des Christentums entspricht. »Höchste Tugend ist ihnen die Enkrateia, oder die Entfernung vom Fleische. Darum enthalten sie sich so viel als möglich der Speisen und genießen nur die einfachsten. Fleisch verabscheuen sie, nur Pflanzenkost ist erlaubt; darum fliehen sie die Ehe und jede Lust. Neben der Enthaltsamkeit wird, wie es sich von solchen Mystikern erwarten läßt, die göttliche Liebe, eros ouranios, gepriesen.«[14] Am jüdischen Wochenfest hielten die Anhänger der Sekte eine gemeinsame heilige Mahlzeit, die starke Entsprechungen zur ersten Gralszene des *Parsifal* aufweist. Die religiöse Feier bestand aus einem Sättigungsmahl, zu dem Brot und Wasser gereicht wurde, sowie der Kommunion mit Brot, Salz und Ysop.

Im »Parzival«-Entwurf interpretiert Wagner das »Heiligtum« des Gral als einen naturmagischen Gegenstand, wie ihn Jacob Grimms *Deutsche Mythologie* (Kapitel XXVIII) als »wuenschelding« beschreibt. Anders als in der jüdisch-christlichen Tradition wird das Heilige in der germanischen Stammesreligion als innerweltliche Größe vorgestellt, die den Menschen durch einen wunderbaren Überfluß positiver Güter beschenkt. Die Wirkung des Heiligen ist dabei von der persönlichen Würdigkeit der Empfänger abhängig, die sich ihm mit der gebotenen Ehrerbietung nähern müssen. Ansonsten kann sich das Heil in Unheil verkehren. Der christliche Reliquienkult setzt den Volksglauben an eine mit numinosen Energien geladene Materie fort. So stellt Jacob Grimm den Gral, der seinen Rittern Nahrung, Heldenkräfte und ewiges Leben spendet, in eine Reihe mit dem ›Tischlein deck‹ dich' des Märchens.[15]

Auch Wagners Entwurf von 1865 läßt den Gral die nährenden Elemente des Abendmahles auf wunderbare Weise hervorbringen. »Dämmerung legt sich über den

14 August Friedrich Gfrörer, *Kritische Geschichte des Urchristenthums*, 2. Auflage, Stuttgart 1835, I. Teil/ 2. Abteilung, S. 299.

15 »Ein wunderbecher war [...] der berühmte Gral [...] nährend und heilkräftig, den die romanische sage mit christlicher verband, wie des Longinus speer und die blutende lanze an einen heidnischen wunschspeer mahnt«, Jacob Grimm, *Deutsche Mythologie*, hrsg. von E. H. Meyer, Berlin 1875–78, Bd. 2, S. 727.

ganzen Saal: nur der Gral leuchtet hell. Als es wieder hell wird, sind die Tische mit Wein und Brot versehen«.[16] Im endgültigen Text wird das Speisungswunder durch einen detaillierten rituellen Vollzug ersetzt, der den vorgegebenen Nahrungsmitteln eine sprirituelle Bedeutung verleiht. Wie in der therapeutischen Liturgie werden das Sättigungsmahl und die Kommunion als die beiden Teile der kultischen Mahlzeit unterschieden, die sich nur in ihrer performativen Bedeutung unterscheiden. Nachdem Amfortas den Gral enthüllt und erhoben hat, schwenkt er »ihn sanft nach allen Seiten, worauf er damit Brot und Wein segnet«. Daraufhin verteilen »die vier Knaben [...] aus den zwei Krügen und Körben Wein und Brot«. Auf diese Speisung folgt in der Regieanweisung eine spezielle heilige Mahlzeit mit den gleichen Elementen. »Die vier Knaben, nachdem sie den Schrein verschlossen, nehmen nun die zwei Weinkrüge sowie die zwei Brodkörbe, welche Amfortas zuvor, durch das Schwenken des Gralskelches gesegnet hatte, von dem Altartische, verteilen das Brod an die Ritter und füllen die stehenden Becher mit Wein.«

Aber nicht nur die szenische, sondern auch die musikalische Gestaltung des Abendmahles im *Parsifal* ist durch die jüdischen Mysterienkulte inspiriert. Der Kult der Therapeuten vollzieht sich musikalisch in der Form eines Doppelchores, wobei die männlichen und weiblichen Mitglieder des Ordens alterieren. »Sofort stimmen sie Hymnen an [...], bald zusammen singend, bald sich im Wechselgesang ablösend. Nachdem jedes der Chöre für sich zur Genüge gesungen, so mischen sich Männer und Weiber, wie bei bacchantischen Festen, trunken in göttlicher Liebe durch einander und werden ein Chor aus zweien.«[17] Auch die Gralsszenen des *Parsifal* werden musikalisch durch die alterierenden Chöre geprägt, die sowohl die kultische Gemeinschaft wie die göttliche Offenbarung repäsentieren. Diese Darstellungsweise findet sich bereits in Wagners mehrchöriger Komposition *Das Liebesmahl der Apostel*, die Gemeindegesang und Himmelsstimmen gegenüberstellt. Auch im »Parzival«-Entwurf antworten sich tiefe Männerstimmen, höhere Stimmen und Knabenstimmen. Die endgültige Fassung des Stücks erweitert die chorische Seite der Gralsszenen um zwei Elemente, die Philos Bericht über die Therapeuten entsprechen. So gipfelt die erste Gralsszene in der emphatischen Parole: »selig in Liebe« (V. 451f.) und bringt so die hellenistisch-jüdische Vorstellung des platonischen Eros ein, der sich musikalisch vollzieht. Am Schluß des Stücks vereinigen sich alle Stimmen und geben dem Heilsgeschehen so einen harmonischen Ausdruck.

Auf einen anderen wichtigen Ritus der Therapeuten bezieht sich Wagners *Parsifal* gleich in der ersten Szene, die gegenüber dem Entwurf neu ist. Da die Therapeuten die Sonne als Symbol Gottes verehrten, hielten sie es für unwürdig, bei Tageslicht zu schlafen. »Wenn die Sonne emporsteigt, flehen sie um wahrhaft guten Tag, näm-

16 Richard Wagner, *Das Braune Buch. Tagebuchaufzeichnungen 1865 bis 1882*, hrsg. von Joachim Bergfeld, München 1988, S. 61.

17 August Friedrich Gfrörer, *Kritische Geschichte*, I/2, S. 291.

lich daß das himmlische Licht in ihren Seelen aufgehe.«[18] So mahnt Gurnemanz die Knaben: »Schlafhüter mitsammen, – so wacht doch mindest am Morgen« (V. 2f.), bevor er mit ihnen das Morgengebet verrichtet.

Ein letztes Beispiel aus dem rituellen Bereich soll zeigen, wie Wagners theoretische Schriften mit dem Einfluß Gfrörers umgehen. In *Religion und Kunst* macht Wagner den Übergang von der Pflanzen- zur Fleischesnahrung für die Degeneration der Menschheit verantwortlich und kommt in diesem Zusammenhang auf das Abendmahlsmotiv zurück. »Ein Mysterium hüllte Pythagoras ein, den Lehrer der Pflanzennahrung. Stille Genossenschaften gründeten sich, welche verborgen vor der Welt und ihrem Wüten diese Lehre als ein religiöses Reinigungsmittel von Sünde und Elend ausübten. Unter den Ärmsten und von der Welt Abgelegensten erschien der Heiland, den Weg der Erlösung nicht mehr durch Lehren, sondern durch das Beispiel zu weisen: sein eigenes Blut und Fleisch gab er, als letztes höchstes Sühnungsopfer für alles sündhaft vergossene Blut und geschlachtete Fleisch dahin, und reichte dafür seinen Jüngern Wein und Brot zum täglichen Mahle.«[19] Die Passage ist charakteristisch für Wagners Verschränkung religionsgeschichtlicher Modelle, theologischer Konzepte und weltanschaulicher Programme. Das christliche Abendmahles erscheint zugleich als Derivat der antiken Mysterienkulte, christologischer Erfüllung der antiken Philosophie und Rückprojektion des Vegetarismus. Auf der ideologischen Ebene der Schrift wird das jüdische Gesetz, das den Fleischgenuß gestattet und Tieropfer anordnet, als negative Folie für das vegetarische Urchristentum verwendet. Wenn man den Text jedoch vor dem Hintergrund der Forschungen Gfrörers liest, erscheint die historische und theologische Bedeutung des Judentums für Wagners Christologie in einem positiveren Licht. Nach Gfrörer wurde die Geheimlehre der Therapeuten von den Essäern nach Palästina verpflanzt. »Die Essäer ehrten den Tempel in Jerusalem [...]; aber sie brachten die dort gewöhnlichen Opfer, welche der Natur der Sache nach in Thieren bestehen, nicht dar, weil sie ihre unblutigen Reinigungen [...] für besser hielten«.[20] Wagners Ausführungen über das Abendmahl erwähnen das Judentum nicht direkt, verweisen aber motivisch auf diesen Zusammenhang. Die »stillen Genossenschaften« der Therapeuten und Essäer mußten die pythagoräische Lehre aus Griechenland in das Umfeld Jesus vermitteln. Wenn Jesus dabei sein Martyrium als »Sühnungsopfer«, das heißt als kultische Reinigung, begreifen konnte, setzt er eine spiritualistische Deutung des alttestamentlichen Gottesdienstes voraus, wie sie die jüdische Theosophie vollzogen hat. An dieser Stelle mußte Wagner zwischen der Schlüssigkeit seines Arguments und seiner Abneigung dagegen, einen jüdischen Einfluß einzugestehen, abwägen. Und er entschied sich wie so oft für die Verheimlichung.

18 Ebd., S. 284.
19 Richard Wagner, *Gesammelte Schriften*, Bd.14, S.149.
20 August Friedrich Gfrörer, *Kritische Geschichte*, I/2, S. 309.

3. Erlösung durch Sünde: Der kabbalistische Mythos in Wagners PARSIFAL

Der Einfluß des esoterischen Judentums prägt über diese äußerlichen Entsprechungen hinaus das Gottesbild des späten Wagner. Als sich Gurnemanz mit Parsifal dem Heiligtum nähert, bemerkt dieser: »Ich schreite kaum, – / Doch wähn ich mich schon weit« (V. 323f.). Der Gralsritter antwortet mit dem berühmten Satz »Du siehst mein Sohn, / Zum Raum wird hier die Zeit« (V. 325f.) und zitiert damit Philos Definition der Gottheit als absoluter Raum, welcher der geschaffenen Zeit vorausgeht.[21] Auch die »alten Rabbinen nannten ihn [Gott] den Ort«.[22] Der Sohar schließlich stellt »ihn dar als einen Zirkel, dessen Mittelpunkt überall und dessen Umkreis nirgendwo ist«.[23] Die kabbalistische Vorstellung eines Raumes, der »zugleich [...] Centrum und Peripherie« eines unendlichen Radius bildet, macht die von Parsifal erfahrene Relativierung der Entfernungen verständlich. Der Entwurf von 1865 beschreibt nur die diffuse Wahrnehmung, die er im Stück als Frage artikulieren wird: »Parzival, dem kaum scheint, als schreite er, folgt in Betäubung.«[24] Wenn Wagner hier das theologische Problem aufwirft, wie das zugleich transzendent und präsent gedachte Heilige in der menschlichen Erfahrung ermessen werden kann, findet die Verwandlungsszene des *Parsifal* die Lösung in der jüdischen Theosophie.

Der Entwurf deutet bereits eine musikalische Gestaltung der Szene an. Parzival »vernimmt wunderbare Klänge. Lang gehaltene u. anschwellende Posaunentöne, denen aus weiter Ferne ein sanftes Geläute wie von Krystallglocken antwortet.« Das religiös Erhabene evoziert der Text in relativ unspezifischer Weise, wenn sowohl die Zeichen mit der Schelle aus dem römischen Hochamt wie die Freimaurerakkorde aus Mozarts *Zauberflöte* angespielt werden. Die endgültige Verwandlungsmusik verzichtet dagegen auf die traditionellen christlichen Riten wie ihre modernen Surrogate, indem sie allein durch die repetitiven rhythmischen Muster der Glocken die Aufhebung der teleologischen Struktur von Bewegung und Zeit zum Ausdruck bringt. Der Komponist antwortet auf die Gottesvorstellung der jüdischen Mystik, deren Offenbarung die Kategorien der menschlichen Wahrnehmung sprengt, mit einer musikalischen Abstraktion jenseits aller Kult- und Kunstreligion.

Die jüdische Theosophie wollte den streng jenseitigen Gottesgedanken aber nicht nur mathematisch konstruieren, sondern auch ästhetisch konkretisieren. Aus dem Neuplatonismus übernahm Philo die Emanationslehre, die das Reich der Ideen stufenweise in die materielle Welt eingehen läßt. Die wichtigste Mittlerfigur ist der Logos, hebräisch memra, den Philo auch Sohn Gottes nennt und so die Christologie vorwegnimmt. Nach Philo zeigt sich die Gottheit wie bei den Therapeuten in Gestalt

21 Vgl. August Friedrich Gfrörer, *Kritische Geschichte*, I/1, S. 22 und 24.

22 August Friedrich Gfrörer, *Geschichte*, I, S. 291.

23 Ebd., S.297.

24 Richard Wagner, *Das Braune Buch*, S. 60.

des immateriellen Lichts, wofür er die biblischen Vorstellungen des brennenden Dornbuschs, der Feuersäule und der Herrlichkeit Gottes, hebräisch: schechina, anführt. Die hebräische Mystik erzählt die philosophische Emanationslehre als mythologisches Drama der Urwelten, das vom sogenannten ›Bruch der Gefäße‹ handelt. »Vor der Erschaffung der jetzigen Welt wollte Gott mehrere andere bilden, indem er sein heiliges Urlicht auf die Materie einströmen ließ, aber sie nahm dasselbe nicht auf, weshalb der begonnene Weltbau in Nichts zerrann. [...] Die untergegangenen Welten heißen sieben Könige Edoms. Denn Edom ist der mystische Name des bösen Urwesens, oder der Materie. Erst als der höchste sich selbst in Gestalt des göttlichen Mannweibs offenbarte, saugte die Materie das Licht ein und die Welt erhielt festen Bestand.«[25] Gfrörer erkennt hier eine jüdische Trinitätslehre. Der Vatergott wird durch das weibliche Prinzip des Geistes ergänzt und aus der Verbindung beider geht der zweigeschlechtliche Erlöser hervor, der das ideale Urbild der Menschheit darstellt. Durch den Sündenfall verliert der Urmensch, adam kadmon, die göttliche Androgynie und gehört nun der materiellen Wirklichkeit an. Erst die eschatologische Versöhnung mit Gott wird den Menschen von der irdischen Last des Geschlechts befreien. Der Tagebucheintrag Cosimas vom 6. Januar 1875 belegt, daß Wagner von dieser Vorstellung fasziniert war und sie im Sinne der Philosophie Schopenhauers interpretierte. »R. teilt mir immer viel aus dem Buche Gfrörer's mit, welches ihn unendlich interessiert; z. B. unter anderm die Definition der Dreieinigkeit, welche kurz vor Christus' Geburt aufgestellt worden war – Gott, der Vater, männlich; der h. Geist weiblich; der Heiland die Welt daraus entstanden; Wille, Welt, Vorstellung, die Trennung der Geschlechter als Entstehung der Welt«.[26]

Im *Parsifal* begegnet der kabbalistische Mythos, wenn die Gralsritter den Heiland dafür preisen, daß »den sündigen Welten mit tausend Schmerzen [...] einst sein Blut geflossen« (V. 338–340) ist. Im Gegensatz zum christlichen Dogma der ›creatio ex nihilo‹ deutet Wagner hier eine Kosmologie der Vorwelt an. Diese Vorstellung bildet eine Erweiterung gegenüber dem Entwurf. In der kabbalistischen Vorstellung muß das geistig Göttliche selbst in den Zustand der sündigen Materie eingehen, um mit der erlösungsbedürftigen Welt in Berührung zu kommen. Bei Wagner wird das Blut Christi in dem mythischen Gefäß des Grals zur göttliche Emanation, die den göttlichen Logos in der gefallenen Welt präsent macht. Die Eschatologie der Kabbala erwartet die Befreiung des Heiligen aus der Materie, die Versöhnung Gott mit seinem eigenen, ihm entfremdeten Wesen und die Wiederherstellung der uranfänglichen Herrlichkeit, die nun auf die ganze Schöpfung übergeht.

Die Geschichte des jüdischen Gottesvolkes vollzieht das innergöttliche Drama mit, wenn es von Jahwe abfällt, ins heidnische Exil ziehen muß und am Ende der Zeiten ins gelobte Land zurückgeführt wird. Die Geschichte der Gralsgemeinschaft und

---

25 August Friedrich Gfrörer, *Geschichte*, II, S. 5.
26 Cosima Wagner, *Tagebücher*, Bd. 2, S. 886.

die Bestimmung Parsifals, der den Orden erneuert, läßt sich auf diese heilsgeschichtlichen Konstruktionen des esoterischen Judentums beziehen. Die jüdische Theosophie läßt nicht nur Emanationssysteme und mythologische Wesen zwischen Gott und Welt vermitteln, sondern auch die biblischen Propheten. Als die wichtigste Mittlergestalt erscheint der jüdische Gesetzgeber Mose, der schon bei Philo übermenschliche Züge erhält. Von besonderer Bedeutung ist wiederum die sexuelle Enthaltsamkeit, die dem biblischen Heros als neues religiöses Ideal zugeschrieben wird. Im Targum heißt es etwa: »Mose soll, seit er auf dem Berge stand, keinen Umgang mehr mit seinem Weibe gehabt haben.«[27] Die Gesetzgebung am Sinai wird in die Emanationslehre einbezogen und entwickelt sich so zum komplizierten Kommunikationsgeschehen. »Das Gesetz wurde durch die Engel zusammengestellt und geordnet und durch einen Mittler [Moses] den Israeliten übergeben. [...] Die Aufstellung eines Mittlers wird da zur Notwendigkeit, wo Viele mit Vielen zu unterhandeln haben, wie hier viele Engel [...] mit dem ganzen israelitischen Volke, welches ebenfalls eine große Mehrheit ist.«[28] Die Mittlerfunktion Moses wird in Wagners *Parsifal* auf den ersten Gralskönig Titurel übertragen: »Ihm neigten sich in heilig ernster Nacht / Dereinst des Heilands sel'ge Boten: / Der daraus trank beim letzten Abendmahle, / Das Weihgefäß, die heilig edle Schale, / Darein am Kreuz sein göttlich Blut auch floß, / Dazu den Lanzenspeer, der dies vergoß, – / Der Zeugengüter höchstes Wundergut / Das gaben sie in unsres Königs Hut« (V. 167–173). Der Ritterorden, der sich auf »Gralsgebote« (V. 62) gründet, übernimmt dabei die Rolle des biblischen Gottesvolkes. Nach dem Talmud wurde Mose am Ende seines Lebens von Gott entrückt: »er stehet und dienet vor Gott« und »sieht nun Gott den Herrn«.[29] Alle diese Züge der mystischen Mosesüberlieferung finden sich in der Gralsszene des dritten Aktes, wenn Amfortas seinen Vater Titurel anruft: »Du Reiner, dem einst die Engel sich neigten: [...]. Oh der du jetzt in göttlichem Glanz / Den Erlöser selbst erschaust« (V. 1205/1208f.). Die Vermittlung des Grals durch die Engel wie die Überhöhung der Titurelgestalt fehlen in Wagners Entwurf von 1865 noch gänzlich.

Die tragische Verstrickung der reinen Gralsritterschaft in die Sünde konnte Wagner ebenfalls mit der esoterischen Mosestradition verknüpfen. Der jüdische Gesetzgeber erhält hier einen Gegenspieler in Gestalt des heidnischen Propheten Bileam, der die Erwählung Israels erkannte, aber zum Feind Moses und der Juden wurde. Im Targum hält der Hohepriester Pinehas dem falschen Propheten vor: »da gabst du dem Könige Balak den bösen Rath, die Töchter seines Volkes an den Weg zu stellen, damit sie unsere Jünglinge zur Unzucht verführten.«[30] Die sexuelle Vereinigung mit den heidnischen Frauen wird dabei als Abfall von Gott verstanden. Die von Cosima zitierte Passage aus dem Talmud, die Abraham als Vorbild der Gerechten schildert,

27 August Friedrich Gfrörer, *Geschichte*, I, S. 218.
28 Ebd., S. 228f.
29 August Friedrich Gfrörer, *Geschichte*, II, S. 375.
30 Ebd., S. 404.

setzt sich in einer Beschreibung »der Schüler Bileams« fort, die ein »böses Auge, ein stolzer Geist, eine wollüstige Seele« kennzeichnet.[31] Die Stelle konnte Wagner wegen ihrer Entsprechungen zur Figur des Zauberers Klingsor interessieren, den er im »Parzival«-Entwurf zum Gegenspieler der Gralsgemeinschaft aufbaut. »Man vermuthet Klingsor sei derselbe, der einst als Einsiedler fromm jene jetzt so veränderte Gegend bewohnte: – es heißt, er habe jedoch sich selbst verstümmelt, um die sinnliche Sehnsucht in sich zu ertödten [...]. Von der Gralsritterschaft, der er sich anschließen wollte, sei er durch Titurel zurückgewiesen geworden. [...] Niemand weiß hiervon Genaues. Nur ist sicher, dass seit Anfortas Zeiten man plötzlich von jenem Zauberschloß gehört hat, und dass die Gralsritter häufig gewarnt wurden, nicht in die Schlingen zu geraten, die von jener Gegend nach ihrer Reinheit ausgeworfen würden. Jenes Schloß birgt in Wahrheit die schönsten Frauen der Welt und aller Zeiten, die dort durch Zauber unter Klingsor's Bann gehalten, und zum Verderben der Männer, namentlich der Gralsritter; von ihm mit aller Macht der Verführung ausgestattet wurden. [...] Gewiß ist leider, dass Anfortas selbst [...] von einem seltsamen wunderschönen Weibe abseits gelockt, und dort tückisch von Bewaffneten überfallen [...] jenen Speerstich in die Seite erhalten, an dem er nun siecht und von dem ihn nichts zu heilen vermag.«[32] Im Entwurf versuchte Klingsor auf diese Weise, »die furchtbare Schmach zu rächen, die ihm von Titurel einst widerfahren«.[33] In der Endfassung kommt Wagner zu einer vertieften psychologischen Deutung der Klingsor-Figur, wobei er die jüdische Theologie des Bösen nützt. So reflektiert Klingsor sein Tun zu Beginn des zweiten *Parsifal*-Aktes: »Hohn und Verachtung büßte schon einer, / Der Stolze, stark in Heiligkeit, / Der einst mich von sich stieß« (V. 528–530). Der Text wird durch die zitierte Talmudstelle erhellt, die das abrahamitische und das bileamitische Wertesystem für konträr und inkommensurabel erklärt. Der Schüler Bileams kann die Gerechtigkeit in der Nachfolge Abrahams, die auf der Demut gegenüber Gottes Willen beruht, nur als stolze Anmaßung wahrnehmen.

Ebenso seziert die monologische Passage Klingsors »sinnliche Sehnsucht« mit dem Instrumentarium rabbinischer Seelenkunde. So entwickelten der Talmud und der Sohar eine Theorie der menschlichen Begierde, über die Gfrörer ausführlich berichtet. »Nach der pharisäischen Lehre ist also der böse Trieb dem Menschen angeboren, der gute kommt erst mit den Jahren der Mannbarkeit. Jener heißt der äußere, dieser der innere Mensch, beide liegen miteinander in immerwährenden Kampfe.«[34] »Fängt man frühe an, den bösen Trieb, aus dem alle diese Sünden entstehen, zu bekämpfen, so kann man ihn nach und nach bemeistern; gibt man ihm Raum, so wird er immer mächtiger. [...] Wer sich ihm ganz zum Sklaven gibt, von dem heißt es: er laufe der

31 Ebd., S. 403.
32 Richard Wagner, *Das Braune Buch*, S. 54–56.
33 Ebd., S. 63.
34 August Friedrich Gfrörer, *Geschichte*, II, S. 73.

Hölle nach.«[35] »Höchste Aufgabe des Frommen ist, den bösen Trieb, Gott zu opfern [...]: der böse Trieb soll entweder ertödtet oder in die Natur des guten umgewandelt werden.«[36] Klingsor verwendet im Stück diese Formulierungen, wenn er seine vergeblichen Bemühungen um das Heil erinnert: »schrecklichster Triebe Höllendrang, / Den ich zum Todesschweigen mir zwang« (V. 523f.). Die Beschäftigung mit der jüdischen Theosophie ermöglichte es Wagner also, in das vom Entwurf angedeutete Geheimnis Klingsors näher einzudringen und die Innenschau der Figur zu plausiblisieren.

Als Manifestation des bösen Triebes sieht der Talmud vor allem den Hang zu Götzendienst und Unzucht an, die bereits den Fall der ersten Menschen bewirkt haben sollen. Die Verbindung von Heidentum und Sexualität entstammt dem Kampf der biblischen Propheten gegen die kanaaanitischen Fruchtbarkeitskulte. Auf diese Bilderwelt spielt die Gestaltung der Zaubergartenszene in Wagners *Parsifal* an. Während Klingsor im Entwurf »die schönsten Frauen der Welt und aller Zeiten« versammelte, bringt er hier die Blumenmädchen hervor. Diese dämonischen Mischwesen verweisen auf die prophetische Götzenkritik, in der die Vegetation zum negativen Symbol wird. Der locus amoenus erscheint hier als Ort der Ausschweifung und des Aberglaubens, wenn etwa *Jesaja* 57,5 dem Volk Israel vorwirft: »seid ihr nicht abtrünnige Kinder, ein verkehrtes Geschlecht, die ihr bei den Götzeneichen in Brunst geratet, unter allen grünen Bäumen.« Als besonderes Schreckbild erscheinen dabei die Statuen der Göttin Aschera, die menschliche und pflanzliche Züge vereinigen.

Im Horizont der religiösen Ästhetik des späten Wagner vertritt Klingsor den Priesterbetrug und die simulativen Strategien seines »theatralischen Gaukelwerkes«,[37] die der Auslegung des mythischen Symbols durch die autonome Kunst entgegenstehen. Parsifal muß die suggestive Scheinwelt des falschen Propheten zerstören, um den wahren Gottesdienst zu restituieren. Dabei hebt er aber nicht nur den magischen Obskurantismus des Zaubergartens, sondern auch die religiöse Geheimhaltung des Gralskultes auf. So wie in der Bundeslade die Tafeln des mosaischen Gesetzes aufbewahrt wurden, die aus christlicher Sicht das Symbol des Alten Testaments bilden, birgt im Gralstempel ein Schrein das Blut Christi als Zeichen des Neuen Bundes. Wenn Parsifal verkündet: »nicht soll der mehr verschlossen sein: / – Enthüllet den Gral! – öffnet den Schrein!« (V. 1255f.), gestaltet Wagner die Transformation der jüdischen Mysterien in die christliche Offenbarung.

Allerdings weicht Wagners Heilslehre auch deutlich von der christlichen Orthodoxie ab. So spricht Parsifal dem Amfortas nicht nur die unbedingte Absolution seiner Schuld zu, die in der unvergebbaren Sünde gegen den heiligen Geist, der Verzweiflung an Gottes Gnade gipfelte. Vielmehr spricht er sogar eine Benediktion der sündigen Existenz des Gralskönigs aus: »Gesegnet sei dein Leiden, / Das Mitleids höchste Kraft /

---

35 Ebd., S. 93.

36 Ebd., S. 94.

37 Richard Wagner, *Gesammelte Schriften*, Bd. 14, S. 166.

Und reinsten Wissens Macht / Dem zagen Toren gab!« (V. 1244–1247). Die Verfehlung des Amfortas wird zum notwendigen Element der Erlösung, indem sie in Parsifal die soteriologische Dynamik des Mitleidens anstößt. Das Sündenleiden des Amfortas wird somit dem Erlösungsleiden Christi analogisiert, das nach Wagners Spätschriften die weltüberwindende Emotion auslösen soll.[38] Die Vorstellung einer Heiligung der Sünde oder einer Versündigung des Heiligen entspricht der kabbalistischen Theologie, die das göttliche Licht in die materielle Welt eingehen läßt. Eine solche soteriologische Spekulation stellt das biblische Normensystem in Frage, das auf der strikten Unterscheidung zwischen Gut und Böse, Rein und Unrein, Heilig und Profan beruht. Diese antinomistische Haltung wurde in der jüdischen Religionsgeschichte am entschiedensten von dem selbsternannten Messias Sabbatai Zwi und seinem Propheten Nathan von Gaza vertreten, die im 17. Jahrhundert eine Massenbewegung unter der jüdischen Bevölkerung auslösten.[39] Durch die bewußte Übertretung des mosaischen Gesetzes wollte Zwi zur göttlichen Erleuchtung gelangen, weswegen er schließlich zum Islam übertrat. Die Sekte seines Adepten Jakob Frank, der die Lehre Zwis vor allem im sexuellen Libertinismus realisieren wollte und zum Christentum konvertierte, war noch bis in das 19. Jahrhundert aktiv.[40] Obwohl Wagner diese Gemeinden nicht gekannt haben muß, weist sein religiöser Anarchismus starke Analogien zu ihren Lehren auf. So läßt sich das Motiv des sündigen Erlösers in allen Epochen seines Schaffens nachweisen, auch als er das säkulare Heil der Menschheit noch primär in der sozialen Revolution sah und der christlichen Weltüberwindung ablehnend begegnete.

Das wichtigste Dokument für den Antinomismus des frühen Wagner stellt sein Dramen-Entwurf *Jesus von Nazareth* von 1848/49 dar. Das Evangelium Jesu wird hier als Lehre von der Liebe verstanden, die den Egoismus überwinden soll indem sie sich gegen das ›Gesetz‹ wendet. Dabei versteht Wagner unter ›Gesetz‹ nicht in erster Linie die jüdische Religionsform, sondern ein generelles Phänomen der menschlichen Gesellschaft. Die Jesuanische Liebesreligion rechtfertigt die natürlichen Bedürfnisse des Menschen, die in der Gemeinschaft Erfüllung finden sollen. Das »Gesetz« wurde dagegen »zur Beschränkung der Liebe« geschaffen, »um einen Zweck zu erreichen, der außerhalb der menschlichen Natur liegt – das ist Macht, Herrschaft – vor allem aber *Schutz des Besitzes*«.[41] Die Christologie Wagners zielt auf die Befreiung Gottes von seinem eigenen Gesetz. Denn das Gesetz »wandte sich [...]

38 »War es der Anblick, das Abbild oder die Vorstellung des am Kreuze leidenden Heilands, stets fiel hierbei die Wirkung eines allen Eigenwillen bezwingenden Mitleides mit der des tiefsten Entsetzens über die Eigenschaft dieses die Welt gestaltenden Willens zusammen, daß dieser in höchster Kraftäußerung sich gegen sich selbst wandte«; Richard Wagner, *Gesammelte Schriften*, Bd. 14, S. 197f.

39 Vgl. Gerschom Scholem, *Sabbatai Sevi. The Mystical Messiah 1626–1676*, Princeton 1973. Parallelen zwischen der sabbatianischen und der urchristlichen Kritik des jüdischen Gesetzes zieht Jacob Taubes, *Die politische Theologie des Paulus*, München 1993, S. 20–22.

40 Vgl. Gerschom Scholem, *Die Metamorphose des häretischen Messianismus der Sabbatianer in religiösen Nihilismus im 18. Jahrhundert*, in: *Judaica 3: Schriften zur jüdischen Mystik*, Frankfurt a. M. 1970, S. 198–217.

gegen Gott selbst«, indem es ihn auf einen Begriff des Guten festlegte und seine schöpferische Kraft einschränkte.[42] So wurde ein Teil des Gut und Böse tranzendierenden göttlichen Wesens zur Sünde und Gott selbst zum Sünder. Wenn die von Jesus repräsentierte Menschheit das Gesetz aufhebt, beendet sie also auch »das Leiden Gottes selbst«, indem sie diesen wieder mit seiner ursprünglichen Natur vereint. Jehova selbst muß also Jesus zu seinem Erlöser bestimmt haben.

Die Vorstellung des erlösungsbedürftigen Gottes, der sich einen menschlichen Befreier erwählt, begegnet auch in *Der Ring des Nibelungen* und *Parsifal*. So erscheint der Göttervater Wotan als ein ›salvator salvandus‹, der sich als Hüter der sittlichen Weltordnung an ein Gesetz gebunden hat, dieses aber zur eigenen Selbstbehauptung übertreten muß. Die Helden Siegmund und Siegfried sollen Wotans göttliche Freiheit gegen seinen eigenen Willen behaupten. In Wagners *Parsifal* ist es schließlich das im Gral präsente ›Blut Christi‹, das durch seinen Verwalter Amfortas in Sünde gefallen ist. Im Moment der Versuchung empfindet Parsifal Begehren und Schuldbewußtsein des Amfortas, so daß er die Klage des Heiland vernehmen kann: »Erlöse mich / Rette mich / Aus schuldbefleckten Händen« (V. 812f.). Das Leiden des Amfortas wird zum Segen, weil es die göttliche Emanation in die materielle Welt vollzieht und die Erlösung ermöglicht. Wagners *Parsifal* ergreift deutlich Partei innerhalb der jüdischen Kontroverse um den ›bösen Trieb‹. Wenn Klingsor seine Triebhaftigkeit »ertöten« will, kann er dadurch keine Befreiung finden. Parsifal erfährt dagegen am Leiden des Amfortas, daß die sinnliche Natur einen Teil der menschlichen Existenz bildet, der in Heiligkeit »umgewandelt« werden soll. Das höchste Mitleid führt ihn zum reinsten Wissen, daß die Sünde ein Aspekt der Erlösung ist. Der reine Tor wird damit zum Gnostiker im Sinne der jüdischen Theosophie. Der Schluß des Stücks faßt die Tragödie und Katharsis des Göttlichen, die Parsifal erkennt, in die berühmte Formel »Höchsten Heiles Wunder / Erlösung dem Erlöser« (V. 1257f.).

4. Kundry: Die Metamorphosen des Judentums

Die Forschung hat immer wieder hinter der rätselhaften Figur Kundrys eine jüdische Dimension vermutet, die Wagners Antisemitismus auf die Bühne stellen soll.[43] Vor dem Hintergrund der Kabbala läßt sich auch dieser Aspekt des Stücks in neuer Weise beleuchten. Die Grundzüge der Gestalt, die über das Individuelle hinaus ins Mythische reichen, werden wiederum bereits im Entwurf von 1865 angedeutet: »Kundry lebt ein unermeßliches Leben unter stets wechselnden Widergeburten in Folge einer uralten Verwünschung, die sie, ähnlich dem ›ewigen Juden‹ dazu verdammt, in

41 Richard Wagner, *Gesammelte Schriften*, Bd. 6, S. 209.

42 Ebd., S. 219.

43 Vgl. etwa Marc A. Weiner, *Richard Wagner and the Anti-Semitic Imagination*, Lincoln 1995, S. 239: »his only female anti-Semitic figure«.

neuen Gestalten das Leiden der Liebesverführung über die Männer zu bringen; Erlösung, Auflösung, gänzliches Erlöschen, ist ihr nur verheissen, wenn einst ein reinster blühendster Mann ihrer machtvollsten Verführung widerstehen könnte. Noch keiner hat ihr widerstanden. [...] Klingsors Zauber hat sie – – entdeckt: er kennt den Fluch und die Macht, durch die sie ihm zu Dienste gezwungen werden kann.«[44] Die Vorstellung der Reinkarnation hat Wagner aus der ihm eng vertrauten Lehre Buddhas übernommen, daß sich der menschliche Wesenskern in den verschiedensten Lebensformen verkörpert, um nach der Läuterung von allen niederen Trieben im Jenseits des Nirwana zu verlöschen.[45] Interessanterweise stellt er aber schon hier über die mythisch-legendäre Gestalt des Ahasversus einen Bezug zum Judentum her.

Die Endfassung fügt in das Seelenschicksal Kundrys dagegen ein neues Element ein, das den Rahmen des Buddhismus sprengt. Wenn der Entwurf den auf Kundry lastenden Fluch bewußt unbestimmt läßt, entspricht das dem undurchschaubaren Gesetz des Entstehens und Vergehens (dharma). Im Stück reflektiert Kundry dagegen über ihr metaphysisches Geschick. Da sie in einer früheren Existenz Jesus Christus verlachte, sucht sie »von Welt zu Welt ihm wieder zu begegnen« (V. 857f.), um ihre Verfehlung zu sühnen. Der Buddhismus kennt keine solche persönliche Auffassung der Schuld, sondern nur das Karma, das als abstrakte Summe der guten und bösen Taten über die Art der Wiedergeburt entscheidet. Das Geschick Kundrys entspricht dagegen der kabbalistischen Lehre des Gilgul. Die Seele büßt hier für die Urschuld des Abfalls von Gott, zu dem sie der böse Trieb verlockt. Bei Kundry äußert sich diese fatale Neigung in ihrem zwanghaften Lachen. Erst wenn die in das materielle Leben verstrickte Seele zur Erkenntnis ihres himmlischen Ursprungs gelangt ist, kann sie dorthin zurückkehren. Im Stück meint Gurnemanz: »Hier lebt sie heut, – / Vielleicht erneut, / Zu büßen Schuld aus früh'rem Leben, / Die dorten ihr noch nicht vergeben« (V. 110–112), womit Gfrörers Formulierung zitiert wird: »Leiden, welche ein anscheinend Unschuldiger hier erduldet, sind Strafen für Sünden, welche die Seele in einem früheren Leibesleben beging.«[46] Auf diese Weise präzisiert Wagner die Formulierung des Entwurfs, daß Kundry wohl »in ihrem gegenwärtigen Leben große Sünden abzubüßen habe«.[47] Der Plural ›große Sünden‹ verweist auf ein quantifizierendes Verständnis der Schuld, wie es dem buddhistischen Karma entspricht.

Die mythische Psychologie Kundrys wird im Stück aber noch mit anderen Motiven der kabbalistischen Lehre angereichert. Dieses Vorgehen Wagners belegen einige charakteristische Wendungen, die im Entwurf nicht vorkommen. So beschwört Klingsor seine Gehilfin: »Namenlose, / Urteufelin, Höllenrose! / Herodias warst du und was noch? / Gundryggia dort, Kundry hier« (V. 471–474). In dieser Weise be-

---

44 Richard Wagner, *Das Braune Buch*, S. 62f.

45 Vgl. Carl Suneson, *Richard Wagner und die indische Geisteswelt*, Leiden 1989, S. 26–36. Zu Kundry: S. 105f.

46 August Friedrich Gfrörer, *Geschichte*, II, S. 87.

47 Richard Wagner, *Das Braune Buch*, S. 58.

schreibt der Sohar die Seelenwanderung als »Veränderung des Orts« und »Änderung des Namens«. Die Erlösung bringt dagegen erst die gänzliche »Veränderung der Werke«.[48] Diese Vorstellung erklärt möglicherweise auch, warum Parsifal bei seinem ersten Auftreten auf die Frage nach seinem Namen entgegnet: »Ich hatte viele, / Doch weiß ich ihrer keinen mehr« (V. 257f.). Der reine Tor ist noch nicht zur Erkenntnis seiner wahren Identität und göttlichen Bestimmung gelangt.

Wenn Klingsor als frühere Verkörperung Kundrys die Königin Herodias beschwört, die im Judentum als Götzendienerin und Ehebrecherin gilt, verweist das wiederum auf die in ihr herrschende Macht des bösen Triebes. Als mythisches Urbild dieser Sünden erfand die jüdische Überlieferung Adams erste Frau, Lilith, die sich hinter Klingsors Erwähnung der »Urteufelin« verbergen mag. Die Hoffnung Kundrys, ihrem Erlöser erneut zu begegnen, kann sich auf die kabbalistische Lehre »von der Wanderung des Logos durch verschiedene reine Körper« gründen, die »zum Heile anderer Seelen angeordnet« ist.[49] Die jüdische Theosophie wird aber auch an dieser Stelle christlich überboten, wenn Parsifal die Erlösungssehnsucht Kundrys auf »des einz'gen Heiles wahren Quell« (V. 892) verweist.

Als Kundry im dritten Aufzug aus todesähnlichem Schlaf erwacht, ist sie von dem bösen Trieb geläutert. Die »Änderung der Werke«, in der ihre Erlösung zum Ausdruck kommt, beobachtet Gurnemanz: »Wie anders schreitet sie als sonst!« (V. 977). Wenn Kundry nur noch »dienen« (V. 971) will, zeigt sie den »demütigen Geist«, an dem nach der jüdischen Tradition die Gerechten zu erkennen sind. Von der Sklavin Bileams alias Klingsors ist sie zur Schülerin Abrahams geworden. Die christliche Transformation der jüdischen Erlösungsidee vollzieht Wagner dadurch, daß er Kundry die Füße Parsifals waschen und sie so wie die große Sünderin Maria Magadalena an Jesus Christus handeln läßt. Wenn Kundry am Ende des Stücks »entseelt langsam zu Boden« sinkt, wäre das nach kabbalistischen Lehre des Gilgul als Rückkehr der »edelsten Teile des menschlichen Wesens« an ihren himmlischen Ursprung zu verstehen.[50]

In Wagners *Parsifal* inszeniert vor allem die Figur Kundrys den transformatorischen Antijudaismus des Komponisten, wenn sie auch nicht einfach die Synagoge verkörpert. Die Seelengeschichte Kundrys umfaßt in den Personifikationen der Herodias, des Ahasverus und der Maria Magdalena die heilsgeschichtlichen Epochen des Heidentums, Judentums und Christentums. Kundry ist eine Allegorie der menschlichen Schuldhaftigkeit, wie sie das Judentum im heidnischen Abfall vom göttlichen Gesetz und das Christentum in der jüdischen Zurückweisung des Erlösers sieht. Die Erlösung Kundrys als einer menschheitlichen Figur schließt die Negation ihrer jüdischen Komponente ein, die sich in der Taufe vollzieht.

Die Erlösungsidee in Wagners Spätwerk transzendiert aber auch das Christentum, wenn sie sich in den Bilderwelten der germanischen Sage und des kabbalisti-

---

48 August Friedrich Gfrörer, *Geschichte*, II, S. 84.
49 Ebd., S. 87.
50 Ebd., S. 61.

schen Judentums ausdrückt. Die religiöse Ästhetik des *Parsifal* setzt so Glaubensformen in Beziehung, die sich polemisch voneinander abgrenzen. Die Autonomie der Kunst kann die dogmatische Parteilichkeit überwinden, wenn sie das Heilige zum Thema macht. So erscheinen Christentum und Judentum, Mythos und göttliche Transzendenz, Mysterium und Aufklärung in Wagners Werk als komplementäre Aspekte der Offenbarung. Die synkretistische Mythologie der Kabbala legte sich Wagner dabei als weltanschauliches und künstlerisches Programm nahe.

Der israelische Komponist Josef Tal hat auf diesen Zusammenhang am Beispiel von Wagners Musik zu *Tristan und Isolde* hingewiesen, in der er eine spirituelle Dimension ausmacht. »Die Großtat Wagner's, einen Klang zu komponieren, [...] das ist wiederum die mythologisch geschaute Welt, ein Geistesprozeß, der der jüdischen Tradition inhärent ist. Dem strengen Gesetz Gottes, im alten Testament übermittelt und im Talmud in unendlich reichen Auslegungen detailliert, steht die Kabbala und das heilige Buch Zohar gegenüber. Hier wird das Reich Gottes im Metaphysikum erforscht. Wegen der Gefahr, das strenge Gesetz durch kabbalistische Mystifizierungen zu verunklaren, blieb die Kabbala lange Zeit eine Geheimwissenschaft. Im jüdischen Denken sind Talmud und Kabbala gleich der Ratio und Irratio und schaffen solchermaßen die Ganzheit. Wagner's Erforschung des Klanges über die strenge Lehre der Funktionsharmonik hinaus, ist ein quasi kabbalistischer Zugang zur Welt des Klanges. [...] Wagner's Sensitivität spürte wohl bei den Juden den vorbereiteten Nährboden für sein metaphysisches Reich.«[51]

Die Verehrung jüdischer Künstler für das Werk Wagners muß also nicht ein Ausdruck von Selbsthaß sein. Die jüdische Moderne konnte das Werk Wagners vielmehr zum Teil ihrer Tradition machen. Wenn Wagners Werk in der Tat eine mythische Tiefenschicht des biblischen Glaubens aufdeckte, wäre es ein wichtiger Gegenstand für das religiöse Denken des Judentums wie auch für die christliche Theologie, die ihre jüdischen Wurzeln oftmals verdrängt hat. Die Negation des Judentums in Wagners *Parsifal* stünde selbst in einer jüdischen Tradition. Denn auch die Kabbala hatte das orthodoxe Judentum negiert, das seinerseits den paganen Mythos negierte. Das überwundene Element wurde aber stets in der Erinnerung bewahrt, so daß es wieder zur geistig bewegenden Kraft werden konnte. Innerhalb der ständigen Transformation der jüdischen Religiosität ergab sich aus der Negation der Negation immer wieder eine neue Position. Der christliche Antijudaismus Wagners enthält also das Potential zu seiner eigenen Überwindung. Wenn die ›jüdischen‹ Elemente der Wagnerschen Weltanschauung nämlich – wie Josef Tal meint – in die musikalische Faktur seiner Werke eingegangen sind, lassen sie sich gegen den ideologischen Judenhaß des Komponisten stark machen. Die Auseinandersetzung mit Wagners Antisemitismus kann so helfen, seine ästhetische Kabbala zu entziffern.

51 *Programmheft ›Parsifal‹ der Bayreuther Festspiele 1982*, hrsg. von Wolfgang Wagner, Redaktion Oswald Georg Bauer, S. 68.

Zusammenfassung der Diskussion

Prof. Borchmeyer fragte nach dem Verhältnis der kabbalistischen Deutung des *Parsifal* zu Wagners Rezeption der germanischen Mythologie. So wird Kundry im Stück mit Herodias identifiziert, die wie in Heinrich Heines *Atta Troll* mit der ›wilden Jagd‹ verbunden wird. Der Referent stellte den synkretistischen Charakter der historischen Kabbala heraus, der sie zum Modell für die Kunstmythologie des späten Wagner prädestiniere. Die Verbindung zwischen deutscher Mythologie und Judentum habe auch der von Wagner geschätzte Germanist Karl Simrock hergestellt, wenn er Ahasverus und Wotan als Wandererfiguren gleichsetze. Wagners Kundry transformiere diese mythische Doppelidentität des ewigen Juden und des wilden Jägers in eine weibliche Figur. Prof. Borchmeyer erwähnte eine Erinnerung des israelischen Komponisten Josef Tal, daß er seinem Vater, einem Rabbiner, aus Wagners *Parsifal* vorgespielt und jener dazu bemerkt habe: »das ist musikalische Kabbala«. Prof. Vaget äußerte sein Erstaunen darüber, daß die Aufnahme jüdischer Quellen in Wagners *Parsifal* mit der Persistenz antijüdischer Anschauungen in seinen Prosaschriften einhergehe. Der Referent erläuterte daraufhin, daß Wagner in romantischer Tradition ein Ur-Judentum als reine Kunstreligion rekonstruiere und dem säkularisierten Judentum der Gegenwart als Idealbild entgegenstelle.

WOLF-DANIEL HARTWICH

Yirmiyahu Yovel

»Nietzsche contra Wagner« und die Juden

Vorbemerkung

Wagners heftiger Antisemitismus stieß auf den unerschütterlichen Widerstand Friedrich Nietzsches, seines ehemaligen glühenden Verehrers. Als der reife Nietzsche *Der Fall Wagner* und vor allem *Nietzsche contra Wagner* publizierte, richtete sich das »contra« im gleichen Maße gegen Wagners Antisemitismus wie gegen andere, die beiden trennende Fragen. Dazu gehörte auch das Stichwort Bayreuth. Wie im folgenden zu zeigen sein wird, sah Nietzsche die mit Bayreuth zusammenhängenden kulturellen und politischen Gefahren voraus, konnte allerdings nicht genau überblicken, in welcher Weise diese Gefahren sich auswirken sollten. Ein halbes Jahrhundert nach dem Zusammenbruch des Hitler-Regimes und dem nationalsozialistischen Aufstieg Bayreuths kommen wir hier in Bayreuth zur Diskussion von Wagners Antisemitismus zusammen. In der Zwischenzeit wurden Wagners Werke in Israel teilweise mit einem Aufführungsverbot belegt – dieser Bann wird im Moment allmählich gelockert –, und Bayreuth wurde nicht nur »entnazifiziert«, sondern durch zunehmende, weltumspannende Kontakte zum Teil sogar »ent-nationalisiert«. Bringt die Zukunft eine Rückkehr zur Normalität? Ich werde auf diese Frage am Ende meines Beitrags zurückkommen. Zunächst einmal ist das Beispiel von Nietzsche aufschlußreich.

I: Wagners »Antipode«

Der reife Nietzsche beschreibt sich selbst als »Wagners Antipode«. Er steht Wagner so fern wie der Nord- dem Südpol. Gerade der Bruch mit Wagner ermöglichte Nietzsche in der Mitte der siebziger Jahre des 19. Jahrhunderts die Ausprägung seiner eigenen Identität, die Entdeckung seiner intellektuellen Persönlichkeit und seines Auftrags. Auch als ernster, ja sogar heftiger Gegner, nahm Nietzsche Wagner in dieser Zeit weiterhin durchaus ernst. Er verstand die von Wagner beeinflußten Jahre als Zeit der Versuchung, die er vor seiner eigenen Befreiung und Selbstfindung überwinden mußte, als einen Zeitabschnitt der Knechtschaft und sogar »Infektion« oder

»Krankheit«, die es zu durchleben galt. Unter dem Kapitel »Wagner« verstand Nietzsche nicht nur das Musikdrama, sondern einen ganzen Komplex von Ansichten und Haltungen, zu denen unter anderem die Romantik, Schopenhauers Ablehnung des Willens, deutscher Nationalismus und Antisemitismus gehörten. Indem Nietzsche Wagner als seinen »Antipoden« bezeichnete, beabsichtigte er die Zerstreuung all dieser miteinander in Verbindung stehenden Schatten – darunter auch der Antisemitismus –, die Wagners übermächtige Gestalt ihm in den Weg gestellt hatte. Für Nietzsche bedeutete die Überwindung Wagners zugleich auch einen Akt der Selbst-Überwindung – so sehr hatte Wagner ihn als fremde und entfremdende Macht beeinflußt.

Nietzsche war einunddreißig Jahre jünger als Wagner. Als der Leipziger Student Nietzsche dem Meister erstmals begegnete, näherte sich Wagner dem Höhepunkt seiner schöpferischen Laufbahn. Später pflegte der junge Baseler Professor Nietzsche die Wagners in ihrer Villa Tribschen in der Schweiz zu besuchen und bei ihnen zu wohnen. In jener Zeit entwickelte Nietzsche sowohl zu Wagner wie auch zu Cosima enge, gleichwohl unterschiedliche Bindungen. In Wagner sah er nicht nur einen bedeutenden, ja, den aufregendsten künstlerischen Neuerer Europas und einen persönlichen Gönner, sondern in gewisser Weise auch einen Ersatzvater. Cosima, die Nietzsche heimlich als »Ariadne« bezeichnete, scheint für ihn die Rolle einer idealisierten, imaginären Geliebten gespielt zu haben. Noch in späteren Jahren, als er Wagner heftig bekämpfte, erinnerte Nietzsche sich dieser Tage in Tribschen voller Wärme und mit nostalgischen Gefühlen und schrieb: »Ich möchte um keinen Preis die Tage von Tribschen aus meinem Leben weggeben«, da seine erste Begegnung mit Wagner zugleich »das erste Aufathmen in meinem Leben«[1] bedeutete.

Eine weitere Persönlichkeit, die in Nietzsches Leben eine Rolle spielte und der er mit gespaltenen Gefühlen gegenüberstand, war der bedeutende Baseler Historiker Jacob Burckhardt. Bis zu den letzten geistig klaren Stunden in Nietzsches Leben blieb er eine ambivalente Leitfigur; anders als Wagner ließ Burckhardt die Verbindung mit dem jüngeren Mann aber nicht zu eng werden. Burckhardt war ein scharfer Kritiker der Juden und stand ihrem historischen Schicksal mit eisiger Kälte gegenüber. Ganz unabhängig davon, ob er wirklich Antisemit war oder nicht – Nietzsche verstand ihn als solchen.[2] Überzeugten Antisemiten begegneten Nietzsche natürlich in Wagner und Cosima. Sie waren von der Einstellung her Bernhard Förster vergleichbar, seinem späteren Schwager, der zu Nietzsches großem Kummer in der mit widerstreitigen Gefühlen geliebten Schwester eine tiefe Zuneigung auslöste. In diesen wichtigen und schwierigen Jahren, die Nietzsche später als seinen ›Aufenthalt im Gebiet der Krankheit‹ ansah, waren einige der mit ihm am engsten verbundenen Menschen also

1 Friedrich Nietzsche, *Ecce homo*, »Warum ich so klug bin«, Teil 5, Kritische Studienausgabe, hrsg. von Giorgio Colli und Mazzino Montinari, 2. Auflage 1988, Bd. 6, S. 288.

2 Siehe die Behandlung dieser Frage in meiner Veröffentlichung *Dark Riddle: Hegel, Nietzsche and the Jews*, Cambridge 1996, Fußnoten 212–213, S. 130.

ausgesprochene Antisemiten. Wir müssen dieses Faktum im Auge behalten, um die Tragweite und schmerzlich befreiende Wirkung der einige Jahre später vollzogenen Überwindung dieser Welt Wagners nachvollziehen zu können.

Nietzsches negative Einstellung zu den Juden war sogar schon während seiner Jahre ›im Gebiet der Krankheit‹ weniger heftig und eher konventionell, das zu erwartende Resultat christlicher Erziehung und eines gegenüber emanzipierten Juden vorherrschenden Vorurteils. Der Haß, der aus Ideologie resultierende Zorn und die Schärfe ausgesprochener antisemitischer Agitatoren wie Wagner fehlten ihm. Dennoch machte er häufig keinen Hehl aus seinen antijüdischen Vorurteilen, vor allem in der Korrespondenz oder im Gespräch mit ausgesprochen antisemitischen Freunden wie den Wagners. Zu den Antisemiten seines Bekanntenkreises gehörte auch Carl von Gersdorf, sein langjähriger und nicht besonders kluger Freund aus ihrer gemeinsamen Studienzeit in Leipzig, der Wagners »Pamphlet« über die Juden nach der Lektüre nur einiger weniger Seiten als »genial« bezeichnete. In einem Brief an Gersdorf berichtet Nietzsche, daß er ein attraktives Angebot ablehnen werde, nämlich eine Reise nach Griechenland als Begleitung eines Freiburger Professors Mendelssohn – des Sohnes von Felix Mendelssohn Bartholdy. Ronald Hayman weist darauf hin, daß Nietzsche mit der Annahme dieser Einladung den Autor von *Das Judentum in der Musik* und seine nicht weniger antisemitisch eingestellte Frau tief verletzt hätte.[3]

Die Verehrung des jungen Nietzsche für Wagner erreichte einen berühmten Höhepunkt im zweiten Teil der 1872 veröffentlichten *Geburt der Tragödie aus dem Geist der Musik*, die Nietzsche später zurückzog und von der er sich distanzierte. Wagner solle durch seine Musik zum kulturellen Erretter Europas werden; sein Werk könne den dionysischen Geist, der in der griechischen Antike eine tragische Welterfahrung ermöglicht hatte, wiederbeleben; es sei an Wagner, Europa aus der jahrhundertealten Dekadenz zu befreien, die zurückging auf Sokrates und dessen Ideal eines vernunftgesteuerten »theoretischen Menschen«. Nach dem Bruch mit Wagner übertrug Nietzsche gerade den neuzeitlichen Juden eine ähnliche Funktion – als Katalysatoren bei der Erlösung Europas vor dem Verfall zu dienen –, ausgerechnet diesen Juden, die Wagner so abgrundtief haßte und deren Selbstzerstörung er als Voraussetzung einer solchen Erlösung verlangte. Wagner bei der Erschaffung des neuen, dionysischen Europa durch den modernen, assimilierten Juden zu ersetzen, bedeutete den härtesten Schlag, den der reife Nietzsche seinem alten, voreingenommenen und von Haß geprägten früheren Freund und Mentor versetzte.

Mit Wagner überwand Nietzsche zugleich auch verschiedene andere Einstellungen, die seine *Geburt der Tragödie* noch prägen und in seinem späteren Denken nicht mehr enthalten sind. Dazu gehören seine frühe Romantik und verführerische nationalistische Ideen, der übermäßige Glaube an die Ästhetik als den wahren Ort

3 Ronald Hayman, *Nietzsche, a Critical Life*, New York 1981, S. 189.

der Metaphysik und an die Kunst als alleinige Erlösungsmöglichkeit, die romantische Suche nach grenzenloser, unendlicher und verklärter Emotion, die Tendenz zu unehrlicher Tiefe und humorloser Gewichtigkeit, die Nietzsche in einer polemischen Generalisierung nicht nur Wagner allein, sondern den »Deutschen« insgesamt zuschrieb. Auf diese Weise löste er sich von dem sich selbst überhöhenden »Deutschtum« seiner Zeit, an dem Wagner teilhatte. Nicht weniger wichtig ist die Tatsache, daß Nietzsche den Schopenhauerschen Abscheu vor dem einzelnen und seine Befürwortung der Selbst-Verleugnung übernahm, die Subsumierung von Willen und Leben des einzelnen in einer gemeinsamen mythischen Substanz (in Bismarcks Reich verstanden viele darunter das »deutsche Vaterland«). Zugleich sagte er sich vom versteckten Christentum los, das seiner Meinung nach über Wagners vorgeblich revolutionärem Atheismus schwebte, aber auch von dem prononcierten deutschen Nationalismus, in dessen Dienst Wagner sich stellte – eine weitere Methode, um den einzelnen zu einem »Herdentier« zu machen. Nicht zuletzt befreite er sich von dem plebejischen Antisemitismus, zu dessen Leitfigur Wagner gemeinsam mit Eugen Dühring, Paul de Lagarde und dem fast besessenen Förster, Nietzsches verhaßtem Schwager, wurde.

Inzwischen sollte deutlich geworden sein, daß Nietzsche Wagners Antisemitismus nicht nur für eine marginale Laune hielt, die Neigung eines bedeutenden und etwas unberechenbaren Künstlers, sondern daß er seiner Meinung nach einen prägenden Bestandteil seiner gesamten kulturellen Bedeutung ausmachte. Der reife Nietzsche bezeichnete Wagners Antisemitismus sogar als Zusammenfassung all seiner anderen Fehler. Bei der Erklärung seines Bruches mit Wagner in *Nietzsche contra Wagner*, schreibt er: »Seitdem Wagner in Deutschland war, condescendirte er Schritt für Schritt zu Allem, was ich verachte – selbst zum Antisemitismus ...«[4] Und in *Ecce Homo* ergänzt er: »Was ich Wagnern nie vergeben habe? Dass er zu den Deutschen condescendirte – dass er reichsdeutsch wurde ...«[5] Bezeichnenderweise erscheint das Verb »condescendieren« in beiden Zitaten; nach Ansicht Nietzsches kann ein wahrer Denker oder Künstler zu einem Antisemiten oder einem deutschen Nationalisten nur durch Herablassung, durch den Wechsel auf die Ebene des Vulgären werden. Wagner hatte sich nicht nur in seinen Ansichten auf eine tiefere Ebene herabgelassen, sondern sogar in seiner Musik und vor allem bei der ›Erschaffung‹ Bayreuths. Wie oben schon erwähnt wurde, war Bayreuth neben Wagners Antisemitismus und dem »Reichsdeutschtum« sowohl ein weiterer Anlaß für Nietzsches Bruch mit Wagner wie auch der Ort, wo dieser Bruch vollzogen wurde. So schreibt Nietzsche im eben zitierten Abschnitt von *Nietzsche contra Wagner*: »Schon im Sommer 1876, mit

4 Friedrich Nietzsche im Abschnitt »Wie ich von Wagner loskam«, das einem späten neuen Vorwort (1886) zu *Menschliches, Allzu-Menschliches II* entnommen ist; in: *Kritische Studienausgabe*, a.a.O., S. 431.

5 Friedrich Nietzsche im Abschnitt »Warum ich so klug bin«, Nr. 5, in: *Kritische Studienausgabe*, a.a.O., S. 289.

ten in der Zeit der ersten Festspiele, nahm ich bei mir von Wagnern Abschied.«[6] Bayreuth spielte hier eine entscheidende Rolle, da nach Ansicht Nietzsches Wagners Anbiederung an den vulgären Geschmack sowohl in der Institution wie auch in seiner Musik deutlich wurde. »In Bayreuth ist man nur als Masse ehrlich, als Einzelner lügt man, belügt man sich. Man lässt sich selbst zu Hause, wenn man nach Bayreuth geht, man verzichtet auf das Recht der eignen Zunge und Wahl, auf seinen Geschmack, selbst auf seine Tapferkeit [...] gegen Gott und Welt.« Im weiteren kritisiert Nietzsche die Theatralik des Bayreuther Kults und stellt als zugrundeliegendes Übel heraus: »es fehlt die Einsamkeit«. Musik ist ihrer Natur nach die innerlichste Kunst und deshalb auch die persönlichste, bei Wagner jedoch »unterliegt auch noch das persönlichste Gewissen dem nivellirenden Zauber der grossen Zahl, da regiert der Nachbar, da wird man Nachbar ...«[7]

Hier spricht ein Nietzsche, der sich gegen Schopenhauer und gegen die Romantik wendet. In seiner früheren Schaffensphase hätte er den einzelnen nicht so stark hervorgehoben, hätte auch den Versuch, dem einzelnen zu einer ekstatischen Erfahrung zu verhelfen, nicht so streng abgelehnt. Aber Nietzsche ist nun zu sich selbst gekommen; er achtet besonders die Einwicklung eines ausgeprägten einzelnen und eines fröhlichen, tapferen Pessimismus[8] in einer Welt ohne christlichen Glauben, ohne Gott und vor allem ohne den Schatten Gottes. Er wendet sich zugleich gegen den Pöbel, das Vulgäre, Launen, moralisches Gezänk, eine lebensfeindliche Einstellung und vor allem die falsche Selbstbestätigung, die sich nicht spontan aus sich selbst heraus ergibt, sondern sich der rachsüchtigen Verneinung eines anderen verdankt: dies alles ist ›Ressentiment‹, nach Nietzsches ethischer Psychologie das Grundübel und die gemeinsame Wurzel solch scheinbar weit auseinanderliegender Phänomene wie Christentum, Antisemitismus, Sozialismus, Nationalismus und dem größten Teil von Wagners Werk.

Nietzsche stellt eine Analogie zwischen Bayreuth und den Massenbewegungen des Nationalismus und Antisemitismus her: Wagners Musik und deren öffentliche Weihe in einem rituellen Heiligtum offenbaren den gleichen »nivellierenden Zauber der großen Zahl« wie jene politischen Massenbewegungen. Nach Ansicht Nietzsches wirft die Institution Bayreuth Licht auf die Tatsache, daß Wagner *seine Musik* nach äußerlichen Kriterien und auf die Masse hin schreibt. Sein wahres Ziel liegt weder in der Musik selbst noch im Text, sondern in dem Effekt, den Wort und Ton hervorrufen. Deshalb ist Wagner bei allem, was er tut oder schreibt, ein »ganz großer Schauspieler«;[9] diese Gabe setzt er als Machtmittel ein. Zum Musikdramatiker wurde er,

6 Friedrich Nietzsche im Abschnitt »Wie ich von Wagner loskam«, 1., in: *Kritische Studienausgabe*, a.a.O. S. 431.

7 Friedrich Nietzsche im Abschnitt »Wo ich Einwände mache«, in: *Kritische Studienausgabe*, a.a.O., S. 418.

8 *Nietzsche contra Wagner*, im Abschnitt »Wie ich von Wagner loskam«, 2., in: *Kritische Studienausgabe*, a.a.O., S. 431.

9 Friedrich Nietzsche, *Der Fall Wagner*, 8., in: *Kritische Studienausgabe*, a.a.O., S. 29.

um einem tieferen Drang, dem des Tyrannen, des Autokraten, zu genügen.[10] Mit diesen Formulierungen will Nietzsche wohl sagen, daß Wagner Musik und deren rituelle Institutionalisierung als Mittel moderner Politik einsetzt, vielleicht als *politische Ästhetik*, einen Ersatz politischer Theologie.

Ob Nietzsches Beschreibung der *Person* Wagner gerecht wird, darüber läßt sich streiten; zweifellos aber sah Nietzsche die künftige Rolle Bayreuths als eines politisch-musikalischen Wallfahrtsortes voraus, der nicht nur in der Verbindung von Kunst und nationalistischer Politik kulminierte, sondern jener von Wagner und Hitler. An dieser späteren Entwicklung hatte Wagner selbst keinen Anteil, man kann sie ihm nicht vorwerfen. Und doch gibt es in seiner eigenen Verbindung von Musik, Mythos, Germanentum und Antisemitismus ein Element, das dieser perversen Entwicklung Vorschub leistete.

Nietzsche lehnt auch die von Wagners Musik häufig hervorgerufenen Emotionen ab, »das Convulsivische seines Affekts, seine überreizte Sensibilität, sein Geschmack, der nach immer schärfern Würzen verlangte«.[11] Im besseren Teil seines Publikums weckt Wagner romantische Empfindungen des »Erhabenen, des Tiefen, des Überwältigenden«, reagiert darauf aber mit schwerer, undeutlicher und wenig geformter Musik, die zur Falschmünzerei wird und »mit der Lüge des grossen Stils« arbeitet. Dies macht Wagner zum »Erben Hegel's«, dessen »Idee« Wagner in Musik umsetzt.[12] Beiden ist nach Ansicht Nietzsches das »Genie der Wolkenbildung«, das »Greifen, Schweifen und Streifen« eigen, mit dem Hegel seine Anhänger im gleichen Maße wie Wagner verführt habe.

Mit nüchternen Worten kritisiert Nietzsche Wagners »unendliche Melodie«, die von anderen häufig als Neuerung gepriesen wurde. Nietzsche lehnt sie ab, da sie alle »Zeit- und Kraft-Ebenmässigkeit« brechen will. Solche Musik – so seine Worte – läßt »Chaos an Stelle des Rhythmus« entstehen und führt zu einem »Schwimmen, schweben« statt »Gehen, Tanzen«.[13] Im Kontrast zu Wagners Werken lobt Nietzsche Bizets *Carmen* – dies ein weiterer Affront gegenüber dem antifranzösisch eingestellten Wagner. Das »böse, fatalistische« Element dieses Werks werde mit besonders Leichtigkeit und Klarheit dargestellt. Bizets Musik »schwitzt nicht« (wie Wagner), ist von Klarheit und Form geprägt (»baut, organisirt, wird fertig«) und bewegt sich mit leichten Schritten. Der romantischen Schwärmerei seiner Jugendtage entwachsen ergänzt Nietzsche mit fast fröhlicher, gegen Wagner gerichteten Boshaftigkeit: »›Das Gute ist leicht, alles Göttliche läuft auf zarten Füßen‹: erster Satz meiner Aesthetik.« *(Der Fall Wagner)* Nietzsche schaut deshalb jetzt zu Mozarts

---

10 Ebd.

11 Friedrich Nietzsche, *Der Fall Wagner*, 5., a. a. O., S. 22. Man beachte, daß mit dieser Beschreibung normalerweise Kitsch definiert wird, obwohl Nietzsche dieses Wort nicht verwendet. (Er gebraucht stattdessen die Worte »hysterisch« und »krank«: »Wagner's Kunst ist krank«; ebd.)

12 Friedrich Nietzsche, *Der Fall Wagner*, 10., a. a. O., S. 36.

13 *Nietzsche contra Wagner*, »Wagner als Gefahr«, 1., a. a. O., S. 422.

»goldenem Ernst« auf, der mit dem philisterhaften, dunklen »deutschen« Ernst, den er bei Wagner heraushört, kontrastiert. (*Nietzsche contra Wagner*)

Wagners wahres Genie liegt woanders – er zeigt die zartesten Momente des Lebens, die kleinsten Details, die Nuancen der Welt – er ist ein hervorragender Miniaturist. Nietzsches frühere Bewunderung bleibt hier ungeschmälert. Keiner kann einen kurzen Genuß so in Töne fassen wie Wagner, »heimlich-unheimliche Mitternächte der Seele«, die Momente, in denen sich eine vorübergehende tiefe Freude erschöpft und bittere Tropfen der Trauer im geleerten Becher zurückläßt: Wagner ist »der Meister des ganz Kleinen«;[14] und doch verweigert er sich seiner wahren Berufung und zeichnet jene heroischen Panoramen, in denen er sich verstellt und deshalb zum Scheitern verurteilt ist.

Nietzsches berühmter Vorwurf – Wagner habe als revolutionärer Atheist begonnen, im *Parsifal* als gehorsamer Christ geendet – findet ihre Entsprechung in seiner Darstellung des *Ringes.*[15] Nietzsche interpretiert Wotans Netz von Verträgen als die alte Ordnung, der Siegfried den Krieg erklärt; auch hier hatte Wagner als Sozialrevolutionär angesetzt, der typisch Modernes wie Optimismus, Humanismus, Fortschritt und soziale Utopie vertrat – mit Brünnhildes Rebellion gegen Wotan sogar die Emanzipation der Frau –, und der in der Gestalt des Siegfried seinen Utopien ein menschliches Gesicht gab. Später schämte sich Wagner seines früheren Optimismus, als er von Schopenhauers pessimistischer Philosophie geprägt war. Deshalb blieb das Projekt der *Ring*-Komposition stecken, erlitt Schiffbruch. Aus dieser ausweglosen Lage befreite sich Wagner schließlich, indem er den *Ring* »in's Schopenhauerische übersetzte« – was nichts anderes heißt, als daß alles schief geht. Die neue Welt ist so schlimm wie die alte, alles geht unter und nichts bleibt bestehen.

II: Nietzsche und die Juden

Die jüdische Frage war für Nietzsche zentraler, als es auf den ersten Blick den Anschein hat. Im zweiten Teil dieses Aufsatzes werde ich den Kern Nietzsches ambivalenter Ansichten zu den Juden festhalten. Diese Zusammenfassung basiert auf meinem kürzlich erschienenen Buch *Dark Riddle: Hegel, Nietzsche, and the Jews.* Wenn ich Nietzsches Ansichten mit dem Begriff »ambivalent« bezeichne, möchte ich damit nicht etwa auf unklare oder unstimmige Gedankenführung hinweisen. Seine wichtigsten Überlegungen standen ganz im Gegenteil durchaus miteinander im Einklang und waren mit den grundlegenden Ideen seiner Philosophie vereinbar. Es geht mir hier vielmehr darum, die deutliche Strukturierung dieser Ambivalenz präziser herausarbeiten.

14 *Nietzsche contra Wagner*, »Wo ich bewundere, a. a. O., S. 417f.

15 Friedrich Nietzsche, *Der Fall Wagner*, 4., a. a. O., S. 19ff.

Zunächst zwei einleitende Bemerkungen:

1. Ich befasse mich hier mit dem Philosophen Nietzsche, das heißt mit dessen eigenen Gedanken und philosophischen Überlegungen. Darunter verstehe ich ausdrücklich nicht das, was im Positiven oder auch im Negativen aus seinen Ideen gemacht wurde, auch nicht das unter dem vagen Begriff »Nietzscheanismus« zusammengefaßte Gedankengut – egal, wie wertvoll dieses Material für den Historiker oder Soziologen auch sein mag.
2. Wenn Nietzsche Antisemiten angreift oder Juden verteidigt, dann geht es ihm nicht um abstrakte Ideen, sondern er wendet sich an Menschen: die reale Gemeinschaft der Juden, und die Vertreter des Antisemitismus als Bewegung seiner Zeit. Den antiken Judaismus dagegen behandelt Nietzsche als eine in gegenwärtiger christlicher Kultur enthaltene psycho-kulturelle ›Kategorie‹, die er als »Genealoge« dieser Kultur herausarbeiten möchte. Im Gegensatz zu vielen Antisemiten – und auch zu jüdischen Apologeten – projiziert *Nietzsche seine Kritik des antiken Judaismus nicht in eine politische Haltung gegenüber den Juden seiner Zeit.*
3. Dieser Bruch erlaubte ihm, zugleich – und mit gleicher Intensität – ein *Gegner* der Antisemiten wie ein Kritiker des antiken Judentums zu sein, der Quelle christlichen Glaubens.

Der Gegner der Antisemiten

Nietzsches heftigen und unzweideutigen Widerstand gegenüber dem zeitgenössischen Antisemitismus möchte ich anhand von vier unterschiedlichen Texttypen belegen. Diese Texte entstammen erstens seinen Publikationen, zweitens privaten Briefen an seine Schwester, seine Mutter, seine engen Freunde, drittens seinen »umnachteten«, am Rand des Wahnsinns verfaßten Briefen und viertens einer Korrespondenz mit dem antisemitischen Agitator Fritsch, der Nietzsche – und den *Zarathustra* – für sein Lager zu gewinnen suchte –, wie Nietzsche voller Abscheu bemerkt.[16]

Zunächst einige Belege aus den ersten beiden Gruppen. In seiner *Genealogie der Moral* schreibt Nietzsche:

> »Das [die Antisemiten] sind alles Menschen des Ressentiment, diese physiologisch Verunglückten und Wurmstichigen, ein ganzes zitterndes Erdreich unterirdischer Rache, unerschöpflich, unersättlich in Ausbrüchen gegen die Glücklichen [...].«[17]

> »Dass die Juden, wenn sie wollten – oder, wenn man sie dazu zwänge, wie es die Antisemiten zu wollen scheinen –, jetzt schon das Übergewicht, ja ganz wörtlich die Herrschaft über Europa haben *könnten*, steht fest; dass die *nicht* darauf hin arbeiten und Pläne machen. Ebenfalls. Einstweilen wollen und wünschen sie vielmehr, sogar mit einiger Zudringlich-

---

16 Dieser Hinweis zeigt übrigens, daß Nietzsche sich dessen gewahr war, schon zu Lebzeiten mißbraucht zu werden.

17 Friedrich Nietzsche, *Zur Genealogie der Moral, Dritte Abhandlung: was bedeuten asketische Ideale?*, 14, in: *Kritische Studienausgabe*, Band 5, S. 370.

> keit, in Europa, von Europa ein- und aufgesaugt zu werden, sie dürsten danach, endlich irgendwo fest, erlaubt, geachtet zu sein und dem Nomadenleben, dem ›ewigen Juden‹ ein Ziel zu setzen –; und man sollte diesen Zug und Drang [...], wohl beachten und ihm entgegenkommen: wozu es vielleicht nützlich und billig wäre, die antisemitischen Schreihälse des Landes zu verweisen.«[18]

In seinen privaten Briefen schreibt er:

> An Overbeck:
> »Die verfluchte Antisemiterei [...] ist die Ursache eines radikalen Bruchs zwischen mir und meiner Schwester [...].«[19]
>
> An seine Mutter:
> »Siehst Du, dieser Gattung Menschen [Antisemiten] wegen könnte ich schon nicht nach Paraguay gehen: ich bin so glücklich darüber, daß sie sich freiwillig aus Europa verbannen. Denn, wenn ich auch ein schlechter Deutscher sein sollte – jedenfalls bin ich ein sehr guter Europäer.«[20]

An seine Schwester, die mit dem bösartigen Antisemiten Förster verheiratet war, schreibt er Ende 1887:

> »Man hat mir inzwischen schwarz auf weiß bewiesen, daß Herr Dr Förster auch jetzt noch nicht seine Verbindung mit der antisemitischen Bewegung aufgegeben hat... Hast Du gar nichts begriffen, wozu ich auf der Welt bin?... Jetzt ist so viel erreicht, daß ich mich mit Händen und Füßen gegen die Verwechslung mit der antisemitischen Canaille wehren muß; nachdem meine eigne Schwester, meine frühere Schwester wie neuerdings wieder Widemann zu dieser unseligsten aller Verwechslungen den Anstoß gegeben haben. Nachdem ich gar den Namen Zarathustra in der antisemitischen Correspondenz gelesen habe, ist meine Geduld am Ende – ich bin jetzt gegen die Partei Deines Gatten im Zustand der Notwehr. Diese verfluchten Antisemiten-Fratzen sollen nicht an mein Ideal greifen!! Daß unser Name durch Deine Ehe mit dieser Bewegung zusammen gemischt ist, was habe ich daran schon gelitten!«

Die privaten Texte sind von besonderem Gewicht, läßt sich aus ihnen doch ablesen, daß Nietzsches Widerstand gegen den Antisemitismus innerster Überzeugung entsprach und nicht nur eine auf die leichte Schulter genommene Äußerlichkeit und »politisch-korrekte« Haltung wie bei vielen Liberalen war. Meiner Meinung nach wurde diese Einstellung durch Nietzsches enge Verbindung mit Antisemiten wie seine Schwester, Wagner, Cosima und vielleicht auch Jacob Burckhardt noch verstärkt. (Diese tiefenpsychologischen Verbindungen mögen der Auslöser für die umso größere Energie gewesen sein, mit der Nietzsche seinen frühen Antisemitismus über

---

18 Friedrich Nietzsche, *Jenseits von Gut und Böse, Achtes Hauptstück: Völker und Vaterländer*, 251, in: *Kritische Studienausgabe*, Bd. 5, S. 194.

19 Friedrich Nietzsche, *Sämtliche Briefe*, in: *Kritische Studienausgabe*, Bd. 6, Briefe III, Nr. 503 vom 2. April 1884.

20 Friedrich Nietzsche, *Sämtliche Briefe*, in: *Kritische Studienausgabe*, Bd. 7, Briefe V, Nr. 736 [bzw. Nr. 443] vom 17. August 1886.

wand: nicht nur als liberaler Rationalist, sondern mit der ganzen Kraft seiner Persönlichkeit – eben auf Nietzschesche Weise).

Der philosophische Kontext von Nietzsches Widerstand gegen den Antisemitismus: Läßt man die Psychologie einmal außer Acht, bleiben dennoch genügend Gründe für Nietzsches aktiven Widerstand gegen den Antisemitismus. Die antisemitische Bewegung enthält und verstärkt fast alle Verfallserscheinungen der modernen Kultur, denen Nietzsche mit seiner Philosophie begegnen möchte:

1. Der Antisemitismus ist eine Massenbewegung, vulgär, ideologisch, eine neue Art von »Sklavenmoral« mit einem Herdenführer.
2. Der Antisemitismus als solcher ist eine das ganze Volk umfassende Neurose, die schwache Persönlichkeiten anzieht. Diesen Menschen fehlen im Gegensatz zu der von Nietzsche definierten dionysischen Persönlichkeit die Kraft zum Überleben und das Selbstvertrauen.
3. Der Antisemitismus dient vor allem in Deutschland der Stärkung des deutschen Reiches und der Verherrlichung der politischen Kultur und des Staates, den Nietzsche, der letzte ›unpolitische Deutsche‹, als das ›neue‹ Idol bezeichnete.
4. Der Antisemitismus führte in Deutschland zum deutschen *Nationalismus*, den der reife Nietzsche energisch ablehnte (obwohl er dabei von »rechts« her argumentierte).
5. Der Antisemitismus beruht auch auf *Rassismus*; Nietzsche lehnt Rassismus in seiner Philosophie als eine wertende Unterscheidung verschiedener Gruppierungen aber ab (läßt den Begriff der Rasse als beschreibende Kategorie allerdings zu). Nietzsche verlangt für das von ihm vorgestellte neue Europa das Vermischen der Rassen.
6. All den vorgenannten Punkten sind gemeinsame Entwicklungsstränge eigen: Angst, Unsicherheit, Schwäche und vor allem »Ressentiment«, das bösartige Wüten gegen den geistig Starken und Selbstsicheren und der Haß dem anderen gegenüber als Voraussetzung für das eigene Selbstgefühl. Die Heftigkeit des Antisemiten versteckt ihre/seine tiefe Unsicherheit; der Antisemit geht nicht von der stolzen Bestätigung seiner eigenen Existenz aus, sondern von der Negation der Existenz des anderen; nur so kann er sich seiner eigenen Person vergewissern, was er in aufgeblasener, hohler und arroganter Manier tut.

Die Verbindung dieser vier von Nietzsche abgelehnten Faktoren – Nationalismus, Rassismus, Antisemitismus und Verherrlichung des Staates – erklärt zugleich, weshalb Nietzsches Philosophie aus sich heraus in Widerspruch zu Faschismus und Nationalsozialismus steht, auch wenn diese Ideologien Nietzsche für ihre Zwecke mißbraucht haben.

Alte jüdische Priesterschaft

Nietzsches Angriff auf die alte jüdische Priesterschaft ist ebenso heftig und kompromißlos wie sein Widerstand gegen die Antisemiten. Die jüdischen Priester waren von »Ressentiment« gekennzeichnet und verfälschten alle natürlichen Werte. Sie verbreiteten falsche Ideen von einer »moralischen Welt-Ordnung«, Sünde, Schuld, Bestrafung, Reue, Mitleid und Nächstenliebe. Die Frommen und Schwachen sind die Guten, die Erlösung verdienen; alle Menschen sind in ihren Pflichten gegenüber einem transzendenten Gott und den von ihm verlangten Werten wie Liebe und Gnade gleich. Aus diesem Grund sieht Nietzsche die jüdischen Priester als *unmittelbare* Vertreter christlicher Werte und beschreibt sie häufig als *von Anfang an* christlich. Und doch war die Seele des Priesters hinter dieser Lehre von der Gnade von Bosheit und »Ressentiment« erfüllt, vom Haß des geistig Schwachen geprägt, dessen Wille zur Macht sich in Feindseligkeit und Rachsucht gegenüber dem Nächsten als der einzigen Möglichkeit zur Selbstbestätigung wendet.

Auf diese Weise schufen die jüdischen Priester – die von Nietzsche als frühe Christen dargestellt werden –, die »Sklavenmoral«, die vom späteren Christentum dann in der ganzen Welt verbreitet wurde. Während die Antisemiten den Juden vorwerfen, Jesus getötet zu haben, lag ihre Schuld nach Ansicht Nietzsches darin, Jesus überhaupt erst hervorgebracht zu haben.

Priesterliche Moral ist die Moral des existentiell Schwachen, bei dem das Ressentiment gegenüber dem Mächtigen und dem Selbstsicheren zu einer Werte schaffenden Instanz geworden ist. Die Sklaven rächen sich an ihren Herren, indem sie diesen ihre eigenen Werte aufoktroyieren, sie sogar dazu veranlassen, diese Werte zu internalisieren und letztlich die Herren so unterwerfen. Von diesem Zeitpunkt an sieht die kraftvolle Persönlichkeit sich nicht nur in den Augen der anderen als Sünder oder Sünderin, sondern auch in seiner/ihrer eigenen Selbstwahrnehmung – die ultimative Form der Unterwerfung (auch der geistigen Korruption).

Für Nietzsche bedeutet die Kritik des antiken Judaismus einen zentralen Punkt seiner Philosophie. Dieser Glaube ist auf »Ressentiment« gegründet, einer für Nietzsche entscheidenden Kategorie, und ist verantwortlich für die Korruption Europas durch das Christentum. Nietzsche wird durch diese seine Kritik aber nicht zum Kampf gegen die Juden seiner Zeit veranlaßt, sondern wendet sich gegen das Christentum seiner Zeit und die »modernen Ideen«, die er als dessen weltliche Ableger ansieht (Liberalismus, Nationalismus, Sozialismus usw.). Der zeitgenössische Antisemit wird von Nietzsche als Geistesverwandter der alten jüdischen Priester angesehen.

Nietzsches Analyse endet wie die Dialektik des Sokrates in einer ironischen Umkehr. Während der Antisemit seine Entsprechung in der alten jüdischen Priesterschaft findet, ist der moderne Jude deren völliges Gegenteil (oder »Antipode«). Diese Umkehr liegt in der Tatsache begründet, daß moderne Juden nach ihrer Säkularisierung bei der Schaffung einer neuen dionysischen Kultur mitwirken und Europa so von der durch ihre Vorfahren hervorgerufenen Dekadenz erlösen.

Aus dem Gesagten folgt schlüssig, daß Nietzsche zwei scharf umrissene Standpunkte einnimmt: zum einen wendet er sich gegen den zeitgenössischen Antisemitismus, zum anderen gegen die alte jüdische Priesterschaft, die beide auf eine gemeinsame Wurzel, das »Ressentiment«, zurückgehen. Nietzsches Ambivalenz rührt hauptsächlich aus der Verbindung dieser beiden Haltungen her, die zwar widersprüchlich scheinen, es *aber nicht sind.*

Aus dieser Analyse wird zumindest teilweise deutlich, wieso die Ideen Nietzsches in so hohem Maße mißbraucht werden konnten. Die von ihm angestrebte geistige Revolution fand nicht statt, seine Ideen dagegen wurden verallgemeinert, popularisiert und einem Publikum vorgetragen, das immer noch von der alten Psychologie beherrscht war.

Die drei Phasen des Judentums

Um die folgenden Überlegungen besser nachvollziehen zu können, muß man sich vor Augen halten, daß Nietzsche mit dem Judentum nicht eine eindeutig definierte Haltung oder eine klar umrissene Entwicklungslinie verband. Er unterschied im Judentum drei Perioden oder Phasen:

1. In *Biblischen Zeiten* (der Zeit des Alten Testaments) erkennt Nietzsche dionysische Größe und natürliche Erhabenheit, die seine Anerkennung finden. Auch wenn er den Glaubensinhalt der Bibelgestalten nicht akzeptiert, so bewundert er doch deren Einstellung zu Leben und Religion, da sie vital, natürlich, und diesseitig ausgerichtet war und eher auf Selbstbestätigung denn auf Selbstbeschuldigung beruhte.
2. *Der zweite Tempel* und dessen Priester sind Objekte heftiger und erbarmungsloser Angriffe von Nietzsche. Zu dieser Zeit vollzieht sich die Revolution der »Sklavenmoral«, die bedeutungsvolle Abkehr vom Natürlichen und die Umkehr aller Werte, die, wie zuvor beschrieben, zum Christentum hinführte.
3. *Die Juden in der Diaspora* wiederum ziehen Nietzsches Bewunderung auf sich, da sie angesichts des Leidens von der affirmative Kraft des Lebens zeugten und aus diesem Leben zusätzlich Stärke gewannen. Darüber hinaus kommt den Juden der Diaspora das Verdienst zu, Christus zurückgewiesen und dem Christentum durch ihre ständige Kritik als Gegengewicht gedient zu haben.

Zeitgenössische Juden und das Schließen des Kreises

Als Resultat ihrer harten Schule und stählenden Erfahrungen traten die Juden in das moderne Zeitalter als stärkste und stabilste Rasse Europas ein; sie hätten diese Ära beherrschen können, verspürten aber nicht den Wunsch dazu.[21]

Wenn sie sich aber erst einmal dazu entschließen, sich mit den anderen europäischen Nationen zu vermischen, dann werden sie von sich aus und ohne entspre-

21 Dies ergibt sich vor allem aus *Morgenröte 205*, dem Text, den Nietzsche für seinen besten Kommentar zum Judentum hielt. Der äußert dramatisch formulierte und rhetorisch geschliffene Text nennt in prophetischen Worten das Dilemma, das den modernen Juden im 20. Jahrhundert begegnen wird: entweder Europa zu verlieren (durch Emigration oder Vertreibung) oder die Integration nach Europa, die einhergeht mit der dominierenden Herrschaft in Europa. Der Antisemit würde erwarten, daß Nietzsche die erste Möglichkeit vorzieht – er verlangt allerdings nach der zweiten!

chende Absicht aufgrund ihrer größeren Lebenskraft eine vorherrschende Position erreichen, werden die Normen und neuen Werte in Europa bestimmen. Sollten die Juden ihre Politik der Abgrenzung beibehalten, so Nietzsches düstere Prophezeiung, dann werden sie »Europa verlieren« (das heißt, emigrieren müssen oder aus Europa vertrieben werden), so wie ihre Vorfahren Ägypten verließen oder verlassen mußten. Nietzsche befürwortet die erste Lösung. Die Juden sollen ihre Begabungen und Fähigkeiten in ein vom christlichen Erbe befreites neues Europa einbringen. Die Ahnen Christi müssen sich heute in den Dienst des modernen Antichristen stellen (das heißt Nietzsche-Dionysus) und so die Schuld für das abtragen, was ihre priesterlichen Vorfahren Europa angetan hatten.

Damit dies eintreten kann, muß die europäische Gesellschaft sich den Juden öffnen und sie willkommen heißen; und die Juden ihrerseits müssen ihre selbstgewählte Abgrenzung beenden und sich mit allen europäischen Fragen *als ihrem eigenen Anliegen* auseinandersetzen. Auf diese Weise werden sie sich ohne Zweifel vervollkommnen und am Ende neue Werte und Normen für Europa festlegen. Nietzsche begrüßt diese Aussicht mit Enthusiasmus, da ihm die Juden als Verbündete und Helfer beim Übergang zu einer höheren Stufe menschlicher Psychologie und Kultur gelten. Sahen die Nationalsozialisten die Juden als »Untermenschen« an, so waren sie für Nietzsche ein möglicher Katalysator des »Übermenschen«.

An dieser Stelle muß ich betonen, daß Nietzsches projüdische Haltung nicht aus liberalem Denken erwächst. Im gleichen Maße, wie seine Angriffe gegen den Nationalismus und den Rassismus von »rechts«[22] kommen, hat seine Verteidigung der Juden – zum Guten oder Bösen – ihre Wurzeln in Nietzsches eigenem dionysischen und antiliberalen Denken. Den Juden wurde die Aufgabe übertragen, diese Lebensphilosophie Nietzsches zu unterstützen; und diese Aufgabe wird von vielen Juden, die liberal waren und sind, wohl kaum freudig begrüßt.

Festzuhalten bleibt, daß Nietzsches Bewunderung der Juden in der Diaspora sich nicht an die Juden als Träger einer *religiösen* Kultur wendet, sondern als Vorreiter des menschlichen, existentiellen Elements, das er für seine Revolution braucht. Nietzsche erwartet von den Juden die *Säkularisierung* und kreative Assimilation im Rahmen eines atheistischen Europa.

Meine Untersuchung zeigt, daß die jüdische Frage bei Nietzsche eine weitaus zentralere Rolle einnahm als gemeinhin angenommen. Nietzsche stellt in seinem philosophischen Entwurf die früheren Verderber europäischer Kultur und deren vorherbestimmte Erlöser, die Juden, an zwei entscheidende historische Wegmarken. Es ist ein Zug der Ironie, daß ihnen zugleich auch weiterhin die negative und positive Rolle eines welthistorischen Volks zugeteilt wird, vielleicht sogar eines »auserwählten« Volks in einem neuen, ketzerischen Sinne Nietzsches.

---

22 Aus einer aristokratischen Ethik der Tugend und Auszeichnungen und einer dionysischen Ethik der Macht.

In gewisser Weise fällt den Juden in Nietzsches späteren Überlegungen die Rolle zu, die ursprünglich deren Erzfeind Wagner eingenommen hatte. In der ersten Ausgabe von *Die Geburt der Tragödie* wurde Wagner durch seine Musik als Erlöser der europäischen Kultur vorgestellt; nun gibt er diese Funktion skandalöserweise an keinen anderen als diejenigen ab, die er so haßt und ablehnt. (Nietzsche rächte sich auf diese Weise – vielleicht unbewußt – an seinem früheren antisemitischen Freund und Meister.)

Nietzsches Bruch mit Wagner eröffnete ihm in der Tat die Möglichkeit, dessen jüdischen Gegnern die Funktion der Erlösers zu übertragen. Beide Darstellungen – die Geschichte der Juden und die in der *Geburt der Tragödie* vorgetragenen Zusammenhänge – haben erstaunliche strukturelle Ähnlichkeiten, da es sich in beiden Fällen um den Bericht über eine schon zurückliegende Korruption und gegenwärtige Erlösung handelt. Es gibt aber einen Unterschied: Wagner sollte Europa von einer durch andere hervorgerufene Korruption erlösen (dem sokratischen Hellenismus, Euripides), während von den Juden erwartet wird, das Böse aufzuheben, daß sie selbst (durch ihre Vorfahren) verübt hatten.

III: Das Judentum in der Musik – Beweisgrund oder Schmähung?

Ich wende mich nun wieder Wagners *Judentum in der Musik* zu. Was will er sagen und wie trägt er es vor – wie fällt der Vergleich mit Nietzsche aus? Sowohl Wagner wie auch Nietzsche lehnen beide bezeichnenderweise eine »politisch korrekte« Form des Diskurses über die Juden ab, allerdings von entgegengesetzten Richtungen her. Nietzsche tadelt die nur im politischen Sinne Liberalen, die ihre Antipathie gegenüber den Juden unter dem Mantel höflicher Redensarten verbergen, in Wirklichkeit aber keinerlei Anstrengungen zur Überwindung ihrer tatsächlichen Vorurteile unternehmen. Er möchte gerne kraftvolle, der Sache dienende, »dionysische« Gegner des Antisemitismus erleben, wie er selbst einer geworden ist. Wagner setzt in *Das Judentum in der Musik* bei demselben Ausgangspunkt ein: liberalen Humanisten (wie er selbst einer gewesen war) wirft er vor, ihre Abneigung gegen Juden hinter einer falschen Barriere verbaler Restriktion zu verbergen, dies sei unnatürlich und heuchlerisch. Die Gegnerschaft dürfe weder verborgen noch überwunden werden, sondern müsse sich auf eine offene, ungezügelte und ehrliche Weise zeigen. Wir verabscheuen die Juden, sagt Wagner, sie provozieren bei uns Abscheu und Abneigung – wir sollten deshalb unseren Gefühlen offen und ohne Einschränkung freien Lauf lassen. Dies sei legitim, und so sollten ernsthafte Menschen sich benehmen; während Zurückhaltung schlecht und heuchlerisch sei.[23]

---

23 Nietzsche scheint darauf indirekt mit folgendem Aphorismus geantwortet zu haben: »Dergleichen habe ich sogar aus dem Mund von Antisemiten gehört«. (*Der Antichrist*, Abschnitt 55, in: *Kritische Studienausgabe*, Bd. 6, S. 238).

In der Legitimation öffentlichen, haßerfüllten Redens gegen die Juden liegt Wagners wichtigste Botschaft in *Das Judentum in der Musik*. Von dieser Botschaft ist auch die Beweisführung bestimmt: Wagner argumentiert nicht, er verkündet ex cathedra, seine Intention liegt darin, auch bei anderen den Damm brechen zu lassen, den er für sich selbst schon eingerissen hat. Sein Werk verweist auf sich selbst, indem es die eigenen Empfehlungen einlöst – die Juden öffentlich zu schmähen und als Verderber der deutschen Kultur zu präsentieren. Wagner lobt solches Vorgehen als richtig und gut, sogar als moralisch. Vor allem durch die erneute Publikation von *Das Judentum in der Musik* im Jahr 1869, zu einem Zeitpunkt also, als Wagner schon berühmt und einflußreich war, wurde er zu einem der Begründer der sich offen als »antisemitisch« bezeichnenden modernen Bewegung. Ihre Aufgabe sah diese Bewegung darin, in Deutschlands Öffentlichkeit Haß und Furcht vor den Juden zu schüren; dabei bediente sie sich der gleichen Vorurteile und Ressentiments, die Wagner verbreitete und bei deren Legitimation er behilflich war.

Die von Wagner vorgetragene Haltung des »laisser aller« spricht schlichte Menschen an, die sich, von negativen Empfindungen fortgerissen, ihrer fehlenden Selbstbeherrschung wie einer Tugend, nämlich vermeintlicher Aufrichtigkeit, brüsten. Die Behauptung, daß »Aufrichtigkeit« moralisch sei, Zurückhaltung dagegen heuchlerisch, ist die Antithese zivilisierten Lebens. Darüber hinaus kann Zivilisation nicht auf eine gewisse Dualität verzichten, die sich aus der Kluft zwischen rohen, »aufrichtigen« Leidenschaften und gerechtfertigten, die Ausbrüche des Volkes zügelnden sozialen Tabus ergibt. Ein gewisses Maß sozialer Heuchelei, an Dualität ist häufig als Barriere gegenüber dem Vulkan von Aggression und Barbarismus unvermeidlich. Sogar anständige Menschen können den Zwiespalt zwischen ihrer selbstauferlegten moralischen Zurückhaltung und ihrer Unfähigkeit, diese Zurückhaltung zu verinnerlichen, erleben. Und doch liegen Welten zwischen der Anerkenntnis, eine häßliche Leidenschaft nicht ganz überwunden zu haben und dem Aufheben des Widerstands gegen diese Leidenschaft – der Legitimation des Teufels also einzig aus dem Grund, daß er in uns ist. Eben dieses tat Wagner. Seine primitive politische Psychologie sprach die breite Masse an, die zunächst die antisemitische Bewegungen förderte, später dann die politischen Orgien der Nationalsozialisten.

Durch die Legitimation dieser Art politischer Psychologie stellte sich der soziale Propagandist dem Künstler Wagner in den Weg. Denn angenommen, er hätte das Musikdrama – um hier eine künstlerische Parallele zu ziehen – auf die gleiche Weise behandeln wollen, mit ungeformten, primitiven, ungezügelt ausgedrückten Emotionen also, dann hätte Wotan Brünnhilde vor allem verfluchen müssen, Hunding Siegmund auf der Stelle umgebracht, Alberich ausschließlich wild herumgeschrieen, Siegfried wie ein Schwachkopf vor sich hingebrabbelt, das Orchester eine Kakophonie formloser Emotion verbreitet, und die berühmten Leitmotive Wagners wären zu simplen Klischees verkommen. Der Künstler Wagner ging glücklicherweise nicht beim Pamphletisten Wagner in die Schule.

In *Das Judentum in der Musik* wird ein Gedanke weder analytisch noch argumentativ belegt, das Werk ist nichts als eine Aneinanderreihung von Invektiven. Im Grunde handelt es sich um nichts anderes als eine sich selbst als legitim bezeichnende Entladung von Abneigungen und um den Appell an andere, diesem Beispiel zu folgen. Es handelt sich also nicht um eine theoretische Auseinandersetzung, sondern um eine umfangreiche Haßtirade.

Deshalb wäre es verfehlt, *Das Judentum in der Musik* durch eine vermeintlich hinter den antijüdischen Ausbrüchen verborgene Philosophie der Sprache aufwerten zu wollen.[24] *Das Judentum in der Musik* enthält keine Theorie, die diesen Namen verdiente, ganz zu schweigen von einer entsprechenden Philosophie. Stilistisch ist der Text mit einer einzigen Ausnahme ein einziges Eifern und Schmähen, keinesfalls von theoretischen Überlegungen geprägt. Sein einziges Element der Theoriebildung basiert auf dem damals in Deutschland verbreiteten romantischen Glauben, daß jeder Mensch eine durch besondere Qualität oder Geist ausgezeichnete organische Entität sei, an der andere nicht teilhaben könnten. Da die Juden dem deutschen Geist fremd sind – und auch von ihren eigenen Ursprüngen abgeschnitten –, können sie kein Bestandteil der deutschen Nation und Kultur werden, es sei denn, sie äfften diese Kultur auf groteske und äußerliche Weise nach oder entweihten und verdürben sie. Auch wenn diese Ansicht nicht von Wagner herrührt, sondern einer romantischen Idee des 19. Jahrhunderts entstammt, war er es doch, der für die Ausprägung einer besonders chauvinistischen Variante sorgte: er verteidigte nicht nur das »reine« Germanentum als eine Kultur unter anderen, sondern »germanisierte« die Kultur insgesamt. Seiner Ansicht nach findet der menschliche Geist seine herausragende, authentische, allem anderen überlegene Verkörperung in deutscher Sprache, in deutscher Musik, Schauspiel, Dichtung und Philosophie. Wenn Menschen heute – und nach Hitler – fragen, wieso der Nationalsozialismus gerade im Land der Philosophen und Musiker wachsen konnte, lautet die Antwort: weil Philosophie und Musik schon lange zuvor germanisiert worden waren. Sie wurden nicht mehr als universelle Kunstwerke verstanden (davon geht die Frage ganz selbstverständlich aus), sondern als besondere Schöpfungen des deutschen Volkes und seines besonderen Geistes. Wagner war nicht nur in seinen Aufsätzen, sondern auch in seiner Kunst ein Hauptvertreter dieser Ansicht. Wäre Musik eine universelle Kunst, könnten Juden mit Fug und Recht daran teilhaben. In einer Musik aber, die wie das Denken selbst »germanisiert« ist, hat kein Fremder wirklich Anteil, am wenigsten die Juden.

Seit langem schon wird die Frage diskutiert, ob Wagners Antisemitismus sich in seiner Musik oder in bestimmten seiner Bühnenfiguren (Kundry, Mime usw.) festmachen lasse. Aus zwei Gründen läßt sich diese Frage schwer entscheiden. Zum einen hängt die Antwort vom jeweiligen Blickwinkel ab. Zum anderen deutete Wagner antijüdische Gefühle dort, wo er sie hätte anbringen können, immer nur zwischen

---

24 Vgl. dazu den Beitrag von Udo Bermbach in diesem Band, S. 55–78.

den Zeilen und durch verschiedene Anspielungen an, unterließ also direkte Verweise – wobei die Anspielungen im Fall von Mime recht sinnfällig sind. Ich möchte vorschlagen, auf die Beschreibung der Bühnencharaktere zu verzichten und statt dessen untersuchen, welche Haltung diesen Figuren gegenüber im Text der Wagnerschen Musikdramen als natürlich und korrekt erscheint. Bei dieser Untersuchung erkennt man eine erstaunliche Analogie zwischen *Das Judentum in der Musik* und einer Kernszene aus *Siegfried*, aus der die zu diesem Zeitpunkt noch grundlose Verachtung des Siegfried für Mime deutlich wird. Er kennt die wahre Absicht von Mime noch nicht, weiß nichts, außer daß Mime, den er für seinen Vater hält, ihn großgezogen, ernährt und ausgebildet hat – und dennoch kann Siegfried den Zwerg nicht ausstehen. Wagners Empfehlung aus *Das Judentum in der Musik* folgend, macht er keinen Hehl aus seinem »natürlichen« Abscheu:

> SIEGFRIED.
> Vieles lehrtest du, Mime,
> und manches lernt' ich von dir;
> doch was du am liebsten mich lehrtest,
> zu lernen gelang mir nie:
> wie ich dich leiden könnt'.
> Trägst du mir Trank
> Und Speise herbei,
> der Ekel speist mich allein;
> schaffst du ein leichtes Lager zum Schlaf.
> Der Schlummer wird mir da schwer;
> Willst du mich weisen,
> witzig zu sein,
> gern bleib ich taub und dumm.
> Seh ich dir erst
> Mit den Augen zu,
> zu übel erkenn ich,
> was alles du tust:
> Seh ich dich stehn,
> gangeln und gehn,
> knicken und nicken,
> mit den Augen zwicken:
> beim Genick möcht' ich
> den Nicker packen,
> den Garaus geben
> dem garst'gen Zwicker!

Siegfried weiß zu diesem Zeitpunkt nichts von Mimes Plänen. Im Lichte seines subjektiven Wissenstandes zeigen seine Worte einzig Undankbarkeit, durchaus ungenötigt äußert er seinen Abscheu. Und doch ist Siegfried der geborene Held, die ungezwungene Stimme von Natur und Unschuld, kann also nicht irren. Das von ihm Verabscheute muß als böse angesehen werden, und seine Handlungen – nämlich seinen Abscheu offen aussprechen – als gerechtfertigt. Auf diese Weise folgt Siegfried Wagners Empfehlung aus *Das Judentum in der Musik* und wiederholt dessen Vorschläge vor dem Publikum. So erhält Mime die Funktion der Juden in der Schrift Wagners, und Siegfried weist den deutschen Massen den Weg, die »spontan« die Juden schmähen, um ihre Gefühle auf die gleiche Weise loszuwerden wie ihr Held aus der Mythologie.

Daß Wagners Antisemitismus der moderneren Variante entspricht, die ihr Feindbild im säkularisierten, emanzipierten Juden sieht, der sich in deutsche Gesellschaft und Kultur eingliedern möchte, sollte nicht unberücksichtigt bleiben. Wagners Angriff auf Felix Mendelssohn Bartholdy zielt zugleich auf dessen Großvater, Moses Mendelssohn, der sich sein ganzes Leben lang um den Nachweis bemühte, daß Juden sich im europäischen und deutschen Kulturleben auszeichnen könnten. Dieser neue Antisemitismus richtet sich ausdrücklich gegen Juden, die das Ghetto verlassen haben. Orthodoxe, nach Abgrenzung verlangende Juden bedeuten für Wagner eine geringere Gefahr, geraten allenfalls als Reservoir ins Blickfeld, aus dem sich weltliche, moderne Juden rekrutieren können.

Nietzsche stand Wagners Schrift in allen diesen Punkten entgegen. Für ihn bedeuten die modernen, säkularisierten Juden ein Erlösungsversprechen für Europa; er betont die Bedeutung der Selbstüberwindung als Zeichen menschlichen Wertes;[25] jede Art von politisch eingesetzter Massenpsychologie ist ihm zuwider. Für Nietzsche gibt es nichts Verwerflicheres als das »laisser aller« – sich von kruden, ungeformten Leidenschaften überwältigen zu lassen. Nietzsche bekämpft diese Roheit im gleichen Maße wie der Kantsche Moralismus; er strebt – darin Spinoza ähnlich – eine neue Rangfolge der Leidenschaften an, bei denen die Instinkte selbst zu höherer menschlicher Qualität umgeformt werden.

Auch im Hinblick auf die von ihm abgelehnte Politisierung der Kultur richtet Nietzsche sich gegen Wagner. Seiner Meinung nach ist Politik der Feind der Kultur; Nietzsche sieht sich als den ›letzten unpolitischen Deutschen‹. Im Gegensatz dazu sah Wagner Kultur selbst als Politik an. Kultur sollte seiner Meinung nach ein großes Publikum durch ein nationales Ursprungserlebnis stärken, die Ästhetik dabei als eine Art weltlicher Ersatzreligion fungieren. Kunst und Kultur ersetzen bei ihm so eine politische Theologie, oder sollen, mit anderen Worten, eine neue halbtheologische Ästhetik begründen, deren Aufgabe im Dienst an der modernen Politik liegt: zum einen durch die Mobilisierung der Massen, zum anderen, indem die Arbeit eines weltlichen »Erlösers« ermöglicht wird.

Daß Hitler sich selbst in dieser Wagnerschen Rolle sah, wird recht deutlich. Wir sollten deshalb aber nicht den vorschnellen Schluß ziehen, daß Wagner durch Hitler

---

25 Damit meint er nicht ein Pflichtbewußtsein im Kantschen Sinn, das die Instinkte unterdrückt, sondern eine Transformation der Instinkte selbst, die zu einer höheren, edleren menschlichen Ebene umgewandelt werden.

ins Bild gesetzt wird und sich durch ihn interpretieren ließe.[26] Man kann Wagner auch nicht einfach und unmittelbar als Vorbote des Nationalsozialismus deuten. Die Nationalsozialisten benutzten und mißbrauchten Wagner wie Nietzsche. Und doch sind die beiden Fälle nur bei oberflächlicher Betrachtung gleich gelagert. Die lange Tradition der Manipulation Nietzsches beginnt mit seiner Schwester Elisabeth, die sein Werk verfälschte und ihren geistig umnachteten, später verstorbenen Bruder ihrem eigenen antisemitischen Lager zuschlug. Zugleich errichtete sie mit dem Nietzsche-Archiv in Weimar eine abartige Erinnerungsstätte und eine eigene Machtbasis (wie Winifred später in Bayreuth). Diese beiden »Hohepriesterinnen« können somit als Symbol für die Art des Mißbrauchs stehen, dem sowohl Wagner wie Nietzsche in Deutschland ausgesetzt waren. Und doch unterscheiden sich beide Fälle gravierend. Nietzsche wurde häufig vorsätzlich und bewußt arglistig mißbraucht. Und selbst wenn er nicht absichtlich falsch verstanden wurde, dann ergab sich der Mißbrauch aus einer vereinfachenden Lektüre und fehlerhaftem Verständnis seiner komplexen Haltung. Wagner dagegen war einer tendenziösen, vielleicht manipulierenden Fortführung von gedanklichen Positionen ausgesetzt, die er auch in Wirklichkeit einnahm (und die Nietzsche erkannte und kritisierte); er bot so eine Basis, welche die nationalsozialistische Bewegung später zu ihren eigenen Gunsten vereinfachen und verbreitern konnte. Dagegen ist es absurd und mit Nietzsche unvereinbar, seine Ideen mit dem Nationalsozialismus in Verbindung zu bringen. Nochmals auf die beiden »Hohepriesterinnen« zurückkommend läßt sich festhalten, daß Elisabeth Förster-Nietzsche die Ansichten ihres Bruders manipulierte und dabei Nietzsche verfälschte, während Winifred Wagner Bayreuth nazifizierte und so Wagner und Hitler in einem gemeinsamen Heiligtum miteinander verband.

Nachbemerkung: Bayreuth »entheiligen«?

Obwohl Hitler Vergangenheit ist und Bayreuth sich gewandelt hat, trägt Bayreuth auch heute noch Züge eines solchen Heiligtums. Ich denke, daß hierin die Wurzel des Problems liegt, das Wagner für Deutsche und Israelis immer noch bedeutet. Beide gehen mit Wagners Musik nicht auf »normale« Weise um. Die Deutschen führen den Wagner-Kult in dessen selbsterrichtetem Heiligtum fort, und die Israelis entschließen sich nur zögernd, ihn von ihren großen Orchestern aufführen zu lassen. Es ist rich-

26 So wie Joachim Köhler es in seinem Buch *Wagners Hitler: Der Prophet und sein Vollstrecker,* München 1997, vorzuschlagen scheint. Das Buch basiert auf den Arbeiten von Hartmut Zelinksy, führt dessen Schlußfolgerungen aber offensichtlich ein wenig zu weit. Ohne hier ins Detail zu gehen, möchte ich anmerken, daß selbst aus der Prämisse, Hitler habe sich in der Rolle eines Wagnerschen Erlösers gesehen, der Wagners Prophetien und Sicht der Welt realisiert, keinesfalls folgt, daß Wagner durch Hitler wiederholt wurde oder sich selbst im hysterischen, Massen mordenden Führer der Nationalsozialisten wiedererkannt hätte. Die Nationalsozialisten entehrten alles, was sie berührten, sogar ihre geistigen Verwandten.

tig, daß der israelische Bann der Werke Wagners nie ein Absolutum war und im Abklingen ist. Wagners Werke werden in Israel gesendet, verkauft, einstudiert und gespielt, allerdings nicht von den beiden wichtigsten Klangkörpern des Landes, dem Israel Philharmonic Orchestra und der Israelischen Oper.

Ich habe mich schon lange für die Aufhebung des Bannes eingesetzt und mich vor allem gegen dessen Politisierung gewandt. Meiner Meinung nach hat aber Bayreuth selbst Anteil an der Aufrechterhaltung des Bannes. Viele Israelis möchten gerade wegen Bayreuths Tradition als Heiligtum, als Wagner-Kultstätte, als Ziel von Pilgerfahrten, und eben nicht als gewöhnlicher Aufführungsort für Musik, Wagner-Werke auf unseren führenden Bühnen nicht sehen – das kann man als ein Anti-Bayreuth-Syndrom verstehen. Die Tradition Bayreuths hat eine enge Verbindung zwischen dem *Aufführen* von Wagner und dem *Zelebrieren* seiner Werke geschaffen. Israelis würden Werke Wagners in der großen Mehrheit anhören und studieren, lehnen es aber ab, sie zu zelebrieren. Solange die mächtige Verbindung zwischen dem Aufführen und Feiern der Werke Wagners anhält, wird die Beziehung der Israelis Wagner gegenüber schwerlich zu normalisieren sein.

Wagner war zugleich ein genialer Musiker, ein fragwürdiger Mensch und ein Verkünder von politischem Haß. Es gibt keinen Grund, warum seine Werke nicht auch von den Opfern seiner politischen Animosität geschätzt und studiert werden sollten. Aber es gibt durchaus Gründe dagegen, ihn als Held zu verehren, gleichgültig, ob Jude oder Nichtjude. Heiligtümer für Beethoven oder Mahler gibt es nicht – es sei denn in ihren Partituren –, und keiner zelebriert sie durch Aufführungen ihrer Werke. Bayreuth dagegen hat über Generationen hinweg das Publikum zu einer anderen Haltung Wagner gegenüber erzogen. Und obwohl das heutige Bayreuth seine früheren nationalistischen und germanischen Einstellungen abgelegt – und seine nationalsozialistische Vergangenheit widerrufen hat –, so ist es für viele Deutsche nach wie vor ein Ort des Kults und der Pilgerschaft. Das verweist auf die Tatsache, daß die Deutschen nicht weniger als die Juden bisher versäumt haben, ihre Beziehung zu Wagner zu normalisieren.

Die Normalisierung auf beiden Seiten verlangt die »Entheiligung« von Bayreuth. Das Festspielhaus sollte zu einem gewöhnlichen Aufführungsort für Musik werden, für besondere Werke, darunter natürlich Wagners Opern, aber auch andere. Das heißt: Öffnen Sie Bayreuth für eine Vielzahl erstklassiger Aufführungen das ganze Jahr hindurch, nicht nur aus Anlaß sommerlicher Festspiele, die eine weltliche Pilgerfahrt assoziieren. Warum nicht auch Mozart und – ja – Bizet und Rossini auf die Bühne bringen? Warum nicht eine Spielzeit mit Schönbergs *Moses und Aron* eröffnen? Klingen diese Vorschläge skandalös und ketzerisch? Wenn das der Fall sein sollte, unterstreicht das meine Beweisführung.[27]

---

27 Der Vorschlag wird nur denen als ketzerisch erscheinen, die auf der Fortführung des Wagner-Kults bestehen und sich der Normalisierung ihrer Einstellung zu Wagner widersetzen. Das sind mit anderen Worten diejenigen, die zur Fortdauer des Problems beitragen.

Zusammenfassung der Diskussion

Die Diskussion stellte die Bedeutung der Philosophie Nietzsches als Gegenkraft zur Bayreuther Ideologie heraus. Prof. Yovel betonte die Notwendigkeit der Universalisierung und Entgermanisierung der künstlerischen Botschaft nach dem Zweiten Weltkrieg, die er noch nicht für abgeschlossen halte. Nietzsches Kritik an Wagner richte sich vor allem gegen dessen Selbststilisierung als Erlöser. Diese Grenzüberschreitung der Kunst zur Religion bilde den Ursprung ihrer späteren politischen Vereinnahmung. »Wenn ein Künstler seine Kunst als Ersatz für Philosophie, Religion und Kultur verwendet, entstehen alle möglichen Gefahren.«

Wolf-Daniel Hartwich

David Clay Large

Ein Spiegelbild des Meisters?

Die Rassenlehre von Houston Stewart Chamberlain

Anders als sein zeitweiliger Bewunderer Friedrich Nietzsche behauptete Richard Wagner nie, auf Anhänger verzichten zu können. Er versammelte um sich den vielleicht ergebensten Kreis von Verehrern, den es in der Musikgeschichte je gegeben hat. Die eifrigsten unter seinen Schülern priesen ihn sowohl als Gesellschaftsphilosophen wie als Musiker. Sie glaubten an sein Ideal, die gesamte gesellschaftliche und politische Ordnung durch die gestaltende Kraft von Kunst zu reformieren. Bayreuth wurde als hauptsächlicher Sammelpunkt der Wagnerianer von den letzten Lebensjahren Wagners bis zum Dritten Reich zum Mittelpunkt dieser Gedankenwelt, dieses Kultes. Wenn schon das geistige Erbe, das Wagner seinen Anhängern vermachte, im Hinblick auf seine gesellschaftlichen und politischen Weiterungen zweifellos problematisch war, so bedeuteten Interpretation und Umgang der Bayreuther Jünger mit diesem Erbe ein noch größeres Problem. Der Einsatz dieser Wagner-Jünger zugunsten des Meisters mag als Bestätigung für Nietzsches Warnung vor den Gefahren der Bildung einer eigenen Schule dienen.[1]

Zu den einflußreichsten und schließlich auch problematischsten Bayreuther Aposteln zählte Houston Stewart Chamberlain, ein Schwiegersohn Richard Wagners, der in der Wagner-Bewegung von den frühen neunziger Jahren des 19. Jahrhunderts bis zu seinem Tod 1927 eine wichtige Rolle einnehmen sollte. Chamberlains Einfluß ergab sich nicht aus der erst 1908 eingegangenen Ehe mit Wagners Tochter Eva, sondern aus seinen umfangreichen Schriften, deren viele sich direkt oder indirekt auf Wagner bezogen. Er war das einzige Mitglied des inneren Kreises in Bayreuth, das mit einem Bestseller aufwarten konnte, den *Grundlagen des Neunzehnten Jahrhunderts.* Zugleich war Chamberlain der einzige Vertreter dieses Wagner-Zirkels, der in

1 Für Studien zur Bedeutung des Bayreuther Kreises vgl. David C. Large, *Wagner's Bayreuth Disciples* in: *Wagnerism in European Culture and Politics*, hrsg. von David C. Large und William Weber, Ithaca, New York 1984, S. 72–133; Winfried Schüler, *Der Bayreuther Kreis von seiner Entstehung bis zum Ausgang der Wilhelminischen Ära. Wagnerkult und Kulturreform im Geiste völkischer Weltanschauung*, Münster 1971.

bedeutendem Maße für ein ausländisches Publikum schrieb, darunter auch Leser in den U.S.A. Chamberlain gehörte aber nicht nur zu den außerordentlich einflußreichen Bayreuthern, er hebt sich von diesen auch als vielschichtigste Persönlichkeit ab. Im Vergleich zu den anderen Wagner-Jüngern war er ein nicht ganz so vollkommener Wagnerianer, dessen Einstellung zum Meister gelegentlich ähnlich ambivalent war wie die Haltung solch kritischer Wagner-Adepten wie Nietzsche, Shaw und Thomas Mann.[2]

Auch wenn Chamberlain sicherlich zu den stärksten Fürsprechern Wagners gehörte, so bestand er doch im Unterschied zu einigen der anderen Wagner-Anhänger darauf, »kein Spiegel zu sein, der das von einem bedeutenden Menschen ausstrahlende Licht zurückwerfe.«[3] Obwohl er darauf insistierte, daß Wagner »deutsch sei« – ein Merkmal, das Ausländern den eigentlichen Kern des Werkes von Wagner angeblich verschließe –, kam er selbst doch auch aus dem Ausland. Chamberlain war geborener Engländer, der seine ersten zehn Lebensjahre in Frankreich verbracht hatte, in England zur Schule gegangen war und in der Schweiz studiert hatte. Trotz einer frühen Faszination für alles Deutsche blieb er sich doch im Unklaren darüber, wo er ganz zuhause war, bis er schließlich eine »Bekehrung zum Deutschen« erfuhr, nach der er sich als *plus royalist que le roi* empfand. Nach seiner Wiedergeburt als Deutscher und Wagnerianer – die Staatsbürgerschaft erwarb er erst 1916 – wurde Chamberlain sich seiner Fähigkeit zum Eindringen in die Gedankenwelt des Meisters allmählich so sicher, daß er es wagen konnte, eine gewisse intellektuelle Distanz zwischen sich und den Rest des inneren Bayreuther Kreises zu legen. Schließlich ging er noch gewagter vor: er konnte für sich in Anspruch nehmen, über die Gedanken des Meisters teilweise noch hinausgegangen und dessen sozialphilosophische und kulturreformerische Ideen erheblich verbessert zu haben.

Der englische Wagnerianer hielt sich zugute, die Botschaft des Meisters in Bezug auf die Rassenfrage, die schon Wagner sehr beschäftigt hatte, am intensivsten verbessert zu haben. Chamberlains Rassenlehre, vor allem seine Aussagen zur Beziehung von Deutschen und Juden, stehen im Mittelpunkt seiner Weltsicht und seines Selbstverständnisses als Wagner-Missionar. Aus diesem Grund möchte ich mich in den folgenden Ausführungen auf Chamberlains Entwicklung als Rassentheoretiker im Rahmen seines Wagner-Kults konzentrieren und am Schluß einige mögliche Schlußfolgerungen zu den weiteren Auswirkungen seiner Ideen wagen.

Als Chamberlain erstmals die Klanggewalt der Musik Wagners erlebte – er war damals Student in der Schweiz –, war er kein Rassist und zweifellos kein Antisemit.

---

2 Die beste Biographie Chamberlains stammt von Geoffrey G. Field, *Evangelist of Race. The Germanic Vision of Houston Stewart Chamberlain*, New York 1981. Vgl. auch Roderick Stackelberg, *Idealism Debased. From Völkisch Ideology to National Socialism*, Kent, Ohio 1981, S. 105–154.

3 Houston Stewart Chamberlin [im folgenden HSC], *Richard Wagner*, München 1896, S. 17.

Es war – ganz im Gegenteil – sogar ein Wiener Jude namens Blumenfeld, der den jungen Mann mit einigen der grundlegenderen Geheimnissen Wagners bekannt machte. Blumenfeld erzählte ihm beispielsweise, daß das Festspielhaus nicht im syrischen Beirut lag, wie die *London Times* berichtet hatte, sondern in einer deutschen Kleinstadt namens Bayreuth. Von größerer Bedeutung war die Tatsache, daß Blumenfeld Chamberlain mit dem Text der *Ring*-Opern vertraut machte und dem Engländer nahelegte, die Musik bei einer Aufführung sobald als möglich selbst zu hören.[4] Chamberlain erlebte schließlich 1878 den ersten kompletten Münchner *Ring*, der ihn trotz der Tatsache begeisterte, daß die Bühne von seinem Platz aus nicht einsehbar war.[5] Von diesem Erlebnis war er so überwältigt, daß er sich sofort hinsetzte und eine erste Würdigung des Genies von Wagner niederschrieb, einen kurzen Artikel, den er mutig an Hans von Wolzogen für die *Bayreuther Blätter*, das Stammblatt Bayreuths, schickte. Der Artikel enthält weder Hinweise zu Rassismus noch den in der Zeitschrift häufig zu findenden Dogmatismus. Chamberlain beschränkte sich auf die Musik Wagners und behandelte nicht etwa die Gesellschaftstheorien; allen Bemühungen, Wagners vielseitiges Erbe in ein einheitliches Gedankengebäude umzumünzen, stand er höchst kritisch gegenüber. Mit seinem Eintreten für diese Sichtweise stellte sich Chamberlain gegen die Zeitschrift, für die er gerade einen Beitrag verfaßte. Er zog gegen die Haltung der *Bayreuther Blätter* vom Leder, die von ihren Autoren angeblich erwarteten, »zu der Denkweise des Buddhismus zurückzukehren« und ihre »von der Wissenschaft beschmutzten Glieder in den heiligen Fluten des Ganges reinzuwaschen.« Diese absurde Einstellung rühre von dem ganz falschen und stark zu tadelnden Verfahren her, »bestimmte philosophische Lehren aus einem Kunstwerk zu ziehen.«[6] Daß Wolzogen Chamberlains Artikel ablehnte, überrascht keinesfalls. In der nächsten Ausgabe der *Blätter* führte er aus, daß Ausländer Wagner nie ganz würden verstehen können, wobei er seine Worte mit der Bedeutungslosigkeit einer kürzlich erhaltenen Zuschrift eines jungen englischen Enthusiasten belegte.[7] Dieser Vorgang war die erste, aber keineswegs die letzte Auseinandersetzung Chamberlains mit Bayreuth.

Wolzogens Behauptung, daß Ausländer die Werke Wagners nie würden verstehen können, entmutigte Chamberlain aber keinesfalls bei der Fortsetzung seiner Bemühung um das Werk des Meisters. 1882 besuchte er erstmals Bayreuth, erlebte dabei die Uraufführung des *Parsifal* und begegnete sogar kurz dem Meister selbst. Die weihevolle Atmosphäre der Festspiele beeindruckte ihn so tief, daß er nach Hause schrieb, ein »seraphisches Glücksgefühl«[8] habe ihn ergriffen. Drei Jahre später konnte er jedoch in einem Aufsatz für die *Revue Wagnerienne* unverblümt behaupten: »Im

---

4 HSC, *Lebenswege meines Denkens*, München 1917, S. 193f.
5 Ebd., S. 210f.
6 Teile dieses Artikels sind wiedergegeben a. a. O., S. 219.
7 A. a. O., S. 218.
8 A. a. O., S. 236–241.

Parsifal gibt es nicht mehr Christentum als Heidentum im *Ring* und im *Tristan.*«[9] Zu dieser Zeit war er zweifellos noch kein wahrer Adept.

Als Chamberlain diese Zeilen schrieb, lebte er in Dresden, wohin er 1885 gezogen war, um dem Geist Wagners näher zu sein. Während der nächsten fünf Jahre machte er wiederholte Pilgerfahrten nach Bayreuth. Dabei verbrachte er immer mehr Zeit mit Wagners Witwe Cosima, die er 1888 kennengelernt hatte. Die ausführlichen Kontakte zum Bayreuther Heiligtum und zu dem Kreis ergebener Schüler um Cosima lenkten sein Denken allmählich weg von einem in ästhetischen Fragen kosmopolitischen Ansatz und führten zunehmend zu einer politischen, religiösen und rassistischen Sicht von Kunst, vor allem der Kunst Wagners. Chamberlain betonte nun, daß alle großen Kunstwerke in der historischen Erfahrung des jeweiligen Stammes, der Nation oder der Religionsgemeinschaft verwurzelt seien. Der englische Wagnerianer war zwar von der Rassenfrage noch nicht besessen, hatte aber die ersten Schritte auf dem Weg eingeschlagen, der ihm zu seiner merkwürdigen Karriere als Prophet des wahrhaft Deutschen verhelfen sollte.

Chamberlain verlegte seinen Hauptwohnsitz 1889 – zu dieser Zeit bemühte er sich immer noch um einen Ruf als Kulturtheoretiker im Sinne Wagners – von Dresden nach Wien, wo er bis zu seiner späteren Übersiedlung nach Bayreuth im Jahr 1908 lebte. Obwohl er meist mit der »Wagner-Stadt« Bayreuth in Verbindung gebracht wird, schrieb er seine wichtigsten Werke in der Habsburger Metropole, wo er sich zu einem ausgewachsenen Rassentheoretiker entwickelte – oder dazu degenerierte.

Als Chamberlain nach Wien kam, war die österreichische Metropole das bedeutendste Wagner-Zentrum außerhalb Bayreuths. Wien konnte sich neben der Hofoper, in der Wagners Musikdramen regelmäßig gespielt wurden, mit der weltweit größten Wagner-Gesellschaft brüsten, dem Akademischen Wagner-Verein. Unter den Wagnerianern gab es aber – wie in der Stadt Wien selbst – heftigen Parteienstreit und bittere Fehden.[10] Eine größere Auseinandersetzung entbrannte zwischen denjenigen, die einzig die Aufführung der Werke Wagners propagierten und anderen, die es für ihre Pflicht hielten, Wagners Kunst zugunsten pangermanischer und antisemitischer Ideen einzusetzen. Diese letztere Fraktion spaltete sich vom Akademischen Wagner-Verein ab und gründete den Neuen Wagner-Verein. Chamberlain, aufgehender Stern am Wagner-Firmament und neuer Einwohner der kaiserlichen Hauptstadt, wurde unweigerlich in diesen Streit hineingezogen. Bezeichnenderweise schlug er sich auf die Seite des Neuen Vereins, bei dem er 1891 zu einem Vortrag eingeladen wurde. Nach diesem Ereignis schrieb er an Cosima Wagner: »Zum allerersten Mal war ich in einer Wagner-Gesellschaft, in der man mit Ernst bei der Sache war,

9 HSC, *Notes sur Parsifal* in: *La Revue wagnérienne*, August 1886, zitiert in Field, S. 68 (deutsche Übersetzung DG).

10 Eine scharfsichtige Studie der Wagner-Verehrung in Österreich, vor allem in Wien, stammt von W. J. McGrath, *Dionysian Art and Populist Politics in Austria*, New Haven 1974.

wo etwas Bedeutendes geschah und wo [...] das ganze Geschehen sich um die zentralen Themen bewegte, welche die Existenz einer Wagner-Gesellschaft rechtfertigen.«[11] Auch die Tatsache, daß der Neue Verein jüdische Komponisten wie Mahler nicht pries, wie das beim Akademischen Wagner-Verein angeblich der Fall gewesen war, beeindruckte ihn. Zugleich fürchtete Chamberlain aber auch, daß im Neuen Verein – er trat ihm in der Folge bei – die politischen Aspekte gegenüber der Verpflichtung vor Wagner ein Übergewicht erhalten könnten. In einem Brief an Friedrich Glasenapp äußert er die Hoffnung, daß der Verein Nationalismus und Antisemitismus »innerhalb gebührender Grenzen« halte, »so daß der Name des Meisters über alle und über jedes scheinen möge.«[12] Es zeigt sich hier der für Chamberlain charakteristische Pragmatismus, der mit Bayreuths eigenem, vorsichtigen Taktieren übereinstimmte – dem Wunsch, die künstlerische und wirtschaftliche Lebensfähigkeit der Festspiele nicht durch eine zu einseitige politische oder rassische Stellungnahme zu gefährden. Chamberlain sollte sich im weiteren Verlauf seines Lebens immer wieder um die Vermeidung einer diesbezüglichen, destruktiven Instrumentalisierung Wagners bemühen, brach diese Regel aber selbst häufig genug.

Ausgelöst durch das Leben in Wien, wo es einen großen jüdischen Bevölkerungsanteil, eine unruhige slavische Bevölkerung und eine katholische Mehrheit gab, setzte sich bei Chamberlain zunehmend der Gedanke fest, die deutsche Kultur vor »fremden« Einflüssen schützen zu müssen. Als er auf Cosimas Empfehlung hin Gobineaus *Essai sur L'inégalité des races humaines* las, verglich er die Aussagen des Buches mit den alltäglich in der Wiener Hauptstadt beobachteten Rassenkonflikten. Angesichts der Völkervielfalt in Wien glaubte er, die schwächenden Folgen der dort vorzufindenden rassischen Durchmischung erkennen zu können.[13] Die »Degeneriertheit« Wiens machte ihn mit anderen Worten umso empfänglicher für die vom Bayreuther Kreis propagierte politische und religiöse »Erlösung«.

In den neunziger Jahren des 19. Jahrhunderts hatte es dann aber den Anschein, daß Bayreuth selbst bei der Durchführung dieses selbstauferlegten, erlösenden Kreuzzuges in Gefahr gerate. Eine weit verbreitete Denkschrift eines früheren Freundes von Wagner, des Pianisten Ferdinand Praeger, führte in leuchtenden Details die persönlichen Verfehlungen und Übergriffe des Meisters vor Augen, darunter die grausame Behandlung seiner ersten Frau, sein ruchloses Ausplündern König Ludwigs II. von Bayern, seine wollüstigen Ausschweifungen und sein Kokettieren mit radikalen politischen Ideen bei den Dresdner Aufständen 1849. Immer wieder kam Praeger auf

---

11 HSC an Cosima Wagner, Brief vom 26. Oktober 1891, in: *Cosima Wagner und Houston Stewart Chamberlain im Briefwechsel, 1888–1908*, hrsg. von Paul Pretzsch, Leipzig 1934, S. 243–244. [Dieser Nachweis laut Field, a. a. O., S. 110, Rückübersetzung aus dem Englischen.]

12 Field, a. a. O., S. 110. [aus Nachlaß Chamberlain, Richard-Wagner-Gedenkstätte Bayreuth, Brief an Friedrich Glasenapp vom 25. April 1892; Rückübersetzung aus dem Englischen.]

13 Field, a. a. O., S. 115.

die Unstimmigkeiten in Wagners gesellschaftspolitischen Überlegungen zurück; Wagner wurde vorgehalten, daß er je nach Lust und Laune zu gerade passenden philosophischen Ideen gegriffen habe.[14] Die entrüstete Cosima bat Chamberlain, die Reputation des Meisters und damit des Bayreuther Unternehmens zu verteidigen. Chamberlain lancierte eine Kampagne gegen Praeger: er wies auf verschiedenste Fehler in dessen Buch hin und behauptete, Praeger sei Teil einer internationalen Verschwörung, um das Ansehen des Meisters zu beschmutzen. Ohne Praeger direkt als Juden zu bezeichnen, legte Chamberlain doch nahe, daß es sich hierbei um eine jüdische Verschwörung handelte.[15] Im Dienste Bayreuths verfaßte der Engländer dann seine eigene Biographie des Meisters, die das persönliche Leben des Komponisten nur leicht berührte, ihn aber als schöpferischen Genius feierte, dessen verschiedene Werke eine einheitliche Weltsicht zum Ausdruck brachten.[16] Ähnliche Argumente brachte er in Artikeln für eine thematisch breit gefächerte Anzahl bekannter Zeitschriften zum Ausdruck, angefangen bei der französischen *Revue des deux Mondes* bis hin zum amerikanischen Publikationsorgan *Ladies Home Journal*.[17] Während Chamberlain in diesen Publikationen den christlichen Erlösungsgedanken betonte, spielte er den Antisemitismus des Meisters eher herunter und mäßigte sich auch hinsichtlich seiner eigenen rassistischen Ansichten. Das war nicht leicht. »Jeder von uns«, so gestand er in privater Runde »muß sein Kreuz tragen; das meine ist die unablässige Selbst-Entsagung, das Unterdrücken der innersten Herzenswünsche.«[18]

Abgesehen von den Angriffen auf den Spiritus rector Bayreuths, mußte man sich dort auch der Bemühungen erwehren, die Bedeutung des jährlichen Festspiele für die deutsche Kultur und die internationale Verbreitung der Werke Wagners herunterzuspielen. Einige Kritiker meinten, daß Wagners Musikdramen wirkungsvoller und erfolgreicher in leicht erreichbaren, großen Städten wie München und Berlin inszeniert werden könnten, die über hervorragende Opernensembles verfügten. Die Kritiker verwiesen auch auf die Tatsache, daß nur der *Ring des Nibelungen* und *Parsifal* ausdrücklich für die Bayreuther Bühne geschrieben worden waren.[19] Erneut bat Cosima Chamberlain um sein Eingreifen. Er argumentierte, daß Wagners Erlösungsgedanke gerade deshalb in Bayreuth am mächtigsten wirken könne, da die Kleinstadt von den Zwängen und der Korruption der Großstadt frei sei. Auch wenn Wagner selbst Bayreuth sicher zumindest teilweise wegen des Abstands zur tobenden Menge ausge-

---

14 Ferdinand Praeger, *Wagner wie ich ihn kannte*, Leipzig 1892.

15 HSC, *Ferdinand Praegers ›Wagner wie ich ihn kannte‹*, in: *Bayreuther Blätter* (1893).

16 HSC, *Richard Wagner*, München 1896.

17 HSC, *Richard Wagner*, in: *Revue des deux Mondes*, 15. November 1893; HSC, *The Personal Side of Richard Wagner* und *How Richard Wagner Wrote His Operas*, in: *Ladies Home Journal*, November 1898.

18 HSC zitiert nach Field, S. 125. [aus Nachlaß Chamberlain, Richard-Wagner-Gedenkstätte Bayreuth; Rückübersetzung aus dem Englischen.]

19 Siehe: *Eine Entgegnung auf unser ›offenes Wort‹ über die Neu-Inszenierung des Lohengrin in München*, in: *Ostdeutsche Rundschau*, 12. Juni 1894; *Münchens ›Lohengrin‹ Witze*, ebda.

sucht hatte, war es nie seine Absicht gewesen, alle seine Werke ausschließlich oder auch nur hauptsächlich auf der Bühne des Festspielhauses zu präsentieren. Bei seinen Bemühungen um das Bayreuther Primat insistierte Chamberlain, daß den Musikdramen Wagners eine gemeinsame Ideologie eigen sei; ihr essentiell »Deutsches« werde im geheiligten Umfeld des Grünen Hügels am stärksten sichtbar. In Metropolen wie Wien und Berlin, die von vielen rassischen Elementen geprägt seien, könne das Umfeld die Reinheit der Botschaft untergraben.[20]

Aufgrund seiner eindeutigen Parteinahme für Bayreuth gewann Chamberlain allmählich weltweit den Ruf, als orthodoxer Hauptverteidiger Wagnerscher Ideen Cosimas rechte Hand zu sein. Chamberlain war angesichts dieser Rollenzuweisung nicht ganz glücklich, da sie seiner Meinung nach weder seiner eigenen geistigen Unabhängigkeit noch der ganzen Breite seiner Talente entsprach. Als der Münchner Verleger Hugo Bruckmann ihm vorschlug, eine ausgedehnte Kulturgeschichte Europas im 19. Jahrhundert zu schreiben, nahm Chamberlain diesen Auftrag bereitwillig an. Das Auftragswerk *Die Grundlagen des Neunzehnten Jahrhunderts*, 1899 erschienen, war nur der erste Abschnitt eines geplanten dreiteiligen Werkes, das unvollendet blieb.[21] Dennoch erwiesen sich die *Grundlagen* als Chamberlains Hauptwerk und seine ausführlichste Stellungnahme zur Bedeutung der Rasse für die Geschichte. Obwohl er für sich in Anspruch nahm, daß auch dieses Werk »ein Stück Bayreuther Arbeit«[22] sei, äußerte er sich in dem Text doch kaum direkt zu Wagner und verwandte das geistige Erbe des Meisters vor allem als eine Art Sprungbrett für seine eigenen, vermeintlich weiterreichenden Höhenflüge.

Die *Grundlagen* sind zu komplex, als daß sie hier im Detail untersucht werden könnten; es genügt, die Hauptargumente des Werks zu beleuchten. Chamberlain geht von der Grundüberzeugung aus, daß die Auseinandersetzung unterschiedlicher Rassen von Anbeginn an die Geschichte der Zivilisation in Europa dominiert habe, besonders die schicksalhafte Auseinandersetzung zwischen den semitischen und den »arischen« Völkern. Dabei führt er die Vorherrschaft dieser beiden Gruppen nicht auf eine anfängliche Reinheit des Blutes zurück; im Gegenteil seien beide Völker das Ergebnis einer Rassenmischung, die zu Beginn der Geschichte die Grundlage des Überlebens bedeutet hatte. Hatte eine Rasse sich einen Platz erobert – so seine weiteren Überlegungen –, konnte sie nur prosperieren, wenn ihre Mitglieder es vermieden, sich mit unverträglichen oder rassisch minderwertigen Gruppierungen zu vermischen. Die arische Rasse, deren leuchtendstes Beispiel die Germanen oder Teutonen waren, habe – nachdem sie über die Notwendigkeit zu rassischer Vermischung (Auslese) hinausgelangt war – lange genug zusammengehalten, um ungeheure Leistungen in europäischer Kultur und Gesellschaft zu erreichen. In der Gegen-

20 HSC, *Musikausstellung und Festspiele*, in: *Bayreuther Blätter* (1892); HSC, *Bayreuth und die Kritik*, in: *Deutsche Revue*, August 1897.

21 HSC, *Die Grundlagen des Neunzehnten Jahrhunderts*, 2 Bde., München 1899.

22 Nach Field, a. a. O., S. 340.

wart laufe man aber wie schon in der Vergangenheit Gefahr, diese Errungenschaften aufgrund der destruktiven Kräfte der Semiten zu verlieren.

Chamberlain begann seinen langen Überblick zur europäischen Geschichte mit Überlegungen zur klassischen Antike. Er argumentierte mit Nietzsche und Wagner, daß das Haupterbe der Griechen eine schöpferische Synthese zwischen Kunst und Leben gewesen sei. Griechenland sei dann jedoch unverträglichen semitischen Einflüssen aus dem Osten zum Opfer gefallen, die die Synthese zerstörten und dabei die gleichermaßen destruktiven Traditionen eines hohlen Rationalismus wie priesterlichen Aberglaubens verbreiteten.[23] Sich Rom zuwendend stellte Chamberlain die Behauptung auf, daß es dieser nächsten großen Stätte europäischer Kultur eine Zeitlang gelungen sei, die semitischen Einfälle zurückzuschlagen, während in Rom zugleich die bedeutenden Beiträge zu Recht und Gesellschaftsordnung geschaffen wurden. Rom fiel schließlich ebenso wie Griechenland, dessen kulturelle Vitalität es nie erreichte, rassischer Degeneration anheim, als die Verbindung römischer Bürger mit Ausländern semitischer oder afrikanischer Abstammung in ausgedehntem Maße erlaubt wurde.[24] Vor dem Untergang sah das Römische Reich die Entstehung des Christentums, das Chamberlain als Morgenröte einer neuen germanischen Kultur interpretierte. In Übereinstimmung mit einigen anderen Rassentheoretikern, darunter Wagner, behauptete er, daß Christus nicht Jude, sondern »Arier« gewesen sei. Er unterstützte diese Behauptung mit einer Fülle pseudowissenschaftlicher Überlegungen zur Rasse der Galiläer und fügte ergänzend den Hinweis bei, daß ein Idealist wie Jesus auf keinen Fall einem »materialistischen« Volk wie dem der Juden habe entstammen können.[25] Der Zusammenbruch Roms und die Entstehung des Christentums entfachte einen Machtkampf zwischen Juden und den verschiedenen arischen Völkern um ein zwiefaches Erbe, das Legat Christi und der antiken Welt. In diesem historischen Wettstreit hatten die Juden einige Vorteile: sie bemühten sich um die disziplinierte Beibehaltung der äußeren Gesetze ihres Glaubens, konnten zugleich aber auch mit den verschiedensten subversiven Kräften Allianzen schmieden, angefangen von der römisch-katholischen Kirche über den parlamentarischen Liberalismus bis hin zum internationalen Sozialismus. An einem Tag mochte der Jude in höfischer Uniform erscheinen, am nächsten in eine rote Flagge gekleidet; er mochte als Anwalt fürstlicher Macht oder als Apostel demokratischer Freiheit erscheinen. Die Arier waren angesichts dieses Gegners, der mit seinen vielen Köpfen der Hydra glich, wegen ihrer ehrlichen, vertrauensvollen Natur im Nachteil. Kraft ihrer übergroßen Tugenden, instinktiven Neugier, natürlichen Intelligenz, physischen Kraft, inneren Stärke und Loyalität der Gemeinschaft gegenüber war es ihnen aber möglich gewesen, praktisch alle großen kulturellen Errungenschaften seit dem Mittelalter zu erfin-

23 HSC, *Die Grundlagen des Neunzehnten Jahrhunderts*, I, S. 6–135.
24 HSC, a. a. O., S. 139–218.
25 HSC, a. a. O., S. 245–258.

den. Sie legten die Grundlagen zur Renaissance, zum Zeitalter der Aufklärung, zur Revolution der Wissenschaft und den Höhenflügen idealistischer Philosophie. Darüber hinaus hatten die Arier zunehmend die Bedeutung des Verbots rassischer Vermischung erkannt. Sie wußten, daß die menschliche Zukunft von einem Rassenkampf beherrscht sein werde, der »nicht mit Kanonenkugeln geführt wird,« sondern durch Ehen »geräuschlos im Herzen der Gesellschaft stattfindet.«[26]

Die kurze Zusammenfassung der wichtigsten Gedanken aus Chamberlains Hauptwerk läßt schon erkennen, daß Argumentation und Zielrichtung des Werkes wenig Neues zeigten; das änderte allerdings wenig an der Tatsache, daß dieses Buch im ersten Jahrzehnt des neuen Jahrhunderts das meistverkaufte Werk dieser Art im deutschen Sprachgebiet war. Chamberlains *Grundlagen des Neunzehnten Jahrhunderts* hatten für die Vorkriegszeit vergleichbare Bedeutung mit Oswald Spenglers *Untergang des Abendlandes* für die Zeit unmittelbar nach dem Ersten Weltkrieg. Im gleichen Maß wie die Spenglersche Kulturkritik hielt auch Chamberlain mit seiner Synthese hochaktueller Ideen die Stimmung seiner Zeit auf glänzende Weise fest. Er kombinierte den Wunsch nach deutscher oder nordischer Vorherrschaft mit der Angst vor moralischem und gesellschaftlichem Niedergang und sprach auf diese Weise sowohl Hoffnungen wie Ängste seiner Leserschaft an. Seine Leser fand er übrigens trotz verschiedener Übersetzungen vorwiegend im deutschen Sprachgebiet. Chamberlains Erfolg rührte aber auch daher, daß er durch die Verarbeitung wissenschaftlicher Argumentationen glaubwürdig erschien, sich dabei aber nicht in komplizierte Fachdiskussionen verwickelte. Im Gegenteil: er brüstete sich damit, die fundamentale »Einfachheit« von Themen wie etwa der Rassenfrage aufzudecken, und versicherte den Lesern, daß sie keine anthropologischen Fachkongresse besuchen müßten, um die Unterschiede verschiedener Rassen erkennen zu können. Neben einer offensichtlichen, »intuitiven« Einfühlung in sein Thema gerierte er sich als leidenschaftslos, sogar als gemäßigt. Gelegentlich unterbrach er seinen Redefluß, um den bei ihm nicht vorhandenen Haß gegenüber den Juden zu demonstrieren, von denen er behauptete, daß er sie in gewisser Weise sogar bewundere. In den *Grundlagen des Neunzehnten Jahrhunderts* findet sich trotz des Festhaltens an dem vermeintlich schändlichen Einfluß der Juden auf die europäische Geschichte keine ausdrückliche Handlungsanweisung, wie ihr Einfluß eingeschränkt werden könne, sieht man einmal von der Ermahnung der Deutschen ab, ihr eigenes Lager zu stärken, um es gegenüber fremden Einflüssen zu schützen.[27]

Die in Chamberlains *Grundlagen des Neunzehnten Jahrhunderts* anzutreffende Mäßigung verringerte nicht etwa den Einfluß dieser Schrift bei späteren rassistischen Kampagnen, in denen ausdrückliche Handlungsanweisungen große Bedeutung erhielten, sondern unterstrich ganz im Gegenteil den Nutzen des Werks als »geistige

26 HSC, a. a. O., S. 531.

27 Vgl. die Behandlung der *Grundlagen des Neunzehnten Jahrhunderts* in Field, a. a. O., S. 214–222.

Munition«. Bevor ich ausführlicher auf die Wirkung von Chamberlains Rassenlehre eingehe, muß ich kurz ausholen und darstellen, wie seine Publikation in Bayreuth aufgenommen wurde; die dortige Rezeption kann nämlich als eine Art Schlüssel für den Stellenwert des englischen Theoretikers in der Geschichte des Wagnerismus gelten.

Cosima Wagner hatte Chamberlains Entschluß zum Verfassen seines großen Werks in der Vermutung gutgeheißen, es handle sich um eine weitere Verklärung des Meisters. Sie fand in dem Werk eine Menge Bewundernswertes und rühmte den Autor als »Ersten, der den Mut hatte die Wahrheit auszusprechen, daß nämlich der Jude der entscheidende Faktor unserer gegenwärtigen Kultur ist und man deshalb das Judentum zu untersuchen habe.«[28] Äußerst unglücklich war sie allerdings darüber, daß Chamberlain Wagner nicht als seine wichtigste Inspirationsquelle bezeichnete. Ein weiterer Schwiegersohn Wagners, Henry Thode, schrieb vermutlich auf ihr Betreiben hin eine kritische Rezension der *Grundlagen* und warf Chamberlain genau dieses Versäumnis vor. Thode führte aus, daß die gesamte Arbeit des Engländers auf Wagners Prosa-Veröffentlichungen basiere, vor allem dessen *Religion und Kunst*, und fragte, weshalb weder im Vorwort noch im Text des Bandes diese Dankesschuld abgetragen werde.[29]

Chamberlain ging öffentlich erst 1901 im Vorwort zur dritten Auflage der *Grundlagen* auf diese Kritik ein. Er bekräftigte, daß die vermeintlich von Wagner übernommenen Ideen nicht »Privatbesitz« des Meisters, sondern »Bestandteil des gemeinsamen kulturellen Erbes europäischer Humanität« seien.[30] Ein Brief an Thode zeigt, wie verärgert er über den Vorwurf des Plagiats war: »Nicht verlange ich, daß man mein Kind hübsch findet, noch weniger, daß es für ein Wunderkind ausposaunt werde, aber m e i n Kind ist es, *frei und edel geboren.*«[31]

Mit welcher Berechtigung formuliert Chamberlain diese Behauptung? Jeder, der mit Wagners Schriften vertraut ist, wird unschwer die Parallelen zwischen den *Grundlagen* einerseits und auf der anderen Seite Publikationen wie *Religion und Kunst*, *Deutsche Kunst und deutsche Politik* und *Das Judentum in der Musik* erkennen. Wie Chamberlain beharrte auch Wagner darauf, daß alles Positive und Gesunde in der modernen europäischen Gesellschaft sich auf den Einfluß germanischer Völker zurückführen lasse, daß dagegen alles Schwächende auf der Macht von Deutschlands alten und neuen Rächern beruhe: Römern, atheistischem Materialismus, dem Marxismus und vor allem dem internationalen Judentum. Chamberlain befand sich aber auch zweifellos mit seiner Ansicht im Recht, daß diese Ideen nicht ausschließlich von

---

28 Cosima Wagner an Houston Stewart Chamberlain vom 7. April 1899, zitiert nach Field, a. a. O., S. 343, Rückübersetzung aus dem Englischen.

29 Henry Thode, *Literarisches Zentralblatt für Deutschland* (Leipzig) 51/1900, S. 438.

30 HSC, *Die Grundlagen des Neunzehnten Jahrhunderts*, dritte Auflage München 1901, I, XIV. (Rückübersetzung aus dem Englischen.)

31 HSC an Thode, Brief vom 2. Mai 1901, zitiert nach Schüler, a. a. O., S. 119.

Wagner herrührten. Sie entstammten vielfach den Schriften genau der Theoretiker, bei denen Wagner während der Ausarbeitung seiner diffusen »Erlösungsphilosophie« selbst so häufig und wenig systematisch Anleihen gemacht hatte. Chamberlains Quellen waren vielfältiger, sie reichten von antiken und mittelalterlichen Philosophen über Renaissance und frühe moderne Naturwissenschaft bis zu Kant, Goethe, Gobineau, Lagarde, Langbehn und Darwin. Schrieb Chamberlain auch häufig ebenso widersprüchlich und unsystematisch wie Wagner, so kleidete er seine Gedankengänge doch in eine sorgfältig ausgearbeitete historische, philsophische und pseudo-wissenschaftliche Sprache. Auch wenn er Wagners Tendenz übernahm, verschiedenen ethnischen oder rassischen Gruppen positive und negative Qualitäten zuzuschreiben, so kritisierte er die Ausführungen des Meisters hinsichtlich der entscheidenden Rassenfrage als zu »unwissenschaftlich«, um von wirklichem Wert zu sein.[32] Chamberlain legte Wert auf die Tatsache, daß seine eigenen Überlegungen zur Rassenfrage modernen Wissenschaftlern wie Darwin und Blumenbach verpflichtet seien. Er berief sich außerdem auf eigene, als Student geleistete Forschungsarbeiten im Fach der Pflanzen-Physiologie und der Nutztierhaltung.

In Wirklichkeit war Chamberlain bei seinen Ausführungen zur Rassenfragen kaum »wissenschaftlicher« oder genauer als Wagner. In seinem Werk definiert er nirgends den Begriff »Rasse«, den er wahllos zur Beschreibung einer biologischen Entität, einer Nation oder eines Volkes, gelegentlich auch nur einer Geisteshaltung oder eines Wertekatalogs verwendete. Die Deutschen bezeichnet er manchmal als der arischen Rasse zugehörig, manchmal als eigene Rasse. Im Hinblick auf die Juden redet er gelegentlich fast ehrfürchtig von einem »reinen« – und deshalb um so gefährlicheren – rassischen Feind, dann wieder von einer durch ständige Rassenmischung geschwächten Gruppierung.[33]

Trotz aller Gemeinsamkeiten gab es aber einen wichtigen Unterschied zwischen Chamberlains und Wagners Rassentheorien. In seinen späteren Jahren verwendete Wagner den Begriff Rasse zunehmend in eher biologistischer Sicht, ging aber nie von der Vorstellung ab, daß die Juden bei Abschwörung ihres Judentums »erlöst« werden könnten. Chamberlain dagegen führte das Argument, daß beim besten Willen niemand seinem »rassischen Charakter« entgehen könne. Deshalb konnte Chamberlain formulieren, daß er in der Rassenfrage Darwin, nicht Wagner folge. Ganz davon abgesehen, daß Chamberlain Darwin falsch verstand – Darwin sah die einzelnen menschlichen Rassen nicht als Äquivalent der verschiedenen Tierarten – propagierte der englische Wagnerianer doch zweifellos eine Art rassischen Determinismus. Er war der Meinung, daß die deutsche Rasse sich angesichts drohender Zersetzung aufgrund von rassischer Vermischung – so Gobineaus pessimistische Prophezeihung – nur dann bewahren könne, wenn es den Deutschen gelinge, sich vom

---

32 HSC, *Die Grundlagen des Neunzehnten Jahrhunderts*, dritte Auflage, XI.
33 Field, a. a. O., S. 189.

Abgrund nicht umkehrbarer rassischer Vermischung wieder zu entfernen. Notwendige Voraussetzung für diese Umkehr war der in großer Kunst zu findende Erlösungsgedanke. Den Juden dagegen war die vielleicht sehnlich erwünschte spirituelle Gemeinschaft mit den Deutschen aufgrund ihres rassischen Charakters verwehrt.

Der überwältigende Erfolg von Chamberlains *Grundlagen* machte ihn zum bedeutendsten Kommentator von Rassenfragen im späten Wilhelminischen Deutschland. Zu seinen stärksten Bewunderern gehörte Kaiser Wilhelm selbst, der bei Hofe Exemplare seines Buches verteilte. In einem Brief an Chamberlain formulierte er überschwenglich, daß der Engländer ihm von Gott gesandt sei, um sein »Streitkumpan und Bundesgenosse im Kampf für Germanen gegen Rom, Jerusalem usw.« zu sein.[34]

Chamberlain sonnte sich in seinem Ruhm als Autorität in Rassenfragen und insistierte darauf, daß seine eigenen Überlegungen gegenüber dem Wagnerschen Erbe sorgfältiger und geschliffener seien, den heftigen Reden professioneller Demagogen wie Theodor Fritsch, Wihelm Marr und Alexander Pinkert in keiner Weise vergleichbar. Und doch zeigen seine privaten Briefe und Tagebücher einen Menschen, der sich zu Rassenfragen alles andere als »ausgeglichen« oder »moderat« äußerte. Sein Ruhm ging einher mit dem Wahn, daß die Juden ihn – als ihren vermeintlich berühmtesten Gegner – zu vernichten suchten. Einem Bekannten gegenüber brüstete er sich damit, daß »kein Mann lebe, den die Juden so hassen wie mich.«[35] Ein Tagebucheintrag aus dem Jahr 1903 erwähnt einen Traum, in dem er durch Juden entführt und von einem ihrer Geheimgerichte zum Tode verurteilt worden sei. In einem anderem Traum wurde er wiederum von Juden entführt, dieses Mal mit der Absicht, ihn zu kreuzigen. Auf seine anfängliche Todesangst folgte ein »tiefes Glücksgefühl« bei dem Gedanken, ebenso wie der Erlöser für seine Überzeugung zu sterben. Im letzten Moment erschien seine Frau Anna und erlöste ihn.[36] Die Worte von Wilhelm II., daß er im Überlebenskampf der Deutschen Gottes Geschenk an das Volk sei, nahm er zweifellos ernst.

In seinen Träumen mochte Chamberlain vor den Juden durch seine Frau gerettet worden sein, im Wachzustand suchte er sich aber von seiner Frau Anna zu befreien, die langweilig, provinziell, kränklich war und seiner Vorstellung nach insgesamt nicht an die Seite eines Genies gehörte. (Im Laufe der Jahre schien er sie mit ähnlichen Augen zu sehen wie Wagner seine erste Frau Minna.) 1908 erlangte er nach einer langen Trennung die Scheidung von Anna und heiratete im selben Jahr Eva Wagner. Diese Eheschließung belegte, daß er in den Kreisen Bayreuths von neuem willkommen war, diesmal nicht mehr nur als Jünger Wagners, sondern kraft eigener

34 Kaiser Wilhelm II. an HSC, Brief vom 31. Dezember 1901, in: HSC, *Briefe 1882–1924 und Briefwechsel mit Kaiser Wilhelm II.*, 2 Bde, München 1928, Bd. II, S. 143.

35 HSC an Major Kotze, Brief vom 3. April 1915, in: HSC, *Briefe 1882–1924*, a. a. O., Bd. I, S. 307.

36 Field, a. a. O., S. 326–328. [aus Nachlaß Chamberlain, Richard-Wagner-Gedenkstätte Bayreuth, »Traumbuch«; Rückübersetzung aus dem Englischen].

Rechte.[37] Eva Wagner war kein intellektueller Widerpart ihrer Mutter, unterstützte aber wie Cosima ihren Mann in all seinen Ideen, darunter auch in seiner Rassentheorie. Er beschrieb seine zweite Frau in wagnerianischer Diktion als »meinen sicheren Hafen« und »meine Heilige Elisabeth«; ohne Zweifel hatte der deplazierte englische Wagnerianer schließlich sein eigenes privates Wahnfried gefunden.[38]

Chamberlains Heimatland England wurde nicht lange nach der Vermählung mit Eva und dem Umzug nach Bayreuth in den Krieg mit seiner neuen Heimat Deutschland gezogen. Unter einer Loyalitätskrise hatte Chamberlain aber nicht zu leiden; seiner Heimat hatte er sich entfremdet, seit England mit der Herrschaft Disraelis rassischer Degeneration anheimgefallen war. Im Gegenteil, während des Krieges schrieb er einige seiner schärfsten Angriffe auf England, die zur Veröffentlichung im englandfeindlichen Kaiserreich bestimmt waren. In seinen *Kriegsaufsätzen* verurteilte er jeden Aspekt des englischen Lebens und des englischen Charakters; man setze nur den Fuß auf die verfluchte Insel, schrieb er, und werde mit nichts als »Hast, Geld, Lärm, Pomp, Protzentum, Vulgarität, Arroganz, Mißmut und Neid«[39] konfrontiert. Der gegenwärtige Kampf Deutschlands gegen England sei deshalb ein Konflikt zur Verteidigung der hehrsten Werte des Abendlandes gegenüber der Herrschaft des Geldes. Als Deutschland die Niederlage erlitt, obwohl es Werte wie »Recht contra Verschwörung« und »Wahrheit contra Unwahrheit«[40] vertrat, konnte Chamberlain nur folgern, daß die äußeren Feinde des Kaiserreichs die Nation erfolgreich aus ihrer Mitte heraus besiegt hatten, indem es ihnen gelungen war, eine fünfte Kolonne aus Juden, Katholiken, Sozialisten und Demokraten zu mobilisieren.

Diese Argumentation entspricht deutlich Äußerungen der extremen völkischen Rechten; Chamberlain hatte sich seit Kriegsende in der Tat von den Hohenzollern losgesagt und sich einer populistischeren Richtung zugewandt. Zu Beginn der Weimarer Republik suchte er wie so viele neue Konservative[41] nach dem radikalen Messias zur Rettung des Volkes. Mit nicht geringem Interesse erfuhr er, daß es in München einen jungen, völkischen Agitator gab, der zufällig auch ein begeisterter Wagnerianer war. Als Hitler Bayreuth im Herbst 1923 erstmals besuchte, empfing ihn Chamberlain trotz ernster Krankheit persönlich. Nach ihrer Begegnung schrieb er den heute berühmten Brief an Hitler, in dem er ihn als Menschen rühmte, der »Ge-

---

37 Schüler, a. a. O., S. 120.

38 Field, a. a. O., S. 348. [Briefe von HSC an Eva Wagner von 15. 10. und 4. 12. 1908, Nachlaß Chamberlain, Richard-Wagner-Gedenkstätte Bayreuth; Rückübersetzung aus dem Englischen.]

39 HSC, *Kriegsaufsätze*, München 1915, S. 60.

40 HSC, *England und Deutschland*, in: *München-Augsburger Abendzeitung*, 9. September 1915. Rückübersetzung aus dem Englischen.

41 Die beste Arbeit über Deutschlands »Neue Rechte« zur Weimarer Zeit ist nach wie vor Klemens von Klemperer, *Germany's New Conservatism. Its History and Dilemmma in the Twentienth Century*, Princeton 1957.

waltiges zu leisten« vor sich habe. Dieses Gewaltige sei aber nicht »eine Gewalt, die aus Chaos stammt und zu Chaos hinführt«, sondern eine Gewalt, »deren Wesen es ist, Kosmos zu gestalten.«[42]

Trotz seiner offensichtlichen Unsicherheit, was Hitler anging, beförderte Chamberlain die Sache der Nationalsozialisten entscheidend. Wie einer seiner Biographen richtig festhält: »Durch diesen Brief wurde Chamberlain die erste Persönlichkeit von nationalem und sogar internationalem Ruf als Schriftsteller, die sich der nationalsozialistischen Bewegung anschloß.«[43] Hitler erkannte den Wert der Chamberlainschen Unterstützung: er veröffentlichte dessen Brief und verdeutlichte dadurch seine Ansprüche nicht nur auf den alternden Propheten teutonischen Gedankenguts, sondern auch auf die Welt Wagners, der er so eng verbunden war.

In der Tat waren die Nationalsozialisten für Chamberlains Unterstützung dankbar, zumal diese Unterstützung zu einer Zeit kam, als die Partei sich noch um Anerkennung bemühte. Kurz nach seiner Begegnung mit Chamberlain sollte Hitlers Putsch in München scheitern. Als Chamberlain Anfang 1927 starb, nahm Hitler für die Nationalsozialisten an der Beisetzung in Bayreuth teil. Der nationalsozialistische *Völkische Beobachter* formulierte in einem Nachruf, daß er einer der »Schmiede« sei, »deren Waffen nicht im Augenblick die letzte Verwendung finden, sondern die das Rüstzeug abgeben für Lebenskämpfe, wie sie Völker oft erst nach Jahrhunderten zu bestehen haben.«[44] Ein Jahr später schrieb der Chefideologe der Partei, Alfred Rosenberg, eine verklärende Schrift unter dem Titel *Houston Steward Chamberlain als Verkünder und Begründer der deutschen Zukunft*.[45] Und als die Nationalsozialisten schließlich an die Macht kamen, feierten sie diesen englischen Renegaten als einen der wichtigsten intellektuellen Vorläufer der neuen nationalsozialistischen Ordnung.

All diese Äußerungen der Nationalsozialisten erlauben natürlich keine Rückschlüsse auf Chamberlains tatsächlichen Einfluß auf die Männer, die das Dritte Reich prägten. Wie bei anderen sogenannten »intellektuellen Vorfahren« des Nationalsozialismus, darunter auch Wagner, läßt sich nur schwer entscheiden, bis zu welchem Grad die angesprochenen Ideen tatsächliches Verhalten beeinflußten. Goebbels nahm für sich in Anspruch, die *Grundlagen des Neunzehnten Jahrhunderts* gelesen zu haben. Als er Chamberlain kurz vor dessen Tod traf, bezeichnete er ihn als »Wegbereiter« und »Bahnbrecher«.[46] Ohne Zweifel prägte Chamberlain mit seinen

42 HSC an Hitler, Brief vom 7. Oktober 1923, in: *Briefe*, a. a. O., Bd. II, S. 125.

43 Field, a. a. O., S. 438.

44 *Der Völkische Beobachter* vom 11. Januar 1927.

45 Alfred Rosenberg, *Houston Stewart Chamberlain als Verkünder und Begründer der deutschen Zukunft*, München 1928.

46 Joseph Goebbels, Tagebucheintrag für den 8. Mai 1926, in: *Die Tagebücher von Joseph Goebbels*, hrsg. von Elke Fröhlich im Auftrag des Instituts für Zeitgeschichte und in Verbindung mit dem Bundesarchiv, *Teil I, Aufzeichnungen 1924–1941*, Band 1 27. Juni 1924 bis 31. Dezember 1930, München, New York, London und Paris 1987, S. 178.

Schriften Goebbels' bösartigen Charakter, bis zu welchem Grad läßt sich aber nicht sagen. Gleiches gilt auch für Himmler, der nach der Lektüre von Chamberlains *Rasse und Nation* schrieb: »Eine Wahrheit, von der man überzeugt ist: objektiv und nicht voll von haßerfülltem Antisemitismus. Deshalb umso wirksamer. Dieses abscheuliche Judentum.«[47] Zugleich muß man im Auge behalten, daß die Nationalsozialisten besonderes Geschick dabei zeigten, Ideen aus ihrem jeweiligen Kontext herauszulösen und zusammenhängenden Gedanken die jeweils passenden Goldklumpen zu entnehmen.

Auch unter Berücksichtigung dieser Einwände steht außer Zweifel, daß es bei Chamberlain eine besondere Fülle rassistischen Gedankenguts gab; die Nationalsozialisten mußten zur Beseitigung unbrauchbarer Unreinheiten nicht lange sieben. Mit Himmlers Worten war es gerade die moderate Haltung der veröffentlichten Schriften von Chamberlain, die seine Werke um so nützlicher erscheinen ließ. Aus diesem Grund veröffentlichte das Dritte Reich Neuauflagen seiner wichtigsten Werke ohne Kürzungen oder Änderungen. Chamberlain selbst hielt sein Verständnis der Rassenfrage für einen Fortschritt gegenüber den Äußerungen Wagners. An dieser Stelle bleibt festzuhalten, daß die Nationalsozialisten Chamberlains Ideen nicht noch verbessern mußten – es reichte, sie zu einem logischen Abschluß zu bringen und in die Wirklichkeit umzusetzen.

---

47 Zitiert in Peter Padfield, *Himmler*, New York 1993, S. 54. Rückübersetzung aus dem Englischen.

Zusammenfassung der Diskussion

Prof. Fischer wies auf den manifesten Antisemitismus hin, der die beiden kulturphilosophischen Besteller der deutschsprachigen Jahrhundertwende, Houston Stewart Chamberlains *Die Grundlagen des 19. Jahrhunderts* und Otto Weiningers *Geschlecht und Charakter*, präge. In Frankreich hätten Werke mit einer vergleichbaren Tendenz keine derartigen Erfolge erzielt. Diese Erscheinung sei symptomatisch sowohl für eine Form der konservativen Kulturkritik, die judenfeindliche Stereotypen nützte, wie auch für ein intellektuelles Klima, das an dieser Verbindung keinen Anstoß nahm. Der Referent ergänzte, daß zu den Verehrern Chamberlains sogar Albert Schweitzer gehört habe, der als eine Art Heiliger nie im Kontext der antisemitischen Weltanschauung des Bayreuther Kreises gesehen werde.

WOLF-DANIEL HARTWICH

Jane F. Fulcher

Wagner, der Antisemitismus und die Auseinandersetzung zwischen der »traditionellen« und der faschistischen Rechten in Frankreich

Der Pariser Verleger Laffont veröffentlichte 1969 eine Musikgeschichte von Lucien Rebatet, dem fanatischen, antisemitischen Autor, der zunächst zum Tod verurteilt worden war, nach der Befreiung aber begnadigt wurde. Wagner steht im Mittelpunkt des Werkes. Er wird (stillschweigend) als der »Erlöser« der französischen Musik dargestellt, als derjenige, der sie von bösen Einflüssen befreite und zugleich die fruchtbarsten Neuerungen anregte.[1] Das in der Bibliothèque Nationale einsehbare und auch genutzte Buch ist keinesfalls das Ergebnis einer geistigen Verirrung: die hier deutlich werdende Haltung bedeutet keine anachronistische Rückkehr in die Kriegsjahre, sondern entspricht einer langen französischen Geistestradition. Rebatets Geschichtsschreibung repräsentiert in etwas abgeschwächter Form den erhalten gebliebenen Strang zweier Einstellungen zu Wagner, die im Frankreich der Zwischenkriegszeit miteinander im Wettstreit lagen.

Der Vortrag handelt von der Auseinandersetzung dieser beiden widersprüchlichen Vereinnahmungen Wagners, die zunächst zwischen der Linken und der Rechten ausgefochten wurden, dann zwischen einzelnen Gruppierungen innerhalb der französischen Rechten. Die Untersuchung konzentriert sich bei der Behandlung der im Zusammenhang mit Wagner unter französischen Monarchisten und Faschisten am hitzigsten diskutierten Frage – ob seine Musik jüdisch oder antisemitisch gewesen sei – auf die französische Rechte. Diese Frage führt uns zu mehreren Themenkreisen.

1 Lucien Rebatet, *Une histoire de la musique*, Paris 1969, S. 350–351 und 364–365; zu französischen und deutschen jüdischen Komponisten, die einen so verderblichen Einfluß in Frankreich hatten, vgl. S. 299f. Rebatet widmet Wagner mit Abstand den meisten Raum, nicht nur in dem ihm gewidmeten Kapitel, sondern auch durch Vergleiche anderer Komponisten mit Wagner, die sich im zweiten Teil des Buches an vielen Stellen finden. Bei all diesen Auseinandersetzungen sollte beachtet werden, daß Rebatet sich zwar nicht offen als Antisemit zu erkennen gibt, aber doch gewisse Tendenzen erkennen läßt, indem er häufig Wagners *Judentum in der Musik* paraphrasiert, wie beispielsweise bei seiner Behandlung von Meyerbeer, S. 299.

Zunächst geht es um die ideologischen Unterschiede zwischen diesen Gruppierungen der französischen Rechten sowie deren Vorstellungen von der »nationalen« und der »wahren« Gemeinschaft der Franzosen. Im Zusammenhang damit taucht die Frage ihrer verschiedenen Vorstellungen zu »jüdischen Elementen in der Musik« auf, die bei der Diskussion darüber heraufbeschworen wird, ob Richard Wagner die französische Kunst eher »entehrt« oder »gereinigt« habe. Letztlich führt die Auseinandersetzung aber zu der Frage, auf welche Weise Wagners Werk ideologische Inhalte »zugeschrieben« oder in periodischen Abständen durch Abhandlungen, die seine Wertigkeit politisch veränderten, immer wieder von neuem beigemessen wurden.

Wagner wurde mit der Einführung seiner Werke in Frankreich zu einem Politikum, zu einem politischen Repräsentanten im positiven wie negativen Sinne. Nur ein kurzer Rückblick sei gestattet: zu Beginn des Zweiten Kaiserreichs kannte man Wagner in Frankreich aufgrund seiner Rolle bei den Dresdner Aufständen und seiner theoretischen Schriften als Revolutionär. Seine Schriften veranlaßten konservative Kritiker dazu, ihn als »Courbet der Musik« zu bezeichnen; seine Vorstellung eines »Volksgeistes« wurde als »le faculté communiste« verstanden, und Wagner so mit der Proudhonschen Schule in Verbindung gebracht.[2] Spätere Beurteilungen vorwegnehmend, wie unter anderem die von Hanslick, kritisierte Fétis Wagners Musik als sinnlich und unreflektiert, als für »die Masse« und somit nicht für die höheren oder nobleren Fähigkeiten der Menschen bestimmt. Die konservative französische Kritik hielt Wagners Musik für das Äquivalent zum Realismus in der Kunst, da sie durch die von einer breiten Masse goutierten, rein physischen und materialistischen Werte geprägt sei. Der Novellist des Realismus, Champfleury, drehte diesen Spieß um, als er Wagners Musik 1861 in einem Buch lobte – es war im Jahr der stürmischen Uraufführung von Wagners *Tannhäuser* in Paris. Wagner wurde nun vor allem zu einem Symbol des Widerstands gegen Napoléon III., wobei der Komponist bei Demokraten wie August de Gasperini für »liberté, égalité, et vérité«[3] stand.

Mit dem Beginn des Deutsch-Französischen Krieges und angesichts seines verletztenden Textes *Eine Kapitulation* wurde Wagner wiederum mit neuen Augen gesehen. Die Unterstützung dieses Komponisten galt nun als ein unpatriotisch. Deshalb wurden nach der Inszenierung von *Rienzi* im Théâtre Lyrique im Jahr 1860 in den Folgejahren bis 1887 Wagners Kompositionen nur in Wagner-»Salons« und in konzertanten Fassungen gegeben. 1887 bemühte sich der Wagner-Dirigent Charles Lamoureux um eine Aufführung des *Lohengrin* im Eden Théâtre, mußte jedoch feststellen, daß der Zeitpunkt politisch schlecht gewählt war: angesichts einer Krise der deutsch-französischen Beziehungen führte die Aufführung zu lautstarkem Protest

---

2 Vgl. Jane Fulcher, *Wagner as Democrat and Realist in France*, in: *The Stanford French Review*, Frühjahr 1981.

3 Champfleury (Jules Fleury), *Grandes figures d'hier et d'auhord'hui. Balzac, Gérard de Nerval, Wagner, Courbet*, Paris 1861 und August de Gasperini, *La Nouvelle Allemagne musicale. Richard Wagner*, Paris 1866.

von seiten der Befürworter des Générals Boulanger, der »Ligue des Patriotes« und der Leserschaft von *La Revanche.* Gegendemonstrationen wurden vom Polizeipräfekten als unpatriotisch hingestellt, woraufhin die linke Presse wiederum ihren Internationalismus durch die Unterstützung Wagners bekräftigte – und das sollte lange Zeit beibehalten werden.[4] Bis in die neunziger Jahre des 19. Jahrhunderts dominierten die Werke Wagners im Repertoire der Oper, obwohl die genannten Themen weiterhin in der Luft lagen; sie konnten jederzeit zur Explosion kommen und bei einem neuerlichen Anlaß in anderer Zusammensetzung wieder auftauchen. So geschah es im Zusammenhang mit der Dreyfus-Affäre, die den unmittelbaren Hintergrund zum Verständnis der widerstreitenden Inbesitznahme Wagners im Frankreich der Zwischenkriegszeit liefert.

Die neuen nationalistischen Ligen Frankreichs mit ihren veränderten Zielen vereinnahmten Wagner als ihr Symbol. Diese Ligen übernahmen, veränderten aber gleichzeitig auch frühere Ansichten der französischen Linken wie Rechten. Im Gefolge der Dreyfus-Affäre wandten sich die französischen Nationalisten der Kultur zu, mit deren Hilfe sich die politischen Werte, die man zu verbreiten wünschte, effektiv, zugleich aber auf indirekte und diskrete Weise vermitteln ließen.[5] Die Debatte über Dreyfus hatte an die zentrale Frage der französischen Identität, der für die Nation entscheidenden politischen und moralischen Werten gerührt: Gebührte staatlicher Autorität, der Autorität von Armee, Aristokratie und Kirche, Vorrang gegenüber den von der französischen Revolution so emphatisch festgelegten Prinzipien und Rechten? Bei der Beendigung der Affäre wurde die Frage »Was ist Frankreich?« zumindest juristisch zugunsten der Verteidiger der Revolution und Captain Dreyfus' beantwortet;[6] aber die geschickte Replik der zwei am weitesten rechts stehenden Ligen, die während der Affäre entstanden waren und nun ihre Taktik und Funktion von neuem definierten, war die verwandte Frage: »Welche kulturellen Werte sind spezifisch französisch?«

Die Ligen waren ursprünglich entwickelt worden, um außerhalb etablierter politischer Kanäle zu agieren; sie hatten neue Möglichkeiten politischer Aktivität geschaffen und die Möglichkeiten zu politischer Betätigung erweitert;[7] besonders zwei Ligen umrissen nach der Abwehr von Angriffen den neuen Bereich ideologischer

---

4 Vgl. *Wagner et la France*, hrsg. von Martine Kahane und Nicole Wild, Paris 1983, S. 65–68. Zur intellektuellen und politischen Wagner-Rezeption zu dieser Zeit vgl. *Wagnerism in European Culture and Politics*, hrsg. von David Large und William Weber, Ithaca N. Y. 1984 und Claude Digeon, *La Crise allemande de la pensée française*, Paris 1959.

5 Zur Rechten und deren Eindringen in den Bereich französischer Kultur vgl. Herman Lebovics, *True France. The Wars Over Cultural Identity 1900–1945*, Ithaca, N. Y. 1992.

6 Dreyfus selbst war 1899 von Präsident Emile Loubet begnadigt worden, wurde aber erst 1906 voll rehabilitiert. Vgl. Richard D. Mandell, *Paris 1900: the Great World's Fair*, Toronto 1967, S. 102.

7 Zur Entstehung der Ligen in den 80er Jahren des 19. Jahrhunderts und ihrer wachsenden Bedeutung zur Zeit der Dreyfus-Affäre – sie konnten auf eine traditionellen politischen Kanälen nicht mögliche Weise politische Zielvorstellungen formulieren – vgl. Serge Bernstein, *La France des années 30*, Paris 1988, S. 61. Vgl. auch Jean-Pierre Rioux, *Nationalisme et conservatisme. La Ligue de la Patrie Française*, Paris 1977.

Auseinandersetzungen, indem sie ihre Vorstellung französischer kulturellen Identität – und damit ihre Vorstellung von Frankreich selbst – als durch die Künste bestimmt propagieren konnten. Durch die Aufnahme prominenter Kritiker oder Schriftsteller bildeten die Ligen ihre eigenen Netzwerke oder verlegten beziehungsweise unterwanderten wichtige Publikationen. In zahlreichen Artikeln versahen solche Theoretiker stilistische Fragen mit politischen Assoziationen oder Werten und gaben so Fragen ästethischer oder künstlerischer Legitimation eine politische Dimension.

Obwohl die als »Action Française« bezeichnete Liga bald die Vorherrschaft gewinnen sollte, bereitete eine zunächst einflußreichere Liga vorausschauend schon den Weg: Die während der Dreyfus-Affäre entstandene nationalistische »Ligue de la Patrie Française« hatte maßgeblichen Anteil daran, die politische Debatte von aktuellen tagespolitischen Fragen zu französischer Kultur und Kunst hinzuführen.[8] In der Tat lag hier ein wesentliches Moment ihrer Entstehung, denn die Begründer der Liga hatten sich darum bemüht, nicht nur die politische und intellektuelle, sondern auch die künstlerische Elite für sich zu gewinnen. Wichtige Künstler reagierten, und zum Präsidium gehörten die Schriftsteller Lemaître, Brunetière und Barrès sowie der Komponist Vincent d'Indy.[9]

Die Mitwirkung des Musikers d'Indy wird in diesem Zusammenhang häufig übersehen, sollte aber nicht unterschätzt werden, denn in keinem Bereich war die Liga mit ihrer Kulturpolitik erfolgreicher als in der Musik. Mit d'Indys Hilfe erhielt der französische Diskurs zur Musik nicht nur terminologisch einen nationalistischen Einschlag, auch die wichtigsten Themen, politischen Konzepte und kulturellen Werte wurden vorgegeben. Der Aristokrat d'Indy, von vornherein ein Anhänger der Musik Wagners, verband den Komponisten im Verständnis der Öffentlichkeit mit den Zielen der Liga und gab ihm einen Ehrenplatz im neuen musikalischen Werkkanon. D'Indy setzte zur Erreichung dieses Ziels die Schola Cantorum ein. Der nachmalige Leiter dieser Musikschule benutzte sie, um Einfluß auf die »wahre« Musikerziehung zu gewinnen.[10] Die Schola grenzte er ganz bewußt von dem ahistorischen

8 Zur Beziehung zwischen der »Ligue de la Patrie Française« und der »Ligue de L'Action Française« vgl. Jean-Pierre Rioux, *Nationalisme et conservatisme.*

9 Diese beiden Ligen hoben sich von den ursprünglich im Zusammenhang mit einer neuen populistischen Rechten stehenden, ihre Anhängerschaft vorrangig bei französischen Arbeitern und »Kleinbürgern« rekrutierenden Ligen ab. Ihre Anhänger entstammten zum großen Teil Kreisen der Aristokratie und der Bourgeoisie, so daß sie über erhebliche finanzielle Mittel verfügten. Vgl. Serge Berstein, *La Ligue*, in: *Histoire des Droites en France*, hrsg. von Jean-François Sirinelli, Bd. II, *Cultures*, Paris 1992, S. 65–69 und 81–84.

10 Bei ihrer Gründung 1894 war die Schola Cantorum ursprünglich eine Gesellschaft zur Förderung und zum Unterricht geistlicher Musik, vor allem aber des Gregorianischen Chorals. Sie entstand unmittelbar aus einer Gruppe von Sängern, »Les Chanteurs de Saint-Gervais«, die 1892 von Charles Bordes, dem Chorleiter an Saint-Gervais, gegründet worden war. Die Schola war eine Idee von Bordes, der bald aber auf die Hilfe seiner mit ihm sympathisierenden Freunde und Kollegen Alexandre Guilmant und Vincent d'Indy zurückgriff. Der letztere nahm die Idee gerne auf, sah er hier doch eine Gelegenheit, die beim staatlichen Conservatoire erfolglos vorgeschlagenen Reformen der Musikerziehung in die Tat umzusetzen. Einen kurzen Abriß der Schola und ihrer Ziele findet man bei Vincent d'Indy, *La Schola Cantorum en 1925*, Paris 1927.

Ansatz des staatlichen Conservatoire ab und betonte die Tradition, auch die vermeintlich authentisch französische Tradition. Ebenso wie die der Schola zugrundeliegende Idee, nämlich die Autorität der Kirche und der sie unterstützenden Institutionen, ließ diese Haltung deutlich zwei Einflußbereiche erkennen: Politik und Musik.

Die von d'Indy ausdrücklich als »französische« Musiktradition propagierte Richtung sollte pikanterweise die Musik Wagners schließlich komplett in sich aufnehmen. Hierbei spielte ein Argument eine Rolle, das nähere Beachtung verdient, da es auch bei Rebatet wiederkehrt. Nach der in der Schola vertretenen Lehrmeinung konzentrierte sich französische Tradition auf die vorrevolutionäre Epoche; die Musik dieser Zeit wurde als Teil einer ursprünglich der geistlichen Musik entstammenden Gesamttradition verstanden. Musikalische Meisterwerke wurden so zunächst von ihrem geistlichen Inhalt her, dann durch Ausdruckswerte definiert, was beides nach Meinung d'Indys der jenseits rationaler Kräfte wirkenden Macht der Tradition entsprach. Sein Werkkanon setzte mit dem Gregorianischen Choral ein, führte dann über geistliche Vokalkompositionen unter Akzentuierung der Werke Palestrinas – Wagner schätzte diesen Komponisten in gleicher Weise – zur sogenannten »ausdruckshaften« Kunst des 17. Jahrhunderts, darunter italienischer Meister wie Monteverdi und in Frankreich Lully, im 18. Jahrhundert dann Rameau.

Der Werkkanon der Schola für das 19. Jahrhundert beschränkte sich eher auf sinfonische Werke; dies war eine kühne Neuerung, denn im staatlichen Conservatoire schätzte man die Sinfonie geringer als das Genre der Vokalmusik. D'Indy kehrte in seinem Lehrplan dieses Verhältnis gerade aus dem Grund um, weil die sinfonische Musik nicht so eng mit den funktionalen, weltlichen Bedürfnissen des Musiktheaters zur Zeit der Dritten Republik verbunden war. In seinem Unterricht über die Sinfonie stellte er vor allem die Wiener Klassiker heraus und interpretierte Beethovens Sinfonien (wie Wagner) als die wertvollsten Beispiele dieser Gattung. Für d'Indy gipfelte das 19. Jahrhundert aber schließlich in der Figur Wagners, dessen Werke seiner Meinung nach der Sinfonie vergleichbare Techniken und Werte enthielten.[11]

D'Indys Behandlung der Oper im 19. Jahrhunderts war stark von Wagner beeinflußt, der nicht nur sein künstlerisches Vorbild war, sondern augenscheinlich auch d'Indys eigene Opern kompositorisch stark prägte. Als d'Indy 1873 nach Deutschland reiste, traf er kurz auch mit Wagner zusammen; drei Jahre später nahm er an der langerwarteten Eröffnung der Bayreuther Festspiele teil. Zu einer Zeit, als viele französische Komponisten ihren ausgeprägten Nationalismus und Wagner als nicht miteinander vereinbar ansahen, ging d'Indy über die Widersprüche hinweg und suchte nach ideologischen Mitteln der Versöhnung.

---

11 Vgl. Brian Hart, *The Symphony in Theory and Practice in France 1900–1914*, Diss. Indiana University 1994, S. 82–103 und 433–434.

Diese ideologische Brücke war der Antisemitismus. Auf die Empfehlung César Francks hin, sich mit der Opernkomposition auseinanderzusetzen, um seinen Kompositionen eine stärkere Basis zu geben, arbeitete d'Indy alle Schriften Wagners durch. Von dieser Zeit an hielt er mit Wagner die meisten französischen Opern des 19. Jahrhunderts für »dekadent« oder wenig originell, für einen platten Abklatsch erfolgreicher italienischer Komponisten.[12] Und ebenso wie Wagner hielt er dieses Phänomen für das unvermeidliche Ergebnis des »jüdischen Einflusses«, der schon so viele Bereiche unterschiedlichster Nationalkulturen geschädigt hatte. D'Indys Antisemitismus in der Musik ergab sich also aus der Kombination unterschiedlicher Faktoren, darunter seiner Verbindung mit der Liga, seinem starken Katholizismus und seiner Lektüre der Wagner-Schriften. Der Antisemitismus hatte auf sein Wirken bedeutenden Einfluß; er ging weit über die eigentliche Dreyfus-Affäre hinaus und spielte in seinen einflußreichen Publikationen bis zu seinem Tod 1933 weiterhin eine wichtige Rolle.

D'Indy war in seiner scharfen Kritik an französischen jüdischen Komponisten, die zu sehr unter dem Einfluß des reizvollen, beliebten Stils ihrer Zeit stünden, ebenso unnachgiebig wie Wagner. Bei seiner Rede zur Eröffnung des neuen Schulgebäudes 1900 griff er die jüdische Kunst ausdrücklich an, weil sie »die logische Kette der Vergangenheit« leugne. Und in seinem Unterricht an der Schola ging d'Indy noch über Wagner hinaus, wenn er den »Style mélodique judaïque« definierte, eine stark italienisch angehauchte, reich verzierte Melodie mit vorhersehbarer Phrasierung, die ihren Höhepunkt in den Werken von Meyerbeer fand. Für d'Indy galten ebenso wie für Wagner jüdische Komponisten nicht nur als oberflächlich, sondern waren darüber hinaus zu wahrer Originalität gar nicht fähig und zudem von Gewinnsucht beherrscht.[13] Nach Ansicht d'Indys hatte Wagner die französische Kunst vor diesem verderblichen Einfluß »errettet«, indem er französische jüdische Komponisten wie Auber, Halévy, Hérold und den deutschen Meyerbeer von der Opernbühne verjagte.

An dieser Stelle muß festgehalten werden, daß d'Indys Nationalismus nicht nur die Stärke Frankreichs in den Vordergrund stellte, sondern zugleich ein ganz besonderes Bild französischer Identität propagierte. Frankreich stand hier – diese Haltung wiederholte sich in den dreißiger Jahren des 20. Jahrhunderts – nicht nur für speziell

---

12 Diese Opern waren finanziell allerdings erfolgreich. 1898, auf dem Höhepunkt der Affäre, war Meyerbeers *Le Prophète* die erfolgreichste Inszenierung an der Pariser Opéra, sie überflügelte sogar die Werke Wagners. Vgl. Frédérique Patureau, *Le Palais Garnier dans la société parisienne 1875–1914*, Lüttich 1991, S. 283.

13 Siehe Vincent d'Indy, *Une école d'art repondant aux besoins modernes*, in: La Tribune de Saint-Gervais (November 1900), S. 311. Wagner behauptet in *Das Judentum in der Musik* (Leipzig 1914, S. 5ff.), daß der die Landessprache immer nur als »erlernte« Sprache beherrschende Jude zur künstlerischen Kundgebung nicht fähig sei. Sprache sei immer Ausdruck einer gewachsenen historischen Gemeinschaft. Das fehlende Vermögen der Juden zur »künstlerischen Mitteilung« zeige sich im Gesang durch das Fehlen »sympathisch wirkender Leidenschaft.«

französische Werte, sondern für eine teleologische, universelle Entwicklung zum Noblen, Erhabenen und Reinen hin. D'Indy war – wie auch die späteren französischen faschistischen Theoretiker – der Ansicht, daß ein zusätzlicher Strang dieser Tradition, selbst wenn er nicht aus Frankreich selbst stamme, einen wohltuenden Einfluß auf die französische Kultur ausüben könne. Es war ja sogar Wagner selbst gewesen, der d'Indy zur Erneuerung seines eigenen französischen Nationaltheaters veranlaßt hatte. Er empfahl ihm die Rückbesinnung auf die eigene Tradition durch die Säuberung von verunreinigenden »jüdischen Stilelementen«.[14]

D'Indy war der Ansicht, daß Wagners Vorbild bei dieser Säuberung helfen könne. Bestärkt wurde er in diesem Glauben von einem weiteren Mitglied der Liga, dem Schriftsteller Maurice Barrès. Sowohl d'Indy wie auch Barrès sahen in Wagners Hervorhebung der Nation, in der Vorherrschaft von Instinkten gegenüber dem Verstand, in der Macht und treibenden Kraft des Mythos eine Ergänzung der von der Liga vertretenen Ideale. Auch die Liga legte Wert auf eine rational nicht nachvollziehbare Bindung an nationale Traditionen und – darin den Demokraten des Zweiten Kaiserreichs ähnlich – auf die Vorherrschaft von Gefühl und Instinkt gegenüber aller logischen Argumentation. Die Vertreter der Liga ordneten »künstlerische Formeln« abstrakten Ideen zu, die in letzter Instanz von kosmopolitischen »jüdischen Elementen« ausgingen und so mitwirkten, die wahre französische Tradition zu zerstören. D'Indy und Barrès stimmten deshalb mit der Liga in der Ansicht überein, daß Authentizität in der Kunst nur nach einer »Säuberung« und der vollzogenen notwendigen Vereinigung mit einer organisch gewachsenen Vergangenheit erreicht werden könne.[15] D'Indy teilte nicht nur Barrès' Glauben bezüglich Wagners »reinigender« Funktion, er führte darüber hinaus den stilistischen Nachweis, daß Wagners Musik anders als die Werke im »italo-jüdischen« Stil mit dem Greogorianischen Gesang in Verbindung stehe. Im Unterschied zu den von jüdischen Komponisten und dem Conservatoire vertretenen stilistischen Richtungen lag nach d'Indy die Verbindung von Wagner und Gregorianischem Choral bei dem beiden gemeinsamen »discours libre«, der unendlichen und fast unmerklichen Variation, dem freien Entfalten einer musikalischen Linie. In dieser Meinung wurde er durch Anhänger wie Lionel de la Laurencie und dem unter dem Namen »Willy« bekannten Kritiker, der ebenfalls an Wagners »reinigende Kraft« für Frankreich glaubte, unterstützt.[16]

In seinen Schriften wiederholte d'Indy diese Thematik auf vielfache Weise, bekräftigte sie aber auch musikalisch, vor allem in seinem sogenannten »drame anti-

---

14 Joseph Canteloube, *Vincent d'Indy*, Paris 1951, S. 29. D'Indys Geschichtsbild ist deutlich von Hegelscher Philosophie beeinflußt. Seine Terminologie bei der Beschreibung der verschiedenen Entwicklungsstufen der Kunst auf ein Ideal hin ähnelt stark dem Vorbild Hegels.

15 Romain Rolland, *Musiciens d'aujourd'hui*, Paris 1912, S. 273; Zeev Sternhell, *Maurice Barrès et le nationalisme français*, Paris 1972, S. 44 und David Carroll, *French Literary Fascism. Nationalism, Anti-Semitism, and the Ideology of Culture*, Princeton 1995, S. 21.

16 Siehe Lionel de la Laurencie, *Un musicien de chez nous*, in: *L'Occident* 1904, S. 1–10.

Juif«, der *Légende de Saint Christophe*. Nach d'Indys Worten aus dem Jahr 1903 sollte die Oper »den Übelkeit erregenden jüdisch-Dreyfus'schen Einfluß« im Rahmen einer Legende vorführen, die sich zur Übermittlung dieser Botschaft anbot.[17] Es handelte sich um die Geschichte von Christophorus, die d'Indy der *Legenda aurea* entnahm, einer aus dem 13. Jahrhundert stammenden Sammlung der Heiligenviten. Zusammengestellt wurde die Sammlung von dem Dominikanermönch Jacobus de Voragine.[18]

D'Indy, der die Libretti zu seinen sämtlichen Opern nach Wagners Beispiel selbst verfaßte, schrieb die Legende um und zeichnete den Bösewicht in der Oper, »Le Roi de l'Or«, unverkennbar als Juden. In der Partitur beschreibt er diese Figur als »untersetzt« und »fröhlich, mit krausem Haar, einer Hakennase und von unheilvollem gelben Licht begleitet«. Daß er dem »Roi de l'Or« die häßlichsten stilistischen Mittel seines Arsenals musikalischer Möglichkeiten zuwies, überrascht nicht; er sollte musikalisch wie physisch und moralisch abstoßend wirken. D'Indy assoziiert mit dem König die gleichen holprigen, ungelenken Rhythmen, die unweigerlich – wie bei Alberich im *Ring des Nibelungen* – physische Deformation evozieren. D'Indy geht aber noch über Wagners Darstellung wankelmütiger Moral durch tonartliche Ambivalenz hinaus: er kennzeichnet seinen Bösewicht durch häßlichste Dissonanzen und peinlichste harmonische Fehler.[19] Daneben finden wir Anklänge an den »italo-jüdischen« Stil, vor allem im Hinblick auf eine gewisse Eckigkeit und rhythmische Monotonie, die d'Indy mit den Werken Meyerbeers verband. Diese Techniken heben sich ab von einem durch das Wagnersche Idiom gekennzeichneten musikalischen Hintergrund mit fließenden Rhythmen und einer harmonische Sprache, die Wagners Einfluß nicht verkennt und darüber hinausweist.[20]

Die Vollendung der 1903 begonnenen Oper zog sich bis zum Beginn des Ersten Weltkriegs hin; infolge der Kriegsereignisse erlebte sie ihre Uraufführung erst am 6. Juni 1920 an der Pariser Opéra. Die Oper sollte für die »Ligue de l'Action Française«, welche die »Patrie Française« als wesentliche theoretische Kraft der Rechten seit 1905 ersetzt hatte,[21] ein nicht geringes Problem bedeuten. Auch diese Liga beschränkte sich, darin der »Patrie Française« vergleichbar, nicht auf die politische Diskussion kultureller Fragen, sondern behandelte weiterhin das Thema »authentischer« franzö-

17 D'Indy bezeichnete seine Oper in einem Brief vom 17. September 1903 an Pierre de Bréville als »drame anti-Juif«. Siehe Léon Vallas, *Vincent d'Indy*, 2 Bde, Paris 1950, S. 327.

18 Siehe Jane F. Fulcher, *Vincent d'Indy's ›Drame anti-Juif‹ and its Meaning in Paris, 1920*, in: *The Cambridge Opera Journal*, Bd. II/3, S. 303.

19 Darunter die mehrfache Verwendung von Tritoni mit darauffolgenden reinen Quarten.

20 Zu den stilistischen Bezügen und Motiven des Werkes vgl. Vallas, *Vincent d'Indy*, Bd. II, S. 335–338. Sieben der in der Oper wiederkehrenden vierundzwanzig Themen sind wörtlich dem Gregorianischen Choral entnommen. Vgl. Fernand Biron, *Le Chant gregorien dans l'enseignemenet et les oeuvres musicales de Vincent d'Indy*, Ottawa 1941, S. 166.

21 Die »Action Française« wurde 1899 als Bewegung und Zeitschrift gegründet, zur »Liga« im eigentlichen Sinne wurde sie erst 1905.

sischer Traditionen und Werte. Die Liga legte aber vor allem Wert auf die Erhaltung klassischer Traditionen in Frankreich in ihrer unverdorbenen, vorgeblich originären Gestalt, frei von aller ausländischen Kultur und rassischen Elementen.

Für Charles Maurras, den Gründer der Liga, ließen sich politische und kulturelle Ideologie der Liga nicht voneinander trennen, führte er doch die politischen Überlegungen der Liga auf seine Suche nach den in Werken der großen Kunst zu findenden Ordnungsprinzipien zurück.[22] Er postulierte, daß Schönheit auf Ordnung beruhe und Ordnung wiederum nach einer Hierarchie der Werte verlange; diese Hierarchie bedürfe einer sie definierenden und unterstützenden Autorität. Und da sich Ordnung, Hierarchie und Autorität in politischen Fragen aus der Tradition ergeben sollten, sei in der Literatur derjenige am erfolgreichsten, der dieser Tradition folge. Maurras unterstützte mit anderen Worten »absolutistische« Kunsturteile, das Frankreich des 17. Jahrhunderts galt ihm dabei als ästhetisches Vorbild, nach dem alles sich zu richten habe. Auf diese Weise setzte er Klassizismus und Traditionalismus generell mit seinem Versuch gleich, die Staatsform der französischen Monarchie wiederherzustellen, der sich solche hervorragenden Kunstwerke verdankten.[23] Diese Bemühungen zogen auch die Betonung von »Reinheit« nach sich, hier zu verstehen als den gemeinsamen Versuch, alle als »ausländisch« oder nicht im engeren Sinne französisch anzusehenden kulturellen Elemente auszuschließen.

Genauso wie zuvor schon die »Patrie Française« verfügte auch die Liga in der Kulturwelt über hervorragende Verbindungen; diese umfaßten wichtige Publikationsorgane wie einflußreiche Institutionen. Dazu gehörte unter anderem das 1906 nach dem Vorbild des »Institut Catholique« gegründete »Institut d'Action Française«, an dem die wichtigsten Theoretiker der Bewegung Vorträge halten sollten.[24] 1907 gab der Literaturkritiker Pierre Lasserre am Institut eine Reihe von Vorträgen, die auf seiner an der Sorbonne geschriebenen Dissertation beruhten und in der Folge unter dem *Titel Le Romantisme français* veröffentlicht wurden.[25] In dieser – an der von Republikanern beherrschten Sorbonne kritisch aufgenommenen – Dissertation hatte er die romantische Bewegung angegriffen; diese Kritik und seine im Buch gezogenen Schlüsse hatten Lasserre zur »Action Française« gebracht.

Lasserre vertritt in seinem Buch die These, daß die Deutschen nicht nur französische Kultur und französischen Geschmack verdorben hätten, sondern durch die

---

22 Eugen Weber, *Action Française: Royalism and Reaction in Twentieth-Century France*, Stanford CA 1961, S. 9.

23 A. a. O., vgl. auch Lebovics, *True France*, S. 10.

24 Eugen Weber, *Action Française*, S. 36ff.

25 Edward Tannenbaum, *The Action Française: Die-hard Reactionaries in Twentieth-Century France*, New York 1962, S. 8. Lasserre wirkte auch als Kunst- und Literaturkritiker der Tageszeitung *Action française*, vgl. a. a. O., S. 93. Vgl. außerdem Antoine Compagnon, *La Troisième République des lettres. De Flaubert à Proust*, Paris 1983, S. 19 sowie Pierre Lasserre, *Le Romantisme français*, Paris 1908, S. VIII–XII und 515–543. Marras hatte die schwachen, »weiblichen« Qualitäten der Romantik in seinem *L'Avenir de l'intelligence* aus dem Jahr 1905 betont.

Übertragung der romantischen Idee ins Ausland auch die nationale politische Kultur. Er macht in Anlehnung an Fétis geltend, daß in der Romantik die utopische Vision einer Gesellschaft bestätigt wird, in der nicht etwa alle ungleich, sondern von ihren Möglichkeiten her identisch sind. Lasserre schließt daraus, daß die Romantik unweigerlich den Zerfall begünstige. Das gelte nicht nur für Denken und Empfinden, sondern im übertragenen Sinne auch im politischen Bereich. Diese Verurteilung der romantischen Bewegung und alles Deutschen führte unweigerlich zum Thema »Wagner«, das Lasserre in seinem Buch *Des Romantiques à nous* direkt ansprach. Im Unterschied zu den mit der »Patrie Française« liierten Kritikern wie Maurice Barrès brandmarkt Lasserre Wagner als einen »Erzromantiker«. Er wirft ihm fehlende Originalität und »Unreinheit« vor, mit der er Wagners vorgebliche Suche nach »künstlicher Komplexität«[26] bezeichnet. Dem stellt er die vermeintlich französische (und romanische) Klarheit, Schlichtheit und Ausgewogenheit gegenüber, Eigenschaften, welche die Liga und die öffentliche Diskussion während des Ersten Weltkriegs dem »Deutschen« entgegensetzen sollten.

Der Krieg schuf ein ideales Klima sowohl für die »Action Française« wie auch für Lasserres Wagner-Kritik, die er in einem weiteren Werk, *L'Esprit de la musique française*, formuliert hatte. In diesem Buch brandmarkte er Wagner als »verschwenderisch und prachtliebend«. Zugleich äußerte er die Vermutung, daß die mögliche Blutsverwandtschaft mit Wagners jüdischem Stiefvater für den »éclat oriental« seine Stils verantwortlich sein könne. Deutsches und Jüdisches werden hier wie bei späteren Angriffen auf Schönberg synonym verwendet. Auch bei der späteren Bezeichnung von Schönberg als »Boche« schwang »Orientalisches«, Irrationales und Modernes mit.[27] Während des Krieges schürte diese feindliche Haltung eine Atmosphäre, in der man Versuche guthieß, nicht nur Aufführungen von Opern Wagners, sondern alle durch Copyright geschützte deutsche Musik zu verbieten.[28] Zu diesem Zeitpunkt hatte sich die Ansicht verbreitet, daß es nicht nur eine auf klassischer Klarheit und Schärfe beruhende französische gedankliche oder philosophische Schule gab, sondern auch einen spezifisch französischen Ausdruck, den es zu vertei-

26 Pierre Lasserre, *Des Romantiques à nous*, Paris 1927.

27 Pierre Lasserre, *L'Esprit de la musique française*, Paris 1917, S. 236. Zur Einschätzung des Juden in Frankreich als »orientalisch« vgl. Paula Hyman, *From Dreyfus to Vichy: the Remaking of French Jewry, 1906–1949*, New York 1979. Ironischerweise stellt Wagner in *Das Judentum in der Musik* die Behauptung auf, daß, gäbe es eine speziell jüdische musikalische Vorstellungskraft, diese durch die Melismen und Rhythmen des synagogalen Gesangs behindert würde. Darüber hinaus würden in der jüdischen Musik wie »im jüdischen Jargon [...] mit wunderlicher Ausdruckslosigkeit Worte und Konstruktionen durcheinander geworfen.« (*Das Judentum in der Musik*, Leipzig 1914, S. 13.)

28 Darum bemühte sich die »Ligue pour la Défense de la Musique Française«, die 1916 mit Unterstützung des Sous-Secrétariat des Beaux-Arts gegründet worden war. Zu dieser Liga und anderen damit im Zusammenhang stehenden Institutionen und Publikationen siehe Michel Duchesneau, *La Musique française pendant le Guerre 1915–1918. Autour de la tentative de fusion de la Société Nationale de Musique et de la Société Musicale Indépendante*, in: *Revue de musicologie* 82/1 (1996), S. 123–153.

digen galt. Die höchste Kultur wurde nicht mehr als von Natur aus universell angesehen, sondern eher als nationales und eingeborenes Kulturerbe: die Kunst erhielt ebenso wie der Intellekt eine »Heimat«.[29] Französische Kunst sah man – resultierend aus dem Einfluß der »Action Française« – von offizieller Seite her als klassische Kunst an und trennte sie von der romantischen Kunst, mit der man Nicht-Französisches Irrationales, Barbarei und den deutschen Feind assoziierte.[30]

Oberstes Gebot war von nun an die »Reinheit«; verlangt wurde das Ausmerzen alles Fremden, auf welche Weise auch immer dieses Fremde das mythische »génie national« verunstalte. D'Indy fuhr allerdings unermüdlich darin fort, Aufführungen der Werke Wagners zu verteidigen. Er vertrat die Ansicht, Wagner habe dabei geholfen, der Opéra ihre Würde zurückzugeben, indem er deutsche und französische Juden von der Bühne gejagt habe.[31] Die »Action Française« protestierte energisch und ließ durch ihren Kritiker, Jean Darnaudet, verlauten, daß Wagners Musik wie die im übrigen ebenfalls zu sehr von den Deutschen beeinflußten Werke Berlioz' von Grund auf hohl und oberflächlich seien. Camille Bellaigue, der bekanntermaßen deutschfeindliche, mächtige Kritiker der *Revue des deux mondes,* welcher der Liga nahestand, verurteilte jeden Komponisten, der in seinen Werken einen Einfluß Wagners erkennen lasse.[32]

Nach dem Krieg hätte der Einfluß der »Action Française« kaum größer sein können. Die Liga befand sich auf dem Höhepunkt ihrer Macht: politisch und intellektuell schien sie als »Sieger« aus dem Krieg hervorgegangen zu sein.[33] Die Spannungen zwischen d'Indy und der Liga blieben aber bestehen, trotz deren Bewunderung für den an der Schola vertretenen Traditionalismus. Diese Spannungen sollten sich in der Reaktion der Liga auf *La Légende de Saint Christophe* entladen.[34] Obwohl d'Indys Oper antisemitische Elemente enthielt und den Juden mit den üblichen Klischees karikierte, war der Wagnersche Stil doch wichtiger als der Inhalt: Der Liga galt dieser Stil als der wahre und eigentlich rassistische Inhalt. Die Zeitschrift der Liga ignorierte

29 Zu nationalistischen Haltungen in der Kultur während und unmittelbar nach dem Krieg siehe Christophe Prochasson und Anne Rasmussen, *Au nom de la patrie. Les intellectuels et la première guerre mondiale (1910–1919)*, Paris 1996.

30 Siehe Oliver Corpet, *La revue*, in: *Histoire des Droites en France*, hrsg. von Jean-François Sirinelli, Bd. II, S, 171 und Kenneth Silver, *Esprit de Corps. The Art of the Parisian Avant-Garde and the First World War 1914–1925*, Princeton 1989.

31 Siehe J.-G. Prodhomme, *Richard Wagner et la France*, Paris 1921, S. 32 und Jean Marnold, *Le Cas Wagner. La Musique pendant la guerre*, Paris 1918, S. 104.

32 Jean Darnaudet, *L'Orchestra Wagnérien*, in: *Action Française* vom 15. Januar 1917. Siehe auch Christian Gôubault, *La Critique musicale dans la presse française de 1870 à 1914*, Paris 1984, S. 51.

33 Michel Winock, *La Siècle des intellectuels*, Paris 1997, S. 143.

34 Die Zeitschrift *Action Française* feierte d'Indy in der Tat um seiner Bemühungen zugunsten der französischen musikalischen Vergangenheit willen; sie lobte ihn als den energischen Verteidiger der »wahren« nationalen Musiktradition. Vgl. beispielsweise *Action Française* vom September 1908, S. 257ff. Vgl. auch *Revue critique des idées et des livres*, Juli-September 1908 zu d'Indys Unterrichtswerk *Cours de composition musicale.*

die Oper fast völlig, in der *Revue critique des idées et des livres* der Liga erschien allerdings eine Rezension, aus der die Stilfrage als eigentlicher Kern des Problems ersichtlich wird. Andere konservative Zeitschriften beurteilten das Werk als Achtungserfolg, das für seine hehren Ziele gelobt werden müsse, wenn es auch das breite Publikum nicht zu Begeisterungsstürmen hinreiße.[35]

Der Komponist, dessen Werke das Publikum immer noch begeisterten, war – blanke Ironie – Richard Wagner. Denn trotz ihres Ansehens wurden die Ansichten der Liga in Bezug auf Wagners Werke vom Publikum zurückgewiesen. Weder die Wünsche des Publikums noch die strenge Lehre der Nationalisten konnten ignoriert werden. Eine Lösungsmöglichkeit bestand darin, die Entscheidung in Sachen Wagner dem Publikum selbst zu überlassen. Am 30. Oktober sowie am 1. und 2. November 1919 wurde das Publikum – anläßlich der staatlich subventionierten und in der Opéra stattfindenden Pasdeloup-Konzerten – nach seiner Meinung zu Wagner gefragt. Das Ergebnis war ein überwältigender Erfolg für Wagner und führte in der Folge dazu, daß andere Konzertgesellschaften, wie die vormals dem Werk Wagners verpflichteten Concerts Lamoureux, seine Werke wieder ins Repertoire aufnahmen.[36]

In dieser Frage gab es eine sehr viel größere Übereinstimmung zwischen dem Publikum und der in die Enge getriebenen französischen Linken, denn diese hatte Wagner nach eigener Einschätzung während und nach der Dreyfus-Affäre in Schutz genommen. Alfred Bruneau, ein Partner von Emile Zola bei Opernprojekten und dessen Verbündeter in der Affäre, war das musikalische Sprachrohr der sogenannten »Dreyfus-Republik«. Er bekräftigte wie Zola die bei Wagner erreichte Freiheit der musikalischen Form, die perfekte Einheit von Melodie und Text, die »noblesse« (Erhabenheit), »ampleur« (Tiefe) und »eloquence« (Beredsamkeit) seiner Musik.[37] In seinem 1900 veröffentlichten Werk *Musiques d'hier et de demain* schrieb Bruneau Wagner die Einführung eines neuen Musiktheaters zu, das sich auszeichne durch größeren Realismus, durch Durchsetzungskraft und innere Logik. Wagner wird hier zu einem Synonym größerer »Lesbarkeit« oder einer im Werk erscheinenden Wahrheit. Dieses Urteil beruhte auf den Leitmotiven, die nach dem Verständnis der Naturalisten – und im Rückgriff auf Champfleury – in der Lage waren, solche Wahrheiten »sichtbar« zu machen.[38]

Als die Republik zunehmend mehr zur Mitte hin tendierte, waren es dann die Anhänger der Gewerkschaftsbewegung, die Wagner für politische Zwecke einsetz-

35 Siehe beispielsweise *Bonsoir* vom 8. Juni 1920 und *Le Théâtre* vom Juni 1920, S. 348.

36 Piero Coppola, *Dix-sept ans de musique à Paris 1922–1939*, Genf 1982, S. 14. Die Concerts Lamoureux nahmen am 9. November 1919 wieder Werke von Wagner ins Programm auf. Auch unter den Musikern wurden Umfragen zum Thema Wagner abgehalten, vgl. hierzu die Sondernummer »Wagner et la France« der *Revue musicale* vom Oktober 1923.

37 Siehe Alfred Bruneau, *La Musique française*, Paris 1901, S. 147–148.

38 Alfred Bruneau, *Musique d'hier et de demain*, Paris 1900.

ten, vor allem vor dem Ersten Weltkrieg, als sie Wagner immer noch mit universellen oder internationalen Werten in Verbindung brachten. Am 4. April 1914 brachten die Syndikalisten zum »Fête du Peuple« vor einer riesigen Zahl von Arbeitern nicht nur das Finale von Beethovens Neunter Sinfonie auf die Bühne, sondern auch die Schlußszene aus Wagners *Meistersingern*. Die Botschaft war klar: hier sollten nicht nationalistische Elemente heraufbeschworen werden, sondern die allgemeine Solidarität der arbeitenden Klasse.[39] Sogar nach dem Krieg, als nationalistische und antideutsche Gefühle vorherrschten, wurden bei den »Fêtes du Peuple« genau wie in den Konzertgesellschaften umgehend wieder Werke von Wagner aufgeführt.

Angesichts der Unterstützung Wagners durch die französischen Gewerkschaftler auf der einen und durch d'Indys Nationalismus auf der anderen Seite überrascht es nicht, daß gerade d'Indy diese beiden Richtungen in einem Kreis zusammengeführt hatte. Wie andere auch, die mit der »Action Française« unzufrieden waren, hatte er sich der kleinen Gruppierung angeschlossen, die den äußersten Flügel der »Action Française« mit dem Snydikalismus Sorelscher Prägung in seiner nationalistischen Phase zusammenführte. Diese Gruppierung, die im Umkreis verschiedener Zeitschriften entstand, darunter *L'Indépendance*, bezeichnete sich als »Nationale Sozialisten«; sie betonte die Verderbtheit des Liberalismus und die Kraft des Glaubens zur Erreichung eines gesellschaftlichen Wandels. Die genannte Zeitschrift vertrat den Standpunkt, daß der Glaube nicht durch intellektuelle Gedankengebäude erzwungen werden könne, sondern sich nach dem Vorbild der Kirche auf ein intuitiv empfundenes Ziel gründen müsse – auf nationales Sendungsbewußtsein und die Vorsehung.[40] Diese Geisteshaltung – und darin erinnerte sie an Wagner – enthielt zur Erreichung gemeinschaftlicher Werte und damit zugleich zur Freisetzung latent vorhandener kollektiver »Energie« implizite den Glauben an die Künste, darunter die Musik. D'Indy wurde ein Mitglied des Herausgebergremiums von *L'Indépendance* und setzte die Zeitschrift zur Verbreitung seiner Ästhetik ein, die antisemitische Elemente, prä-rationale Ideen und kollektivistische Gedanken enthielt.[41]

Im Rückblick aus den dreißiger Jahren formulierte der allseits bekannte französische Autor Pierre Drieu La Rochelle, ein Sympathisant der Faschisten, der letztendlich zum Kollaborateur wurde, im Hinblick auf diese Gruppierung folgendes: »Zweifellos erkennt man im nachhinein in Frankreich um 1913 das Zusammenführen mehrerer Elemente des Faschismus, bevor diese faschistischen Tendenzen anderswo auftauchten.«[42] Zeev Sternhell bestätigte diese Analyse, während sie von anderen vehement zurückgewiesen wurde. Die Widersacher dieser Anschauung hielten ent-

39 Zu den »Fêtes du Peuple« siehe Jane F. Fulcher, *The Concert as Political Propaganda in France and the Control of ›Performative Context‹*, in: *The Musical Quarterly* (in Vorbereitung). Vgl. auch Jane F. Fulcher, *French Cultural Politics and Music from the Dreyfus-Affair to the First World War*, Oxford 1999.

40 Siehe Jack Roth, *The Cult of Violence: Sorel and the Sorelians*, Berkeley und Los Angeles 1980, S. 117.

41 A. a. O., S. 108.

42 Pierre Andrieu, *Fascisme 1913*, in: *Combat*, Februar 1936, S. 25–26.

gegen, daß Faschismus der französischen politischen Tradition fremd sei und faschistisches Gedankengut eher von rechts eingedrungen sei.[43] Welchem Urteil man hier auch zuneigt – wichtig bleibt die Feststellung, daß d'Indys Ideen in beiden »nationalsozialistischen« Gruppierungen zu finden waren, wurde seine Ästhetik in Frankreich doch Mitte der dreißiger Jahre von Sympathisanten der Faschisten erneut aufgegriffen. Vorschub leistete er hierbei 1930, drei Jahre vor seinem Tod, mit der Publikation seines abschließenden Urteils zu Wagner in seinem Buch *Richard Wagner et son influence sur l'art musical aujord'hui.*[44]

D'Indy legt hier erneut dar, daß Wagner die französische Musik von den Juden befreit habe, die die französischen Opernbühnen im 19. Jahrhundert erobert und so die wahre Natur der Oper verschleiert hätten. Er führt von Neuem aus, daß die ansonsten mit »ernstzunehmenden Qualitäten« ausgestattete »race hébraïque« noch nie zu wirklicher Kreativität in der Kunst in der Lage war. Der Jude – so d'Indy weiter, Wagner wiederholend – besitze eine besondere Gabe zur Assimilation, die ihm erstaunliche, oberflächliche Imitationen ermögliche, wie man sie von Auber, Hérold, Félicien David und Offenbach kenne.[45] Deshalb könne ein deutsches Genie wie Wagner, dessen Vorbild sich der Tradition französischer Kultur anverwandeln lasse, bei der Bekämpfung des jüdischen Einflusses in Frankreich keinen anderen als wohltuenden Einfluß haben.

Diese Ideen stießen bei den französischen Faschisten, die sich mehr mit dem Feind im Inneren als dem äußeren Feind beschäftigten, auf Resonanz. Die Grundlage ihrer Ästhetik war die Romantik, wobei sie die Pflicht und die Vision, Subjektives und Heiliges in den Vordergrund stellten. Für faschistische Intellektuelle wie Pierre Drieu La Rochelle und Robert Brasillach war der Faschismus synonym mit einer neuen »Mystik«, einer neuen Art gesellschaftlicher Phantasie. Obwohl sie in dem Versprechen einer industriellen Utopie modernistisch waren, entsprach ihre Geisteshaltung durch die Betonung einer kulturellen Rückkehr zu der vorgeblichen Reinheit des Ursprungs rückwärtsgerichteten Tendenzen. Im Unterschied zu den deutschen Faschisten beschäftigten sie sich sehr viel weniger mit politischer Doktrin oder utilitaristischer Ästhetik, sondern eher mit Gefühlsausbrüchen und affektiven Themen und stellten dabei emotionale Werte in den Vordergrund. Der französische Faschismus wandte sich so vor allem an das Gefühl und die Einbildungskraft, die Vertreter dieser Haltung bemühten sich darum, die Sensibilität ihrer Leser zu wecken. Auf der

---

43 Zeev Sternhell, *Ni Droit ni Gauche. L'Idéologie fasciste en France*, Paris 1983, S. 10–15; Robert Soucy, *Barrès and French Fascism*, in: *French Historical Studies*, Frühjahr 1967, S. 67; Raoul Girardet, *Notes sur l'esprit d'un fascisme français 1934–1939* in: *Revue française de science politique,* Juli-September 1955, S. 530–531 und René Rémond, *Les Droites en France*, Paris 1982, S. 206–207.

44 Vincent d'Indy, *Richard Wagner et son influence sur l'art musical aujourd'hui,* Paris 1930. Es handelte sich bei diesem Buch um die erste Publikation einer neuen Reihe des Verlages Delagrave mit dem Reihentitel »Les Grandes musiciens par les maîtres d'aujourd'hui«.

45 Vincent d'Indy, *Richard Wagner*, S. 13.

Suche nach einem neuen »Modell« gemeinschaftlichen Lebens und dichterischer Verklärung der politischen Welt bemühten sie sich, eine weltlich geprägte Gesellschaft mit einer subjektiven Moral und ästhetischen Entwürfen zu konfrontieren.[46] Wagner war hierbei eine Schlüsselfigur, bei ihm liefen nun die wichtigen Themen zusammen. Und da das französische Publikum immer noch nach seinen Werken auf der Bühne verlangte, ließ er sich glänzend für die eigenen Zwecke instrumentalisieren.

Die kleine Gruppe französischer Intellektueller, die sich in den dreißiger Jahren als Faschisten bezeichnete, brauchte ihre rhetorischen Floskeln zu Wagner im Unterschied zu den deutschen Faschisten – die sie dennoch bewunderte – nicht aus dem Ausland übernehmen.[47] Die rhetorischen Versatzstücke lagen bei d'Indy griffbereit parat und wurden von der in breiten Kreisen gelesenen französischen faschistischen Presse – darunter am wichtigsten die Organe *Gringoire, Candide, Je suis partout* und *La Victoire*[48] – schnell aufgegriffen. Zu den ersten, die diese Texte aufgriffen, gehörte der ehrgeizige Lucien Rebatet, der zunächst ein Mitglied der »Action Française« gewesen war, sich aber allmählich den französischen Faschisten annäherte. Rebatet, der in hohem Maße an die Bedeutung der Künste zur Erreichung einer wahren Gemeinschaft glaubte und sich sowohl in der Malerei wie auch in der Musik auskannte, sollte schließlich völlig von Wagner »erfaßt« werden.

Während er sich bei seiner Arbeit in einer Versicherungsgesellschaft langweilte, war Rebatet von dem damals bekanntesten Musikkritiker der *L'Action française*, Dominique Sordet, angesprochen worden. Sordet führte Rebatet in den Journalismus und in die Musikkritik ein; er verschaffte ihm eine musikalische Kolumne und die Position des Sekretärs für den Literarturteil von *L'Action française*. Allmählich entfernte sich Rebatet wie Sordet und Brasillach gedanklich von der »Action Française«, so daß er wie Brasillach zu *Je suis partout* überwechselte, einem weniger antideutschen Blatt. Rebatet sympathisierte nach 1933 mit Deutschland, vor allem aufgrund der judenfeindlichen Gesetzgebung, diese Haltung wurde von *Je suis partout* geteilt.[49] Wagner bedeutete für die Zeitschrift ein klangvolles Symbol, mit dem Autoren wie Brasillach und Rebatet sowohl den Antisemitismus wie ein romantisches Deutschlandbild verbanden.

Rebatet sah seine Aufgabe darin, das bei der »traditionellen« Rechten vorherrschende Urteil über Wagner als »unrein«, als »jüdisch« auszumerzen und Wagner

---

46 Siehe Raoul Girardet, *Notes sur l'esprit d'un fascism français*, S. 530–532.

47 Wie von vielen Wissenschaftlern schon belegt wurde, wurde faschistischer Einfluß in Frankreich durch eine zwar kleine, aber doch sehr einflußreiche Gruppe von Intellektuellen, Journalisten und Wissenschaftlern verbreitet. Siehe Robert Soucy, *Barrès and French Fascism*, S. 72 und Zeev Sternhell, *Ni Droit ni Gauche*, S. 23.

48 1936 hatte *Gringoire* eine Auflage von 640 000, *Candide* von 339 5000 Exemplaren, im Vergleich zu *L'Action française* und dem sozialistischen Blatt *Vendredi*, die beide zu ihren besten Zeiten höchstens 100 000 Exemplare erreichten. Zur profaschistischen Presse im allgemeinen siehe Pierre-Marie Dioudonnet, *Je suis partout 1930–1944. Les Maurrassiens devant la tentation fasciste*, Paris 1973.

49 Pierre-Marie Dioudonnet, *Je suis partout*, S. 69–83.

stattdessen eher mit den Augen d'Indys als Antisemiten zu sehen. Deshalb wurden jüdische Elemente in der Musik wie bei d'Indy nicht als verworren oder »orientalisch«, sondern eher als grell, geschäftstüchtig und gefühllos bezeichnet. *Gringoire* griff diese Gedankengänge auf und warf französischen jüdischen Komponisten des 19. Jahrhunderts mit der von d'Indy und Wagner entwickelten Argumentation vor, die französische Musik »verunreinigt« zu haben. Ähnliche Ansichten erschienen in *Candide*, einer Zeitschrift, für die sowohl Sordet wie auch Rebatet schrieben und die um 1938 offen sowohl mit Mussolini wie mit Hitler sympathisierte. Diese Zeitschrift lobte besonders – und das schon 1936 – Hitlers Verwendung Wagnerscher Musik, was sich in Artikeln wie »Les Soirées musicales d'Hitler«[50] niederschlug. Französische Faschisten waren wie die Demokraten der Kaiserzeit fasziniert von den Wirkungen der Musik Wagners, von deren Fähigkeit zur Überhöhung, zur Läuterung und zur Schaffung einer vitalen und nicht von der Ratio geprägten Gemeinschaft.

Um die Mitte der dreißiger Jahre wurde dieses Bild von Wagner in Frankreich in hohem Maße propagiert, zu einem Zeitpunkt also, als die Volksfront Wagner als ideologische Waffe weitgehend hinter sich gelassen hatte. Die pro-faschistische Rechte stieß auf äußerst erfindungsreiche Weise in diese Lücke, vor allem im Hinblick auf Einspielungen und im Radio, das sie durch Schlüsselfiguren wie Sordet von außen beeinflußte. Zu solchen politisch motivierten Aktionen gehörten nicht nur der »Prix Candide« für Schallplattenaufnahmen, bei dem Sordet mitwirkte, sondern auch ein von ihm herausgegebenes Buch mit dem Titel *L'Initiation à la musique à l'usage des amateurs de radio.*[51] In diesem Buch begegnen wir bezeichnenderweise den Erziehungsidealen der Schola zur Förderung der Moral, nämlich die Hochachtung vor den Klassikern und die Ablehnung wechselnder zeitgenössischer Moden. Im Gegensatz zur Volksfront besetzten französische Faschisten das Terrain der »Hochkultur« und der deutschen Tradition – mit der einen Ausnahme Beethovens, nach wie vor einer Identifikationsfigur der Linken.[52] Sordet vertritt das Argument d'Indys, daß wahrer französischer Nationalismus durchaus mit Wagnerschen Einflüssen zu vereinbaren sei, die in der Tat gesünder als manche kulturelle Elemente in Frankreich selbst seien. Das Buch lobt Wagner im Hinblick auf sein Ziel »höchster moralischer Kultur« und verurteilt Rossini und Meyerbeer – im Einklang mit d'Indy und Wagner – für das Fehlen jenes Ziels.[53]

Diese Argumentationsweise sollte bis zum Ende des Krieges beibehalten werden: in den späten dreißiger Jahren hatten die Parteien ihre Positionen festgeklopft, wobei

50 *Les Soirées musicales d'Hitler*, in: *Candide* vom 30. Januar 1936.

51 *L'Initiation à la musique à l'usage des amateurs de radio*, hrsg. von Dominique Sordet, Paris 1935.

52 Zur Musikästhetik der Volksfront und der damit einhergehenden Bedeutung von Beethoven siehe Jane F. Fulcher, *Musical Style, Meaning, and Politics in France on the Eve of the Second World War* in: *The Journal of Musicology* XIII/4 (Herbst 1995).

53 *L'Initiation à la musique*, hrsg. von Dominique Sordet, S. 41–45 und 49–52.

Wagner sowohl von der Linken wie auch von der schwächer werdenden traditionellen Rechten »verlassen« worden war. Die Einstellung zu Wagner bildet in diesem Zeitabschnitt ein probates Mittel der Feststellung von Veränderungen in der politischen Landschaft, in der Haltung zu Deutschland und der Einschätzung französischer Kulturentwürfe und Zielvorstellungen. Gezeigt wurde, daß Wagner bei der Rechten seit der Zeit von Barrès eine Art Schlüsselfunktion bei der sogenannten »Mythologisierung der Nation« gespielt hatte, zunächst als Klassiker, dann als Romantiker.[54] Beide rechte Gruppierungen projizierten ihre Ideologien auf Wagners unterschiedlich zu deutende Werke, wobei sie ihre Werkinterpretationen auf der Grundlage selbst geprägter stilistischer Bedeutungscodes als diesen eingeschrieben ansahen.

Auf gewisse Weise ging die faschistische Rechte siegreich aus der Auseinandersetzung hervor, denn einige Ergebnisse ihrer Argumente haben sich in Büchern wie dem von Rebatet erhalten, in denen postuliert wird – ohne die Juden im einzelnen zu nennen –, daß Wagner die französische Musik »gerettet« habe. Gelegentlich wird das rassistische Argument aber auch ausgesprochen; ein deutliches Beispiel in der jüngsten französischen Vergangenheit war etwa die Verwendung Wagnerscher Musik und Bildsprache bei den Festveranstaltungen von Le Pens »Front National«. Wie schon in den fünfziger Jahren des 19. Jahrhunderts ist Wagner in Frankreich immer noch ein »Träger« politischer Kultur, ein Symbol oder eine Verweisstelle, durch den die französische Gesellschaft sich und ihre Beziehung zu dem »Anderen« definiert.

54 Siehe David Carroll, *French Literary Fascism*, S. 3–15.

Zusammenfassung der Diskussion

In der Diskussion wurde auf das Nebeneinander antisemitischer und philosemitischer Bezugnahmen auf Wagner innerhalb der intellektuellen Rechten Frankreichs hingewiesen.

Frau Prof. Fulcher betonte, daß sich hier keine Konsistenz herstellen lasse. Das Werk Wagners sei in unterschiedlichster Weise argumentativ instrumentalisiert worden. Der zweite Teil der Diskussion konzentrierte sich auf das problematische Verhältnis zwischen dem Wagnerismus in Frankreich und dem Wagner-Bann seit dem deutsch-französischen Krieg 1870/71. Frau Prof. Fulcher vermutete, daß es während achtziger Jahre des 19. Jahrhunderts immer Anhänger Wagners gegeben habe, die seine Werke in Brüssel und Bayreuth hörten. So habe man auch schnell Wege gefunden, Wagner auf die französischen Bühnen zurückzubringen. Bereits 1889 sei fast nur Wagner gespielt worden, was eine heftige Reaktion ausgelöst habe.

WOLF-DANIEL HARTWICH

Hans Rudolf Vaget

Wieviel ›Hitler‹ ist in Wagner?

Anmerkungen zu Hitler, Wagner und Thomas Mann

Unter den vielen Fällen in der neueren Geschichte, in denen mit Kunst Politik gemacht worden ist, stellt die Hitler-Wagner-Konstellation den wohl eklatantesten und erklärungsbedürftigsten dar. Die Geschichts- und Politikwissenschaften haben mit dem Hitler-Wagner-Komplex bisher jedoch wenig anzufangen gewußt: ihre Erkenntnisinteressen richteten sich in erster Linie auf übergreifende, strukturelle Aspekte des Dritten Reiches.[1] Sie haben die hier zur Debatte stehende Thematik weitgehend unter dem bekannten, von Walter Benjamin entwickelten Theorem zu fassen versucht, wonach der Faschismus »auf eine Ästhetisierung der Politik hinaus[läuft].«[2] Dieses Theorem ist jedoch mittlerweile zu einem alles einebnenden Klischee verkommen; sein historischer Erkenntniswert im Hinblick auf den generellen Funktionszusammenhang von Kunst und Politik ist nicht in Abrede zu stellen, doch kann dies nicht darüber hinwegtäuschen, daß sein Nutzen deutlich begrenzt ist. Die Formel von der Ästhetisierung der Politik zielt nämlich an einigen der erklärungsbedürftigsten Dimensionen des Nationalsozialismus vorbei; sie verleitet dazu, die führende Rolle Hitlers als der treibenden Kraft der nationalsozialistischen Bewegung nicht gebührend in Rechnung zu stellen,[3] und sie trägt kaum etwas dazu bei, die Bedeutung Wagners für die persönliche und politische Identitätsbildung Adolf Hitlers zu erhellen.

---

1 Das herausragende Beispiel in der neueren Literatur ist Peter Reichel, *Der schöne Schein des Dritten Reiches. Faszination und Gewalt des Faschismus*, Frankfurt a. M. 1993.

2 Walter Benjamin, *Das Kunstwerk im Zeitalter seiner technischen Reproduzierbarkeit*, in: *Gesammelte Schriften*, unter Mitwirkung von Theodor W. Adorno und Gershom Scholem, hrsg. von Rolf Tiedemann und Hermann Schweppenhäuser, Frankfurt a. M. 1980, Werkausgabe Bd. 2, S. 467. Vgl. dazu jetzt, auf den Bereich der Musik begrenzt, den grundlegenden Artikel von Bernd Sponheuer, *Nationalsozialismus*, in: *Die Musik in Geschichte und Gegenwart*, hrsg. von Ludwig Finscher, Kassel u. a. 1997. [Künftig: B. Sponheuer, *Nationalsozialismus.*]

3 Vgl. dazu den vielzitierten Essay von Milton Himmelfarb, *No Hitler, No Holocaust*, in: *Commentary 76*, 1984, S. 37–43. Die Bedeutung der Persönlichkeit Hitlers für ein adäquates historisches Verständnis des Dritten Reichs und des Holocaust ist jüngst besonders eindringlich von Albert S. Lindemann herausgearbeitet worden: *Esau's Tears. Modern Anti-Semitism and the Rise of the Jews 1870–1933*, Cambridge 1997, S. 483–503.

Die folgenden Explorationen gehen von Thomas Manns Schriften über Wagner und Hitler aus, da diese besonders dazu geeignet scheinen, uns wie durch ein Prisma bestimmte Facetten und Farben des Hitler-Wagner-Komplexes deutlicher sehen zu lassen. Freilich ist sogleich zu konzedieren, daß auch Manns Perspektive auf unser Problem ihre ideologisch und historisch bedingten Grenzen hat. Sie hat jedoch den Vorteil, einer profunden Kennerschaft Wagners zu entspringen sowie einer psychologischen und politischen Hellsicht, die vom Haß und paradoxerweise auch von dem Bewußtsein des *tua res agitur* inspiriert war.

In einem Brief an Emil Preetorius vom 6. Dezember 1949 steht der Satz, der wie kein anderer den derzeitigen Stand der Wagner-Kritik auf den Begriff zu bringen scheint: »gewiß, es ist viel ›Hitler‹ in Wagner.«[4] Diese in ihrer Apodiktik irritierende Diagnose wird sogleich verständlicher, wenn wir den biographischen Kontext des Briefes heranziehen. Preetorius war seit 1919 mit Thomas Mann befreundet und hatte vier seiner Bücher illustriert.[5] Während der Nazi-Herrschaft war er von 1933 bis 1939 als »szenischer Leiter« der Bayreuther Festspiele an exponierter Stelle tätig gewesen.[6] Unmittelbar nach dem Krieg jedoch hatte er Thomas Mann vorgeschlagen, »eine Apologie Wagners« zu verfassen, »die der irrigen und irreführenden Meinung entgegentritt, Wagner sei eine Art Nazi« gewesen.[7] Durchaus im Sinne dieses Vorschlags hatte er 1949 eine leicht revidierte Fassung seines Essays von 1942: *Wagner: Bild und Vision,* herausgebracht und Thomas Mann zugeschickt, der Preetorius inzwischen im *Doktor Faustus* in der Gestalt des Dr. Sixtus Kridwiss verewigt hatte – nicht sehr schmeichelhaft, denn dieser erscheint dort als der Kopf eines protonazistischen Kreises von Intellektuellen und Künstlern. Der Satz: »es ist viel ›Hitler‹ in Wagner«, ist also zunächst einmal als eine vom Kontext her geradezu zwingende Absage zu verstehen an Preetorius' Ansinnen – in der Art der damals gängigen »Persilscheine« – eine Unbedenklichkeitserklärung zu Wagner abzugeben.

Mit Recht konnte Thomas Mann von sich sagen: »Die Passion für Wagners zaubervolles Werk begleitet mein Leben« (IX, 373). Diese Passion beschreibt einen mächtigen Bogen von seinen Anfängen, als er in Wagner schlicht seinen »Meister und nordischen Gott« (X, 839) verehrte, über die krisenhafte Selbsterforschung während des Ersten Weltkriegs, als er in Wagners Werk »die Heimat« (XII, 80) seiner Seele gefunden zu haben glaubte, bis zu der schonungslosen Selbstkritik der eigenen kul-

4 Thomas Mann, *Wagner und kein Ende. An Emil Preetorius*, in: *Gesammelte Werke in dreizehn Bänden*, textkritisch durchgesehen, Frankfurt a. M. 1990, Bd. X, S. 925–927. Stellenverweise im Text beziehen sich auf diese Ausgabe.

5 Hans Wysling, *Aus dem Briefwechsel Thomas Mann – Emil Preetorius*, in: *Blätter der Thomas Mann Gesellschaft Zürich*, Nr. 4, 1963, S. 3–34, hier S. 3.

6 Vgl. Frederic Spotts, *Bayreuth. A History of the Wagner Festival*, New Haven 1994, S. 159f., 169, 186. [Künftig: F. Spotts, *Bayreuth.*]

7 Brief an Thomas Mann vom 8. September 1945; *Briefwechsel Thomas Mann – Emil Preetorius* (Anm. 5), S. 9.

turellen Identität während des Zweiten Weltkriegs; damals bezeichnete er es als unbestreitbar, daß »zwischen der Wagner'schen Sphäre und dem nationalsozialistischen Unheil« (XIII, 351) Beziehungen bestehen – peinliche und verzwickte Beziehungen. Vor diesem Hintergrund einer lebenslangen Auseinandersetzung mit Wagner war es einigermaßen verständlich, daß der Satz: »es ist viel ›Hitler‹ in Wagner«, eine besondere Resonanz erzielte[8] und weithin, von Freund und Feind, als endgültige Erkenntnis in Sachen Wagner aufgefaßt wurde.

Der Satz Thomas Manns hat es jedoch in sich: er eignet sich vorzüglich als Einstieg in eine Erörterung des vielbeschworenen, doch noch weitgehend unvermessenen Komplexes von Hitlers Wagnerismus. Zunächst jedoch erfordert er eine genaue, kontextuale Auslegung. Dazu ist es notwendig, die Genese jenes Gedankens von der Antizipation Hitlers durch Wagner aus Thomas Manns verstreuten Kommentaren zu rekonstruieren und die Grenzen seiner Gültigkeit zu bestimmen. Insbesondere ist zu fragen, inwieweit die Judenfeindschaft Richard Wagners und der Holocaust zu jenen »schlimmen Zusammenhängen«[9] gehören, über die Thomas Mann sich meist nur andeutungsweise ausgelassen hat. Wie bei allen Fragen der geistigen Vorläuferschaft sind hier die Erkenntnisse der Rezeptionstheorie in Anschlag zu bringen – einer Theorie der Literaturgeschichte, die auch größere geistesgeschichtliche Zusammenhänge zu erhellen geeignet ist, da sie auf einer übergreifenden, fundamentalen Erkenntnis gründet – der Erkenntnis, daß »Tradition sich [...] nicht selbst zu tradieren« vermag; »sie setzt Rezeption voraus,« die ihrerseits von den Erwartungen und Bedürfnissen der Rezipienten gesteuert ist.[10] Wie sehr gerade im nationalsozialistischen Deutschland prinzipiell der Bereich der Rezeption von klassischer Musik gegenüber dem der Produktion privilegiert war, ist von der einschlägigen Forschung längst herausgearbeitet worden.[11] Schließlich ist hier zu bedenken, daß bei dem Satz Thomas Manns nicht nur Probleme der Wagner-Rezeption zur Debatte stehen; letztlich geht es um das Hauptthema der jüngeren deutschen Geschichte: Wie konnten Adolf Hitler und der Nationalsozialismus in Deutschland eine so weitgehende

8 Als Beispiel für die Verselbständigung des Thomas Mannschen Diktums sei auf Annette Hein verwiesen, *Es ist viel ›Hitler‹ in Wagner. Rassismus und antisemitische Deutschtumsideologie in den »Bayreuther Blättern« (1878–1938)*, in: *Conditio Judaica 13*, Tübingen 1996, die den Satz Thomas Manns umstandslos und ohne Berücksichtigung des Kontexts als eine Art Aushängeschild für ihre Untersuchung der *Bayreuther Blätter* benutzt.

9 Brief an Franz W. Beidler vom 26. November 1935, in: Franz Wilhelm Beidler, *Cosima Wagner-Liszt. Der Weg zum Wagner-Mythos. Ausgewählte Schriften des ersten Wagner-Enkels und sein unveröffentlichter Briefwechsel mit Thomas Mann*, hrsg. und mit einem Nachwort versehen von Dieter Borchmeyer, Bielefeld 1997, S. 326. [Künftig: Beidler/Borchmeyer.]

10 Hans Robert Jauss, *Literaturgeschichte als Provokation*, Frankfurt a. M. 1970, S. 234.

11 Vgl. dazu Carl Dahlhaus, *Politische Implikationen der Operndramaturgie. Zu einigen Opern der dreißiger Jahre*, sowie Hubert Kolland, *Wagner-Rezeption im deutschen Faschismus*, in: *Bericht über den Internationalen Musikwissenschaftlichen Kongress Bayreuth 1981*, Kassel 1984; zitiert nach B. Sponheuer, *Nationalsozialismus*, Sp. 27.

Akzeptanz finden, daß sie zur politischen Herrschaft gelangten? Es ist und bleibt die Frage aller Fragen, wenn von Deutschland die Rede ist.

Hier ist nun sogleich eine Merkwürdigkeit zu konstatieren: in der ganzen, immensen Literatur über Hitler spielt, von einer Ausnahme abgesehen, Wagner keine zentrale Rolle. Dies ist insofern merkwürdig, als die außerordentliche Bedeutung Wagners für Hitler reichlich dokumentiert ist. Aus der Fülle der Belege seien hier lediglich zwei besonders gewichtige angeführt. In einem Brief von 1924 an Siegfried Wagner, geschrieben während seiner Festungshaft in Landsberg, betont Hitler, daß in Bayreuth »erst durch den Meister und dann durch Chamberlain, das geistige Schwert geschmiedet wurde, mit dem wir heute fechten.«[12] Die hier einbekannte politische und ideologische Instrumentalisierung Wagners ist von der seriösen Hitler-Forschung, soweit ich sehe, bisher noch nicht ernsthaft diskutiert worden. Auch bei der Spurensuche nach den immer noch ungeklärten Anfängen von Hitlers Judenhaß hat die Forschung die weitverbreitete These von Wagners Ahnenschaft noch nicht gründlich genug geprüft. Zwar versäumt es kein Biograph, Hitlers monomanische Idolisierung Wagners zu erwähnen, doch bleibt es gewöhnlich bei raunenden Beschwörungen der Götterdämmerung und anderen, zum Klischee gewordenen Wagner-Momenten. Der historische und psychologische Erkenntniswert solcher Hinweise ist kaum der Rede wert. Bezeichnenderweise spielt denn auch Wagner in den jüngst erschienenen Bestandsaufnahmen der Hitler-Literatur von John Lukacs und von Ron Rosenbaum keine Rolle.[13]

Der andere gewichtige Beleg stammt aus dem Jahre 1930. Hitler erinnert sich einer Aufführung von Wagners *Rienzi* in Linz, die er mit seinem Jugendfreund, dem angehenden Musiker August Kubizek, erlebt hatte und die nach eigenem Bekunden Epoche machte in seinem Leben. In den Erinnerungen Kubizeks an die gemeinsame Jugendzeit mit Hitler wird jenes denkwürdige *Rienzi*-Erlebnis ausführlich beschrieben.[14] Später bekannte Hitler Winifred Wagner gegenüber: »In jener Stunde begann es.«[15] Selbst Brigitte Hamann in ihrem vorzüglichen Buch, *Hitlers Wien*, läßt die Bedeutung dieser Episode unerörtert.[16] Was, so ist zu fragen, hat damals begonnen, das heißt Anfang 1905, als Hitler fünfzehn Jahre alt war?[17] Es ist unwahrscheinlich, daß

---

12 Adolf Hitler an Siegfried Wagner, 5. Mai 1924, in: *Hitler. Sämtliche Aufzeichnungen 1905–1924*, hrsg. von Eberhard Jäckel und Axel Kuhn, Stuttgart 1980, S. 1232. [Künftig: *Sämtliche Aufzeichnungen.*]

13 John Lukacs, *The Hitler of History*, New York 1997; Ron Rosenbaum, *Explaining Hitler. The Search for the Origins of His Evil*, New York 1998.

14 August Kubizek, *The Young Hitler I Knew*, tr. E. V. Anderson, with an Introduction by H. R. Trevor-Roper, Boston 1955, S. 98–101.

15 Ebd., S. 101.

16 Brigitte Hamann, *Hitlers Wien. Lehrjahre eines Diktators*, München und Zürich 1996. [Künftig: B. Hamann, *Hitlers Wien.*]

17 Das *Rienzi*-Erlebnis der jungen Hitler wird gewöhnlich auf Ende 1906 verlegt, es muß jedoch um ein Beträchtliches vorverlegt werden. Die Linzer Inszenierung des *Rienzi* war kein Publikumserfolg; es gab insgesamt lediglich fünf Aufführungen: 3. Januar (Premiere), 5., 10., 19. Januar und 19. Februar 1905. (Auskunft von Dr. Ulrich Scherzer, Dramaturg am Landestheater Linz, Brief vom 7. Juni 1993 an den Verfasser.)

seine Wagner-Begeisterung gemeint ist, denn diese datierte er selbst auf sein dreizehntes Lebensjahr, also zwei Jahre früher.[18] Weit plausibler will es scheinen, daß sich damals schon in seiner Phantasie, beflügelt von Wagners tragischem Volkstribunen, die Empfänglichkeit für seine künftige Lebenstraumrolle ausbildete – seine Rolle als Führer der Deutschen, der, dem Beispiel Rienzis folgend, Deutschlands Ruhm und Größe wiederherstellen werde. Vermutlich gründet seine Bewunderung für Karl Lueger, den Bürgermeister von Wien und modernen Volkstribunen *par excellence*,[19] in diesem ästhetischen Urerlebnis. *Rienzi* öffnete ihm die Augen für das »Genie« Luegers und die Vorteile einer populistisch-charismatischen gegenüber der parlamentarischen Form politischer Führerschaft. Theodor W. Adorno hat als erster dieser Oper Wagners einen faschistischen Geist attestiert.[20] Viele Wagner-Interpreten, wiewohl nicht alle, haben diese Diagnose übernommen.[21]

Während Wagner in der Hitler-Literatur eine relativ geringe Rolle spielt, hat umgekehrt die Präsenz Hitlers in der Wagner-Literatur in den letzten Jahren auffallend zugenommen. Unser Nachdenken über Wagner steht, einem Wort Theodor W. Adornos von 1952 zufolge »wie unter einem Bann. Der Geist hat ihm gegenüber die Freiheit noch nicht gewonnen.«[22] Das zeigt sich an der Ubiquität Hitlers in jeder Diskussion über Wagner sowohl in Israel[23] und den Vereinigten Staaten als auch in Deutschland. Der schlagendste Beleg dafür ist das Buch von Joachim Köhler, *Hitlers Wagner*, das den Grundgedanken seiner Argumentation bereits im Untertitel festlegt: *Der Prophet und sein Vollstrecker*.[24] Köhler hatte eine Reihe von Vorgängern, darunter Paul Lawrence Rose, Jean Matter, Hartmut Zelinsky, Robert W. Gutman und Ludwig Marcuse.[25] Was immer man gegen diese Schriften einwenden mag – und es

18 *Sämtliche Aufzeichnungen*, S. 1233.

19 B. Hamann, *Hitlers Wien*, S. 393–435.

20 Theodor W. Adorno, *Versuch über Wagner*, in: *Gesammelte Schriften*, hrsg. von Rolf Tiedemann, Frankfurt a. M. 1971, Bd. 13, S. 7f. [Künftig: Theodor W. Adorno, GS.]

21 Mehr oder weniger deutlich zustimmend: Barry Millington, *Wagner*, Princeton, NJ 1985, S. 151; eine ganz andere Deutung, nämlich als »das politisch avancierteste und radikalste« Werk im Sinne von Wagners vormärzlichen Liberalismus, hat Udo Bermbach vorgelegt: *Der Wahn des Gesamtkunstwerks. Richard Wagners politisch-ästhetische Utopie*, Frankfurt a. M. 1994, S. 37–54.

22 Selbstanzeige des Essaybuches *Versuch über Wagner*, Theodor W. Adorno, GS, Bd. 13, S. 504.

23 Na'ama Sheffi, *Who's Afraid of Richard Wagner: The Israeli Press, Politics, and Music 1938–1994*, in: *Patterns of Prejudice* 31, 1997, S. 35–51; dies., *Cultural Manipulation: Richard Wagner and Richard Strauss in Israel in the 1950s*, in: *Journal of Contemporary History* 34, 1999, S. 619–639.

24 Joachim Köhler, *Wagners Hitler. Der Prophet und sein Vollstrecker*, München 1997. [Künftig: J. Köhler, *Wagners Hitler*.]

25 Paul Lawrence Rose, *Wagner: Race and Revolution*, New Haven und London 1992; Jean Matter, *Wagner et Hitler. Essai*, Lausanne 1977; Hartmut Zelinsky, *Richard Wagner und die Folgen*, in: *Richard Wagner – ein deutsches Thema. Eine Dokumentation zur Wirkungsgeschichte Richard Wagners 1876–1976*, Frankfurt a. M. 1976, S. 6–22, 278–284 [Künftig: H. Zelinsky, *Richard Wagner – ein deutsches Thema*.]; Ludwig Marcuse, *Das denkwürdige Leben des Richard Wagner*, München 1963; Robert W. Gutman, *Richard Wagner: The Man, His Mind, and His Music*, New York 1968.

wäre sehr viel einzuwenden[26] –, es ist anzuerkennen, daß sie uns veranlassen, die Rolle von Wagners Judenfeindschaft in der Identitätsbildung des jungen Hitler und in den Antezedentien des Holocausts schärfer ins Auge zu fassen. Allerdings wird es dabei notwendig sein, von einem so unangemessenen, weil jeglicher historischen Logik entrückten Modell wie dem vom Propheten und seinem Vollstrecker abzusehen und überzeugendere, rezeptionsgeschichtlich reflektierte Gesichtspunkte herauszuarbeiten. In dem gegenwärtigen, post-Adornoschen Wagner-Diskurs hat sich ein Vorverständnis etabliert, demzufolge im Sinne des Thomas Mannschen Satzes im Gesamtwerk Wagners entscheidende Elemente des Hitlerismus *in nuce* schon enthalten seien. Dabei wird meist impliziert, daß Hitlers mörderischer Judenhaß aus Wagners Schriften und Bühnenwerken herzuleiten sei. Adorno argumentiert im Sinne einer solchen Genealogie des Holocausts. Weit davon entfernt, jenen geistigen Bann zu brechen, haben gerade seine weithin als kanonisch geltenden Wagner-Schriften entscheidend dazu beigetragen, daß der Bann in Kraft geblieben ist.

Der einzige Hitler-Biograph, der Wagner eine entscheidende, formative Bedeutung zuerkennt, ist Joachim Fest. Ihm zufolge schufen Wagners Opern im Zusammenwirken mit den Schriften »das ideologische Milieu, das Hitlers Ängsten und Triumphbedürfnissen am treffendsten entsprach.«[27] Dies scheint mir richtig gesehen; es sind aber Beobachtungen, die sehr der Entwicklung bedürfen. Fest hat dies offenbar selbst so empfunden, denn in einem Vortrag von 1994[28] hat er mit Nachdruck für einen »Wagner von außen« plädiert und die noch ausstehende Wirkungsgeschichte dieses »Großideologen« angemahnt. Zwei Jahrzehnte nach Abschluß seiner Biographie (1973) ist er davon überzeugt, daß Wagner ein größeres Gewicht zuzumessen sei als die Hitler-Forschung ihm bis dahin zuerkannt hat. Nun ist die Rede von Hitlers »geradezu bigotter Abhängigkeit« von Wagner, der sein »bestimmende[r] Lehrmeister« gewesen sei. Der Jüngere habe die »zunehmend ideologisierten« Wagnerschen »Affekte zur Grundlage seines eigenen Weltbildes gemacht.«[29] Von dieser emphatischen Aufwertung des Wagner-Komplexes wird aber mit dem Antisemitismus etwas Entscheidendes sogleich wieder zurückgenommen. Fest unterscheidet zwischen der sehr wählerischen Judenfeindschaft Wagners, die zunächst einem antikapitalistischen Affekt entsprang und »überwiegend eine Sache der [zeittypischen] Mentalität« gewesen sei, und dem kompromißlosen, rassisch begründeten Antisemitismus Hitlers, der einem späteren Stadium des Antisemitismus-Diskurses angehörte. Ein Zusammenhang des Hitlerschen Antisemitismus mit Wagner wird nicht konzediert.

---

26 Siehe Verf., *Wagner, Anti-Semitism, and Mr. Rose: ›Merkwürd'ger Fall‹*, in: *German Quarterly* 66, 1993, S. 222–236.

27 Joachim Fest, *Hitler. Eine Biographie*, Berlin »Neuausgabe« 1998 (zuerst 1973), S.100.

28 Joachim Fest, *Um einen Wagner von außen bittend. Zur ausstehenden Wirkungsgeschichte eines Großideologen*, in: *Fremdheit und Nähe. Von der Gegenwart des Gewesenen*, Stuttgart 1996, S. 275–298.

29 Ebd., S. 297.

So fällt denn das Fazit Joachim Fests merkwürdig unentschieden und teilweise widersprüchlich aus. Er argumentiert einerseits gegen die Wagner-tauben und Wagner-blinden Hitler-Experten unter den Historikern und andererseits gegen die vom Thema des Antisemitismus besessenen Wagner-Experten, denen er entgegenhält, »daß ein Verhältnis unmittelbarer Nachfolge zwischen Richard Wagner und Hitler nicht ohne Gewaltsamkeit herzustellen« sei.[30] Dem wäre zuzustimmen, wenn nicht im Kern dieser Argumentation ein Widerspruch bestünde. Denn wenn Wagner der »bestimmende Lehrmeister« Hitlers war, so ist schwer einzusehen, warum er es nicht auch im Hinblick auf das Judentum sein konnte, zumal Wagner seine Judenfeindschaft in durchaus lehrhafter Form entwickelte, nämlich in seinen Schriften. Hitlers Wagnerismus nahm seinen Ausgang allerdings nicht von der Lektüre des *Judentums in der Musik*, sondern von der »großen tragischen Oper« über den letzten der spätmittelalterlichen Volkstribunen Roms. Davon später. Eine ästhetische Erfahrung von der Wirkungskraft einer Wagner-Oper setzt jedoch einen ganz anderen Rezeptionsmodus voraus als die Lektüre eines Pamphlets. Im übrigen impliziert die Vorstellung eines Schüler-Lehrmeister Verhältnisses ein Maß an Methodik und planmäßigem Fortschreiten, das der psychischen Konstitution des Autodidakten Hitler gänzlich unangemessen erscheint.

Statt dessen deutet alles darauf hin, daß es jenes aufwühlende *Rienzi*-Erlebnis war, das mit epiphanieartiger Gewalt[31] seine Phantasie eroberte und sie fortan gleichsam kolonisierte. Diese war von nun an der Oberherrschaft eines wirkungsmächtigen und welterobernden Künstlers unterworfen, der die einzigartige Distinktion besaß, als betont deutscher Künstler die Welt erobert zu haben. Angesichts seiner alldeutschen Sympathien konnte es nicht ausbleiben, daß er diesen Künstler-Helden idolisierte und ihm uneingeschränkte Autorität über seine Phantasie und seine sich herausbildende Weltanschauung einräumte.

Es kommt hinzu, daß seine Idolisierung Wagners, die sich in seinen Wiener Jahren durch häufige Besuche der Hofoper entschieden befestigte, ihm zum bevorzugten Mittel wurde, sich seiner gefühlsmäßigen und kulturellen Deutschheit zu versichern. Alldeutsche Sympathien hatte er sich schon in seiner Schulzeit in Linz erworben, einer Hochburg der Anhänger Georg Ritter von Schönerers. Mit seinem Wagnerkult schuf sich der junge Hitler einen psychischen Raum, in dem er sich über die verachtete Vielvölker-Monarchie erheben und seiner »wahren« Identität als Deutscher innewerden konnte. Bemerkenswerterweise pflegten die Alldeutschen auf ihren Veranstaltungen in Linz und Wien die *Rienzi*-Ouvertüre zu spielen.[32]

30 Ebd., S. 293.

31 Dazu Albert Speer, der sich einer Äußerung Hitlers von 1938 erinnert, derzufolge ihm das *Rienzi*-Erlebnis in Linz, die »Vision« eingab, eines Tages selbst Deutschlands Größe wiederherzustellen. Albert Speer, *Spandau. The Secret Diaries*, tr. Richard and Clara Winston, New York 1976, S. 88.

32 Brigitte Hamann, *Hitlers Wien*, S. 365.

Hitler hat diesen Brauch – eine historisch wie politisch signifikante Geste – schon in den frühen Jahren der nationalsozialistischen Bewegung übernommen und später zu einem festen, unveräußerlichen Bestandteil der politischen Liturgie der Nürnberger Reichsparteitage gemacht, die regelmäßig mit diesem Wagner Stück eröffnet wurden. Hitler bestand auf diesem Brauch und ignorierte alle wohlgemeinten Versuche lebender Komponisten, die *Rienzi*-Ouvertüre durch eine neuere, den Geist des Dritten Reiches »besser« ausdrückende Musik zu ersetzen.[33]

Von dieser inneren Bindung an Wagners *Rienzi* fällt ein besonders erhellendes Licht auf die durchaus noch ungeklärte Identitätsformation des jungen Hitler. Dieser stellt sich uns immer deutlicher dar als ein bildender Künstler, dessen Entwicklung, soweit davon die Rede sein kann, sich gleichsam im Schatten eines übermächtigen Tonkünstlers vollzog – Wagners. Daß Adolf Hitler von seinem Sozialstatus her als Künstler zu betrachten sei,[34] kann heute nicht mehr ernsthaft bezweifelt werden, so sehr wir uns auch dagegen sträuben mögen, einer moralischen Unperson wie Hitler den Nimbus der Künstlerschaft zuzugestehen. Wir sträuben uns dagegen, weil durch die bloße Nebeneinanderstellung von Kunst und enormem Verbrechertum auf dessen Enormität ein abschwächendes, exkulpatorisches Licht fällt. Und doch lassen die erhaltenen Zeugnisse, zumal das Ausmaß von Hitlers künstlerischer Betätigung in seiner Wiener Zeit keinen anderen Schluß zu als ihn als einen »professional artist« einzustufen, wenn auch »on the lowest level«, als Angehöriger des Künstlerproletariats.[35] Eine bisher wenig beachtete Besonderheit der Entwicklungsgeschichte Hitlers wäre demnach dahingehend zu bestimmen, daß in ihm zwei sehr ungleiche Kunsttriebe koexistierten: in Malerei und Baukunst ein produktiver Kunsttrieb von bescheidener Potenz, in der Musik hingegen ein rezeptiver Kunsttrieb von unbegrenzter Erlebnisfähigkeit.

Das undisziplinierte Ineinanderwirken dieser ungleichen Kräfte, einer defizienten und einer exzessiven, markiert einen besonders aufschlußreichen Aspekt des Enigmas Hitler. Er war ein Dilettant in dem komplexen und genauen Sinn, den dieser Begriff im Ästhetizismus der Jahrhundertwende erlangt hatte, nämlich als einer unauthentischen, weil abgeleiteten Lebensform.[36] Die Literatur der Epoche – bei Hofmannsthal und Schnitzler, bei Heinrich und Thomas Mann, um nur die hervorragendsten zu nennen – begegnet man solchen Dilettanten-Existenzen auf Schritt und Tritt. Gleichzeitig aber beanspruchte Hitler auf dem Feld der Politik, von den zahllosen Sykophanten in seiner Umgebung dazu ermuntert, als normbrechendes und

33 Vgl. dazu den Bericht von Albert Speer, *Spandau* (Anm. 31), S. 87f.

34 Vgl. dazu Michael H. Kater, *Hitler in a Social Context*, in: *Central European History* 14, 1981, S. 243–272.

35 Dazu O. K. Werckmeister, *Hitler the Artist*, in: *Critical Inquiry* 23, 1997, S. 270–297, hier S. 278.

36 Vgl. Verf., *Der Dilettant. Eine Skizze der Wort- und Bedeutungsgeschichte*, in: *Jahrbuch der deutschen Schillergesellschaft* 14, 1970, S. 131–158.

neue Normen setzendes Genie zu handeln.[37] Genau diese Selbsttäuschung ist jedoch das Merkmal nicht von Genie, sondern von Dilettantismus. Dessen Wesen besteht ja, nach Goethes klassischer Analyse, gerade in dem Wahn, »mit erlittnen Wirkungen wirken zu können.«[38] Bei Hitler, so dürfen wir mit einiger Plausibilität mutmaßen, drängten die durch Wagner erlittenen Wirkungen nach Ausdruck, für den die Politik eine zunächst unbegrenzt erscheinende Projektionsfläche bot. Durchaus im Sinne dieser Transposition ermutigte er später eine Sehweise, die ihn zum »ersten Künstler der deutschen Nation« erhob.[39]

Als der Dreißigjährige beschloß, Politiker zu werden, muß er geahnt haben, daß ihm in der Rolle des politischen Erben Wagners eine besonders aussichtsreiche und in der Mitte des politischen Spektrums Erfolg verheißende Option offen stand. Das Renommee Wagners hatte in den drei Dekaden nach seinem Tod eine unvergleichliche Höhe erlangt und war auch in den ersten Nachkriegsjahren noch keineswegs ernsthaft erschüttert. Die Rolle des politischen Erben Richard Wagners schloß sich zudem fugenlos an die ästhetisch und psychologisch prägenden Erlebnisse seiner Identitätsformation an: *Lohengrin* und *Rienzi*; sie ist geradezu daraus erwachsen. Die Wirkung der frühen Wagner-Erlebnisse ist in der Tat, wie Ernst Hanisch bemerkt hat, vergleichbar mit einer »Droge für seine Machtträume.«[40]

Wie in jedem Bildungsroman, auch dem mißratensten, muß demnach auch im Falle des jungen Hitler der ästhetischen Erfahrung eine entscheidende Rolle zuerkannt werden: sie erhöht und verändert die Wahrnehmung der Wirklichkeit und gebiert Phantasien, die ihrerseits, fixen Ideen gleich, alle Formen der sozialen Interaktion mitbestimmen. Die durch die ästhetische Erfahrung entzündete Wagner-Idolatrie diente ihm zudem als probates Mittel, seine ihm so teure Weltanschauung zu auratisieren. Wie Tausende seiner Zeitgenossen erlebte Hitler die Moderne als einen Prozeß der Entzauberung, doch diesen Prozeß glaubte man durch eine Reihe von kulturellen Praktiken aufhalten zu können. Die Musik im allgemeinen sowie die hochauratisierten Bühnenwerke Wagners im besonderen erschienen – wie großen Teilen des deutschen Bürgertums – so auch Hitler als bevorzugte Mittel einer Reauratisierung der modernen Lebenswelt.[41]

---

37 Zur Bedeutung des Geniekults bei Hitler vgl. die vorzügliche Studie von Jochen Schmidt, *Die Geschichte des Genie-Gedankens in der deutschen Literatur, Philosophie und Politik 1750–1945*, 2 Bde., Darmstadt 1985, bes. Bd. 2, S. 277ff. Freilich wäre gegen J. Schmidt daran zu erinnern, daß Hitlers Selbstinszenierung als Genie auf einer Selbsttäuschung beruhte und daß eben dies ihn als Dilettanten im klassischen Sinn ausweist.

38 [*Über den Dilettantismus*], Johann Wolfgang Goethe, *Ästhetische Schriften 1771–1805*, hrsg. von Friedmar Apel, Frankfurt 1998, S. 779.

39 So in einem Telegramm Paul Grainers von 1936 an Hitler im Namen der Reichsfachschaft Komponisten in der Reichs-Musikkammer; zitiert nach B. Sponheuer, *Nationalsozialismus*, Sp. 25.

40 Ernst Hanisch, *Ein Wagnerianer namens Hitler*, in: *Richard Wagner 1883–1983. Die Rezeption im 19. und 20. Jahrhundert. Gesammelte Beiträge des Salzburger Symposiums*, Stuttgart 1984, S. 65–75, hier S. 71.

41 Vgl. dazu B. Sponheuer, *Nationalsozialismus*, Sp. 30.

Vor allem aber erzielte Hitler, indem er sich in den Mantel Wagners hüllte, einen in seiner Fernwirkung nicht abzuschätzenden Respektabilitätsschub. Die Führer-Rolle, die ihm vorschwebte, orientierte sich weitgehend an dem historischen Vorbild des letzten römischen Volkstribunen Cola di Rienzi (1313–1354), dessen Vorbild sich bezeichnenderweise auch der Führer der italienischen Faschisten, Benito Mussolini verpflichtet fühlte.[42] Während sich jedoch Mussolinis Bewunderung an dem vergleichsweise prosaischen Roman Edward Bulwer-Lyttons entzündete, entsprang Hitlers Identifikation mit Rienzi der »großen tragischen Oper« Wagners, die zwar auf dem Roman basierte, aber weit darüber hinausweisend einen entscheidenden Schritt zur Ästhetisierung von politischer Führerschaft markierte. Man darf vermuten, daß die unterschiedliche Qualität der ästhetischen Erfahrung bei Hitler und Mussolini nicht ohne Konsequenzen geblieben ist.

Hitlers Führerschaft beruhte zu einem beträchtlichen Ausmaß – in der Terminologie Max Webers – auf »charismatischer Autorität.«[43] Sie verdankte sich jedenfalls anfangs der hypnotischen Wirkung seines Rednertalents und seines Fanatismus. Sie war aber auch mit den Unzulänglichkeiten seiner in jedem herkömmlichen Sinne unattraktiven Persönlichkeit behaftet. Durch die demonstrative Anbindung seines geschichtlichen Auftrags an Wagner und dessen hochauratisierte Kunst[44] versuchte Hitler instinktiv seine charismatische und *per definitionem* unstabile Autorität um die Dimension der »traditionellen Autorität« – nach Max Weber die legitimere Form von Herrschaft – zu erweitern und so zu stabilisieren. Dadurch gelang ihm eine erstaunlich erfolgreiche Selbststilisierung, die auf längere Sicht eine große, wenn auch schwer auszulotende Resonanz erzielte. Der Entschluß im Frühjahr 1919,[45] Politiker zu werden, beinhaltete somit eine Art Selbsterfindung als Retter Deutschlands, dem alles daran gelegen sein mußte, den Segen des *Parsifal*-Schöpfers – und damit der glorreichen deutschen Musiktradition, des kulturellen Garanten alles politischen Vormachtstrebens – auf sich zu ziehen. Wie ihm dies mit seinem Antrittsbesuch in Wahnfried gleichsam im Handstreich gelang, wird noch zu zeigen sein.

Das größte Hindernis in allen Versuchen, den Hitler-Wagner-Komplex zu erhellen, sind Hitlers vielfach verschleiernde und mystifizierende Selbstaussagen in *Mein Kampf.* Vor allem die von ihm propagierte Vorstellung einer festen, unerschütterli-

---

42 Vgl. David Huckvale, *Rienzi's Reich. Bulwer-Lytton, Wagner, and the Great Dictators*, in: *Wagner* 19, 1998, S. 103–116. Auf zahlreiche faschistische Züge schon des historischen Rienzi hat Franz Neumann hingewiesen: *Behemoth. The Structure and Practice of National Socialism*, New York 1942, S. 465f.

43 Siehe Max Weber, *Politik als Beruf*, in: *Max Weber Gesamtausgabe*, hrsg. von Horst Baier u. a., Abt. I, Bd. 17, S. 156–252, hier S. 260f.

44 Vgl. dazu Sven Friedrich, *Das auratische Kunstwerk. Zur Ästhetik von Richard Wagners Musiktheater-Utopie*, Tübingen 1996, besonders S. 198–206.

45 Zur Datierung vgl. Anton Joachimsthaler, *Korrektur einer Biographie: Adolf Hitler 1908–1920*, München 1989, S. 65ff. sowie das Kapitel »Discovering a Talent« bei Ian Kershaw, *Hitler. 1889–1936: Hubris*, New York 1998, S. 107–128.

chen Weltanschauung, die er sich in der größten Not seiner Wiener Existenz aus eigener Kraft aufgebaut habe und die ihm als Fundament seines politischen Handelns diene, ist leicht als Selbststilisierung zu Propagandazwecken zu durchschauen. Die Hitler-Forschung steht ihr mit wachsender und nur allzu berechtigter Skepsis gegenüber.[46] Hitlers Ideen waren die eines Autodidakten; er hatte sie in der Manier eines Dilettanten erworben und präsentierte sie als ein in sich schlüssige Gedankengebäude, wie es die nationalsozialistische Bewegung brauchte. Auffälligerweise spielt jedoch Wagner in Hitlers Selbstdarstellung in *Mein Kampf* mitnichten die prominente Rolle, die er in seinem uns weitgehend verborgenen Innenleben gespielt haben muß, wie er denn auch an keiner Stelle seinen Judenhaß unter Berufung auf Wagner zu »erklären« versucht hat.[47]

* * *

Das Dilemma, vor dem die Hitler-Forschung heute im Hinblick auf Wagner steht, ist nicht neu. Schon die deutschen Exilanten waren damit konfrontiert; sie standen vor dem Problem, ihre Liebe zu Wagner angesichts der offenkundigen Wahlverwandtschaft zwischen Wagner-Kult und Nationalsozialismus vor sich selbst zu rechtfertigen.[48] Hier wie auch auf anderen Gebieten brachten die Exilanten zum erstenmal Themen zur Sprache, an denen die Geschichtswissenschaft noch heute arbeitet. Unter den von Wagner Betroffenen nahm der Verfasser von *Leiden und Größe Richard Wagners* zweifellos eine herausragende Stellung ein. Thomas Mann hatte 1933 im Gefolge des *Protests der Richard-Wagner-Stadt München* nicht nur den »Verlust von Heim und Vaterland« erlitten, sondern auch die »nationale Exkommunikation« (XIII, 91f.).[49] Er war somit in einem eminenten Sinne Hitler- und Wagner-geschädigt: sein Wort zu dem Hitler-Wagner-Problem hatte *eo ipso* Gewicht.

Der eingangs zitierte Satz, daß viel »Hitler« in Wagner sei, war im Jahre 1949 keineswegs neu oder originell. Er bringt lediglich ein Erklärungsmuster auf den Punkt, das in den dreißiger Jahren unter den Exilanten vielfach diskutiert wurde. In dem großen Essay von 1933, *Leiden und Größe Richard Wagners* ist die Hitler-Wagner-Affinität noch kein Thema. Das ändert sich in *Richard Wagner und ›Der Ring des Nibelungen‹*, dem Zürcher Vortrag von 1937, in dem sich Thomas Mann abschließend sehr emphatisch gegen den »Mißbrauch« verwahrt, der heute »mit Wagners großer

46 B. Hamann, *Hitlers Wien*, S. 333ff., 575ff.; John Lukacs, *The Hitler of History* (Anm. 13), S. 57ff.

47 Darauf haben Dina Porat (*The Impact of Wagner's Concepts on the Nazi Movement*) und Saul Friedländer (*Bayreuth and Redemptive Antisemitism*) in ihren Beiträgen zu dem Symposion über »Richard Wagner und die Juden« 1998 in Bayreuth hingewiesen. Vgl dazu auch Joseph Horowitz, *The Spectre of Hitler in the Music of Wagner*, in: *The New York Times*, 8. November 1998.

48 Joachim Radkau, *Richard Wagners Erlösung vom Faschismus durch die Emigration*, in: *Exilforschung. Ein internationales Jahrbuch* 3, 1985, S. 71–105.

49 Vgl. dazu die Dokumente und den Kommentar in: *Im Schatten Wagners. Thomas Mann über Richard Wagner. Texte und Zeugnisse 1895 und 1955*, ausgewählt, kommentiert und mit einem Essay von Hans Rudolf Vaget, Frankfurt a. M. 1999, S. 231–261, 326ff.

Erscheinung getrieben« (IX, 527) werde, wenn man ihn als Propheten und Vordenker des nationalsozialistischen Staates reklamiere. Auf das Beispiel Stefan Georges anspielend erinnert er daran, daß sich schon »mehr als ein Prophet [...] von der Verwirklichung seiner Verkündigung mit Schaudern abgewandt« habe (ebd.). Offenbar ist dies so zu verstehen, daß auch Wagner sich von Nationalsozialismus abgewandt hätte.

Der erste Beleg für ein Nachdenken über das Hitler-Wagner-Problem findet sich jedoch schon im Tagebuch vom 13. Februar 1935 im Anschluß an die Lektüre von Josef Engel de Sinojas *Antisemitentum in der Musik*.[50] Bei dem pseudonymen, heute vergessenen Verfasser handelt es sich um Josef Engel de Janosi, einen Wiener Autor, der als junger Mann von Wagner 1874 in Bayreuth empfangen worden war. Sein Buch von 1933 ist eine temperamentvolle und bedeutende Verteidigung Giacomo Meyerbeers gegen Wagner und die Wagnerianer. Nach der Lektüre notierte sich Thomas Mann: »Grausiges Gefühl davon, wie viel dieser als Charakter abscheuliche Kleinbürger tatsächlich vom Nationalsozialismus antizipiert.« Solche kleinbürgerliche Abscheulichkeiten werden von Sinoja unumwunden benannt: Wagners Anmaßung, sein Größenwahn, seine Undankbarkeit gegenüber Wohltätern, seine Lust am Ausüben von Terrorismus, vor allem aber sein »Antisemitentum.« Dieses Bild von Wagner als einem proto-nazistischen Kleinbürger tritt nun bei Thomas Mann in der Zeit der Hitler-Herrschaft in den Vordergrund;[51] es findet noch in dem Brief an Preetorius seinen Niederschlag in der Anprangerung von Wagners »Bramarbasieren« und ewigem »Perorieren«, in dem »über alles Mitreden-Wollen« und seiner »namenlose[n] Unbescheidenheit.« Es ist dies eine relativ enge und nicht besonders tiefblickende Diagnose, wie sie für die meist unzulänglich informierten Gegner Hitlers und Hitler-Deutschlands im Exil generell charakteristisch war:[52] Wagner antizpiert Hitler demzufolge lediglich als Charakter und Persönlichkeitstyp. Darin unterscheidet sich Thomas Manns deutlich von der viel radikaleren Analyse seines späteren musikalischen Beraters Theodor W. Adorno.

Eine neue, höhere Stufe des Nachdenkens über den Führer markiert sodann *Bruder Hitler*, Thomas Manns denkwürdiges Psychogramm Hitlers von 1938, das in gewissem Sinne an *Mario und der Zauberer* (1929) anknüpft. Hitler wird nun – angewidert zwar, aber unbeirrt – als ein Künstler-Bruder betrachtet, als ein in die Politik versetzter Wagnerianer. Seine Karriere weise durchaus märchenhafte Züge auf: wie Siegfried habe er mit der Parole »Deutschland, erwache!« seine heilige Braut wachgeküßt, und wie der übermütige Held im Märchen vom *Juden im Dorn* kühle er sein Mütchen am Juden (XII, 848). Wiederum richtet sich der Blick hauptsächlich auf die

50 Josef Engel de Sinoja, *Das Antisemitentum in der Musik*, Zürich, Leipzig und Wien 1933.

51 Vgl. Erwin Koppen, *Vom Decadent zum Proto-Hitler. Wagner-Bilder Thomas Manns*, in: *Thomas Mann und die Tradition*, hrsg. von Peter Pütz, Frankfurt a. M. 1971, S. 201–224.

52 Vgl. dazu die kompendienhafte Darstellung von Günter Scholdt, *Autoren über Hitler. Deutschsprachige Schriftsteller 1919–1945 und ihr Bild vom »Führer«*, Bonn 1993.

Person Hitlers und den Typus, den er repräsentiert. Bemerkenswert ist jedoch, daß der Gedanke an den Juden im Dorn schon hier auftaucht, bevor Thomas Mann Adornos Wagner-Studien kennenlernte, in denen diesem Märchen eine zentrale Bedeutung für den psychologischen Haushalt des *Meistersinger*-Schöpfers zugeschrieben wird. Ein verhunzter Wagnerianer, ein schrecklich mißratener Bruder also – und doch ein umjubelter, von Erfolg zu Erfolg eilender Verzauberer seines Volkes: wie reimt sich das? Thomas Mann – und dies bleibt sein nicht unbeträchtliches Verdienst – erkannte instinktiv, daß ein so außerhalb jeglicher Norm liegender Fall wie der Hitlers am adäquatesten in den Kategorien der Künstlerpsychologie zu erfassen ist: als eine Art dilettantisches Genie, als verhunzter Künstler.

In dem Wagner-Essay von 1940, einer Replik Thomas Manns auf Peter Viereck, wird der Gedanke der Antizipation, den er nach der Sinoja-Lektüre im Tagebuch notierte, zum ersten Mal öffentlich vorgetragen. Nun aber ist es das Werk Wagners, das als »die genaue geistige Vorform« (XIII, 358) der Nazi-Ideologie diagnostiziert wird. Das heißt, daß nun auch einzelne Opern, vor allem *Der Ring des Nibelungen* und *Die Meistersinger von Nürnberg*, als Antizipationen des Nazi-Geistes betrachtet werden. Damit scheint Thomas Mann hier schon, noch bevor er im Juli 1944 die Wagner-Studien Adornos kennenlernte, zu demselben Pauschalbefund zu gelangen wie dieser. Adorno attestierte Wagner insgesamt einen völkisch-antisemitischen Geist, den er vor allem am Sozialcharakter des Wagnerschen Kunstwerks zu demonstrieren versuchte. Spezifisch zur Frage des Antisemitismus vertritt er zwei heute noch umstrittene Thesen: erstens daß »alle Zurückgewiesenen in Wagners Werk«, wie zum Beispiel Beckmesser, »Judenkarikaturen« seien, und zweitens, daß bei Wagner mit allen Zurückgewiesenen so verfahren wird wie mit dem Juden im Märchen der Brüder Grimm: die Musik macht sie zu ihrer Qual, metaphorisch gesprochen, in einer Dornenhecke tanzen und liefert sie schließlich an den Galgen.[53] Adornos Analysen konstituierten die bis dahin rigoroseste Inkriminierung Wagners als Gesamterscheinung.

Die Einstellung Thomas Manns zu Adornos Wagner-Studien war jedoch zwiespältig und komplex. Offenbar war er bereit, Adorno darin entgegenzukommen, daß die Beckmesser-Figur an den Juden im Dorn erinnere, doch scheint er davon nicht völlig überzeugt gewesen zu sein, denn diese Assoziation wird keineswegs bei allen Erwähnungen der *Meistersinger* ins Spiel gebracht. In dem Brief von 1951 aus Anlaß einer Neuinszenierung in Basel wird sogar ausdrücklich davor gewarnt, die »Anzüglichkeiten«, die in dem Brief an Preetorius stehen – also auch die Assoziation Beckmessers mit dem Juden im Dorn – nicht mißzuverstehen; sie seien lediglich Ausdruck einer »enthusiastischen Ambivalenz« (X, 928f.). Im Ganzen wird man sagen dürfen, daß Thomas Mann die Wagner-Deutung Adornos, trotz mancher Berührungen mit dem eigenen Wagner-Bild und unerachtet der brieflichen Komplimente an

53 *Versuch über Wagner*, GS, Bd. XIII, S. 20f.

den Autor,[54] mit Skepsis betrachtet hat. Dies läßt sich unter anderem aus dem Tagebuch erschließen, wo sein Ärger über einen sehr weitgehenden Kommentar zu *Parsifal* registriert ist.[55] Zu *Parsifal* hatte Adorno angemerkt: »Die darin verkündete Religion der Liebe und des Mitleids ist nicht mehr wert als Hermann Görings Erklärungen zum Schutze von Tieren. Bei Wagner ist Erlösung gleichbedeutend mit Vernichtung: Kundry wird auf dieselbe Weise erlöst wie die Gestapo behaupten könnte, die Juden erlöst zu haben.«[56] Dies war Thomas Mann offenbar zu plakativ. Daß Richard Wagner »als Person Hitler anticipiert«, jedenfalls in seinen kleinbürgerlichen Zügen, war ihm seit 1935 eine Gewißheit; daß aber *Parsifal* die Endlösung probe, erschien ihm offenbar nicht plausibel.

Bezeichnenderweise gibt es von ihm keine Schrift, die sich mit dem Antisemitismus bei Hitler oder Wagner auseinandersetzt.[57] Aus keiner seiner zahlreichen Schriften über Wagner ließe sich auf dessen Judenfeindschaft schließen, und nirgends in den politischen Kommentaren der dreißiger und vierziger Jahre wird die Möglichkeit erwogen, daß Hitlers Haß auf die Juden etwas mit seinem Wagner-Kult zu tun haben könnte. Zu diesem Befund paßt es durchaus, daß die großartige Darstellung der deutschen Musikkultur im *Doktor Faustus* insofern einen Mangel aufweist, als darin der Antisemitismus nicht vorkommt.[58] Das deutsche Musikleben aber war gerade in seiner nach-Wagnerschen Periode, von der der Roman handelt, in Theorie und Praxis judenfeindlich.[59] In einem Werk, das als »Roman meiner Epoche« (XI, 169) konzipiert wurde, ist diese Auslassung als ein historiographisches Manko zu verbuchen.

Daß der Autor des *Doktor Faustus* eine Verbindung zwischen der Rassenpolitik des Dritten Reichs und dem Hitlerschen Wagner-Kult einfach nicht wahrgenommen haben könnte, ist jedoch angesichts seiner wachsamen Zeitgenossenschaft und im Lichte seiner nachweisbaren Lektüre schlechterdings nicht möglich. Mehrere Anzei-

---

54 Brief an Theodor W. Adorno, 30. Oktober 1952, *Im Schatten Wagners*, S. 219–221.

55 Tb. 5. April 1947.

56 Theodor W. Adorno, *Wagner, Nietzsche, and Hitler* (Rezension von Ernest Newman, *The Life of Richard Wagner*, Bd. IV), GS, Bd. XIX, S. 411. Übersetzung des Verf.

57 Vgl. jedoch Thomas Manns grundsätzliche Verurteilung des Antisemitismus in seiner Ansprache vor dem zionistischen Verein »Kadimah« in Zürich am 13. März 1937: *Zum Problem des Antisemitismus* (XIII, 479–490); siehe auch die Ansprache vom 17. Juni 1943 in San Francisco, *The Fall of the European Jews* (XIII, 494–498).

58 Egon Schwarz, *Die jüdischen Gestalten in ›Doktor Faustus‹*, in: *Thomas Mann Jahrbuch* 2, 1989, S. 79–101; Ruth Klüger, *Thomas Manns jüdische Gestalten*, in: *Katastrophen. Über deutsche Literatur*, Göttingen 1994, S. 39–58. Über die generelle Neigung Thomas Manns, die Bedeutung des Antisemitismus zu unterschätzen, vgl. jetzt die umfassende Untersuchung von Jacques Darmaun, *Thomas Mann et les Juifs*, Bern 1995, S. 137ff., 326f.

59 Vgl. Jens Malte Fischer, *»Das Judentum in der Musik.« Kontinuität einer Debatte*, in: *Conditio Judaica. Judentum, Antisemitismus und deutschsprachige Literatur vom ersten Weltkrieg bis 1933/38*, hrsg. von Hans Otto Horch und Horst Denkler, Tübingen 1993, S. 227–249; Pamela Potter, *Musicology under Hitler. New Sources in Context*, in: *Journal of the American Musicological Society* 49, 1996, S. 70–113; Michael H. Kater, *The Twisted Muse. Musicians and Their Music in the Third Reich*, New York 1997.

chen sprechen dagegen. Im November 1935 schreibt er an Franz W. Beidler, daß im »Bayreuthianismus« schon viel Nationalsozialismus stecke und zwischen diesen beiden Sphären »schlimme Zusammenhänge« bestünden.[60] Was damit gemeint sein könnte, wird nicht gesagt; der Antisemitismus, der vermutlich mitgemeint ist, wird nicht eigens genannt. Dies ist um so bemerkenswerter, als Beidler – als einziger Wagner-Nachkomme mit einer Jüdin verheiratet (Ellen Gottschalk) – in seinem Essay des längeren vom Antijudaismus Wagners und der Bayreuthianer handelt; er spricht von dem Mit-Keulen-Losschlagen »auf imaginäre Feinde.« Auch die »Gegenwartsbedeutung« dieser Phänomene wird nachdrücklich hervorgehoben.[61] Im übrigen hatte Thomas Mann schon bei Sinoja lesen können, daß der »Judenhaß« einen »häßlichen Fleck auf Wagners geistiger Physiognomie« markiere und einen Künstler unglaubwürdig mache, der »in seinen Bühnenwerken Liebe predigte, im Leben jedoch den Haß übte.« Für Sinoja ist es keine Frage, daß von da Fäden laufen bis zu Hitler, den er den »eigentlich heimat- und gewissenlosen Abenteurer« nennt, der lediglich eine Parole kenne: »Schlagt den Juden tot.« Es sei unverkennbar, schreibt er 1933, daß die antisemitische Bewegung sich in Deutschland ausbreite; ebenso unverkennbar sei der Zusammenhang mit den Anfängen einer Bewegung, »an dessen Pforte Wagner steht.«[62] Es kommt hinzu, daß wenige Monate vor dem Brief an Beidler die Nürnberger Rassengesetze verkündet worden waren, wodurch – nach der Formel: ein Jude ist, wer zwei jüdische Großeltern hat – nicht nur seine Frau Katia, sondern auch ihre sechs Kinder der Diskriminierung und Verfolgung ausgesetzt gewesen wären, hätten sie Deutschland nicht schon längst verlassen. Unerachtet all dieser Evidenz ist Thomas Mann der Antisemitismus als des gravierendsten jener »schlimmen Zusammenhänge«, die er pauschal ohne weiteres konzediert, nicht eigens einer Erwähnung wert.

Wenn es somit nicht ein Fall von Blindheit gewesen sein kann – wie, so ist zu fragen, ließe sich Thomas Manns Scheu vor dem Problem des Wagnerschen Antisemitismus allenfalls erklären? Selbstredend wäre es unrealistisch, heute eine Sensibilisierung für den Holocaust einfordern zu wollen,[63] wenn niemand im Jahre 1935 die Katastrophe kommen sah und wenn der Holocaust als zentrales Thema der Zeitgeschichte erst viel später »entdeckt« wurde. Dennoch ist es auffällig und, wie mir scheint, charakteristisch, daß Thomas Mann sich offenbar scheute, von Wagners obsessiver Judenfeindschaft offen zu reden. Eine Erklärung dieser Scheu ist wohl am ehesten in bestimmen künstlerpsychologischen Idiosynkrasien zu suchen, einer ihm nur dunkel bewußten, problematischen Abhängigkeit im Sanctissimum seiner Kreativität von seinem »Meister und nordischen Gott« (X, 839). Thomas Mann ver-

---

60 Brief an Franz W. Beidler, 26. November 1935, in: Beidler/Borchmeyer, S. 326.

61 *Cosima Wagner. Eine kulturkritische Studie*, ebd. S. 244–250, 325f..

62 J. E. de Sinoja, *Das Antisemitentum in der Musik* (Anm. 50), S. 274, 282.

63 Vgl. Eckhard Heftrich, *Thomas Manns Verhältnis zum Deutschtum und Judentum*, in: *Thomas Mann Jahrbuch* 1, 1988, S. 149–166.

dankte Wagner außerordentlich viel;[64] die Wagnersche Kunstwelt war und blieb für ihn, wie er in den *Betrachtungen eines Unpolitischen* bekannte, die »Heimat« seiner Seele (XII, 80). In eben diesem künstlerpsychologischen Nexus liegt, scheint mir, der Schlüssel zu diesem bemerkenswerten Sachverhalt. Wem Wagner zeitlebens eine Quelle der Inspiration und Kreativität war, der ist dadurch prädisponiert, diese Quelle möglichst rein zu halten und nicht eigens auf die klar erkannte Verunreinigung durch »Anti-Humanität« (VI, 378) aufmerksam zu machen. Thomas Manns Identität als deutscher Schriftsteller schreibt sich in hohem Maße von Wagners »zaubervollem Werk« (IX, 373) her. Eben diese Abhängigkeit im Kreativen verbot es ihm, Wagner als einen Wegbereiter des politischen Antisemitismus anzuprangern – gleichsam aus Gründen des Selbstschutzes. Hätte er seine Schriftstellerschaft mit dem größten Verbrechen, das im Namen der deutschen Kultur begangen wurde, offen in einen noch so indirekten Zusammenhang gebracht – und seine künstlerische Herkunft von Wagner konstituiert einen solchen, nicht zu übersehenden Zusammenhang – so hätte er sich damit ins eigene Fleisch schneiden müssen. Soweit er dazu imstande war, hat er diese, die eigene historische Rolle mitnichten schonende Konfession in dichterischer Form im *Doktor Faustus* abgelegt.

Damit läßt sich nun ein vorläufiges Fazit ziehen. Die verstreuten Anmerkungen Thomas Manns zu Hitler und Wagner lassen sich in drei Punkten zusammenfassen:

1. Der Hitlersche Typ von charismatischem Führer entzieht sich den üblichen Deutungsmustern; zu einer adäquaten Erfassung dieses Phänomens ist auf Kategorien der Künstlerpsychologie zurückzugreifen. Das heißt aber, daß für ein adäquates historisches Verständnis, über die sozialen und strukturellen Faktoren hinaus, die Berücksichtigung der ästhetischen Erfahrungen und der daraus gewonnenen Phantasien unerläßlich ist.
2. Insofern Hitler als Typ von Künstler einen Vorläufer hatte, war es Wagner. Die Verwandtschaft gilt jedoch nur auf dem Gebiet des von Großmannssucht und moralischer Bedenkenlosigkeit gekennzeichneten Persönlichkeitstyps; dies bedeutet nicht, daß Stil und Inhalt ihres Wirkens als Künstler vergleichbar wären.
3. Thomas Mann akzeptierte die vielfach gemachte Beobachtung, daß zwischen dem radikalen Antisemitismus Hitlers und dem judenfeindlichen Gesamthabitus Wagners eine Beziehung bestehe, doch ist er dieser Beziehung nicht weiter nachgegangen; im allgemeinen zog er es vor, das Problem des Antisemitismus auszublenden.

* * *

Die Scheu und psychologische Unfähigkeit Thomas Manns, die Judenfeindschaft Wagners in seine Gesamtdeutung einzubeziehen und über ihre Nachwirkung auf die Weltanschauung des Nationalsozialismus offen nachzudenken, ist durchaus typisch

---

64 Vgl. dazu *Im Schatten Wagners*, S. 220, 316ff.

auch für die von Nietzsche herkommenden, kritisch und kosmopolitisch gesinnten Wagnerianer. So verhalten sich manche Wagner-Verehrer noch heute. Andererseits ist dieses Verhalten aber auch Indiz eines nicht unbeträchtlichen Interpretationsproblems: Wo und wie ist der Zusammenhang des Hitlerschen Judenhasses mit Wagner nachzuweisen? Von Hitler selbst gibt es, wie schon bemerkt, keine eindeutigen Aussagen dazu. Und doch ist es schlechterdings unvorstellbar, daß er sich in seiner fanatischen Judenfeindschaft durch Wagner nicht hätte bestätigt fühlen können.

Thomas Manns diesbezügliche Überlegungen gehören in den Umkreis eines umfassenden Deutschland-Diskurses,[65] der in den dreißiger und vierziger Jahren praktisch das ganze Exil bewegte. Im Gegensatz zu den ideologisch kontrollierten Gruppierungen in der Sowjetunion, denen die Herleitung des Nationalsozialismus aus dem Kapitalismus vorgeschrieben war, schälte sich in der amerikanischen Emigration schon recht früh der Hitler-Wagner-Komplex als ein Brennpunkt der Diskussion heraus. Dies ließe sich am Beispiel Ludwig Marcuses und Theodor W. Adornos aufzeigen.[66] Das wirkungsvollste und aufschlußreichste Beispiel für die Einbettung des Hitler-Wagner-Themas in den Deutschland-Diskurs lieferte jedoch ein junger amerikanischer Historiker, Peter Viereck.

Der damals zweiundzwanzigjährige Historiker hatte an der Harvard University eine Magister-Arbeit über die ideologischen Wurzeln des Nationalsozialismus geschrieben, deren Veröffentlichung mit dem Vorabdruck eines Kapitels über *Hitler and Richard Wagner* in der Zeitschrift »Common Sense« vorbereitet werden sollte. Darauf hin bat der Herausgeber der Zeitschrift, Alfred M. Bingham, Thomas Mann um eine Stellungnahme zu dem Artikel Vierecks, der sich unter anderem auf *Leiden und Größe Richard Wagners* bezogen hatte. Thomas Mann ging darauf ein, da er sich offenbar mißverständlich zitiert fühlte. Es ist nicht mehr auszumachen, inwieweit dabei die Identität des jungen, Harvard-Gelehrten eine Rolle spielte. Peter Viereck war der Sohn George Sylvester Vierecks,[67] mit dem Thomas Mann in den zwanziger Jahren in einem sporadischen Briefwechsel gestanden hatte. Thomas Manns Replik hatte den Arbeitstitel »Wagner und das Deutschtum.«[68] Sie erschien jedoch unter dem eigentlich irreführenden, redaktionellen Titel *In Defense of Wagner*, aber mit einem Untertitel, der das Erkenntnisinteresse sowohl Vierecks als auch der ame-

---

65 Vgl. Verf., *Germany: Jekyll and Hyde. Sebastian Haffners Deutschlandbild und die Genese des ›Doktor Faustus‹*, in: *Thomas Mann und seine Quellen. Festschrift für Hans Wysling*, hrsg. von E. Heftrich und H. Koopmann, Frankfurt 1991, S. 249–271; ders., *Erich Kahler, Thomas Mann und Deutschland. Eine Miszelle zum ›Doktor Faustus‹*, in: *Ethik und Ästhetik. Festschrift für Wolfgang Wittkowski*, hrsg. von Richard Fisher, Frankfurt a. M. 1995, S. 509–518.

66 Vgl. dazu Klaus-Uwe Fischer, *Von Wagner zu Hitler. Annahme oder Ablehnung einer These von Ludwig Marcuse*, in: *Musik-Konzepte 5. Richard Wagner: Wie antisemitisch darf ein Künstler sein?*, hrsg. von Heinz-Klaus Metzger und Rainer Riehn, München 1978, S. 34–39. [Künftig: *Musik-Konzepte 5*.]

67 Vgl. dazu Neil M. Johnson, *George Sylvester Viereck. German-American Propagandist*, Urbana, IL 1972.

68 Tb. 5. November 1939.

rikanischen Öffentlichkeit viel genauer bezeichnete: *A Letter on the German Culture that Produced both Hitler and Wagner.*[69] Manns Artikel ist nämlich weniger eine Verteidigung Wagners als eine Klarstellung der eigenen, kritischen Perspektive auf Wagner. Genau betrachtet markiert dieser Text eine Verschärfung seiner Einschätzung Wagners als Vorläufer Hitlers und als Antizipation des Nationalsozialismus, was eine weitgehende Zustimmung zu Vierecks Hauptthese bedeutete, derzufolge Wagner als der »Urquell der Nazi-Ideologie«[70] anzusehen sei.

Vierecks Arbeit erschien 1941 unter dem Titel *Metapolitics* und wurde ein akademischer Bestseller, der in drei Auflagen für Generationen von amerikanischen Studenten zum maßgebenden Lehrbuch wurde über Hitler, den Nationalsozialismus und deren Wurzeln in der deutschen Geschichte und Kultur. Der Untertitel des Buches, *The Roots of the Nazi Mind*, ist die prägnante Formel für die aufklärerisch-pädagogische Intention des Buches.[71] Schon der Titel jedoch signalisiert die vorrangige Bedeutung Wagners und der Wagner-Sphäre, denn er stammt aus einem Artikel des von Wagner hochgeschätzten Constantin Frantz in den *Bayreuther Blättern.*[72] Dort hatte Frantz argumentiert, eine genuin deutsche Politik müsse sich zur Metapolitik erheben, die sich zur gewöhnlichen Politik verhalte wie die Metaphysik zur Physik. Diese Privilegierung der Weltanschauung vor der praktischen Politik bezeichnet einen gemeinsamen Zug des Bayreuthianismus und des Nationalsozialismus und war vermutlich ein gewichtiger Grund ihres Erfolges bei zahllosen politikverdrossenen Deutschen.

Das theoretische Modell, das dem Buch Vierecks zu Grunde liegt, ist die vertraute Vorstellung des Einflusses. Wagner ist ihm schlicht »der einflußreichste Künstler der modernen Geschichte.«[73] Die Vorstellung einer mächtigen, von Wagner ausgehenden, metapolitischen Bewegung, die sich über die Nachwelt ergoß, prägt die Argumentation auf Schritt und Tritt. Das Einfluß-Modell historischer Erklärung hat jedoch prinzipiell eine gravierende Schwäche. Es vermag nicht zu erklären, warum Wagner bei Hitler diese besondere Wirkung hatte, während er bei anderen, Thomas

---

69 In: *Common Sense*, Vol. IX, January 1940, S. 11–14.

70 Peter Viereck, *Hitler und Richard Wagner. Zur Genese des Nationalsozialismus*, in: *Musik-Konzepte 5*, S. 16–27, hier S. 16.

71 Der ursprüngliche Untertitel lautete »From the Romantics to Hitler«; in der zweiten (1961) und dritten (1965) Auflage: »The Roots of the Nazi Mind.« Die Thesen Vierecks wurden erst viel später von George G. Windell einer gründlichen Prüfung unterworfen: *Hitler, National Socialism, and Richard Wagner*, in: *Journal of Central European Affairs* 22, 1963, S. 479–499. Windell kam zu dem Schluß, daß die Belege für den von Viereck behaupteten Einfluß nicht tragfähig genug seien und »that it does not appear to support the extreme conclusions [...] which have been offered.« Windell räumte jedoch ein, daß im Hinblick auf die Frage des Antisemitismus aller Wahrscheinlichkeit nach »a positive correlation can be established.« (S. 494) Allerdings wird der Nachweis eines solchen Zusammenhangs nicht erbracht.

72 Constantin Frantz, *Offener Brief an Richard Wagner*, in: *Bayreuther Blätter* 1, Nr. 6, 1978, S. 3–6.

73 Siehe die deutsche Übersetzung des Artikels von Peter Viereck in: *Musik-Konzepte 5*, S. 27.

Mann etwa oder Ernst Bloch, eine ganz andere Wirkung zeitigte; warum Wagners Wirkung geographisch und historisch so differenziert war; warum überhaupt bestimmte Aspekte des Wagnerschen Œuvres, sein Antijudaismus zum Beispiel, eine Wirkung hatten, andere hingegen, etwa sein Einspruch gegen die Vivisektion, nicht.

Es gehört zu den unverzichtbaren Erkenntnissen der Rezeptionsästhetik, den Begriff des Einflusses als Erklärung historischer Zusammenhänge nachhaltig problematisiert zu haben. Es sollte heute nicht länger strittig sein, daß Wirkung kein selbsttätiger Vorgang ist, sondern das Ergebnis von Rezeption und Aneignung. Vor allem aber ist die Vorstellung aufzugeben, daß eine geistige und künstlerische Produktion eine vom Autor ein für allemal festgelegte Bedeutung habe, die als eine Art Flaschenpost der Mit- und Nachwelt anvertraut wird und die Fährnisse der Reise unversehrt übersteht. Vielmehr sind Einzel- und Gesamtwerk eines Autors als ein Ensemble einer begrenzten Anzahl von Rezeptionsvorgaben zu denken, die auf der Reise vom Autor zum Rezipienten über längere Strecken und Relaisstationen manchen Veränderungen ausgesetzt sind. Der Fall Hitler und Wagner bietet dafür exemplarisches Anschauungsmaterial.

Die Hitler-Forschung steht, wie schon angedeutet, immer noch im Banne des Einfluß-Modells, das in verschiedenen Varianten im Umlauf ist und das sich immer deutlicher als Hemmschuh für eine adäquate Betrachtungsweise des Hitler-Wagner-Problems herausstellt. Als die gröbste dieser Varianten muß die Hypothese bezeichnet werden, daß Hitler vollstreckt habe, was der Prophet Wagner vorgedacht und vorausgesagt hatte. Der Umstand, daß Hitler selbst Wagner gelegentlich als seinen Propheten bezeichnete,[74] tut dabei nichts zur Sache und ist leicht als Selbststilisierung zu durchschauen: Hitler brauchte einen Propheten seiner selbst, einen allgemein bewunderten, ja idolisierten Vorläufer von der Künstler-Aura und der globalen Ausstrahlung eines Wagner. Der sehr persönliche, demonstrativ unpolitische, doch politisch überaus wirkungsvolle Kult, den Hitler mit Wagner trieb, diente ihm vorzüglich dazu, seine Führer-Rolle zu auratisieren und zu legitimieren. Die Hitler-Forschung ist heute wieder stärker geneigt, den Max Weberschen Begriff des charismatischen Führers[75] auf Hitler anzuwenden. Wenn sich dieser Begriff in dem in mancher Hinsicht exzeptionellen Fall Hitlers bewähren soll, so wird man schwerlich umhinkönnen, Hitlers Wagner-Kult in Rechnung zu stellen.

Anders als die offizielle Propaganda behauptete, ist der charismatische Führer mitnichten als das Geschenk einer gütigen Vorsehung an ein Volk in Not zu verstehen. Der charismatische Führer erfindet sich selbst in instinktiv virtuoser Feinabstimmung der eigenen Bedürfnisse auf die der Bevölkerung und der historischen Stunde. Dies ist Adolf Hitler in der entscheidenden Phase von 1919 bis 1933 und dar-

74 Hermann Rauschning, *Gespräche mit Hitler*, Zürich, Wien und New York 1940, S. 217f.

75 Vgl. dazu besonders Joseph Nyomerkay, *Charisma and Factionalism in the Nazi-Party*, Minneapolis 1967, S. 9ff.; Ian Kershaw, *Hitler*, London 1991, S. 10.

über hinaus auf verblüffende – Thomas Mann würde sagen: märchenhafte – Weise gelungen. Dabei spielte ein Kernpunkt seiner Wagner-Rezeption eine herausragende Rolle: der Begriff des Erbes. Erben ist eine privilegierte und auratische Form der Aneignung, die ihren Charakter als Aneignung dadurch zu dementieren versucht, daß sie vorgibt, nichts als die demütige Erfüllung eines heiligen Auftrags zu sein.

Hier vermag ein kurzer Seitenblick auf das Beispiel Anton Bruckner den entscheidenden Sachverhalt zu erhellen. Auch Bruckner – im engeren Sinn sein Landsmann – wurde von Hitler in das Pantheon der deutschen Kunst erhoben. Zu diesem Zweck veranstaltete er im Juni 1937 in der Walhalla bei Regensburg eine groß aufgezogene Induktionsfeier.[76] Zweifellos spielten dabei landsmannschaftliche Momente sowie der Gedanke einer kulturellen Annexion Österreichs, die der politischen präludieren sollte, eine ausschlaggebende Rolle, denn eine weltanschauliche Affinität zu Bruckner zu konstruieren, wäre selbst der Propaganda des Dritten Reichs nicht gelungen. In diesem Falle kann mit Fug und Recht von einer Aneignung und Indienstnahme gesprochen werden.

Anders bei Wagner, dessen Werk vom *Rienzi* bis zum *Parsifal* den Begriff des Erbes, ja des »Welt-Erbes«, in immer neuen Varianten thematisiert. Dieser zentrale, doch inhaltlich diffuse Erbe-Gedanke im Werk Wagners wurde von Chamberlain und dem Bayreuther Kreis radikalisiert und aktualisiert, das heißt das Wagner-Erbe wurde dem Weltmachtstreben des neuen deutschen Reiches, dem Wagner selbst distanziert gegenübergestanden hatte,[77] angepaßt. Hitlers Anspruch, als Erbe Wagners zu agieren, zeigt sich deutlich in seiner bereits zitierten Rede von dem geistigen Schwert, das in Bayreuth geschmiedet wurde und das er nun führe. Gerade die Anspielung auf Nothung, das Schwert Wotans, das dieser seinem Sohn Siegmund zuspielt und das schließlich in den Besitz Siegfrieds gelangt, unterstreicht Hitlers Überzeugung, daß er der rechtmäßige Erbe sei. Und doch ist auch die Selbststilisierung zum Erben Wagners letztlich nichts anderes als eine besonders emphatische und verschlagene Form von Aneignung und Indienstnahme, was unter anderem an seinen Interpretationen von Wagners Opern zu zeigen wäre. Ein besonders erhellendes Beispiel sind seine Ausführungen zu *Parsifal*,[78] die selbstredend in erster Linie seine eigenen ideologischen und liturgischen Bedürfnisse reflektieren.

Gleichwohl wird man bei dem *Rienzi*-Erlebnis des Fünfzehnjährigen ansetzen müssen. Hier ist der erste, entscheidende Schub der Wagner-Internalisierung anzunehmen, wiewohl das erste Wagner-Erlebnis des jungen Hitler *Lohengrin* war. Dort schon begegnete ihm eine charismatische, »höchstes Vertrauen« fordernde Führerfigur, und dort schon wird der künftige Herrscher von Brabant, der Knabe Gottfried,

76 Vgl. Albrecht Riethmüller, *Die Walhalla und ihre Musiker*, Laaber 1993.

77 Vgl. Hannu Salmi, *»Die Herrlichkeit des deutschen Namens …« Die schriftstellerische und politische Tätigkeit Richard Wagners als Gestalter nationaler Identität während der staatlichen Vereinigung Deutschlands*, Turku 1993.

78 Hermann Rauschning, *Gespräche mit Hitler*, S. 212.

zum »Führer« seines Volkes ernannt. Und doch deutet alles darauf hin, daß erst *Rienzi* ihm bereitstellte, wofür seine ausschweifende Phantasie sich besonders empfänglich zeigte: das durch eine pomphafte Musik auratisierte Idealbild eines Volkstribunen. Offenbar ließ er schon damals verlauten, daß er ein »Volkstribun« werden wolle.[79]

Was aber, so ist abschließend zu fragen, waren die Langzeitkonsequenzen von Hitlers jugendlichem Wagner-Erlebnis? Unbestreitbar scheint, daß seine Phantasie durch die Erfahrung der heroisch-tragischem Kunst Wagners einen festen, letztlich unverlierbaren Bezugspunkt gewann, den er mit seinen für den Typ des Dilettanten geradezu konstitutiven Bedürfnissen nach Anlehnung und Selbstvergewisserung brauchte. Vor allem aber machten die in Wien vielfach wiederholten Wagner-Erlebnisse ihn empfänglich für den Ideologie-Transfer aus dem alldeutschen und völkischen Milieu, der seinen Werdegang bis hin zu seinem ersten Auftritt in Bayreuth bestimmte und diesen überhaupt erst möglich machte.

Eine ausschlaggebende Rolle spielte dabei der Anschauungsunterricht, den der junge Hitler durch das Beispiel Karl Luegers empfing. Er bezeichnete ihn in *Mein Kampf* als den »genialste[n] Bürgermeister, der je bei uns gelebt hat.«[80] Die Vermutung ist nicht von der Hand zu weisen, daß er in diesem überaus populären Volksführer und Volkshelden einen Rienzi redivivus erblickte. Dabei kann es ihm unmöglich verborgen geblieben sein, daß Lueger teils aus weltanschaulichen Gründen, teils aus politischem Kalkül ein praktizierender Antisemit war.[81] Dies war ein entscheidender Faktor seiner charismatischen Wirkung und seines politischen Erfolges.

Was die Erscheinung Luegers wie die Wiener Jahre insgesamt vermutlich bewirkt haben, ist eine verstärkte, untergründige Orientierung Hitlers an dem Modell »Rienzi«. Schon in den ersten Jahren nach seiner Hinwendung zur Politik schwebte ihm das Beispiel des Wagnerschen Volkstribunen vor. Wie wir aus einer späteren Gesprächsaufzeichnung von 1930 wissen, glaubte er aus Wagners Oper eine entscheidende Lehre gewonnen zu haben: Rienzi scheitert, weil er keine politische Partei hinter sich hat und weil er es versäumt, seine Feinde zu vernichten.[82] Hitler hat diese Lehre offensichtlich von früh an beherzigt. Er übernahm die Führung einer winzigen politischen Partei und machte daraus eine der erfolgreichsten politischen Massenbewegungen des Jahrhunderts. Und sobald er dazu imstande war, begann er seine Feinde zu eliminieren, die wirklichen wie die eingebildeten.

---

79 B. Hamann, *Hitlers Wien*, S. 40: »Hitler legte später wert darauf, als Reinkarnation Rienzis angesehen zu werden. In der Tradition der Familie Kubizek hielt sich gar sein angeblicher Ausspruch: ›Ich will ein Volkstribun werden.‹«

80 Zitiert nach B. Hamann, *Hitlers Wien*, S. 396.

81 Vgl. ebd., S. 410–418.

82 *Hitler aus nächster Nähe. Aufzeichnungen eines Vertrauten [Otto Wagener]*, hrsg. von Henry A. Turner, Jr., Frankfurt a. M. 1978, S. 362f.

Im Lichte dieser bis in die Knabenzeit zurückreichenden Rienzi-Phantasie erscheint es durchaus unwahrscheinlich, daß Hitler in seinen politischen Anfängen nicht mehr als die Rolle des Agitators und Propagandisten angestrebt habe. Die Auffassung, daß er lediglich der Trommler für einen Größeren, für den kommenden Diktator und Retter, sein wollte – Ludendorff wird gewöhnlich genannt – und daß ihm die Führerrolle unter den zahlreichen Gruppierungen von Republikgegnern auf der Rechten gleichsam aufgedrängt wurde, ist in der Hitler-Literatur noch weit verbreitet.[83] Zwar hat er sich damals selbst gelegentlich einen Trommler genannt, doch solche durchaus situationsbedingte Äußerungen verlieren ihre Glaubwürdigkeit vor dem Hintergrund seiner lebenslangen Rienzi-Fixierung. Im Innenleben eines Wagner-Enthusiasten, der sich die Rolle des charismatischen Volkstribunen gleichsam erträumte, ist die eines subalternen Trommlers und Wegbereiters schlechterdings nicht vorgesehen. Hier zeigt sich, wie die langfristigen und subjektiv entscheidenden Beweggründe Hitlers zwangsläufig im Dunkel bleiben, ja verdunkelt werden, wenn die identitätsbildende und handlungssteuernde Langzeitwirkung seiner ästhetischen Erfahrungen ignoriert wird.

Die Ausrichtung auf Wagner sollte sich bis zu seinem Ende im Bunker erstrecken.[84] Die Ähnlichkeit von Hitlers wegwerfenden Kommentaren über Deutschland, das sich der ihm zugedachten Rolle auf der großen Weltbühne als unwürdig erwiesen habe,[85] und Rienzis finalem Fluch auf Rom ist verblüffend: »Furchtbarer Hohn! Wie! Ist dies Rom? / Elende, unwert dieses Namens! / Der letzte Römer fluchet euch! / Verflucht sei diese Stadt! / Vermodre und verdorre, Rom! / So will es dein entartet Volk.« Die makabre Stimmigkeit dieser Rienzi-Nachfolge wird noch dadurch unterstrichen, daß mit Hitler auch die Partiturhandschrift dieser Oper zugrundegegangen zu sein scheint. Hitler hatte sich zu seinem fünfzigsten Geburtstag die Originale dieser und anderer Wagner-Partituren erbeten. Er nahm sie mit in den Bunker, der Endstation seiner auf die große Katastrophe vorprogrammierten Karriere, nachdem er den Versuch Wieland Wagners, diese Dokumente aus dem bedrohten Berlin in Sicherheit zu bringen, abgewehrt hatte.[86] Hier in diesem ebenso absurden wie kunstfremden Extrem von Wagner-Idolatrie enthüllt seine jugendliche Rienzi-Fixierung vollends ihren harten, neurotisch-fanatischen Kern.

---

83 So z. B. bei Hellmuth Auerbach, *Hitlers politische Lehrjahre und die Münchener Gesellschaft 1919–1923. Versuch einer Bilanz der neueren Forschung*, in: *Vierteljahrshefte für Zeitgeschichte* 25, 1977, S. 1–45, 29: »Er wollte in jener Zeit lediglich ein Wegbereiter für einen nationalen Führer sein, doch die Führervorstellung und -sehnsucht weiter Kreise auf der Rechten wurde auf ihn, den am stärksten hervorragenden Kämpfer übertragen.«

84 Vgl. Verf., *Die Auferstehung Richard Wagners. Wagnerismus und Verfremdung in Syberbergs Hitler-Film*, in: *Film und Literatur. Literarische Texte und der neue deutsche Film*, hrsg. von Sigrid Bauschinger u. a., Bern und München 1984, S. 124–155, hier S. 129ff.

85 Dazu vgl. vor allem das Kapitel »Verrat« bei Sebastian Haffner, *Anmerkungen zu Hitler*, München 3. Aufl. 1978, S. 183–205.

86 Vgl. F. Spotts, *Bayreuth*, S. 198f.; Nike Wagner, *Wagner Theater*, Frankfurt a. M. 1998, S. 319.

Hitler machte seinen klüglich kalkulierten Antrittsbesuch in Wahnfried im Anschluß an eine als »Deutscher Tag in Bayreuth« deklarierten Massenveranstaltung der NSDAP am 1. Oktober 1923, also wenige Wochen vor seinem Umsturzversuch am 8. und 9. November. Seine Prätentionen auf das politische Erbe Wagners erhielten durch diesen Besuch, der ein bedeutsames publizistisches Nachspiel hatte, eine nicht zu übersehende, quasi-offizielle Billigung und Bekräftigung. Zum ersten Mal wurde dem bis dahin wenig bekannten politischen Agitator Anerkennung zuteil und zwar durch eine kulturelle Institution von unbezweifelbarem, nationalem Prestige. Dieses beruhte nicht nur auf dem Nimbus des Namens Wagner und der Bayreuther Festspiele, sondern auch auf dem hohen Ansehen Houston Stewart Chamberlains, der nach anfänglichen Konflikten mit Cosima Wagner und anderen Altbayreuthern die intellektuelle Führung des Bayreuther Kreises übernahm – eine Stellung, die durch seine Verheiratung mit Wagners Tochter Eva 1908 gleichsam auch dynastisch untermauert wurde.[87] Chamberlains Hauptwerk, die überaus erfolgreichen *Grundlagen des neunzehnten Jahrhunderts* (1899), galt als eine Art Bibel der rassistisch-nationalistischen Weltanschauung; im übrigen war er, bevor er nach dem Zusammenbruch der Monarchie radikale, völkische Bewegungen zu unterstützen begann, zeitweilig Vertrauter und Berater Kaiser Wilhelm II.[88] Hitlers Allianz mit Bayreuth nahm somit nicht erst 1933 ihren Anfang, sondern schon 1923 mit seinem beiderseits wohl vorbereiteten Besuch in Wahnfried, der sich im Rückblick als ein Karrieresprung von großer, nicht zu überschätzender Bedeutung darstellt.

Hitler war sich der Bedeutung dieser Allianz sehr wohl bewußt. Ausdrücklich bezeichnete er es als das große historische Verdienst Winifred Wagners, »Bayreuth [...] mit dem Nationalsozialismus zusammengebracht« zu haben.[89] Winifred hatte schon sehr früh in München in der ihr eigenen enthusiastischen Art den gesellschaftlichen Kontakt zu dem politisch verheißungsvollen Außenseiter hergestellt.[90] Als noch höher ist jedoch die Bedeutung Chamberlains für diese metapolitische Allianz zu veranschlagen. Hitler hatte dessen *Grundlagen* gelesen und den darin sowohl kulturell als auch rassisch begründeten Hegemoniewahn übernommen. Noch wichtiger wurde für ihn jedoch »Chamberlains Brief«[91] – ein Publizitätsbonus von unschätz-

---

87 Vgl. Winfried Schüler, *Der Bayreuther Kreis von seiner Entstehung bis zum Ausgang der wilhelminischen Ära. Wagnerkult und Wagnerreform im Geiste völkischer Weltanschauung*, Münster 1971, sowie besonders David C. Large, *Wagner's Bayreuth Disciples*, in: *Wagnerism in European Culture and Politics*, hrsg. von David C. Large und William Weber, Ithaca, NY 1984, S. 72–133, besonders 113ff.

88 Vgl. dazu Geoffrey G. Field, *Evangelist of Race. The Germanic Vision of Houston Stewart Chamberlain*, New York 1981, S. 248–261. [Künftig: G. G. Field, *Evangelist of Race*.]

89 Adolf Hitler, *Monologe im Führer-Hauptquartier 1941–1944. Die Aufzeichnungen Heinrich Heims*, hrsg. von Werner Jochmann, München 1980, S. 308. [Künftig: *Monologe im Führer-Hauptquartier*.]

90 Vgl. dazu besonders Reginald H. Phelps, *»Before Hitler Came.« Thule Society and Germanen Orden*, in: *Journal of Modern History* 38, 1963, S. 245–261; Hellmuth Auerbach (Anm. 83); Anton Joachimsthaler (Anm. 45).

91 *Monologe im Führer-Hauptquartier*, S. 224.

barem Wert. Hitler stattete dem »Evangelisten des Rassegedankens« seinen Dank auf die für ihn charakteristische Weise ab: mit einer pompösen Totenfeier in Bayreuth im Januar 1927, bei der er persönlich zugegen war.

Bei so viel Übereinstimmung im Weltanschaulichen gediehen auch die persönlichen Beziehungen ungewöhnlich warm. »Ich liebe diese Menschen und Wahnfried,« bekannte er noch in seinen Monologen im Führer-Hauptquartier, »ich war auf du und du mit ihnen.«[92] Die Bayreuther Festspiele vollends, die er 1925 zum ersten Mal besuchte, waren ihm der festliche Höhepunkt des Jahres, deren Abschluß ihn jedesmal traurig stimmte: »Der Tag nach Beendigung der Festspiele [...] ist für mich etwas so Trauriges, wie wenn vom Christbaum der Schmuck entfernt wird.«[93]

Bei dem von Hitler so lebhaft erinnerten »Brief Chamberlains« handelt es sich eigentlich um zwei Schreiben. Das erste datiert vom 7. Oktober 1923, unmittelbar nach der Begegnung in Wahnfried und vier Wochen vor dem Putsch. Das zweite datiert vom 1. Januar 1924 und ist die gewichtigste Geste der Verbundenheit Wahnfrieds mit dem inhaftierten, sich auf seinen Prozeß vorbereitenden Putschisten. Beide Briefe stellen einen beträchtlichen Erfolg für Hitler dar. Er ließ den ersten in einem Parteiblatt abdrucken; der zweite, ein Flugblatt, erschien als Beilage zur Neujahrsausgabe 1924 der *Großdeutschen Zeitung*.[94] Im übrigen sind beide Briefe im Wagner-Code geschrieben, wodurch sie für die Außenstehenden einen harmlose-zönakelhaften Anstrich bekamen, während sie für die Eingeweihten höchst bedeutsame Signale setzten.

In seinem ersten Brief unterlegt Chamberlain der Begegnung mit Hitler die allen Wagnerianern vertraute Dramaturgie des Wagnerschen *Parsifal*: der sieche Amfortas erblickt zum ersten Mal Parsifal, den künftigen Heiland, wie er »uns« verheißen ward; er lindert die Schmerzensnacht und schenkt dem kranken Gralskönig zum ersten Mal seit langem »erquickenden Schlaf«. Im übrigen ist der neue Parsifal mit der »Gnade« ausgezeichnet, in »seltenem Grade Erwecker der Seelen aus Schlaf und Schlendrian zu sein.«[95] Nun könne er beruhigt einschlafen, denn der erwartete Retter, der die in ihrem Überleben bedrohten Volksgemeinschaft regenerieren werde, also jener »heiltatvoll Wissende[r]«, als den Wagner ihn apostrophiert hatte, sei erschienen: »Daß Deutschland in der Stunde seiner höchsten Not sich einen Hitler gebiert, das bezeugt seine Lebendigkeit.« Die Stunde der Not jedoch, sprich: die Weimarer Republik, wird bald ein Ende haben. Chamberlains Geste stärkte und beglaubigte somit gerade jenen Aspekt Hitlers und des Nationalsozialismus, den Fritz Stern als den verführerischsten diagnostiziert hat: den Glauben an einen Retter und an eine nationale Regeneration.[96] Wie sehr dieser Glaube, bewußt oder unbewußt,

---

92 Ebd., S. 225.

93 Ebd.

94 Vgl. J. Köhler, *Wagners Hitler*, S. 246.

95 Hartmut Zelinsky, *Wagner – ein deutsches Thema*, S. 169.

96 *National Socialism as Temptation*, in Fritz Stern, *Dreams and Delusions. The Drama of German History*, New Haven 1999, S. 147–191.

von Wagnerschen Denkmustern programmiert war, ist an dieser Stelle mit Händen zu greifen, wiewohl es als selbstverständlich anzusehen ist, daß solche Heiland-Erwartungen erst dadurch ihre historisch explosive Wirkung gewannen, daß durch die materiellen Nachwirkungen von Krieg und Inflation die Empfänglichkeit der breiten mittelständischen Schichten für radikale Parolen und sozialdarwinistische Schreckensvisionen eines Überlebenskampfes geradezu sprunghaft angewachsen war.

Spätestens hier ist jedoch zu fragen, welche Überlegungen Chamberlain dazu bewogen haben, sich für einen politischen Novizen zu engagieren und der wagnergläubigen Gemeinde zu signalisieren, daß ausgerechnet dieser bisher übel beleumundete Hitler der neue Parsifal sei. Es ist kaum anzunehmen, daß Hitlers Enthusiasmus für Wagner als solcher dabei eine große Rolle spielte, denn an derartigen Schwärmern herrschte in und um Bayreuth kein Mangel. Chamberlain ging es um mehr, um Höheres; mit vielen Gleichgesinnten wirkte er im Verborgenen auf eine metapolitische Offensive hin,[97] deren Ziel es war, die von den »Novemberverbrechern« installierte Republik zu untergraben und zu beseitigen. Selbstredend spielte dabei auch die Sorge um den Fortbestand der Bayreuther Festspiele eine Rolle, die fünf Jahre nach dem Krieg noch nicht wieder fortgesetzt wurden.[98] Ausschlaggebend war aber offenbar ein anderer Punkt, der für Chamberlain und seine zahllose Gesinnungsgenossen von vorrangiger Bedeutung war: die Bedrohung Deutschlands durch das Judentum, die nach der Bolschewistischen Revolution und den Revolutionsversuchen in Deutschland einen geradezu chimärischen Charakter angenommen hatte. Da Chamberlain in den *Grundlagen des neunzehnten Jahrhunderts* das Verhältnis von Ariern und Juden sozialdarwinistisch als einen Kampf auf Leben und Tod gedeutet hatte, nahmen die Hoffnungen und Erwartungen hinsichtlich einer »Lösung« der sogenannten Judenfrage zwangsläufig apokalyptische Dimensionen an.[99]

Es ist nicht überliefert, was Hitler zu Chamberlain sagte, wir dürfen jedoch schließen, daß er den greisen Chefideologen des Bayreuther Kreises von seiner kompromißlosen Feindschaft sowohl gegen das Judentum als auch gegen den Marxismus – auf welchem Wege auch immer – restlos überzeugt haben muß. Daran läßt Chamberlains zweites Schreiben über Hitler, ein detailliertes Gutachten, keinen Zweifel. Es stellt eine vorbehaltlose Unbedenklichkeitserklärung für den Menschen und Politiker Hitler dar: er sei ein »wahrer Volksmensch« und der entschiedenste Feind der Juden und der Marxisten. Hitler teile »unser aller Überzeugung über den verderblichen, ja todbringenden Einfluß des Judentums auf das Leben des deutschen Volkes« und sei entschlossen, danach zu handeln. Keiner wage, »die Konsequenzen von seinem

97 G. G. Field, *Evangelist of Race*, S. 396–422.

98 Vgl. dazu Frederic Spotts, *Bayreuth*, S. 135ff.

99 Vgl. dazu Saul Friedländer, *Nazi Germany and the Jews. Part I: The Years of Prosecution*, New York 1997, S. 73–112, hier S. 89f., der für die hier entwickelte Bayreuther Variante von Antisemitismus den Begriff »redemptive anti-Semitism« geprägt hat.

Denken auf sein Handeln zu ziehen: keiner außer Adolf Hitler.«[100] Auch hier also liegt die Erwartung eines neuen Parsifal zugrunde, der weiß, worin die notwendige, erlösende Heiltat besteht, und der gewillt ist, sie auszuführen.

Hier ist nun aber daran zu erinnern, daß in Wagners *Parsifal* die erlösende Heiltat dem Mitleid entspringt und nicht metonymisch gegen eine Gruppe gerichtet ist. Bei Chamberlain hingegen liegt der von dem neuen, politischen Parsifal erwarteten Heiltat der blanke Haß gegen jüdische und marxistische Mitbürger zugrunde. An diesem einen Beispiel ist in aller Deutlichkeit zu sehen, wie der Ideologie-Transfer von Wagner über Chamberlain zu Hitler einem Prozeß der Simplifizierung und Radikalisierung unterworfen worden ist. Dies gilt in besonderem Maße im Hinblick auf den Antisemitismus, der bei Hitler, im Gegensatz zu Wagner, total und kompromißlos war.

* * *

Angesichts des hier analysierten Hitler-Wagner-Nexus scheint es zunächst überraschend und verwirrend, daß Hitler offenbar an keiner Stelle versucht hat, die antijüdische Einstellung des Nationalsozialismus unter Berufung auf Wagner zu rechtfertigen und zu legitimieren. Er hätte ja leicht argumentieren können – und leicht wäre es ihm geglaubt worden –: wenn Richard Wagner die Juden als abstoßend empfand und ihre Teilnahme an der deutschen Kultur ihm zuwider war, so kann unsere antijüdische Politik nicht verfehlt sein; die Maßnahmen, die zu ergreifen wir uns leider gezwungen sehen, würden Wagners Zustimmung finden; wir versuchen lediglich zu verwirklichen, was Wagner intendierte. Hitler hat jedoch, wie Dina Porat und Saul Friedländer gezeigt haben,[101] nie in diesem Sinne argumentiert. Vielleicht kannte er Wagner genauer, als ihm heute gewöhnlich von den Anklägern Wagners zugestanden wird, denn offenbar spürte er, daß zwischen seinem radikalen Judenhaß und dem letztlich selektiven und ambivalenten Antijudaismus Wagners ein deutlicher Unterschied bestand; eine Berufung auf Wagner hätte unter diesen Umständen die unwillkommene Folge gehabt, seine eigenen radikalen Überzeugungen zu verwässern. In diesem Zusammenhang ist es aufschlußreich, daß Hitler auch gegenüber Mussolini das Thema Juden vermied. Der »Duce« hatte, wie allgemein bekannt, jüdische Mätressen, im übrigen ließ die Einstellung der italienischen Faschisten zu der für Hitler alles entscheidenden »Judenfrage« sehr zu wünschen übrig. Und doch ist von Hitler in diesem Punkt offenbar kein Wort der Kritik an seinem italienischen Kollegen überliefert.[102] Dies legt den Schluß nahe, daß sich Hitler der monströsen Radikalität und Einzigartigekit seines Judenhasses durchaus bewußt war und es deshalb verschmähte, sich auf Kronzeugen zu berufen.

---

100 H. Zelinsky, *Richard Wagner – ein deutsches Thema*, S. 170.
101 Vgl. Anm. 47.
102 Auf diesen bemerkenswerten Aspekt hat Albert S. Lindemann (Anm. 3), S. 484 aufmerksam gemacht.

Die Instrumentalisierung Wagners im Dritten Reich – so viel darf festgehalten werden – vollzog sich nicht auf der ideologisch-argumentativen Ebene, sondern auf anderen Geleisen. Wagners hochauratisierte Kunst sollte nicht zu Propagandazwecken im engeren Sinne mißbraucht werden; sie hätte sonst ihren unvergleichlichen Wert als Mittel zur durchgängigen Ästhetisierung von Politik und zur weihevoll-liturgischen Überhöhung der spektakulären Selbstdarstellungen des Nationalsozialismus eingebüßt.

Letztendlich aber war es überflüssig, sich zur Rechtfertigung des eigenen Antisemitismus ausdrücklich auf Wagner zu berufen. Es galt allgemein als ausgemacht, daß der persönliche und der politische Kult, den Hitler mit Wagner trieb, eine prinzipielle Übereinstimmung hinsichtlich der »Judenfrage« voraussetzte. Die historisch folgenreiche Intervention Chamberlains zugunsten Hitlers im Jahre 1923 zeigt dies in aller nur zu wünschenden Deutlichkeit. Sie belegt aber vor allem und unbezweifelbar, daß in der historisch so folgenreichen, metapolitischen Verkettung Richard Wagners, Houston Stewart Chamberlains und Adolf Hitlers die Feindschaft gegen das Judentum das entscheidende Bindeglied war.

Zusammenfassung der Diskussion

Der erste Teil der Diskussion wurde durch Prof. Friedländers Frage bestimmt, ob nicht Thomas Manns ausweichende Haltung gegenüber der Wagnerschen Judenfeindschaft mit seinen eigenen antisemitischen Anschauungen zusammenhängen könne und somit als stillschweigende Übereinstimmung zu verstehen sei. Prof. Danuser wies darauf hin, daß die Figur des Impresarios Fitelberg in Thomas Manns *Doktor Faustus* Wagners negativer Sicht der Rolle des Judentums innerhalb der europäischen Musikkultur entspreche. Prof. Fischer und Prof. Vaget wandten sich dagegen, Thomas Mann als Antisemiten zu bezeichnen. Nach Prof. Fischer war die verächtliche Darstellung von Juden innerhalb des deutschen Bürgertums so weit verbreitet, daß sie keine spezifische antisemitische Einstellung belege. Wenn Thomas Manns Judenfiguren antisemitische Klischees enthalten, handelt es sich für Prof. Vaget um bloße literarische Darstellungsmittel. Der Autor teile die distanzierte Haltung der zeitgenössischen Romanciers gegenüber ihren Sujets, wie sie Flaubert exemplarisch formulierte, so daß seinem negativen Judenbild kein persönlicher Affekt entsprechen könne. Überdies hätte sich ein Antisemit niemals auf das Projekt der *Josephs*-Tetralogie eingelassen.

Der zweite Teil der Diskussion widmete sich der Bedeutung des *Rienzi*-Erlebnisses für den jungen Hitler. Dr. Bauer legte Wert darauf, daß neben dem politischen Urerlebnis der Grazer Zeit das ästhetische Urelebnis der Wiener Wagner-Aufführungen Gustav Mahlers und Alfred Rollers zu beachten sei. Erstaunlicherweise habe Hitler diese avantgardistischen Kunstleistungen der Sezession, die zu ihrer Zeit von den konservativen Kreisen der Hofoper heftig angegriffen wurden, bis in seine späten Jahre als vorbildlich angesehen. Prof. Vaget legte den Akzent darauf, daß Hitler keine Figur Wagners als persönliches Vorbild rezipiert habe außer Rienzi, dessen Karriere zahlreiche Analogien zu seiner eigenen aufweise. Nach Prof. Borchmeyer bildete hier der Erlösungs- und Rettergedanken ein wichtiges Element, das Hitler in Wagners Werk gefunden haben könnte. Allerdings werde dabei nur die biblische Tradition der Johannes-Apokalypse aktualisiert, daß das Erlösungswerk die Weltvernichtung voraussetze. Daher hätte sich Hitler wie im Falle des Antisemitismus nicht direkt auf Wagner zu beziehen brauchen. Prof. Bermbach erläuterte die spezifische Sprengkraft, die Hitlers Reaktion auf Wagners Werk enthalte. »Die Ästhetik ist nicht bloß Ästhetik, so wie die Politik nicht bloß politisch ist, sondern die Ästhetik ist eine politische Ästhetik. Das Erlebnis bringt eine Kombination dieser beiden Erfahrungsbereiche.« Die Rezeptionsgeschichte Wagners sei durch die terminologische Unschärfe des Autors bestimmt, der kein genuiner Gesellschaftstheoretiker war. Die vagen politischen Begriffe des Autors hätten Anknüpfungspunkte für spätere Diskurse geboten und immer neue semantische Konnotationen und Veränderungen erfahren. Die Untersuchung der Beziehung zwischen Hitler und Wagner dürfe diesen Ideologietransfer nicht ausblenden.

Prof. Vaget betonte daraufhin, daß das *Rienzi*-Erlebnis nur das initiale Moment in Wagners geistiger Biographie gewesen sei, das ihn für seine spätere Aufnahme des Bayreuther Gedankengutes empfänglich gemacht habe. Von großer Bedeutung für Hitlers Faszination durch Wagner sei außerdem, daß dieser »im 19. Jahrhundert wirklich die einzige Gestalt der deutschen Kulturgeschichte war, die eine kulturelle Hegemonie ausgeübt hat in Europa und über Europa hinaus. Das war für Hitler nachahmenswert und das war der Grund dafür, daß er ihn persönlich so verehrte und hochgehalten hat.« Die an Wagners *Rienzi* orientierte politische Vereinnahmung Wagners durch Hitler bildet somit einen extremen Gegenpol zu einer Interpretation des *Rings*, wie sie der Regisseur Alfred Kirchner in der Diskussion andeutete: »Ich glaube, daß im *Ring* die Tragikomödie der deutschen Seele insofern beschrieben ist, daß Sie es mit einer Sammlung von Zurückgewiesenen, Zurückgesetzten zu tun haben. Also daß Fafner zum Beispiel von dem Schatz etwas möchte und dann erschlagen wird, daß Fricka mit ansieht, wie Wotan mit acht Walküren herumrennt und mit Wölfinnen Kinder gezeugt hat und Alberich eigentlich eine sehr sympathische Figur ist, weil er am Anfang sagt: ›Stört es euch, wenn ich staunend und still zuschaue‹. Und das, was die Leute immer so bewegt, ist natürlich die Musik, die in einem dialektischen Gegensatz steht und uns immer wieder zeigen will, daß die dargestellten Zustände überwunden werden können.«

Wolf-Daniel Hartwich

Dina Porat

»Zum Raum wird hier die Zeit«:
Richard Wagners Bedeutung für Adolf Hitler und die nationalsozialistische Führung

Eine chassidische Geschichte erzählt von einer jüdischen Familie in Osteuropa, deren Haus wie das gesamte Stetl während eines Pogroms niedergebrannt wird. Angesichts dieses Unglücks steht die Mutter weinend vor dem Haus, vor allem darüber unglücklich, daß es nicht gelungen sei, die Familienbibel mit dem im Einband festgehaltenen Stammbaum der Familie zu retten. Der junge Sohn, noch vor seiner Bar-Mizwa und ausersehen, ein wichtiger Rabbi zu werden, versucht seine Mutter zu trösten: »Weine nicht, Mutter, ich werde Dir eine neue Familiengeschichte aufschreiben, die mit mir einsetzt.« Wir werden später auf den Schluß dieser Geschichte zurückkommen.

Schon vor den Tagen des Dritten Reichs war Hitlers Wagner-Begeisterung wohlbekannt. Im folgenden Text geht es um das Wesen dieser Faszination. Welche Bedeutung hatte diese Vorliebe für Hitlers politische Ziele? Wir wurde diese Faszination in Taten umgesetzt? Und inwiefern teilten die Führungskräfte der nationalsozialistischen Partei die Ansichten ihres Führers im Hinblick auf Wagner?

Wagner starb 1883, sechs Jahre vor der Geburt Hitlers. Die Verbindung zwischen diesen beiden Persönlichkeiten und zwischen Wagnerismus und nationalsozialistischer Ideologie ergab sich über Cosima – Chamberlain – Winifred. Wagners Witwe Cosima, die erst 1930 starb, prägte maßgeblich die Bayreuther Festspiele, die verschiedenen Freundeskreise und Veröffentlichungen im Geiste deutschen Nationalismus. Wagners Schwiegersohn Chamberlain nahm vor seinem Tod 1927 in Bayreuth den Titel eines »Sehers des Nationalsozialismus« an, der ihm wegen seines wichtigen Beitrags zu rassentheoretischen Fragen angetragen worden war.[1] Zu dieser Runde gehörte schließlich auch Wagners Schwiegertochter Winifred, deren enge persönliche Bindungen zu Hitler ihn fast zu einem Familienmitglied werden ließen und häufige Bayreuth-Besuche von Hitler selbst und seiner Begleitung nach sich zogen.[2]

1 Karl Dietrich Bracher, *Die deutsche Diktatur. Entstehung, Struktur, Folgen des Nationalsozialismus*, Köln und Berlin 1969, 7. Auflage 1993.

2 George G. Windell, *Hitler, National Socialism and Richard Wagner*, in: *Journal of European Affairs*, Bd. XXII, Nr. 1, April 1962, S. 496.

Winifred starb 1980. Obwohl Cosima, Chamberlain und Winifred nicht in Deutschland gebürtig waren, verteidigten sie durch ihre Arbeit doch deutsche Identität und Wagners Ideen. Am wichtigsten ist uns in diesem Zusammenhang aber Wagners direkter Einfluß auf Hitler, wie er von diesem selbst formuliert und belegt wurde.

Hierzu findet der Wissenschaftler nur wenige Quellen. Hitler sprach in der Öffentlichkeit selten über Wagner und in zur Veröffentlichung gedachten Manuskripten wie in *Mein Kampf*[3] schrieb er wenig über den Komponisten. Die meisten diesbezüglichen Bemerkungen Hitlers finden sich in den Erinnerungen enger Freunde, wie etwa bei August Kubizek, einer reichhaltigen Quelle zu diesem Thema,[4] wurden im Gespräch festgehalten oder später von Mitgliedern seiner Umgebung erinnert. Darüber hinaus gibt es Unterlagen über die Gespräche am Teetisch in der Reichskanzlei in Berlin[5] und die Tischgespräche aus dem Führerhauptquartier.[6] Neben weiteren Quellen bieten schließlich die Gespräche in Wahnfried, dem Haus der Familie Wagner in Bayreuth[7] eine Grundlage.

All diese Quellen belegen, daß Hitler den Einfluß Wagners und seine eigene Haltung Wagner gegenüber als eine persönliche und private Sache ansah. In seinen wenigen Ausführungen zu Wagner erwähnt Hitler darüber hinaus nie drei thematische Bereiche, bei denen auf den ersten Blick eine enge Verbindung zwischen Wagner und Hitler nahezuliegen scheint: Antisemitismus, Rassismus und antidemokratische Ideen. Hitler spricht nirgends von Antisemitismus, den Juden oder dem Judentum als Bestandteil von Wagners Schriften oder seinem künstlerischen Werk. Er spielt nirgends auf den selbsternannten Antisemiten Wagner an und wirft ihm – dies gilt natürlich im nachhinein – auch nie vor, mit Juden Kontakte gepflegt zu haben. Diese Juden unterstützen und bewunderten Wagner auf vielfältige Weise, ließen sich von Wagner aber ausnutzen.[8] Sogar das heikle Problem jüdischer Charaktere in seinen Opern – Mime und Kundry beispielsweise, die im Mittelpunkt ausführlicher Untersuchungen zu dieser Frage stehen – wird von Hitler nie erwähnt, obwohl ihm sicherlich die Notiz Wagners im Entwurf von *Parsifal*

---

3 Adolf Hitler, *Mein Kampf*, 2 Bde. in einem, ungekürzte Ausgabe, München 1936 (zuerst 1925/1927), S. 15.

4 August Kubizek, *Adolf Hitler. Mein Jugendfreund*, Graz und Stuttgart 1953, 4/1975.

5 Albert Speer, *Erinnerungen*, Frankfurt und Berlin 1969.

6 *Hitler's Table Talk 1941–44, his private conversations*, London 1953 und 1973, [in deutscher Sprache:] *Adolf Hitler. Monologe im Führerhauptquartier 1941–1944. Die Aufzeichnungen Heinrich Heims*, hrsg. von Werner Jochmann, Hamburg 1980.

7 Friedelind Wagner und Page Cooper, *Heritage of Fire, The Story of Richard Wagner's Granddaughter*, New York und London 1945, [in deutscher Sprache:] Friedelind Wagner, *Nacht über Bayreuth. Die Geschichte der Enkelin Richard Wagners*, Übertragung aus dem Englischen von Lola Humm, Bern 1/1945. Mit einem Nachwort von Eva Weissweiler, Köln 1994.

8 Ami Maayani, *Richard Wagner, A Monograph*, Jerusalem 1995 (in hebräischer Sprache), S. 638–651; und das Kapitel »Bayreuth after Wagner« zur Haltung der Juden Wagner gegenüber nach dem Zweiten Weltkrieg.

bekannt war, daß Kundrys Leben infolge einer uralten Verwünschung dem des ›ewigen Juden‹ vergleichbar sei.[9]

Hitler erwähnt Wagners wichtigsten Traktat gegen die europäischen und vor allem die deutschen Juden und deren vermeintlich zerstörerische Rolle im kulturellen und musikalischen Leben, *Das Judentum in der Musik*, nicht. Er hätte sich zumindest den berühmten letzten Satz von Ahasver, dem ewig wandernden Juden, zunutze machen können. Ahasver wird dafür bestraft, sich von Jesus auf dem Höhepunkt von dessen Leiden abgewandt zu haben: »... nur eines [kann] eure Erlösung von dem auf euch lastenden Fluche sein: die Erlösung Ahasvers, – der Untergang.«[10] Wagner bezieht sich bei dem Begriff »Untergang«, mit dem er schon die erste Ausgabe seines Traktats abschließt, ausdrücklich auf die Assimilitation und die völlige Abkehr von jeglicher jüdischer Identität. Sein Lebensziel lag darin, mit den Mitteln der Kunst deutsches Nationalgefühl, deutsche Sprache und Kultur zurückzugewinnen, Deutschland vor dem von reichen Juden erzeugten, diesen reinen Geist zerstörenden Materialismus zu befreien und als künstlerischer Erlöser zur erneuten Vereinigung von deutschem Leben und schöpferischer Kraft beizutragen.[11] Die von Wagner in ihren Synagogen betend beschriebenen, häßlichen, habgierigen, offensichtlich orthodoxen Ostjuden – war er überhaupt jemals in einer Synagoge? – ließen sich allerdings nicht durch den Akt der Taufe schnell ändern oder umwandeln. Der Weg zur völligen Integration in die deutsche Gesellschaft – sofern die orthodoxen Juden diese Integration überhaupt akzeptierten – würde lang sein. Wagner schlug an einer Textstelle seines Traktats vor, alle schon voll assimilierten oder getauften Juden, beispielsweise Heine, Mendelssohn und Börne sowie einige andere, die er teilweise abgrundtief haßte, nach Israel zu schicken oder in ihrer Freiheit einzuschränken. Bei einer anderen Gelegenheit äußerte er den Wunsch, daß alle assimilierten Juden, die eine Aufführung von *Nathan der Weise* sähen – verbrannt werden sollten.[12] Diese Vorschläge – Vertreibung, Verbrennung und Einschränkung der Rechte – machte er im privaten Kreis und nach 1870, als politischer Antisemitismus schon virulent geworden war. Öffentlich äußerte er sie nicht, auch nicht in den beiden 1850 beziehungsweise 1869 publizierten Fassungen von *Das Judentum in der Musik*. Darüber hinaus

---

9 Richard Wagner, 29. August 1865, vgl. *Das braune Buch. Tagebuchaufzeichnungen 1865 bis 1882*, vorgelegt und kommentiert von Joachim Bergfeld, Zürich und Freiburg i. Br. 1975, S. 62; siehe auch Michael P. Steinberg, *Music Drama and the End of History* in: *New German Critique* Nr. 69, Herbst 1996, S. 163–180.

10 Für die beiden deutschen Fassungen siehe Richard Wagner, *Das Judentum in der Musik*, Leipzig 1914. Der Verlag der englischen Übersetzung, Liberty Bell Publications, US 1978 ist heute einer der großen Distributoren antisemitischer und rassistischer Werke in den USA.

11 Zu Wagners rassischen Zielen siehe: Leon Stein, *The Racial Thinking of Richard Wagner*, New York 1950; Robert W. Gutman, *Richard Wagner. Der Mensch, sein Werk, seine Zeit*, München 1970.

12 Cosima Wagner, *Die Tagebücher 1869–1883*, hrsg. von Martin Gregor-Dellin und Dietrich Mack, München und Zürich 1976–1977, Bd. 2, S. 852. Siehe auch Peter Gays Aufsatz *Wagner aus psychoanalytischer Sicht* im vorliegenden Band.

wurde Wagner kein eingetragenes Mitglied der antisemitischen Bewegung; die Petitionen dieser Bewegung tragen seine Unterschrift nicht.[13] Die Frage bleibt aber bestehen: Warum knüpfte Hitler bei seiner Lösung der Judenfrage nicht dort an, wo Wagner stehengeblieben war?

Nicht nur Wagners Texte, auch seine Opern hätten Hitler in Rassenfragen einen Anhaltspunkt bieten können: Kundry – bei diesen Überlegungen spielt es keine Rolle, ob sie jüdisch ist oder nicht – wird im *Parsifal* durch die Taufe erlöst. Ihr Vergehen – die Verspottung des kreuztragenden Jesus – wird ihr verziehen und sie darf in den Kreis der Auserwählten, der Gralsritter zurückkehren, die den mit Jesu Blut gefüllten Heiligen Gral bewachen. Wie der Essayist Michael P. Steinberg aber einwendet »lügt Parsifal. Die Lüge liegt in dem Versprechen, daß [...] der Becher, der das Blut Christi enthielt, in gleicher Weise gereinigt wird wie die Welt, die er repräsentiert. Die Reinigung wird aber dadurch herbeigeführt, daß die Zivilisation von dem Element befreit wird, welche das Blut vergoß« – dem jüdischen Element. »Parsifal lügt, weil der Anspruch, das Gute in die Welt zurückzutragen, in Wirklichkeit eben diese Welt dem Rassismus und der Abgrenzung überantwortet und so den schlimmsten Übeln der modernen Zeit.«[14] Hitler erwähnt diese rassistischen Ideen nicht – die Reinheit der wenigen Auserwählten, die über die Zukunft der Menschheit wachen und deshalb von allen anderen ferngehalten werden müssen; er bezeichnet sich selbst auch nicht als Anhänger der von Gobineau über Wagner zu Chamberlain reichenden Ideenkette zur Rassenfrage. Diese Theoretiker hielten die kulturelle und sogar physische Existenz der höheren Rassen durch die Vermischung mit minderwertigem Blut für gefährdet; zugleich hielten sie Notwendigkeit und Möglichkeit der Verhinderung einer solchen Vermischung fest und forderten nicht zuletzt eine antidemokratische Regierung, um rassistische Theorien durchzusetzen.[15] Dieser Entwurf erreichte seinen Höhepunkt in der Durchsetzung der nationalsozialistischen Ideologie, ohne daß Hitler den zugrundeliegenden theoretischen Überlegungen überhaupt gefolgt wäre.

Warum beruhte die Verbindung Hitler-Wagner nicht auf ihrem gemeinsamen Antisemitismus? Lag es daran, daß Hitlers eigener Antisemitismus so apokalyptisch, so alles andere beiseite schiebend und irrational war, daß er keinen Vergleich oder äußere Einflüsse erlaubte? Hitler war nicht an der Entwicklung evolutionärer rassischer Theorien beteiligt. Glaubte er nicht wirklich an seine Theorien und setzte er sie nur zur Durchsetzung seiner politischen Ziele ein? Waren die antidemokratischen Tendenzen ein zu offensichtliches Ergebnis dieser Theorien, als daß sie eine genaue

13 Jacob Katz, *Richard Wagner in the Web of Antisemitism*, Jerusalem 1986 (in hebräischer Sprache), Kapitel 4 und 5. Vgl. Jens M. Fischers Aufsatz *Richard Wagners ›Das Judentum in der Musik‹* im vorliegenden Band, S. 35–54.

14 Steinberg, a. a. O., S. 165.

15 Otto Dov Kulka, *Richard Wagner und die Anfänge des modernen Antisemitismus*, in: *Bulletin des Leo Baeck Instituts* 4 (1961), S. 281–300.

Erörterung verdient hätten? Die Verbindung von Wagner zu Hitler in diesem Bereich zu suchen scheint nur allzu naheliegend, und viele Wissenschaftler der Nachkriegszeit haben solche Verbindungen herzustellen versucht, nicht zuletzt, da der alles überwältigende Schatten des Holocaust alles Vorhergehende als Glied einer langen Kette erscheinen läßt, bei dem jedes Teilstück unmittelbar zum nächsten weiterführt.[16] Dennoch sei ein weiterer Aspekt des tiefen Eindrucks genannt, den Wagner auf Hitler machte.

Ich habe schon erwähnt, daß Hitler sich zu Wagner meist im privaten Gespräch äußerte. Und kein einziges Mal rekurriert Hitler auf Wagners zahlreiche Schriften, auch wenn er, so Kubizek, diese Schriften las und immer wieder von neuem bewundernd in die Hand nahm. Seine Kommentare gelten ausschließlich Wagners Musik und seiner eigenen grenzenlosen Bewunderung des Mannes und seines Genies, des großen Deutschen und bedeutenden Musikers. Zu wiederholten Malen hörte er die Kompositionen des Meisters, die Opern konnte er fast auswendig: »Wie habe ich nach der Jahrhundertwende jede Wagner-Aufführung genossen!«, bekannte er vor seinen Militärs.[17] Er besaß Originale der Wagnerschen Werke, die deutsche Industrielle ihm zum Geschenk gemacht hatten, und trennte sich von diesen Partituren nicht einmal auf Bitten Winifreds.[18] Er kannte keine größere Sehnsucht – so Kubizek – als nach Bayreuth zu reisen, das inzwischen zu einer Art Nationalheiligtum geworden war, und dort Opern im Festspielhaus zu erleben. Dieses Haus hatte Wagner entworfen und bis ins letzte Detail geplant – seit jenen Tagen steht das die Stadt vom Grünen Hügel aus überragende Festspielhaus unverändert da.[19] Hitler besuchte häufig das Grab Wagners, alleine,[20] als gäbe es eine nur ihnen beiden bekannten innere Verbindung. Im Führerhauptquartier äußerte er im Januar 1942 die Vorfreude auf Besuche Bayreuths, »wenn wir zum ersten Mal wieder hinkommen!«,[21] später hieß es, er wolle den Rest seines Lebens nach Kriegsende in Bayreuth verbringen, dem Ort, der so ganz vom Geist Wagners durchtränkt sei. Dort sei er Haus Wahnfried nahe, dem Wagnerschen Familienbesitz, wo er seit seinem ersten Besuch 1923 vor allem von Winifred so herzlich aufgenommen worden war. Er hatte sich dort so sehr zu Hause gefühlt, daß er ohne Leibwächter kam und über Weih-

---

16 Steinberg, a. a. O., S. 171: »In einem historiographischen Umfeld, das zunehmend die ›Einmaligkeit‹ der nationalsozialistischen Politik zu leugnen tendiert, ist es von entscheidender Bedeutung, diese Einmaligkeit auf allen Ebenen zu betonen und nicht schlichte Entwicklungen oder Kausalitäten nachzuzeichnen.«

17 *Monologe im Führerhauptquartier*, a. a. O., S. 224.

18 Albert Speer, *Spandauer Tagebücher*, Frankfurt, Berlin und Wien 1975, S. 157f.

19 Kubizek, a. a. O., Kapitel »Begeisterung für Richard Wagner«, S. 85.

20 Vgl. *Hitler. Reden. Schriften. Anordnungen. Der Hitler-Prozeß 1924*, hrsg. vom Institut für Zeitgeschichte, Wortlaut der Hauptverhandlung vor dem Volksgericht München I, Teil 4: 19. bis 25. Verhandlungstag, hrsg. und kommentiert von Lothar Gruchmann und Reinhard Weber unter Mitarbeit von Otto Gritschneder, München 1999, S. 1585.

21 *Monologe im Führerhauptquartier 1941–1944*, a. a. O., S. 225.

nachten blieb.[22] »Als ich dann Wahnfried zum erstenmal betreten habe, ich war so bewegt! Nicht nur die anderen, auch Siegfried Wagner ist zu mir gestanden in der Zeit, wo es mir am schlechtesten gegangen ist. [...] Ich war auf du und du mit ihnen, ich liebe diese Menschen und Wahnfried! [...] Die zehn Tage Bayreuth sind immer meine schönste Zeit gewesen.«[23]

Ein während des Kriegs nach Amerika geschickter Bericht beschreibt Hitler beim Anhören Wagnerscher Werke: »Grimassen von Schmerz und Freude verzerrten sein Gesicht, seine Stirn faltete sich, seine Augen waren geschlossen, seine Lippen eng gespannt«.[24] »Wenn Adolf die Musik Wagners hörte, war er wie verwandelt. Dann fiel alle Heftigkeit von ihm ab, er wurde still, fügsam, lenkbar. Die Unruhe schwand aus seinem Blick. [...] Wie ein Rausch, eine Ekstase kam es über ihn«, schreibt Kubizek.[25]

Für Hitler bedeutete »[...] Wagner etwas Göttliches, seine Musik ist meine Religion. Ich gehe zu seinen Konzerten wie andere in die Kirche.«[26] Anscheinend diente Wagner als Inspirationsquelle für Hitler, als Vater, den er sich gewünscht hatte, als Vorbild an Stärke, Willen, Energie und kreativem Genie. Der Titel von Hitlers Credo, *Mein Kampf*, scheint aus Wagners Autobiographie *Mein Leben* abgeleitet zu sein; er schrieb das Werk auf Papier nieder, das Winifred ihm ins Gefängnis geschickt hatte.[27]

Wohin führte Hitler diese tiefe und innige Inspiration, sowohl ideologisch wie politisch? Wagners Bedeutung für Hitler liegt zunächst in einer ästhetisch-künstlerischen Erfahrung, die ihm eine von Mythen und Legenden geprägte Rückzugsmöglichkeit bot; diese Welt versuchte Hitler Deutschland aufzudrängen. Als die nationalsozialistische Partei in den zwanziger Jahren gegründet wurde, wurden ihre Mitglieder veranlaßt, viel Wagner zu hören.[28] Fast könnte man sagen, daß das Dritte Reich schon am 21. März 1933 mit einer von Wilhelm Furtwängler dirigierten Aufführung der *Meistersinger* proklamiert wurde, kaum sechs Wochen nach der Machtergreifung der Nationalsozialisten. Parteitage wurden traditionell mit der Ouvertüre zu *Rienzi* eröffnet, daran anschließend dann die *Meistersinger*-Ouvertüre. Die letzte von Hitler besuchte Oper war bezeichnenderweise *Die Götterdämmerung*. Bei seinem Selbstmord im Berliner Bunker hielt er das Libretto zu *Rienzi* in der Hand.[29]

---

22 Walter C. Langer, *The Mind of Adolf Hitler, The Secret Wartime Report*, New York 1972, [deutsch als:] Walter C. Langer, *Das Adolf-Hitler-Psychogramm. Eine Analyse seiner Person und seines Verhaltens*, verfaßt 1943 für die psychologische Kriegsführung der USA mit einem Vorwort von Friedrich Hacker, Wien, München und Zürich 1972, S. 104f.

23 *Monologe im Führerhauptquartier*, a. a. O., S. 224f.

24 F. Oechsner, *This Is the Enemy*, Boston 1942, S. 86–87. [Deutsche Übersetzung aus: Walter C. Langer, *Das Adolf-Hitler-Psychogramm*, a. a. O., S. 110.]

25 Kubizek, a. a. O., S. 199.

26 Langer, a. a. O., S. 110. [Quelle: F. Oechsner, *This is the Enemy*, Boston 1942.]

27 Friedelind Wagner, a. a. O., S. 33.

28 Maayani, S. 743–745.

29 Robert Payne, *The Life and Death of Adolf Hitler*, New York 1973, S. 351.

»Mit zwölf Jahren sah ich [...] als erste Oper meines Lebens *Lohengrin.* Mit einem Schlage war ich gefesselt. Die jugendliche Begeisterung für den Bayreuther Meister kannte keine Grenzen.«[30] Als Hitler 1943 nach Linz zurückkehrte, wo die neue Nibelungen-Brücke durch Statuen von Brünnhilde und Siegfried geschmückt war, betrat er das Landestheater, wo er seine erste Oper gesehen hatte, und wies seine Begleitung an, ihn allein zu lassen. »Einige Zeit lang träumte er vor sich hin, sein Blick war abwesend, seine Gesichtszüge erschlafft. Unterdessen standen wir leicht betreten herum, keiner wagte sich zu rühren, und erst nach sicherlich mehr als fünf Minuten kehrte Hitler in die Wirklichkeit zurück.«[31]

Man kann unschwer dem Hitler-Biographen Robert Payne beipflichten, daß Hitler »auf vielfältige, mehr oder weniger zurückhaltende Weise im Begriff war, Deutschland in eine Wagner-Oper zu verwandeln. Plötzlich erhielten Menschen, der Opernbühne vergleichbar, größeres Gewicht als im wirklichen Leben, die Musik erfüllte ihre Sinne und sie wurden von einem Gefühl schicksalhafter Prophetie ergriffen. Bei den Nürnberger Parteitagen war diese Nähe zur Oper nur allzu offensichtlich: Flutlichter schossen Lichtbündel in den nächtlichen Himmel und bildeten dann einen riesigen Lichtdom über dem Feld, die roten Hakenkreuzfahnen wehten im gleißenden Licht und die Trompeten erschallten.«[32] Hitler schuf diese Bühne bewußt und mit größter Sorgfalt. Er hatte einmal drei Wochen lang allabendlich über Skizzen zu sämtlichen Bühnenbildern des *Ring* gesessen, wie er seinen Leuten mit großer Befriedigung mitteilte, obwohl seine Tage besonders anstrengend gewesen waren. Die Skizzen sollten an Benno von Arent übergeben werden, den er mit der Inszenierung der *Meistersinger* anläßlich des Parteitags beauftragt hatte. »Ein andermal, als Arent damit beauftragt war, die Meistersinger von Nürnberg als Eröffnungsveranstaltung des Parteitages zu inszenieren, nahm Hitler erneut besonderen Anteil an jeder Einzelheit, überlegte, welches Mischlicht für die Mondszenen zu Ende des zweiten Aktes am besten geeignet sei, schwärmte im voraus über die vermutete Farbenpracht der Schlußszene auf der Meistersingerwiese [...] ›Illusionen müssen wir den Massen bringen‹, hörte Albert Speer Hitler sagen. ›Illusionen brauchen sie [...]. Vom Ernst des Lebens haben sie sowieso genug‹.«[33] »Er träumte von überdimensionalen Theatergebäuden mit überdimensionalen Bühnen und überdimensionalen Zuschauerräumen für zehntausend Menschen,« schreibt Friedelind Wagner, und er bemühte sich – vergeblich –, mittlere Städte zur Errichtung solcher Bühnen zu zwingen.[34]

»Wagner zu hören, war für ihn [...] eine Möglichkeit, sich in jenen außergewöhnlichen Zustand zu versetzen, in den er beim Anhören der Musik Richard Wagners geriet, in jenes Selbstvergessen, jenes in ein mystisches Traumland Entschweben,

30 *Mein Kampf*, a. a. O., S. 15.
31 Speer, *Spandauer Tagebücher*, a. a. O., S. 260.
32 Payne, a. a. O., S. 350.
33 Speer, *Spandauer Tagebücher*, a. a. O., S. 155.
34 Friedelind Wagner, a. a. O., S. 217.

dessen er bedurfte, um die ungeheuren Spannungen seines eruptiven Wesens zu ertragen,« berichtet Kubizek.[35] Kunst ist der Kampf des bedeutenden Mannes gegen den Widerstand der langweiligen Welt, ein Kampf, bei dem »das künstlerische Genie sich auf so brillante Weise enthüllt, daß alle [Gegner] überwältigt auf ihre Knie fallen«, formulierte Hitler.[36] Kunst bedeutete eine Möglichkeit zu eingebildetem Triumph, und Wagners Opern wurden ausgewählt, um sowohl Hitler wie auch den Massen diese Illusion zu bieten.

Die künstlerische Erfahrung, die Hitler dem Werk Wagners entnahm, bot den Rahmen für Illusionen. Welchen Platz nahm Hitler in diesem Rahmen für sich in Anspruch? Bei der gerichtlichen Verhandlung nach dem erfolglosen Putsch 1923 sprach Hitler über konventionelle Ansprüche und wirkliche Aufgaben: »Als ich zum ersten Male am Grab Richard Wagners stand, da quoll mir das Herz über vor Stolz, daß da unter dieser Steinplatte ein Mann ruht, der sich verbeten hat, hinaufzuschreiben vielleicht: ›Hier ruht der Geheime Musikdirektor Exzellenz Baron Richard von Wagner.‹ Schon da wurde ich stolz vor Glück darüber, daß auch dieser Mann und so und so viele der deutschen Geschichte verzichtet haben, Titel für sich zu nehmen, sondern daß sie sich begnügten, nur ihren Namen der Nachwelt zu überliefern. Nicht aus Bescheidenheit wollte ich damals Trommler sein, sondern das ist das Höchste. Das andere ist eine Kleinigkeit.«[37] Auch hier ist Wagner wieder Vorbild: das schlichte Vorhandensein seines Grabes genügt, sein Ruhm und seine Ehre bedürfen keiner schriftlicher Bestätigung. Hitler, der sich um seinen eigenen Platz in der deutschen Geschichte bemühte, ließ sich von Wagners Grab zu seiner Aufgabe als »Trommler« inspirieren; er rief eine zukünftige »neue Weltordnung« aus, ein gerechtes Europa und eine auf einer rassischen Hierarchie basierende gerechte Welt, die für Ungeeignete kein Platz hatte und von Werten beherrscht war, die christlich-humanistischer Tradition des Abendlandes diametral entgegenstanden.

Die Funktion des kulturellen »Trommlers«, der mit Hilfe der Kunst eine Illusion erzeugt, bedeutete nur den ersten Schritt in die von Wagner gewiesene Richtung; der nächste Schritt verlangte nach einem politischen Trommler mit einer besonderen Mission. Die Verknüpfung von Wagners Opern mit Hitlers politischen Zielen stammt aus der Jugend des Diktators. Wenn Hitler Musik von Wagner anhörte, fühlte »er sich nicht mehr als ein von der menschlichen Gesellschaft Ausgestoßener, ein Verkannter, Einsamer.«[38] Nach einer gemeinsam mit Kubizek besuchten Vorstellung des *Rienzi* in Linz war der damals siebzehnjährige Hitler tief bewegt. Er sprach mit Inbrunst über sein zukünftiges Mandat, sein Volk dem Moses gleich »aus der Knechtschaft emporzuführen zu den Höhen der Freiheit.« Nach Kubizek waren seine Worte von »Ekstase und Entrückung« bestimmt, es schien, als habe er eine

---

35 Kubizek, a. a. O., S. 195.

36 Konrad Heiden, *Der Führer, Hitler's Rise to Power*, Boston 1944, S.361 (Übersetzung DG).

37 *Der Hitler-Prozeß 1924*, a. a. O., S. 1585.

38 Kubizek, a. a. O., S. 199.

innere Metamorphose erlebt. Hitler identifizierte sich mit dem Tribunen, der nach seinem Aufstieg zu einem Anführer des Volks von eben jenen vernichtet wurde, die er befreit hatte.[39] *Rienzi* ist »das am wenigsten germanische und am wenigsten ›Wagnerische‹ Werk des Meisters,«[40] aber das Schicksal des Mannes, der aus dem Nichts heraus zum Führer wurde, und sein unverdientes tragisches Ende machten ihn zu einer für Hitler geeigneten Identifikationsfigur. Als Kubizek Hitler 1939 in Bayreuth traf und ihn an diese Nacht in Linz erinnerte, wiederholte der Führer die Begebenheit für Winifred und beendete seinen Bericht mit einem entscheidenden Satz: »In jener Stunde begann es!«[41] – in jenem Moment prägte Wagner nach Ansicht Hitlers seine politische Aufgabe und rechtfertigte sogar seinen Tod.

Speer berichtet von einer weiteren Situation, die Kubizeks Erzählung stützt: »Sommer 1938. Wir saßen mit Robert Ley, dem Organisationschef der Partei, im Salon des Gästehauses von Winifred Wagner in Bayreuth zusammen. Ley versuchte, Hitler davon zu überzeugen, daß zur feierlichen Einleitung der Reichsparteitage die Musik eines zeitgenössischen Komponisten verwendet werden sollte. Die nationalsozialistische Weltanschauung müsse auch musikalisch zum Ausdruck gebracht werden.« Hitler nahm sich zwei lange Stunden Zeit – wie bei allem, was mit den Parteitagen zusammenhing –, um die neuen Kompositionen immer wieder anzuhören. Dann bat er das Orchester, die Ouvertüre zu *Rienzi* zu spielen. »Ich muß gestehen,« so erinnerte sich Speer in seinem Gefängnis zehn Jahre später, »daß die vertraute Erhabenheit dieser Komposition [...] wie eine Offenbarung wirkte. Amüsiert betrachtete Hitler währenddessen Leys Reaktion und genoß dessen offensichtliche Verlegenheit. Dann wurde er plötzlich ganz ernst und sagte wie erklärend: Wissen Sie, Ley, ich lasse die Parteitage nicht zufällig mit der Ouvertüre zu ›Rienzi‹ eröffnen. Das ist nicht nur eine musikalische Frage. Dieser Sohn eines kleinen Gastwirts hat mit 24 Jahren das römische Volk dazu gebracht, den korrupten Senat zu vertreiben, indem er die großartige Vergangenheit des Imperiums beschwor. Bei dieser gottbegnadeten Musik hatte ich als junger Mensch im Linzer Theater die Eingebung, daß es auch mir gelingen müsse, das deutsche Reich zu einen und groß zu machen.«[42]

»Aus Parsifal baue ich mir meine Religion« erklärte Hitler 1936 nach dem Einmarsch in das entmilitarisierte Rheinland.[43] Warum wählte er den Begriff Religion und nicht den Begriff Rasse, als er – so seine Sicht der Dinge – in einem politischen Akt deutsches Land an die ursprünglichen Besitzer zurückgab? Die Antwort in dieser Frage liegt in der Sanktifizierung politischer Ziele begründet, auf die noch einzugehen sein wird. Im *Parsifal* gibt es in der Tat einen Moment, in dem Zeit (1936 und alle vergleichbaren Ereignisse danach) und Raum (das Rheinland und vergleichbare

39 Kubizek, a. a. O., S. 116–118.
40 Windell, a. a. O., S. 493.
41 Kubizek, a. a. O., S. 118.
42 Speer, *Spandauer Tagebücher*, a. a. O., S. 136.
43 Joachim Fest, *Hitler, Eine Biographie*, Frankfurt 1973, S. 683.

Länder) zusammenfallen: Gurnemanz führt Parsifal aus dem Wald zur Halle des Heiligen Grals. »Während der ›Marsch zum Gral‹ im Orchester mit gewichtigen Repetitionen erklingt, erklärt Gurnemanz Parsifal ›Du sieh'st, mein Sohn, zum Raum wird hier die Zeit.‹« Claude Lévi-Strauss bezeichnete diesen Moment als »wahrscheinlich die tiefgründigste Definition, die jemals für den Mythos gewählt wurde.«[44]

Hitler selbst sah den Zusammenhang von Zeit und Raum nicht in dieser Klarheit, zumindest gibt es darüber keine schriftlichen Zeugnisse. Aber er gestand: »Wenn ich Wagner höre, ist mir, als seien das Rhythmen der Vorwelt. Und ich könnte mir denken, daß die Wissenschaft in den Verhältnissen der physikalisch wahrnehmbaren Schwingungen einer Rheingold-Musik eines Tages Maße der Schöpfung findet.«[45] Immer wieder formulierte er die wegweisende Bedeutung von Wagners Vorbild: wenn er bei den Tischgesprächen gestand, daß Wagners Musik ihm die Angemessenheit der Weltordnung vergangener Zeiten verdeutliche; wenn er – so nach dem Putsch –, angeregt durch seine Besuche an Wagners Grab den Wunsch bestätigte, ein politischer Trommler zu sein; wenn er durch die Einigung seines Volkes und als Führer seines Volks in eine ruhmreiche Zukunft eine Mission wie Rienzi zu erfüllen hoffte und wenn er sich darüber äußerte, *Parsifal* zur Grundlage seines Glaubens machen zu wollen.

Die politischen Konzepte, die Hitler den Wagnerschen Opern entnahm, waren die Einheit des deutschen Volks und die Kontinuität der deutschen Geschichte. Diese Themen entnahm er nicht etwa nur der Oper *Rienzi*, sondern auch den vier Teilen des *Rings*, der auf germanischen Mythen und Legenden mit deren heidnischen Göttern und romantischen Helden beruht. Hitler fand diese Ideen aber auch in *Parsifal* und *Tristan und Isolde*, die auf tief in der europäischen Geschichte verwurzelten christlichen Legenden und deutschen Nationalmythen beruhen. Und nicht zuletzt konnte Hitler diese Thematik den intellektuellen und kulturellen Kreisen des 19. Jahrhunderts entnehmen, in denen Wagner sich bewegt, die er geschaffen oder inspiriert hatte. Aus der Verbindung dieser unterschiedlichen Quellen entwickelte Hitler eine ehrwürdige und einzigartige deutsche Geschichte, die ohne Unterbrechung viele Jahrhunderte währte, von ihren Anfängen mit deutschen Volksstämmen und den »seligen Gefilden der germanischen Vorzeit« bis zu jener für ihn idealen Welt, »die ihm bei seinen Bemühungen als höchstes Ziel vorschwebte.« Musik konnte – so seine Meinung – nicht jedem etwas bedeuten; für ihn galt nichts anderes als »deutsche Art, deutsches Wesen, deutscher Sinn« und seine Obsession jener mythischen Welt.[46] Von dem Zeitpunkt an, als die Wagner-Familie ihn nach Bayreuth gebeten hatte, konnte er die nationalsozialistische Partei und Ideologie als Fortsetzung dieser »Rhythmen der Vorwelt« präsentieren; als Teil der deutschen Geschichte, als

44 Steinberg, S. 169. Claude Lévi-Strauss, *From Chretien de Troyes to Richard Wagner*, in: *View from Afar*, New York 1985, S. 219.

45 *Monologe im Führerhauptquartier*, a. a. O., S. 234.

46 Kubizek, a. a. O., S. 198f.

Deutschlands legitime Erretter und Erneuerer – und eben nicht als rücksichtslose, sich deutlich von den humanistischen Traditionen deutscher Kultur absetzende Usurpatoren. Wagner bot Einheit, Kontinuität, Legitimation, Ehrwürdigkeit und einen passenden Hintergrund für die deutschen Aufgaben und Ziele in der Welt. Durch seine Musik konnten Deutsche sich in einem gemeinsamen tiefen Erlebnis emporgehoben fühlen, als einzigartig, mit »einer besonderen Mission« beauftragt.

Zwischen der heidnischen Welt germanischer Legenden und der durch und durch christlichen Legende des Heiligen Grals, der Jesu Blut enthält und nach Erlösung trachtet, gibt es einen offensichtlichen Widerspruch. Aber selbst die alten Legenden sind von christlichen Vorstellungen durchtränkt, und Wagners Libretti umso mehr, die – so seine Briefe an König Ludwig II. von Bayern – stark von seinen religiösen Empfindungen beeinflußt sind. Wagner hing einem gegen die etablierte Kirche gerichteten christlichen Glauben an, der ihm sein Bild eines arischen Christus ermöglichte. Das zentrale Motiv im Werk Wagners, »Erlösung durch Leiden«,[47] wurde durch Hitler noch einen Schritt weitergeführt: Die von ihrem Selbstverständnis her nationalsozialistische Ideologie säkularisierte christliche Vorstellungen und formte sie ihren eigenen Zwecken entsprechend um, so daß auf diese Weise die christlichen Vorstellungen aufs Neue sanktioniert wurden. Das in der Vorstellung des Gläubigen liegende Königreich Gottes des Neuen Testaments wird beispielsweise gerade zu dem Ort der deutschen Nation, verbindendes Element ist das Blut wahrer Nachfolge. Diese Ideen von Blut und Boden werden zu geheiligten Symbolen einer neuen Religion.[48] Auch hier bereitete Wagner Hitler den Weg vor, der so die Einheit und Kontinuität des von ihm geführten deutschen Volkes als gottgewollt und von Vorsehung und Bestimmung sanktioniert ausgeben konnte.

Deshalb konnte Hitler sich bei riesigen Parteiversammlungen mit ihrer opernhaften Regie als furchteinflössende Gestalt auf einer riesigen Bühne präsentieren, von Fahnen umgeben und durch Trommelwirbel angekündigt, als sei er ein Hohepriester vor dem Altar. Seine Reden bei solchen Anlässen (und auch bei anderen) waren schlicht, ihr Vokabular einfach und auf Wiederholungen aufgebaut: Land, Zukunft, Geschichte, Einheit, Reinheit, Kampf, Erlösung, Nation – all dieses Ideen Wagners, von den notwendigen Ergänzungen wie Partei, Krieg und Fronten durchsetzt. Hitler brauchte Wagner natürlich gar nicht zu erwähnen: er war der Prophet und Priester, Deuter der Vergangenheit und Seher der Zukunft.

Die nationalsozialistische Führung schien Hitlers Enthusiasmus für Wagner nicht zu teilen, verstand es auch zu verhindern, daß Wagner bei der Formierung des Dritten Reichs eine wichtige ideologische Funktion erhielt. Aus Tagebüchern, Memoiren und Erinnerungen des Führungskreises ist kein besonderes Interesse für Wagner

47 Zu Wagners christlichem Glauben siehe Lucy Beckett, *Richard Wagner – Parsifal*, Cambridge 1981, S. 110–112.

48 Uriel Tal, *Nazism as Political Faith*, in: *The Jerusalem Quarterly* 15, Frühjahr 1980, S. 72–90.

abzulesen. Wird er erwähnt, dann in Verbindung mit Hitler, so als entstehe ihre Verbindung zu Wagner einzig durch Hitler. In Hitlers Umgebung wußte man Wagner als dankbaren Stoff zum Einstieg in das eigentliche Thema zu schätzen.[49] Wagner-Ouvertüren und andere Stücke waren äußerst beliebt, aber nur wenige aus dem engeren Führungskreis der Nationalsozialisten konnten den langen Stunden im Festspielhaus etwas abgewinnen. Leys Bemühung, die ewige *Rienzi*-Ouvertüre durch andere Musik zu ersetzen, scheiterte zwar, zeugt aber von einem weitverbreiteten Widerwillen gegen Hitlers Tyrannei. Ley hätte diesen Vorstoß auf das Heiligste nicht gewagt, wenn er sich nicht darin von anderen unterstützt gewußt hätte. Winifred erzählte ihren Kindern von einem Ereignis anläßlich der Eröffnung eines der Nürnberger Parteitage: »Eines der besten Orchester Deutschlands mit einem prominenten Dirigenten und einigen hervorragenden Sängern spielte vor einem völlig apathischen Publikum, das aus zumeist schnarchenden Nazigrößen bestand, so daß Hitler seine Adjutanten durch die Reihen schickten mußte mit dem Befehl, zu applaudieren. Die nun folgende überlaute militärische Ovation habe noch peinlicher gewirkt als das vorhergegangene Schweigen.«[50]

Ein von Hitler vorgeschlagenes Gesetz, das – Wagners Wunsch entsprechend – Aufführungen des *Parsifal* auf Bayreuth begrenzen sollte, scheiterte am Widerspruch seines Kabinetts. Auch stimmte der Finanzminister dem Vorschlag nicht zu, das private Opernunternehmen Bayreuth von Steuern zu befreien. Goebbels verfolgte darüber hinaus das Ziel, die Wagners durch ein konkurrierendes Festspielhaus in Bayreuth, ganz in der Nähe des vorhandenen, »zu entthronen«. Als Hitler von diesem Plan hörte, schob er ihm wutentbrannt einen Riegel vor.[51] Er pflegte sich bei seinen Besuchen in Wahnfried neben Goebbels endlosen Reden und Görings Schwülstigkeit auch über andere Schwächen seiner Mitarbeiter zu mokieren. Göring nahm er in eine Aufführung des *Parsifal* mit und hoffte – so der französische Essayist Jean Matter – daß der Heilige Gral einen »effet civilisateur« auf ihn ausüben könne. Hitler, der wie Wagner zum Vegetarier geworden war, wollte Göring die Szene im heiligen Wald zeigen, in der Parsifal den Schwan tötet. Auf diese Weise beabsichtigte er, Göring von der Jagd wehrloser Tiere abzubringen.[52] Aber die Überzeugungsversuche des Tierfreunds Hitlers blieben wirkungslos: Görings Hauptinteresse habe – so Wagners Enkelin – der Vorstellung nackt auftretender Blumenmädchen gegolten.[53]

»Die meisten führenden Leute in der Partei hatten eine negative Einstellung zu Wagner und seiner Kunst,« beklagte sich Winifred in ihrer Zeugenaussage vor der Entnazifizierzungs-Spruchkammer nach Ende des Krieges. »Sie konnten mit der Idee

---

49 Speer, *Erinnerungen*, a. a. O., S. 142. Martin van Amerongen, *Wagner, A Case History*, New York 1984, S. 105.
50 Friedelind Wagner, a. a. O., S. 305.
51 Friedelind Wagner, a. a. O., S. 151. Vgl. auch van Amerongen, a. a. O., S. 114.
52 Jean Matter, *Wagner et Hitler, Essai*, Paris 1977, S. 25. Van Amerongen, S. 114.
53 Friedelind Wagner, S. 216/17 bzw. 224.

der Erlösung durch das Selbstopfer weiblicher Liebe nichts anfangen [...] meinten, daß Wagners Werke auf die Zuhörer wie ein Gift wirkten.«[54] Alfred Rosenberg vertrat in der Tat die Meinung, daß der *Ring* gründlicher textlicher Revision bedürfe; andere Mitglieder des Führungskreises hielten den *Parsifal* ideologisch für ungerechtfertigt. Und Speer urteilte Wagner als Dilettanten ab. In den Kreisen der Hitlerjugend wurde Wagner nur toleriert, um Hitler nicht zu verärgern. Der holländische Berichterstatter Martin van Amerongen formulierte, daß Hitler Bayreuth jedes Jahr mit einer Gruppe hoher Nazichargen besucht habe, um Bayreuth vor ihnen zu schützen und es als Vorbild für alle Deutschen aufzubauen, eine Tradition zu begründen.[55]

Lassen Sie uns auf den Stammbaum, der im jüdischen Stetl dem Feuer zum Opfer fiel, zurückkommen. Wenn man in späteren Jahren den inzwischen berühmten Rabbi an seine Worte erinnerte, pflegte er sein Gesicht zu bedecken und voller Scham zu erröten. Der chassidische Kommentar lautet: er schämte sich seiner Arroganz – »Ich werde Dir eine neue Familiengeschichte schreiben, die mit mir beginnt.« Als Erwachsener und geistiger Führer wußte er sehr wohl, daß es keine neuen Stammbäume gibt. Bei Adam angefangen gibt es nur eine einzige Kette von Generationen, und die Bedeutung der Gesellschaft für den einzelnen und dessen Rolle in der Gesellschaft gründet sich gerade auf Kontinuität und ein Gefühl der Zugehörigkeit, nicht auf ständige Neuanfänge.

Das Erbe, das Wagner an Hitler weitergab, bestand aus einer zutiefst künstlerischen Erfahrung, der sich dieser ganz aussetzte und der er auch sein Deutschland auszusetzen versuchte. Wagners Erbe bestand außerdem in Musik und Ideen, die ihm das Gefühl vermittelten, ein seinem Volk bestimmter Führer zu sein, der dieses Volk erneut einigen und zu immerwährendem Ruhm führen würde. Die Intensität des Wagnerschen Opernerlebnisses hätte eigentlich der schicksalhaften Größe entsprechen müssen, die Wagner Hitler vermittelte. Daß die nationalsozialistische Führung Hitlers Enthusiasmus für Wagner nicht teilte, hinderte diesen nicht daran, dem Parteileben das von Wagner übernommene Erbe und – wie er es verstand – die Botschaft des Meisters für Deutschland aufzuoktroyieren. Wagner ist für die schrecklichen Ergebnisse von Hitlers Wirken zwar nicht haftbar zu machen, gab ihm aber doch das Werkzeug in die Hand, durch das der Komponist später zu einem der Symbole des Dritten Reichs wurde. Diese Mittel verwendete Wagner neben vielen anderen – Wagner bedeutete in der eklektischen Naziideologie keineswegs die einzige Quelle –, um eine millionenfache Anhängerschaft durch das Gefühl ihrer Überlegenheit zu begeistern. Es sollte Jahrzehnte dauern, dieses Überlegenheitsgefühl auszumerzen. Die von demokratischen und humanistischen Werten geprägte Welt verurteilte diese Empfindungen: Selbstgerechtigkeit, ein imaginäres, falsches Geschichtsbild, eine a priori gesetzte rassische Werteskala, die grausame kriminelle Taten anderen gegen-

54 Van Amerongen, a. a. O., S. 121. Rückübersetzung aus dem Englischen.
55 Van Amerongen, a. a. O., S. 122.

über rechtfertigt – »Du sollst töten« als ein vorrangiges Gebot. Das Zurückgreifen auf die genannten Hilfsmittel war weitaus wirkungsvoller und gefährlicher als jede andere Theorie, die er aus den Schriften seines verehrten Meister hätte auswählen können, und führte in der Tat zum moralischen Verfall einer großen Zahl von Deutschen und zum Tod vieler Millionen Menschen auf dem gesamten Erdball.[56]

56 Gila Michlovski, der Leitenden Bibliothekarin an der Wiener-Bibliothek der Universität von Tel Aviv, möchte ich meinen Dank für ihre Hilfe bei der Lokalisierung von Unterlagen aussprechen.

Zusammenfassung der Diskussion

Die Diskussion konzentrierte sich auf das Verhältnis des Ästhetischen und Politischen in Hitlers Wagner-Rezeption. Wenn Wagner das ästhetische Modell der nationalsozialistischen Bewegung lieferte, der Antisemitismus des Komponisten aber für Hitler ohne Bedeutung war, müßte die Frage nach dem Verhältnis von Politik und Ideologie im Dritten Reich neu gestellt werden. In dieser Weise sieht die neuere Forschung Hitlers Nationalismus als Funktion seiner antisemitischen Weltanschauung (Prof. Vaget).

Nach Prof. Bermbach entnahm Hitler aus Wagners Werk keine konkreten politischen Inhalte, sondern eine ästhetische Weltordnung, die er politisierte. Das Selbstverständnis Wagners und Hitlers könne gleichermaßen mit Max Webers Kategorie der ›charismatischen Herrschaft‹ beschrieben werden, die den Künstler und den politischen Führer analogisiert. Die Wirkungsstrategie Wagners wie Hitlers lasse sich als Liturgie-Transfer beschreiben. So verwende Wagner in seinem Bühnenweihfestspiel *Parsifal* die Formen des christlichen Kults, um eine ästhetische Botschaft in auratischer Form zu vermitteln. Hitler habe in analoger Weise die ästhetischen Strukturen des Wagnerschen Werkes benutzt, um seine politischen Ziele zu legitimieren. Hitlers Wagner-Kult habe also so wenig mit Wagners Ästhetik zu tun wie dessen Kunstreligion mit der christlichen Kirche. Dieser ästhetische Liturgie-Transfer bedeute keine Abhängigkeit der politischen Theorie, was das Fehlen der revolutionären Elemente aus Wagners Weltanschauung in Hitlers Rezeption belege. Der Einfluß Wagners auf Hitlers lasse sich daher weniger durch direkte Zitate als den phänomenologischen Vergleich ermessen.

Prof. Borchmeyer wies auf einen grundlegenden Unterschied zwischen den ästhetischen Grundanschauungen Wagners und Hitlers hin. Wagners Idee eines »unsichtbares Theater« stehe Hitlers Besessenheit von visuellen Eindrücken wie neuen Bauten, Städten und Monumenten gegenüber. Wagner habe sein Gesamtkunstwerk in eine musikalische Innenwelt verlegt, Hitler die politische Ästhetik der Grand opéra fortgesetzt. Diese Interpretation bestätigt auch Hitlers Interesse für Theaterarchitektur wie die des Pariser Palais Garnier, dessen Baupläne er studierte und das er nach dem Sieg über Frankreich aufsuchte. Dagegen konnte die nüchterne Bescheidenheit des Bayreuther Festspielhauses den Ansprüchen der nationalsozialistischen Architektur nicht genügen und sollte durch eine gewaltige Akropolis ersetzt werden (Dr. Hartwich).

Frau Dr. Porat betonte, daß Hitlers Bewunderung für Wagners Ästhetik unabhängig von seiner mangelnden Fähigkeit gewesen sei, diese angemessen zu verstehen und fortzuentwickeln. Zugleich machte die Referentin den Pragmatismus Hitlers im Umgang mit Wagner deutlich. So beziehe sich Hitler in öffentlichen Versammlungen nicht auf Wagners Werk, da er seine eigene Hochschätzung nicht bei seinem Publikum habe voraussetzen können. Gleichwohl nützte er Wagners Kunstreligion, um seine politischen Absichten zu sakralisieren und die Massen in eine entsprechende außeralltägliche Stimmung zu versetzen. Der kultische Rahmen generiere die Unfehlbarkeit der Führerfigur. Der unkirchliche Charakter des Wagnerschen Christentum soll dieser Umbesetzung entgegengekommen sein. Die ästhetischen und politischen Zielsetzungen Hitlers könnten dabei nicht auseinander hergeleitet werden und müßten sogar als unvereinbar erscheinen. Denn Hitlers an Wagner orientierte Propaganda habe einer völlig unästhetischen Realpolitik gedient. Das Verhältnis Hitlers zu Wagner läßt sich so als Musterbeispiel für Harold Blooms poetologisch-psychologisches Modell der »anxiety of influence« anführen. Die Stärke einer geistigen Abhängigkeit zeigt sich hier gerade in ihrer Verschleierung (Prof. Danuser). In dieser Hinsicht kann man Hitlers Rezeption Wagners mit Wagners Rezeption Heines und Meyerbeers vergleichen. Im Unterschied zu Wagner erweist sich Hitler aber im Sinne Blooms als ›schwacher‹ Autor, da dieser die Konturen des Vorgängers in seiner eigenen Schöpfung nicht nachhaltig auslöschen konnte (Dr. Hartwich).

Wolf-Daniel Hartwich

Paul Lawrence Rose

Wagner und Hitler –
nach dem Holocaust

Vorab einige einleitende Bemerkungen. Beim Schreiben dieses Vortrags ging es mir um eine nüchterne Beurteilung der wichtigsten begrifflichen Probleme, die sich aus den vielfältigen Verbindungen zwischen Wagner, dem Antisemitismus, Hitler und dem Holocaust ergeben. Mein Anliegen war es, einige Auswege aus dieser häufig eher fruchtlosen Debatte aufzuzeigen. Nach einigen unvergeßlichen Tagen in Bayreuth sind mir starke Untertöne im Gedächtnis haften geblieben, die diesen eher sachlichen Vortrag in gewisser Weise als äußerst provokant erscheinen lassen könnten. Ich bitte Sie, mir zu glauben, daß Provokation oder Kränkung nicht in meiner Absicht lagen; mir ging es darum, bei den angesprochenen Themen neue Reflexionsebenen zu ermöglichen. Ich suche nicht die Konfrontation – es gibt keinerlei Veranlassung, Bayreuth zu beleidigen, zu erniedrigen oder um Verzeihung zu bitten –, dafür ist es viel zu spät. Es liegt aber auch nicht in meiner Absicht, Absolution zu erteilen; *aus Israel* kann es keine Erlösung Bayreuths geben, das möchte ich hier eindeutig klarstellen. Meine Intention ist es aber, einigen Wagnerianern hier Gelegenheit zu geben, sich solchen historischen Wahrheiten gegenüber zu öffnen, die wirklich nicht länger geleugnet werden müssen und denen sie nicht länger widerstehen sollten, denn sie sind hier schließlich in Bayreuth. Meiner Meinung nach haben sich zu viele Leute darum bemüht, die Opern vor dem Vorwurf des Antisemitismus zu schützen und die offensichtliche Teilhabe Bayreuths am Dritten Reich zu leugnen. Und deshalb frage ich mich manchmal, ob Bayreuth sich überhaupt klarmacht, wie merkwürdig dieses Verhalten auf die normale Außenwelt wirken mag, sogar in den Augen derjenigen, die Wagners Musik lieben.

Mir sei gestattet, noch einige kurze Bemerkungen über meine Erfahrungen im Festspielhaus selbst zu ergänzen. Einige Leute fragen sich, warum ich nur zwei Aufführungen besucht habe. In gewisser Weise ist meine Antwort auf diese Frage vom 19. Jahrhundert geprägt, zugleich aber auch vom Holocaust. Zunächst einmal sind die Opern einfach zu lang. Sir Adrian Boult pflegte das Opernhaus vor Ende der Aufführung mit dem Hinweis zu verlassen, daß zwei Akte Wagner für einen Abend genug seien. Mir ist klar, daß die längere Zeitdauer eine notwendige Voraussetzung für einen Zustand erhebender Erfahrung ist. Solchen »narkotisierenden« Erfahrungen, wie man sie zu nennen pflegte, stehe ich allerdings eher allergisch gegenüber. Ich kann schlichtweg nicht einsehen, was Erstrebenswertes darin liegen sollte, sich jemandem völlig auszuliefern, der andere in sämtlichen Lebensbereichen zu tyrannisieren versuchte. Ein zweiter Grund ist die geradezu erschlagende Klangintensität im Festspielhaus. Im engen, Anwandlungen von Klaustrophobie erzeugenden Festspielhaus entlädt sich die unglaubliche Klanggewalt der Musik bei den großen Orchester-Zwischenspielen und anderen Szenen mit wilder, oder – so scheint es mir – sogar grausamer Kraft, und diesen Effekt verstärken die langen, reflektierenden Passagen eher noch, als daß sie ihn abmilderten. Wie man zu sagen pflegte – Wagner zu hören kann einen um den Verstand bringen. Der »Trauermusik« aus der *Götterdämmerung* fehlt die verfeinernde Zurückhaltung, welche Mozarts *Maurische Trauermusik* KV 477 (479a) und sogar den Trauermarsch aus Beethovens *Eroica* kennzeichnet. Die besondere Qualität des Zornes und der Wut bei Wagner bereiten mir Schwierigkeiten. Es ist eine musikalische Raserei, die auf zu unvermittelte Weise die schlimmen Zornesausbrüche des Komponisten abbildet und zugleich mit großer Deutlichkeit vorwegnimmt, auf welch brutale, abscheuliche Art und Weise Wagners Haß auf die Juden in die Wirklichkeit umgesetzt werden konnte. Hier steht die Musik für die Persönlichkeit, und die Gedanken bestimmen die Person.

Die Bilder, allein schon die Bilder! Winifred und Hitler in Bayreuth, der Führer bei der glanzvollen Ankunft im Festspielhaus, Winifred und der Führer bei der Grundsteinlegung des Wagner-Denkmals in Leipzig ...

Für viele von uns sind diese Bilder anschauliche Verdeutlichungen der Verbindungen zwischen dem Gedankengut Wagners und dem Hitlerschen Faschismus, zwischen Wagners und Hitlers Antisemitismus, offensichtliche Verbindungen, auf die man nicht erst hinweisen muß.

Für andere dagegen bedeuten diese Bilder aus den dreißiger Jahren die Gefahr eines verfälschenden Umgangs mit der Wahrheit. Historische Wahrheit verlangt nach sorgfältiger Unterscheidung, und in dieser Hinsicht sind die Bilder irreführend, da sie die Grenzen von Vergangenheit, Gegenwart und Zukunft verwischen. Historiker weisen uns darauf hin, daß man die Gegenwart nicht in die Vergangenheit hineinprojizieren dürfe, daß es dem Wesen der Historie widerspreche, nachträgliche Erkenntnisse bei der Beurteilung historischer Fakten einzusetzen. Denen, die in solchen Bildern eine wahre Verdichtung historischer Wahrheit erkennen, wirft man häufig einen falscher Standpunkt vor, der von Emotionen bestimmt, unlogisch, voller Vorurteile und ahistorisch sei.

Natürlich müssen wir uns vor dem nachträglichen Fällen von Urteilen hüten. Das bedeutet aber keinesfalls prinzipiell, daß man die Gegenwart nicht aus der Vergangenheit deuten kann. Selbst die methodisch sorgfältigsten Historiker verfolgen die Züge der Gegenwart zurück in die Vergangenheit, auch wenn sie sich dabei vielleicht fast unmerklich selbst betrügen. Die Auseinandersetzung mit Hitler steht aber jenseits methodischer Feinsinnigkeit und wirft ihre Schatten über jeden Historiker; es ist eine müßige Annahme, diesem Faktum je entgehen zu können. Hitler und der Holocaust lassen sich beim Betrachten von Bildern Wagners oder Bayreuths einfach nicht verleugnen. Das gilt sogar für Bilder, auf denen Hitler und seine Bayreuther Freunde nicht zu sehen sind. Aus diesem Grund sollten wir diese nicht zu umgehende Tatsache zu einem positiven Instrument unserer Untersuchung machen und sie dafür einsetzen, die Vergangenheit ohne Verzerrungen zu verstehen. Wenn es in der Tat zu spät sein sollte, das Gold zurück in die Berge zu bringen, so sollten wir es doch zumindest für einen guten Zweck verwenden.

Das Problem »Wagner – Hitler«

Das Problem »Wagner – Hitler« fällt in eine Kategorie mit Problemen, die man unter den Stichworten »Rousseau – Robespierre« zusammenfassen könnte. Nehmen wir einmal an, Rousseau hätte bis 1793 gelebt. Wäre er dann mit dem von seinem Schüler Robespierre entfesselten Terror-Regime einverstanden gewesen? Dieser Robespierre, der selbst als sensibler Pazifist begonnen hatte? Hätte Marx Lenin und Stalin unterstützt? Hätte Wagner – seine Zeitgenossenschaft der dreißiger Jahre dieses Jahrhunderts einmal vorausgesetzt – mit Hitler sympathisiert, hätte er ihn unterstützt, sich ihm angeschlossen? Historiker neigen dazu, diese Art der Fragestellung als ahistorisch abzulehnen, da man mit keinen sinnvollen Antworten rechnen könne. Eine Ablehnung dieser Fragen a priori erscheint mir, einem durchaus dem Positivismus zuneigender Historiker, aber als verfrüht und in einem fundamentalen Sinne ahistorisch. Mit historischer Phantasie – das ist etwas anderes als schlichte Erfindung – können wir uns meines Erachtens durch die Erörterung solcher Fragen der historischen Wahrheit annähern. Und mit den wissenschaftlichen Hilfsmitteln eines Historikers lassen sich auf diese Fragen Antworten finden. So ist beispielsweise die Frage nach der individuellen Persönlichkeit eine wirkliche Kernfrage; diejenigen unter uns, die sich mit dem Phänomen des Antisemitismus intensiv auseinandergesetzt haben – und das gilt unabhängig von den jeweiligen kulturellen und historischen Zusammenhängen –, machen häufig die Erfahrung, daß die Empfänglichkeit für antisemitische Tendenzen im Charakter eines Individuums begründet ist. Menschen mit einem Hang zur Hysterie, die Situationen immer nur unter dem Aspekt »entweder – oder« beurteilen und Katastrophen aufziehen sehen, sobald ein Problem ungelöst bleibt, werden häufig ihre Erlösung im Antisemitismus finden. Das gleiche gilt für Menschen und sogar Nationen, die nach außen hin zuversichtlich und kraftvoll wirken, ihre innere Unausgewogenheit aber dadurch stärken müssen, daß sie sich mit einer die Welt errettenden, hehren Idee identifizieren. Bei einer solch potentiell antisemitischen Persönlichkeit bedarf es nur eines geringen äußeren Anlasses, um den Antisemitismus ausbrechen zu lassen. So formulierte der Dramatiker David Mamet, daß ein Antisemit sich in seinem Antisemitismus bestärkt fühle, wenn er *Bambi* anschaue. Auf der anderen Seite erweisen sich Menschen mit einer anderen Persönlichkeitsstruktur dem Antisemitismus gegenüber in hohem Maße als immun, ganz unabhängig von äußeren Einflüssen und Darlegungen. Sonst würde jeder Christ, der Matthäus Kap. 27 liest, unweigerlich zu einem Antisemiten. Diese hysterische Persönlichkeitsstruktur – sie hängt mit der von Horkheimer so bezeichneten autoritären Persönlichkeit zusammen – findet man in deutscher Kultur und Verhaltensmustern besonders häufig. Und die Geschichte des deutschen Antisemitismus und Wagners eigene Persönlichkeit scheinen diese Persönlichkeitsstruktur nur zu bestätigen. Wagner wurde geprägt durch die geradezu obsessive Auseinandersetzung mit Problemen – Liebe, Tod, Macht, das Problem der Juden –, die zur Erreichung einer positiven Zukunft für die Menschheit unbedingt gelöst werden mußten. Da Wagners Persönlichkeit viel zu sehr mit Wesensart und Ideen des deutschen Antisemitismus zusammenfällt – nicht nur mit dessen Theorien und Ideologien –, kann ich wohl kaum den Schluß ziehen, daß er sich von der Herde abgesetzt hätte, die später bei Hitler und sogar beim Holocaust »mitmachte«. Angesichts eines solchen Charakters bedarf es einer zusätzlichen Komponente, eines kräftigen Schusses Selbstironie und Selbstzweifels, um sich von einer solchen Masse abzusetzen.

Dem Problem »Wagner – Hitler« kann man sich auch auf andere Weise nähern: durch die Untersuchung historischer Traditionslinien. In Bayreuth gibt es eine ungewöhnlich dichte Folge persönlicher und kultureller Verbindungen zwischen Wagner auf der einen und Hitler auf der anderen Seite; Houston Stewart Chamberlain und Winifred sind nur die stärksten Glieder dieser Kette. Bei einer so bewußt geprägten Tradition müssen wir wohl davon ausgehen, daß jeder, der sich diesem Gravitationsfeld nähert, den dort gültigen Grundüberzeugungen mehr oder weniger entsprechen muß, es sei denn, wir fänden atypische Aspekte in Persönlichkeit und Denken, die eine Flucht aus diesem Dunstkreis ermöglichten. Unser Blick richtet sich hier auf Friedelind Wagner und Thomas Mann. Es stellt sich natürlich die Frage, ob Richard Wagner selbst die Sensibilität hatte, die ihn vor dem »radioaktiven fall-out«, den verheerenden Auswirkungen seiner eigenen Ideen hätte schützen können. Wagners Charakter oder seine Ideen veranlassen mich an keiner Stelle zu dieser Annahme; nirgends zügelt er sich im Handeln und im Reden, nirgends kommen ihm Zweifel: ›Könnte es sein, daß alles das, was ich gegen die Juden vorbringe, überhitzte, unsinnige Gedanken sind? Hieße das Hinausjagen, das Verbrennen der Juden, wie das der Hexen bei Montaigne, nicht vielleicht, daß ich meine eigenen Vorurteile zu wichtig nehme?‹ Es stimmt, daß Wagner sich häufig widerspricht, und man könnte es für unsinnig halten, die Ideen eines solchen Mannes allzu ernst zu nehmen oder für wirklich konsistent zu halten. Seine Vorstellungen zur Judenfrage hat Wagner allerdings meinen Untersuchungen nach allenfalls dann in Frage gestellt, wenn es galt, sie noch extremer zu formulieren.

Häufig wird die Meinung vertreten, Wagner sei Künstler, nicht Politiker gewesen, und aus diesem Grund hätte er Hitlers Antisemitismus ebensowenig unterstützt, wie er in den achtziger Jahren des 19. Jahrhunderts den politischen Antisemitismus nie öffentlich befürwortete, sondern nur im eigenen Kreis zürnte. Die Vertreter dieser Haltung mißverstehen sowohl Wagners Denken wie auch die deutsche politische

Kultur. Wagners Ablehnung der antisemitischen Petition und der einschlägigen Antisemiten waren der Akt eines Idealisten, eines Künstlers und – das muß gesagt sein – eines ungeheuren Egoisten. Er war der Begründer eines wahren, edlen Antisemitismus, der unter der Führung von Wilhelm Marr und anderen nun einen populistischen, vulgären, und lediglich politischen Akzent bekam. Wagners Antisemitismus war rein, visionär, versprach sich von den Mitteln der neuen deutschen Kunst, die das genuin Deutsche, die reine menschliche Seele wiederentdecken sollte, die Regeneration des Menschen selbst. Mußte er sich nicht seinen grobgeschnitzten Schülern überlegen fühlen? »Wir Bayreuther...« Darüber hinaus entsprach er mit seiner Sicht der Dinge einer ehrwürdigen deutschen Tradition politischer Kultur, die zumindest bis Luther zurückreichte und die eine Kluft zwischen den beiden Existenzsphären aufreißt, zwischen innerer Wahrheit und der Freiheit von Religion und Kunst auf der einen, und der äußerlichen, falschen Freiheit in Politik und Welt – Ritter, Tod und der Teufel... Mit Wagners Künstlerwürde war es schlechterdings unvereinbar, sich zu politischen Sphären hinabzulassen; das bedeutet aber keinesfalls, daß er mit den von antisemitischen Aktivisten gegen die Juden vorgeschlagenen Maßnahmen nicht etwa übereingestimmt hätte. In ähnlicher Weise konnte ja auch Luther selbst trotz seiner Ablehnung der Politik einige recht sinnfällige, praktische Maßnahmen zur Behandlung der aufständischen Bauern, der Juden und anderer vertreten, die seine Vision der Erlösung aufs Spiel setzten. Wagner favorisierte eindeutig die Vertreibung als Lösung der Judenfrage: »R.[ichard] ist für völlige Ausweisung. Wir lachen darüber, daß wirklich, wie es scheint, sein Aufsatz über die Juden den Anfang dieses Kampfes gemacht hat«, berichtet Cosima aus dem Jahr 1879. Das hat sie keinesfalls erfunden. In den »Aufklärungen« zum *Judentum in der Musik* aus dem Jahr 1869, die gegen Cosimas Widerstand gedruckt wurden, kommt Wagner politischen Vorschlägen so nahe, wie er es mit seinem Künstlertum nur verbinden kann: »Ob der Verfall unsrer Kultur durch eine gewaltsame Auswerfung des zersetzenden fremden Elementes aufgehalten werden könne, vermag ich nicht zu beurteilen, weil hierzu Kräfte gehören müßten, deren Vorhandensein mir unbekannt ist. Soll dagegen dieses Element uns [...] assimiliert werden, [...] so ist es ersichtlich, daß nicht die Verdeckung der Schwierigkeiten [...] hierzu förderlich sein kann.«[1] Die Formulierung dieser Textstelle beleuchtet nicht nur die Sprache des deutschen Antisemitismus, sondern die deutsche politische Mentalität im allgemeinen. Wagner sind die Kräfte, die die Juden vielleicht vertreiben könnten, aus zwei Gründen »unbekannt«. Zum einen kann man von ihm als Künstler nicht erwarten, daß er sich in der Tagespolitik seiner Zeit fundiert auskennt. Zum anderen weiß er nicht, ob die deutsche Gesellschaft sich aufgrund seiner, Wagners eigener Bemühungen schon genügend regeneriert hat, um die notwendige Energie zur Umsetzung seines kulturellen Antisemitismus in politische Handlung aufzubringen. Im Hinblick auf die »Schwierigkeiten« der Juden bei der

1 Richard Wagner, *Das Judentum in der Musik*, Leipzig 1914, S. 42f.

Assimilation an »Deutsches« und eine Lösung des Problems auf diesem Weg zeigt Wagners Aufsatz deutlich, daß er das nicht für eine Option hält. Jeder aufmerksame Leser der »Aufklärungen« aus dem Jahr 1869 erkannte überdeutlich, welches politische Handeln der Künstler Wagner in diesen verworrenen Sätzen vorschlug. Es überrascht nicht, daß die deutsche Kronprinzessin und Tochter von Queen Victoria ihrer Mutter gegenüber trocken kommentierte: »Wenn Du etwas völlig Verrücktes lesen möchtest, solltest Du Dir Richard Wagners neues Büchlein *Das Judentum in der Musik* ansehen. So etwas Gewaltsames, Hochnäsiges und Ungerechtes habe ich noch nie gesehen.«

Vielleicht sind einige versucht zu glauben, daß Wagner zumindest nicht die Vernichtung der Juden propagierte, obwohl Zelinsky darlegt, daß Wagner gerade dieses im Sinn hatte. Vielleicht geht der Begriff ›Vernichtung‹ über das hinaus, was Wagner damals dachte – vielleicht nicht... Wir müssen uns vor Augen halten, daß es in den siebziger Jahren des 19. Jahrhunderts unmöglich war, öffentlich die Vernichtung der Juden zu fordern; auch die Vertreibung – aus einem modernen, liberalen Staat! – war eine an sich schon recht extreme Forderung. Sicher überfordert man die historische Glaubwürdigkeit nicht mit der Annahme, daß ein Vertreiber des 19. Jahrhunderts seinen diesbezüglichen Kollegen im 20. Jahrhundert auch bei der Vernichtung gefolgt wäre. Es gibt allerdings Hinweise, daß Wagner zu dieser Zeit an gewaltsamere Methoden dachte. Hier sei nur an die mit Enthusiasmus aufgenommenen Berichte über Pogrome in Rußland erinnert – man solle das Gesindel einfach hinauswerfen –; dabei vergaß er, daß es sich um Mord an Frauen und Kindern handelte. Dann gibt es bei Wagner die Metaphern vom Verschwinden alles Jüdischen und der Juden – mal ernsthaft philosophisch gemeint, mal nur spielerisch formuliert. Den Juden bleibt als Volk nichts anderes übrig als die ›Vernichtung‹, dem Juden Levi gibt er den Rat, »er – als Jude – habe nur zu lernen zu sterben« (Cosima Wagner, 14. November 1880). Am 18. Dezember 1881 äußerte er gegenüber Cosima – »im heftigen Scherz« –, »es sollten alle Juden in einer Aufführung des ›Nathan‹ verbrennen.« Wagner ist immer doppeldeutig – meint er das nun im übertragenen Sinn oder tatsächlich den physischen Tod? Wie ich an anderer Stelle dargelegt habe, ist diese Mehrdeutigkeit für den deutschen Antisemitismus vom 18. bis zum 20. Jahrhundert charakteristisch. Wenn man die Umsiedlungs-Pläne der SS ohne Kenntnis des historischen Kontextes liest, wüßte man nicht, ob sie von der »Evakuierung« der Juden oder des Judentums aus Europa, der Wiederansiedlung von Juden auf diesem Planeten oder auf einem anderen Stern handeln usw. Humor ist hier mühsam; man kann all diese Scherze nicht für bare Münze nehmen, darf die Bemerkungen umgekehrt aber auch nicht aller Wirklichkeitsnähe entkleiden.

Das Problem historischer Prophetie und Holocaust

Wagners prophetische Funktion bei der zunehmenden Verbreitung der Vernichtungsideologie ist in der Tat recht bemerkenswert. Siegfried droht Mime »Jetzt mach dich fort, misch dich nicht drein; sonst fällst du mir mit ins Feuer!« (1. Aufzug,

3. Szene), was die meisten Interpreten natürlich als wuchernde Metapher und nicht als prophetische Vorwegnahme der Öfen von Auschwitz angesehen haben. Aber ganz so einfach ist es nicht. Es gibt in der Tat einen historischen Kontext für diese Art historischer Prophetie. Heines Satz von den brennenden Büchern, die zum Verbrennen von Menschen führen, ist wohlbekannt; in einem meiner Bücher habe ich ausgeführt, daß diese Thematik in den zwanziger und dreißiger Jahren des 19. Jahrhunderts in deutschen Schriften über die Juden durchaus in Mode kam, zum Teil als Satire. Es gab Vorschläge, die Juden zu vernichten, sie auf dem Mond neu anzusiedeln, sie zu Seife zu verarbeiten, ihre Asche zum Düngen der Felder zu verwenden. Ernstzunehmende Denker wie der Philosoph Jakob Fries schlugen die Vernichtung jüdischer Kaufleute vor; beim Hep-Hep-Pogrom wurde Fries von der Polizei als vermeintlicher Aufwiegler befragt, konnte sie aber davon überzeugen, daß er nur in Metaphern formulierte. Mit anderen Worten: die Judenmorde der Nazis beruhten auf einem beängstigenden Hintergrund historischer Prophetie. Aber nicht nur im 19. Jahrhundert hört man solche Worte; man denke nur an Hitlers abschreckende Worte von der »Vernichtung der jüdischen Rasse in Europa« in seiner allseits bekannten Rede vom Januar 1939. Damals verstanden viele diese Worte als hohle Metapher, und auch heute werden sie von einigen kritischen Historikern noch als solche angesehen. Mir ist unklar, warum man solche Sprachbilder nicht sowohl als Metapher wie auch als real einschätzen sollte, wobei das Pendel je nach Umständen und Zusammenhängen mal nach der einen, mal nach der anderen Seite ausschlägt. Angesichts unserer unvermeidlichen Kenntnis des Holocaust müssen wir – das bleibt festzuhalten – diese Prophetien ernsthaft untersuchen. Es ist notwendig, historisch nachvollziehbare Erklärungen für diese Prophetien zu erforschen und sie nicht einfach nur als Kuriositäten abzutun.

Wagners Witze, Phantasien und Vorhersagen – ›sie einzuschmelzen‹ – sind ohne Zweifel beunruhigend. Aber vielleicht war er auch nicht blutrünstiger als Winifred oder manche andere, die Hitler unterstützten, sich aber ein klares Bild dessen, was er den Juden antat, nicht erlaubten. Diese Form der Selbsttäuschung war im nationalsozialistischen Deutschland – und auch später – nur allzu verbreitet. Selbst wenn Wagner Skrupel gehabt hätte, Hitlers Vernichtungsprogramm wirklich mitzutragen, so ist er doch seiner Mentalität der Selbsttäuschung nach mit zahlreichen Künstlern und Intellektuellen des Dritten Reichs vergleichbar, was die Vermutung nahelegt, daß er sich auch wie diese verhalten hätte. Dem Regime gegenüber hätte er eine gewisse politische Unabhängigkeit gezeigt, in vielerlei Hinsicht jedoch mit der allmählichen Annäherung an die Endlösung der Judenfrage sympathisiert, wobei er auf die Kenntnis genauerer Details ohne weiteres hätte verzichten können.

Das Stichwort der historischen Prophetie möchte ich noch ein wenig weiterverfolgen. Als die jemenitischen Juden nach Israel geflogen wurden, erschien ihnen der Flug wie das Einlösen der Worte Jesajas »auf den Flügeln des Adlers«. Natürlich ist es eine absurde Vorstellung, daß Jesaja bei diesen Worten an die Luftfahrzeuge des 20. Jahrhunderts gedacht habe. Die Weissagung kündete von einer tiefen Wahrheit, die in der Erlösung der exilierten Juden ein in seiner überraschenden Neuheit völlig unvorstellbares Moment der Befreiung sah. Die Weissagung hatte aber auch eine politische Komponente; eine solche Befreiung konnte nur in einer sowohl politisch wie auch geistig verwandelten Welt geschehen. Einmal vorausgesetzt, daß solche bedeutenden geistigen und historischen Veränderungen zum Besseren hin vorhersehbar sind, warum dann nicht auch Wandlungen zum *Bösen*? Ein Sinn für die Zukunft, für die ungeheuren Möglichkeiten, die auf ihre Einlösung in der Wirklichkeit warten, ist nicht auf das Gute beschränkt. Prophetie bedeutet dann nicht nur das platte Vorhersagen künftiger Ereignisse, sondern eher ein Empfinden dafür, in welche Richtung sich eine gegebene Situation entwickeln kann. Dabei handelt es sich weniger um eine präzise, von Fakten bestimmte Vorhersage als um die in einer Gesellschaft vorhandenen Energien und Gefahren. Prophetie bedeutet – mit anderen Worten –, wenn die Eule der Minerva nicht in der Abenddämmerung, sondern eher am frühen Morgen fliegt. Vielleicht klingt dies alles etwas unklar – aber wenden wir uns für einen Moment einem Begriff zu, den alle Historiker und politischen Kommentatoren ständig im Munde führen: der »öffentlichen Meinung« – was ist das eigentlich? Und doch wissen wir, daß es diese »öffentliche Meinung«, so wenig sie häufig zu greifen ist, gibt und daß sie ganz konkrete Auswirkungen haben kann. Das Mittel der historischen Prophetie scheint ein unersetzliches Hilfsmittel bei der Suche nach den Ursprüngen eines überwältigenden, jenseits aller historischen Erfahrung stehenden Phänomens wie des Holocaust, der über alles hinausgeht, was sowohl die jüdische Geschichte wie auch die Weltgeschichte bis dato erfahren hatte. Dagegen ließe sich einwenden: Wie hätte man – sogar noch 1939–1940 – den Holocaust in der späteren Form voraussagen können? Bei solchen in der Historie singulären Ereignissen gibt es die Ansichten und Verhaltensweisen, die schließlich zum Eintreten des Ereignisses führen, manchmal doch schon im Vorfeld. Sie verlangen nur noch nach der Macht des Faktischen – dem tatsächlichen Funktionieren der Maschinerie –, um das monströse, nicht vorhersehbare Einzelereignis in die Tat umzusetzen. Das gilt gleichermaßen für den Terror des Jahres 1793, das Blutbad 1914–1918 oder den Holocaust. Die Prophetie bedeutet in diesen Fällen, schon den an sich unwesentlichen Einzelereignissen die in ihnen enthaltenen Keime späterer historischer Katastrophen zu entnehmen. So stellte der bedeutende Renaissance-Historiker Guicciardini fest, daß man zum Verständnis der verheerenden Umwälzungen, welche die Invasion Italiens durch Frankreich und Spanien 1494 und später bedeutete, durch die Jahre zurückgehen müsse, um zu anscheinend völlig unwichtigen Ereignissen zu gelangen, die wiederum nur nach Zeit verlangten, um monströse Auswirkungen zu haben. Wenn sich Prophezeiungen in der einen Richtung zurückverfolgen lassen, warum dann nicht auch in der anderen? Ist der Zeitstrahl für Historiker wirklich irreversibel? Oder müssen wir uns eingestehen, daß für den Historiker Prophetie nichts als die Verzerrung später Einsicht ist?

Vielleicht hält man es für überraschend, daß ein positivistischer Historiker sich mit diesen scheinbar meta-historischen Spekulationen befaßt. Ich halte diese Überlegungen nicht für spekulativ, sondern eher für eine Reflexion der Arbeitsprinzipien, die Historiker zum Verständnis der Gegenwart und Vergangenheit einsetzen – auch wenn sie sich ihrer bei gelegentlichen Anwandlungen vermeintlich philosophischer Strenge vielleicht zu entledigen suchen. Geschichte ist aber nicht Philosophie, und ich sehe keinen überzeugenden Grund, historische Prophetie als Gegenstand historischer Untersuchung abzulehnen.

Hitlers »Verzerrung« von Wagner?

Häufig hört man das Argument, Wagner habe einfach das Pech gehabt, daß Hitler ihn schätzte und seine Vorstellungen und Ideale zu einer Fratze verzerrte. Ergänzen ließe sich, daß dies auch anderen Komponisten erfuhr: Bruckner, Beethoven, sogar Mozart wurden »nazifiziert«, weshalb also sollte man dies in besonderem Maße Wagner vorwerfen? Diese Komponisten wurden ganz offensichtlich zwangsweise und unter Entstellung ihrer Gedanken und Persönlichkeiten in das Denkschema der Nationalsozialisten gepreßt, galt das nicht auch für Wagner? Darauf gibt es nur eine kurze Antwort: wir sitzen *hier* und sprechen *hier* über diese Fragen – ganz gleichgültig, ob eine Verdrehung der Fakten vorliegt oder nicht –, weil es bei Wagner und in der Wagner-Nachfolge Elemente gab, die sich Hitler zur Usurpation anboten, die bei den anderen Komponisten aber gänzlich fehlen. Obwohl die Salzburger Festspiele »nazifiziert« wurden, gab es keine zwingende innere Affinität zwischen Mozart und nationalsozialistischem Denken. Wir kennen die berühmte Photographie, wie Hitler in der Walhalla andächtig vor der Büste Bruckners steht, und wissen, daß die Siebte Sinfonie Bruckners bei der Bekanntgabe von Hitlers Tod gespielt wurde, und doch handelte es sich um Ereignisse fast privaten Charakters; zwischen Bruckner und Hitler gibt es keine wirkliche politische Verbindung. Hitlers Engagement für das Wagner-Denkmal, das im März 1934 in Leipzig eingeweiht wurde, steht dazu im völligen Gegensatz. Es handelte sich hier um einen öffentlichen, politischen Festakt, überall wehten Partei-Flaggen, 30 000 Zuschauern waren aufgeboten und die Medien überaus präsent. Hitlers Rede gehört zu den wenigen stark und aus tiefster Seele sprechenden Worten des Dankes an seinen geistigen Vorgänger. Hier sollte erwähnt werden, daß Juden und der Antisemitismus in dieser Rede nicht einmal erwähnt wurden. Natürlich beeinflußte Wagner Hitlers Antisemitismus ganz massiv. Unbestreitbar machte Hitler in seinen Reden zu Wagner nie ausdrücklich auf Wagners Antisemitismus aufmerksam. 1925 wandte er sich nach einem Besuch der *Götterdämmerung* in Bayreuth an die lokalen Nazi-Größen und betonte, daß er im Schatten des Meisters keine politische Stellungnahme abgeben werde. Das künstlerische, seherische Erlebnis war dafür einfach zu überwältigend und tief. Bei der Einweihung des Leipziger Wagner-Denkmals im März 1934 unterließ Hitler wiederum jede Erwähnung sowohl der Juden wie der Tagespolitik und beschränkte sich auf patriotische Bemerkungen und ein Loblied auf die Kunst Wagners. Der Anlaß war einfach zu monumental, um sich auf das Eingeständnis von Wagners Obsession mit den Juden einzulassen, aber jeder Anwesende war sich dessen mit Sicherheit bewußt, so wie Opernbesucher die antisemitischen Angriffe in den Werken auch erkannten, ohne daß jüdische Gestalten dort direkt als Juden bezeichnet werden.

Antisemitische Musik – ästhetische und moralische Erwiderungen

Gibt es antisemitische Musik? Nach Wagners Urteil zweifellos. Cosima berichtet, beim Anhören von Beethovens Coriolan-Ouvertüre habe er gesagt: »Das ist Rassen-Musik, das ist Gobineau-Musik!« Beckmessers Versuch in den *Meistersingern*, Walthers Lied vorzutragen, ist eine mit musikalischen Mitteln geschriebene Parodie des synagogalen Gesangs, wie er für deutsche Ohren klingen mag. Die Eingangs-Duette im *Rheingold* sind scharfe stilistische Meyerbeer-Parodien. Mimes Wehklagen über Dankbarkeit im *Siegfried* – für Wagner gehört die Dankbarkeit zum grundlegenden Schwindel der Juden, was menschliche Freiheit angeht – ist ein jüdisches Klagelied. Natthiez, Millington und andere, darunter kein Geringerer als Mahler stellen hier durchaus zu Recht fest, daß nicht nur Textvorlage oder philosophischer Hintergrund antisemitische Züge tragen, sondern daß auch die Musik selbst antisemitisch ist.

Lassen Sie mich kurz auf nur einen Aspekt eingehen, bei dem der Antisemitismus für das volle ästhetische Verständnis beispielsweise von *Siegfried* von grundlegender Bedeutung ist. Wozu ist es notwendig zu wissen, daß Mime in der Tat die Personifikation des Juden an sich ist? Welche Rolle spielt das? Dieses Wissen verleiht dem ersten Aufzug (erste und dritte Szene), enorme dramatische Kraft, geht es dann doch um einen viel ernsteren Konflikt zwischen einander unvereinbar gegenüberstehenden Kräften, Jüdischem und Deutschem, dem rein Humanen. Wagner und sein deutsches Publikum waren sich dessen bewußt, und dieser unermeßliche Kampf zwischen Leben und Tod intensiviert den an sich schon als Duell anzusehenden Kampf zweier gegensätzlicher Charaktere. (Wie anders sähe unser ästhetisches Urteil aus, wenn Shylock im *Kaufmann von Venedig* nicht Jude wäre! Unsere Reaktionen beruhen auf einem ganzen Fundus westlicher Traditionen von jüdischen Stereotypen und Geschichten. Für ein heutiges, liberales Publikum mag das eine Geschmacklosigkeit sein, aber gerade diese Schalheit verleiht der Erfahrung solch ästhetische Kraft). Ähnlich ist die Situation bei Wagners Mime: Wir rezipieren diese Figur in dem stetigen Bewußtsein, daß die jüdische Frage die deutsche Kultur als gesellschaftliches, persönliches, politisches und existentielles Faktum beherrschte und half, den Weg für Hitler freizumachen. Diese unterschwellige Aktualität versieht den Kampf zwischen Siegfried und Mime mit ungeheurer psychologischer und dramatischer Ironie und Intensität. Man mag dagegen einwenden, daß diese »jüdischen Spezifika« heute irrelevant seien, daß heute nur der Gegensatz zweier diametral verschiedener Typen maßgeblich sei. Bis zu einem gewissen Grad stimmt das, aber die »jüdischen Spezifika« gilt es zu beachten, wenn man bei einer Inszenierung die ganze Genialität der musikalischen Textvorlage präsentieren möchte – so Mahler –, die in ihrer Intensität und Kraft zugleich erstaunlichen wie erschreckenden Züge dieser Musik.

Heutige Zuhörer haben das Recht, Wagners Werke in aller Unschuld und Andacht ungetrübt anzuhören – sagte ich »ungetrübt«? Natürlich sollten wir ihr Hörerlebnis nicht trüben, aber ich meine, daß ihnen ein Teil der möglichen Wagner-Erfahrung im Zeitalter nach dem Holocaust entgeht, wenn sie dieses nicht trüben lassen. Sollten sie den Opern in getrübter Verfassung folgen – getrübt durch den heftigen Antisemitismus, der diese gewaltigen Werke durchtränkt, getrübt auch durch die – wie wir heute wissen – mörderischen Folgen, die sich im Verlauf der Historie aus solchen Wurzeln ergaben, und getrübt durch das Wissen, daß diese Werke vorsätzliche und gefährliche historische Prophetien sind – dann kann ein solches Zuhören zu einer erschütternden Erfahrung werden, die das Erlebnis Wagner mehr als jede andere, rein ästhetische Reaktion auf dieses Werk zu intensivieren vermag. Und wenn man mit einem solchen Vorverständnis Wagner hört, wenn man sich erst einmal die der Musik innewohnende Bedeutung des »nach dem Holocaust« vergegenwärtigt hat, dann transzendiert die musikalische Rezeption jedes von Wagner selbst erwartete Hörerlebnis. Die Geschichte ist in die Kunst eingedrungen und hat diese auf ewig transformiert. Welche Möglichkeiten versäumt ein Wagnerianer, der sich durch naives Zuhören diesen neuen Erfahrungen verschließt! Wagner selbst hätte diese spezifische Art der Rezeption sicher genossen: nach einhundert Jahren historischer und menschlicher Katastrophen verstört seine Musik immer noch, und andere mußten dafür büßen.

Antisemitismus zeigt sich in den großen Werken Wagners im Text, im Gedankengut und in der Musik. Das Leugnen dieser offensichtlichen Tatsache erscheint mir geradezu lächerlich. Von einem solchen Standpunkt aus kann man Wagner zudem nur mit Mühe gegenüber dem Vorwurf eines Hitlerschen Antisemitismus verteidigen. Ich vermute, daß das Leugnen dieser Tatsache auf gewissen unbegründeten Ängsten der Verteidiger Wagners beruht, deshalb möchte ich sie durch die drei folgenden, kritischen Anmerkungen beruhigen und den Boden für eine fruchtbare Diskussion bereiten:

Auch wenn man, erstens, davon ausgeht, daß Antisemitismus in den Opern virulent ist, dann bedeutet das nicht notwendigerweise, daß Hitler ein Ergebnis Wagners war oder daß Wagner Hitler – hätte er ihn erleben können – geschätzt hätte. Zwischen dem Wirken beider Protagonisten lagen vierzig Jahre, außerdem ein verheerender Krieg, was Wagner genügend Gelegenheit zu einer neuen Sicht der Dinge hätten bieten können, einmal vorausgesetzt, daß er zu einer Meinungsänderung überhaupt in der Lage war. Ich persönlich halte beide Aussagen für historisch korrekt: Wagners Bedeutung bei der Vorbereitung Hitlers und sein Sympathisieren mit dem Ethos der Nationalsozialisten. Die Aussagen müssen aber, wie ich weiter oben gezeigt habe, durch andere Argumente gestützt werden. Daß in den Opern Antisemitismus zu finden ist, macht Wagner nicht von vornherein zum Nationalsozialisten.

Antisemitismus in den Opern bedeutet zweitens nicht zwangsläufig, daß diese Werke nur unter der Prämisse von Zuschauern genossen werden könnten, daß diese entweder Antisemiten seien oder zu solchen würden. Das Publikum hat ein Recht darauf, die Werke auch weiterhin »unbelastet« anzuhören, wenn es das so möchte, auch wenn bei diesem Verständnis der Werke Wagners eine ganze Dimension ästhetischer Erfahrungen ausgeblendet wird. Hier möchte ich nur anmerken, daß der Chor der Juden in Bachs *Johannes-Passion* ebenfalls musikalisches Material und musikalische Gesten enthält, die man als »antisemitisch« bezeichnen könnte, und doch kann man ihn unbeschwert anhören. Als Beispiel für eine »unschuldige« Wagner-Rezeption denke man an Bruckner, der seine Augen im Theater zu schließen pflegte und einmal am Ende der *Walküre* fragte: »Warum verbrennen sie die Frau?« O sancta simplicitas!

Drittens muß ich klarstellen, daß der Hinweis auf antisemitische Züge in den Opern nicht zugleich das unverkennbare Genie Wagners schmälert. Diejenigen unter uns, Millington, Natthiez, Weiner, Gottfried Wagner, Zelinsky, die auf die antisemitischen Tendenzen hinweisen, machen diese Beobachtungen nicht zu dem einzigen Kriterium der Opern, sondern zu einem mit anderen Themen wie Liebe, Tod, Macht, Erlösung, Revolution in Verbindung stehenden Element der Werke; ich muß allerdings darauf insistieren, daß der Antisemitismus zum dominierenden Faktor wird. Wir befürworten auch nicht ein generelles Verbot der Opern, wie es unsere überängstlichen Kritiker wie Michael Tanner oder Edward Said gerne von uns behaupten. Was den besonderen Fall Israel angeht, so habe ich mich in der Tat für eine Fortsetzung des Verbotes ausgesprochen – Wagner ist zu sehr mit dem Antisemitismus und dem Nationalsozialismus, mit Hitlers Weltanschauung, mit den Vorbereitungen für den Holocaust verbunden, als daß er in einem Maße wie beispielsweise Richard Strauss in den normalen Musikalltag integriert werden könnte. Aber in Bayreuth verbieten? Kein Verbot könnte die historischen Trümmer und Schichten hier überdecken. Viel besser ist es, Erinnerungen – auch unangenehme – wachzuhalten, wobei man sie vielleicht mit Gottfried Wagners Vorschlag durch »Impfstöße« von Meyerbeer und Debussy versetzen könnte. In Frankfurt, London, Paris und New York verbieten? Das erscheint lächerlich; dort überwiegen gegenüber den anderen Erwägungen bei weitem die rein musikalischen Aspekte der Werke.

Uns bleibt die ästhetische Frage, wie wir auf Wagner und Bayreuth reagieren sollen – und diese Frage stellt sich bei Mozart und Salzburg eben nicht. »Unbehagliches« Zuhören mag die beste Reaktion sowohl auf Wagner wie auch auf Bayreuth sein. Meiner Meinung nach tut man der Bedeutung von Wagner und Bayreuth im Kulturleben Unrecht, wenn man annimmt, alles könne einfach so weitergehen wie bisher, es sei denn, man unterdrückt lediglich die unbequemen Wahrheiten. Genau das geschieht meist in der Praxis. Damit aber verschließt man sich der ganzen Dimension ästhetischer und moralischer Reaktionsmöglichkeiten, die nur nach Hitler und nach dem Holocaust so denkbar sind.

Ich denke, die Überzeugung wird sich schließlich durchsetzen, daß der Antisemitismus in der Tat ein entscheidender ästhetischer Bestandteil der Opern ist. Das Publikum wird sich mit neuen Möglichkeiten auseinanderzusetzen haben, wie man auf die Werke angesichts der Erkenntnisse reagieren kann, die uns heute über die Verbindungen antisemitischer Äußerungen mit dem Unheil von Hitler und dem Holocaust bekannt sind. Bezeichnenderweise machte der heutige Leiter der Bayreuther Festspiele schon 1976 den – wie wir es heute ansehen – ersten großen Schritt in dieser Richtung, als die antisemitischen Elemente in der gefeierten *Ring*-Inszenierung von Chéreau stärker als in jeder anderen Inszenierung herausgestellt wurden, die mir bekannt ist. 1976 erschienen die beiden berühmten Bücher von Hans Mayer und Hartmut Zelinsky, in denen der ganze Komplex von Bayreuths Verstrickung im Dritten Reich aufgearbeitet wurde. Und trotzdem gibt es anscheinend immer noch einige Leute in Bayreuth und anderswo, die meinen, man solle über die nationalsozialistische Vergangenheit von Bayreuth lieber einen Mantel des Schweigens breiten. Wozu eigentlich, wenn es doch jeder weiß? Je stärker die Informationen unterdrückt werden, desto offensichtlicher werden die Zusammenhänge. Mit dem berühmten Spruch von Basil Fawlty ausgedrückt: »don't mention the war«.

Die Zukunft Bayreuths

Eigentlich gibt es Bayreuth zweimal, beide Institutionen waren immer schon vorhanden. Das eine Bayreuth ist ein schlichtes, eng mit einem genialen Komponisten verbundenes Musikfest. Der unbefangene Musik-Liebhaber braucht sich in diesem Bayreuth nicht beunruhigt oder unwohl fühlen. Dieses Bayreuth könnte durchaus so weitergeführt werden – wie das immer schon geschehen ist und zweifellos auch in Zukunft geschehen wird.

Das andere Bayreuth verursacht die Schwierigkeiten. Bayreuth nach dem Holocaust ist unveräußerlicher Bestandteil eines historischen Kontinuums und trägt eine nicht leicht abzuschüttelnde Vergangenheit mit sich herum. Für jeden, der die Last der Vergangenheit und die hier umhergeisternden Schatten auch nur ansatzweise kennt, beschwört die Fortführung der Festspiele in ihrer durch Wagner geprägten Form die antisemitischen Geister der Vergangenheit herauf, welche den Opern immanent sind. Wenn die heutige Festspielleitung die Opern nur als musikalische Ereignisse inszenieren würde und dabei alle Querverbindungen auf die nationalsozialistische Vergangenheit ablegen würde, gäbe es kein Problem. Das hat man oft genug versucht. Bemühungen aber wie die gegenwärtige Konferenz, die aus dem nicht zu unterdrückenden Wunsch heraus entstanden ist, diesen Geistern zu begegnen – aber auf inadäquate Weise und, das muß gesagt werden, ohne die für diese Veranstaltung in Anspruch genommene wahre Offenheit –, dann hält man die Wunde künstlich offen. Und solche Bemühungen verursachen eine unerträgliche Spannung. Auf der einen Seite möchten viele in Bayreuth aus den Festspielen ein rein musikalisches Ereignis ohne die Schatten der Vergangenheit machen; eben diese Persönlichkeiten werden aber von dieser Vergangenheit getrieben und bemühen sich in einer merkwürdig beschränkten Weise um die abschließende Behandlung der Fragen. Sie erhoffen sich davon »Versöhnung« und »Erlösung«, verstehen aber nicht, daß Versöhnung aus der Natur der Sache heraus nicht möglich ist. Deshalb sind die Bilder immer noch so überwältigend. Sie zeigen eine Vergangenheit, die einfach nicht verschwinden kann und nicht verschwinden will. Ein Mittel gegen die Wunde Bayreuths liegt in der völligen Amnesie, im Leugnen und im ungestörten Versenken in die Töne und Klänge, im Sich-Einlassen auf das Narkotikum Liebe – Tod – Erlösung. Das mag angehen, wie ich gesagt habe. Aber es funktioniert nicht für jeden und jederzeit, sonst säßen wir hier nicht heute in diesem Symposium. Besser ist es, seinen Verstand – und sein Herz – den Erinnerungen der Vergangenheit und all dem darin Eingeschlossenen zu öffnen. Das ist die einzig hilfreiche Medizin.

Zusammenfassung der Diskussion

Der Vortrag löste vehemente Kritik aus. Peter Gay fühlte sich durch die Ausführungen Prof. Roses »als Anti-Wagnerianer und Historiker beleidigt«. Es werde nämlich der Vorwurf erhoben, daß hier unter Wissenschaftlern etwas verheimlicht werden sollte. Die Behauptung eines geschichtlichen Zusammenhangs von Luther bis Hitler erscheine ihm absurd. Das von Horkheimer und Adorno entwickelte Konzept des ›autoritären Charakters‹, der zum Faschismus disponiert sei, hätten Psychologen aller Schulen zurückgewiesen. Prof. Fischer sah sich »in der geradezu unangenehmen Lage, Wagner verteidigen zu müssen.« Das Referat habe, so Prof. Fischer, »die Widersprüche in Wagners Denken zu wenig berücksichtigt. Eine Doktrin der ›Auswerfung‹ der Juden gibt es nicht. Man kann nicht nur die erschreckenden Äußerungen ernst nehmen und die anderen nicht. Das Vokabular der 1870er Jahre ist ein anderes. Der Begriff ›exterminatorisch‹ im Sinne der physischen Ausrottung ist für Wagners Antisemitismus nicht zutreffend. Wieland Wagner hat mit der Rückführung der Emigranten in die geistige Begleitung der Festspiele so viel geleistet, wie ihm möglich war.« Frau Dr. Porat kritisierte, daß der Referent gegen seine eigene Forderung die Geschichte aus der Rückschau interpretiere, wenn er Siegfrieds Drohung, Mime zu verbrennen, mit Auschwitz in Verbindung bringe. Aus dem Publikum wurde die Deutung des in diesem Zusammenhang zitierten Belegs korrigiert. Bei Wagner heißt es: »Jetzt mach' dich fort, / Misch' dich nicht drein: / Sonst fällst du mir mit ins Feuer!« (*Siegfried*, erster Aufzug, V. 881–883). Siegfried will also an dieser Stelle Mime keine Gewalt antun, sondern ihn geradezu vor seiner eigenen Ungeschicklichkeit schützen.

Prof. Rose grenzte sich von einer monolithischen Deutung der deutschen Geschichte ab, die notwendig auf Auschwitz zuläuft. Daniel J. Goldhagen habe die These des eliminatorischen Antisemitismus von ihm übernommen und in dieser Weise simplifiziert. Der Weg von Wagner nach Auschwitz sei aber sehr indirekt und es gelte äußerst verwickelte Kontexte zu berücksichtigen. Prof. Rose befürwortete den Wagner-Bann in Israel, wendet sich aber gegen eine allgemeine Stigmatisierung. Vielmehr sollten die Inszenierungen den Antisemitismus des Autors als eine wichtige Dimension berücksichtigen, um die Aussagekraft der Werke voll zur Geltung zu bringen.

WOLF-DANIEL HARTWICH

Joseph Horowitz

Wagner und der amerikanische Jude – eine persönliche Betrachung

I

Wagner ist eine so vielgestaltige Persönlichkeit, daß er – abhängig von den Umständen und dem jeweiligen Betrachter – die unterschiedlichsten Sichtweisen provoziert. Jede Deutung, jede Interpretation enthüllt ihn auf andere Weise. Er ist zugleich Nationalist und Internationalist, Pragmatiker und Idealist, ein utopischer Linker, apolitischer Elitist und chauvinistischer Populist. Seine deutschen Mitbürger preist er, setzt sie aber auch herab. Er ist ein bösartiger Antisemit – je nach eigenem Standpunkt spielt das eine mehr oder minder große Rolle bei der Beurteilung Wagners. Sein Verhältnis zu den Juden wird zusätzlich kompliziert durch Hitlers Beziehung zu Wagner – es handelt sich hierbei um eine Affinität, die Zusammenhänge zugleich verdeutlicht wie auch verzerrt.

Wenn ich heute von Wagner spreche, so steht vor ihnen ein in New York City nach dem Zweiten Weltkrieg geborener amerikanischer Jude und ein Wissenschaftler, der sich mit dem Nachwirken Wagners in Amerika beschäftigt.[1] Ich stehe selbst also in einer auf besondere Weise ungefährlichen Wagner-Tradition. Meine Bemerkungen beginnen mit einem Überblick über den spezifisch amerikanischen Wagnerismus. Daran anschließend werde ich einige Beweggründe beleuchten, weshalb Juden sich zu Wagner hingezogen fühlten und darlegen, daß diese besondere Affinität – sie bezieht sich sogar auf vermeintlich jüdische Bösewichter unter Wagners Bühnenfiguren wie Mime – nicht verwerflich ist.

Der amerikanische Wagnerismus – eine geistig-kulturelle Bewegung von beträchtlicher Ausstrahlung, zeitgleich mit dem europäischen Wagnerismus im letzten Viertel des 19. Jahrhunderts bis zum Ersten Weltkrieg – zielte vor allem auf moralische Verbesserung: sein Grundthema war Erbauung. Verkörpert wurde diese Bewegung neben Wagner selbst durch den Dirigenten Anton Seidl. Seidl lebte während

1 Siehe Joseph Horowitz, *Wagner Nights: An American History*, Berkeley, Los Angeles und London 1994.

der siebziger Jahre als enger Vertrauter im Kreis um Wagner in Wahnfried. 1885 reiste er als Wagners Gesandter in der Neuen Welt nach New York. Seidl, der bis zu seinem frühen Tod 1898 die dominierende musikalische Persönlichkeit New Yorks war, prägte sieben Jahre deutscher Oper an der Metropolitan Opera; in diesen Jahren beherrschten die Werke Wagners das Repertoire. Seidl war außerdem auch Chefdirigent des New York Philharmonic Orchestra.

Obwohl ein gefeierter Protégé Wagners, war Seidl doch kein patriotischer Deutscher. Der in Budapest geborene Musiker wurde zu einem Amerikaner par excellence. Er sprach englisch, nahm die amerikanische Staatsbürgerschaft an und kaufte ein Sommerhaus im nördlichen Teil des Staates New York. Der überzeugte Demokrat mied Bayreuth ungeachtet seiner dortigen Dirigate des *Parsifal* im Jahr 1897. Seidl war mit seinen langen Haaren und scharfen Gesichtszügen eine glanzvolle, fast Lisztsche Gestalt, verstieß aber nicht gegen die puritanischen Sittengesetze der Neuen Welt. Er war streng monogam, von eher herber Persönlichkeit, und er verehrte Wagner mit religiöser Inbrunst.

Der von Seidl und einem Wagner-Ensemble der Weltklasse – darunter Lilli Lehmann, Albert Niemann und Emil Fischer – geprägte amerikanische Wagnerismus stand europäischem Modernismus, Sozialismus, Nationalismus, Rassismus und europäischer Dekadenz ablehnend gegenüber. Zu den Wagner-Anhängern des amerikanischen fin-de-siècle gehörte kein D'Annunzio, Beardsley, Chamberlain, Huysmans, Mallarmé, Mann, Nietzsche oder Shaw. Die amerikanischen Wagner-Jünger verstanden den *Ring* eher als triumphalen Ritus sittlicher Entwicklung. Ihrer Ansicht nach büßten die Götter für ihre Sünden mit dem Tod; Selbstsucht und Gier bereiteten einer neuen »Ära der Herrschaft der Liebe« den Weg. Das Ende der Götter war eine »tiefe und gerechtfertigte Notwendigkeit«, »ein wunderbarer Sieg der Moral«.[2] Die Oper *Parsifal* mit ihren Bühnengestalten neurotischer Einzelgänger wurde als religiöser Lobgesang verstanden, der mit dem Christentum ganz im Einklang stand. Und die Oper *Tristan und Isolde* mit dem zum Untergang verdammten, nihilistischen Liebespaar empfand man als wunderbar erhebend, als eine Apotheose der Liebe.

Diese Deutungen setzten natürlich eine kritisch zensierte Sicht des Menschen Wagner voraus. Das umfangreichste amerikanische Wagner-Bild bot Henry Fincks 1893 veröffentlichtes Werk *Wagner and His Works*. Fincks Darstellung beginnt wie folgt: »Nie wurden über einen Menschen – durch neidische Kollegen oder schlichten Tratsch – mehr Lügen als über Wagner verbreitet.« Finck gab durchaus zu, daß Wagner nicht frei von Fehlern sei. Aber seine Fehler waren die »unvermeidlichen Schattenseiten seiner Tugenden.« Den Künstler Wagner verlangte es nach Stille und Versenkung. In seinen Zügen »werdet ihr die andere Seite seines Charakters finden« – seine Güte, sein vornehmes Wesen, seinen Ernst, Qualitäten, von denen die Welt

---

2 Henry Edward Krehbiel, zitiert in Horowitz, a. a. O., S. 144–145.

wenig erfuhr. Er war in der Tat »im Umgang mit seinen Freunden der herzlichste und liebenswerteste Mann.«[3]

Wagners Rassismus und Antisemitismus wurden im ausgehenden 19. Jahrundert, dem sogenannten »Gilded Age«, wenig berührt. Finck bezeichnete Wagners Aufsatz *Das Judentum in der Musik* als »berüchtigt« und »bedauerlich«. Insgesamt entschuldigt er den Verfasser aber eher, als ihn um dieser Schrift willen anzugreifen. Er führt mildernde Umstände ins Feld: frühe Eindrücke des Judenghettos in Leipzig, den unverdienten Erfolg von Meyerbeer und Mendelssohn. Und weiter heißt es: »Unter Wagners [...] persönlichen Freunden gab es viele Juden – Männer und Frauen, die klug genug waren, um zu erkennen, daß seine Kritik gegen gewisse generell unerfreuliche Eigenschaften ihrer Rasse gerichtet war und sich deshalb nicht auf einzelne Individuen bezog, welche diese Eigenschaften nicht teilten.«[4]

In ähnlicher Weise wurde Wagners Thema rassischer Säuberung von den Amerikanern um die Jahrhundertwende unterdrückt. Der Inzest von Siegmund und Sieglinde schien *moralisch* verwerflich, die rassistischen Untertöne blieben aber unkommentiert. Wagners Untreue Minna gegenüber wurde heruntergespielt, dagegen betonte man deren Unvollkommenheiten und seine Verehrung Cosimas. Sogar unter den Deutsch-Amerikanern, einer Bastion des amerikanischen Wagnerismus, stieß sein Rassismus auf wenig Resonanz. Der Deutsch-Amerikaner Henry Krehbiel, der führende New Yorker Musikkritiker, zentrale Anwalt und gleichzeitig auch Chronist der amerikanischen Wagner-Bewegung, war die wichtigste amerikanische Autorität zum Thema Musik und Rasse. Zweifellos sprach Krehbiel aus der Sicht eines Germanophilen. Er wies der deutschen Oper als Gattung an sich gegenüber der italienischen Oper den höheren Rang zu. Krehbiel vertrat die Ansicht, daß die Rasse die wirkungsvollsten Formen künstlerischen Ausdrucks präge. Und doch trugen seine Schriften eher zur Widerlegung von Wagners Ausführungen zur Rasse bei, als daß sie dessen Ansichten gestützt hätten.

Der unermüdliche Autodidakt Krehbiel war bezeichnenderweise gerade auf diesem Gebiet außerordentlich fleißig. Mit »wissenschaftlicher Beobachtung« untersuchte er den Zusammenhang zwischen Volksliedern und nationalen Kompositionsschulen, forschte und schrieb über die Musik der Magyaren, Slaven, Skandinavier, Russen, Orientalen und der amerikanischen Indianer. Seine Untersuchungen »afroamerikanischer Volkslieder«, die er in einem 155seitigen Buch vorstellte, zeugten von großem Enthusiasmus; er nannte die Lieder der amerikanischen Sklaven auf den Plantagen (unsere heutigen »spirituals«) die »charakteristischsten, schönsten und stärksten [amerikanischen] Volkslieder« und tadelte diejenigen Kulturträger, die bei der Gleichsetzung von »Schwarzem« und »Amerikaner« erbleichten, als »wenig großzügig und liberal«.

---

3 Henry Finck, *Wagner and His Works*, Bd. 2, New York 1893, Nachdruck 1968, S. 456–467.

4 Finck, a. a. O., Bd. 1, S. 334.

Auch die jüdische Musik faszinierte Krehbiel. Er verschlang die erreichbare Literatur zu diesem Thema und besuchte Synagogen, um die mit dem »Shofar« ausgestoßenen Rufe und synagogalen Gesang zu transkribieren. Dem Alten Testament entnahm er, daß die Hebräer eine bis dahin unerreichte und durch die – zweifellos vertonten – Psalmen Davids beispielhaft beleuchtete musikalische Kultur erreicht hatten. Es folgten achtzehn Jahrhunderte der Stille. Dann erlangten Juden plötzlich wieder eine hervorragende Bedeutung in der Musik, angefangen mit Meyerbeer, Mendelssohn und Moscheles, daran anschließend mit der »glorreichen Phalanx« von Ernst, Goldmark, Halévy, Hiller, Joachim, Offenbach, Rubinstein und Wieniawski. »Wie konnte jüdische Musikkultur so plötzlich zu neuer Bedeutung gelangen?« fragte sich Krehbiel. Die einzige plausible Erklärung lag seiner Meinung nach »in diesem eigenen Merkmal der Rasse, das sie zu einem Wunder der Geschichte gemacht hat: Physis und geistige Haltung der Juden scheinen immer noch so deutlich umrissen wie seit den Tagen des Moses, und haben doch in einem Maße Veränderungen überstanden, denen keine andere Rasse ausgesetzt wurde.«[5]

Unverkennbar entsprechen Krehbiels Ansichten Wagners Ideen von Volk und Boden. Seine hohe Meinung von der jüdischen »Individualität als die einer unverletzlichen Rasse« zeugt von einer besonderen Einschätzung rassischer Reinheit. Wagner hätte die Juden aber sicherlich nicht mit solchen Tönen gepriesen. Es genügt zu wissen, daß Krehbiel die hier vorgetragenen Ansichten in einem Artikel für die Zeitschrift *The American Hebrew* schrieb. Er war kein polemischer Befürworter der Intoleranz. Er rief keine Hierarchie der Rassen aus. Wie sein Freund Dvořak, dessen Ansichten er beeinflußte, glaubte er, daß jeder Künstler sich zu einer Nation bekennen müsse. Sein Rat an jüdische Komponisten – sie sollten in den rituellen Gesang ihres eigenen Volks einstimmen – ist reiner Dvořak.

Zusammengefaßt: Wagners Rassenanschauungen fanden um die Jahrhundertwende in den in vornehmen Kreisen gängigen Vorstellungen von Kultur und Nation durchaus eine gewisse Resonanz. Wagnerismus in Amerika bedeutete aber nicht auch nur ansatzweise einen rassistischen, politischen Kult. Mit dem Abklingen des amerikanischen Wagnerismus nach dem Ersten Weltkrieg wurde Wagner, der nun nicht länger eine quasi-religiöse Angelegenheit war, in einem in Europa undenkbaren Ausmaß seiner ideologischen Inhalte entkleidet. Die bedeutendsten Wagner-Dirigenten, Toscanini und Stokowski, dirigierten sinfonische Ausschnitte aus den Opern. Keiner der beiden dirigierte in Amerika während der Jahrzehnte zwischen den beiden Weltkriegen oder auch danach ein Wagnersches Musikdrama. Als Toscanini 1944 an einer Benefizveranstaltung für das Rote Kreuz im Madison Square Garden teilnahm, enthielt des Programm unter anderem den »Walkürenritt« – und das bei einer Veranstaltung, mit der die Kräfte gegen Hitler gesammelt werden sollten![6]

---

5 Zu Krehbiel über Rasse und Musik vgl. Horowitz, a. a. O., S. 330–335.
6 Joseph Horowitz, *Understanding Toscanini*, New York 1987, Nachdruck 1994, S. 180.

Die gegenwärtige, einfallslose *Ring*-Inszenierung von Otto Schenk an der Metropolitan Opera ist ein Erbe der betont gesunden amerikanischen Wagner-Tradition. Sogar die Oper von Seattle, für die François Rochaix eine ausgezeichnete neue Sicht des *Ringes* geschaffen hat, rührt aus grundsätzlichen Überlegungen nicht an Rassenfragen und Antisemitismus. Als ich vor einigen Monaten der Wagner-Gesellschaft von New York vorschlug, über meine Eindrücke von der gegenwärtigen Konferenz zu referieren, wurde mir mitgeteilt, daß Wagners Antisemitismus bei den Mitgliedern der Gesellschaft nicht zu den allgemein interessierenden Themen gehöre.

II

Mit diesen Bemerkungen soll der Wagnerismus in Amerika keineswegs verunglimpft werden. Ich bewundere die intellektuelle Kraft und emotionale Intensität von Krehbiel und anderen New Yorker Wagnerianern der Jahrhundertwende. Sie nahmen Wagner ernster als die meisten New Yorker heutzutage. Sie bemühten sich darum, seine Handlungen zu verstehen. Sie setzten sich seinen Gefühlsstürmen intensiv aus. Wenn sie bei Wagner mehr Größe als wir heutigen Betrachter fanden, dann nicht, weil sie etwa ängstlich oder oberflächlich gewesen wären. Wir befassen uns mit Wagner und zucken zurück. Wir identifizieren uns mit der von ihm gezeigten Ambivalenz des Erlösungsgedanken. Wir sind fasziniert von seiner Darstellung menschlicher Schwachheit und Bösartigkeit. Als die Amerikaner vor einhundert Jahren zu Wagner mit Ehrfurcht und Verehrung aufsahen, erkannten sie in ihm einen Teil ihrer selbst und ihrer eigenen kulturellen Welt.

Zur gleichen Zeit wurden sie aufs Schärfste herausgefordert. Wagner entsprach auf wirklich bemerkenswerte Weise der auf moralische Besserung ausgerichteten, amerikanischen Tradition von Bildung und Kultur. Gleichzeitig jedoch stellte er diese optimistische Weltanschauung radikal in Frage. Wagner überforderte in Amerika vor allem die amerikanischen Frauen – und die meisten amerikanischen Wagnerianer, darunter ganz Heerscharen, welche die frühen Bayreuther Festspiele besuchten, waren weiblichen Geschlechts. Berufliche und intellektuelle Möglichkeiten waren ihnen aufgrund des viktorianischen Ehrenkodex verwehrt. Ihre Ehemänner kümmerten sich um die Geschäfte. Ihre Betten blieben kalt. Diese Frauen identifizierten sich mit Wagners Heldinnen – mit deren Bedrängnis und sekundärer gesellschaftlicher Stellung, mit ihrer Emotionalität und inneren Stärke.

Senta ist der klassische Beweis. Mit den anderen Mädchen aus dem Dorf – »Material zum Heiraten«, an der Peripherie der männlichen Welt voller Aktivität und Aufregung angesiedelt – sitzt sie am Spinnrad. Sie wird als merkwürdig und ungebärdig angesehen. Da ihr ein gesunder Ausgleich fehlt, grenzt ihre Anspannung – darin den »hyperaktiven« Neurasthenikern der Jahrhundertwende ähnlich – an Hysterie. Erik behauptet, sie zu lieben; er ist ein Langweiler. Sentas Vater, ein krasser Materialist, bemüht sich vergeblich darum, sie zu verstehen, ist dazu aber nicht in der Lage. Elisabeth ist aus ähnlichem Holz wie Senta geschnitzt. Fricka und Isolde werden durch unpassende tatsächliche oder mögliche Ehemänner zu Opfern, die eine wie die andere wird zu einer Geißel von Frau. Die von ihrem Vater verlassene Sieglinde hat ein Monster zum Ehemann. Brünnhilde wird durch ihren Vater, der ihre besondere Gabe zur Intuition zunichte macht, zu einer Senta vergleichbaren Lage verurteilt: »beim Feuer zu sitzen und zu spinnen«. Obwohl er seine Ansicht ändert, wird sie letztlich an Gunther verheiratet, der kein Deut besser ist als Sentas Erik. Die Figur der Kundry schließlich ist eine klassische Studie der Schizophrenie, eine Analyse gesellschaftlicher Dislokation. Die Pathologie der Wagner-Heroine wird in der Figur Kundry überhöht und bloßgelegt. Sie ist die Frau ohne eigentlichen Raum, deren einzig mögliche Rollen einander polar entgegengesetzt sind: die beherrschende Verführerin, die unterwürfige Dienerin.

Im Amerika der Jahrhundertwende wurde die Partie der Kundry eins mit der Sängerin Olive Fremstadt. Als Schauspielerin verfügte die Fremstadt über grenzenlose Möglichkeiten, sie war nicht theatralisch, sondern einfach wahr. Die verstörende Wahrhaftigkeit ihrer Darstellung der Salome an der Metropolitan Opera im Jahr 1907 trug mit bei zu der schnellen Absetzung weiterer Aufführungen dieser Oper: Zur Vorbereitung auf ihre Partie hatte die Fremstadt ein Leichenschauhaus besucht. Sie wollte herauszufinden, wie sich ein Totenschädel in der Hand anfühlt. Die Bühnenwirkung von Fremstads Brünnhilde in der *Walküre* wurde liebevoll von ihrer Sekretärin Mary Cushing erinnert: »Eine Brünnhilde, wie sie noch kein Publikum an der Metropolitan je zuvor gesehen hatte, stand auf den Felsen oberhalb ihres Vaters Wotan, lachend und übermütig. Sie warf ihren Kopf ungebärdig und wild, aus ihren Augen strahlte mädchenhafter Unfug. In ihrer Jugend war die Fremstadt [...] von den stählernen Miedern Bayreuths gequält worden. Nun war sie offensichtlich entschlossen, die Tradition zu verhöhnen und die mögliche Ablehnung durch Cosima Wagner abzutun. Sie hatte den früheren Brustpanzer zu einer knappen Schärpe reduziert, die an ihrer Schulter mit Lederriemen befestigt war.« Die Fremstad gab sogar Elsa, Wagners blassester und zurückhaltendster Heldin, eine starke Persönlichkeit. Aber die Kundry war ihre Glanzrolle. Zu ihrem ersten Auftritt, bei dem sie das Gehetzte und Gequälte ihrer Existenz hervorkehrte, setzte sie an der Wand der Hinterbühne an, so daß sie in voller Fahrt war, wenn das Publikum sie zuerst erblickte. Cushing und ihre Helfer brauchten fast den ganzen restlichen ersten Akt, um die schwefelfarbigen Flecken vom Körper der Fremstad zu entfernen und ihr die Maske für den zweiten Akt anzulegen. Im zweiten Akt war sie mit ihrer weißgestreiften Nase, lila Brauen, orange gefärbtem Mund, mit Rot in Augenwinkeln, Nasenlöchern und Ohrläppchen, der Rest des Gesichtes und Halses ein milchiges Blaßlila, auf merkwürdige Weise genauso anziehend wie die Kundry der Lillian Nordica, die im zweiten Akt in dieser Partie chic und pariserisch wirkte. Für den dritten Akt schminkte die Fremstad ihr Gesicht weiß und schwärzte ihre Augenhöhlen.[7]

Die Schriftstellerin Willa Cather, eine große Wagnerianerin, hielt auf unvergeßliche Weise den Schock fest, den dieser Auftritt der Fremstadt als Kundry bewirkte.

7 Zu Fremstad und Wagner siehe Horowitz, *Wagner Nights*, S. 338–342.

Cathers Kurzgeschichte *A Wagner Matinee* verdeutlicht, in welchem Maße Wagner unterdrückten oder verlassenen Frauen in der amerikanischen Gesellschaft der Jahrhundertwende eine emotionale Katharsis ermöglichte. Cather schrieb 1913: »[Kundry] ist die Summe der Historie des weiblichen Geschichte schlechthin. [Wagner] sieht sie als Versuchung, als Erlösung und als Dienerin; immer aber als Werkzeug, als ein benutztes und verwendetes Gut. Wie Euripides sah er in ihr jemanden, der das Gleichgewicht verletzte, sei es zum Guten oder zum Bösen, eine emotionale Kraft, die unablässig dem Verstand entgegenarbeitet, ihrer Handlungen müde ist, und doch aufgrund ihrer eigenen Natur und der Natur des Menschen in ihrem eigenen Umfeld befangen bleibt. Sie kann unmöglich Ruhe finden. Frau Fremstad gelingt es, die Unverwechselbarkeit dieser Person unbeschadet aller Wandlungen beizubehalten. Wenn Kundry im letzten Akt Parsifals Füße wäscht und mit ihrem Haar trocknet, ist sie immer noch dieselbe gejagte Kreatur, die ihre Vergangenheit nicht ablegen kann, ein Werkzeug, das für auf alle Ewigkeit entgegengesetzte Zwecke geschaffen wurde. Sie hatte dem Gral ebenso wie Klingsor leidenschaftlich gedient, hinter diesem Verhalten zeigte sich aber auch, daß sie des Verführens und Beruhigens müde war – daß sie sich danach sehnte, nicht mehr zu existieren. Die Kundry der Fremstad ist keine exaltierte Büßerin mit seherischer Kraft und voller Ekstase. Für sie ist die Entsagung nicht voller tiefer Freude, sondern einfach notwendig und besser als manches, was sie erfahren hat, vor allem besser als der Kampf. Wer weiß schon, welche Erinnerungen an den Garten Klingsors den entsagungsvollen Händen bleiben, die Parsifals Füße waschen?«[8]

Marc Weiner nennt in seiner umstrittenen Studie *Richard Wagner and the Anti-Semitic Imagination* aus dem Jahr 1995 bei seiner Aufzählung von negativ gezeichneten Figuren in Wagners Opern, die vermeintlich jüdischem Wesen entsprechen, auch Kundry. Weiner schriebt: »Als Frau, die Christus verspottete und nun mit dem Schicksal des ewig wandernden Juden bestraft wird (so ihre Charakterisierung durch Wagner selbst), ist sie seine einzige weibliche antisemitisch gezeichnete Bühnengestalt, dazu verdammt, in den verschiedensten Verkörperungen auf der Welt umherzuwandern [...].«[9] Aber wenn Kundry jüdisch ist, eine Außenseiterin, eine Verkörperung des Anderen, wie Weiner behauptet , dann ist sie eher Opfer denn Missetäterin. Wenn Fremstad und die Cather sie als Leidensgenossin verstanden, muß auch Wagner dieses Mitgefühl möglich gewesen sein. Weiner sieht diesen Zusammenhang nicht.

III

Juden haben sich anscheinend schon immer in ungewöhnlicher Zahl zu Wagner hingezogen gefühlt. Dieses Phänomen beobachtet man zunächst in Wagners eigenem Kreis; heute ist in Bayreuth eine Vorherrschaft jüdischer Dirigenten sichtbar. Im

8 Willa Cather, *Three American Singers*, in: *McClure's Magazin*, Dezember 1913.
9 Marc Weiner, *Richard Wagner and the Anti-Semitic Imagination*, Lincon 1995, S. 239.

New York der Jahrhundertwende waren viele Wagnerianer Juden. Amerikas führender Kritiker zeitgenössischer Musik, Theater und Literatur, James Gibbons Huneker, formulierte: »In Europa gibt es Raum für rassische Vorurteile, nicht aber in Amerika [...]. Wir brauchen das jüdische Blut als eine Art geistiges Triebmittel, die jüdische Rasse liebt die Kunst.«[10] Huneker war der festen Meinung, daß auch Wagner jüdisches Blut hatte. Im Fall von Anton Seidl ging das weitverbreitete und immer wieder kolportierte Gerücht um, daß er jüdischer Abstammung sei.

Vielleicht fühlten sich manche jüdische Wagnerianer in Europa vom Meister angezogen wie Motten vom Licht. In Europa war der Antisemitismus eine dringlichere Angelegenheit als in den Vereinigten Staaten, und dort war man wohl auch empfänglicher für die jüdische Neigung zum Selbsthaß, der Hermann Levi als Dirigent von Wagners *Parsifal* unterlag.[11] Den Wagnerschen Rassismus gab es in New York aber nicht, so daß den jüdischen Wagnerianern der Selbsthaß dort ebenso fernlag wie den Wagner-Verehrerinnen, die sich durch die Identifikation mit ausgestoßenen und emotional unsicheren Heldinnen stärkten. Ihre einfühlsame Beziehung beispielsweise zu Kundry, Senta oder Sieglinde verweist in der Tat auf eine mögliche Erklärung für das besondere Interesse jüdischer Zeitgenossen an Wagner.

Wagner war mit dem Lebensgefühl des Außenseiters aufs innigste vertraut. Er wußte nicht, wer sein Vater war oder ob er jüdischer Abstammung sei. Als junger Mann landete er im Schuldgefängnis in Paris. In Dresden erlangte er eine ausgezeichnete Stellung als Komponist, lebte dann aber aus politischen Gründen im Exil in Zürich. Noch nach seiner viele Jahre später erfolgten Rückkehr nach Deutschland mußte er München – seine Feinde dort waren zahlreich und einflußreich – in Richtung Schweiz verlassen. Immer wieder beschäftigte er sich mit dem Gedanken einer Auswanderung nach Amerika. Und diese Wechselfälle des Schicksals gingen einher mit einer unsteten Persönlichkeit und einem heftigen Temperament.

Dem fortwährenden Außenseiter Wagner gelangen glänzende Porträts vom Rande der Gesellschaft. Und hierin lag für die an den Rand gedrängten Frauen in Amerikas Goldenem Zeitalter seine wesentliche Bedeutung. Wesentlich ist das meiner Überzeugung nach aber auch für die Juden, die sich – sei es unbewußt oder bewußt, bereitwillig oder ungern – diesem Wagnerschen Narkotikum hingeben. Selbst wenn der Fliegende Holländer nicht eine Verkörperung des ewig wandernden Juden wäre, wenn Theodor Herzl nicht in der Figur des Außenseiters Tannhäuser Inspiration gefunden hätte, so wäre Wagner doch der herausragende musikalische Dichter der Heimatlosigkeit. »Immer doch war ich geächtet: Unheil lag auf mir. Was Rechtes je ich riet, andern dünkte es arg, [...] des Wehes waltet' ich nur.«[12]

10 James G. Huneker, *New Cosmopolis*, New York 1915, S. 70.

11 Siehe beispielsweise *Hermann Levi. A Study in Service and Self-Hatred*, in: Peter Gay, *Freud, Jews, and Other Germans*, New York 1978. Gay unterschätzt allerdings das Charisma des Menschen und Künstlers Wagner.

12 Richard Wagner, *Die Walküre*, erster Aufzug, zweite Szene.

Wotan und Tristan ziehen sich ebenfalls zurück. Der allseits beliebte Hans Sachs ist im Kern ein pessimistischer Philosoph. Und wie tiefsinnig hat Wagner den geistreichen Loge erfunden – unter all seinen Bühnenfiguren der größte Außenseiter –, dessen rasche und doch hoffnungslose Ironie mir in gleichem Maße ein »jüdisches« Attribut zu sein scheinen wie Mimes häßlicher Gang oder Beckmessers häßlicher Gesangsstil.

Mir ist klar, daß diese Beobachtungen einer Tendenz der heutigen Wagner-Forschung widersprechen, nämlich im Juden das fortwährende Opfer Wagners zu sehen und zugleich Wagners Antisemitismus als beherrschende Komponente beim Erleben seiner Werke herauszustellen. Für Marc Weiner bedeutet der Antisemitismus ein Gift, das alles infiziert, was Wagner in die Hand nimmt. Bei Betrachtung Mimes geht ihm auf, daß dieser hyperaktive Zwerg in jedem Zug seines Daseins negativen jüdischen Stereotypen entspricht: in seinem Geruch, seinem Gang, seiner hohen, schrillen Stimme. Diese Beobachtungen sind im gleichen Maße richtig wie naheliegend. Wagner greift zur Charakterisierung seiner Bühnenfiguren auf all das zurück, was er sieht und kennt, auf jeden Typus Mensch, der ihm begegnet, darunter auch die von ihm verabscheuten Juden des Ghettos. Als hervorragender Dramatiker, als vielseitige Persönlichkeit, die mit Talent, Begabung und Energie für ein Dutzend anderer ausgestattet ist, macht er sich seine Fähigkeit zunutze, jede dieser Figuren mit Leben auszustatten. Auch wenn wir nicht wüßten, daß Wagner fürchtete, selbst jüdischer Abstammung zu sein, oder daß er wie Mime einen übergroßen Kopf auf einem kleinen, leicht erregbaren Körper trug, würden wir doch eine gewisse Vertrautheit mit Mimes Effekthascherei, sogar eine heimliche Vorliebe für dessen virtuose Beherrschung von Schmeichelei und Heuchelei erkennen.

Hier darf denn auch erwähnt werden, daß die am stärksten sich »jüdischer Klischees« bedienende Interpretation des Mime – Heinz Zednik in Patrice Chéreaus *Ring*[13] – zugleich die menschlichste und sympathischste Zeichnung dieser Figur ist. Wagner selbst hielt fest, daß Mime nicht »an eine Karikatur erinnern dürfe«. Gustav Mahler, selbst jüdischer Abstammung, erklärte: »Obwohl ich überzeugt bin, daß diese Gestalt die leibhaftige, von Wagner gewollte Persiflage eines Juden ist (in allen Zügen, mit denen er sie ausstattete: der kleinlichen Gescheitheit, Habsucht und dem ganzen musikalisch wie textlich vortrefflichen Jargon), so darf das hier um Gottes wissen nicht übertrieben und so dick aufgetragen werden [...]. Ich weiß nur *einen* Juden: und der bin *ich*! Da solltet ihr staunen, was alles in der Rolle liegt und wie ich es zutage fördern wollte!«[14] Übrigens erzählte mir einer der heute führenden Wagner-Dirigenten einmal, daß er Alberich von allen Bühnenfiguren im *Ring* – in Wei-

---

13 Für nähere Informationen zu Chéreaus *Ring*-Inszenierung (Bayreuth 1976) vgl. Joseph Horowitz, *Of Swimming and Dancing: On staging Wagner's ›Ring‹*, in: *The Post-Classical Predicament*, Boston 1995, S. 35–37.

14 Herbert Killian, *Gustav Mahler in den Erinnerungen von Natalie Bauer-Lechner*, revidierte und erweiterte Ausgabe Hamburg 1984, S. 122.

ners Darstellung ein abstoßender jüdischer Schlemihl – für die am mitfühlendsten gezeichnete Gestalt hält.[15]

Damit möchte ich lediglich andeuten, daß es wenig Sinn macht, Wagners Gestalten in böse Juden und gute Deutsche zu scheiden, wobei diese die Herrenrasse und jene das verachtete Andere verkörpern sollen. Wagner bietet vielmehr Entfremdung in allen nur denkbaren Erscheinungsformen an: Senta, Sieglinde und Kundry, Loge, der Wanderer, Mime, sogar Sachs – all diese Gestalten sind, wie ich dargelegt habe, Außenseiter. Und die »jüdischsten« unter Wagners Figuren – ich denke an Mime, Loge und Alberich – sind nicht notwendigerweise die scheußlichsten (es sei denn, man akzeptierte Weiners Schlußfolgerung, daß Hagen masturbiert und so einem jüdischen Stereotyp entspricht).

Mit anderen Worten: Weiners Untersuchung der Bedeutung des Antisemitismus in Wagners moralischem Universum wäre nur unter der Prämisse schlüssig, daß Wagner ein einfacher Dramatiker in einem geschlossenen System wäre, dessen Vision einer rassischen Utopie in jeder seiner Geschichten aufgelöst und abgeschlossen würde. Sollte es Wagners Ziel gewesen sein, der deutsche Aischylos des 19. Jahrhunderts zu werden, dann wäre er zweifellos gescheitert. Carl Dahlhaus bemerkte einmal richtig: »Das eigentliche dramatische Grundmotiv, von dem eine Interpretation ausgehen muß, ist jedoch nicht die Erlösung, die Wagner suchte und ersehnte, sondern die Verstrickung, als die er die Realität [...] empfand.« Und weiter: Wagner war »ein Genie der Knüpfung, aber nicht der Lösung des ›Knotens‹.«[16] Wagners Schlüsse sind immer mehrdeutig, gleichgültig, ob offenkundig oder implizit, vielfältig oder verworren. Er versteht Wotans Verzweiflung besser als Brünnhildes Erlösung, identifiziert sich eher mit Loge und Mime als mit Siegfrieds nordischem Glanz.

Weiner verwechselt Wagners ideologische Absichten – die Absichten eines wahren Gläubigen, der sich zugehörig fühlt – mit der in seinen Werken zu findenden tatsächlichen Ambivalenz. Merkwürdigerweise ignoriert er gerade das an Wagner, was die Juden anspricht.

IV

Wenn ich die Situation der Wagnerschen Bühnengestalten am Rande der Gesellschaft mit der Situation der Juden oder ihrer Persönlichkeit in Beziehung setze, baue ich natürlich eigene Klischees auf. Vielleicht sollte ich deshalb zum Schluß lediglich in eigener Sache sprechen. Ich schätze Wagners Darstellung des Außenseiters. Ich fühle

15 Daß Wagner mit Alberich sympathisierte, wird durch einen Brief an Theodor Uhlig vom 18. November 1852 verdeutlicht, den er mit »Dein Nibelungenfürst *Alberich*« unterzeichnete. Richard Wagner, *Sämtliche Briefe*, herausgegeben im Auftrag der Richard-Wagner-Stiftung Bayreuth von Gertrud Strobel und Werner Wolf, Band V, September 1952 bis Januar 1854, Leipzig 1993, S. 118.

16 Carl Dahlhaus und John Deathridge, *The New Grove Wagner. Die großen Komponisten*, Stuttgart und Weimar 1994, S. 83.

mich besonders zu seinem Humor und seinem Schmerz hingezogen, die ich als eine Verbindung zu meinem eigenen Judentum empfinde. Am lebendigsten erscheint mir bei Wagner Wotans erniedrigende Abhängigkeit von Loge oder Mimes erfindungsreiches und doch armseliges Intrigenspiel. *Götterdämmerung* halte ich für ein humorloses Machwerk. Bei den *Meistersingern* – diese Oper schätze ich am meisten – fahre ich angesichts von Hans Sachs' Rede auf die deutsche Kunst zusammen; sie erscheint mir weniger ein rassistischer Angriff denn eine ästhetische Verirrung. Beckmessers vermeintlich jüdisches Wesen kann ich nicht erkennen; er verlangt nach Mitgefühl. Ganz besonders sprechen mich die Enttäuschungen des Hans Sachs an und seine einsame, kluge Haltung. Welches ist der »wahre« Wagner – der ironische Außenseiter oder der heißblütige Nationalist? Diese Entscheidungsfreiheit, die den Augen und Ohren des Zuschauers überlassen bleibt, macht ihn für Juden wie mich wahlweise zu einem Verwandten oder einem Feind.

Antisemitismus ist nicht das einzige, was Wagner und die Juden miteinander verbindet.

Postscript zu Wagners Position am Rand der Gesellschaft nach Abschluß des Symposions

Wagner brauchte die Juden. Er war abhängig von Hermann Levi, dem Dirigenten seines *Parsifal*, von Angelo Neumann, der mit dem *Ring* reiste. Meyerbeers Vorbild verhalf ihm zur Ausprägung seines frühen kompositorischen Stils.

Noch bemerkenswerter – und zu wenig beachtet – war eine psychologische Abhängigkeit. Die Juden verkörperten Teilaspekte von Wagners eigener Persönlichkeit, Eigenschaften, die er überwinden wollte, was ihm aber nicht gelang. Der Jude im Spiegel war das Abbild einer unerreichten eigenen Identität.

Drei »jüdische« Eigenschaften setzten Wagner zu. Zunächst fehlte dem Juden »wahre, edle Ruhe«, er war besessen von einer »prickelnden Unruhe«.[17] Wagner war: frenetisch, hyperaktiv, hypochondrisch, er sehnte sich selbst nach der Entsagung oder Erlösung, um die sich seine »zweiten Naturen« auf der Bühne so sehr bemühen. »Stehe still« heißt es im zweiten der Wesendonck-Lieder: Aber Wagner war nie still.

Zweitens setzte er den Juden als den Menschen herab, der sich besser als jeder andere anpassen konnte, wies ihm die verschlagenste und vielseitigste Persönlichkeit zu. Darin mußte sich Wagner mit seiner eigenen Veranlagung zu ständiger Heuchelei wiedererkennen.

Drittens symbolisierte der Jude für Wagner spießbürgerlichen Materialismus. Wagner schätzte jedoch samtene Kleidungsstücke und edle Parfums. Er suchte den Ruhm und liebte das Geld.

---

17 Richard Wagner, *Das Judentum in der Musik*, Leipzig 1914, S. 13.

Wagners Bild des Juden ist eine gequälte Selbstdarstellung; es verlieh seiner im Geistigen, im Wesenhaften und im Tiefen verankerten Suche nach der deutschen Identität einen deutlichen Fokus. Seine eigene Situation am Rand der Gesellschaft, seine ungewisse Herkunft, seine Wanderjahre und die Jahre des Exils, seine Bitterkeit oder Ambivalenz gegenüber der Mehrheit seiner Zeitgenossen, all dies ließ ihn nach Zugehörigkeit verlangen.

Dieser Wunsch entsprach natürlich einer unter Juden weitverbreiteten Suche – und bedeutet ein weiteres verbindendes Element zwischen Wagner und den Juden. Isaiah Berlin hat in seinem Aufsatz *Benjamin Disraeli, Karl Marx, and the Search for Identity* auf denkwürdige Weise das Bedürfnis vieler Juden des späten 19. Jahrhunderts formuliert, »ihren eigenen Ort zu finden, eine persönliche Identität zu gewinnen und in einer Welt, die sehr viel stärker als je zuvor auf dieser Frage insistierte, zu erfahren, welchem Teil der Menschheit, welcher Nation, welcher Partei und Rasse sie eigentlich angehörten.« Die Juden haben eine Tendenz »zu übertriebener Heftigkeit im Verhalten und in der Meinung«. Ihre »Überängstlichkeit beim Antreten eines Erbes, das nicht offensichtlich das eigene ist, führt zu unerwiderter Liebe, Frustration, Ressentiment, Bitterkeit, schärft zugleich aber auch die Wahrnehmung.« Solche halbwegs assimilierten Persönlichkeiten, die sich »an der Grenze befinden«, »sind dafür prädestiniert, entweder der beherrschenden Mehrheit gegenüber übertriebenes Ressentiment oder Haß zu entwickeln, oder dieser Bevölkerungsgruppe ganz im Gegenteil mit übermäßiger Bewunderung oder gar Verehrung gegenüberzutreten. Gelegentlich ergibt sich eine Verbindung dieser beiden gegensätzlichen Züge, die sowohl zu ungewöhnlichen Einsichten führen kann, wie auch – aus überreizter Empfänglichkeit – zu einer neurotischen Verzerrung der Fakten.« Sie »bemühen sich um eine neue Persönlichkeit und um das, was damit einhergeht, eine völlig neue Garderobe.« Ihr Status als Außenseiter macht sie empfänglich für »extravagante, romantische Phantasiegespinste«. Ihre neuen Identitäten sind nicht nur geschickt oder zynisch. Disraeli beispielsweise war »von seiner eigenen Geschichte sehr angetan. Seine Erfolge und sein Vorherrschaft lassen sich ohne diesen Zusammenhang gar nicht verstehen. Er war ein Schauspieler und wurde eins mit seinem Stück.«[18]

Jedes Detail dieser Beschreibung des Juden trifft auf Richard Wagner zu.

---

18 Sir Isaiah Berlin, *Against the Current*, New York 1982, S. 252–286.

Zusammenfassung der Diskussion

Die Diskussion zentrierte sich um die Frage, ob sich Wagner mit bestimmten Figuren seiner Werke in besonderer Weise identifizieren konnte. Prof. Friedländer stellt mit Erstaunen fest, daß sich die neuere Forschung, die »jüdische« Figuren im Werk Wagner benennt, gegen den Strich lesen ließe, wenn sich Wagner in diesen Gestalten wiedergefunden haben sollte. »Konnte sich Wagner mit dem Außenseiter Mime mehr identifizieren als mit dem Helden Siegfried?« Herr Horowitz wies darauf hin, daß die dramatische Wirkung einer Figur von der ideologischen Intention ihres Erfinders unabhängig sei. Die überaus komplexe Figur Mimes lasse eher ein Selbstporträt vermuten als der vergleichsweise eindimensionale Siegfried: »Wagner mußte kein Philosemit sein, um sich mit einem jüdisch gezeichneten Mime zu identifizieren.«

Dagegen betonte Prof. Bermbach, daß Wagners Werke als dramatische Objektivationen eines Sachkomplexes zu verstehen seien, nämlich als Darstellung der gesellschaftlichen Entfremdung und ihrer Aufhebung. Die einzelnen Figuren seien also keine Emanationen bestimmter Seiten der Wagnerschen Psyche, sondern Teilaspekte eines Gesamtkonzeptes. Prof. Fischer hielt dem entgegen, daß Wagners Musikdramen nicht auf eine theoretische Konzeption reduziert werden könnten, sondern als genuin theatralische Produkte verstanden werden müßten. Das Theater sei aber ohne die affektive Beziehung des Autors zu der dramatischen Konstellation undenkbar. Die emotionale Relation Wagners zu seinen Figuren lasse sich aber nach ihrer Qualität und ihrem Grad unterscheiden. Wagners Sympathien würden dabei durch den möglichen »jüdischen« Charakter der Figuren nicht beeinträchtigt. So habe Wagner Alberich und Kundry in besonderer Weise geschätzt, wie auch in *Das Judentum in der Musik* zwischen der negativen Erscheinung Meyerbeers und der positiven Gestalt Börnes unterschieden werde.

Nach Prof. Rose könnte die Existenz »jüdischer« Figuren und antisemitischer Inhalte in Wagners Werk zugestanden werden, ohne daß dieses zu bannen oder seine Anhänger als Judenfeinde zu bewerten wären. Der Referent vertrat die Auffassung, daß Wagners Mime kein Jude sei, aber einige jüdische Attribute aufweise. Abschließend betonte Herr Horowitz, daß Wagners Kreativität ein Teil seiner vielschichtigen Persönlichkeit sei, die es ihm ermöglicht habe, sich mit verschiedensten menschlichen Typen zu identifizieren.

WOLF-DANIEL HARTWICH

Peter Gay

Wagner aus psychoanalytischer Sicht

Wäre dieser Vortrag mit einem Untertitel versehen, hätte er wohl gelautet »Eine gewagte Freudsche Spekulation« oder »Warum ich Ihnen keine ernsthafte psychoanalytische Studie über Wagner vortragen kann«. Bei den folgenden Bemerkungen darf ich davon ausgehen, daß diese Einschränkungen Berücksichtigung finden. Daß meine Aufgabe ein unmögliches Unterfangen ist, liegt zum einen in der Tatsache begründet, daß es trotz der Überfülle an Material von und über Wagner, das uns wahrlich zu überfluten droht, doch in seinem Leben blinde Flecken gibt, Ereignisse, über die wir nichts wissen, und Erlebnisse, deren Beurteilung uns verschlossen bleibt. Wir haben fast zu viel Quellen, zugleich aber nicht immer die richtigen Unterlagen, um damit arbeiten zu können.

Da der Ruf der Psychoanalyse zur Zeit ständiger Überprüfung ausgesetzt ist und das Fach andauernden Angriffen widerstehen muß, fühle ich mich als psychoanalytischen Verfahren verpflichteter Wissenschaftler auf besondere Weise genötigt, verantwortungsvoll zu urteilen – dies mein zweiter Grund. Diese Verpflichtung wiegt umso stärker, als Freud selbst ausdrücklich davor warnte, die Psychoanalyse als Angriffswaffe zu verwenden – auch wenn er selbst diesem Diktum nicht immer folgte. Anders formuliert sollte der Wissenschaftler, der Wagner ablehnt – und zu denen gehöre ich – den Komponisten nicht mit Hilfe psychoanalytischer Kriterien noch stärker herabsetzen.

Drittens ist jeder nur denkbare pathologische Befund in Monographien, Biographien und den Wagner gewidmeten Spezialuntersuchungen ausführlich erörtert, zumindest aber erwähnt worden. Ich kann hier wenig Neues mitteilen, vielleicht aber doch eine neue Sichtweise anbieten.

Nach diesen einschränkenden Bemerkungen möchte ich die Stoffkreise vorstellen, die in der Wagner-Forschung berührt worden sind. Hier können sich bei Zugrundelegung psychoanalytischer Betrachungsweise – möglicherweise weiterführende – neue Einsichten in Bezug auf Wagners Antisemitismus eröffnen, vor allem was die besondere Heftigkeit seines Antisemitismus angeht.

1. Bis zu seiner Konfirmation im Alter von vierzehn Jahren kannte man Wagner unter dem Namen Richard Geyer als den Stiefsohn von Ludwig Geyer, einem Freund des Hauses, den seine Mutter kurz nach dem Tod des Vaters heiratete.

2. Wagner war geprägt durch Größenwahnsinn und ausgefallene »Phantasien vom Weltuntergang«.
3. Wagner war sich dessen bewußt, einige gemeinhin mit Juden in Verbindung gebrachte Züge zu tragen und pflegte darüber Witze zu machen.
4. Er bemühte sich um Verdrängung seiner Schuld Meyerbeer gegenüber.
5. Das vorrangige Thema von Wagners Opern und Musikdramen ist der Erlösungsgedanke.

Im folgenden werde ich jeden dieser Punkte im einzelnen betrachten und dann prüfen, ob aus diesen Einzelbestandteilen ein schlüssiges Bild Wagners entsteht.

1.

Wagner als Halbjude. Man braucht dem, was wir wissen – und was uns nicht bekannt ist –, nicht mehr viel hinzuzufügen. Zum einen, weil es oft genug erwähnt wurde, zum anderen, weil wir uns auf dem zweifelhaften Boden der Spekulation bewegen. Aus diesem Grund möchte ich nur einige Hinweise ergänzen. Es gibt keinen Anhaltspunkt dafür, daß Ludwig Geyer Jude war, auch wenn Peter Burbidge ihn in seinem Beitrag zu dem kürzlich erschienenen *Wagner Companion* einen »jüdischen Schauspieler« nennt und auf die Ironie des Schicksals hinweist, die darin liegt, daß der unnachgiebige Antisemit vielleicht selbst Jude gewesen sein könnte«.[1]

Zugegeben, es hätte an Wagners Vorstellungen wenig geändert, die Wahrheit über Geyers Familie zu kennen; die »wissenschaftliche« Erforschung der rassischen Vorfahren sollte den Nationalsozialisten vorbehalten bleiben. Wir wissen, daß Wagner seinen Stiefvater liebte und verehrte, so daß in der Person seines Stiefvaters – hätte er Geyer wirklich für einen Juden gehalten – wohl kaum der bewußte Grund für Wagners Antisemitismus gelegen haben könnte. Aber wie sieht es in seinen unbewußten Konflikten aus? Die Vehemenz seines Antisemitismus steht außer Frage. Im Gespräch mit Cosima Wagner im Dezember 1881 zeigt er sich mit größter Deutlichkeit. Der Brand des Ringtheaters am 8. Dezember in Wien hatte Hunderte von Opfern gefordert, Wagner ließ die Katastrophe fast unberührt. Als das Ehepaar am 17. Dezember erneut über die Tragödie sprach, hielt Cosima fest, »Daß 416 Israeliten bei dem Brand umkamen, steigert R.'s Teilnahme für das Unglück nicht.«[2] Am folgenden Tag äußerte er sich ungehalten darüber, gehört zu haben, daß ein Jude im Publikum bei einer Aufführung von Lessings *Nathan der Weise* bei der Textzeile, in der Christus als Jude beschrieben wird, »bravo« gerufen habe. In einer naheliegenden Assoziation – für Wagner naheliegend – führt dies zu den von seiner Frau als »hef-

---

1 Peter Burbidge, *Richard Wagner: Man and Artist*, in: Peter Burbidge und Richard Sutton, *The Wagner Companion* (1979), S. 15.

2 Cosima Wagner, *Die Tagebücher 1869–1883*, ediert und kommentiert von Martin Gregor-Dellin und Dietrich Mack, München und Zürich 1976–1977, 2 Bde., Bd. II, S. 852.

tiger Scherz« bezeichneten Worten: »es sollten alle Juden in einer Aufführung des *Nathan* verbrennen«.[3]

Diese offensichtliche Aggressivität geht über die gesellschaftlich tolerierte antijüdische Bigotterie hinaus und legt die Vermutung nahe, daß Wagner durchaus panische Angst davor gehabt haben könnte, selbst ein Halbjude zu sein. Mit der häufig recht starken Verteidigungsreaktion, die Psychoanalytiker als »Abwehrmechanismus« bezeichnen, mag Wagner dann seine Angst vor der eigenen tiefen Verbindung mit dem Judentum durch seinen vollmundigen destruktiven Judenhaß überdeckt haben.

2.

Wagners anmaßendes Selbstbild, zeitweise an der Grenze zum Größenwahn. In seiner Selbstwahrnehmung lief Wagner wiederholt Gefahr, sich der Selbsttäuschung anzunähern. Ein wichtiger, meist vernachlässigter Aspekt – nach meiner Kenntnis wurde er nur von Paul Lawrence Rose in seiner Publikation *Wagner: Race and Revolution* (1992) seiner Bedeutung entsprechend gewürdigt – ist ein im April 1848 unter dem Einfluß seiner eigenen revolutionären Leidenschaft entstandenes Manifest. In diesem erregten Text läßt er seiner Einbildungskraft die Zügel schießen und beschreibt eine Revolution: »Ich bin das ewig verjüngende, das ewig schaffende Leben! Wo ich nicht bin, da ist der Tod! Ich bin der Traum, der Trost, die Hoffnung des Leidenden! Ich vernichte, was besteht, und wohin ich wandle, da entquillt neues Leben dem toten Gestein.« Er ist dazu bereit, das Gegenwärtige zu zerstören und andere zu ihrem Glück zu führen, er nötigt seine Leser, ihm zu folgen. »Denn ich bin die *Revolution...*« Seitenlang geht es auf ähnliche Weise weiter.[4]

Bei diesem ausgesprochen typischen Gefühlsausbruch fällt besonders die von Extremen geprägte Rhetorik, das Insistieren auf absoluten Werten und – vielleicht am wichtigsten – die augenfällige Freude am völligen Untergang des Feindes auf. Freud weist besonders auf die beiden wesentlichsten Auslöser dieser Freude, auf Sexualität und Aggression hin, mit der sich eine Fülle stark sadistisch gefärbter Emotionen verbinden. In einem wichtigen Brief aus dem Jahr 1854 an seinen Freund, den Komponisten und Dirigenten August Röckel, argumentiert Wagner, daß die Wirklichkeit am deutlichsten durch das Gefühl vermittelt werde und daß »wahres Gefühl nur sinnliches Gefühl sei«. Auch wenn er, das sei zugestanden, hier über die menschliche Sinnlichkeit gegenüber der rein animalischen schreibt, fällt diese Unterscheidung kaum ins Gewicht, denn nach Wagner wird ein Mann einzig durch die Liebe, durch die »Vereinigung von Mann und Weib«, zu einem Mann, ebenso wie eine Frau einzig durch die Liebe zu einer Frau wird. Die Zivilisation seiner Zeit, so Wagner wei-

3 Ebd.
4 *Dichtungen und Schriften*, hrsg. von D. Borchmeyer, Frankfurt am Main 1983, Bd. 5, S. 238ff.

ter, mißfällt ihm. Sie macht Liebe unmöglich und abstoßend. Deshalb sieht er die Notwendigkeit zu einem grundlegenden, revolutionären Wandel. Dunkle Tage erwarten die Götter. »Wir müssen zu sterben lernen«. Ich brauche wohl kaum darauf hinzuweisen, daß Wagners *Ring*, vor allem die *Götterdämmerung*, diese Thematik auf der Bühne behandelt.

Dies ist der Hintergrund, vor dem wir die von Freud so bezeichneten »Phantasien vom Weltuntergang« sehen müssen. Wagners politische Schriften der späten vierziger Jahre des 19. Jahrhunderts sind ebenso wie die *Götterdämmerung* – darauf verwies ich gerade – voller entsprechender Anspielungen. In dem eben zitierten Brief an August Röckel aus dem Jahr 1854 räumt Wagner dem Tod einen wichtigen Platz im Leben ein: »Nur was Wechsel hat, ist wirklich: wirklich sein, leben – heisst: gezeugt werden, wachsen, blühen, welken und sterben: ohne Nothwendigkeit des Todes keine Möglichkeit des Lebens; kein Ende hat nur das, was keinen Anfang hat.«[5] Die zyklische Vorstellung des Lebens ist an sich nichts Neues oder Außergewöhnliches. Im Kontext von Wagners radikaler Einstellung gewinnt sie aber eher ominöse Bedeutung. Die Psychoanalyse erkennt die Untergangs-Phantasien als typisches Symptom schizophrener Persönlichkeiten im aufgeregten Zustand, die sexuelle Variante gelegentlich während des Orgasmus – als kleinen Tod. Interessanterweise sieht Freud in Wagners *Tristan und Isolde* einen Fall von Untergangs-Phantasie.[6] Ich möchte hier ausdrücklich betonen, daß ich Wagner nicht im klinischen Sinne für wahnsinnig oder auch nur annäherungsweise von einer solchen Krankheit gezeichnet halte. Allerdings war er stark wechselnden Launen ausgesetzt und von heftigster Aggressivität. Seine »Philosophie« – wenn man sie als solche bezeichnen mag – stand im Einklang mit seinen inneren Erfahrungen. Er war kein Rationalist, sondern ganz im Gegenteil ein prinzipieller Irrationalist. »Alles im Leben entscheidet schließlich der unwillkürliche Trieb« schrieb er dem Komponisten Peter Cornelius 1864.[7]

Diese Beobachtungen sind wichtig. Als wesentlich – nicht etwa als nebensächlich – sah Wagner seine Rolle des Welt-Zerstörers an, der schließlich eine neue Welt erschafft. Er ist ein Werkzeug des Schicksals. In einem Brief an Röckel stellt er fest, daß er unter einem Zwang stehe, seine Kunstwerke zu schaffen. Unter dem Diktat höherer Mächte ist er passiv, lediglich ein Mittler. In der »wirklichen« Welt aber muß er der Meister sein und brüstet sich stolz, mit eben diesen Qualitäten eines Meisters ausgestattet zu sein. 1835 berichtet er seinem Freund Theodor Apel, daß es ihm gelungen sei, die Schauspielerin Minna Planer, dieses »früher so kalte, unzugängliche, indifferente Geschöpf« zu unterwerfen, indem er sie »erwärmt« hat »bis auf das innerste Mark ihres Daseins«. Er fährt fort: »Ich habe sie zum weichen hingebenden

5 Wagner an August Röckel, 25. und 26. Januar 1854, in: *Briefe*, ausgewählt und herausgegeben von Hans-Joachim Bauer, Stuttgart 1995, S. 257, 259, 258.

6 Sigmund Freud, *Psychoanalytische Bemerkungen über einen autobiographisch beschriebenen Fall von Paranoia (Dementia paranoia)*, in: *Gesammelte Werke*, London 1945, Bd. 8, S. 239–320.

7 Wagner an Peter Cornelius, 31. Mai 1864, *Briefe*, a. a. O., S. 417.

Weibe gemacht [...] ich bin ihr Despot geworden [...] sie opfert mir alles«. Ausschließlich dank dieser Erfahrungen zeigt sie nun bei ihrem Spiel auf der Bühne »Leben, Wärme, Gluth«.[8]

Das klingt, als berichte ein junger Mann einem Freund stolz von einer Eroberung. Solche Worte sind für Wagners geistige Verfassung aber typisch. Jeder ist ihm ergeben. »Es ist kaum glaublich« schreibt er an Röckel über seinen Freund Liszt, »mit welcher Liebe und rastlos thätigen Ergebenheit dieser Mensch an mir hängt.«[9] Sogar sein ihn »zärtlichst liebendste Thier«, sein Papagei, »verlangt immer so sehnsüchtig zu mir heraus«.[10]

Wagners Ehrgeiz ging ins Grenzenlose und ließ ihn nie auch nur einen Moment innehalten. Schon ein Vierteljahrhundert vor der Eröffnung des Festspielhauses in Bayreuth, das ihm und seiner Musik eine einzigartige und gefeierte Monopolstellung erlaubte, bestand er darauf, daß seine »Nibelungendramen« nach ihrer Fertigstellung anläßlich eines großen Festes, »welches vielleicht eigens zum Zwecke eben dieser Aufführung zu veranstalten ist«,[11] gegeben werden müßten. 1852 schreibt er aus Zürich an Theodor Uhlig, daß er »die gewöhnlichsten Tanzmusiker [...] zu Leistungen befähigt, von denen das Publikum und sie selbst zuvor keine Ahnung hatten«;[12] sechs Jahre später berichtet er seiner Frau aus Straßburg, daß er bei einem Konzertbesuch von mehreren Musikern erkannt wurde, die zur *Tannhäuser*-Ouvertüre ansetzen wollten, und freundschaftlich zum Dirigieren des Stückes genötigt wurde – und »das ganze Orchester blickt freudestrahlend auf mich.« Er gibt zu, daß ihn das tief ergriffen habe. »Unter heißen Tränen fühlte ich, daß mir eben der Lorbeer bestimmt sei.« Und stellt schüchtern in Abrede: »Nun, ich sucht' ihn nicht. –«[13] Dieser Anflug von Bescheidenheit wurde von seinem Verhalten aber unterminiert. An Liszt schrieb er einmal: » – aus Grösse, Ruhm, und Volksherrschaft mache ich mir gar nichts.«[14] Wenn irgendeiner mit Größe, Ruhm und Herrschaft über das Volk etwas anfangen konnte, dann Richard Wagner.

Ein unvermeidlicher Bestandteil dieser gewaltigen Selbsteinschätzung war eine antibürgerliche, eine »aristokratische« Geisteshaltung. Wagner war hierin durchaus nicht allein. Gegen Ende des 18. Jahrhunderts boten Goethes *Leiden des jungen Werther* einen geeigneten Ausgangspunkt; Künstler – ganz gleich ob Dramatiker, Novellisten, Maler, Dichter, Bildhauer oder Komponisten – begannen sich als Elite zu verstehen. Die gewöhnlichen Konsumenten der Kulturgüter, mit anderen Worten: die Bürger, konnten die von dieser Elite geschaffenen Werke kaum genügend

8 Wagner an Theodor Apel, 2. Oktober 1835, *Briefe*, a. a. O., S. 29.
9 Wagner an August Röckel, 24. August 1851, *Briefe*, a. a. O., S. 199.
10 Wagner an Theodor Uhlig, 20. Februar 1851, *Briefe*, a. a. O., S. 193–194.
11 Wagner an Franz Liszt, 20. November 1851, *Briefe*, a. a. O., S. 212.
12 Wagner an Theodor Uhlig, 15. Februar 1852, *Briefe*, a. a. O., S. 225.
13 Wagner an Minna Wagner, 15. Januar 1858, *Briefe*, a. a. O., S. 326–327.
14 Wagner an Franz Liszt, 12. Juni 1856, *Briefe*, a. a. O., S. 304.

schätzen.[15] In gewohnt energischer Weise trieb Wagner diese Gegnerschaft auf die Spitze. 1842 schrieb er Robert Schumann, daß er unter einem ganzen Publikum nur auf »*sehr* wenige« etwas gebe.[16] Sieben Jahre später schrieb er Liszt: »An die krämer kann ich mich nicht wenden, nur an wirkliche adlige menschen – nicht an menschliche fürsten, sondern an fürstliche menschen!«[17] Kurzum, wie er seiner Frau 1850 eher imposant mitteilte: »Für jetzt ist die moderne Welt hinter mir geschlossen, denn ich hasse sie und mag nichts mehr mit ihr, noch mit dem was man heut zu Tage in ihr ›Kunst‹ nennt, zu thun haben.«[18]

Diese anti-bürgerliche Haltung ging bis zu Wagners Verachtung der, wie er es nannte, »grausamen und unwürdigen bürgerlichen scheinheiligkeit« und »bürgerlichen ehrenpunkte«. Mit diesen Worten schmähte er Jessie Laussots Weigerung, mit ihm zur Erfüllung ihrer Liebe in den Orient zu fliehen – beide waren zu dieser Zeit verheiratet.[19] Gleichgültig, ob er dirigierte oder verführte – er war es, der die Regeln seines Lebens bestimmte.

Antisemitismus ist nicht notwendigerweise ein Teil dieser selbstgefälligen Einstellungen. Die Kombination seiner Ablehnung zeitgenössischer Kultur und seiner Ablehnung der meisten Menschen machte den Antisemitismus für Wagner aber zu einer plausiblen Option. Ihm schienen – und mit dieser Ansicht stand er nicht allein da – die Juden eine moderne Nation par excellence zu sein, eine Nation ohne Heimat, ohne Geschichte, ohne Tradition. Vor allem für jemanden wie Wagner war dann nichts leichter als die Juden für alles Böse – oder das, was er für das Böse seiner Zeit hielt – verantwortlich zu machen.

3.

Wagner der Jude – in einem spirituellen eher denn biologischen Sinne. Vor allem in seinen jüngeren Jahren pflegte Wagner gerne auf eher plumpe Art und Weise eigene, deutlich hervorgehobene Charaktereigenschaften zu verspotten, die er gerne als jüdische Eigenheiten bezeichnete: seine Vorliebe für Geld, seine Neigung zu Schmeichelei, Lügen und Luxus, seine Verweichlichung, seine eifrigen Versuche, verheiratete Frauen zu verführen. »Ich gestehe offen«, schrieb er an Giacomo Meyerbeer, »daß ich Sclavennatur in mir habe.«[20] Er ließ sich gerne über sein bescheidenes Talent aus, über seine »jungfräuliche Scham«, die ihn davon abhielt, Rezensionen seiner eigenen Werke zu lesen, seien sie positiv oder negativ, und über die Prostitution seiner Kunst zugunsten des Geldes. Ein wiederkehrender Refrain in seinem Leben war der Hin-

15 Peter Gay, *Pleasure Wars* (1998), Bd. 5 in: *The Bourgois Experience: Victoria to Freud*, passim.
16 Wagner an Robert Schumann, 5. Oktober 1842, *Briefe*, a. a. O., S. 94.
17 Wagner an Franz Liszt, 14. Oktober 1849, *Briefe*, a. a. O., S. 149.
18 Wagner an Minna Wagner, 4. Mai 1850, *Briefe*, a. a. O., S. 157.
19 Wagner an Julie Ritter, 26.–27. Juni 1850, *Briefe*, a. a. O., S. 164–165.
20 Wagner an Giacomo Meyerbeer, 3. Mai 1840, *Briefe*, a. a. O., S. 58.

weis darauf, daß er Geld brauche, viel Geld; das betraf sowohl den mittellosen jungen Dirigenten wie die gut ausgestattete Kostbarkeit des Bayerischen Staates, zumindest von dessen König.[21]

Diese zweifelhaften Eigenschaften störten ihn aber nur wenig – zumindest soweit er sich ihrer bewußt war. Als er einer Freundin zu erklären versuchte, warum er sich um die Entführung von Jessie Laussot bemüht habe, schloß er schamlos: »Mein gewissen spricht mich frei«.[22] Und in seinen Geständnissen gab er freimütig zu verstehen, in welchem Maße ihn Gemeinheiten erfreuten. In eben dem Brief, der seinem Freund Theodor Apel ausführlich darüber berichtete, Minna Planer zu seiner wahren Sklavin gemacht zu haben, erzählte er, daß er angesichts der Versicherung ihrer Liebe nur darüber nachdenke, wie er sie am besten betrügen könne. »Wenn ich sie so recht absichtlich hintergangen haben werde, habe ich da nicht ein Meisterstück gemacht?«[23] Wieder einmal wirkte seine Prahlerei ein wenig unsicher, sein Gewissen sprach ihn aber wirklich von der Falschheit los. Eine Ursache hierfür lag in der Tatsache, daß er seine Einstellung und sein Verhalten auf andere projizieren konnte, so daß er den Juden genau die nachteiligen Eigenschaften wünschte, die er mit gutem Grund bei sich selbst erkennen konnte.

4.

Meyerbeer. Wagners Verbindungen zu Meyerbeer sind zu bekannt, um sie hier im Detail darlegen zu müssen, bei einer psychologischen Untersuchung Wagners aber unverzichtbar. Seine frühen Briefe an Meyerbeer sind wahre Beispiele von Schmeichelei, von wirklicher Unterwürfigkeit, auch wenn sie nur einen schwachen Abglanz der schwärmerischen Schreiben bieten, die Wagner später an König Ludwig II. schickte. Diese Briefe sind sogar Historikern peinlich, die doch darin geschult sind, Formulierungen aus dem Kontext der jeweiligen Kultur heraus zu interpretieren.

Interessanterweise durchlief Wagners Haltung gegenüber Meyerbeer drei Entwicklungsschritte, meiner Meinung nach einer inneren Logik folgend. Fast scheint es so, als habe Wagners gefügiges Über-Ich, das fast mit jeder Schmeichelei umzugehen verstand, wenn sie nur seinem Ziel diente – der Aufführung seiner Werke in Übereinstimmung mit seinen Wünschen – gelegentlich gestreikt. Es stimmt, daß Disraeli gesagt haben soll: »Jeder mag Schmeichelei; und wenn man sich Königen nähert, dann sollte man sie mit der Kelle auftragen.« Wagner verwendete nicht nur Kellen, sondern benutzte wahre Schaufeln.

Wagner begegnete Meyerbeer zunächst mit der Haltung eines bescheidenen Bittstellers. Angesichts seiner späteren Herabsetzungen ist es bemerkenswert, daß er

21 Siehe vor allem, neben vielen weiteren Briefstellen: Wagner an Eduard Hanslick, Brief vom 1. Januar 1847 und an Franz Liszt, Brief vom 15. Januar 1854, *Briefe*, a. a. O., S. 119 und 252.

22 Wagner an Julie Ritter, 26.–27. Juni 1850, *Briefe*, a. a. O., S. 172.

23 Wagner an Theodor Apel, 2. Oktober 1835, *Briefe*, a. a. O., S. 31.

Meyerbeer in seinem ersten Brief – er bemühte sich um Meyerbeers Empfehlungen, mit der er seine Stellung in Paris zu verbessern hoffte – als einen idealen deutschen Komponisten; nochmals: einen *deutschen* Komponisten bezeichnete. Er nannte Meyerbeer einen »edlen, großmüthigen Mann« und sich selbst »unbedeutend«; er hoffte, daß der große Mann einem Fremden, der sich die Freiheit einer etwas zudringlichen Annäherung nahm, »ein paar kostbare Minuten« widmen möge.[24] Meyerbeer verschaffte Wagner das Erwünschte, und der unterwürfige Bittsteller fuhr mit seinem wahren Trommelfeuer von Schmeicheleien fort. Er nannte Meyerbeer seinen »innig verehrten Herrn und Meister«, pries seine »Engelsgüte« und beschrieb seine eigenen Tränen beim bloßen Gedanken an das, was Meyerbeer, der König der Komponisten, für ihn getan habe.[25] Als Robert Schumann sich einige kritische Bemerkungen über Wagners geliebten Meister erlaubte, protestierte Wagner: »Lassen Sie doch Meyerbeer nicht mehr so herunterreißen; dem Manne verdank' ich Alles u. zumal meine sehr baldige Berühmtheit.«[26]

In der nun einsetzenden zweiten Phase ihrer Beziehung war Wagner dem Menschen Meyerbeer nach wie vor dankbar und sprach diesen Dank auch aus, während er den Komponisten Meyerbeer wegen seiner oberflächlich komponierten Werke zu kritisieren begann.[27] Die dritte Phase setzte bald darauf ein, am geschicktesten und nachdrücklichsten in seinem niederträchtigen Manifest aus dem Jahr 1850, *Das Judentum in der Musik*. In diesem berüchtigten Artikel, den Wagner mit einigen Ergänzungen 1869 erneut publizierte, wird Meyerbeer als geschickter Fälscher vorgestellt, der sich darauf versteht, das halbgebildete Opernpublikum zu verwirren und diese Verwirrung in den Dienst seiner Sache zu stellen. Er ist, kurz gesagt, eigentlich überhaupt kein Komponist.

Dieser zweifache Wechsel wurde auf unterschiedliche Weise erklärt, wobei nicht alle Erklärungsversuche psychoanalytischer Einsicht bedurften. Zweifellos neidete Wagner Meyerbeer dessen Erfolg, und auch andere Dinge waren im Spiel. Der Hinweis auf einen psychoanalytischen Umkehrmechanismus, den man als »undoing« bezeichnet, erleichtert die Erklärung. Wagner widerrief als »sein eigener Herr«, der keinesfalls einem Juden etwas verdanken wolle, alles, was er über Meyerbeer einige Jahre zuvor gesagt und vielleicht sogar gedacht hatte. Er konnte nicht nur schlicht jeden Anlaß zur Dankbarkeit gegenüber Meyerbeer verleugnen: er konnte bequemerweise sogar vergessen, daß er Meyerbeer einen *deutschen* Komponisten genannt hatte. Dieses neue Sicht der Vergangenheit konnte Wagner umso angenehmer ausgestalten – mit anderen Worten: psychologisch für sich selbst passender –, als er seine undankbare Zurückweisung Meyerbeers zum welthistorisch bedeutsamen Kampf zwischen deutscher Kultur und ausländischen Invasoren hochstilisierte. Daß

24 Wagner an Giacomo Meyerbeer, 4. Februar 1837, *Briefe*, a. a. O., S. 42–46.
25 Wagner an Giacomo Meyerbeer, 3. Mai 1840, *Briefe*, a. a. O., S. 53.
26 Wagner an Robert Schumann, 29. Dezember 1840, *Briefe*, a. a. O., S. 73.
27 Siehe vor allem Wagner an Eduard Hanslick, Brief vom 1. Januar 1847, *Briefe*, a. a. O., S. 123–124.

Wagner in seinem Werk *Das Judentum in der Musik* Meyerbeer nicht einmal mit Namen erwähnte, bestärkte ihn in seiner Einstellung, daß er nicht aus persönlicher Kränkung handelte, sondern soziologische Fakten analysierte.

5.

Die Erlösungsthematik. Ich brauche vor diesem Publikum wohl kaum darauf hinweisen, daß die Erlösung in Wagners Werken ein zentrales Thema darstellt, in seinen Opern, seinen Musikdramen, seiner Prosa und seinen Briefen. Wie schon zuvor hat sich Paul Lawrence Rose als sorgfältiger Leser erwiesen. Er führt aus, daß Wagner den Gedanken der Erlösung mit Selbstaufopferung und Tod verbindet, die Erlösung zugleich aber als rein weltliche Angelegenheit betrachtet. Liebende sterben, damit andere erlöst werden. Auf der Ebene der Finanzen oder der Gefälligkeiten erweist sich Meyerbeer aber – wohlgemerkt in Wagners eigenen Worten – als nichts weniger als der Erlöser Wagners. In Bezug auf die deutsche Kultur, ja sogar auf Deutschland selbst, die beide nach dem Erlöser verlangen, muß man den Bewerber um dieses Amt nicht lange suchen. Natürlich ist es Wagner selbst.

Zumindest gelegentlich – abhängig von Wagners jeweiliger Stimmungslage – konnten sogar Juden Erlösung erlangen. Für ihn war der Jude Ahasverus, der ewige, unerlöste Wanderer, das Urbild von Härte und Eigennutz. Und doch nennt Wagner in dem berüchtigten letzten Absatz von *Das Judentum in der Musik* den jüdischen Journalisten Ludwig Börne, der Erlösung auf die einzige einem Juden zugängliche Weise erlangt habe: durch die Zurückweisung alles Jüdischen. Diese Art der Errettung war keineswegs leicht; sie verlangte nach Schweiß, Angst, Leiden. Börne hatte eine solche Erlösung jedoch erlangt – zumindest nach der Ansicht Wagners im Jahr 1850. Wagner beschließt den Aufsatz, indem er seine jüdischen Leser lebhaft anspricht: »Aber bedenkt, daß nur Eines Eure Erlösung von dem auf Euch lastenden Fluche sein kann, die Erlösung Ahasver's: Der Untergang!«[28]

Diese Worte bedürfen der Erklärung. Wagners Kernbegriff »Untergang« bedeutet in der Tat Auslöschung oder Zerstörung, aber dieses verhängnisvolle Schicksal muß nicht unbedingt den Tod, kann auch die persönliche Erneuerung bedeuten. Der Begriff der »völligen Assimilation« würde zu dieser Interpretation passen. Und es gibt in der Tat Beweisspuren, daß Wagner in wenigen, ausgesuchten Momenten wirklich diese gütliche Lösung im Sinn hatte. Als um 1881 die Uraufführung des *Parsifal* bevorstand, verlangte Wagner nach dem hervorragenden Münchner Orchester, das unter der Leitung des grandiosen Dirigenten und unterwürfigen jüdischen Wagnerianers Hermann Levi stand. Wagner wollte verhindern, daß Levi die Premiere dirigierte, aber Ludwig II. machte unmißverständlich deutlich, daß es ohne Levi am Dirigentenpult auch kein Münchner Orchester in Bayreuth geben würde – in Bezug auf

28 Richard Wagner, *Das Judentum in der Musik* (1850), Leipzig 1914, S. 63.

Juden hatte er trotz seiner häufig abgehobenen Ideen einen klaren Verstand. Angesichts dieses überwältigenden Widerstands mußte Wagner sich unglücklich zufriedengeben, quälte dann aber den Sohn eines Rabbiners Levi – fast rachsüchtig, wie es den Anschein hatte –, daß er sich taufen lasse solle. Lassen wir Wagners hier gezeigten Opportunismus einmal außer Acht – die Situation belegt, daß Wagner unter entsprechendem Druck durchaus dazu in der Lage war, zwischen dem Juden als Juden und dem Juden als Christen zu differenzieren. Zumeist aber – er war in dieser heiklen Frage nicht ganz konsistent – entsprach seine Bigotterie eher einem »moderneren Rassismus« denn einer »mittelalterlichen« religiösen Einstellung. In seinen späteren Schriften hatte er mit Börne nicht viel im Sinn; er bezeichnete ihn als einen »geistvollen Juden«, der sich kaum als deutscher Patriot erwiesen hatte.[29] Durchaus zurecht fragt sich Rose: »Wenn Börne, der in *Das Judentum in der Musik* das Musterbeispiel des erlösenswerten Juden darstellt, nicht erlöst werden kann, wie denn dann irgendein anderer Jude?«

Die Juden waren von der Erlösung ausgeschlossen, war sich aber Wagner der eigenen Erlösung gewiß? Wir wissen aus Cosima Wagners sorgfältigen und zahlreichen Tagebuchaufzeichnungen, daß ihr Mann sich insgesamt nicht wohl fühlte. Er schlief schlecht, neigte zu Wutanfällen und litt an allen möglichen unangenehmen körperlichen Leiden. Einer der langen Briefe an Liszt mag Wagners Sicht seiner selbst beleuchten. Wie sollte man Gesundheit erlangen und behalten? »Schafft Euch, Ihr unglücklichen Menschen, eine gesunde Verdauung an, und plötzlich steht das Leben in einer ganz anderen Gestalt vor Euch, als ihr aus der Unterleibsplage heraus es ersehen konntet! Wahrlich, all unsre Politik, Diplomatie, Ehrsucht, Ohnmacht und Wissenschaft, und – leider auch – unsre ganze *moderne* Kunst [...] wahrlich, diese ganzen Schmarotzergewüchse unsres heutigen Lebens haben keinen andren Grund und Boden, aus dem sie wachsen, als – unsre ruinirten Unterleibe!«[30] Es scheint nur allzu einleuchtend, daß viele dieser hartnäckigen Leiden ihren Ursprung in Wagners geistigen Konflikten hatten. Und hier liegt auch ein möglicher Ansatz für das Zusammenführen der unterschiedlichen Erklärungsversuche, die ich vorgetragen habe: Wagner konnte trotz aller Bemühung dem nicht entkommen, der er keinesfalls sein wollte und zum Teil doch war: Ahasverus.

---

29 Richard Wagner, *Deutsche Kunst und deutsche Politik*, in: *Sämtliche Schriften und Dichtungen*, Volksausgabe in 16 Bänden, Bd. 7, Leipzig o. J., S. 82.

30 Wagner an Franz Liszt, 20. November 1851, *Briefe*, a. a. O., S. 215–216.

Zusammenfassung der Diskussion

Auf Frau Prof. Vills Frage, ob nicht die in Cosima Wagners Tagebüchern berichteten Träume in einer psychoanalytischen Deutung berücksichtigt werden müßten, entgegnete Prof. Gay, daß Traumberichte außerhalb des therapeutischen Gesprächs nicht fruchtbar interpretiert werden könnten. Da eigene Traumdeutungen Wagners fehlen, könnten die für die Psychoanalyse interessanten Assoziationen nicht hervortreten. Frau Prof. Vill wies darauf hin, daß Wagners Mythos des Helden ein typisches Indiz für einen Minderwertigkeitskomplex sei. Prof. Gay betonte dagegen, daß man aufgrund des fehlenden Materials über eine psychotische Veranlagung Wagners nur Vermutungen anstellen könne. Das Erwählungsbewußtsein Wagners könne auch auf den romantischen Künstlermythos zurückgehen, der das Außenseitertum in der bürgerlichen Gesellschaft verherrlicht und sich zur gleichen Zeit noch in den Briefen Gustav Flauberts findet. Auf die Frage aus dem Publikum nach Wagners persönlichen Beziehungen zu Juden stellte Prof. Gay fest, daß man diese nicht als Freundschaften bezeichnen könne, da sie primär auf Nützlichkeitserwägungen beruht hätten. Abschließend beklagte Prof. Friedländer, daß sich das Referat auf die biographische Ebene beschränkt und das Werk Wagners als Ausdruck seiner seelischen Welt ausgeklammert habe.

WOLF-DANIEL HARTWICH

Sieghart Döhring

Die traumatische Beziehung Wagners zu Meyerbeer

Für Sonnabend, den 3. April 1880, notierte Cosima in ihrem Tagebuch: »R. hat gut geschlafen, aber von Meyerbeer geträumt, den er in einem Theater wiedergefunden und der ihm gesagt: ›Ja, ich weiß schon, die lange Nase‹, gleichsam als ob R. sich über seine Nase lustig gemacht hätte, worauf R. sich quasi entschuldigt, und das Publikum habe zu der Versöhnung applaudiert.«[1] Bekanntlich ist es nicht ungewöhnlich, daß bei Wagner offiziöse Äußerungen und tatsächliche Einstellungen, hier noch dazu beglaubigt durch das in der Bildersprache des Traumes sich artikulierende Unbewußte, nicht selten weit auseinanderklaffen. Gründe gab es gerade in diesem Falle mehr als genug! Giacomo Meyerbeer, bedeutendster Opernkomponist der Epoche und Jude dazu, war für Wagner eine, wenn nicht die entscheidende Bezugsperson seines künstlerischen Wirkens, seines Enthusiasmus und seiner Polemik, seiner Hoffnungen und seiner Enttäuschungen. Zum Zeitpunkt dieses Traumes freilich hatte Wagner das Ziel seiner Wünsche erreicht, galt er – wie Jahrzehnte zuvor Meyerbeer – als »Mann seiner Zeit«,[2] an dem sich die junge Komponisten- wie überhaupt Künstlergeneration zu orientieren begann. Allerdings waren Meyerbeers Opern, auch wenn sie nun nicht mehr die modernste Position zeitgenössischer Musikdramatik verkörperten, auf den Bühnen der Welt noch immer höchst gegenwärtig, wurden sie in zahlreichen Ländern, darunter etwa Italien, erst jetzt in voller Breite rezipiert. So schien es denn für Wagner an der Zeit, Bilanz zu ziehen, was für ihn nur heißen konnte, sein eigenes nahezu abgeschlossenes Schaffen in seinem Verhältnis zu demjenigen Meyerbeers zu definieren, des einzigen von ihm wirklich ernst genommenen zeitgenössischen Opernkomponisten: im Grunde das Thema seines Lebens, das er in allen seinen Schriften – offen oder verdeckt, in Zustimmung oder in Ablehnung – stets fortgeschrieben hat.

---

1 Cosima Wagner, *Die Tagebücher*, Bd. II 1878–1883, ediert und kommentiert von Martin Gregor-Dellin und Dietrich Mack, München und Zürich 1977, S. 515.

2 So Heinrich Heine, *Über die französische Bühne. Vertraute Briefe an August Lewald. Neunter Brief* [1837], in: *Sämtliche Schriften in zwölf Bänden*, hrsg. von Klaus Briegleb, Bd. 5: 1831–1837, München und Wien 1976, S. 336.

Wenn auch nach außen uneingestanden regte sich beim alten Wagner offensichtlich der Wunsch nach einer vorurteilslosen Neubewertung seiner Beziehungen zu Meyerbeer, was für ihn nur heißen konnte, an eigene ältere Einschätzungen anzuknüpfen. So berichtet Cosima von einem weiteren Traum, in dem Richard sich »mit Meyerbeer Arm in Arm in Paris« gesehen und Meyerbeer »ihm die Bahnen seines Ruhmes« geebnet habe.[3] Der aufbrechende Wunsch nach einer Bereinigung des Verhältnisses schloß natürlich die persönliche Ebene ein, denn daß Wagner sich gegenüber dem Menschen Meyerbeer schuldig gemacht habe, gesteht zumindest sein Traum-Ich unumwunden ein (»worauf R. sich quasi entschuldigt«), aber gerade auf die Person konnte Wagners Bemühen zu diesem Zeitpunkt nicht mehr abzielen (Meyerbeer war längst verstorben), sondern nur noch auf den Künstler, vertreten durch sein Werk. Diesen Sachverhalt chiffriert der Traum, indem er den Akt der Versöhnung zu einer öffentlichen Geste erhebt: Schauplatz ist das Theater und Zeuge das Publikum, – Meyerbeers und Wagners gemeinsames Publikum, das beiden applaudiert. Eine philologisch akribische Lektüre der Stelle könnte dazu angetan sein, diese Interpretation sogar noch weiterzutreiben. Es fällt nämlich auf, daß sich Cosima – höchst ungewöhnlich – an einer Stelle selbst in die Wiedergabe des Traumes deutend einschaltet: »gleichsam als ob R. sich über seine Nase lustig gemacht hätte«, heißt es dort. Der Meyerbeer des Traumes freilich hatte sich zuvor an Richard lediglich mit den Worten gewandt: »Ja, ich weiß schon, die lange Nase«, nicht: »meine lange Nase!« Glaubte Cosima, mit ihrem interpretierenden Einschub jeden Zweifel daran zerstreuen zu müssen, es könnte auch eine andere Nase gemeint gewesen sein als diejenige Meyerbeers?

Auf jeden Fall dekuvriert der Traum ein verschlüsseltes Eingeständnis der Nähe zu Meyerbeer, eine Nähe, die Wagner zu Beginn seiner Karriere auf mitunter peinlich-aufdringliche Art gesucht, die er in der entscheidenden Phase seiner künstlerischen Entwicklung in verletzender Polemik von sich gewiesen hatte und die er nun am Ende seiner Laufbahn in distanziertem Rückblick als eine historische zu akzeptieren beginnt. Mag die Anlehnung des jungen Wagner an Meyerbeer auf der persönlichen Ebene auch stark von Berechnung geprägt gewesen sein (von dem Pariser Starkomponisten erhoffte er sich Protektion, die er auch erhielt), so entsprang sie doch ebenso künstlerischer Überzeugung, wie sein zu Lebzeiten unpublizierter Aufsatz aus der Zeit um 1840 *Über den Standpunkt der Musik Meyerbeers*[4] mit seinem

3 [Donnerstag 26ten Sept. 1872]. »Er [= R.] erzählte mir, daß er die Nacht allerlei ›eitle Träume‹ gehabt, u.a. daß wir mit dem König von Bayern gefahren wären, der uns in der ostensibelsten Weise seine Huld bezeigt hätte; dann wäre er mit Meyerbeer Arm in Arm in Paris gewesen, und Meyerbeer ebnete ihm die Bahnen des Ruhmes [...].« (Cosima Wagner, *Die Tagebücher*, Bd. I 1869–1877, ediert und kommentiert von Martin Gregor-Dellin und Dietrich Mack, München und Zürich 1976, S. 576f.)

4 Unter dem 24. November 1851 notierte Meyerbeer in seinem Tagebuch: »Ich fand nachträglich ein Manuskript Aufsatz von demselben Richard Wagner von seiner Hand geschrieben (10 Jahre alt), den er mir damals zum Druck übergab, und in dem er mich überschwenglich lobte; er ist betitelt: Über den

flammenden Bekenntnis zur gesellschaftlichen Rolle der Meyerbeerschen historischen Oper ebenso eindringlich demonstriert wie seine eigenen Opern und Opernentwürfe aus diesen Jahren. Um 1850 erfolgt dann als Reaktion auf sich überstürzende Ereignisse und Erfahrungen des Menschen wie des Künstlers Wagner die abrupte Abwendung von Meyerbeer, erkennbar zunächst an den Schriften aus dieser Zeit (in erster Linie *Das Judenthum in der Musik*, *Oper und Drama*, *Eine Mittheilung an meine Freunde*), bald darauf auch an der Konzeption der *Ring*-Tetralogie. Auch hier sind taktisches Kalkül und ästhetische Prinzipien unauflöslich ineinander verwoben: Nachdem er *Le Prophète* kennengelernt hatte, muß es Wagner schlagartig klargeworden sein, daß die »Schiene Meyerbeer« weder persönlich noch künstlerisch dazu taugte, ihm die ersehnte Spitzenposition unter Europas Opernkomponisten zu verschaffen, sondern daß er dieses Ziel allein durch forcierte Konfrontation gegenüber Meyerbeer erreichen konnte. So konstruierte er eine Theater- und Operngeschichte, die mit seiner persönlichen Entwicklung als Komponist konvergierte, sein eigenes Werk als Erfüllung des Kunstwollens der Zeit erscheinen ließ. Meyerbeer, dem er noch vor kurzem bescheinigt hatte, ein Wegbereiter zu diesem Ziel gewesen zu sein, beschuldigte er nun, das Haupthindernis zu seiner Erreichung darzustellen. Dies war natürlich berechnend und in der Personalisierung der Polemik auch infam, insofern Wagner seine Absetzbewegung von Meyerbeer nach dem Argumentationsmuster der in ihren wesentlichen Vertretern meyerbeerfeindlichen »Volksgeist«-Ästhetik vollzog – Carl Dahlhaus sprach von ihr treffend als von einer »Ästhetik der Provinz«[5] – und sie dabei antisemitisch instrumentierte. Dahinter stand aber auch eine ästhetische Position, mochte deren historische Begründung noch so fragwürdig erscheinen, eine ästhetische Position, die im nun entstehenden *Ring des Nibelungen* reale und dabei höchst eigenständige künstlerische Formen anzunehmen begann. In Wagners letzter Lebensphase begegnen programmatische Auslassungen zu Meyerbeer kaum noch. Eine Reihe von Äußerungen belegt jedoch, daß ihn das Thema Meyerbeer nicht losließ, es ihn gelegentlich gleichsam obsessiv verfolgte, so wenn ihm – nach dem Bericht Cosimas – bei der Arbeit an *Parsifal* eine Reminiszenz an die Gnadenarie aus

---

Standpunkt der Musik Meyerbeers ...« (Giacomo Meyerbeer, *Briefwechsel und Tagebücher*, Bd. 5, hrsg. und kommentiert von Sabine Henze-Döhring unter Mitarbeit von Hans Moeller, Berlin und New York 1999, S. 454). Den seinerzeit ungedruckt gebliebenen, erst nach Wagners Tod aufgetauchten Aufsatz veröffentlichte Julius Kapp unter dem fiktiven Titel *Über Meyerbeers ›Hugenotten‹* in: *Richard Wagners Gesammelte Schriften und Briefe*, hrsg. von Julius Kapp, Bd. 7 (Aufsätze zur Musikgeschichte I), Leipzig [1911], S. 54ff. Zur Überlieferungsgeschichte des Manuskripts vgl. den Kommentar zur Tagebucheintragung, ebd., S. 929.

5 Carl Dahlhaus, *Motive der Meyerbeer-Kritik*, in: Jahrbuch des Staatlichen Instituts für Musikforschung Preußischer Kulturbesitz 1978, Berlin 1979, S. 35–41; 35. – Der peiorative Beiklang der Formulierung war gewiß beabsichtigt, jedoch ging es Dahlhaus zunächst und vor allem um die gesellschaftliche Verortung unterschiedlicher ästhetischer Positionen: im ländlich-kleinstädtischen Raum die »Volksgeist«-Ästhetik, in den Metropolen, insonderheit Paris, die kosmopolitische Ästhetik.

Robert le diable in die Feder geriet, worauf er die Stelle in der Partitur sogleich überklebte.[6]

Schon sehr früh hat Wagner sein Verhältnis zu Meyerbeer unter dem Gesichtspunkt der Rivalität gesehen und immer wieder durchblicken lassen, Meyerbeer wolle ihm – Wagner – als seinem musikalischen Kontrahenten schaden und konspiriere mit Hilfe seiner weitreichenden Beziehungen im europäischen Kulturleben gegen den ansonsten längst fälligen internationalen Erfolg des Wagnerschen Œuvres, mehr noch: Meyerbeers unbestreitbares Eintreten für Wagner bei verschiedenen Gelegenheiten sei nur halbherzig und tatsächlich unaufrichtig gewesen. Erst nach dem sukzessiven Bekanntwerden von Meyerbeers Tagebüchern, die nicht zur Veröffentlichung bestimmt waren und daher seine persönlichen Meinungen unverstellt widerspiegeln, lassen sich Wagners Anschuldigungen im Detail entkräften. Daß sie überhaupt so lange geglaubt werden konnten, hängt gewiß auch zusammen mit der verzerrten historischen Perspektive der späteren Betrachter, aus der heraus Wagner eine öffentliche Bedeutung zuwuchs, die er zu Lebzeiten Meyerbeers keineswegs besaß. Daß dieser in jenem einen »Rivalen« hätte erblicken können, muß in anbetracht der damaligen Aufführungszahlen Wagnerscher Opern und seines publizistischen Rückhalts als schlechthin absurd erscheinen. Und so finden sich denn auch in Meyerbeers privaten Äußerungen über Wagner keine Spuren von Mißgunst und Ranküne, wohl aber immer wieder Zeugnisse freundlich-sachlicher Anteilnahme an der künstlerischen Entwicklung des jüngeren Kollegen, für ihn ein Vertreter der deutschen Meyerbeer-Schule, dessen Potenz als Musikdramatiker er schon früh erkannte. Bezeichnend in diesem Zusammenhang erscheint Meyerbeers Tagebucheintrag vom 15. März 1861, in dem er auf die Nachricht von dem Pariser *Tannhäuser*-Skandal (er selbst befand sich zu diesem Zeitpunkt in Berlin) Bezug nimmt: »Heute trafen die Nachrichten von der 1. [....] Vorstellung des Tannhäuser ein, der einen vollständigen Fiasco gemacht haben soll. Das Publikum soll viele Stellen förmlich (sowohl in Bezug der Musik wie des Textes) ausgelacht & zuweilen gepfiffen haben. Die Fürstin Metternich & Gräfin Seebach, deren Protektion man die Aufführung des Werkes zuschreibt, wurden so höhnend vom Publikum betrachtet, daß sie nach dem 2. Akt das Theater verließen. Eine so ungewöhnliche Art des Mißfallens einem doch jedenfalls sehr beachtenswerten & talentvollen Werke gegenüber scheint mir ein Werk der Cabale und nicht des wirklichen Urteils zu sein & wird meiner Ansicht nach dem Werke bei den folgenden Vorstellungen sogar von Nutzen sein ....«[7] Der Eintrag belegt klar,

6 [27. Sept. 1881] »Dann arbeitet er [= R.] und klebt zwei Takte in der Erwiderung Parsifal's an Kundry, von welchen er meint, sie seien Meyerbeerisch; der Anlauf zu etwas wie in Grâce, und dann wüßte keiner, wie das behandeln.« (Cosima Wagner, *Die Tagebücher*, Bd. II, a. a. O., S. 799f.) – Offensichtlich haben die Herausgeber die Anspielung auf die berühmte Arie nicht verstanden, denn sonst hätten sie den Kommentar zu dieser Stelle (ebd., S. 1249) wohl nicht auf die deutsche Übersetzung von »grâce« beschränkt.

7 Zitiert nach Heinz Becker, *Giacomo Meyerbeer in Selbstzeugnissen und Bilddokumenten*, Reinbek bei Hamburg 1980, S. 127f.

daß Meyerbeer, von Wagner wiederholt als Drahtzieher seines Pariser Mißerfolgs bezeichnet, nicht verantwortlich für das Ereignis gewesen ist, dessen Hintergründe er offenkundig nicht kennt und hier umständlich nach dem Hörensagen referiert. Obwohl für Meyerbeer zu diesem Zeitpunkt die Einstellung Wagners ihm gegenüber kein Geheimnis mehr wahr, hält ihn dies doch nicht von einer abgewogenen Gesamtbeurteilung des Werkes ab. Um Wagners Oper kennenzulernen, hatte er 1855 bei einer Reise einen Umweg über Hamburg eingeplant, wo man unter Mitwirkung Tichatscheks und Mitterwurzers den *Tannhäuser* gab. Auch hier ist die Tagebuchaufzeichnung überaus aufschlußreich: »Die Oper selbst ist unstreitig eine höchst interessante musikalische Kunsterscheinung. Zwar ist großer Mangel an Melodie, Unklarheit, Formlosigkeit, aber doch sehr große Genieblitze in Auffassung, Orchesterkolorit und zuweilen sogar in rein musikalischer Hinsicht, namentlich in den Instrumentalsätzen.«[8] Wenn auch nicht in der Diktion eines Wagnerianers verfaßt, trifft diese Einschätzung doch aus heutiger Sicht insgesamt erstaunlich präzise den opernhistorischen Standort des *Tannhäuser*. Daß Meyerbeer mit Wagners Behandlung der Gesangsstimmen wenig anzufangen wußte, überrascht nicht, wohl aber hatte er einen Blick für die neuartige Konzeption des Werkes und seine instrumentalen Qualitäten. Auch den Harmoniker Wagner schätzte er hoch, wie indirekt aus einer gutachterlichen Äußerung von 1862 über den Berliner Musikdirektor Karl Friedrich Weitzmann hervorgeht, dessen Kompositionen er »eigenthümliche Harmoniefolgen und andere manigfache geniale Abweichungen« attestierte, wie sie »vornehmlich Richard Wagner, Hauptmann u. andere in ihren neueren Compositionen sich erlaubten.«[9]

Als Meyerbeer am 4. Juli 1856 im Berliner Odeon, dargeboten von der Militärkapelle Wilhelm Friedrich Wieprechts, »Introduktion und Chor aus Lohengrin« hört (so heißt es; zu ergänzen ist: aus dem dritten Akt), vermerkt er lapidar: »ein schönes Stück.«[10] Auf der persönlichen Ebene wahrt er einen kühl-geschäftsmäßigen Umgangston und läßt sich selbst durch die Intimität des Tagebuchs nicht zu Äußerungen von Enttäuschung oder Wut, geschweige denn Haß gegenüber jenem Manne hinreißen, von dem er längst wußte, daß er sein Feind war. Anläßlich eines Londonaufenthalts notiert er am 24. Juni 1855: »Bei letzterem [dem Musikkritiker Georges Hogarth] traf ich mit Richard Wagner zusammen. Wir grüßten uns kalt, ohne mit einander zu sprechen.«[11] Und als er am 13. Oktober 1853 in Paris den Bankier James Rothschild besucht, vermerkt er lediglich kurz und kommentarlos, daß »der jetzt mit

8 Eintrag vom 29. April 1855, vgl. Giacomo Meyerbeer, *Briefwechsel und Tagebücher*, Bd. 6, a. a. O. (Druck in Vorber.).

9 Brief Meyerbeers an das Direktorium und den Senat der Königlichen Akademie der Künste in Berlin vom 12. April 1862 (Meyerbeer-Nachlaß; Staatsbibliothek zu Berlin, Preußischer Kulturbesitz).

10 Tagebucheintrag (Meyerbeer-Nachlaß; Staatsbibliothek zu Berlin, Preußischer Kulturbesitz).

11 Giacomo Meyerbeer, *Briefwechsel und Tagebücher*, Bd. 6, a. a. O. (Druck in Vorber.).

Richard Wagner hier ist.«[12] Vor dem Hintergrund dieser Einstellung erscheint es durchaus plausibel, daß Meyerbeer keine einzige der Wagnerschen Programmschriften außer vielleicht vom Hörensagen kannte. Ein einziger Hinweis findet sich in einem Tagebucheintrag vom 24. November 1851, wo Meyerbeer Wagners »Buch über die Zukunft der Oper« erwähnt, das einen Angriff auf ihn enthalten solle, wie ihm von seinem Sekretär Georges Frédéric Burguis mitgeteilt worden war.[13] Es spricht einiges dafür, daß es sich um *Das Kunstwerk der Zukunft* handelt; sollte Burguis auf *Oper und Drama* hingewiesen haben, so kann er allenfalls auf Gerüchte reagiert haben, denn die Schrift erschien in Buchform erst 1852. Diese Publikation war erstmals im Januar 1852 von dem Wagnerfreund Franz Brendel in der *Neuen Zeitschrift für Musik* besprochen worden, die Meyerbeer jedoch, obwohl eifriger Leser von zahlreichen deutschen und ausländischen Musikzeitschriften, nicht las, spielte doch dieses Blatt aufgrund seiner geringen Auflage und der in ihm vertretenen ästhetischen Außenseiterpositionen in der damaligen Musikpublizistik lediglich eine untergeordnete Rolle.[14] In der *Neuen Zeitschrift für Musik* erschien 1850 bekanntlich auch die Erstfassung von Wagners *Judenthum*-Essay, was seine Verbreitung nicht eben befördert hat. Da zudem Wagner dort nicht als Verfasser genannt wurde, ebensowenig wie in der bald darauf erschienenen französischen Version, konnte sich zunächst kein Verdacht gegen ihn richten, mithin auch Meyerbeer keinen entsprechenden Hinweis erhalten, der ihn vielleicht veranlaßt hätte, sich die Schrift zu verschaffen. Bei seiner notorischen Empfindlichkeit gegenüber Angriffen auf seine Person, direkten wie indirekten, hätte ihn dieser Text gewiß betroffen gemacht und tiefe Spuren in seinen privaten Aufzeichnungen hinterlassen. Da dies nicht der Fall ist, läßt sich allein der Schluß ziehen, daß Meyerbeer *Das Judenthum in der Musik* nicht gekannt hat, was im übrigen die von Jens Malte Fischer festgestellte geringe Resonanz der Erstfassung von Wagners Essay bestätigt.

Nach einer lange vorherrschenden operngeschichtlichen Sichtweise habe Wagner in seinem Frühwerk, vor allem in *Rienzi*, Meyerbeer nachgeeifert, sich jedoch in den folgenden Werken bis zum *Lohengrin* von dessen Einfluß immer entschiedener freigemacht und schließlich ab etwa 1850 mit einem abrupten Bruch gegenüber der älteren Oper, namentlich gegenüber Meyerbeer, seinen eigenen Weg als Musikdramatiker gefunden, einen Weg, der durch die ästhetischen Schriften jener Jahre programmatisch festgelegt und durch den Beginn der Arbeit an der *Ring*-Tetralogie erstmals auch kompositorisch erprobt worden sei. Nach dieser Auffassung wären die Meyerbeerismen in Wagners Frühwerk lediglich als Durchgangsstadium einer im ganzen gradlinigen und folgerichtigen Entwicklung zu verstehen, deren Ziel die endgültige Distanzierung von einem mit zunehmender Skepsis betrachteten Vorbild be-

12 Ebd. Daß Wagner um diese Zeit in persönlichem Kontakt mit Rothschild stand, war bislang nicht bekannt.

13 Vgl. Giacomo Meyerbeer, *Briefwechsel und Tagebücher*, Bd. 5, a. a. O., S. 454.

14 Vgl. den Kommentar zu dieser Tagebucheintragung; ebd., S. 934.

deutete. Diese Auffassung eines prinzipiellen ästhetischen Gegensatzes zwischen beiden Komponisten, der in letzter Konsequenz einer der Kunstmoral sein sollte, geht auf Wagner selbst zurück; sie gegen erhebliche Widerstände durchgesetzt und für über ein Jahrhundert zur operngeschichtlichen communis opinio gemacht zu haben, ist als kunstpropagandistische Leistung gewiß unübertroffen. Die Folgen für das Verständnis der Operngeschichte des 19. Jahrhunderts waren weitreichend und tiefgreifend. Fällt diese Prämisse aber, und aufgrund der neueren Forschung ist sie bereits gefallen, so bedeutet dies nichts weniger, als daß die Musiktheatergeschichte diese Epoche in weiten Bereichen umgeschrieben werden muß. Tatsächlich prägte nicht Distanz, sondern Kontinuität den Prozeß der allmählichen, nie gänzlich vollzogenen Ablösung Wagners von Meyerbeer, Kontinuität hier verstanden nicht als bloße Fortführung des Alten, sondern als dessen interpretierende Weiterentwicklung. Eine das Verbindende eher als das Trennende hervorkehrende Sichtweise auf das Werk beider Komponisten war unter ihren Zeitgenossen weit verbreitet und nur die Voreingenommenheit späterer Musikhistoriker konnte diese Tatsache für so lange Zeit in Vergessenheit geraten lassen. Zahlreich nämlich sind die Stimmen derjenigen, die – mitunter allzu holzschnitthaft – darzutun suchten, daß der Jüngere dem Älteren zeitlebens nachgestrebt habe, zwar oft mit anderen Mitteln, aber stets im gleichen Geiste. Und dieser Geist war, so die verbreitete Auffassung, nicht deutsch, sondern französisch, manche sagten gar »orientalisch«. Im kosmopolitischen Charakter seiner Kunst, über den sie sich durch die deutsche Kostümierung nicht täuschen ließen, erkannten diese Kritiker zu Recht ihre französische Provenienz. Und waren es zumeist auch Wagner-Gegner, die solche Meinungen artikulierten, so deshalb noch lange nicht Meyerbeer-Anhänger, was ihren Auffassungen das Gewicht einer gewissen Objektivität verleiht. Aus dem umfangreichen Chor der konservativen Wagnerkritiker sei hier lediglich die Stimme des einflußreichen Julius Langbehn herausgegriffen, der in seinem nationalen Kultbuch *Rembrandt als Erzieher* Wagners Meyerbeer-Polemik auf ihren Urheber selbst zurückfallen läßt: »Andererseits kann Wagner trotz seines Abscheus vor dem Judenthum einen gewissen Zusammenhang gerade mit Meyerbeer nicht verleugnen. Er hat dessen effektvolle Mache auf nationale Stoffe angewandt, und mit weit überlegener Fähigkeit, aber diese Mache selbst ist nicht national. Er hat Meyerbeer übermeyerbeert.«[15]

Bereits in einem frühen Stadium seiner Karriere, in dem erwähnten Essay *Über den Standpunkt der Musik Meyerbeers*,[16] hatte Wagner seine Rolle als Nachfolger Meyerbeers anvisiert: nicht als dessen Imitator, versteht sich, sondern als Bewahrer von

15 Julius Langbehn, *Rembrandt als Erzieher*, Leipzig 1890, S. 260. Weitere Urteile mit ähnlicher Tendenz bei Thomas Koebner, *Richard Wagner und der deutsche Nationalismus. Ein Versuch*, in: *Richard Wagner: Mittler zwischen Zeiten. Festvorträge und Diskussionen aus Anlaß des 100. Todestages, Schloß Thurnau 1983*, hrsg. von Gerhard Heldt (Wort und Musik. Salzburger akademische Beiträge, Bd. 3), Anif und Salzburg 1990, S. 159–178.

16 Vgl. Anm. 4.

dessen künstlerischem Vermächtnis über die Standortbestimmung Meyerbeers hinaus, dessen opernhistorische Rolle er präzise erfaßt, geht es doch Wagner hier um seine Selbstfindung als dramatischer Komponist und die Entwicklung einer Perspektive für das eigene künftige Schaffen. Da die bislang letzte Periode der dramatischen Musik, die mit Rossini begonnen habe, nun mit Meyerbeer zum Abschluß gelangt sei, müsse »die Zeit in ihrer rastlosen Schöpfungskraft eine neue Richtung hervorbringen [...], in der dasselbe wieder zu leisten sein würde, was jene Heroen geleistet haben.«[17] Man darf wohl vermuten, daß Wagner hier an niemand anderen als sich selbst denkt. Anknüpfend an Argumentationsmuster aus der zeitgenössischen französischen Ästhetik sieht er in Meyerbeers Œuvre mit der Entwicklung der historischen Oper als eines musikalischen Ideentheaters[18] die Erfüllung des ästhetischen Ideals einer Kunstperiode und stellt ihn insofern in eine Reihe mit Händel, Gluck und Mozart, die – wenngleich von Geburt Deutsche – erst durch Überwindung nationaler Beschränktheit in ihre operngeschichtliche Rolle hineingewachsen seien. In diesem Zusammenhang fällt dann die Formulierung: »Meyerbeer schrieb Weltgeschichte, Geschichte der Herzen und Empfindungen, er zerschlug die Schranken der Nationalvorurteile, vernichtete die beengenden Grenzen der Sprachidiome, er schrieb Taten der Musik [...].«[19] Von »ersichtlich gewordene[n] Thaten der Musik« sollte Wagner sehr viel später – 1872 – in seinem Aufsatz *Über die Benennung ›Musikdrama‹* erneut sprechen, nun bezogen auf sein eigenes Werk.[20] In immer neuen Formulierungen umkreist er den philosophisch-religiösen Aspekt des Meyerbeerschen Musiktheaters, etwa wenn es heißt: »Es ist auch nicht mehr nötig, große, gelehrte und ritualmäßige Messen und Oratorien zu schreiben, wir haben durch diesen Sohn Deutschlands erfahren, wie auch auf der Bühne Religion gepredigt werden kann [...].«[21] Als Wagner 1849 mit Blick auf den *Tannhäuser* es als seine künstlerische Absicht bezeichnete, »das publikum in der *oper* durch den *gedanken* zu fassen, nicht bloß durch die *empfindung*«,[22] wollte er allerdings schon nicht mehr wahrhaben, daß er erst vor wenigen Jahren ebendiese Intention bereits Meyerbeer zugeschrieben hatte. Die Position des jungen Wagner vertrat in seinem programmatischen Aufsatz über *Robert*

17 Ebd., S. 58.

18 Vgl. dazu vom Verfasser, *Giacomo Meyerbeer: Grand opéra als Ideendrama*, in: lendemains 31/32, 1983, Heft 8, S. 11–22; tschechisch als *Giacomo Meyerbeer: Grand opéra jako drama idejí*, in: Hudební věda 4, 21, 1984, S. 310–322; italienisch als *Giacomo Meyerbeer: il grand opéra come dramma d'idee*, in: *La drammaturgia musicale*, hrsg. von Lorenzo Bianconi (Problemi e prospettive. Serie di musica e spettacolo), Bologna 1986, S. 365–381.

19 *Über den Standpunkt der Musik Meyerbeers*, a. a. O., S. 54.

20 Richard Wagner, *Über die Benennung ›Musikdrama‹*, in: *Gesammelte Schriften und Dichtungen*, 9. Bd., Leipzig 1873, S. 359–365; 364.

21 *Über den Standpunkt der Musik Meyerbeers*, a. a. O., S. 55.

22 Brief Richard Wagners an Freiherrn von Biedenfeld vom 17. Januar 1849, in: *Sämtliche Briefe*, hrsg. im Auftrage des Richard-Wagner-Familien-Archivs Bayreuth von Gertrud Strobel und Werner Wolf, Bd. II: Briefe der Jahre 1842–1849, Leipzig 1970, S. 638.

le diable von 1854 auch Franz Liszt, wenn er in der neueren Operngeschichte einen Dreischritt erblickt von der »Gefühlsoper« über die »Situationsoper« zur »Charakteroper« mit Rossini, Meyerbeer und Wagner als ihren repräsentativen Vertretern. In Liszts dezidiert internationaler Betrachtungsweise bildet das musikdramatische Œuvre Meyerbeers die Brücke von der älteren Oper zur Oper der Zukunft: »Heute, wo eine junge Generation für die Oper, welche sie nicht ohne Grund *musikalisches Drama* nennt, ein noch adäquateres Ineinanderaufgehen von Poesie und Musik fordert, als es bei Scribe und Meyerbeer erreicht ist, fragen wir, ob man ohne die Experimente dieser beiden dazu hätte gelangen können, diese neuen Forderungen zu stellen?«[23]

Wagners Beziehungen zu Meyerbeer traten in eine neue – die entscheidende – Phase mit dem Erscheinen von *Le Prophète*, uraufgeführt am 16. April 1849 an der Pariser Opéra und im Laufe der folgenden Jahre von so gut wie allen Musiktheaterbühnen der Welt nachgespielt. Wie so viele andere hatte offenbar auch Wagner zu diesem Zeitpunkt eine derart überwältigende »musikalische Tat« von Meyerbeer nicht mehr erwartet, war doch *Le Prophète*, seit fast zehn Jahren immer wieder angekündigt und dann doch zurückgezogen, mittlerweile in Europas Feuilletons zum Gegenstand des Spottes und der Häme über das vorgeblich »ängstliche Genie« (so Heine) geworden, von dem man allgemein geglaubt hatte, er sei künstlerisch ausgebrannt. Der einhellige Erfolg des Werkes muß auf Wagner angesichts seiner gerade damals wieder aufkeimenden Pariser Ambitionen nachgerade als Schock gewirkt haben. Wollte er von seinen Zielen nicht ablassen, was für ihn selbstverständlich außer Frage stand, so mußte er eine neue Strategie zu ihrer Erreichung entwerfen, die das Verhältnis zu Meyerbeer auf der persönlichen wie auf der künstlerischen Ebene grundlegend veränderte. Wagner entschloß sich zur Kampfansage an den führenden Vertreter der zeitgenössischen Oper wie an die von ihm repräsentierte Ästhetik. Die Frage ist allerdings, ob es sich dabei um einen tatsächlichen Bruch gehandelt habe, wie Wagner und seine Anhänger stets behaupteten, oder ob Wagner nicht vielmehr in einer Art dialektischer Volte die historische Oper in ihrer entwickeltsten Form, wie sie ihm mit *Le Prophète* vor Augen stand, als Anreger und Katalysator des von ihm anvisierten Typs des musikalischen Dramas benutzt hat. Eben diesen Schluß legen die Ergebnisse der aktuellen Meyerbeer- und Wagnerforschung mit zunehmender Stringenz nahe.[24] Es war die Erfahrung von *Le Prophète*, die Wagner erst seinen

23 Franz Liszt, *Scribe's und Meyerbeer's Robert der Teufel* [1854], in: *Sämtliche Schriften*, Bd. 5: Dramaturgische Blätter, hrsg. von Dorothea Redepenning und Britta Schilling, kommentiert von Detlef Altenburg, Dorothea Redepenning und Britta Schilling, Wiesbaden 1989, S. 31–41; 38.

24 Vgl. dazu vom Verfasser: *Meyerbeers Konzeption der historischen Oper und Wagners Musikdrama*, in: *Wagnerliteratur – Wagnerforschung. Bericht über das Wagner-Symposion München 1983*, hrsg. von Carl Dahlhaus und Egon Voss, Mainz 1985, S. 95–100; *Die Rolle des »Propheten«: Meyerbeers Grand opéra und Wagners ›Götterdämmerung‹*, in: Programmbuch, Bd. 24: *Götterdämmerung*, Staatsoper Unter den Linden, Berlin 1995, S. 55–61; *Musikdrama: Entstehung und Konzeption von Wagners ›Ring des Nibelungen‹*, in: Sieghart Döhring/Sabine Henze-Döhring, *Oper und Musikdrama im 19. Jahrhundert*, (Handbuch der musikalischen Gattungen, Bd. 13), Laaber 1997, S. 257–281.

eigenen Standpunkt als Musikdramatiker finden ließ, einen Standpunkt, der stofflich als Übertragung des musikalischen Ideentheaters Meyerbeers von der Weltgeschichte auf den nationalen Mythos, kompositorisch als Abkehr von der kosmopolitischen Ästhetik, die Wagners Denken bisher bestimmt hatte, beschrieben werden kann. Hatte Wagner in Anlehnung an die Musikpublizistik der Juli-Monarchie, an der sich auch Heine orientierte, in seinem bereits zitierten Essay von 1840 Meyerbeer als Universalisten gepriesen und behauptet: »... er zerschlug die Schranken der National-Vorurtheile, vernichtete die beengenden Grenzen der Sprachidiome, er schrieb Taten der Musik – Musik, wie sie vor ihm Händel, Gluck und Mozart geschrieben –, und diese waren Deutsche, und Meyerbeer ist ein Deutscher«,[25] so formulierte er 1850 in *Das Judenthum in der Musik* unter Zugrundelegung derselben (!) kompositorischen und ästhetischen Parameter folgendermaßen: »[...] so wirft der jüdische Musiker auch die verschiedenen Formen und Stile aller Meister und Zeiten durcheinander [...].«[26]

In der Tat bildet *Le Prophète* das hauptsächliche Bindeglied zwischen den Œuvres beider Komponisten. Die Handlung der Oper – Aufstieg und Fall des Wiedertäuferkönigs und Sozialrevolutionärs Johann von Leiden (Jean de Leyde), sein schuldhafter Pakt mit den Mächten der Geschichte als des »Reiches des Bösen«, seine »Erlösung« durch die Liebe der Mutter Fidès und sein selbstgewählter Sühnetod – enthält zentrale Motive aus der Ideenwelt der neokatholischen und sozialutopischen Philosophie Frankreichs in den ersten Jahrzehnten des 19. Jahrhunderts,[27] wenngleich Meyerbeer diese Gedanken auf höchstpersönliche Weise rezipiert und daraus eine private Mythologie entwickelt hatte, auf der er die Dramaturgie des Stückes aufbaute. Daß Wagner diese Bezüge sehr wohl bewußt waren, zeigt seine erste Reaktion auf das Werk nach der von ihm besuchten Aufführung an der Opéra 1850, wenn er Johann, ganz in der Terminologie der Sozialutopisten, als den »Propheten der neuen Welt«[28] bezeichnet. Als »szenographische Chiffre jenes Aufbruchs in die *neue Welt*«,

25 *Über den Standpunkt der Musik Meyerbeers*, a. a. O., S. 54.

26 Richard Wagner, *Das Judenthum in der Musik* [1850], in: *Die Kunst und die Revolution – Das Judentum in der Musik – Was ist deutsch?*, hrsg. und kommentiert von Tibor Kneif (Reihe Passagen), München 1975, S. 51–77; 67.

27 Paul Bénichou, *Le Temps des prophètes. Doctrines de l'âge romantique*, Paris 1977, S. 379–564.

28 »In dieser zeit sah ich dann auch zum ersten male den Propheten, – den Propheten der neuen welt: – ich fühlte mich glücklich und erhoben, ließ alle wühlerischen pläne fahren, die mir so gottlos erschienen, da doch das reine, edle, hochheilig wahre und göttlich menschliche schon so unmittelbar und warm in der seligen gegenwart lebt. Tadelt mich nicht um diese meinungsänderung: wem es nur um die sache zu thun, der hält an keinem vorurtheile fest, sondern willig läßt er alle falschen grundsätze fahren, sobald er einsieht, daß diese ihm nur durch persönliche eitelkeit eingegeben waren. Kommt das Genie und wirft uns in andere bahnen, so folgt ein begeisterter gern überall hin, selbst wenn er sich unfähig fühlt, in diesen bahnen etwas leisten zu können. Ich bemerke – ich werde immer schwärmer, wenn ich an jenen abend der offenbarung denke: verzeihe mir!« (Richard Wagner, *Sämtliche Briefe*, hrsg. im Auftrage des Richard-Wagner-Familien-Archivs Bayreuth von Gertrud Strobel und Werner Wolf, Bd. III, Briefe der Jahre 1849–1851, Leipzig 1975, S. 248f.)

wie Matthias Brzoska[29] sich ausdrückte, und durchaus nicht als bloßer Theatereffekt, mußte die Sonne aus elektrischem Licht verstanden werden, die dem Wiedertäuferheer beim Sturm auf die Stadt Münster voranleuchtet, und bezeichnenderweise sollte in *Oper und Drama* gerade diese Szene dazu herhalten, Wagners Polemik gegen die Meyerbeersche Musik als »Wirkung ohne Ursache« zu begründen.[30] Noch eine andere Szene aus dieser Oper erwähnt Wagner (in *Mein Leben*) ausdrücklich, um sie sodann leerer Effekthascherei zu zeihen: die Arie der Fidès aus dem fünften Akt,[31] und wieder ist es – Absicht oder nicht – eine dramaturgisch bedeutsame Stelle, nämlich der Augenblick, da die Mutter des falschen Propheten den Beistand des Himmels für die Läuterung ihres dem Bösen verfallenen Sohnes erfleht. Sollte durch Diffamierung gerade der zentralen Szenen von Meyerbeers Oper jener Ideenbezug verschleiert werden, der *Le Prophète* mit dem *Ring des Nibelungen* verbindet? Dessen geistige Wurzeln dürften doch wohl eher hier, also in einem musikdramatischen Werke, zu suchen sein, als in der Philosophie Arthur Schopenhauers, mit der Wagner nicht vor 1854 in Berührung kam. Erst nachdem Wagner *Le Prophète* kennengelernt hatte, gewinnt der *Ring*-Text durch die Einbeziehung des Machtdiskurses jenen Ideenhorizont, der ihn als geschichtsphilosophische Parabel lesbar macht. Dies wird vor allem deutlich im Vergleich der Schlußszenen von *Le Prophète* und *Götterdämmerung*:[32] hier wie dort Untergangstableaus, die – so im *Prophète* – historisches Geschehen mythisch überhöhen, oder – so in der *Götterdämmerung* – im Mythos eine geschichtsphilosophische Aussage aufscheinen lassen. Die Gemeinsamkeiten zwischen historischer Oper und Musikdrama beschränken sich also keineswegs auf einzelne szenische und musikalische Topoi, sondern reichen in tiefere Schichten der Gattungs- und Werkstruktur, nämlich dorthin, wo sich das Musikdrama von der historischen Oper löst, ohne indes seine Herkunft verleugnen zu können.

Wagners Traum, »sprach er wahr«? Im Wachzustand hat Wagner die geträumte Versöhnung nie vollzogen und in der Folgezeit – mindestens für ein Dreivierteljahrhundert – wurden die Gegensätze eher noch verschärft, wenn auch nicht mehr durch Wagner selbst, sondern durch seine »clique«,[33] wie Meyerbeer schon sehr früh die missionarischen Anhänger Wagners bezeichnete. Die Einschätzung der künstlerischen

---

29 Matthias Brzoska, *Der Prophet der neuen Welt*, in: Wiener Staatsoper, Meyerbeer, *Le Prophète*, Programmheft, Wien 1998, S. 19–26; 22.

30 Richard Wagner, *Oper und Drama* [1852], in: *Gesammelte Schriften und Dichtungen*, 3. Bd., Leipzig 1872, S. 371–375.

31 Wagner behauptet hier, er habe während einer Aufführung des *Prophète* an der Opéra wütend seinen Platz im Zuschauerraum verlassen, »als die berühmte Mutter des Propheten ihren Schmerz in den bekannten albernen Rouladen verarbeitete.« (*Mein Leben. Zweiter Teil, 1842–1850*, vollständige, kommentierte Ausgabe, hrsg. von Martin Gregor-Dellin, München 1977, S. 449.)

32 Vgl. dazu vom Verfasser: *Musikdrama: Entstehung und Konzeption von Wagners ›Ring des Nibelungen‹*, a. a. O., S. 264–268.

33 Brief Meyerbeers an Louis Gouin vom 16. April 1855, vgl. Giacomo Meyerbeer, *Briefwechsel und Tagebücher*, Bd. 6, a. a. O. (Druck in Vorber.).

Beziehung Wagners zu Meyerbeer – dies wurde bereits gesagt – ist von fundamentaler Bedeutung für das Verständnis der Geschichte des Musiktheaters im 19. Jahrhundert, an ihr vor allem entscheidet es sich, ob das hergebrachte Bild lediglich im Zuge fortschreitenden Wissens ergänzt und hier und da korrigiert zu werden braucht, oder ob ein anderes an seine Stelle zu treten hat. Nicht zuletzt aufgrund von Wagners progammatischer ästhetischer Kehrtwendung vom Kosmopolititsmus zum Nationalismus und Antisemitismus, mag diese auch taktisch bedingt gewesen sein und die tiefen Schichten seiner Kunst nicht berührt haben, konnte die »Ästhetik der Provinz«, um nochmals die Formel von Dahlhaus aufzugreifen, jene Schubkraft gewinnen, die sie brauchte, um von der ursprünglichen Minderheitsposition zur herrschenden »Lehre« zu werden, von der Provinz her schließlich auch die Metropolen zu erobern. Für das kulturelle Klima Europas hatte dieser ästhetische Paradigmenwechsel tiefgreifende Folgen, und einmal mehr zeigt sich hier, daß Musik- und Theatergeschichte nicht isoliert betrachtet, sondern nur als Teil der Geistesgeschichte begriffen werden können. Unter dem Druck der zutagegetretenen historischen Fakten zu Wagners Leben und Werk, aber auch unter dem Druck der Geschichte selbst, deren fatale Folgen über eine komplizierte Ursachenkette mit eben diesen Fakten verbunden sind, hat inzwischen ein Revisionsprozeß eingesetzt, der noch lange nicht abgeschlossen ist.

Zusammenfassung der Diskussion

Prof. Borchmeyer wies auf die Parallele in Wagners Beziehungen zu Heine und Meyerbeer hin. In beiden Fällen greife Wagner die Anregungen der kosmopolitischen Moderne auf, um ihr später eine Ästhetik der Provinz entgegenzustellen und so die eigene Urbanität zu verhüllen. Prof. Bermbach betonte den universalistischen Charakter der Wagnerschen Ästhetik, den er nur an deutschen Themen exemplifiziere. Der Komponist gehe in der Wahl seiner dramatischen Vorwürfe vom nationalen Historiendrama zum Mythos über, der ein allgemeingültiges Strukturmodell darstelle. Prof. Yovel hielt dem entgegen, daß der Mythos im historischen Kontext zumeist ein ethnisches Selbstverständnis artikuliere und in der Moderne von der nationalistischen Ideologie rezipiert werde.

Auf Prof. Danusers Frage nach der Bedeutung Wagners für das Verschwinden der Werke Meyerbeers betonte der Referent die unterschwellige Wirkung der Wagnerschen Polemik innerhalb der Musikwissenschaft, die auch unabhängig von antisemitischen Vorurteilen zur Geltung komme. Da sich Meyerbeers Werke nicht in die von Wagner übernommenen ästhetischen Kategorien fügten, seien sie aus dem musikdramatischen Kanon ausgeschlossen worden. Wagner und Verdi hätten so zu den alleinigen Gipfelpunkten der Oper im 19. Jahrhundert avancieren können. Die Diskussion wandte sich auch der aktuellen Frage einer möglichen Erweiterung des Bayreuther Spielplans zu. Prof. Fischer befürwortete, daß Werke Meyerbeers in Bayreuth gespielt werden sollten, aber nicht als Akt der »Wiedergutmachung«, sondern aufgrund ihrer besonderen geistesgeschichtlichen Bedeutung. In diesem Sinne hätte Wagner selbst Musteraufführungen anderer Komponisten geplant, die für sein Werk von besonderer Bedeutung waren. Für Prof. Döhring wäre dagegen die Aufführung Meyerbeerscher Opern in Bayreuth ein ostentativer unkünstlerischer Akt, der überdies dem Willen dieses Komponisten widerspräche.

Wolf-Daniel Hartwich

Oswald Georg Bauer

Der falsche Prophet

Die Propheten-Aufführung in Paris und die Strategie der Diffamierung

»Auf den Trümmern aller Hoffnungen für einen neuen und edeln Aufschwung, wie er im vergangenen Jahre alle besseren belebt hatte, sah ich hier, als einzigen Erfolg einer auf Kunsttendenzen gerichteten Negociation der provisorischen Regierung der französischen Republik, dieses Werk Meyerbeers gleichsam wie die Morgenröthe des nun schmachvollen Tages der Ernüchterung über die Welt leuchten. Mir ward so übel von dieser Aufführung, daß ich, unglücklicherweise in der Mitte des Parquets placirt, dennoch die stets gern vermiedene Bewegung nicht scheute, welche durch das Fortgehen während eines Aktes seitens eines Zuhörers hervorgerufen wird. Es kam aber in dieser Oper, als die berühmte ›Mutter‹ des Propheten ihrem Schmerz schließlich in den bekannten albernen Rouladen verarbeitet, darüber, daß ich genöthigt sein sollte, so etwas anzuhören, zu einem wirklich verzweiflungsvollen Wuthausbruch in mir. Nie vermochte ich je wieder diesem Werke die geringste Beachtung zu schenken.«[1] So lautet Wagners offizielle, in seiner Autobiographie *Mein Leben* veröffentlichte Version seines Besuches einer Aufführung des *Propheten* in der Pariser Oper. Wagner verschweigt mit Absicht, daß der Eindruck dieser Aufführung, die er am 20. Februar 1850 gesehen hat, sehr viel differenzierter gewesen ist, und er verschweigt ebenfalls die Wirkung dieser Aufführung, die zu den folgenreichsten in seinem Leben gezählt werden muß. Der erste Bericht an den Dresdner Musikwissenschaftler Theodor Uhlig klingt noch sachlich: »Einstweilen habe ich mir den Propheten zum ersten Male in diesem Leben angesehen... Im letzten Acte wurde ich leider durch einen Banquier, der ungemein laut in seiner Loge sprach[,] zerstreut. Sonst habe ich mich überzeugt, und zwar in der 47. Aufführung dieser Oper, daß dieß Werk vor dem Publikum der Pariser großen Oper einen ganz unläugbaren, großen und dauerhaften Erfolg gewonnen hat: das Haus ist stets überfüllt und der Beifall enthusiastischer, als ich ihn sonst hier gefunden habe.«[2]

---

1 Richard Wagner, *Mein Leben*, München 1963, S. 514f.

2 Brief vom 24. Februar 1850.

Merkwürdigerweise kommt er gute zwei Wochen später wieder an Uhlig auf dieses Theatererlebnis zu sprechen, mit ähnlich lautendem Beginn, aber jetzt mit einem ganz anderen Tenor: »In dieser Zeit sah ich denn auch zum ersten Male den Propheten, – den Propheten der neuen Welt: – ich fühlte mich glücklich und erhoben, ließ alle wühlerischen Pläne fahren, die mir so gottlos erschienen, da doch das Reine, Edle, hochheilig Wahre unds göttlich Menschliche schon so unmittelbar und warm in der seligen Gegenwart lebt. Tadelt mich nicht um dieser Meinungsänderung: wem es nur um die Sache zu thun, der hält an keinem Vorurtheile fest, sondern willig läßt er alle falschen Grundsätze fahren, sobald er einsieht, daß diese ihm nur durch persönliche Eitelkeit eingegeben waren. Kommt das Genie und wirft uns in andere Bahnen, so folgt ein Begeisterter gern überall hin, selbst wenn er sich unfähig fühlt, in diesen Bahnen etwas leisten zu können. Ich bemerke – ich werde immer schwärmer, wenn ich an jenen Abend der Offenbarung denke: Verzeihe mir!«[3]

Im ersten Brief konstatiert er nur den außergewöhnlichen Erfolg, der sich nicht leugnen läßt. Der Grundton des zweiten Berichtes ist zwar ironisch, aber das ist nur die eine Ebene. Man spürt die Verblüffung und die Verwirrung, die tiefe Irritation, die sich mit Ironie nicht völlig überspielen läßt. Er trifft nur noch vage Aussagen. »Das Reine, Edle, hochheilig Wahre« und das »göttlich Menschliche«, das »Unmittelbare« und das »Warme« (im Sinne von lebensvoll) waren Begriffe, die Richard Wagner als die Prinzipien seiner eigenen Kunstrichtung verstand. Noch in der ironischen Brechung in diesem Zitat sind die Enttäuschung und die Ohnmacht über die Wirkungslosigkeit dieser Prinzipien, dieser »falschen Grundsätze« angesichts des »unläugbaren Erfolges« dieses »Propheten der neuen Welt« deutlich herauszulesen.

Meyerbeer war mit der Uraufführung des *Propheten* an der Pariser Oper gelungen, was bis dahin niemand für möglich gehalten hatte: er konnte den Erfolg seiner beiden vorhergegangenen Uraufführungen an diesem Haus noch übertreffen. *Robert der Teufel* im Jahr 1831 wurde der erste Welterfolg der Pariser Oper. Fünf Jahre später, 1836, brach er mit den *Hugenotten* alle Rekorde, die Kasseneinnahmen überstiegen erstmals die magische Grenze von 10 000 Francs pro Abend. Die Uraufführung des *Propheten* am 16. April 1849 war, nach dreizehn Jahren, erstmals wieder eine echte Meyerbeer-Premiere, und die Erwartungen waren dementsprechend hoch. Das französische Parlament war an diesem Abend nicht abstimmungsfähig. Die Deputierten saßen in der Oper. Der Erfolg des neuen Werkes begann schon mit der Premiere und er wuchs sich weltweit so beispiellos aus, daß man mit Recht von einer »Jahrhundertoper« gesprochen hat.

In enger Zusammenarbeit mit dem Librettisten Eugène Scribe achtete Meyerbeer peinlich darauf, daß dieser Großmeister der Opernbücher ihm keine Szenen vorschlug, die er schon in anderen Opern verwendet oder schon anderen Komponisten versprochen hatte. Der *Prophet* sollte ein Original-Produkt werden. Er spielt nicht in

3 Brief vom 13. März 1850.

der höfischen Welt, wie noch die *Hugenotten*, sondern im ländlichen Milieu, in den Niederlanden, in der Gegend um die Stadt Münster und in Münster selbst. Das Personal aus Bauern, Aufständischen und Wiedertäufern, Außenseitern am Rande der Gesellschaft bot keine Gelegenheit zur Entfaltung prunkvoller Kostüme, einem der traditionellen, klassischen Wirkungsmittel der Grand opéra. Die »Couleur locale«, die genaue Beachtung der historischen Treue im Bühnenbild und in den Kostümen wurde von Meyerbeer erweitert und verfeinert zur »Couleur du temps«, zum Farbe einer ganz bestimmten historischen Epoche. Der szenische und musikalische Grundton des *Propheten* ist, nach Meyerbeer, »sombre et fanatique«, düster und fanatisch, dem Sujet angemessen.

Der erste Akt spielt in den Niederlanden, in einer ländlichen Gegend mit dem Fluß Maas im Hintergrund und Windmühlen in der Ferne, mit Bauernhäusern auf der linken Bildseite und – als architektonischem und sozialem Kontrast dazu, mit dem Schloß des Grafen Oberthal auf der Gegenseite. Folgt dieser Akt niederländischen Landschaftsgemälden, so der zweite, der in der ländlichen Schenke des Jean van Leyden und seiner Mutter Fides spielt, den so beliebten Wirtshausszenen in der holländischen Malerei. Der dritte Akt bietet ein reines Landschaftsbild. Eine winterliche Waldlichtung in der Nähe von Münster mit einem zugefrorenen See in der Mitte, am Rand die Zelte des Feldlagers der aufständischen Wiedertäufer. Die Abenddämmerung bricht herein. Über den See kommen Bauern aus der Gegend auf Schlitten an und bringen den Aufständischen Proviant im Tausch für Beutegut. Aus der Ferne, über das Eis des Weihers, tauchen Schlittschuhläufer auf und tanzen auf dem Eis. Um den richtigen perspektivischen Eindruck zu erreichen, wurden die Schlittschuhläufer ganz hinten von kleinen Kindern dargestellt, die antanzten und in der Bühnenmitte hinter der Walddekoration wieder verschwanden, während größere Kinder hervorkamen und weitertanzten, die dann erst im vorderen Teil der Bühne von den eigentlichen, erwachsenen Tänzern ersetzt wurden. Dieses Schlittschuhläufer-Ballett war die ungewöhnlichste Balletteinlage, die in der Pariser Oper je zu sehen gewesen war. Für die Schlittschuhe hatte man Rollschuhe, die Meyerbeer aus Berlin hatte kommen lassen, entsprechend verkleidet. Um die Illusion eines vereisten Weihers zu erzeugen, wurde der Bühnenboden mit Segeltuch ausgelegt und mit weißer und eisblauer Ölfarbe stark glänzend bemalt. Auf den Ästen der Bäume zauberten Flöckchen von Baumwolle und kleine Plättchen aus Glas den Eindruck von Schnee und glitzerndem Frost. Ein Winterbild von ganz eigentümlicher Poesie. In Paris witzelte man, in den Konditoreien gäbe es schon seit Tagen kein Eis mehr, da Meyerbeer alles Eis für sein Schlittschuhläufer-Ballett aufgekauft habe. Und selbstredend wurde das Schlittschuhfahren jetzt der letzte Schrei in Paris. Diese szenischen Effekte wären alleine schon sensationell genug für einen dritten Akt gewesen, aber Meyerbeer ging noch viel weiter. Am Schluß dieses Aktes ruft der Prophet Jean van Leyden zur Entscheidungsschlacht und zur Eroberung der Stadt Münster auf, die man in der Ferne in der Morgendämmerung erblickt. Trompeten ertönen, Jean preist ekstatisch den »König des Himmels und der Engel« und gibt seinen fanatisch entschlossenen Anhängern das Zeichen zum Sturm auf Münster. Über der Stadt, dem neuen Jerusalem, geht die Sonne auf. Ihren Glanz konnte man kaum aushalten. »Wir haben eine wirkliche Sonne gesehen, deren Strahlen bis in den Zuschauerraum drangen und auch die hintersten Logen noch beschienen«, schrieb, völlig überwältigt, der Komponist Adolphe Adam. Der Effekt des Sonnenaufganges sei »einer der neuesten und schönsten, die man im Theater gesehen hat.« Meyerbeer hatte den Mechaniker und Erfinder Leon Foucault beauftragt, eine Kohlebogenlampe so einzurichten, daß sie in der Lichtstärke regulierbar war, ein konstantes, zeitlich nicht begrenztes Licht geben konnte und dadurch für die Bühne verwendbar wurde. Ein Optiker baute schließlich den Apparat, der unter dem technischen Begriff »Regulator« geführt wurde, und den die Theatergeschichte als die »Prophetensonne« kennt. Mit dieser »Prophetensonne« trat das elektrische Licht seine Bühnenkarriere an.

Der vierte Akt beginnt auf dem Marktplatz von Münster und wechselt dann in den Dom, zum musikalischen Höhepunkt der Kirchenszene, der Krönung des Jean van Leyden zum neuen Propheten und »Sohn Gottes«, mit Krönungszug und Krönungsmarsch, mit Orgelklang und großen Chorszenen, die Meyerbeers Stärke waren. Auch ein Kinderchor wurde eingesetzt. Meyerbeer postierte die acht Stimmgruppen des Chores auf verschiedenen, eigens angefertigten Podesten von 1,20 Metern Höhe und erreichte dadurch nicht nur eine Klangstaffelung, einen differenzierten Raumklang, sondern auch ein optisch eindrucksvolles Gesamtbild von monumentaler Wirkung. Der jähe Umschlag in diesem Bild folgt dem dramaturgischen Muster des »unterbrochenen Festes«, einem der wirkungsvollsten Spannungsmomente der großen historischen Oper. Fides erkennt in dem gekrönten Propheten ihren Sohn, und dieser muß seine Mutter verleugnen, um die Fiktion des Gottessohnes aufrecht zu erhalten.

Nach der Kontrastdramaturgie der Grand opéra folgte auf diese prachtvolle Massenszene ein Kerker, ein Gewölbe unter dem Stadtpalast von Münster, in den Fides geworfen wird und in ihrer »Kerkerarie« ihren Schmerz in den bekannten »albernen Rouladen« verarbeitet. Im Entwurf des Bühnenbildners Sechan nimmt dieser Kerker allerdings auch monumentale Dimensionen an und erinnert an die französischen Revolutionsarchitekturen der Ledoux und Boullée. Die Szene wechselt in den Festsaal im Stadtpalast von Münster, in dem das Krönungsbankett stattfindet. Die Eisengitter des Saales werden geschlossen, Graf Oberthal, der Belagerer der Stadt und Anführer der kaiserlichen Truppen dringt ein, zu spät. Explosionen erschüttern des Saal, der Turm mit dem Pulverlager explodiert, der Saal steht in Flammen, die Wiedertäufer singen: »die Hölle erwartet uns«, und der falsche Prophet Jean stirbt in den Armen seiner Mutter Fides den Flammentod. Die Schlußkatastrophe war ein feststehender dramaturgischer Topos der Grand opéra und zählte zu ihren stärksten Wirkungsmitteln. Meyerbeers Schlußkatastrophe erwies sich ihrer erlauchten Vorgängerinnen an der Pariser Oper, zu denen Vulkanexplosionen, öffentliche Hinrichtungen und Mordnächte zählten, mehr als würdig.

Die Wirkung dieser Aufführung war ungeheuer. »Ward je das Unerhörte auf dem Theater Gestalt, so bei der Uraufführung des *Propheten*. Erschütterung und Begeisterung kennzeichneten das aufgebrachte Publikum gleichermaßen. Man hatte den Eindruck, als rüste sich der Saal zu einer Revolution. Man brauchte die Öffnung eines Ventils, um sich zu entladen. Meyerbeer wurde mit napoleonischen Ehren überschüttet. Mögen auch andere bedeutende Komponisten gefeiert worden sein, solch eine Orgie der Zustimmung hat gewiß keiner erlebt. Berlioz neben mir war zu Tränen aufgelöst und vermochte sich nicht zu beruhigen. Mir selbst schlug das Herz bis über die Lippen hinaus, und ich mußte einfach schreien, um mir Luft zu machen.« So schrieb der Komponist Charles Gounod in seinen Memoiren über diesen Premierenabend.

Hinter Wagners Formulierung vom Genie, das uns in andere Bahnen wirft, dem Genie, dem man persönliche Eitelkeit gerne opfert und dem ein Begeisterter überall hin folgt, was mit dieser Inszenierung erreicht worden ist, eine Beeindruckung, die sich mit den Worten »ich werde immer schwärmer, wenn ich an jenen Abend der Offenbarung denke« nur notdürftig durch den Vorhang der Ironie verstecken läßt. Wagner war viel zu sehr Bühnenpraktiker und er besaß genug Theatererfahrung und vor allem einen Instinkt für theatralische Wirkungsmittel, um nicht zu erkennen, daß in dieser Inszenierung mit den hochentwickelten Mitteln der ersten Bühne Europas eine beeindruckende Gesamtleistung entstanden war.

Wagner hat das szenische und musikalische Können der Pariser Oper zeitlebens bewundert, auch wenn er die dort aufgeführten Werke und die dort gepflegte Kunstrichtung nicht geschätzt hat. Bei seinem ersten Aufenthalt in Paris in den Jahren von 1839 bis 1842 war er beeindruckt von der Aufführung der *Hugenotten*, der einzigen Opernaufführung, die er in *Mein Leben* für diese Zeit erwähnt. Sie hat ihn »sehr geblendet«, das »schöne Orchester, die außerordentlich sorgsame und wirkungsreiche Scenierung« gaben ihm einen »überraschenden Vorgeschmack der bedeutenden Möglichkeiten, zu denen so sicher ausgebildete Kunstmittel verwendet werden könnten.« Noch in seinem Lebensbericht *Eine Mitteilung an meine Freunde*, verfaßt im Sommer 1852, schreibt er: »Wenn ich den glänzenden Aufführungen der großen Oper beiwohnte, so stieg mir eine wollüstig schmeichelnde Wärme auf, die mich zu dem Wunsche, zu der Hoffnung, ja zu der Gewißheit erhitzte, hier noch triumphieren zu können: dieser Glanz der Mittel [...] schien mir der Höhepunkt der Kunst zu sein.«[4] Allerdings hatte er da schon erkannt, daß dieser Glanz, wie er ihn »noch nie wahrgenommen hatte«, auch nur Firnis sein konnte, der das »Seichte und Inhaltslose« der Werke verdeckte, ein Oberflächenreiz, angelegt auf Blendung und Täuschung der Zuschauer. Noch im Jahr 1867 schreibt er an König Ludwig II., daß er eine neue Meyerbeer-Oper nirgendwo anders ansehen würde, als nur in der Pariser Oper, für deren Verhältnisse, deren Leistungen und deren

4 Richard Wagner, *Eine Mitteilung an meine Freunde*, S. 260.

Publikum sie als »cultur-historische Studie« konzipiert seien. Was Wagner an der *Propheten*-Aufführung so irritiert haben muß, war die unleugbare Tatsache, daß die so sicher ausgebildeten Kunstmittel der Pariser Oper hier eine Kunstrichtung erfolreich und überzeugend getragen haben, die nicht die Seine war. Und diese Kunstrichtung dominierte nun an allen Bühnen Europas. Schon in diesem Jahr 1850 wurde *Der Prophet* von dreißig Opernhäusern in Europa und in den U. S. A. gespielt, überal verlangte man nach dieser neuesten Pariser Sensation. Bei der Erstaufführung in Wien mußten Militärposten den Andrang an der Kasse regeln, Meyerbeer wurde mit einem goldenen Lorbeerkranz geehrt. Der *Prophet* wurde Wagner zum Paradigma für die Pariser »Kunstmarktwirtschaft« und für die falsche Kunstrichtung der großen historischen Oper. Ende der dreißiger Jahre hatte er sie in Paris erstmals in ihrer Vollendung erlebt und mit seinem *Rienzi* selbst ein Werk dieser Art verfaßt. Jetzt aber war dieses Genre für ihn abgetan, er versuchte sich klar zu werden über neue künstlerische Wege, die ihn schließlich weg von der Historie und hin zum Mythos geführt haben. Mit dem *Propheten* mußte er die Erfahrung machen, daß diese Operngattung, die er für einen Leichnam gehalten hatte, sich noch höchst lebendig behauptete.

Nach seiner Flucht aus Deutschland wegen seiner Beteiligung an der Revolution in Dresden im Mai eben dieses Jahres 1849 war Wagner gezwungen, sich eine neue materielle und künstlerische Existenz aufzubauen. Schon Anfang Juni 1849 reiste er auf den Rat von Franz Liszt nach Paris, wo er knapp fünf Wochen blieb. Am 18. Mai war im *Journal des Débats* ein begeisterter Artikel von Liszt über den *Tannhäuser* erschienen, zu dem Hector Berlioz eine Einführung verfaßt hatte. Meyerbeer, den Wagner zufällig in der Musikalienhandlung von Schlesinger traf, äußerte sich beeindruckt über Liszts Aufsatz. Seine Frage, wie er dies wohl zu nutzen verstehe, empfand Wagner nach seinem eigenen Bericht als eine »widerliche Vermengung« von Liszts Freundestat mit »gemeiner Spekulation«. Er denke an alles mögliche unter den jetzigen politischen Zuständen der Reaktion, nur nicht an »öffentliche Kunstproduktion«, gab er Meyerbeer zu verstehen. Als der ihn darauf fragte: »Aber was erhoffen Sie sich denn von der Revolution? [...] Wollen Sie Partituren für die Barrikaden schreiben?«, antwortete ihm Wagner, er wolle überhaupt keine Partituren schreiben. Wagner erzählt diese, auf den ersten Blick belanglose Episode in *Mein Leben* in ungewöhnlicher Breite. Sie ist eine Schlüssel-Situation, denn sie trifft genau seinen wunden Punkt. Meyerbeer hatte ihm die Gretchenfrage gestellt. Im Gegensatz zu ihm hatte Wagner zu diesem Zeitpunkt kein Werk fertig, das den Grundsätzen seiner eigenen neuen Kunstrichtung genügt hätte, Grundsätzen, die zudem noch einer theoretischen Klärung bedurften. Und er war sich im Klaren darüber, daß sich ein solches Vorhaben an der Pariser Oper und unter seinen persönlichen Lebensumständen kaum so bald würde realisieren lassen.

Wagner hat sich bei diesem Aufenthalt den *Propheten* nicht angesehen, obwohl er damals die Theater-Sensation von Paris war und alle Welt von dieser Inszenierung sprach. Hat er bewußt einen Bogen um diese Aufführung gemacht? Ohne jeder Ergebnis kehrte er Anfang Juli nach Zürich zurück. Die »empörende Nichtswürdigkeit des Pariser Kunsttreibens namentlich auch, was die Oper anbetrifft,« klärte ihn bald darüber auf, daß er hier keine Chance hatte. »Es geht nicht«, schrieb er an seinen Freund Ferdinand Heine nach Dresden. Unter »Meyerbeers Geldeinflusse« seien die »Pariser Opernkunstangelegenheiten so stinkend scheußlich geworden, daß sich ein ehrlicher Mensch nicht mit ihnen abgeben kann.«[5] Der »Pfuhl der zu durchschreitenden Intrigen ist zu groß«, und schon »ganz andere und pfiffigere Kerle« als er selbst haben es dort längst aufgegeben.[6] Bis zum Ende der Opernsaison im Juli 1849, also im Zeitraum von etwa zwölf Wochen, hatte es der *Prophet* allein in Paris auf fünfundzwanzig Aufführungen gebracht, und in der letzten Vorstellung ging ein »Blumensegen« auf die Sänger nieder. Der Tenor Roger, der Darsteller des Jean, mußte durch ein Blumenmeer waten und die Sträuße bündelweise aufheben. Meyerbeer wurde zum Kommandeur der Ehrenlegion ernannt. Die Summe von 19000 Francs, die er für sein Werk erhielt, war die höchste, die die Pariser Oper jemals gezahlt hatte.

Ein halbes Jahr später, am 1. Februar 1850, reiste Wagner nochmals nach Paris, mit der vagen Hoffnung auf eine Konzertaufführung seiner *Tannhäuser*-Ouvertüre und mit dem Entwurf einer neuen Oper, *Wieland der Schmied*, im Gepäck. Dies war sein Versuch für eine Revolutionsoper, damit wollte er, wie er an Hans von Bülow schrieb, das »ganze praktische Kunstwesen« der Zeit in seinem »Haupt-, Mittel- und Ausgangspunkte«, eben Paris, »nach besten Kräften revolutionieren«;[7] denn seine Sache ist, Revolution zu machen, wohin er kommt.[8] Er will das Dogma der fünfaktigen Opernform angreifen, denn das Statut, »nach welchem in jeder großen Oper ein besonderes Ballett sein muß.«[9] Aber in Paris interessierte dies niemanden, und sein Entwurf »erschien mit vollem Rechte jedem lächerlich, der an die französische Sprache, und die Pariser Oper dachte.«[10] Nicht einmal die konzertante Aufführung seines einzigen Vorspiels konnte er zustande bringen.

Das persönliche Erlebnis der *Propheten*-Aufführung, die er endlich am 20. Februar besucht hat, machte ihm gnadenlos deutlich, daß er mit seinem Entwurf für *Wieland der Schmied* unfähig war, in den Bahnen der Pariser Oper etwas zu leisten. Er hat ihn denn auch niemals weiter ausgearbeitet und vertont. Der Zwiespalt, in den ihn diese Aufführung gestürzt hatte, vertiefte sich noch, da ihm eine der Hauptursachen für den Erfolg nicht verborgen geblieben sein kann: Meyerbeer hatte mit diesem Werk nach der Revolution von 1848/49 den Nerv der Zeit getroffen. Aus dem ersten, ironisch formulierten Satz des Eingangszitates aus *Mein Leben* ist dies deutlich

---

5 Brief vom 19. November 1849.
6 Ebd.
7 Brief vom 28. Dezember 1849.
8 Brief an Uhlig, Ende Dezember 1849.
9 Brief an Uhlig vom 27. Dezember 1849.
10 Brief an Ferdinand Heine vom 14. September 1850.

herauszuhören. Franz Liszt hatte Wagner geraten, eine Revolutionsoper zu verfassen, so wie die Aubers *La muette de Portici* (*Die Stumme von Portici*), die die Juli-Revolution von 1830 vorbereitet hatte. In der augenblicklichen politischen Situation sei so etwas erfolgversprechend. Aber diese Oper war schon geschrieben, und sie war höchst erfolgreich: der *Prophet*, die Geschichte vom Aufstieg und Fall der aufständischen Wiedertäufer. Meyerbeer war der Mann der Stunde, er war der Prophet der neuen Welt, nicht Richard Wagner.

Die Folgen dieser Einsicht gerade zu diesem Zeitpunkt in Wagners Biographie können nur als »verheerend« bezeichnet werden.

In seinem ersten *Propheten*-Brief hat Wagner die psychische und physische Krise, in der er sich nach dem Zusammenbruch seiner bürgerlichen und künstlerischen Existenz befand, als eine »Gemütskrankheit« bezeichnet.[11] Unter dem Erwartungsdruck seiner Freunde und der Erfahrung der eigenen Ohnmacht, die ihm der überwältigende Erfolg des *Propheten* so schonungslos bewußt gemacht hatten, brach sie nun mit solcher »Wucht« aus, daß er dem »Untergang nahe geriet«, wie er in seinem Lebensbericht *Eine Mitteilung an meine Freunde* schreibt. »Befreiung aus dieser Hölle« ist Alles, was er sich wünscht.[12] In besagtem *Propheten*-Brief schreibt er, er möchte nicht als »Ratte in der süßduftenden großen Pariser Abtritts-Schlotte umkommen«, er wolle jetzt keine Oper mehr für Paris schreiben, höchstens eine alte, ihm gleichgültig gewordene Arbeit wolle er der »großen Pariser Opernhure« hingeben. Er wäre also doch gerne ihr Freier geworden, aber diese Dame war mittlerweile die »maitresse en titre« eines anderen geworden. Dieser »Andrer« wurde jetzt zum Urheber allen Elends. Am 16. April teilte Wagner Minna mit, er habe in Paris »beim Anblicke des nichtswürdigsten Kunstschachers« den festen Entschluß gefaßt, »dem mir Unmöglichen fortan ein für allemal zu entsagen und dieser ganzen elenden Kunstwirtschaft unwiderruflich den Rücken zu wenden.« Er wollte fliehen aus dieser Welt, fliehen zu einem Menschen, der ihm Zuneigung, Verständnis und Mitgefühl bot. Er verließ Paris und fuhr nach Bordeaux, zu Jessie Laussot. Mit ihr wollte er nach Malta fliehen, nach Griechenland, ja nach Kleinasien. Das wahnsinnige Unternehmen wurde von Jessies Ehemann verhindert.

Wagner war nicht der einzige Opernkomponist, den angesichts des ungeheuren Erfolges des *Propheten* das Gefühl der eigenen Ohnmacht ankam. Hector Berlioz beispielsweise schreibt in seinen Memoiren: »Der Einfluß von Meyerbeer [...] und der Druck, den er ausübt auf Manager, Künstler, Kritiker und konsequenterweise auch auf das Pariser Publikum, gleichviel durch sein immenses Vermögen als durch sein eigenes eklektisches Talent, machen jeden ernsthaften Erfolg auch der Oper unmöglich.« Meyerbeer war so weit über seine komponierenden Kollegen hinausgestiegen, daß niemand mehr an ihn heranreichte.

11 Brief an Uhlig, 24. Februar 1849.

12 Brief an Minna, Anfang März (2. März) 1850.

Abbildung 1:
»Der Prophet«, Paris 1849, 3. Akt
EIN PAAR SCHLITTSCHUHLÄUFER. Zeitgenössische Lithographie.

Abbildung 2:
Charles Cambon, Der Marktplatz von Münster. Bühnenbildentwurf zum 4. Akt, 1. Bild.

Abbildung 3:
»Der Prophet«, Paris 1849, 4. Akt, 2. Bild
DIE KRÖNUNGSSZENE IM DOM ZU MÜNSTER. Zeitgenössische Lithographie.

Pauline Viardot-Garcia als Fides. Lithographie aus der „Galerie dramatique“

Abbildung 4:
Paul Lormier, Figurine »Fides«, Paris 1849.

Abbildung 5:
Paul Lormier, Figurine »Jean van Leyden im Krönungsornat«, Paris 1849.

Abbildung 6:
Charles Séchan, KERKER UNTER DEM PALAST VON MÜNSTER.
Bühnenbildentwurf zum 5. Akt, 1. Bild.

In der Version seines Lebensberichtes *Eine Mitteilung an meine Freunde* brütete Wagner gegen Ende seines Pariser Aufenthaltes »krank, elend und verzweifelnd« vor sich hin. Die Rettung brachte ihm Franz Liszt mit seinem Versprechen, den *Lohengrin* in Weimar uraufzuführen. Einen weiteren »Rettungsversuch« verschweigt er wieder: sein Pamphlet *Das Judentum in der Musik*, das er nach seiner Rückkehr nach Zürich im August 1850 verfaßte, kurz vor der Weimarer *Lohengrin*-Premiere. Meyerbeer und der *Prophet* werden darin nicht namentlich erwähnt, aber um diese beiden ging es. Die Formulierung vom »unläugbaren Erfolg« findet sich auch hier wörtlich. Die in einer Fußnote untergebrachte Bemerkung, der »jüdische Opernkomponist« finde sich durch die schlechten Manieren eines gelangweilten Theaterpublikums nicht verletzt, da er dieses Benehmen aus der Synagoge kenne und es im Theater zumindest weniger unanständig sei, bezieht sich auf den Bankier, der während der *Propheten*-Aufführung ungemein laut in seiner Loge schwätzte und Wagner gestört hat. Aber ein solches Benehmen war kein Charakteristikum der Meyerbeer-Aufführungen, es war in der Pariser Oper allgemein üblich. Man machte Besuche in den Logen, kam und ging wie man Lust und Laune hatte; kaum ein Logenbesitzer sah sich eine Vorstellung ganz von Anfang bis zum Ende an.

Auch die Feststellung, daß der Komponist die gelangweilte bürgerliche Gesellschaft, die im Theater nur Unterhaltung sucht, mit den »Trivialitäten« der historischen Oper und ihrer »natürlichen Albernheit« zu täuschen versteht, wobei er sich nach der Wirkung von »Gefühlskatastrophen« und »Erschütterungen« bedient, ist eine Erkenntnis dieser Aufführung. Der Grund für den Erfolg liegt in der perfekten Täuschung, die dem Komponisten gelingt. Es gehört zum Wesen des falschen Propheten, daß er ein Rattenfänger ist, der seine Anhänger durch Täuschung gewinnt. Und die »Besorgung dieser Täuschung« hat sich Meyerbeer laut Wagner zur »künstlerischen Lebensaufgabe« gemacht. Wagner kann nicht zugeben, daß er selbst kurzzeitig dieser Täuschung des falschen Propheten erlegen ist. Er nennt ihn nur den »berühmten Opernkomponisten«, und das war Meyerbeer unbestritten, zumal in diesem Jahr 1850. Wagner machte ihm zum Vorwurf, daß er »Opern für Paris schreibt« und sie in der »übrigen Welt aufführen« läßt, aber gerade das war ja auch sein eigenes Ziel!

Der falsche Prophet wird von dem wahren Propheten entlarvt, indem er ihn in aller Öffentlichkeit seiner Falschheit bezichtigt. Im *Judentum in der Musik* äußerte sich der »verzweiflungsvolle Wutausbruch«, den die *Propheten*-Aufführung, nach Wagners Schilderung in *Mein Leben*, ausgelöst hat. Er hat sie emotional nicht verkraftet. Die analytische Fähigkeit, die er zweifellos besaß, geht unter in einem Strudel von Emotionen, die völlig außer Kontrolle geraten. Vom Standpunkt der Kunsttheorie und der Musikästhetik ist Wagners Beweisführung völlig unhaltbar, und dies kann selbst ihm in seiner Verblendung nicht verborgen geblieben sein. Da ihm beweiskräftige Argumente fehlen, müssen Diffamierungen an ihre Stelle treten. Vom Thron konnte er Meyerbeer im Augenblick, in dem die Sonne des Propheten auf allen Bühnen Europas leuchtete, nicht stürzen. Über die Diffamierung aber zielte er auf die

»Entlarvung« und die künftige Entthronung des falschen Propheten. Den Gegenbeweis, nämlich mit einem neuen Werk seine neue Kunstrichtung vorzustellen, einen ähnlichen Erfolg zu haben und damit die Richtigkeit seines eigenen Prophetentums zu erweisen, konnte er im Sommer 1850 noch nicht antreten.

Mit dem *Judentum in der Musik* hatte Wagner eine verführerisch-gefährliche Entdeckung gemacht: das Wort als Waffe. »Schreckliches Aufsehen« notierte er in seinen *Annalen*, nicht ohne Genugtuung. Und in *Mein Leben* schreibt er: »Das Aufsehen, welches dieser Artikel machte, ja der wahre Schrecken den er verbreitete, dürften kaum mit einer ähnlichen Erscheinung zu vergleichen sein.«[13] Auch er hatte also die Genugtuung eines Erfolges, wenn auch nicht mit einem neuen Werk für die Bühne. Zweifellos auch ein »unläugbarer Erfolg«. Ein Kurzschluß war dieser Aufsatz nicht, und er hat ihn auch nie zurückgenommen. Im Kontext seiner »Zürcher Kunstschriften«, die zu eben dieser Zeit entstanden, ist er ein Teil der Strategie zur Entlarvung der falschen und zur Durchsetzung seiner eigenen, neuen Kunstrichtung. Er selbst wollte der wahre Prophet, der Prophet der neuen Welt sein. »Der wahre Dichter«, als der er sich selbst verstand, ist »der vorherverkündende Prophet«, und von solchem »Prophetenamte« ist der Jude »der Natur seiner Stellung nach gänzlich ausgeschlossen.«[14]

Wie alle Biographien seit Augustinus, seit Rousseau, seit Goethe unterwirft Wagner seiner Biographie einer literarischen Stilisierung. Bei ihm ist es das Motiv des Bivium, des zweifachen Lebensweges, deren einer steinig durch Dornen und Mühsal zur Höhe führt – per aspera ad astra –, während der andere seicht und flach in der Lasterhaftigkeit verharrt. Wagners Weg ist der dornenvolle, der Weg der deutschen Oper, der Weg von Beethoven und Carl Maria von Weber, seelenvoll und gedankentief. Groß ist die Verführung zur Seichtigkeit, die Verführung der italienischen und der Pariser Oper, die Routine von Rossini und die kalte, unkünstlerische Mechanik der Effekte eines Meyerbeer. Im Sumpf der Pariser Opern-Kloake erscheinen ihm als Fluchtpunkt und als rettende Fata Morgana die klaren, reinen, freien Schweizer Berge. Ehe er als Ratte im Abfallrohr des großen Pariser Abtritts umkommt, möchte er »einen menschlichen Tod in einem Alpenthale« finden, schreibt er in seinem *Propheten*-Brief. Er floh in die Schweiz, unternahm eine ausgedehnte Bergwanderung und kehrte dann erst nach Zürich zurück. Paris, die »längst abgethane gräßliche Vergangenheit«, das »nächtliche Gespenst in ekelhafter Gestalt«, haucht den »Pestgeruch des modernen Babel« aus.[15] Paris ist die große Opernhure Babylon und gibt sich dem falschen Propheten Meyerbeer hin. Paris zieht Wagner hinunter, die Schweizer Berge dagegen richten ihn auf. In den der Bibel entlehnten Bildern von der Hure Babylon und dem falschen Propheten erfährt das Motiv des Lebensweges eine

13 Richard Wagner, *Mein Leben*, S. 554.
14 Richard Wagner, *Das Judentum in der Musik*, S. 74.
15 Richard Wagner, *Eine Mitteilung an meine Freunde*.

religiöse Fundierung und eine pharisäerhafte Dogmatisierung. Es wird mißbraucht als Instrument zur Diffamierung. Das ursprüngliche Entscheidungsmodell des richtigen und des falschen Weges wird umgebogen zum Diffamierungsmodell.

Unmittelbar nach dem *Judentum* beginnt Wagner mit der Niederschrift seines theoretischen Hauptwerks *Oper und Drama*. Die Notwendigkeit, seinen eigenen Standpunkt als Gegenposition zur herrschenden Kunstrichtung darzulegen, war unabweisbar geworden durch den internationalen Erfolg des *Propheten*, der diese Kunstrichtung exemplarisch repräsentierte. Im Vorwort überträgt er das Modell des richtigen und falschen Weges auf Meyerbeers Opern. Der Pfadsucher tappt »in vollster Finsternis umher«, und da, wo »sich der Irrtum in nacktester Widerwärtigkeit und prostituirtester Blöße erkenntlich hinstellt«, wie in Meyerbeers Opern, glaubt der wie durch einen Blitz »vollständig Geblendete den hellen Ausweg zu erkennen« und auf dem »Wege des Heiles« zu wandeln. Der »Weg aus dem Irrtum« führt am Ende zur »Vernichtung dieses Irrtums« und zum Tod der Oper. Der Tod der Oper ist die Voraussetzung zur Geburt des Musikdramas Wagnerscher Prägung. Schon im Vorwort kommt er auf seinen Angriff auf Meyerbeer zu sprechen, und betont, nur eine »offen erklärte und bestimmt motivierte Feindschaft« sei »fruchtbar«, da sie die »nöthige Erschütterung« hervorrufe, die die Elemente reinigt und das Lautere vom Unlauteren sondert. Er will also auch das *Judentum in der Musik* als künstlerische Auseinandersetzung verstanden wissen! Nicht Neid auf den berühmten Kollegen, den er die »glänzendste Erscheinung der modernen Opernkompositionswelt« nennt, habe ihm die Feder diktiert, sondern das Bedürfnis nach Aufklärung über seine Kunst, die »je glänzender sie sich zeigte, desto mehr das befangene Auge blendet, das vollkommen klar sehen muß, wenn es nicht vollständig erblinden soll.« Noch in den Verben »glänzen«, »blenden« und »erblinden« scheint die Sonnen-Metapher, die Sonne des falschen Propheten auf. Im Kapitel »Die Oper und das Wesen der Musik« gibt er einen Abriß über die Geschichte der Oper und über die zeitgenössische Opernproduktion. Darin befaßte er sich mit keinem Werk so ausführlich, wie mit dem *Propheten*. Diese Aufführung hatte ihn mehr beschäftigt, als alles andere, was er in den letzten Jahren gesehen hatte. Am Beispiel des Schlusses des dritten Aktes macht er seine oft zitierte Definition des Begriffes »Effekt« als einer »Wirkung ohne Ursache« fest, der das Geheimnis der Meyerbeerschen Opernmusik ist. Äußerst lebendig, farbig und dramatisch schildert er die Szene der Morgendämmerung im Lager der Wiedertäufer, so als hätte er sie selbst verfaßt: »Der Dichter läßt den Helden [...] im Grauen der Morgendämmerung heraustreten unter die Scharen... Auf seine mächtige Stimme sammelt sich das Volk und diese Stimme dringt bis in das innerste Mark der Menschen, die jetzt des Gottes in sich inne werden... Aus der Begeisterung drängt der Held zur Tat. Er ergreift die Fahne und schwingt sie hoch nach den Mauern dieser furchtbaren Stadt hin... ›Auf denn! Sterben oder Siegen! Diese Stadt muß unser sein!‹ [...] Die Scene muß uns zum Weltschauplatze werden, die Natur muß sich im Bunde mit unserem Hochgefühle erklären, sie darf uns nicht mehr eine kalte, zufällige Umgebung bleiben [...]. Der Dichter zerteilt die Morgennebel, und auf sein Geheiß steigt leuchtend die Sonne über der Stadt auf, die nun dem Siege der Begeisterung geweiht ist. Hier ist die Blüte der allmächtigen Kunst, und diese Wunder schafft nur die dramatische Kunst.« Die dramatische Kunst, nicht die Musik! Denn den Opernkomponisten Meyerbeer verlangt es nicht nach diesem »Wunder«, er will nur die Wirkung, ohne die von Wagner so detailliert geschilderte Ursache. Und diese Wirkung ist, man ahnt es, das »Meisterstück der Mechanik«, der »Sonneneffekt«, die Prophetensonne. Die Ursache ihrer Wirkung müßte die »Verklärung des Helden als Streiters für die Menschheit« sein. Stattdessen »fungirt ein charakteristisch kostümirter Tenorsänger, dem Meyerbeer [...] aufgegeben hat, so schön wie möglich zu singen und sich dabei etwas kommunistisch zu gebaren.« Diese Sonne muß Wagner verhext haben. Nicht weniger als zehn Mal erwähnt er sie in diesem Text über den *Propheten*. Unabweislich ist der Eindruck, daß er als Dramatiker und als Bühnenpraktiker diesen Sonnenaufgang selbst sehr viel besser hätte gestalten können. Er war viel zu sehr fasziniert von neuen bühnentechnischen Lösungen und selbst immer auf der Suche nach neuen »Effekten«, um diese technische Leistung nicht anzuerkennen. Die Szene der Morgendämmerung und des Sonnenaufgangs muß ihn berührt haben, sonst hätte er sich nicht so darin verbissen. Zwei Jahre vorher hatte er im *Lohengrin* selbst eine Morgendämmerungsszene verfaßt. Mit seinen Einwänden will er der Prophetensonne ihren Nimbus nehmen, indem er sie als Rückfall des Dramas in die »reine Mechanik«, als »Äußerlichkeit der Kunst« abwertet.

Daß die große historische Oper bewußt szenische Motive als Effekte inszenierte, erkennt man zum Beispiel an der großen Treppe im zweiten Akt von Meyerbeers *Hugenotten* im Schloßpark von Chenonceaux. Diese Treppe ist nicht die traditionelle Erhöhungs- oder Huldigungstreppe, die zum fürstlichen Thron führt, sondern ein selbständiges Schaustück, das dem einzigen Zweck der effektvollen Präsentation von Kostümen dient. Und in dieser veränderten Form machte die Treppe eine große Theaterkarriere als Revuetreppe. Nach Wagners dramaturgischer Theorie waren Effekte ein schwerer Fehler, aber Effekte gehörten wesentlich zur Dramaturgie der großen historischen Oper Pariser Prägung, und sie waren einer der Hauptgründe für ihren internationalen Erfolg. Die technischen Innovationen, die an der Pariser Oper entwickelt wurden, sicherten ihren Produktionen eine Spitzenstellung. Die hohen Investitionen, die dazu notwendig waren, konnten sich nur durch lange Laufzeiten und durch die internationale Nachfrage amortisieren. Zwangsläufig mußte schon die Dramaturgie des Librettos und der Partitur nach den Kriterien des Erfolgs konzipiert werden. Die große Oper in Paris erhielt zwar staatliche Subventionen, aber ihre Direktoren waren selbständige Unternehmen, die am Gewinn beteiligt waren. Das heißt, sie mußten an einem wirtschaftlichen Erfolg interessiert sein. Diese Organisationsstruktur brachte einen neuen Typ des Theatermanagers hervor, der dieses Flaggschiff aller europäischen Theater nach modernsten Produktions- und Marketingmethoden führte. An der Pariser Oper wurde erstmals systematisch das betrieben, was wir heute »public relations« nennen. Monsieur Véron, eine Figur wie von Balzac erfunden, war der erste Operndirektor, der Reklame in den Zeitungen brachte, Sensationsmeldungen über die neuesten Effekte lancierte, der Anzeigen aufgab, Journalisten bestach und eine eigene Claque beschäftigte. In der Oper fand die zu Ansehen und Vermögen gekommene neue Bourgeoisie ihr neues Versailles, den repräsentativen Rahmen für ihre Selbstdarstellung und für ihre Unterhaltung. Hier wurden die Strukturen entwickelt, nach denen auch noch die Entertainment-Industrie unseres Jahrhunderts funktioniert: das klassische Hollywood-Kino, Broadway-Shows, das Musical und teilweise auch die Pop-Kultur. Die »special effects« de heutigen Kinos hat erstmals die große Oper in ihrer Bedeutung für das Entertainment des Publikums entdeckt.

Meyerbeer hatte keine Schwierigkeiten, mit diesem Opernapparat umzugehen. Er akzeptierte die Gegebenheiten und bediente sich ihrer, um für seine Werke ein bestmögliches Ergebnis zu erreichen. Er hatte keine Berührungsängste vor Effekten. Für das Nonnenballett in *Robert der Teufel* ließ er in der Oper die »trappe anglaise« einbauen, eine technische Vorrichtung, mit der das Auferstehen der toten Nonnen aus ihren Gräbern bewerkstelligt werden konnte, eine Maschine, die bisher nicht an der Oper, sondern in kleineren, schlecht angesehenen Spektakeltheatern verwendet worden war. Für das Schlittschuhläufer-Ballett setzte er sich mit Mabille, dem Leiter eines Vergnügungsetablissements in Verbindung (in Puccinis *La bohème* geht man zu »Mabille«), in dem Galopp und Redowa getanzt wurden, und er baute diese Tänze in sein Ballett ein. Ebenso verstand er es, mit der Presse umzugehen. Fortlaufend erschienen Berichte und Notizen über die Fertigstellung der Partitur, den Beginn der Proben, das Interesse der Öffentlichkeit wurde systematisch aufgebaut. In Meyerbeer greift Wagner das System und die Kunstrichtung der Pariser Oper an. Man mag dies aus seiner subjektiven Situation verstehen, objektiv gesehen war es nicht gerechtfertigt. Meyerbeer fehlte, im Gegensatz zu Wagner, die Propheten-Allüre völlig. Er war an einer solchen Rolle überhaupt nicht interessiert. Er wollte weder eine neue Lehre verkünden noch das bestehende System aus den Angeln heben; dazu achte er viel zu pragmatisch.

Er akzeptierte die Regeln der Pariser Oper, die ihre Produkte als ein Geschäft betrieb, das sich an den Gesetzen des Erfolgs und des Markts orientierte. Schon nach seinem ersten Paris-Aufenthalt Ende der dreißiger Jahre hatte Wagner die Pariser Theater »Kunsthandelshäuser« genannt, er sprach von der »Pariser Kunstwirtschaft« und der »Kunstindustrie«. Dort hatte sich das Theater den Publikumserwartungen angepaßt und bediente sie, und zwar perfekt, mit hoher Qualität. Aber durch diese Anpassung hatte das Theater auch seine Autonomie aufgegeben, es hatte sich in den Dienst der Unterhaltungserwartungen des Publikums gestellt. Es bietet sich an auf dem Markt, es verkauft sich.

Der Welterfolg des *Propheten* hatte Wagner seine Chancenlosigkeit auf diesem Markt schonungslos vor Augen geführt. Er hatte eingesehen, daß er selbst immer wieder auf diesen verachteten Theater-Markt drängen mußte, solange er von diesem Markt abhängig war. Es gab für ihn nur die eine Alternative: sich unabhängig zu machen von diesem Markt, sich von ihm abzukoppeln und mit einem eigenen Werk und einem eigenen Theater sein eigenen Herr zu werden. Im Herbst 1850 entwickelte er erstmals seinen Festspiel-Plan. Im Sommer 1851 verkündete er in der *Mitteilung an meine Freunde* diesen Plan öffentlich und schloß mit den feierlichen Worten: »Nur mit meinem Werke seht ihr mich wieder.«[16] Gut so! Dies war das Beste, was er für sich und auch für uns tun konnte! Wagner hatte wieder einmal seinen rechten Weg, den Weg aus der Krise gefunden, und zwar durch sein Werk.

Katalysator und Geburtshelfer waren Meyerbeer und der *Prophet.*

Der wahre Prophet hatte dem »falschen Propheten« mehr zu verdanken, als er jemals zugegeben bereit gewesen wäre.

16 Richard Wagner, *Eine Mitteilung an meine Freunde.*

Zusammenfassung der Diskussion

Dr. Sven Friedrich griff den Gedanken auf, daß Wagner dem Œuvre Meyerbeers viel zu verdanken habe, wie es schon Zeitgenossen, etwa Robert Schumann, erkannt hätten. Dabei seien aber eher epigonale Elemente in den Vordergrund gestellt worden. Der massive Unwille Wagners gegenüber Meyerbeers Erfolg sei verständlich, weil dieser nicht auf der kompositorischen Qualität der Werke, sondern auf der Konformität von ästhetischem und sozialem Diskurs beruht habe. Prof. Borchmeyer wies dagegen darauf hin, wie stark sich Wagner selbst von diesen Mechanismen habe bestimmen lassen. So verfaßte er mit *Bianca und Guiseppe oder Die Franzosen vor Nizza* ein Werk für die Pariser Oper. Das Stück schließt mit einem Sonnenaufgang, der in der Nachfolge Hegels und Schillers ein revolutionäres politisches Symbol inszeniere. Die Identifikation Wagners mit diesem Bild erkläre, warum ihn Meyerbeers grandiose Umsetzung irritieren mußte. Prof. Fischer verwies auf Wagners Ausführungen über die »unsterbliche Melodie« des Liebesduetts aus den *Hugenotten*, in denen er entgegen seiner eigenen Theorie die Größe Meyerbeers anerkenne.

Wolf-Daniel Hartwich

Susanne Vill

Mahler und Wagner – sichtbares und unsichtbares Theater

Sichtbares Theater – Mahler dirigiert und inszeniert Wagner

1875 im Alter von fünfzehn Jahren wurde Gustav Mahler Student am Wiener Konservatorium der Gesellschaft der Musikfreunde und lernte während der Wiener Studienzeit die musikdramatischen Werke Richard Wagners wie auch seine Schriften kennen. Im Zuge der Wagner-Begeisterung seiner Zeit, die vor allem die musikalische Jugend erfaßt hatte, entwickelte Mahler eine tiefe Verehrung für Wagner, die er sich zeitlebens bewahrte, und die noch in den Briefen der letzten Jahre an Alma nachklingt: 1904 schreibt er: »Jetzt halte ich bei Beethoven. Es giebt [sic] nur den und Richard [Wagner] – und sonst nichts!!«[1]

Tannhäuser und *Lohengrin* waren den Wiener Wagnerianern gut bekannt, und ein Wagner-Kult hatte sich in Wien bereits stark ausgeprägt. 1873 bildete sich eine Kerntruppe um den Wagner-Musikalienladen von Albert Gutmann. Der Wagner-Verein organisierte ein Konzert, in dem Hans Richter Ausschnitte aus *Tristan* und der *Walküre* dirigierte, und Wagner selbst dirigierte 1875 drei Konzerte in Wien, in denen zum ersten Mal Teile aus der eben fertiggestellten Partitur der *Götterdämmerung* erklangen. Das Publikum bereitete Wagner Ovationen.

1877 trat Gustav Mahler dem Wagner-Verein für zwei Jahre bei. Ob er die Erstaufführungen des *Ring des Nibelungen* in Wien, *Walküre* im März 1877, *Rheingold* im Januar 1878, *Siegfried* September 1878, *Götterdämmerung* im Mai 1879 gesehen hat, ist nicht verbürgt. Möglicherweise fehlte dem armen Kind eines Schnapsbrennereibesitzers das Geld für den Stehplatz. Mit den Studienfreunden Rudolf Krzyzanowski und Hugo Wolf muß er aber Wagners Musik studiert haben, denn überliefert ist, daß die Freunde eines Klavierauszugs der *Götterdämmerung* habhaft

1 *Ein Glück ohne Ruh'. Die Briefe von G. Mahler an Alma*, hrsg. von H.-L. de La Grange und G. Weiß, Berlin 1995, S. 209.

werden konnten und so lauthals die Partien von Brünnhilde, Gunther und Hagen sangen, daß die empörte Zimmerwirtin das Terzett ihrer Untermieter kurzentschlossen auf die Straße setzte.

Seit Bekanntwerden mit der Schrift *Religion und Kunst* (1880) wurde Mahler vollkommener Vegetarier, denn davon erhoffte er sich die »Regeneration des Menschengeschlechtes«.[2] – Im Sommer 1883 besuchte Mahler die Bayreuther Festspiele. Nur *Parsifal* stand auf dem Spielplan. Als Besetzung kann Mahler Franz Fischer oder Hermann Levi als Dirigenten gehört, und Heinrich Gudehus oder Hermann Winkelmann als Parsifal, Amalie Materna oder Therese Malten als Kundry gesehen haben; die Spielleitung hatte der Grazer Emil Scaria inne,[3] der noch im Jahr zuvor unter Richard Wagner als erster Gurnemanz aufgetreten war. Von der Aufführung war Mahler tief ergriffen. Überliefert ist seine Äußerung: »Als ich, keines Wortes fähig, aus dem Festspielhaus heraustrat, da wußte ich, daß mir das Größte, Schmerzlichste aufgegangen war, und daß ich es unentweiht mit mir durch mein Leben tragen werde.«[4]

1885 dirigierte er die ersten Aufführungen von *Rheingold* und *Walküre* in Prag. Im Sommer 1888 besuchte Mahler noch einmal die Bayreuther Festspiele, wo *Parsifal* und *Die Meistersinger von Nürnberg* aufgeführt wurden.

Wie stark sich Mahler in seiner künstlerischen Arbeit Wagners ästhetischen Forderungen verpflichtet fühlte, wird deutlich an den Zeugnissen von seiner Probenarbeit als Dirigent in Olmütz, Laibach, Kassel, Budapest, Hamburg, Wien. Wagners Forderung nach Textverständlichkeit setzte Mahler um, als er 1888 zum Operndirektor nach Budapest berufen wurde und für die geplante Aufführung des *Ring des Nibelungen* veranlaßte, daß eine Übersetzung ins Magyarische einstudiert wurde. Er zog ungarische Sänger als Interpreten der Partien heran, statt das Sprachengewirr mit den ausländischen Sängern auf der Bühne fortzusetzen, und er engagierte einen »Vortragsmeister«, der die Diktion überwachte. *Rheingold* und *Walküre* brachte Mahler am 26. und 27. Januar 1889 in magyarischer Sprache zur Aufführung. Die für die Spielzeit 1889/90 angekündigte Fortsetzung des *Ring des Nibelungen* scheiterte dann jedoch an der Reaktion des Publikums, das doch lieber die großen, international bekannten Stimmen im italienisch-deutschen Sprachgewirr hören wollte als Wagners Drama in der eigenen Sprache verstehen.

Aufführungen der Werke Wagners waren in Mahlers Karriere stets Glanzpunkte, die besondere Beachtung fanden. An der Hamburger Oper, wo Mahler vom 1. April 1891 an als Erster Kapellmeister wirkte, war schon 1878 Wagners *Ring des Nibelungen* nachgespielt worden, und Mahler gelang es, die Aufführungen stilistisch weiter auszufeilen. Bei den *Ring*-Aufführungen des Londoner Gastspiels mit Sängern und

2 Zitiert nach Kurt Blaukopf, *Gustav Mahler oder Der Zeitgenosse der Zukunft*, Wien u. a. 1969, S. 45.
3 Ebd., S. 68
4 Ebd.

Musikern der Hamburger Oper erntete Mahler überschwenglichen Beifall; über seine *Tristan*-Interpretation schrieb die »Morning Post«: »Nur das Wort ›vollkommen‹ paßt auf das Orchester, das unter der Leitung Mahlers Wunder vollbrachte.«[5] Der Kritiker der »Sunday Times« erinnerte sich noch vierzig Jahre danach an Mahlers Technik der Einzelproben und an den einheitlichen Ausdruck von orchestraler und vokaler Darbietung, die jede frühere Wagner-Aufführung übertraf.«[6]

In Hans von Bülow fand Mahler einen Förderer, der seine Bedeutung als Dirigent erkannte und ihn für gleichwertig mit Felix Mottl und Hans Richter hielt. Mahler berichtet, daß Bülow ihn bei jeder Gelegenheit in aufsehenerregender Weise coram publico auszeichne, vom Pult aus bei »schönen Stellen« mit im kokettiere, ihm die Partituren zum Mitlesen reiche und sich vor ihm tief verbeuge.[7] Bei einer Benefizvorstellung ließ Bülow Mahler sogar einen Lorbeerkranz überreichen mit dem Schleifenaufdruck »Dem Pygmalion der Hamburger Oper – Hans von Bülow«[8] – Nur das Verständnis für seine Kompositionen suchte Mahler beim älteren Kollegen vergebens. Über seine Reaktion auf den ersten Satz der zweiten Sinfonie berichtet Mahler: »Als ich ihm meine ›Totenfeier‹ vorspielte, geriet er in nervöses Entsetzen und erklärte, daß Tristan gegen mein Stück eine Haydnsche Sinfonie ist, und gebärdete sich wie ein Verrückter.«[9] Bülow scheint gespürt zu haben, daß Mahlers Sinfonik die Welt des Theaters und jene der in der Klanggestalt gezähmten Expression verläßt. Für Mahlers radikale Ästhetik der Grenzüberschreitung, seine Polyphonie disparater Gegensätze, die in Auflösungs- und in Zusammenbruchsfeldern Raum schafft für musikalische Bilder von Utopie, die durchbricht in Sphären des Unsichtbaren, war die Konkretion der Bühne seiner Zeit – selbst in einer Konzeption als geistiger Raum – zu eng begrenzt.

Hans von Bülows Urteil verunsicherte Mahler und hemmte sein Schaffen, bis er bei der Trauerfeier nach Bülows Tod in Klopstocks Ode »Aufersteh'n« die Inspiration zum Chorfinale der zweiten Sinfonie fand und die Komposition beenden konnte.

In der Rekapitulation der Thematik des ersten Satzes (»Totenfeier«) im fünften Satz (»Im Tempo des Scherzos – Wild herausfahrend«)[10] wird deutlich, wie Mahler von Bülows Reaktion schließlich kompositorisch verarbeitete: keine Zurücknahme der ästhetisch radikalen Position durch Abmilderung der Gegensätze, vielmehr ihre Eskalation bis zum Durchbruch, zum »großen Appell«, der überleitet zur ruhevollen Reprise des »Misterioso«-Choreinsatzes »Aufersteh'n, ja aufersteh'n wirst du, mein Staub, nach kurzer Ruh!«[11] Klopstocks Ode, die mit der Glaubensgewissheit

5 Ebd., S. 109.
6 Ebd.
7 Wolfgang Schreiber, *Mahler*, Reinbek bei Hamburg 1971, S. 52.
8 Zitiert nach Blaukopf, a. a. O., S. 111.
9 Vgl. Scheiber, a. a. O., S. 61.
10 Takt 380, Ziffer 25ff.
11 Takt 472, Ziffer 31.

der Erweckung vom Todesschlafe endet, hat Mahler umgedichtet, um die Überwindung des Todes als Utopie eines strahlenden Jenseits vorzustellen. Wie Wagner suchte er selbst die Worte, die dem Sinn und Gehalt seiner Musik nahekamen: »Mit Flügeln, die ich mir errungen, in heißem Liebesstreben werd' ich entschweben zum Licht, zu dem kein Aug' gedrungen!«[12]

Doch noch einmal zurück zum sichtbaren Theater.

Seit 1895 war Mahler interessiert an einer »Berufung zum Gott der südlichen Zonen«, als Hofoperndirektor in Wien, doch er erkannte auch: »Mein Judentum verwehrt mir, wie die Sachen jetzt in der Welt stehen, den Eintritt in jedes Hoftheater. Nicht Wien, nicht Berlin, nicht Dresden, nicht München stehen mir offen, überall bläst derselbe Wind.«[13]

In Wien geriet Mahler in ein Klima aggressiven Antisemitismus, der während der Schönerer-Lueger-Epoche geradezu selbstverständlicher gesellschaftlicher Alltag war. Sein Zeitgenosse Arthur Schnitzler, der sich als deutsch-jüdischer Schriftsteller im k. u. k. Vielvölkerstaat zu einer »Minderheit wie andere auch« gehörig fühlte, »wenn auch weniger berechtigt«,[14] erlebte in der eigenen Familie, daß die Stellung des einzelnen Juden als Österreicher und Weltbürger immer wieder gefährdet war. In seinem Roman *Der Weg ins Freie* (1908) schilderte Schnitzler das geistige Klima in Wien vor der Jahrhundertwende; in seinem Drama *Professor Bernhardi* behandelte er die Situation des jüdischen Intellektuellen und der jüdischen Bourgeoisie in einer nichtjüdischen Umwelt. »Als Wiener bin ich daheim«, sagte Schnitzler über sich selbst, »als Jude bin ich das Gefühl des Fremdseins niemals losgeworden.« Und von Gustav Mahler ist der Ausspruch überliefert: »Ich bin dreifach heimatlos. Als Böhme unter den Österreichern, als Österreicher unter den Deutschen und als Jude in der ganzen Welt.«[15] Diese Heimatlosigkeit sah Mahler schon als achtjähriger Knabe in einer Traumvision vor sich, welche Natalie Bauer-Lechner überlieferte: »Er erzählte: Die Mutter, mein Bruder Ernst und ich standen eines Abends am Fenster des Sitzzimmers, als erstere rief: ›Gott, was geschieht!‹ Der Himmel ward von gelben Dämpfen erfüllt; die Sterne bewegten sich, folgten zu einander oder verschlangen einander wie bei einem Weltuntergang. Plötzlich aber bin ich auf dem Marktplatz unten. Die feurigen Dünste verfolgen mich und aus ihnen sehe ich, als ich mich umschaue, eine ungeheure Gestalt – den ewigen Juden – sich erheben. Sein Mantel, vom Winde aufgebläht, ragt wie ein riesiger Höcker über seine Schultern; die Rechte hat er auf einen hohen Wanderstab gestützt der in ein goldenes Kreuz ausläuft. Ich fliege in rasender Angst vor ihm her, aber mit wenigen Schritten hat er mich eingeholt und will mir sei-

---

12 Takt 656, Ziffer 45.

13 Zitiert nach Blaukopf, a. a. O., S. 128f.

14 Nachum T. Gidal, *Die Juden in Deutschland von der Römerzeit bis zur Weimarer Republik*, Köln 1997, S. 392.

15 *Die Ära Gustav Mahler. Wiener Hofoperndirektion 1897–1907*, Katalog zur Ausstellung hrsg. von E. W. Partsch, Oskar Pausch 1997, S. 22.

nen Stab (gleichsam das Symbol seiner ewig ruhelosen Wanderschaft) aufzwingen: Da erwache ich mit einem Schrei der schrecklichsten Angst.«[16]

Für einen Juden war angesichts der politischen Situation eine Berufung als künstlerischer Direktor an die Wiener Hofoper kaum möglich. In realistischer Einschätzung der Lage konvertierte Mahler am 23. Februar 1897 noch in Hamburg zum Katholizismus. Seine freigeistige Einstellung in religiösen Fragen blieb davon jedoch weitgehend unberührt. Seine Erziehung hat ihn offenbar nicht orthodox geprägt; eine Kindheitserinnerung von ihm besagt, daß er gegen den Kantorialgesang in der Synagoge protestiert hat,[17] und er sang offenbar auch im katholischen Kirchenchor mit. Das »spezifisch Jüdische«, das Max Brod[18] in Mahlers Melodik zu finden glaubte, die ihn an chassidische Volkslieder erinnerte, und in Mahlers Gebrauch von Marschmotiven, ist in die Semantik von Mahlers Kompositionsstil integriert und fungiert dort als Intertext. – Jens Malte Fischer[19] hat in seiner detaillierten Studie über Mahler und die Probleme, die sein Judentum mit sich brachte, auch die große Anziehungskraft Wagners auf jüdische Musiker der Zeit erwähnt, von denen nur wenige gegen Wagners Antisemitismus protestierten. Auch Mahler kritisierte dieses dunkelste Kapitel von Wagners Schriften kaum.[20] Joseph Horowitz zitierte seine Äußerung: »Kein Zweifel über Mime. Wagner wollte die Juden lächerlich machen mit allen ihren Charakterzügen – geringe Intelligenz und Habgier«,[21] doch dann warnt Mahler auch schon vor szenischer Übertreibung und imaginiert sich selbst als idealen Mime-Darsteller.

Am 11. Mai 1897 debütierte Mahler in Wien nach einer einzigen Probe mit *Lohengrin*, und am 12. Oktober des gleichen Jahres wurde er zum »artistischen Direktor« der Wiener Hofoper ernannt. Seine Hamburger Brünnhilde, Anna von Mildenburg holte er bald nach. Spätestens beim Gastspiel der Hamburger Oper in London 1892 war klar geworden, daß Gustav Mahler einer der bedeutendsten, wahrscheinlich der bedeutendste Wagner-Dirigent seiner Zeit war. Sein kontrastreicher Stil hob die Plastizität der musikalischen Struktur und ihre Affektwechsel hervor, schuf Prägnanz, modifizierte die Tempi dynamisch, und keiner wie er erfüllte Wagners Forderung nach »Wahrheit und Deutlichkeit«. Sänger priesen seine Operneinstudierungen, denn Mahler verstand es offenbar, die Klangfarbenphantasie in seinen Sängern zu wecken und ihnen den musikdramatischen Sinn ihrer Partien sinnfällig zu verdeutlichen. Seine Abneigung gegen die als Tradition verbrämte Schlamperei führte dazu, daß er mehr probte als andere Dirigenten; dem Einwand allerdings, es sei ja

---

16 Zitiert nach Jens Malte Fischer, *Gustav Mahler und das ›Judentum in der Musik‹*, in: Merkur 581 (1997), S. 680.

17 Zitiert nach Fischer, a. a. O., S. 670.

18 Max Brod, *Gustav Mahlers jüdische Melodien*, in: *Musikblätter des Anbruch*, Wien 1919/20, S. 183.

19 Fischer, a. a. O.

20 Ebd., S. 670.

21 Vgl. den Beitrag von Joseph Horowitz für den vorliegenden Band, S. 238–250.

keine Kunst, mir so vielen Proben gute Aufführungen zustande zu bringen, begegnete Mahler: »Aber es ist eine Kunst, in der neunten Probe noch das Bedürfnis nach einer zehnten zu haben, weil man in der zehnten Probe noch etwas zu sagen weiß.«[22] In Wien versammelte und erzog Gustav Mahler die besten und prominentesten Wagner-Sänger der Jahrhundertwende. Seine Hamburger, später Wiener Hochdramatische, Anna von Mildenburg, schrieb über seine Arbeitsweise: »Dieses Freigeben und Spielenlassen der im Werk und in der Gestaltungsfähigkeit des beteiligten Künstlers schlummernden Elemente war Mahlers Kolumbus-Geheimnis, das es ihm möglich machte, durch seine Regie und musikalische Führung jede erforderliche Stimmungssphäre mit gleicher Intensität zu erzeugen.«[23] Mahlers Devise war »In jeder Aufführung muß das Werk neu geboren werden.«[24]

In der Ära Mahler 1897–1907 waren nahezu ein Viertel aller Opernaufführungen an der Wiener Hofoper den Werken Richard Wagners vorbehalten. Mahler setzte ungestrichene Aufführungen der Werke Wagners durch und die Presse rühmte: »Wie sehr die Gedanken Wagner's durchgedungen sind, das beweist sich daraus, dass die bloße Ankündigung einer strichlosen *Meistersinger*-Aufführung eine wahre Feststimmung hervorrufen konnte, jene hochgespannte Erwartung, die dem Besonderen, Ungewöhnlichen entgegengetragen wird... Mit frischer, ungeschwächter Empfänglichkeit folge man der ungekürzten, unvestümmelten Aufführung bis zum Schlusse ...«[25]

Mit der Neueinstudierung von *Tristan und Isolde* 1903 anläßlich des zwanzigsten Todestages von Richard Wagner begann die legendäre Zusammenarbeit Mahlers mit Alfred Roller, dem Präsidenten der Wiener Secession und Freund Gustav Klimts. Die Parole der Secessionisten »Der Zeit ihre Kunst – der Kunst ihre Freiheit« sollte nach Mahlers Idee auch das neue Verhältnis von Musik und Szene auf der Opernbühne prägen, auf der »alles bloß bedeutet, nichts sein soll«.[26] Mit Roller hatte Mahler einen Bühnenbildner und Szenographen gefunden, der von 1903 an Chefausstatter der Wiener Hofoper war, die er zwei Jahre nach Mahler verließ. Mit ihm konnte Mahler inszenierungsgeschichtlich die Avantgarde der Wagner-Inszenierungen der Zeit auf die Bühne bringen. Nachdem Adolphe Appias Inszenierungsideen und Lichtkonzepte[27] für *Tristan und Isolde* 1903 von Cosima für Bayreuth abgelehnt[28] und bei den Bayreuther Festspielen erst fünfzig Jahre später von Wieland Wagner aufgegriffen wurden, stellte der Inszenierungs- und Ausstattungsstil, den Mahler und Roller mit den Neueinstudierungen der Werke Wagners kreierten, ein Novum dar, dem ein

22 Zitiert nach Schreiber, a. a. O., S. 87.

23 Ebd., S. 91.

24 Ebd.

25 *Die Ära Gustav Mahler*, Katalog, S. 31.

26 Ebd., S. 100.

27 Adolphe Appia, *Die Musik und die Inszenierung*; geschrieben in Französisch 1892–1897, erschienen in deutscher Sprache 1899.

28 Vgl. Oswald Georg Bauer, *Richard Wagner. Die Bühnenwerke von der Uraufführung bis heute*, Frankfurt a. M. u. a. 1982, S. 141f.

überwältigender Erfolg beschieden war. 1904 begann Gustav Mahler mit Alfred Roller die erste Wiener Neueinstudierung von Wagners *Ring des Nibelungen* nach der Erstaufführung 1879.

Zu den Opernproduktionen, die Mahler dirigierte und inszenierte, kamen noch die zahlreichen Konzerte, auf deren Programme Mahler Vorspiele und Ausschnitte aus Wagners Werken setzte.

An der Metropolitan Oper in New York debütierte Mahler am 1. Januar 1908 mit *Tristan und Isolde*; Olive Fremstad sang die Isolde, Heinrich Knote den Tristan. Im Februar folgten noch *Die Walküre* und *Siegfried*, beide in hervorragender Besetzung aber schwacher Inszenierung, die *Götterdämmerung* dann im Dezember. Der Board of Directors wollte Mahler als Manager der Met gewinnen, doch dieser wollte keine Verwaltungsaufgaben mehr übernehmen. Einladungen nach Buenos Aires, wo er fünfzig Wagner-Vorstellungen dirigieren sollte, lehnte er ab. Er war des Theaters müde geworden.

Die Sänger, die Mahler im Wagner-Stil ausgebildet und zu größten internationalen Erfolgen geführt hatte, waren in Bayreuth willkommen, nur er selbst nicht – er wurde nicht eingeladen.

Für die Welt außerhalb von Bayreuth war damit allerdings ein großes Glück verbunden, denn statt auch noch seine kurze Ferienzeit dem Dienst an Wagner zu widmen, konnte Mahler die Ruhe und Konzentration in der sommerlichen Natur, in seinen Komponierhäuschen von Maiernigg und Toblach nutzen, um seine eigenen Werke zu schaffen.

Unsichtbares Theater

In seinen Kompositionen mied Mahler das Theater. Nach der Komplettierung von Webers Oper *Die drei Pintos* und dem *Trompeter von Säckingen* hat er kein Werk mehr für die Musiktheaterbühne geschrieben. Er suchte nicht nach Stoffen für das Theater, das im späten 19. und frühen 20. Jahrhundert nicht zuletzt durch Wagners Einfluß vor allem mythische und psychische Themen in realistischem, symbolistischem beziehungsweise expressionistischem Stil behandelte. Inhalte und formale Gestaltung von Mahlers Sinfonien legen den Gedanken nahe, und daß für seine Thematik die Bühne seiner Zeit zu eng und zu realistisch war. Wie schon das Beispiel der zweiten Sinfonie gezeigt hat, zielt Mahlers musikalische Ideenkunst auf Bereiche ab, die von der Sphäre des Menschlichen ausgeht, dann aber das Konfliktfeld des Dramatischen und Musikdramatischen übersteigt. Die literarischen Strukturteile seiner Kompositionen – die Texte samt ihren Umdichtungen, die programm-ähnlichen »Wegweiser«, Satzüberschriften, Ausdrucksbezeichnungen bis hin zu den Exklamationen in den Partituren der neunten und zehnten Sinfonie – rufen eine Visualisierung der Bilder und Vorgänge auf, die ein Theater im Kopf, eine Dioptrik zwischen Text, Klang und Bild schafft. Die Sinfonien des Operndirigenten und Operndirektors

Abb. 1:
Anna von Mildenburg als Brünnhilde in DIE WALKÜRE. Fotografie (Bildarchiv der Österreichischen Nationalbibliothek)

Abb. 2:
Gustav Mahler
(Fotografie von Moriz Nähr, 1907 – Negativ aus dem Bildarchiv der Österreichischen Nationalbibliothek)

Abb. 3:
Anna von Mildenburg als Isolde.
Ölgemälde von Karel Vitezslav Masek.[29]

29 Österreichisches Theatermuseum, Wien.

Mahler sind – mit Goethes Formulierung – »unsichtbares Theater«, sie sind ein »Theater« der gelenkten Bildphantasie, das ohne Bühne, ohne Szenerie auskommt, ein Theater, das keinen »Kulissenschmutz«[30] erzeugt. Auffallend ist die Koinzidenz, daß auch Wagner, der in seinem Bühnenweihfestspiel *Parsifal* den Forderungen des Dramatischen wenigstens soweit Rechnung trug, daß er eine psychische Entwicklung als Stationendrama vorführt und den Konflikt personalisiert, in diesem seinem letzten Bühnenwerk an einen Punkt geriet, wo die Unzulänglichkeit der szenischen Konkretisierung auf dem Theater die Entfaltung der Phantasie störte: »[...] ach! Es graut mir vor allem Kostüm- und Schminke-Wesen;« sagte Wagner am 23. September 1878 zu Cosima, »[...] wenn ich daran denke, daß diese Gestalten wie Kundry nun sollen gemummt werden, fallen mir gleich die ekelhaften Künstlerfeste ein, und nachdem ich das unsichtbare Orchester geschaffen habe, möchte ich auch das unsichtbare Theater erfinden! – Und das unhörbare Orchester, fügt er hinzu, das kummervolle Sinnen mit Humor beschließend.«[31]

Von Wagner überliefert Cosima die Überzeugung, daß er nach dem *Parsifal* nur noch einsätzige Sinfonien komponieren wolle. Ein Grund für die Abwendung vom Theater mag für ihn wie auch für Mahler in der Sakralisierung der absoluten Musik liegen, die Wolf-Daniel Hartwich[32] erwähnte. Doch darüber hinaus ist im »unsichtbaren Theater« von Mahlers Sinfonien die Visualisierung der Bilder und Abläufe nur die Basis, auf der ein Bruch mit der Konkretion des Bildes vorbereitet wird. Adorno wählte in seiner Mahler-Monographie die Kategorie des Durchbruchs, um am Beispiel des Anfangs der ersten Sinfonie Mahlers dialektische Position zwischen gesellschaftlich konkreter Erfahrung und künstlerischer Vision von Utopie zu zeigen: »Wesentlich ist es der Musik, sich zu überfordern. Sie errettet die Utopie in ihrem Niemandsland. Was die Immanenz der Gesellschaft versperrt, kann der Immanenz der Form nicht glücken, die jener abgeborgt ist. Beides wollte der Durchbruch sprengen.«[33] Im Durchbruch vollzieht Mahlers Musik den Übergang von einer Sphäre in eine andere, im Durchbruch wird die Sphäre des bildhaft Konkreten verlassen und das Marginale, Vorläufige seiner Erscheinungsform entschleiert. Der Durchbruch ist eine Form der Transzendierung des konkret Dramatischen; als solche ist er das geistige Zentrum von Mahlers Sinfonien und findet sich in immer wieder anderen Formen in fast allen seinen Sinfonien als Peripetie, als Wendepunkt mit immer wieder anderen Implikationen. Dieses Phänomen eignet sich nicht für eine Darstellung auf der Bühne, weil die Konkretisierung und Personalisierung die Ideen zu stark eingrenzt. Der Durchbruch, noch in der absoluten Musik ästhetisch heikel, wie Adorno ausführt, wäre als musikdramatischer Deus ex machina vollends trivial. In Mahlers Sin-

30 Bachs Musik war für Mahler eine »kastalische Quelle [... in der er sich] den Kulissenschmutz« abwäscht. Zitiert nach Blaukopf, S. 119.

31 Cosima Wagner, *Die Tagebücher 1878–1883*, II. Bd., München 1977, S. 181.

32 Vgl. den Beitrag von Wolf-Daniel Hartwich für den vorliegenden Band, S. 103–122.

33 Theodor W. Adorno, *Mahler. Eine musikalische Physiognomik*, Frankfurt a. M. 1960, S. 13.

fonien stellt nicht die religiöse Thematik als solche das Problem dar, sondern der Durchbruch in die Sphäre des Metaphysischen ist es, der auf der Bühne zwangsläufig zur Kapitulation der Handlung, des Optischen vor dem Geistigen führt. Ziel von Mahlers musikalisch inszenierten Durchbrüchen ist nicht wie bei den traditionellen Erscheinungsformen des Wunderbaren in der Oper – dem Schwan im *Lohengrin*, der Taube im *Parsifal* – das Tableau der betroffen oder verzückt erstarrten Menge, sondern die Vision eines sich öffnenden abstrakten Raumes als einer Existenzsphäre, deren Strahlkraft musikalisch vorgestellt wird. Mahlers Sinfonien sind Visionen einer Metadramatik, in der die Märsche, die für Max Brod nach chassidischer Tradition die »feste, entschlossene, aufrechte Gangart einer gotterfüllten Seele symbolisieren«,[34] eine Kumulation, eine kollektive Bewegung wie das Geisterheer der »Revelge« aufscheinen lassen und den dramatisch-motorischen Kontrast bilden zum ruhevollen, metaphysischen Adagio.

In diesem spirituellen Grundthema seiner Sinfonien erkenne ich ein Charakteristikum der jüdischen Mentalität, die sich in Mahlers musikalischem Denken mit seiner pantheistischen Einstellung verband und dann auch Motive aus der christlichen Religion assimilierte. In der zweiten Sinfonie erfolgt der Durchbruch von der Angst vor der Sinnlosigkeit der Existenz in die Gewißheit von einer liebevollen Aufnahme in einer anderen Welt. Im Scherzo der dritten Sinfonie, Mahlers »symphonischem Weltentraum« (Bruno Walter), bricht durch die Absurdität des irren Weltlaufes, symbolisiert von den Fischen, welche die Predigt des heiligen Antonius nicht begreifen, eine milde, tröstende Melodie als Botschaft und Verheißung aus einer Welt, in der Logik, Zusammenhang, Bindung und Empathie herrschen – die Welt des sechsten Satzes, dessen Titel lautet »Was mir die Liebe erzählt«. In der vierten Sinfonie erfolgt der Durchbruch aus der Bedrängnis des irdischen Lebens in ein himmlisches Paradies, das in kindlicher Phantasie als Schlaraffenland imaginiert wird, in dem die Heiligen selbst die Speise zubereiten, die in Wagners leuchtendem Gral als eine immaterielle Ernährung vorgestellt wurde. Die Zusammenbruchsfelder und die Hammerschläge in der sechsten Sinfonie nehmen die Last des Tragischen an, arbeiten sich durch sie hindurch und suchen die Lösung des Konfliktes im Durchgang durch die Verstrickung. In Wagners *Ring des Nibelungen* schwingt Donner einen Hammer und »reinigt« die schweren Dünste des Betrugs mit seinem Hammerschlag, aber Wagner verrät in der Musik, daß die Gloriole, die der Hammerschlag auslöst, von der Sphäre der Intrige völlig abgehoben ist, eine Episode, verblendet in einem affirmativen Verklärungsgestus, nicht geeignet, den Konflikt zu bereinigen.

Musikalische Assoziationen an Wagner finden sich häufig bei Mahler. Seine Lieder und Sinfonien knüpfen kompositions- und instrumentationstechnisch bei Wagner an. Mahlers Nietzsche-Lektüre schlug sich im Mitternachtslied der dritten Sinfonie nieder. Seine begeisterte Lektüre der Wesendonck-Briefe während der

34 Brod, a. a. O., S. 183.

Komposition der *Kindertotenlieder* mögen auch zu den Anklängen geführt haben, die bei »Was dir nur Augen sind in diesen Tagen, in künft'gen Nächten sind es dir nur Sterne« im *Kindertotenlied* »Nun seh ich wohl, warum so dunkle Flammen« an »Er sah mir in die Augen« aus dem ersten Akt von *Tristan und Isolde* erinnern. Die Schlußstrophe des letzten *Kindertotenliedes* »In diesem Wetter« mag wie ein »metaphysisches Adagio« die Ruhe von Isoldes Eintauchen ins Universum, ins Jenseits mitdenken.

Mahlers Weiterentwicklung von Wagners Leitmotivtechnik im Sinne einer symphonischen Arbeit mit musikalischen Intertexten benutzt die Semantik in seinen Sinfonien, um die Verwandlung von Zuständen, Identitäten und von Ideen vorzuführen. Seine Variantentechnik baut auf Wagners Leitmotivtechnik auf, wie sie im *Parsifal* die Stadien der psychischen und geistigen Entwicklung musikalisch zeichnet, und kombiniert sie mit Beethovens Formidee der neunten Sinfonie. Mahler kontrastiert die semantisierten Passagen mit asemantischen, und gewinnt so ein semantisches Spektrum zwischen wortgebundener und absoluter Musik, das gegenüber Wagners symphonischem Orchesterpart im Musikdrama nun über die metaphysische Freiheit der absoluten Musik verfügt. Die Entfaltung dieser metaphysischen Freiheit aber ist jenseits des Theatralischen. Während Wagner die Inkarnation des aus der göttlichen Sphäre Kommenden in der Gemeinschaft von Menschen thematisiert, geht bei Mahler der Weg umgekehrt von der Hölle durch die Erde in den Himmel. Das zeigt am deutlichsten die Achte Sinfonie, in der nach Mahlers Idee das Universum zu tönen beginnt, in dem die Klanggruppen sich ablösen und einen sphärischen Raumklang schaffen. In diesem expandierenden Raumklang schafft Mahler den Platz für seine Polyphonie: die Vielstimmigkeit des Disparaten, des nicht-eingeschmolzenen Individuellen im Konzert mit den vielen Anderen, die ihre Eigenart bewahren und dennoch zusammenklingen. Die Wahl des Schlusses aus Goethes *Faust II* zur Textgrundlage dieser kosmischen Vision bei Mahler – übrigens hatte sich auch Wagner 1883 mit Goethes »Ewig-Weiblichem« beschäftigt, als er zögerte, seine Abhandlung »Das Weibliche im Menschlichen« oder »Das Ewige im Weiblichen«[35] zu nennen – der *Faust*-Schluß gab Mahler die Möglichkeit, die Klanggruppen als einherschwebende tönende Zellen zu musikalisieren, die sich dynamisch verwandeln.

Welche bessere Heimat konnte der dreifach Heimatlose finden als sein selbstgeschaffenes, klingendes Universum?[36]

35 Cosima Wagner, *Tagebücher* [21. Januar 1883], a. a. O., S. 1096.

36 Weitere Literatur: Susanne Vill, *Vermittlungsformen verbalisierter und musikalischer Inhalte in der Musik Gustav Mahlers*, Tutzing 1979.

Zusammenfassung der Diskussion

Prof. Fischer stellte die Präsenz einer spezifischen ›jüdischen Mentalität‹ bei Mahler in Frage. Die Achte Sinfonie sei in religiöser Hinsicht unspezifisch und reflektiere nur die allgemeine Goetheverehrung der gebildeten Juden. Außerdem wies Prof. Fischer auf das Phänomen hin, daß Mahler den Wagnerschen Judenhaß nicht habe wahrnehmen wollen, obwohl er selbst immer wieder antisemitischen Ressentiments ausgesetzt gewesen sei. In psychologischer Sicht müsse hier von Verdrängung gesprochen werden. Prof. Vaget bestätigte diese Deutung am Beispiel von Wagners Schüler Bruno Walter. Nach Frau Prof. Vill widerspräche dagegen die Annahme einer solchen Verdrängung dem philosophischen Naturell Mahlers. Der Umgang Mahlers mit dem Antisemitismus beweise vielmehr seine humanistische Weisheit, welche die menschlichen Schwächen in ihre alles verstehende Weltsicht einbinde. Mahlers selektive Rezeption der Gedankenwelt Wagners entspreche überdies dem Umgang seiner Werke mit ihren Vorlagen.

Prof. Borchmeyer stellte abschließend das enge Beziehungsgeflecht zwischen Goethe, Wagner und Mahler heraus. So gehe Wagners Begriff des »unsichtbaren Theaters« auf Goethes Kritik der bühnenfernen Dramatik Kleists zurück. Goethes wachsende Abneigung gegen die praktische Theaterarbeit und die überkommenen dramatischen Genres habe ihn mit dem *Faust* ein alle Bühnenkonventionen sprengendes Werk entwerfen lassen, dessen Visualisierung durch ein neuartiges *Faust*-Theater zum Vorbild für den späten Wagner geworden sei. Dieser Entwicklung der Wagnerschen Ästhetik korrespondiere in seinen letzten Lebensjahren die Konversion von Beethoven als dem Initiator des Musiktheaters zu Bach als dem Repräsentanten einer vormenschlichen und somit vordramatischen Musik. Daher sei es kein Zufall, wenn Mahler seine Idee einer kosmischen Musik in der Achten Sinfonie als großen Goethe-Hymnus realisiere. Die Vertonung der Schlußszene des *Faust* verbinde sich dabei organisch mit der von Goethe übersetzen »Veni creator«-Hymne. Die Erfindung eines »unsichtbaren Theaters« entspricht in Wagners Spätschriften der Gründung einer unsichtbaren Religion, welche die Visualisierung des Kultes überbietet, indem sie das Heilige musikalisch-ästhetisch zur Darstellung bringt (Dr. Hartwich).

Wolf-Daniel Hartwich

Ludger Arens

Schönberg und Wagner

Aspekte einer deutsch-jüdischen(?) Beziehung

Bereits das Fragezeichen im Untertitel deutet die Schwierigkeiten an, die in der Beschreibung des Verhältnisses von Schönberg zu Wagner liegen. War Schönberg ein jüdischer Komponist? Oder begriff nicht Schönberg selbst sein Werk als Konsequenz der (deutschen) Musikgeschichte von Bach über Beethoven zu Brahms?

Der nachfolgende Beitrag versucht verschiedene Momente dieser Beziehung zur Sprache zu bringen. Dabei stehen drei Aspekte im Vordergrund, nämlich die Wagnerrezeption Schönbergs, die Werke für Musiktheater und die Oper *Moses und Aron*. Angefügt ist noch ein Epilog zu einem Werk von Heinrich Berl, das die Beziehung der Neuen Musik (für die Schönberg beispielhaft steht) mit Wagners Überlegungen zum »Judentum in der Musik« zu versöhnen trachtet.

I. Wagnerrezeption

Schönberg hat die Wagnersche Musik – wie überhaupt alle traditionelle Musik – zuerst unter kompositionstechnischen Gesichtspunkten rezipiert. Mit dieser Einstellung war er somit einer der wenigen Musiker, die dem Wagnerrausch zu Beginn des 20. Jahrhunderts nüchterne, das heißt auch kritische Betrachtungen entgegensetzten. Die Rechtfertigung des eigenen kompositorischen Wirkens sollte an konkreten, kompositionstechnischen Details mit Bezug auf das deutsch-österreichische Musikerbe verdeutlicht werden. Den Streit zwischen den beiden grundsätzlichen Musikanschauungen in Deutschland – Brahms und Wagner – hatte Schönberg bereits in seinen jungen Jahren hinter sich gelassen. Auch muß man wissen, daß die fortschrittliche Musik Wagners als »Stil« für Schönberg keine aktuelle Bedeutung mehr hatte, so daß er diese schon zum Traditionsbestand der deutschen Musik zählte.

Verschiedene Äußerungen Schönbergs zu Wagners Musik konzentrieren sich auf zwei Punkte, nämlich die Harmonik und die motivisch-thematische Verarbeitung.

Die Harmonik war für Schönberg insofern ein sehr wichtiger praktischer und theoretischer Bereich, als er versuchte, seinen Übergang zur »Atonalität« aus sich immer mehr verstärkenden Tendenzen der traditionellen Musik zu legitimieren.

Wagner spielte in diesem Konzept eine hervorragende Rolle. Durch die quantitative Häufung von »vagierenden Akkorden«, das heißt verminderte und übermäßige Septakkorde, neapolitanische Sextakkorde, übermäßige Dreiklänge, wird eine eindeutige Tonart nicht mehr beschrieben. Die Dissonanzbehandlung ändert sich nun bei Wagner in der Weise, daß sie jetzt nicht mehr zu konsonanten Klängen führt, sondern in weniger stark dissonante Klänge übergeführt wird. Den Fehler, den Wagner bei seiner »harmonischen Revolution« beging, beschreibt Schönberg in dem Aufsatz *Probleme der Harmonie*: »Ich glaube, es geht nicht: mit der Freiheit liebäugeln, während man an die Unfreiheit noch gebunden ist. Vagierende Akkorde zu allen Tonarten, Ganztonreihen und alles, was sonst gerade beliebt ist, soll vorkommen, die Fesseln der Tonalität sollen gelöst, ihre befestigenden Elemente unterdrückt, ihre zersetzenden unterstützt werden, und trotzdem soll sie zum Schluß oder sonst gelegentlich irgendwo auftauchen, und glauben machen, sie sei die Beherrscherin alles dessen, was hier vorgegangen.«

Schönberg wirft Wagner also musikalische Inkonsequenz vor. Aufgabe der jüngeren Komponisten ist nun die Beseitigung derartiger Fehlentwicklungen.

Es fällt weiterhin auf, daß Schönberg die Bedeutung des Harmonikers Brahms im Vergleich mit Wagner noch höher schätzte. In dem bekannten Aufsatz *Brahms, der Fortschrittliche* wird dieser auch als großer Neuerer »im Hinblick auf die Harmonik« herausgehoben. Bemerkenswert ist, daß der »Tristan-Akkord« bei Schönberg kaum je erwähnt, geschweige denn ausführlich analysiert wird. Überhaupt benutzt Schönberg nie Ausschnitte von *Tristan und Isolde*, um damit auf strukturelle Parallelen zu seinem eigenen Werk hinzuweisen. Das mag damit zusammenhängen, daß sowohl seine Werke wie »Verklärte Nacht« als unmittelbar an den *Tristan*-Stil anknüpfend oder, wie die Werke von 1908 bis Mitte der zwanziger Jahre, als quasi komprimierte *Tristan*-Musik interpretiert worden sind Schönberg verwahrte sich aber zeitlebens gegenüber solchen Äußerungen, weil sie geeignet waren seine künstlerischen Leistungen zu verkleinern.

Vielleicht um die Unabhängigkeit von *Tristan und Isolde* zu demonstrieren, zitiert er den Anfang des Vorspiels, um Wagners Techniken der motivisch-thematisch Arbeit zu beschreiben und zu bewerten: Die Wagner-Sequenzen sind »unveränderte oder nur leicht variierte Wiederholungen, die sich in nichts Wesentlichem vom ersten Auftreten unterscheiden, außer daß sie exakt auf andere Stufen transponiert sind.«[1] Die Kritik Schönbergs richtet sich gegen dieses Verfahren, weil sie einmal leichter auszuführen ist als die von ihm sogenannte Methode der »entwickelnden Variation«. Daneben verführe, so Schönberg, »diese minderwertige Konstruktionsmethode« fast alle Komponisten nach Wagner über Bruckner, Richard Strauss bis zu Debussy und Puccini zu einem »gedankenlosen« Komponieren.

1 Arnold Schönberg, *Gesammelte Schriften I: Stil und Gedanke.* Aufsätze zur Musik, hrsg. von I. Vojtech, Frankfurt 1976, S.126 [im folgenden: *Gesammelte Schriften I*].

Seine Kritik an Wagner kann man so zusammenfassen: Wagner hat sein musikästhetisches Konzept nach Aufgabe der Nummernopern zwar richtig begonnen, aber die kompositions-technische Umsetzung dieses Programms weist einige Mängel auf, die spätere Komponisten ›korrigieren‹ mußten.

Schönbergs Kritik an Wagner stellt somit zwei Dinge in den Vordergrund: einmal die musikalischen Konsequenzen von Wagners Neuerungen, die Wagner selbst nicht durchführen konnte beziehungsweise wollte. Zum anderen aber betont Schönberg Wagners Verdienste um die Entwicklung der musikalischen Sprache, die aber insbesondere durch den Vergleich mit Brahms wesentlich schlechter ausfällt, als es die Vorstellung vom fortschrittlichen Wagner vermuten läßt.

Eine Übernahme der motivisch-thematischen Arbeit à la Wagner durch Schönberg war nicht möglich, da die zahlreichen Wiederholungen und Sequenzen musikdramatisch zu rechtfertigen sind, aber nichts zur Darstellung des musikalischen Gedankens beitragen: »Wiederholung ist das Ausgangsstadium, Variation und Entwicklung die höhere Entwicklungsstufe musikalischer Formtechnik.«[2]

Der Begriff »musikalischer Gedanke« ist einer der Schlüsselbegriffe in Schönbergs Denken.

Er hat ihn öfters in seinen Aufsätzen zu definieren versucht, freilich mit meist unterschiedlichen Akzenten. In *Komposition mit zwölf Tönen* schrieb er: »Demnach ist der musikalische Gedanke, obwohl er aus Melodie, Rhythmus und Harmonie besteht, weder das eine noch das andere allein, sondern alles zusammen.«[3]

In einem anderen Essay nimmt Schönberg diese Idee wieder auf und differenziert sie im Hinblick auf das Komponieren: »Ich selbst betrachte die Totalität eines Stückes als den Gedanken: den Gedanken, den sein Schöpfer darstellen wollte... Die Methode, durch die das Gleichgewicht wiederhergestellt wird, scheint mir der eigentliche Gedanke der Komposition.«[4]

Eine dritte Auffassung des »musikalischen Gedankens« interpretiert diesen als motivisch-thematische Hauptstimme inklusive der verschiedenen Verarbeitungsmöglichkeiten.

Die technische Ausarbeitung des musikalischen Gedankens in der Analyse ist für Schönberg der Inbegriff einer expressiven und »logischen« Musik. Auch bei Werken, die nicht der absoluten Musik zuzurechnen waren, entschied der musikalische Gedankengehalt über Wert und Struktur der Musik. Schönberg ging in seinem Aufsatz über Brahms sogar so weit, dessen musikalische Freiheit als für die Oper adäquat zu bezeichnen, da hier die Musik nur ihren immanenten Gesetzen folgt und nicht vom Vorwurf einer außermusikalischen Vorlage abhängig ist. Die Behelfstechnik der meisten Opernkomponisten, nicht nur vor Wagner, würde damit abgelöst.

---

2 Schönberg, *Gesammelte Schriften I*, S. 283.

3 Ebd., S. 77.

4 Ebd., S. 33.

Neben der im engeren Sinne musikalischen Rezeption, die durchaus kritische Züge trug, wurde Wagner von Schönberg jedoch auch als die zentrale deutsche Künstlerpersönlichkeit des 19. Jahrhunderts verstanden, nicht zuletzt auch als Vorbild im Glauben an die wahre Kunst. Anfang der 1930er Jahre, während der Arbeit an *Moses und Aron* interpretierte Schönberg das wie folgt: »Die Musik Wagners war nicht nur die beste und bedeutendste ihres Zeitalters, überragte nicht nur Berlioz, Auber, Meyerbeer, Bizet, Rossini, Bellini u. a. m., sondern sie war auch die Musik des Deutschland[s] von 1870, welche mit allen seinen Leistungen die Welt seiner Freunde und Feinde eroberte, nicht ohne gleichzeitig deren Neid und Widerstand zu wecken.«[5]

Denn mit Wagner wurde der Sendungsauftrag der deutschen Musik erst richtig deutlich. Auf einem Notizzettel notierte Schönberg bereits während des Ersten Weltkrieges: »Wenn ich an Musik denke, stellt sich mir – willkürlich und unwillkürlich – niemals eine andere vor als die deutsche… Die deutsche Musik […] wird ihre wortlose Macht in Ewigkeit Prunkräume des Geistes schaffen und füllen. Und immer wird sie in den Himmel greifen, wo weltläufige Unterlegenheit sich mit Artistik brüstet.«[6]

Diese Sicht deutscher Kunst war vor dem Ersten Weltkrieg, und erst recht danach, unter den meisten Künstlern Deutschlands unumstritten. Gerade die Künstlervereinigung in München mit Kandinsky an der Spitze sahen in der zunehmenden Abstraktion ihrer Bilder die »Reinheit des deutschen Gedankens« verwirklicht, wobei besonders Kandinsky etwas neidisch zu Schönberg hinüberschaute, da er die Entstofflichung der Kunst um 1912 bereits am weitesten getrieben hatte. Auf dem Weg zum innerlich Notwendigen, so Kandinsky, hat Schönberg »schon Goldgruben der neuen Schönheit entdeckt. Schönbergs Musik führt uns in ein neues Reich ein, wo die musikalischen Erlebnisse keine akustischen sind, sondern rein seelische. Hier beginnt die ›Zukunftsmusik‹.« Für Schönberg führte die innere Notwendigkeit Anfang der 1920er Jahre zur Zwölftonmusik. Gegenüber seinem Schüler Josef Rufer wertete er diesen Fund als so bedeutend, daß er der deutschen Musik die Vorherrschaft für die nächsten hundert Jahre sichere. Peter Ulrich Hein weist für die bildende Kunst auf ähnliche Ansprüche in diesem Bereich hin: »Es liegt nicht wenig Überheblichkeit in der Art und Weise, wie man nach der militärischen Niederlage die Welt nun verstärkt mit den geistig-seelischen Kräften des Germanentums zu kolonialisieren suchte.«[7] Wenn schon im Felde besiegt, so sollte wenigstens der deutsche Geist seine Vormachtstellung behalten oder ausbauen.

Zum Verhältnis Wagner – Schönberg gehört die Bewertung des Wagnerschen Antisemitismus durch Schönberg. In einem kurzen Vortrag mit dem Titel *Wir jungen jüdischen Künstler* geht Schönberg detailliert auf dieses Problemfeld ein. Wegen

5 Schönberg, *Gesammelte Schriften I*, S. 252.

6 Josef Rufer, *Schönberg – gestern, heute und morgen*, in: Schweizerische Musikzeitung, 105. Jg (1965), S. 190–200, hier S. 199.

7 Peter Ulrich Hein, *Die Brücke ins Geisterreich. Künstlerische Avantgarde zwischen Kulturkritik und Faschismus*, Hamburg 1992, S. 125.

der Wichtigkeit dieser Passagen seien einige Auszüge etwas ausführlicher zitiert: »[...] als wir jungen österreichisch-jüdischen Künstler heranwuchsen, litt unsere Selbstachtung stark unter dem Druck einiger Umstände.

Es war die Zeit, als Richard Wagners Werk seinen Siegeszug antrat und dem Erfolg seiner Musik und seiner Dichtung eine Durchtränkung mit seiner Weltanschauung folgte. Man war kein echter Wagnerianer, wenn man nicht an seine Weltanschauung, an die Vorstellung von der ›Erlösung durch Liebe‹ glaubte; und man konnte kein echter Wagnerianer sein, wenn man kein Anhänger seines antisemitischen Aufsatzes über *Das Judentum in der Musik* war.

Wagner, der sich seines eigenen rein arischen Blutes vielleicht nicht sicher war, gab dem Judentum eine Chance: ›Heraus aus dem Ghetto!‹ verkündete er und forderte die Juden auf, echte Deutsche zu werden, worin das Versprechen gleicher Rechte an deutscher Geisteskultur und das Versprechen, als echte Bürger angesehen zu werden, einbegriffen waren...

Was immer mit Ideen geschieht, wenn Nachläufer sie weiterentwickeln, geschah auch im Falle Wagners: war Wagner relativ mild, so waren seine Anhänger hart; räumte Wagner den Juden die Möglichkeit ein, wie Bürger zu leben, so bestanden seine Anhänger auf dem Nationalismus; untersuchte Wagner nur die geistigen und moralischen Leistungen der Juden, so stellten die Anhänger den Rassenunterschied fest. Anhänger übertreiben *immer*, und so mußten wir bald von Männern wie Chamberlain nicht nur lernen, daß es einen Rassenunterschied zwischen Juden und Deutschen gibt, nicht nur, daß die arische Rasse eine sehr überlegene Rasse sei, dazu bestimmt, die Welt zu beherrschen; nicht nur, daß die jüdische Rasse sei, dazu bestimmt, die Welt zu beherrschen; nicht nur, daß die jüdische Rasse eine niedere sei und verachtet werden müsse; sondern wir mußten auch zur Kenntnis nehmen, daß wir keine schöpferischen Fähigkeiten besaßen. Es ist sinnlos, gegen die höchst oberflächliche Weltanschauung dieses armen Mannes zu argumentieren, noch gegen seine Theorien, die auf unbewiesenen Behauptungen beruhen, noch gegen die offensichtliche Unwahrheit, die er zustande bringt.«

Das Verhältnis Schönberg – Wagner kann man also – etwas verkürzt – so zusammenfassen: Schönberg übernahm kompositionstechnisch relativ wenig von Wagner (Wagners Künste als Instrumentator – auch im Zusammenhang mit der Klangfarbenmelodie – erwähnt Schönberg fast nie). Das musik- und kulturgeschichtliche Sendungsbewußtsein übernahm Schönberg und steigerte es noch. Wagners Antisemitismus wurde entweder verdrängt oder dem Bayreuther Kreis angelastet.

II. Von der ERWARTUNG bis zu VON HEUTE AUF MORGEN

Schönberg ist in seinem Leben nur eine kurze Zeit dem Theater beruflich verbunden gewesen: Etwas mehr als ein halbes Jahr war er 1901/1902 in Berlin als Kapellmeister in Ernst von Wolzogens »Überbrettl« engagiert. Die erste Bekanntschaft Schönbergs mit Wolzogen ist interessanterweise ein mittelbares Resultat der jüdischen Religion. Wolzogen befand sich im September mit dem Überbrettl auf Tournee, mit Oscar Straus als Dirigenten. In seinen Memoiren *Wie ich mich um mein Leben brachte* beschrieb Wolzogen dies so: »In die Zeit, während wir in Wien am Karltheater gastierten, fiel das jüdische Versöhnungsfest, und Oscar Straus durfte am Abend dieses Tages auf Befehl seines reichen Erbonkels nicht auftreten. Er führte mir als seinen Stellvertreter für diesen Abend einen jungen Musiker zu von kleiner Gestalt, harten Gesichtszügen und dunkler Hautfarbe, dessen Name, Arnold Schönberg, damals noch gänzlich unbekannt war. Als Probe seines Könnens spielte er mir einige kleine Lieder vor, darunter eine reizende Vertonung des Falkeschen Gedichtes *Rechts Luischen, links Marie und voran die Musici*, die ich sofort für mein Überbrettl erwarb.«[8]

Schönbergs Hauptaufgabe lag aber im Überbrettl nicht im Dirigieren, sondern im Komponieren und Arrangieren.

Nach dem Ende des Engagements entwarf Schönberg zwischen 1901 und 1908 mehrere Opernprojekte, die aber musikalisch kaum über vereinzelte Skizzen hinauskamen, wobei als Librettovorlagen sowohl eigene als auch fremde Texte dienten.

Zur ersten Gruppe gehören die Opernprojekte *Aberglaube*, *Odokar* und *Die Schildbürger*; zur zweiten *Pelleas und Melisande* (nach Maeterlinck) und *Und Pippa tanzt* (nach Gerhart Hauptmann).

Odokar und *Die Schildbürger* sind charakteristische Sujets für die Oper nach Wagner in Deutschland. Bewegt sich *Odokar* mehr auf epigonalen Bahnen, ähnlich wie *Guntram* von Richard Strauss, so sind *Die Schildbürger* als »komische Oper« geplant. Das undatierte Fragment *Aberglaube* ist noch nicht aus dem Nachlaß publiziert worden. Allerdings deutet der Titel auf ein für Schönbergs Leben ernstes Thema hin. Bekannt ist Schönbergs Furcht vor der Zahl 13; daher eliminierte er im Titel von *Moses und Aron* das zweite »a«, so daß der Titel nur zwölf Buchstaben zählt.

Ob Richard Strauss Schönberg zuerst auf *Pelleas und Melisande* hingewiesen hat, ist wohl nicht mehr eindeutig zu klären. Schönberg selbst verweist auf die allgemeine geistesgeschichtliche Situation um 1900: »It was around 1900 when Maurice Maeterlinck fascinated composers, stimulating them to create music to his dramatic poems.« Zuerst plante Schönberg aus dem Stoff eine Oper zu entwickeln, was er aber dann wieder verwarf. Die sinfonische Dichtung brachte dafür einen Schub in seiner Kompositionstechnik, da er nun in der Lage war, Stimmungen und Charaktere in präzis formulierten musikalischen Einheiten auszudrücken. Wagners Leitmotivtechnik folgt er nur bedingt: »Die drei Hauptpersonen werden durch Themen in der Art Wagnerscher Leitmotive dargestellt, nur nicht so kurz.«[9]

Der mit *Pelleas und Melisande* angezeigte, aber nicht eingeschlagene Weg zur Literaturoper wird 1906 durch den Plan einer Oper nach Gerhart Hauptmanns

8 Zitiert nach Hans H. Stuckenschmidt, *Schönberg. Leben, Umwelt, Werk*, Zürich 1974, S. 46.
9 Schönberg, *Gesammelte Schriften I*, S. 437.

Drama *Und Pippa tanzt!* beschritten, aber nach der Niederschrift einiger Skizzen wieder verlassen. Dieser Stoff hat aber bei der Konzeption der *Glücklichen Hand* einige Spuren hinterlassen. Entscheidend war für Schönberg wohl die Verknüpfung von durchscheinender sozialkritischer Thematik mit der symbolistischen dramatischen Gestaltung des Künstlerselbstverständnisses in der Person des Hellriegel. In beiden Dramen wird der einsame Künstler als tragische Gestalt gezeichnet. Die Tragik selbst besteht in der unlösbaren Aufgabe, den Widerspruch von innerer und äußerer Welt, Ideal und Wirklichkeit, Gedanke und Bild aufzuheben. Als Vorbild für die *Glückliche Hand* dürfte auch die synästhetische Verbindung von Licht und Musik gedient haben.

Mit dem Monodram *Erwartung* op. 17 vollendete Schönberg sein erstes Werk für das Theater im Oktober 1909. Schönberg und Pappenheim konzipierten das Werk gleichsam aus einem Punkt: »In der Erwartung ist es die Absicht, das was sich in einer Sekunde seelischer höchster Erregung abspielt, sozusagen mit der Zeitlupe auf eine halbe Stunde ausgedehnt, darzustellen.«[10]

Konkrete Bezugspunkte zu Wagners Musik sind einmal durch verschiedene Zitate und Analogien gegeben. So sind Strukturparallelen vom zweiten Aufzug *Tristan und Isolde* (»Soll ich lauschen«) und *Erwartung* nur vor dem Hintergrund einer ähnlichen dramatischen Situation – der anbrechende Tag trennt die Liebenden – zu erklären. Zitatähnliche Entsprechungen zum *Tristan*-Vorspiel (T. 391ff.) oder auch Kundrys »Ich lachte« (T. 189ff.) verweisen auf einen Zusammenhang mit früherer Ausdruckskunst.

Die Länge der musikalischen Phrasen betragen in der *Erwartung* meist ein bis fünf Takte. Ähnlich wie die größer angelegten Abschnitte in Wagners Musikdramen sind sie durch einen musikalischen Hauptgedanken charakterisiert. Dahlhaus hat diese Phrasen darum als »Kontraktion Wagnerscher Perioden« bezeichnet. Der entscheidende Unterschied zu Wagner liegt jedoch in der Vermeidung von Wiederholungen. Darin folgt die Musik nicht nur der Form der Textvorlage, sondern dem Thema des Werkes überhaupt: der Angst. Die *Kunst des Überganges*, wie Wagner seine höchste Kunst bezeichnet hatte, schlägt hier ins Gegenteil um. Die Extremsituation der Angst führt Schönberg musikalisch über große Teile des Werkes als Rezitativ mit »Orchesterbegleitung« aus.

Obwohl das Werk von Schönberg beendet wurde, behält der Schluß doch einen fragmentarischen Charakter: Es schließt nicht, sondern bricht ab. Die szenische Anweisung zu den Worten: »Ich suchte« lautet denn auch: »irgend etwas entgegen«.

In der *Glücklichen Hand* op. 18 sind die musikalischen Tendenzen der *Erwartung* noch weiter vertieft worden. Das Libretto schrieb Schönberg selbst; 1911 wurde es als separate Dichtung, noch vor dem Ende der Komposition, veröffentlicht. Im Ge-

---

10 *Arnold Schönberg. Gedenkausstellung 1974*, Redaktion Ernst Hilmar, Wien 1974, S. 203.

gensatz zur *Erwartung* lassen sich hier keine direkten oder mittelbaren Zitate Wagners nachweisen. Dafür versucht Schönberg das ästhetische Konzept des »Gesamtkunstwerks« auf seine Art und Weise umzusetzen. In einem Aufsatz zur *Glücklichen Hand* charakterisiert er das Verfahren so: »Mir war lange schon eine Form vorgeschwebt, von welcher ich glaubte, sie sei eigentlich die einzige, in der ein Musiker sich auf dem Theater ausdrücken könnte. Ich nannte sie – in der Umgangssprache mit mir: *mit den Mitteln der Bühne musizieren.*«[11]

So sollen Farben, Gesten und Licht ähnlich behandelt werden wie sonst nur Motive und Themen. Alle Elemente stehen im Dienst der musikalischen Konzeption und werden gleichsam musikalisiert: »Ich glaube aber sagen zu können, daß es jedes Wort, jede Geste, jeder Lichtstrahl, jedes Kostüm und jedes Bild tut: keines will etwas anderes symbolisieren als das, was Töne sonst zu symbolisieren pflegen.«[12]

Die drei Werke *Erwartung*, *Die glückliche Hand* und *Von heute auf morgen* sind alle als Einakter realisiert worden. Der Einfluß Wagners zeigt sich nur in einigen Momenten. Zuerst sind die Zitate zu nennen, die entweder in parodistischer Absicht oder als entfernte Vermittlungskategorien fungieren. Auch ästhetisch-dramaturgisch ist der Einfluß Wagners, abgesehen von der Konzeption des Gesamtkunstwerkes, gering.

Ein Detail, das alle drei Einakter miteinander teilen, sind die fehlenden Namenbezeichnungen der Figuren. Schönberg selbst hat das Problem der Bezeichnung durch Namen in einem eigenen Werk thematisiert. Es ist dort Teil des Bilderverbotes, welches auch für *Moses und Aron* zentrale Bedeutung hat. Ob es sinnvoll ist, dies als Antizipation einer jüdischen Thematik zu interpretieren, darf bezweifelt werden. Plausibler dürfte es sein, dieses Motiv aus Schönbergs ästhetischen Überzeugungen zu begründen, die auch Platz für entsprechende religiöse Anschauungen boten. Die *Vier Stücke für gemischten Chor* op. 27 enthalten mit der zweiten Nummer ein Werk, das diese Thematik zur Sprache bringt:

Du sollst nicht, du musst

Du sollst dir kein Bild machen!
Denn ein Bild schränkt ein, begrenzt, faßt,
was unbegrenzt und unvorstellbar bleiben soll.
Ein Bild will Namen haben:
Du kannst ihn nur vom Kleinen nehmen;
Du sollst das Kleine nicht verehren!
Du mußt an den Geist glauben!
Unmittelbar, gefühllos und selbstlos,
Du mußt, Auserwählter, mußt, willst du's bleiben.

11 Schönberg, *Gesammelte Schriften I*, S. 236.
12 Ebd., S. 238.

Wagner besaß hingegen eine andere Auffassung des Namens, insbesondere des Eigennamens. Sie sind keineswegs zufällige Bezeichnungen, sondern geradezu sprachliche Verheißungen. So erhält Siegfried seinen Namen bereits vor der Geburt durch Brünnhilde:

> [...] der neu gefügt
> das Schwert einst schwingt,
> den Namen nehm' er von mir –
> Siegfried erfreu' sich des Siegs![13]

»Das mythisch-magische Denken steht seit jeher im Zeichen des Glaubens an die magische Kraft von Wörtern, zumal von Namen, an Namenszauber, an wortgebundene Magie. Wörter gelten hier als Schlüssel zum Wesen der Dinge, die Dinge als durch Namensnennung beeinflußbar und beherrschbar... Der naiv Wortgläubige meint, im Wort das Genannte selbst zu kennen und zu besitzen, er verläßt sich auf die evokative Kraft von Namen – ja er differenziert letztlich gar nicht zwischen diesen und dem Wesen der Dinge selbst.«[14]

Der richtige Eigenname, der in Wagners Werken entweder erst »erkämpft« werden muß (zum Beispiel Siegmund) oder schon vorher verliehen wird (zum Beispiel Siegfried), zeigt in diesen Fällen an, daß die Figuren ihre Bestimmung erreicht haben.

Für Schönberg ist der Name ein Zeichen, das durch die Begrenzung gerade das Wesen der Dinge nicht deutlich macht. Wenn das Bilderverbot so radikal aufgefaßt wird wie von Schönberg, entfernt er sich damit aber vom biblisch-jüdischen Verständnis des Namens. Im ersten Buch Genesis (2,19 f.) heißt es ausdrücklich: »Gott, der Herr, formte aus dem Ackerboden alle Tiere des Feldes und alle Vögel des Himmels und führte sie dem Menschen zu, um zu sehen, wie er sie benennen würde. Und wie der Mensch jedes lebendige Wesen benannte, so sollte es heißen. Der Mensch gab Namen allem Vieh, den Vögeln des Himmels, und allen Tieren des Feldes.«[15]

»Diese ›Adamitische‹ Sprache gilt mythischem Glauben zufolge als eine wahre Sprache, deren Namen das Wesen der Dinge selbst ausdrückt. Adams Autorisierung als erster Namensgeber ist Ausdruck der Verfügungsgewalt, welche ihm Gott über die Dinge zubilligte.«[16] Die Funktion der Namensgebung wurde Adam von Gott selbst übertragen. In den ersten drei Tagen der Schöpfung benennt Gott seine Werke selbst: Tag, Licht, Himmel, Land, Meer.

---

13 Richard Wagner, *Die Walküre*, hrsg. von Egon Voss, Stuttgart 1997, V. 1788–1802.

14 Monika Schmitz-Emans, *Die Sprache der modernen Dichtung*, Stuttgart 1997, S. 12 [im folgenden: *Sprache*].

15 *Die Bibel. Altes und Neues Testament.* Einheitsübersetzung. Stuttgart 1980 [im folgenden: *Die Bibel*].

16 Schmitz-Emans, *Sprache*, S. 14–15.

Vergleicht man nun Wagners Auffassung vom Namen mit der Schönbergs, so ist man versucht zu behaupten, daß diese der biblischen näher kommt als die Konzeption Schönbergs. Insofern berührt das anscheinend periphere Thema des Namens die Thematik des Bilderverbotes, die in *Moses und Aron* von zentraler Bedeutung ist.

3. Moses und Aron

Moses und Aron gehört zweifellos zu den Hauptwerken Schönbergs. Adorno benennt im Titel seines Essays von 1963 zwei charakteristische Momente: »Sakral« und »Fragment«. Daß die Bezeichnung »Oper« fehlt, dürfte kaum zufällig sein. Denn die Genesis des Werkes zeigt, daß die Oper als Gattung in den ersten Konzeptionen keine Rolle spielte. Ausgehend von der Kantate *Moses und der brennende Dornbusch* vollzog sich die Wandlung über das Oratorium *Moses und Aron* zur gleichnamigen Oper. Den Fragmentcharakter teilt es mit einem weiteren Hauptwerk, nämlich der *Jakobsleiter*. Dazu bemerkte Theodor W. Adorno in der *Philosophie der neuen Musik*: »Gerade große Konzeptionen wie die *Jakobsleiter* und *Moses und Aron* begleiten ihn [Schönberg] über Jahrzehnte: den Drang zum Abschließen des Werkes kennt er überhaupt nicht.«[17]

Daß Schönberg gegenüber dem Produktionsstand dieser beiden zentralen Werke sich gleichgültig verhielt, kann anhand der überlieferten Dokumente nicht bestätigt werden. Das Gegenteil kommt wohl der Wahrheit näher: Noch 1945 schrieb Schönberg an Henry Allen Moe, dem Generalsekretär der Guggenheim-Stiftung, dazu: »Ich fühle, daß ich, solange ich noch lebe, trachten muß, wenigstens einige Werke fertigzustellen, die seit vielen Jahren darauf warten. Ich fühle, mein Lebenswerk würde nur lückenhaft sein, wenn es mir nicht gelingen sollte, die zwei umfangreichsten meiner musikalischen, und zwei, oder vielleicht drei, meiner theoretischen Werke zu vollenden.

Die zwei musikalischen Werke sind:

a) *Moses und Aron*

b) Die *Jakobsleiter*

Die Vollendung der Oper würde mich ungefähr 6–9 Monate beschäftigen.«[18]

Drei Jahre später wiederholt er in einem Brief an den Komponisten und Dirigenten René Leibowitz diesen Gedanken. Durch eine sich ständig verschlimmernde Augenkrankheit am Arbeiten gehindert, bemerkt Schönberg: »Wenn ich arbeiten kann, würde ich ja doch am liebsten die *Jakobsleiter* und *Moses und Aron* [vollenden].«[19]

---

17 Theodor W. Adorno, *Philosophie der neuen Musik*, in: *Gesammelte Werke*, Bd. 12, hrsg. von Rolf Tiedemann, Frankfurt 1976, S. 115.

18 Arnold Schönberg, *Briefe*, ausgewählt und hrsg. von Erwin Stein, Mainz 1958, S. 243ff. [im folgenden: *Briefe*].

19 Schönberg, *Briefe*, S. 267.

Und bis kurz vor seinem Tod möchte Schönberg das musikalische Fragment *Moses und Aron* für die Theaterpraxis retten, indem er die Aufführung des dritten Aktes als Schauspiel vorschlägt. Die oben angeführte Behauptung Adornos, die ihre Herkunft einem Gedanken Walter Benjamins verdankt, ist somit zu korrigieren. Überhaupt scheint Adorno – wenn auch unbewußt – primär seine eigene philosophisch-ästhetische Haltung mit Hilfe Schönbergs legitimieren zu wollen.

Die interessantere Frage ist denn auch, ob das Werk beziehungsweise der Stoff selbst Fragmentarität impliziert beziehungsweise herausfordert. Der *Moses*-Stoff bietet zumindest zwei Aspekte, die die eigentliche Spannung und damit auch die Faszination ausmachen. Der erste Punkt betrifft die Gestalt Moses: er ist selbst eine unerreichbare Größe. »Niemals wieder ist in Israel ein Prophet wie Mose aufgetreten. Ihn hat der Herr Auge in Auge berufen.« (Dtn 34,10)[20]

Der zweite Punkt berührt das Nicht-Erreichen seines Ziels, des »Gelobten Landes«, und zwar aufgrund einer Weisung Gottes: »Du darfst das Land von der anderen Talseite aus sehen. Aber du darfst das Land, das ich den Israeliten geben werde, nicht betreten.« (Dtn 32, 52)[21]

Beide Punkte machen die erschütternde und faszinierende Dimension seines Schicksals aus. »Die Spannung von Moses unerreichbarer Größe und seiner Tragik des Unerreichten bricht in jenen Kunstwerken und Lebenswerken durch, die das Paradox erfassen, daß das Unerreichbare nur im Unerreichten zu erreichen ist. Das scheint fast der Bannfluch zu sein, der keine vollständige Annäherung an die Moses-Gestalt zuläßt.«[22]

Die Beschäftigung mit dem Moses-Stoff, die in diesem Jahrhundert von Thomas Mann bis über Martin Buber bis zu Hans Weissenberg erfolgte, erfordert als die entscheidende »Bestimmung« Jahwes seine Unsichtbarkeit beziehungsweise »seine Unendlichkeit für das Denken.« *Moses und Aron* teilt dieses Moment ebenfalls mit der *Jakobsleiter*.

Auch *Die Jakobsleiter* dürfte wohl kaum zufällig Fragment geblieben sein. Beide Werke erreichen Sphären, die künstlerisch nicht mehr auszudrücken sind, ohne daß man sich ins Triviale verliert.

Von besonderem Interesse ist in diesem Zusammenhang auch die Tatsache, daß Schönberg von 1925 bis 1936 drei Entwürfe unter dem Titel *Der musikalische Gedanke und seine Darstellung* konzipierte. Zweifellos sah Schönberg diese Arbeit als seinen wichtigsten musiktheoretischen Beitrag an. Denn mit der Frage nach der Darstellung des Gedankens, der Gedanken des unvorstellbaren Gottes also, ist die Thematik von *Moses und Aron* benannt. Charakteristisch für diesen Gottesgedanken

---

20 *Die Bibel*, S. 211.

21 Ebd., S. 209.

22 Verena Lenzen, *Vom Bilderverbot zum jüdischen Gebet in Arnold Schönbergs Oper ›Moses und Aron‹*, in: *Jahrbuch Politische Theologie Bd. 2: Bilderverbot*, hrsg. von Michael J. Rainer und Hans-Gerd Janßen, Münster 1997, S. 241.

ist die Bildlosigkeit, also das, was unter den Begriff des (jüdischen) »Bilderverbots« fällt.

Wie verhält sich nun das Bilderverbot zum »musikalischen Gedanken«? Schönberg selbst weitet das »Bilderverbot« über seine in der biblischen Geschichte beschriebene Funktion aus. An den Schriftsteller Walter Eidlitz schrieb er am 15. März 1933: »Ich selbst habe aus dem mächtigen Stoff vor allem diese Elemente in den Vordergrund gerückt: Der Gedanke des unvorstellbaren Gottes, des auserwählten Volkes und des Volksführers.«[23]

Das Bilderverbot wird aber in *Moses und Aron* gar nicht eingeführt (wie die Verkündigung der Zehn Gebote überhaupt entfällt), sondern vorausgesetzt. Schönberg, der sehr empfindlich gegenüber Wiederholungen war, hatte diese Thematik in op. 27 mit aller notwendigen Deutlichkeit exponiert. Gleichsam als »Durchführung« erfolgt die Weiterführung dieses Gedankens nun in der Oper *Moses und Aron*. In diesem Chorwerk wird ebenfalls das Thema des »Volksführers« angesprochen:

> Du mußt an den Geist glauben
> Unmittelbar, gefühllos und selbstlos,
> Du mußt, Auserwählter, mußt, willst du's bleiben.

In *Moses und Aron* wird dieser Imperativ radikal zu Ende geführt. In der Auseinandersetzung mit Aron erkennt Moses, nachdem er vom Berg hinabgestiegen ist, die Folgen seiner eigenen Maximalforderung. Aus Furcht, daß »das Wort mit dem Bild davonläuft«, verbannt er das Bildhafte aus seinem Denken. Doch diese Radikalität führt dazu, daß sich das Wort mit dem verdrängten Bild entzieht und so zur Klage am Ende des zweiten Aktes führt: »O Wort, du Wort, das mir fehlt.«

Unmittelbarkeit ist aber – sowohl im Sinne Schönbergs als auch Bubers – an die Bedingung der Bildlosigkeit geknüpft. Diese Forderung erhebt Moses nicht nur für sich, sondern für das gesamte Volk Israel.

Daß die Problematik des Bilderverbotes im Grunde von Schönberg als ästhetisches Problem gesehen wird, geht aus der Szene hervor, als Moses vom Berg hinabsteigt, den Frevel Arons sofort begreifend, und einen Fluch über das »Goldene Kalb« ausspricht:

> Vergeh, du Abbild des Unvermögens,
> das Grenzenlose in ein Bild zu fassen.

Das entscheidende Wort ist hier »Unvermögen«. Das Absolute in einem Werk abzubilden ist eine Unmöglichkeit. Das Unvermögen besteht hier also in der künstlerischen Unfähigkeit des Dargestellten. Es dürfte keine Übertreibung sein, wenn Schönberg in der Musik die einzige Möglichkeit sah, dort das Grenzenlose künstlerisch überhaupt darzustellen.

---

23 Schönberg, *Briefe*, S. 188.

Wie hängt also das Bilderverbot in *Moses und Aron* mit Schönbergs früheren musikästhetischen Positionen zusammen?

Wie bereits erwähnt, wird das Bilderverbot nicht in die Handlung eingeführt. So deklamiert Moses in der zweiten Szene im »Dialog« mit Aron: »Kein Bild kann dir ein Bild geben vom Unvorstellbaren.«

Oder auch Aron in der gleichen Szene: »Volk, auserwählt dem Einzigen, kannst du lieben, was du dir nicht vorstellen darfst?«

Deshalb entfällt auch die Verkündigung dieses Gebotes wie der anderen Gebote. In seinem Textbeitrag für den Almanach *Der Blaue Reiter* von 1912 scheint Schönberg das zu antizipieren: »Es gibt relativ wenig Menschen, die imstande sind, rein musikalisch zu verstehen, was Musik zu sagen hat. Die Annahme, ein Tonstück müsse Vorstellungen irgendwelcher Art erwecken, und wenn solche ausbleiben, sei das Tonstück nicht verstanden worden oder es tauge nichts, ist so weit verbreitet, wie nur das Falsche und Banale verbreitet sein kann. Von keiner Kunst verlangt man Ähnliches, sondern begnügt sich mit den Wirkungen ihres Materials, wobei allerdings in den andern Künsten das Stoffliche, der dargestellte Gegenstand, dem beschränkten Auffassungsvermögen des geistigen Mittelstands von selbst entgegenkommt.«

In diesem Ausschnitt sind die zentralen Motive von *Moses und Aron* bereits vorhanden. Einerseits die Gefährlichkeit und trügerischen Glücksversprechen von Bildern und Vorstellungen, andererseits der Anspruch der Kunst (= Musik), der an den geistigen Menschen gestellt wird.

Die Bildlosigkeit der Musik ist am einflußreichsten von Schopenhauer formuliert worden: »Die Musik ist nämlich eine *so unmittelbare* Objektivation und Abbild des ganzen *Willens*, wie die Welt selbst es ist, ja wie die Ideen es sind, deren vervielfältigte Erscheinung die Welt der einzelnen Dinge ausmacht.«[24]

Dieses Zitat liest sich fast wie eine Paraphrase der zentralen Thematik in *Moses und Aron*. Die entscheidenden Begriffe und Formulierungen sind dabei »unmittelbar« und »Abbild des ganzen Willens selbst«. Für den Komponisten Schönberg konnte das nur bedeuten: Wenn das Unvorstellbare überhaupt künstlerisch dargestellt werden kann, so ist diese Möglichkeit am ehesten durch die Musik gegeben.

Zum Schluß stellt sich noch die Frage, wie sich das biblische (jüdische) Sujet der Oper *Moses und Aron* mit der Zwölftontechnik verträgt. Bekanntlich hatte ja Schönberg die Vorherrschaft der deutschen Musik für die nächsten hundert Jahre gesichert gesehen. Ein Antwortversuch sei an dieser Stelle skizziert.

Die Zwölftontechnik resultierte aus Tendenzen, die in der deutschen Musik gleichsam vorbereitet lagen – so Schönberg. Deutsche Musik wurde aber unter dem Einfluß Schopenhauers und der Vermittlung Wagners seit der Mitte des 19. Jahrhunderts als unmittelbare, nicht abbildende Kunst verstanden. Diese »Bestimmung«

---

24 Arthur Schopenhauer, *Die Welt als Wille und Vorstellung* I, hrsg. von Ludger Lütkehaus, Zürich 1988, S. 341.

änderte sich durch die Einführung der Zwölftontechnik nicht, wurde erst durch sie hör- und sichtbar. Hier berühren sich dann Bilderverbot im Schönbergschen Sinne und Musik, die das Unvorstellbare zur Darstellung bringt.

Epilog: Das Judentum in der Musik

1926 erschien ein Buch von Heinrich Berl unter dem Titel: *Das Judentum in der Musik*. Das Werk, das »dem unbeirrten Vorkämpfer der Neuen Musik«, nämlich Paul Bekker gewidmet ist, zitiert in vollem Bewußtsein den Titel der Wagnerschen Schrift von 1850. In unserem Zusammenhang ist es nicht nur interessant, daß diese Essaysammlung ihren Ausgangspunkt bei Wagner nimmt, sondern bis zu einer Bewertung der Musik Schönbergs, unter Einschluß noch der *Serenade* op. 24, fortschreitet. Pointiert formuliert ist es die Rechtfertigung der jüdischen (= neuen) Musik aus dem Wagnerschen Geist des *Judentum*-Aufsatzes von 1850/1869. Um den Gedankengang des Textes richtig einordnen zu können, ist es notwendig, zwei Sätze aus dem Vorwort anzuführen: »Hier ist der Ort zu bemerken, daß ich kein Jude bin. Wenn sich mir immer mehr das Problem einer *jüdischen Musik* aufgedrängt hat, so hat dies seinen Grund in einer allerdings sehr starken Anteilnahme am *Zionismus*.«[25]

Dieses Zitat ist deshalb notwendig, weil der Text teilweise Denkstrukturen und Formulierungen verwendet, die eine Identität mit nationalsozialistischem Gedankengut – sofern man in diesem Zusammenhang von »Gedanken« überhaupt reden kann – zeigt.

Der Buchtitel demonstriert schon zur Genüge, daß der Ausgangspunkt der Wagnerschen Schrift ernst genommen wird: es gibt einen wesensmäßigen Unterschied zwischen jüdischen und nichtjüdischen Komponisten. »Inwiefern Wagner recht hatte, da er das Judentum als Fremdkörper empfand, geht nirgends klarer hervor als aus diesem Buch. Es fragt sich nur, ob dieser Fremdkörper mit positiven oder negativen Vorzeichen zu betrachten ist.«[26]

Für Berl ist es keine Frage, daß man nicht nur von einer jüdischen Musik sprechen kann, sondern geradezu muß. Er versucht so die Werke verschiedener Komponisten wie Mendelssohn, Meyerbeer, Offenbach, Mahler und Schönberg unter den Begriff der »jüdischen Musik« zu subsumieren, wobei er aber den kompositionstechnischen Nachweis – wie übrigens auch Wagner – schuldig bleibt. Jüdische Musik zeigt sich für Berl zuerst im synagogalen Gesang, im Volkslied, besonders im jiddischen Volkslied, sowie in der tradierten, religiösen Hausmusik. In der klassisch-romantischen Epoche konnten aber diese Momente noch nicht so klar hervortreten, da die harmonisch konzipierte Musik des Okzidents dies noch überdeckte. *Tristan und Isolde*

25 Heinrich Berl, *Das Judentum in der Musik*. Stuttgart 1926, S. 10 [im folgenden: *Judentum*].
26 Berl, *Judentum*, S. 10.

führte dann zur »Katastrophe der klassisch-romantischen Harmonieanschauung«, wodurch dann letztlich der Weg zur »Neuen Musik« frei war. Und für diese Neue Musik stehen dann insbesondere Gustav Mahler und Arnold Schönberg. Die Idee von der Krise der romantischen Harmonik in Wagners *Tristan und Isolde*, die bei Berl zur geschichtsphilosophisch notwendigen Katastrophe wird, hat er von Ernst Kurth übernommen.

Bemerkenswert ist hier, wie die Neue Musik als Wendung zur jüdischen Musik beschrieben wird. Diese Beschreibungen waren aber – zumindest aus heutiger Sicht – der völlig untaugliche Versuch, jüdische Momente in der Kunstmusik oder überhaupt die gesamte Neue Musik als jüdische Musik zu entdecken. Der Gegensatz jüdische Musik und nichtjüdischer Musik verhält sich wie die Kontroverse zwischen Melodie und Harmonie.

»Indem Schönberg das harmonikale Denken nicht zerlegt, wie Debussy und der Impressionismus, sondern zerstört, aus dem unheimlichen Drang des Rhythmus zersprengt, knüpft er unmittelbar an das Prinzip der orientalischen Musik wieder an.«[27]

Die Wirkung derartiger Äußerungen kann man sich sehr gut vorstellen. Zum einen gießt Berl noch mehr Öl ins Feuer, als es ohnehin antisemitische Agitatoren schon taten. Tragisch mutet es schon beinahe an, daß es Berl auch nicht gelingt, sachlich richtige Aussagen über Schönbergs Musik zu machen. Schönberg kommt in seinen Werken seit 1910 keineswegs primär vom Rhythmus her, obwohl die Entstehung einer »Musikalischen Prosa« von der Überwindung der konventionellen Taktgruppierung abhängig war. Das rhythmische Element, wie es Berl versteht, wurde daher eher von Komponisten wie Bartók oder Strawinsky realisiert. Die Sprache Berls kennzeichnet Schönberg aber als den Typus des Juden, der ein so beliebtes Angriffsziel der antisemitischen Bewegung war: »Der Jude als Intellektueller, also als Zersetzer.« Der Begriff »intellektuell« erscheint im 18. Jahrhundert, erhielt aber seine heute geläufige Bedeutung erst im Zusammenhang mit der »Dreyfus-Affäre« in Frankreich. Der Gegenbegriff dazu, der sich speziell in Deutschland als Reaktion darauf immer mehr profilierte war der des »deutschen Geistes«, der sich über Musik, Metaphysik, faustische Tiefe und ähnliche Begriffe definierte. Doch beanspruchte dieser »Geist« mehr als die Antithese zur kalten Rationalität der westlichen Zivilisation zu sein: »Der Begriff des deutschen Geistes enthielt aber einen Anspruch auf Allgemeingültigkeit, die tendenziell den nationalen Kontext imperial überschritt. Er wurde nämlich als Sprachrohr des *wahren* Denkens verstanden, in dem Wissen, Fühlen und Erleben wieder eine organische Einheit bilden.«[28]

Diese Beschreibung von Ingeborg Nordmann ist vorzüglich geeignet, um noch einmal auf eine bekannte Bewertung der musikgeschichtlichen Bedeutung der Zwölf-

---

27 Berl, *Judentum*, S. 171.

28 Ingeborg Nordmann, *Der Intellektuelle. Ein Phantasma*, in: *Antisemitismus. Vorurteile und Mythen*, hrsg. von Julius H. Schoeps und Joachim Schlör, Frankfurt a. M. o. J. [1998], S. 253.

tontechnik durch Schönberg selbst Mitte der 1920er Jahre hinzuweisen. Schönberg sah durch diese Innovation die Vorherrschaft der deutschen Musik für die nächsten hundert Jahre gesichert.

Wichtig sind in diesem Zusammenhang zwei Punkte: Die Qualität der verschiedenen musikalischen Nationen (insbesondere Italien und Frankreich) wird an ihrer Fähigkeit zur Darstellung des musikalischen Gedankens gemessen. Die deutsche Musik zielt – so Schönberg – seit ihren Anfängen auf eine immer größer werdende Klarheit des musikalischen Gedankens ab. Schönbergs Musik steht nun in dieser Tradition von Johann Sebastian Bach über die Wiener Klassik bis zu Wagner, Brahms, Mahler und Reger. Deutsche Musik gewinnt durch diese Anstrengung anderen Auffassungen von Musik (italienischer und französischer Musik) an Überlegenheit.

Der zweite Punkt berührt die Einheit von »Wissen, Fühlen und Erleben«. Gerade die in der modernen Welt verlorengehende Beziehung von Rationalität und Emotionalität wird durch die von Schönberg geforderte Poetik in der Musik restituiert. Das Wissen bildet dabei nur die notwendige erste Stufe. Das eigentliche bleibt aber das »Fühlen und Erleben«. Bekanntlich hat sich Schönberg demonstrativ auf sein »Formgefühl« berufen, um Entscheidungen zu rechtfertigen, die er selbst nicht theoretisch begründen konnte oder wollte. Diese drei Momente sind aber von Gegnern Schönbergs – teilweise gleichzeitig – kritisiert worden: Das Moment des Wissens von kompositionstechnischen Sachverhalten, genauer: das »zur-Sprache-bringen« von musikalischen Techniken führte zur Schmähung seiner Werke als »kalt« und »musikalische Mathematik«. Mit dem Siegeszug des Neoklassizismus in den 1920er Jahren sah er sich aber unversehens als »ewiger Romantiker« diffamiert: die drei *Chorsatiren* op. 27 waren seine Antwort darauf. Ob diese Angriffe in erster Linie antisemitische Beweggründe hatten, kann nicht mit Sicherheit behauptet werden. Diese Argumente sind allerdings nahezu identisch mit der antisemitischen Richtung.

Berls Werk ist der gut gemeinte Versuch, dem Judentum in der Musik eine Vorreiterrolle innerhalb der Kunstmusik zuzusprechen. Nach einem Ausspruch Schönbergs ist das Gegenteil von »gut« »gut gemeint«. Deshalb ist es schon beinahe tragisch, wie Berl das Problem des *Judentums in der Musik* angeht. Auch seine analytischen Befunde, die teilweise ans Absurde grenzen, zeigen eine ähnliche Tendenz. »Es kann nicht die Aufgabe dieser Zeilen sein, das ›Jüdische‹ in Schönbergs Werken aufzuspüren; dies muß, soweit es noch nicht getan ist, einer anderen Gelegenheit vorbehalten bleiben.«[29]

Wenn Berl trotzdem an einigen Stellen über bestimmte musikalische Konstellationen als typisch jüdisch spricht, ist dies zumindest heute oft nicht mehr rational nachzuvollziehen. Bemerkenswert bleibt, daß sich Schönberg bis zum Erscheinen des Werkes 1926 nicht öffentlich über das *Judentum in der Musik* oder »jüdische Musik« geäußert hat. Der Name »Arnold Schönberg« reichte zur Identifizierung als

---

29 Berl, *Judentum*, S. 173.

Jude aus. Also mußten seine Produkte auch jüdisch sein. »Arier« wie Alban Berg und Anton Webern wurden aufgrund ihrer engen Beziehung zu Schönberg als »Geistesjuden« diffamiert. Die fehlende analytische Kompetenz versuchte dann Berl durch eine Art Intuition zu ersetzen: »Denn nicht durch Zerlegung läßt sich eine solche Ähnlichkeit erweisen, sondern einzig durch intuitive Empfängnis.«[30]

Darin aber schließt sich Berl der Vorlage Wagners an. Schönberg äußerte sich noch Mitte der 1920er Jahre skeptisch in einem Brief an Albert Einstein über die Möglichkeiten einer jüdischen Musik. Schönberg sah sich zeitlebens in der Kontinuität der deutsch-österreichischen Musik stehend. Die letzten Werke Schönbergs sind Chorkompositionen, die in den *Modernen Psalmen* auch die Sehnsucht nach der alten Heimat Palästina zum Ausdruck bringen. Die Beschäftigung mit dem Gottesproblem ist hingegen nicht erst im Alter aktuell geworden. Bereits um 1912 plante Schönberg ein Projekt mit einem Text von Richard Dehmel. Was er ein Jahr früher über Franz Liszt äußerte, gilt auch für ihn selbst: »Er glaubte an sich, er glaubte an einen der größer war als er, er glaubte an den Fortschritt, an die Kultur, an die Schönheit, an die Sitte, an die Menschheit. Und er glaubte an Gott! Und all dieser Glaube entspringt keiner andern Ursache als dem starken Trieb eines Menschen, der zur Höhe des Guten, das er in sich fühlt, auch die andern emporheben möchte. Ein solcher Mensch ist nicht mehr Künstler, sondern bald etwas Größeres: ein Prophet.«[31]

30 Berl, *Judentum*, S. 126.

31 Schönberg, *Gesammelte Schriften I*, S. 169.

Zusammenfassung der Diskussion

Prof. Vaget wollte die musikalische Abstraktion Schönbergs nicht aus dem jüdischen Bilderverbot herleiten, sondern aus der deutschen Tradition eines Primats der absoluten Musik. So erhebe auch Hans Pfitzners Musikästhetik die Forderung der Bildlosigkeit, die jede außermusikalische Mimetik oder Semantisierung zurückweise. Schönberg möge seinen musikalischen Ikonoklasmus aber auch auf das Spätwerk Wagners gegründet haben, dessen kabbalistischen Hintergrund er nicht kennen konnte. Wenn Schönberg die Zwölftontechnik mit dem mosaischen Bilderverbot verbinde, werde die Kunstreligion Wagners jüdisch rezipiert und so auf ihre esoterischen Quellen zurückgeführt (Dr. Hartwich). Prof. Borchmeyer stellte Schönbergs *Moses und Aron* in den Kontext einer Ästhetik des Erhabenen, die seit dem späten 18. Jahrhundert an der die sinnliche Realität transzendierenden Gottesvorstellung des Alten Testaments und ihrer poetischen Umsetzung exemplifiziert worden sei.

Wolf-Daniel Hartwich

Na'ama Sheffi

Wagner in Israel:

Vom Verbot bis zur Schaffung eines politischen Symbols, 1938–1997

Am 12. November 1938 sagte das Symphonie-Orchester Palästinas, das spätere Israel Philharmonic Orchestra, eine Aufführung der Ouvertüre zu Wagners *Meistersingern von Nürnberg* ab.[1] Von diesem Tag an wird bis heute von einem ganz erheblichen Teil der israelischen Öffentlichkeit jede Aufführung eines Werks von Richard Wagner abgelehnt.[2] Die Gründe dafür sind immer gleich – Wagner wird mit dem nationalsozialistischem Regime identifiziert –, aber die Beweggründe und Erklärungen lauten jedes Mal anders.[3]

Die Auseinandersetzung mit Wagner entwickelte sich zu einem der interessantesten Berührungspunkte von Politik und Kultur in der israelischen Gesellschaft. In Bezug auf die Einrichtung normaler Beziehungen mit Deutschland war das Widerstreben Wagner gegenüber in all diesen Jahren Ausdruck ideologischer Haltungen und Ansichten. Jeder neue Ausbruch leidenschaftlichen Widerstands wurde durch heftige politische Debatten zu den israelisch-deutschen Beziehungen oder der Rolle Deutschlands in der Welt begleitet – dabei spielt es keine Rolle, ob diese Debatten bewußt intendiert waren oder sich von selbst ergaben. Bei der Auseinandersetzung um Wagner in Israel geht es ohne Zweifel nicht um Musik oder um den Komponisten. Vielmehr geht es darum, wie die Israelis mit ihrer neueren Geschichte umgehen

---

1 Alle Angaben zum Israel Philharmonic Orchestra (IPO) und dessen Vorläufer, dem Sinfonieorchester Palästinas, beruhen auf Archivmaterial des IPO. Ich danke Efraim Mittelmann, dem Leiter des IPO-Archiv, für seine Hilfe.

2 Für weitere Informationen vgl. N. Sheffi, *The Ring of Myths: Wagner, the Israelis and the Nazis*, Sussex Academic Press (erscheint voraussichtlich 2000 – hebräische Originalausgabe: Haifa 1999).

3 Viele Untersuchungen handeln von Wagners politischen Überlegungen, seinen rassistischen Ansichten und der Möglichkeiten, daß er der erste Nazi gewesen sei. Die neuesten umfassenden Darstellungen sind: P. L. Rose, *Wagner: Race and Revolution*, New Haven und London 1992; M. A. Weiner, *Richard Wagner and the Anti-Semitic Imagination*, Lincoln und London 1997. Vgl. auch Untersuchungen zu Wagners Einfluß auf Hitler: G. Wagner, *Wer nicht mit dem Wolf heult*, Köln 1997; J. Koehler, *Wagners Hitler: Der Prophet und sein Vollstrecker*, München 1997.

sowie um die Art und Weise, wie sie das schlimmste nationale Trauma ihrer Geschichte bewältigen.

Im vorliegenden Beitrag werde ich die wichtigsten Entwicklungen der öffentlichen Debatte um Wagner auf ihre politische und gesellschaftliche Bedeutung hin untersuchen. Dabei werde ich bei jedem neuen Aufflammen des Meinungsstreits die damit einhergehenden politischen Zusammenhänge untersuchen, die in meinen Augen die Auseinandersetzung anfachten. Dieser methodische Ansatz wirft ein Licht auf die Instrumentalisierung Wagners und seine Verwendung für die unterschiedlichsten politischen und gesellschaftlichen Zwecke. Durch diese Art der Darstellung wird die Untersuchung zweier weiterer wichtiger Aspekte ermöglicht: die Rolle der Politiker in der Angelegenheit und die Bedeutung der Medien, die immer wieder die Debatte anstachelten. Von Anfang an ging es nicht nur um Wagner – das sollte man sich klarmachen –, sondern auch um andere Musiker, die in Israel mit dem Nazi-Regime identifiziert wurden und während der NS-Zeit in Deutschland künstlerisch tätig waren. Dazu gehören vor allem die Komponisten Carl Orff, Franz Lehár und Richard Strauss, die Sängerinnen Elisabeth Schwarzkopf und Kirsten Flagstad sowie die Dirigenten Karl Böhm, Herbert von Karajan und Wilhelm Furtwängler. Den meisten Widerstand löste Richard Strauss aus; gemeinsam mit Wagner stand er in den ersten beiden Jahrzehnten nach der Staatsgründung im Mittelpunkt israelischen Protests.

Die zu Beginn erwähnte Absage der Wagner-Ouvertüre hing mit der Tagespolitik zusammen. Das Eröffnungskonzert der Saison 1938/39 war für den 12. November angesetzt, nur drei Tage nach der »Reichskristallnacht«. Dieses Ereignis markierte in der Einstellung des Dritten Reichs gegenüber den Juden eine radikale Verschlechterung. Moshe Slush, ein Mitglied des »public board«, wandte sich an Maestro Arturo Toscanini – aus politischen Gründen weigerte sich Toscanini damals, vor Mussolini und in Bayreuth zu dirigieren[4] – und bat ihn, das Stück von Wagner aus Rücksicht auf mögliche Empfindlichkeiten des Publikums aus dem Programm zu nehmen.[5] Toscanini, der sich anhaltend darum bemühte, den Wagner und die Gewaltherrschaft in Deutschland verbindenden Gordischen Knoten zu durchschlagen, entsprach dieser Bitte. Das Orchester spielte anstelle der *Meistersinger*-Ouvertüre das Werk eines mit deutscher Kultur identifizierten Komponisten, die Ouvertüre zu Carl Maria von Webers *Oberon*. Der Programmwechsel wurde ohne weiteres Aufsehen akzeptiert. Mehrere Monate später spielte das Orchester unter der Leitung von Eugen Szenkar während einer Tournee in Ägypten die Vorspiele zum ersten und dritten Akt von *Lohengrin*, zu diesem Zeitpunkt unterlagen die Werke Wagners noch nicht einem vollständigen Boykott.

4 Zu Toscaninis politischen Ansichten vgl. H. Sachs, *Toscanini*, New York 1988, S. 198–269. (Deutsche Ausgabe: München und Zürich 1990).

5 Zu dieser und anderen Affären vgl. U. Toeplitz, *The History of the Israel Philharmonic Orchestra: Researched and Remembered*, Tel Aviv 1993, S. 73–75 (in hebräischer Sprache).

Die negative Einstellung gegenüber Künstlern, die man mit dem Nationalsozialismus identifizierte, intensivierte sich erst in den fünfziger Jahren nach der Gründung des Staates Israel und nach der Ankunft zahlreicher Überlebender des Holocaust. Mehrere Faktoren kamen bei dem scharfen Protest gegen deutsche Sprache und Musik auf israelischen Bühnen zusammen. Zunächst – dies war am wichtigsten – untersagte die Zensurbehörde des Staats, das »Film and Theater Review Board«, 1950 die Verwendung der deutschen Sprache bei öffentlichen Aufführungen.[6] Zum anderen setzten Solisten und Dirigenten, die in Israel in Soloabenden oder mit dem Israel Philharmonic Orchestra (IPO), dem wichtigsten Klangkörper des Landes, auftraten, Werke von Wagner und Strauss auf ihre Programme oder baten darum, solche Werke aufzunehmen.

Im November 1952 fanden sich in der israelischen Presse erste Hinweise zu geplanten Aufführungen einiger Werke von Wagner und Strauss durch das Philharmonic Orchestra. Diese Nachrichten lösten heftigste Reaktionen aus, und das, obwohl es nicht um die leichte Muse, sondern um klassische Musik und um Komponisten langer und schwieriger Werke handelte. Strauss wurde zunächst als Nationalsozialist dargestellt, hauptsächlich von den mit der politischen Rechten verbundenen Zeitungen. Und zu Wagner erklärte man, daß er Angst bei solchen Zuhörern erzeuge, die sich des »Einflusses von Wagner auf die deutschen Räuber«[7] bewußt seien. Die Zeitungen, die von den geplanten Aufführungen berichteten, gaben sich keine Mühe zu erklären, aus welchen Beweggründen die Israelis schließlich die Absetzung der Werke von Wagner und Strauss forderten, sondern berichteten von dem Widerstand lediglich als Teil des Tagesgeschehens.

Das Orchester hatte vor, *Till Eulenspiegel* von Richard Strauss zu geben. Das Konzert galt als erste Gelegenheit, in Israel die Akzeptanz von Künstlern zu überprüfen, die wegen ihrer Verbindungen mit der Führung der Nationalsozialistischen Partei – gleichgültig, ob erzwungen oder freiwillig – umstritten waren. Bis zu diesem Zeitpunkt hatte man sich in Israel mit dem Problem nur theoretisch und als hypothetische Möglichkeit auseinandergesetzt, wie bei dem von dem »Film and Theater Review Board« ausgesprochenen generellen Verbot.

Als die Öffentlichkeit Ende 1952 erfuhr, daß Werke von Wagner und Strauss ins Repertoire aufgenommen worden waren, herrschte eine besonders angespannte Atmosphäre. Premierminister David Ben Gurion hatte die Knesset erst zehn Monate zuvor von Verhandlungen über ein Wiedergutmachungsabkommen zwischen Deutschland und Israel unterrichtet. Die dadurch ausgelöste politische Diskussion war von einer bisher nicht gekannten Schärfe gewesen. Die Parlamentssitzung wurde nach Demonstrationen vor der Knesset unterbrochen, im Verlauf derer Steine durch

6 Zur Diskussion vgl. Y. Gilad, *Public Opinion in Israel on Relations between the State of Israel and West Yermany in the Years 1949–1965*, Phil. Diss. Universität Tel Aviv 1984, S. 32 (in hebräischer Sprache).

7 *With the Richards or Without them*, in: *Davar* (Tageszeitung), 1. Dezember 1952.

die Fenster in die Vorhalle geschmettert worden waren. Ben Gurion verlangte bei der Abstimmung auf eine für seine während der ersten Jahre in Israel typische Art und Weise Parteidisziplin, und es gelang ihm, die Vereinbarung über Wiedergutmachungsleistungen trotz heftigen Widerstands von seiten der Linken (Mapam) und der Rechten (Cherut) durchzubringen. Ben Gurion hatte während der bilateralen Verhandlungen mit Deutschland enormen Druck ausgeübt, und der erste Proteststurm gegen Wagner und Strauss scheint größtenteils ein Ventil für diesen Druck gewesen zu sein. Ein Blick in die zum großen Teil direkt oder indirekt von den politischen Parteien finanzierte Tagespresse stützt diese Vermutung; die wenigen unabhängigen Zeitungen vertraten eindeutige politische Haltungen. Außerdem befaßte sich die Führung Israels zu dieser Zeit mit der Frage, wie man des Holocaust auf gebührende Art und Weise gedenken könne, und zweifellos nahm die Öffentlichkeit an diesem Thema großen Anteil. Dieser besondere tagespolitische Hintergrund trug zweifellos zu den starken Reaktionen gegen die mit den Nazis identifizierten Komponisten bei.[8]

Fünf Monate nach diesem Ereignis – das Orchester verzichtete schließlich auf Werke der umstrittenen Komponisten – brach der Sturm erneut aus, Anlaß war Richard Strauss. Der berühmte jüdische Geiger Jascha Heifetz kam für eine Tournee mit dem Philharmonic Orchestra nach Israel und spielte an seinen freien Tagen in den drei großen Städten außerdem eine Reihe von Soloabenden. In seinem Repertoire befand sich auch ein mit großer Begeisterung aufgenommener Ausschnitt aus der Violinsonate von Strauss. Als die Journalisten davon erfuhren, wurde Heifetz gebeten, die Empfindlichkeit der Israelis gegenüber »dem bedeutenden Nazi-Komponisten und den wachen Erinnerungen an ein mit jüdischem Blut durchtränktes Europa«[9] zu berücksichtigen. Einige zornerfüllte Leitartikler protestierten noch heftiger als beim vorigen Anlaß. Auslöser war vielleicht die Tatsache, daß in diesem Fall die Musik wirklich erklang, der Zorn kann aber auch aus der engen zeitlichen Nähe von Konzertterminen und dem »Holocaust Memorial Day« resultiert haben.

---

8 Die Regeln zum Gedenken an den Holocaust erhielten über einen längeren Zeitraum hin Gestalt. 1959 wurde schließlich der »Memorial Day for the Holocaust and Heroism« eingeführt. Dieser Begriff ersetzte den ursprünglichen Begriff »Holocaust and Resistance«. Zur Aufnahme der Überlebenden des Holocaust in Israel und zur Frage, wie die Gesellschaft das Wiedergutmachungsabkommen aufnahm, vgl. N. Barzel, *Hatred and Memory – Reparations from Germany: The Debates in the 1950's*, Yad Vashem Studies XXIC, 1994, S. 247–280; T. Segev, *The Seventh Million: the Israelis and the Holocaust*, New York 1993, S. 211–252; A. Shapira, *The Yishuv and the Survivors of the Holocaust*, in: *Studies in Zionism 7* (1986), S. 277–301; H. Yablonka, *The Formation of Holocaust Consciousness in the State of Israel: The Early Days*, in: *Breaking Crystal. Writing and Memory after Auschwitz*, hrsg. von E. Sicher, Illinois 1998, S. 119–136. Zu den Verhandlungen, die zum Wiedergutmachungsabkommen führten, vgl. R. Vogel, *The German Path to Israel*, Chester Springs 1969, S. 42–52. Zur wirtschaftlichen Bedeutung der Wiedergutmachungsleistungen vgl. N. Balabkins, *West Germany and the Reparations to Israel*, New Brunswick 1971.

9 *The Sounds of Decadence Flowed in the Memorial Day*, in: *Herut* (Tageszeitung), 16. April 1953.

Bis zu welchem Maße die Zeitungsartikel die öffentliche Meinung wiedergaben und inwiefern das Thema zur erneuten Eröffnung der Diskussion um die Beziehungen zwischen Israel und Deutschland benutzt wurde, läßt sich schwer eruieren. Sogar innerhalb gesellschaftlicher Gruppen, deren Reaktion eigentlich vorhersehbar waren, wie etwa bei den Überlebenden des Holocaust, gab es geteilte Meinungen zu Deutschland insgesamt und speziell zu den Komponisten. Darüber hinaus war einem großen Teil der israelischen Öffentlichkeit jener Zeit das Thema und der damit zusammenhängende besondere Hintergrund völlig unbekannt: die Bevölkerung Israels verdoppelte sich in den drei Jahren von der Gründung im Jahr 1948 bis 1951 von 600 000 auf 1 200 000 Einwohner, am Ende der Dekade zählte Israel 1 800 000 Einwohner. Die große Mehrheit der neuen Einwanderer kam aus Ländern, die keinen Kontakt mit dem nationalsozialistischen Deutschland hatten und in denen es keine emotionalen Vorbehalte Deutschland und deutscher Kultur gegenüber gab; für andere Einwanderer hatte klassische Musik wenig, die Oper noch geringere Bedeutung.

Im Journalismus war mit dem vorhergehenden Ereignis ein Präzedenzfall geschaffen worden – sowohl was den aggressiven Stil anging, in dem die Auseinandersetzung stattfand, wie auch bei der Wiedergabe bestimmter Parteilinien durch entsprechend festgelegte Journalisten. Bei diesem neuerlichen Ereignis entstand nun ein weiteres wichtiges Verhaltensmuster: die Art und Weise, wie Politiker in die Kontroverse verstrickt waren. Diese Einbindung erklärt sich zum Teil daraus, daß gewisse Mitglieder des öffentlichen Lebens gleichzeitig Mitglieder des »Public Board« waren. Der Auftritt von Heifetz zog aber noch weitere Kreise: Öffentliche Organisationen, wie beispielsweise die »Partisans Association« (Vereinigung der Partisanen) wandten sich gemeinsam mit Knesset-Mitgliedern der rechtsgerichteten Cherut an den Erziehungsminister und verlangten von ihm die Beendigung des Skandals. Dem damaligen Erziehungsminister, dem Historiker Prof. Ben-Ziyon Dinur, galt die Erinnerung an den Holocaust als Erziehungsziel des Staats Israel. Er bat Heifetz, vom Spiel der Werke Strauss' abzusehen. Der Justizminister Pinhas Rosen (der frühere Felix Rosenblütt), Vorsitzender des »Board of the Philharmonic«, erhob gleichfalls seine Stimme.[10] Die Tatsache, daß Heifetz den Bitten nicht nachkam sowie die ausgesprochen angespannte Atmosphäre bei seinen Konzerten veranlaßte einen jungen Bürger Jerusalems zu einer Attacke auf den Geiger nach einem seiner Konzerte in der Hauptstadt. Er traf mit einer Eisenstange den Arm von Heifetz – glücklicherweise wurden die Finger des Geigers, die den Geigenkasten hielten, nicht verletzt. Die Geschichte erreichte weltweite Publizität, und israelische Korrespondenten berichteten über den ernsten Rückschlag, den Israels Ansehen in der Welt erlitten hatte.[11]

10 Die Korrespondenz wurde in voller Länge in *Herut* vom 17. April 1953 abgedruckt. Minister Dinur betonte in seinem Eröffnungsartikel für eine historische Zeitschrift, die er gemeinsam mit anderen Wissenschaftlern gründete, die Bedeutung der Erinnerung an den Holocaust und der Erziehung auf das hin, was der Holocaust lehren könne.

11 A. Gelblum (USA) und A. Roth (Großbritannien), *Hurting Haifetz Damaged Israel*, in: *Ha'aretz* (Tageszeitung) 19. April 1956.

Die ganze Begebenheit wurde lediglich kurz behandelt, die aufgeworfene Frage der Meinungsfreiheit nicht erschöpfend ausdiskutiert. Die Meinungsfreiheit war gesetzlich nicht garantiert, sondern wurde von Mal zu Mal durch Präzedenzfälle bestimmt. Gelegentlich tauchte die Problematik wieder auf, ein entsprechendes Gesetz wurde aber erst 1992 ratifiziert – »Grundgesetz: Achtung und Freiheit des Einzelnen« – und so weit gefaßt, daß es einer ad-hoc Interpretation Tür und Tor öffnet.

Während der fünfziger Jahre störten die »unerwünschten Komponisten« das Israel Philharmonic Orchestra ein weiteres Mal auf. Der Dirigent Georg Singer schlug im November 1956 für sein Abonnementskonzert einige Auszüge aus *Don Juan* von Strauss vor. Das abends beim Konzert verteilte Programm enthielt einen Artikel des ersten Flötisten Uri Toeplitz, der im Mittelpunkt der nun folgenden Auseinandersetzungen um Wagner und Strauss stehen sollte. Ein an den Dirigenten gerichteter Drohbrief sorgte für ein erneutes Überdenken der Stückwahl. Der Vorsitzende des »Board«, Justizminister Pinhas Rosen, verlangte die Diskussion einer Empfehlung des Erziehungsministeriums, von der Interpretation von Strauss-Werken abzusehen. Der Erziehungsminister hatte allerdings formuliert, daß »die endgültige Entscheidung, ob Werke von Strauss gespielt würden, bei dem Orchester selbst liege«.[12]

Die Auseinandersetzung beschränkte sich diesmal nicht nur auf Berichte und Leitartikel in den Zeitungen, sondern wurde auch in der Knesset behandelt. Esther Raziel-Naor, eine Abgeordnete der Cherut, erließ eine Anfrage an die Regierung, deren Beantwortung sich aus technischen Gründen aber bis nach dem geplanten Konzerttermin verzögerte. Der Erziehungsminister Zalman Aranne führte in seiner Antwort aus, daß sein Ministerium nach wie vor Empfehlungen aussprechen, nicht aber ein ausdrückliches Verbot erlassen werde. Eine Folgefrage beantwortete der Minister mit dem Hinweis, daß »Noten nach ihrer Entstehung ein unabhängiges Leben führen, und ich halte es für unangemessen, die Existenz von Noten zu verbieten.«[13]

Ein weiteres Jahrzehnt verging, ehe das Israel Philharmonic Orchestra einen neuen Versuch wagte, Werke der umstrittenen Komponisten in sein Repertoire aufzunehmen. Vor dem erneuten Aufbrechen dieser besonderen Kontroverse mußte die Orchesterleitung sich mit verschiedenen anderen Themen auseinandersetzen, aus denen deutlich wird, welche spezifischen Probleme im kulturellen Bereich während des Entstehungsprozesses einer modernen nationalen Identität in Israel gelöst werden mußten. 1963 behandelten die Mitglieder des »Board« die Frage, ob in Konzerten die deutsche Sprache und die Aufführung christlicher geistlicher Musik erlaubt werden solle. Obwohl die Orchesterleitung die jeweiligen politischen Richtlinien für das Orchester akzeptierte oder auch zurückwies, hatte das politische Klima

---

12 Knesset-Anfrage 670 vom 26. November 1956. Ein Exemplar dieser Anfrage liegt in den Archiven des IPO, Akte Auswärtige Angelegenheiten.

13 a. a. O.

im jungen Staat doch zweifellos erheblichen Einfluß auf die Entscheidungsprozesse und die schlichte Tatsache, daß diese Fragen überhaupt zur Diskussion gestellt wurden.[14]

Über die geistliche Musik christlicher Provenienz war eine Entscheidung schnell herbeizuführen: die Bedeutung dieser Musik und ihr Stellenwert im internationalen Repertoire, zudem auch die Tatsache, daß es sich um geistliche Musik ohne offensichtliche nationalistische Untertöne handelte, erlaubte den Mitgliedern des »Board« eine einstimmige positive Entscheidung. Obwohl deutsch textierte Vokalwerke im internationalen Repertoire ebenfalls einen bedeutenden Platz einnehmen, entbrannte angesichts diese Werke doch eine längere soziologisch-politische Diskussion. Die Mitglieder des »Board« waren mit der Frage konfrontiert, ob man die deutsche Sprache in Israel in der Öffentlichkeit verwenden könne, ohne das Andenken der sechs Millionen Opfer des Holocaust zu verletzen. Es ging zugleich um die Frage, ob neben den 1952 mit Deutschland aufgenommenen wirtschaftlichen Kontakten auch ein kultureller Dialog mit Deutschland aufrechterhalten werden solle. Mehrere Mitglieder des »Board« hielten es für angemessener, so viele Werke wie irgend möglich in hebräischer Sprache aufzuführen. Diese Haltung zeugt von den besonderen Umständen dieses jungen Landes bei der Suche nach nationaler Identität und der Identität seiner Bürger. Das »Board« entschloß sich schließlich, dem Orchester die Entscheidung in dieser Frage selbst zu überlassen.

Drei Jahre später brachte im Sommer 1966 die Verbindung von Kunst, Politik und Gesellschaft erneut die Gemüter in Erregung. Das Programm der Konzertreihe, mit der die Saison 1966 schließen sollte, enthielt einen Artikel von Uri Toeplitz, dem ersten Flötisten und Mitglied des »Board of Directors«. Der Artikel handelte unter anderem auch von den Plänen des Orchesters, in der darauffolgenden Saison Werke von Wagner und Strauss zu musizieren. Die ursprüngliche Fassung des Artikels, der mit dem Satz begann »Es hat eine Veränderung in der Haltung der Nation gegenüber den Vernichtern unseres Volks gegeben«, wurde nach dem unmittelbar ausbrechenden Aufruhr ein wenig abgemildert. Bei den weiteren Konzerten hieß es: »Wir sehen die Notwendigkeit zu einem Wechsel, nicht nur wegen des obersten Gebotes der Freiheit der Kunst, sondern auch, weil der Widerstand gegen Wagner zu einer reinen Geste verkommen ist. Warum sollen wir uns auch weiterhin wegen des Aufführungsverbotes für Wagner einige der bedeutendsten Werke der Musik versagen. Dieser Verlust läßt sich nicht durch Werke irgendeines anderen Komponisten ersetzen, während zugleich eine schlichte Annehmlichkeit wie der deutsche Volkswagen mit all den daran anklingenden Assoziationen an die Hitler-Zeit unsere Straßen bevölkert?«[15]

---

14 Protokoll der Sitzung des IPO-«Board« vom 8. Januar 1963 in Jerusalem, Archive des IPO, Akte Auswärtige Angelegenheiten.

15 U. Toeplitz, *On the Importance of Wagner*, in: Programm des Israel Philharmonic Orchestra, 30. Saison, Juni 1966.

Toeplitz vertrat diese Meinung nicht nur, weil seit dem Ende des Zweiten Weltkriegs und der Befreiung der Konzentrationslager durch die Alliierten inzwischen einundzwanzig Jahre vergangen waren. Ein weiterer Grund waren die 1965 zwischen Israel und der Bundesrepublik Deutschland aufgenommenen diplomatischen Beziehungen. Möglich geworden war diese neue diplomatische Verbindung aufgrund der jahrelangen, vorsichtigen Überzeugungsversuche Ben Gurions, der darauf beharrte, daß es um ein »anderes Deutschland« auf einem neuen Weg, einem »Sonderweg«,[16] gehe. Toeplitz steuerte weitere Argumente bei, die man aus den Diskussion der fünfziger Jahre kannte: Israelis führen gerne ausgezeichnete deutsche Wagen und kauften ohne Zögern Elektroartikel aus Deutschland. Es gebe deshalb keinen Grund, Trauer nur durch das Verbot solcher Werke auszudrücken, die zu den Spitzenleistungen der Weltkultur gehörten.

Aber all diese Argumente galten nichts. Ein unerwartet heftiger Sturm der Entrüstung brach los. Während dieser Debatte wurde deutlich, daß Wagner und Strauss trotz eigentlich musikalischer Ziele auch bestimmten politischen Zwecken dienten. Benjamin Halevi, einer der obersten Richter, wandte sich protestierend an den Vorsitzenden des »Board«, Pinhas Rosen. Das Verhältnis zwischen beiden war von vornherein gespannt. Richter Halevi hatte das Urteil im Verfahren um den ungarischen Juden Rudolf Israel Kasztner das Urteil verkündet, daß dieser »dem Teufel seine Seele verkauft habe«. Es ging bei diesem Prozeß um Lösegeldzahlungen zum Freikaufen ungarischer Juden während der NS-Zeit. Kasztner wurde von einem Attentäter erschossen und in einem erneuten Gerichtsverfahren einige Monate später rehabilitiert.[17] Halevi war auch einer Richter im Eichmann-Prozeß, dem Verfahren mit der größten öffentlichen Wirkung, das es in Israel je gegeben hat.[18] Halevi schrieb an den als Justizminister inzwischen zurückgetretenen Rosen und unterzeichnete mit seinem vollen Titel, vielleicht in der Annahme, so seinen früheren Kollegen umstimmen zu können.[19] Es gab aber noch weitere Interventionen von Persönlichkeiten des öffentlichen Lebens, die an der Beziehung zwischen Israel und Deutschland Interesse hatten. Wenige Tage nach Ausbruch des Protestes verlangte Gideon Hausner, ein Mitglied des »Board« und Staatsanwalt im Eichmann-Verfahren, die Aufhebung des Orchesterentscheids. Das Orchester führte daraufhin eine Umfrage unter vierhun-

---

16 Zu Ben Gurions Annäherung an Deutschland während der fünfziger Jahre vgl. Y Weitz, *Political Dimensions of Holocaust Memory in Israel During the 1950's*, in: *Israel Affairs*, 1 (3). 1995, S. 129–145. Zur Aufnahme diplomatischer Beziehungen siehe Vogel, *The German Path*, S. 159–179.

17 Zum Verfahren Kasztner-Gruenwald siehe Y. Weitz, *Changing Conceptions of the Holocaust: The Kasztner Case*, in: *Reshaping the Past: Jewish History and The Historians, Studies in Contemporary Jewry*, hrsg. von J. Frankel, X, 1995, S. 211–230.

18 Die interessanteste und beste Analyse des Eichmann-Prozesses in Israel ist Hannah Arendts Untersuchung *Eichmann in Jerusalem*, New York 1963. Das Werk wurde nie in die hebräische Sprache übersetzt. Siehe auch eine diesem Buch gewidmete Sonderausgabe: *History and Memory*, hrsg. von G. Ne'eman Arad, 8 (2), 1996.

19 B. Halevi an P. Rosen, Telegramm vom 17. Juni 1966.

dert Abonnenten mit dem Ergebnis durch, daß etwa siebzig Prozent der Abonnenten die Entscheidung, Wagner und Strauss zu spielen, guthießen.[20]

Auch die Zeitungen waren voller heftiger Reaktionen. Die vehementeste Antwort erschien in der rechtsgerichteten Zeitung *Hayom*. Unter der Schlagzeile »Nazifizierung des Orchesters der Schande« erklärten die Herausgeber: »Damit der gewagte und entehrende Schritt [das Musizieren von Werken Wagners und Strauss'], eine Beleidigung des Andenkens der 6 000 000 Opfer des nationalsozialistischen Regimes – dem Richard Strauss angehört habe –, nicht plötzlich und überraschend erscheine, habe das Orchester im Staub seiner Notenkeller die Werke eines anderen Deutschen hervorgezogen, auch dieser ein überzeugter Antisemit, den die Nationalsozialisten als ihren Propheten und Vorgänger ansahen: Wagner.«[21] Andere Zeitungen, die sich meist durch moderatere Ansichten auszeichneten, fragten sich, wie das Orchester dazu gekommen sei, »eine lakonische Notiz im Rahmen eines Konzertprogramms« zu veröffentlichen, als wenn das ausreichend sei, »um die Diskussion über einen Themenkomplex abzuschließen, der seit mehr als dreißig Jahren öffentlich abgehandelt wird.«[22] An den darauffolgenden Tagen waren die Zeitungen voller Artikel, in denen die Ideologie der beiden umstrittenen Komponisten abgehandelt wurde, sie enthielten aber auch Abstimmungsergebnisse unter Intellektuellen, die sämtlich zeigten, in welchem Maße das Urteil in dieser Frage gespalten war.

Wie schon zuvor schrieb die Knesset-Abgeordnete Raziel-Naor auch diesmal eine Eingabe an den Erziehungsminister zur Wiedergabe der Werke von Wagner, Strauss und Orff in Israel (Orffs *Carmina Burana* wurden zu dieser Zeit an der Israelischen Oper gegeben, ohne ernsteren Widerstand bei Persönlichkeiten des öffentlichen Lebens und ohne ungewöhnliche Reaktionen von seiten der Presse). Diese Anfrage verstärkte den Verdacht, daß die Cherut Wagner nicht nur verwendete, um die moralischen Standpunkte der Partei ins Licht zu rücken, sondern auch um eines politischen, vielleicht sogar wahltaktischen Vorteils willen. Deutlich wird auf jeden Fall, daß Wagner instrumentalisiert wurde. Der Stellvertretende Erziehungsminister Aaron Yadlin antwortete für die Regierung und führte ausdrücklich aus, daß »die Regierung von Israel es keinesfalls beabsichtige, in Fragen kultureller Zensur verwickelt zu werden«; gleichzeitig ergänzte er »wenn sie [das Orchester] ihn nach seiner Meinung fragten, dann würde das Ministerium raten, zur jetzigen Zeit keine Werke von Wagner und Strauss in das Repertoire aufzunehmen.« Der stellvertretende Minister verwahrte sich gegen die von Toeplitz vorgetragene »gegenstandslose Rechtfertigung«, daß es einen Wechsel in der Haltung gegenüber »den Vernichtern unserer Nation«[23] gegeben habe.

---

20 Protokoll der Sitzung des IPO »Public Board«, 3. Juni 1966, Archiv des IPO, Akte Wagner und Strauss.

21 *Nazification of the Orchestra of Disgrace*, in: *Hayom* (Tageszeitung), 20. Juni 1966.

22 ›*Music Education*‹ *or Indolence*, in: *Lamerhav* (Tageszeitung), 20. Juni 1966.

23 Knesset-Anfrage (Interpellation) 846, 13. Juli 1966. Ein Exemplar ist in den Archiven des IPO erhältlich, Akte Wagner und Strauss.

Die Eskalation der negativen Haltung gegenüber Wagner und Strauss hat mehrere Gründe. Zunächst einmal hatten die Beziehungen zwischen Israel und Deutschland sich gewandelt, und möglicherweise gab es Ängste, die Erinnerung an den Holocaust könne in Israel nachlassen. Bei kulturellen Fragen, die Deutschland betrafen, blieb man gerade deshalb so streng, weil mit der Bundesrepublik Deutschland zusätzlich zu den Handels- und Reparations-Vereinbarungen volle diplomatische Beziehungen aufgenommen worden waren. Das gemeinschaftliche kathartische Erlebnis, das die israelische Bevölkerung während des Eichmann-Prozesses erfahren hatte, erlaubte – dies ein zweiter Grund – das deutlichere Artikulieren von Widerstand all denjenigen gegenüber, die mit den Nationalsozialisten identifiziert wurden. Es ist anzunehmen, daß die Öffentlichkeit nun vertraut war mit den Argumenten derer, die sich gegen Komponisten wie Wagner und Strauss aussprachen. Drittens wurde die Auseinandersetzung um das Verbot der Komponisten zunehmend zu einer spezifischen Art der Erinnerung, so daß ein Teil der Bevölkerung im Umkehrschluß die Aufhebung des Verbots als mangelnden Respekt gegenüber den Erinnerungen der Überlebenden des Holocaust interpretierte hätte. Durch diese Eskalation wurden die Komponisten zu Symbolen des Nationalsozialismus im Kulturbereich stilisiert. Die treibende Kraft hinter dem Kampf um die Aufhebung des Verbots war – viertens – der junge Dirigent Zubin Mehta, der damals aussichtsreichste Kandidat für den Dirigentenposten des Orchesters. Mehta schlug das Musizieren von Werken Wagners mit der Begründung vor, daß diese wichtigen Repertoirewerke nicht einfach ignoriert werden dürften, meinte zugleich aber auch, daß die Interpretation dieser Werke die musikalischen Fähigkeiten der Orchestermitglieder verbessern werde.[24] Da er weder Israeli noch Jude war, wurde er gebeten, den Israelis das Lösen ihrer Probleme selbst zu überlassen. Auch in der Zukunft sollten diese Bitte und Widerstand laut werden.

Während der nächsten fünfzehn Jahre blieb es relativ ruhig, abgesehen von vereinzeltem Widerstand, sobald Gerüchte über entsprechende Programmpläne des Orchesters auftauchten.[25] Politische und gesellschaftliche Veränderungen in Israel während dieser Jahre sollten auch die Auseinandersetzungen um die »verbotenen Komponisten« beeinflussen. Zwei Ereignisse hatten dabei besondere Bedeutung für die Diskussionen und hingen bis zu einem gewissen Grad auch miteinander zusammen. Der überwältigende Sieg Israels im Sechs-Tage-Krieg 1967 erleichterte in gewisser Weise die Anerkennung deutscher Kultur in Israel. Das Gefühl, daß dieser Sieg den israelischen Nationalismus gestärkt hatte, ermöglichte beispielsweise ohne weiteres Aufsehen Aufführungen deutscher Vokalwerke. Der politische Rechtsruck und wachsende Einfluß religiöser Gruppierungen verkehrte diesen Trend aber in sein

---

24 Zubin Mehta, Vortrag im IPO Artists' House, Juni 1966, IPO Archiv, Akte Wagner und Strauss.

25 Zu einem Ereignis aus dem Jahr 1974, als Wagner gespielt werden sollte, vgl. die israelische Tagespresse, vor allem: *A Storm in a Glass of Tears*, in: *Davar*, 25. Juni 1974; *Sounds and Shadows*, in: *Ma'ariv*, 23. Juni 1974; *It's Better*, in: *Yediot Aharonot*, 24. Juni 1974. 1976 gab es erneut Gerüchte, daß das IPO Wagner spielen wolle, dazu kam es aber nicht.

Gegenteil. Diese Gruppierungen sollten in der Folge die kulturellen Symbole, die für Deutschland standen – vor allem Wagner – heftig bekämpfen, einerseits wegen ihrer nationalen und anti-deutschen Haltung, dann aber auch aufgrund ihres Verständnisses israelischer Kultur als einer rein hebräischen Kultur. Zu einer weiteren Erhitzung der Debatte um Wagner führten zwei Ereignisse, der bittere Oktoberkrieg des Jahres 1973 sowie der Aufstieg eines Politikers, der die mit dem Holocaust verbundenen Ängste intensiv zur Rechtfertigung seiner Politik einsetzte.[26]

Als das Israel Philharmonic Orchestra Ende 1981 erneut einen Versuch wagte, Musik von Wagner zu spielen, brach die öffentliche Entrüstung wieder auf. Die Kontroverse entzündete sich anläßlich eines Abonnementkonzerts, bei dem ein Auszug aus *Tristan und Isolde* gespielt werden sollte. Zubin Mehta, der Dirigent und künstlerische Leiter des Orchesters, kündigte per Ansage das im Programm nicht aufgeführte Werk für den Schluß des Konzerts an. Er bat diejenigen Zuhörer, die das Werk nicht hören wollte, den Saal zu verlassen. Stattdessen blieben diese Zuhörer und äußerten lautstark ihren Protest. Einer der Platzanweiser, ein Überlebender des Holocaust und hochdekorierter Veteran des Unabhängigkeitskriegs 1948, stand vor der Bühne, entblößte seine von Narben bedeckte Brust und schrie verbittert seinen Zorn heraus. Sein Bild erschien am folgenden Tag in fast allen Zeitungen Israels. Eine kleine Gruppe Musiker, ebenfalls Überlebende des Holocaust, stimmten in den Protest ein. Sie erklärten, daß ihnen das Spiel von Wagners Werken weder möglich sei noch daß sie dazu das Bedürfnis hätten.[27]

Die öffentliche Aufmerksamkeit wandte sich zunächst dem »Hereinschmuggeln« Wagners durch die Hintertür und dem schamlosen Ausnutzen der Abonnenten zu, die das Orchester nicht boykottieren konnten, weil sie schon im voraus für ihre Plätze bezahlt hatten. Die Stimmung wendete sich aber, und schließlich wurde Wagner in den Zeitungen wieder als bekannter, aus seinen Überzeugungen keinen Hehl machender Antisemit verurteilt. Erstmals wandte man sich nun aber seinen Aufsätzen zu, die bis zu diesem Zeitpunkt in hebräischer Sprache noch nie erschienen und zuvor nur vage und aufgrund der je persönlichen Kenntnisse der Leitartikler diskutiert worden waren.[28]

Die Frage, ob Wagner in Israel gespielt werden dürfe oder ob die Zeit für die Interpretation von Wagners Werken gekommen sei, wurde dieses Mal anders behandelt. Das hatte verschiedene Gründe. Das politische Klima in Israel hatte sich voll-

26 Y. Shapiro, *Chosen to Command: the Road to Power of the Herut Party – A Socio-Political Interpretation*, Tel Aviv 1989 (in hebräischer Sprache); S. Avineri, *Notes on the Significance of the Elections to the 13th Knesset*, in: *Alpayim* 6 (1993), S. 29–31 (in hebräischer Sprache); A. Naor, *Begin*, Tel Aviv 1993 (in hebräischer Sprache).

27 Vgl. beispielsweise die Tageszeitungen *Ma'ariv*, *Al Hamishmar*, *Davar* und *Ha'aretz* vom 18. bis 22. Oktober 1981.

28 *Who's Afraid of Richard Wagner: Aspects of a Controversial Personality*, hrsg. von R. Litvin und H. Shelah, Jerusalem 1984 (in hebräischer Sprache).

ständig gewandelt. Die wachsende Schärfe der politischen Auseinandersetzung beruhte zum einen auf dem Parteiwechsel in der Staatsführung, zum anderen auch auf der heftigen Reaktion der israelischen Öffentlichkeit, die in vielem eine Fortsetzung des unbeherrschten Wahlkampfs von 1981 bedeutete. Darüber hinaus hielten große Teile der Bevölkerung kulturelle Fragen für entscheidende Charakteristika einer Nation. Die Presse, die in den Auseinandersetzungen schon immer eine wichtige Rolle gespielt hatte – nicht nur in berichtender Funktion, sondern auch bei der öffentlichen Meinungsbildung –, war in den fünfzehn Jahren seit der letzten öffentlichen Beschäftigung mit dem Thema Wagner in erheblichem Maße gewachsen. Die Medien umfaßten nun auch örtliche Zeitungen und Organe bestimmter Interessengruppen, am bedeutsamsten darunter die für die nationalorthodoxen und nationalkonservativen Gemeinden veröffentlichten Zeitungen.

Fernsehen und Rundfunk traten neu hinzu und wurden zu wichtigen Foren der Meinungsäußerung zu diesem Thema. Das israelische Fernsehen brachte kaum Beiträge zur neuesten Affäre um Wagner, aber gerade darin lag seine entscheidende Bedeutung. Der Intendant des israelischen Fernsehens lehnte den Vorschlag des Leiters der Nachrichtenabteilung ab, Zubin Mehta als Gast in die bedeutendste Sendung des damals einzigen Fernsehkanals in Israel einzuladen.[29] Der Israelische Rundfunk dagegen veröffentlichte das entscheidende Interview im Zusammenhang mit dieser Affäre, das die Kontroverse auf extreme Weise anfachte.

Zwei Wochen nach Mehtas abendlichem Konzert interviewte der Staatliche Rundfunk den Stellvertretenden Premierminister, Dov Shilanski. Der Minister sprach sich dafür aus, daß der Dirigent in sein heimatliches Indien zurückkehren solle. Vielleicht stützte er sich dabei auf in der Tagespresse erschienene Artikel, vor allem in den mit der politischen Rechten assoziierten Blättern. Dort hatte es geheißen, daß »er [Mehta] über Auschwitz gelesen hat, während wir dorthin geführt wurden [...]. Er soll uns in Frieden lassen und nicht über unsere Politik befinden.« Andere Leitartikler erklärten, daß der das Spiel Wagners verteidigende »Gast« davon absehen müsse, künstlich zwischen dessen musikalischen Werken, seinen politischen Schriften und seiner Ideologie zu trennen.[30] Das orthodoxe Blatt *Hamodiya* drückte sich besonders deutlich aus; dort fing ein Artikel mit dem Satz an: »Das ›Israel‹ Philharmonic Orchestra steht unter der Leitung eines aus Indien importierten Dirigenten.«[31]

Der für Shilanskis politische Karriere verantwortliche Premierminister Menachem Begin verteidigte seinen Schützling nur halbherzig. Einerseits bat er die gekränkten Mitglieder des Orchesters um Verständnis für den Stellvertretenden Premierminister, der selbst ein Überlebender des Holocaust sei. Die Orchestermitglieder verziehen

29 *Davar* und *Ha'aretz*, 19. Oktober 1981.

30 *To Zubin Mehta, With All Due Respect*, in: *Yediot Aharonot*, 19. Oktober 1981.

31 *Impossible Without Wagner*, in: *Hamodia*, 22. Oktober 1981.

ihm allerdings nicht und machten Mehta in einer Reaktion auf Shilanskis Worte zum lebenslangen künstlerischen Direktor. Andererseits unterstützte Begin Shilanski nicht und nannte seine Äußerungen die Privatmeinung eines Parteifreundes.[32] Vielleicht war ihm klar, daß man die Angriffe gegen Mehta als Rassismus verstehen konnte. Aus seinen diplomatischen Bemühungen kann man allerdings schlußfolgern, daß er anti-deutsche Standpunkte selbst auf die Gefahr hin einnahm, dadurch internationale Konfrontationen heraufzubeschwören. Nur wenige Monate vor dem letzten Kapitel in der Affäre Wagner gab es in der internationalen Presse einen Zusammenstoß Begins mit dem damaligen deutschen Bundeskanzler Helmut Schmidt, der sich für die Sache der Palästinenser ausgesprochen hatte. Begin nutzte diese Auseinandersetzungen im Wahlkampf.[33]

Die von der Rechten vorgetragenen anti-deutschen Argumente, in die sich Untertöne des Ausländerhasses einmischten, bedeuteten zugleich einen verstärkten Nationalstolz. Zusätzliche Unterstützung erfuhren diese Meinungen von religiöser Seite. Die Zeitungen der national-Konservativen und national-Orthodoxen opponierten offen gegen die Wiedergabe von Werken Wagners. Die in Beni Brak, einem orthodoxen Vorort Tel-Avivs publizierte Lokalzeitung *Tmura* postulierte sogar, »daß das Problem weder bei Wagner noch der musikalischen Ausbildung liege, sondern in der Suche nach und der Untersuchung von fremden Kulturen.«[34] Die Zusammenführung von Wagner und Nationalismus führte zu immer größeren Problemen: Diese Schwierigkeiten beruhten nicht nur auf Wagners eigener nationalen Ideologie, sondern auch auf seinem Status als Vertreter einer ausländischen Kultur unter Israelis, die nach Ansicht der Orthodoxen Träger einer antiken und sich selbst genügenden Kultur waren.

Auch wenn die Orthodoxen generell Konzerte dieser Art meiden – von Bach bis Schnittke –, so bemerkten ihre Publizisten doch den Meinungsstreit in der nicht religiös geprägten Gesellschaft. Im Gegensatz zu dem breiten gesellschaftlichen Konsens in Bezug auf das »klassische«, westliche Kulturerbe – dieses Erbe führt zu »gebildeten«, aufgeschlossenen Bürgern –, gab es im Fall von Wagner sowohl Befürworter wie auch Gegner des Spielverbots. Die orthodoxe Presse konnte deshalb Wagner instrumentalisieren – und nutzte diese Gelegenheit. Da Wagner schon zu einem negativen Symbol für einen großen Teil der israelischen Gesellschaft geworden war, konnte man ihn leicht auf die Bedürfnisse einer kleinen Minderheit hin umfunktionieren. Auch wenn die Zielrichtung nun eine ganz andere war, ähnelte dieser Vorgang in vielerlei Hinsicht dem schon von der Cherut während der fünfziger und sechziger Jahre verwandten Verfahren. Anders als die gönnerhafte Behandlung einiger weniger israelischer Politiker und Intellektueller vermuten läßt, hat die religiöse

32 M. Begin an D. Benyamini, 20. Oktober 1981. Der Brief von Mitgliedern des IPO an Premierminister Begin und seine Antwort erschien in *Ma'ariv*, 3. November 1981.

33 Naor, *Begin*, S. 212–213; Y. Meroz, *In schwieriger Mission: als Botschafter Israels in Bonn*, (Berlin 1986).

34 *Distorted Sounds*, in: *Tmura* (Wochenzeitung), 30. Oktober 1981.

Presse den größten Erfolg auf ihrem ureigenen Terrain. Die zunehmende Eskalation bei der Verwendung Wagners als eines Symbols sämtlicher Verfehlungen westlicher Zivilisation während der neunziger Jahre in jenen Zeitungen belegt diese plumpe Instrumentalisierung am schlagendsten.

Die weltliche Presse bemerkte die Verbindung von Religion und Widerstand gegen Wagner. *Ha'aretz* veröffentlichte einen Artikel des Juristen Hayim Ganz, in dem er den Boykott der Werke Wagners mit dem Verbot öffentlicher Verkehrsmittel am Samstag verglich. Mehr noch, er verglich das dem einzelnen durch religiöse Gesetze auferlegte Verbot, sich in seinem Haus den eigenen Wünschen entsprechend zu verhalten (Halacha) mit dem Verbot, Wagner vor einem zum Zuhören bereiten Publikum zu spielen. Es gab mit anderen Worten in der Auseinandersetzung um Wagner nun einen neuen Akzent.[35] Im Mittelpunkt der öffentlichen Diskussion standen nicht mehr nur das Andenken und die würdigende Erinnerung an die sechs Millionen Opfer des Holocaust, sondern auch der Staat Israel und die von unterschiedlichen Gruppierungen innerhalb dieses Staats bevorzugte Kultur. Dieser Aspekt sollte in der Diskussion zunehmend größeres Gewicht erhalten.

Trotz des in Hinblick auf Wagner zwischen weltlichem und religiösem Lager deutlich gespaltenen Meinungsbilds wurden zu dieser Zeit auch Zwischentöne deutlich. Einige der politischen Linken nahestehenden Journalisten beispielsweise wandten sich zwar nach wie vor gegen eine Zensur, konnten sich aber nicht enthalten, in eifernden Beschreibungen darzulegen, wie sehr Wagner ihrer Meinung nach das Nazi-Regime insgesamt und vor allem Hitler beeinflußt habe.[36] Auch in der Politik war man sich seines Urteils unsicher. Der Erziehungsminister Zevulun Hammer, ein Mitglied der Nationalreligiösen Partei, verweigerte sich einer eindeutigen Stellungnahme und setzte die neutrale Politik seiner Vorgänger fort. Der Vorsitzende des Ausschusses für Erziehungsfragen in der Knesset und Mitglied der Arbeitspartei vertrat die Ansicht, daß das Orchester Wagner nicht spielen solle, lehnte zugleich aber jegliche Kürzung öffentlicher Mittel für das Orchester ab.[37]

Angesichts des öffentlichen Drucks und der persönlichen Beleidigung Zubin Mehtas, trotz deutlicher Indizien auch, daß sich eine eindeutige Mehrheit für die Aufhebung des Verbots aussprach, zog das Israel Philharmonic Orchestra die Pläne zur Aufführung von Wagners Werken zunächst zurück. Während der achtziger Jahre berührten Israelis noch mehrfach diese Frage. 1984 erschien eine Aufsatzsammlung unter dem Titel *Who's Afraid of Richard Wagner*, die unter anderem die hebräische Übersetzung von Wagners *Das Judentum in der Musik* enthielt. Als der israelische Pianist Gilead Mishory vier Jahre später in einer kleinen Konzertreihe Auszüge aus Werken Wagners spielte, gab es in den Auditorien keinerlei Kritik. Die Tageszeitun-

35 *Who's Afraid of Richard Wagner*, in: *Ha'Aretz*, 30. Oktober 1981.

36 *Richard Wagner: The Seeds of Calamity*, in: *Yediot Aharonot*, 30. Oktober 1981.

37 *The IPO will Handle a Survey on the Wagner Affair*, in: *Yediot Aharonot*, 20. Oktober 1981.

gen gingen auf das Ereignis ein und befragten Politiker, deren Standpunkte zum fraglichen Sachverhalt wohlbekannt waren.[38] Allem Anschein nach akzeptierte die israelische Öffentlichkeit Musik von Wagner, allerdings nicht beim Israel Philharmonic Orchestra. Während desselben Sommers übertrug das israelische Fernsehen einen Bericht über die Festspiele in Bayreuth und hob dabei hervor, daß der Israeli Daniel Barenboim Wagner dirigierte. Scheinbar ein Durchbruch, in Wirklichkeit nur ein kleiner Schritt; auch in diesem Fall fühlte der verantwortliche Redakteur des Nachrichtenmagazins sich verpflichtet, vor der Sendung die Zustimmung seiner Vorgesetzten einzuholen.[39]

Daniel Barenboim brachte die Entwicklung einen weiteren Schritt vorwärts. Im Anschluß an die erste Tournee der Berliner Philharmoniker nach Israel – diese Tournee erfolgte nach dem Tod des Chefdirigenten Herbert von Karajan, der wegen seiner dunklen politischen Identität während des Nationalsozialismus nie nach Israel eingeladen worden war – versuchte Barenboim, diese Entwicklung in Israel durch die Aufführung von Werken Wagners weiter voranzutreiben. Die deutlich ablehnende Reaktion während der Proben zwang das Israel Philharmonic Orchestra jedoch, von diesem Vorhaben abzusehen.[40]

Erst gegen Ende 1991 unternahm das Orchester unter Daniel Barenboim einen weiteren Versuch, im Mann Auditorium, der Spielstätte des Israel Philharmonic Orchestra, Wagner aufzuführen. Zwei Ereignisse, die seit dem früheren Versuch stattgefunden hatten, schienen dazu prädestiniert, die öffentliche Meinung auf unterschiedliche Weise zu beeinflussen. Erstens war das Verbot der Werke von Richard Strauss im März 1990 gebrochen worden, als das von Noam Sherrif dirigierte Rishon le Zion Sinfonieorchester die *Metamorphosen* aufgeführt hatte. Von diesem Zeitpunkt an fanden die Werke von Strauss zunehmend Eingang in das Repertoire der israelischen Orchester und in die Programmgestaltung von Radio und Fernsehen. Während der neunziger Jahre wurden sämtliche Verbote aufgehoben, denen israelische Programmdirektoren bei Rundfunk und Fernsehen und Orchesterindentanten bisher unterworfen gewesen waren. In der Öffentlichkeit und in den öffentlichen Funk- und Fernsehanstalten hörte man zunehmend Werke von Orff, Lehár und anderen umstrittenen Komponisten.

Zweitens waren Ende 1991 die Erinnerungen an den traumatisierenden Golf-Krieg noch frisch. Die hermetisch abgedichteten Räume, Gasmasken und die Hilflosigkeit angesichts nicht zu beeinflussender Ereignisse waren schon schwierig genug. Die Vorstellung, daß die irakischen Raketen anscheinend mit in Deutschland herge-

---

38 *Three Times Gilead*, in: *Ma'ariv*, 29. Januar 1988; *For the First Time: Wagner was Played in Israel*, in: *Yediat Aharonot*, 6. Februar 1988; *Not Merely Wagner*, in: *Davar*, 15. Februar 1988.

39 *TV Broke the Ban on Wagner*, in: *Yediot Aharonot*, 21. August 1988.

40 Diesem Versuch folgte eine weitere Eingabe an den Minister für Erziehung und Kultur. Vgl. *The Ministry of Education and Culture: A Reply to the Agenda on the IPO Affair*, 7. November 1989. Ein Exemplar liegt im Archiv des IPO, Akte Wagner und Strauss.

stelltem Giftgas bestückt waren, verstärkte noch das Gefühl, daß wieder einmal die Juden zur Schlachtbank geführt würden.[41] Zeitgleich mit diesen Ereignissen veränderte sich auf signifikante Art und Weise die öffentliche Diskussion um Wagner. Nun hatte es den Anschein, als sei man von den Auseinandersetzungen erschöpft; die Debatte schien sich totgelaufen zu haben, alles schon gesagt und jedes nur denkbare Argument schon ausgesprochen worden.

Es gab aber noch einen anderen Grund für das Nachlassen des Widerstands: die wichtigsten Widersacher Wagners begannen sich aus der israelischen Politik und den israelischen Medien zu verabschieden und ihre Plätze wurden von Leuten eingenommen, die zur Zeit der Wiedergutmachungskontroverse und unter dem schockierenden Eindruck des Eichmann-Prozesses herangewachsen waren. Einige dieser Leute unterstützten nach wie vor den Widerstand gegen Deutschland und alles, was mit Nationalsozialismus zu tun hatte, ihnen fehlten hierbei aber fast völlig die starken Emotionen, die frühere Auseinandersetzungen angefacht hatten. Avraham Melamed, ein Geiger im Israel Philharmonic Orchestra und Überlebender des Holocaust, der sich all die Jahre gegen das Spiel Wagners gewehrt hatte, beschreibt diese Haltung am besten. In einem Interview beim Militärsender im Jahr 1991 formulierte er: »Ich glaube nicht, daß es öffentlichen Protest wie früher geben wird; auch wenn die [KZ-]Nummern immer noch auf unseren Armen eingebrannt sind, so ist doch die Haut stark geschrumpft.«[42]

Das Interview wurde in der ersten Dezemberhälfte 1991 gegeben, als in den Zeitungen erneut eine Entscheidung des Israel Philharmonic Orchestra diskutiert wurde, ein Sonderkonzert mit Werken Wagners vor einem geladenen Publikum – ausdrücklich nicht als Teil der Abonnementskonzerte – unter der Leitung von Daniel Barenboim zu spielen. Die Debatte war eine Wiederholung und Intensivierung inzwischen bekannter Abläufe.

Die nationalorthodoxe und nationalkonservative Presse verstärkte ihren Widerstand und publizierte diesmal heftige Artikel, mit denen sie Vorwürfe der weltlichen Juden beglich, die zwei öffentlichen Schweigeminuten am »Holocaust Memorial Day« nicht eingehalten zu haben. Die *Yated Ne'eman*, ein religiöses Blatt des rechten Flügels, erklärte, »daß wir nicht durch den Wagner-Boykott die Erinnerung an den Holocaust wachhalten. Dennoch ist es notwendig, die westliche ›humanistische‹ Kultur zu boykottieren, die Wurzel allen Übels wie Wagner. Diese ganze Kultur ist von Grund auf schlecht.«[43] Auch die weltliche Presse bediente sich des jüdischen Arguments, indem sie hervorhob, daß Barenboim Jude und israelischer Staatsbürger sei.

41 Zur Haltung der Israelis gegenüber Deutschland während des Golf-Kriegs vgl. M. Zuckermann, *Shoa in the Sealed Room: The ›Holocaust‹ in Israeli Press During the Gulf War*, Tel Aviv 1993 (in hebräischer Sprache). Zur Einstellung der Israelis zum Holocaust vgl. M. Zimmermann, *Zweierlei Holocaust*, Göttingen 1998.

42 A. Melamed in einem Interview; *Good Morning Israel*, in: *Galei Zahal*, 15. Dezember 1981.

43 *Now they Hurt Secular Feelings As Well*, in: *Yated Ne'eman*, 20. Dezember 1991.

Zubin Mehta sprach in einem Interview in *Ha'aretz* von den Lehren, die er aus der Vergangenheit gezogen habe und sagte, »nach dem Versuch und dem damit einhergehenden Skandal [des Jahres 1981] entschieden wir uns, unsere Pläne einige Jahre zurückzustellen. Wir waren der Ansicht, daß entweder Lenny Bernstein oder Daniel Barenboim diese Pläne durchführen würden.«[44] Die Diskussion drehte sich diesmal sich vor allem um den weiteren Weg Israels in kulturellen Fragen; gegenüber diesem nationalen Aspekt, der in Israel zunehmende Bedeutung gewann, war die Frage nach der deutschen Kultur innerhalb des israelischen Kulturbegriffs eher zu einem sekundären Thema geworden.

Ungeachtet dessen war in den neunziger Jahren in Israel eine deutliche Entspannung in Sachen Wagner zu verzeichnen. Die Rundfunkstationen, vor allem der staatliche Sender mit klassischer Musik übertrugen zunehmend Werke von Wagner, darunter ganze Opern. Die Programmgestalter des Kabelkanals für Wissenschaft und Kultur, der in Israel als Teil des generellen Angebots im Kabelfernsehen fast überall mitabonniert wird, nahmen Wagner-Opern in ihre Programme auf. 1998 übertrug dieser Sender beispielsweise eine Auswahl von Wagner-Opern aus verschiedenen Bayreuther Festspielzyklen, ohne damit auch nur den geringsten öffentlichen Widerspruch zu provozieren.[45] Außerhalb dieser Sonderprogramme zeigten die öffentlich-rechtlichen Sender (bis Ende 1998) allerdings keinen einzigen Opernakt von Wagner oder Strauss.

Die weitere Entwicklung läßt sich heute schwer vorhersagen. Daß der übliche Widerstand dieses Mal vermieden wurde, sagt nichts über zukünftige Entwicklungen. Im Frühjahr 1998 gab es im Opernhaus wieder Krawalle, als der Musikdirektor Asher Fisch um die Erlaubnis bat, während einer öffentlichen Diskussion zu diesem Thema einen Ausschnitt von Wagner zu spielen. Aber wenn wir die Erfahrungen mit anderen »verbotenen Künstlern« auf Wagner übertragen, dann bedeutet der Weg über die Sendeanlagen der elektronischen Medien einen notwendigen Schritt in die Konzertsäle hinein.

Wagner ist heute für Israelis in hohem Maße nicht mehr nur ein schlichtes Symbol, wie zu Beginn der Kontroverse. Er war einer intensiven Instrumentalisierung als Sinnbild aller mit dem Nationalsozialismus und dem Holocaust verbundenen Grausamkeiten ausgesetzt, die ihn von einer bloßen Figur – ohne weitere Konnotation –

44 *Only an Israeli can Conduct Wagner*, in: *Ha'aretz*, 16. Dezember 1991.

45 Nachdem etwa zehn Jahre lang im staatlichen Rundfunk kurze Stücke von Wagner und Strauss zu hören gewesen waren, trat in der Mitte der neunziger Jahre ein Umschwung ein. Der öffentlich-rechtliche Klassik-Kanal wählte im Sommer 1995 *Den fliegenden Holländer* zur »Opera of the Week«. Im Winter 1995/96 übertrug der Sender eine von Michael Ohad in acht Folgen geschriebene Reportage über Wagners Leben und Werk. Der Kabelkanal für Kultur und Wissenschaft übertrug schon 1994 Strauss' *Rosenkavalier* und *Intermezzo* sowie Wagners *Fliegenden Holländer.* Seit 1997 überträgt der Kanal in Verbindung mit den Bayreuther Festspielen eine Reihe von Wagner-Opern während des Sommers. Ebenfalls 1997 waren auf dem gleichen Kanal auch Porträts von Orff und Strauss zu sehen.

zu einer Persönlichkeit machte, die jetzt für ein katastrophales historisches Ereignis steht. Die Aufrechterhaltung der mit Wagner verbundenen Kontroverse birgt die Gefahr, daß Wagner für viele Israelis von einem reinen Symbol nun zu einem wesentlichen Teil des Holocaust geworden ist, während zugleich die wahre Bedeutung der Tragödie immer stärker verblaßt. Die fortwährende Eskalation – und die Weiterführung der Kontroverse um Wagner ist lediglich ein Bestandteil einer größeren Entwicklung – hat schließlich zu einer Entwertung der ideologischen Botschaft geführt.

Es stimmt, daß die Erinnerung an den Holocaust auf Kosten intensiver Auseinandersetzung, genauerer Untersuchung und des Verständnisses historischer Erinnerung auf Symbolen beruht. Absurd am Boykott der Werke von Wagner ist die Tatsache, daß auf diese Weise nicht nur die Erinnerung an eine mit dem Henker zusammenhängende Person perpetuiert wird, sondern daß die wahre Bedeutung des Holocaust in der kollektiven israelischen Erinnerung sozusagen neutralisiert wird. Bis zu einem gewissen Grad ist »das Symbol« Wagner ein Teil der Kommerzialisierung des Holocaust geworden. Er wurde von einer bedeutenden Figur der Kulturgeschichte zu einem Gattungsbegriff des Holocaust, während die Schrecken der Vergangenheit – nicht nur der extreme Nationalismus, Rassismus und Massenmord, sondern auch deren potentielle Bedrohung der Demokratie – bestenfalls zu Schlagworten verkommen sind.

Genausowenig wie sich voraussagen läßt, welches Bild die Israelis für sich selbst annehmen und mit welcher Art von Kultur sie sich in ihrem Land beschäftigen wollen, so wenig läßt sich auch die weitere Entwicklung der Kontroverse um Wagner voraussagen. Es ist eine Geschichte ohne Ende. Erst die Zeit wird Antwort auf die Frage bringen, ob die Nachhutgefechte um Wagner ein Ende gefunden haben oder ob die Kontroverse erneut ausbrechen und in ein neues Stadium eintreten wird. Eine solche neue Situation könnte vielleicht als Ergebnis des wachsenden Nationalismus eintreten oder aber aufgrund der Wünsche religiöser Kreise, Israel davor zu bewahren, lediglich ein Ableger amerikanischer oder europäischer Kultur zu werden. In beiden Fällen wird die Kontroverse um Wagner ihren Abschluß nicht darin finden, daß seine Werke auf allen Bühnen Israels gespielt werden. Die Umwandlung Wagners zu einem »musikalischen Schnittpunkt« zwischen Politik und Gesellschaft und zu einem Symbol – auch wenn dieses allmählich verblaßt – und seine politische und gesellschaftliche Instrumentalisierung sind Garantie dafür, daß dieses schwierige Problem uns in absehbarer Zukunft begleiten wird.[46]

46 Ende März 2000 hat das Rishon Lezion Sinfonieorchester angekündigt, trotz denkbaren Widerstands des Publikums in der Saison 2000/2001 das *Siegfried-Idyll* aufzuführen (vgl. *Rishon Lezion Orchestra: We will play Wagner*, in: *Ha'aretz*, 29. März 2000).

Zusammenfassung der Diskussion

Prof. Yovel wies darauf hin, daß er während seiner Tätigkeit in den Gremien des staatlichen Rundfunks und in der publizistischen Debatte stets für die Aufführung Wagners eingetreten sei. Die Überlegungen der intellektuellen Minderheit, wie das Werk Wagners dem israelischen Publikum vermittelt werden könnte, hätten zu einer grundsätzlichen Unterscheidung geführt. Die Präsentation der Musik Wagners im Radio sollte vorrangig betrieben werden, da sie eine geringere Barriere als die Aufführung seiner Opern auf der Bühne darstelle. Denn während die Rezeption Wagners durch den Rundfunk einen alltäglichen Zugang ermögliche, würden szenische Aufführungen Assoziationen mit Bayreuth und seinem außermusikalisch-ideologischen Wagner-Kult wecken. Prof. Yovel vertrat die Auffassung, daß die israelische Wagner-Debatte im Kern keine politische Auseinandersetzung sei, wenn sie auch immer wieder politisch instrumentalisiert werde. Vielmehr handele es sich um eine mit starken Emotionen geladene Kontroverse um die kollektive Erinnerung und Identität.

Die Referentin hielt dem entgegen, daß die Debatte seit ihren Anfängen vor allem durch Menahem Begin politisch besetzt worden sei. Die ultraorthodoxe Presse erschien Prof. Yovel als überaus peripherer Bereich der Wagner-Debatte, die ein Thema der säkularen Israelis bilde. Für die Orthodoxie sei das Werk Wagners wie die gesamte westliche Kultur ohne jede Bedeutung. Frau Dr. Sheffi erläuterte daraufhin, daß die Wagner-Debatte für die ultraorthodoxe Presse eine Möglichkeit darstelle, innerhalb der israelischen Gesellschaft Gehör zu finden. Da sich die säkulare Mehrheit über dieses Thema uneins sei, werde die Meinung der Orthodoxen in diesem Falle nicht automatisch ignoriert. Prof. Fischer sah in der Gleichsetzung Wagners mit Richard Strauss ein Symptom der Uninformiertheit dieser israelischen Diskussion. Im Unterschied zu Wagner sei Strauss kein Antisemit gewesen und könne auch nicht als Nazi-Komponist bezeichnet werden. Auf die Frage aus dem Publikum, ob nicht die Holocaust-Überlebenden der Aufhebung des Wagner-Bannes massiven Widerstand entgegensetzen würden, erklärte die Referentin, daß diese Gruppe hier keine einheitliche Meinung vertrete. Abschließend meinte Frau Dr. Sheffi, daß sie die Aufführung der Werke Wagners inzwischen für möglich halte, wenn auch nicht durch staatliche Institutionen wie das Israel Philharmonic Orchestra.

Wolf-Daniel Hartwich

Schlußdiskussion

Die Beiträge betonten Wagners enge Verbindung mit dem Judentum und forderten eine stärkere Differenzierung zwischen ihrer ästhetischen und politischen Dimension.

Prof. Maayani betonte, daß das Thema »Wagner und die Juden« über die Problematik des Wagnerschen Antisemitismus hinausreiche. So hätte das Werk Wagners ohne seine engen Beziehungen mit Juden nicht entstehen können und auch die jüdische Moderne wäre ohne Wagner nicht vorstellbar. Daher müßte der Beziehung zwischen Wagner und dem Judentum nicht nur im ideologischen Zusammenhang nachgespürt werden, sondern vor allem auf der musikalischen Ebene seiner Werke und ihrer spirituellen Dimension. Prof. Borchmeyer betonte, daß Wagner durch die Abgrenzung von den »jüdischen« Einflüssen, die seine künstlerische Entwicklung entscheidend prägten, in Widerspruch zu sich selbst geraten sei. Der Antisemitismus Wagners erscheint so als Teil des Zusammenhangs gesellschaftlicher Entfremdung, den sein Werk überwinden wollte. Herr Horowitz betonte Wagners psychologische Affinität zu den Juden, die ihn das Judentum als Mittel der Selbstdefinition habe nutzen lassen. Auf der anderen Seite könnten sich bis heute auch viele Juden mit Wagners Figuren identifizieren. Während Hitler das Judentum als unpersönliche Masse gesehen habe, sei Wagners Beziehung zu den Juden bei allen Antipathien durch eine große Intimität gekennzeichnet gewesen. Prof. Yovel stellte den engen Zusammenhang zwischen dem israelischen und dem deutschen Problem mit dem Werk Wagners fest. Dabei plädierte er für eine Normalisierung des Verhältnisses zu Wagner in Israel und Deutschland. Die Aufhebung des Wagner-Bannes sei abhängig von der Entsakralisierung (deshrinization) Bayreuths. Die Festspiele sollten von einem Ort des Kultes, der von Wagner auf Hitler übertragen wurde, zu einer Stätte der reinen Musik werden.

WOLF-DANIEL HARTWICH

Namenregister

Das vorliegende Register der Eigennamen verzeichnet alle im Haupttext des Buchs »Richard Wagner und die Juden« erwähnten Personen, mit Ausnahme Richard Wagners selbst, auf welchen schließlich auf nahezu jeder Seite des Buchs eingegangen wird. Titel von Bühnenwerken oder Schriften wurden nicht aufgenommen. Eigennamen aus den Fußnoten wurden nicht aufgenommen, ebensowenig die Namen der Autoren der einzelnen Beiträge, wenn es zum Beispiel um die Diskussionen geht. Werden sie als Autoren anderer Schriften jedoch im Text erwähnt, sind sie selbstverständlich verzeichnet. Auch Wortverbindungen mit Eigennamen (wie zum Beispiel »hegelianisch«) werden unter dem Eigennamen »Hegel« usw. verzeichnet. Rollen aus Bühnenwerken und Namen von Personen aus der Bibel oder der Mythologie wurden im Register ebenfalls nicht mit aufgenommen.